ダーク・マネー

巧妙に洗脳される米国民

ジェイン・メイヤー
［著］

伏見威蕃
［訳］

DARK MONEY

The Hidden History of the Billionaires Behind the Rise of the Radical Right

東洋経済新報社

ビル・ハミルトンに捧げる。

編集者はだれにとっても、なくてはならない存在だが、

だれもが編集者と結婚するわけではない。

そばにいて、適切な言葉だけを口にするあなたに感謝する。

Original Title:
DARK MONEY
by Jane Mayer

Japanese translation published by arrangement with
Jane Mayer c/o ICM Partners acting in association with
Curtis Brown Group Limited through
The English Agency (Japan) Ltd.

私たちは選択しなければならない。
アメリカは民主主義国になるか、
あるいはごく少数に富が集中するか。
しかし、その両方はありえない。

――ルイス・ブランダイス

530万ドル：税制改革のためのアメリカ人

360万ドル：全米製造業者協会（NAM）

340万ドル：パブリック・エンゲージメント・グループ・トラスト

230万ドル：リヴィア・アメリカ

150万ドル：スーザン・B・アンソニー・リスト［妊娠中絶反対運動組織］

120万ドル：ウェスト・ミシガン政策フォーラム

100万ドル：全米労働権委員会

78万7000ドル：国民の納税者連合

74万2000ドル：ヒスパニック・リーダーシップ基金

62万4000ドル：アメリカンズ・ユナイテッド・フォー・ライフ・アクション

60万ドル：ステート・ティーパーティ・エクスプレス

51万ドル：コーリション・フォー・アメリカン・ヴァリューズ・アクション・インク

37万5000ドル：宗教の自由のためのアメリカ人カソリック

32万ドル：アリオク・プロジェクト

25万ドル：独立した女性の声

23万ドル：アメリカン・ヴァリューズ・アクション

23万ドル：ティーパーティ愛国者

21万ドル：オハイオ・リバティ・カウンシル

20万ドル：イスラエルのための緊急委員会

15万6000ドル：シチズン・メディア

15万ドル：フェア・アリゾナ・インデペンデント・リディストリクト

13万5000ドル：コモン・センス・イシューズ・インク

12万1000ドル：GOPAC教育基金

10万ドル：支出削減のための連合

10万ドル：アメリカン・プリンシプルズ・イン・アクション

10万ドル：プロテクト・ユア・ヴォート・インク

情報源：連邦書式第990号記載事項、2009～2013年

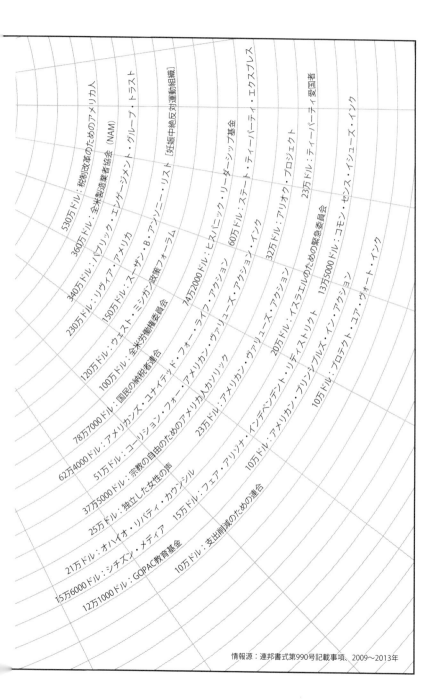

ネットワーク　政治支出と配分　501(c)(4)および(c)(6)団体

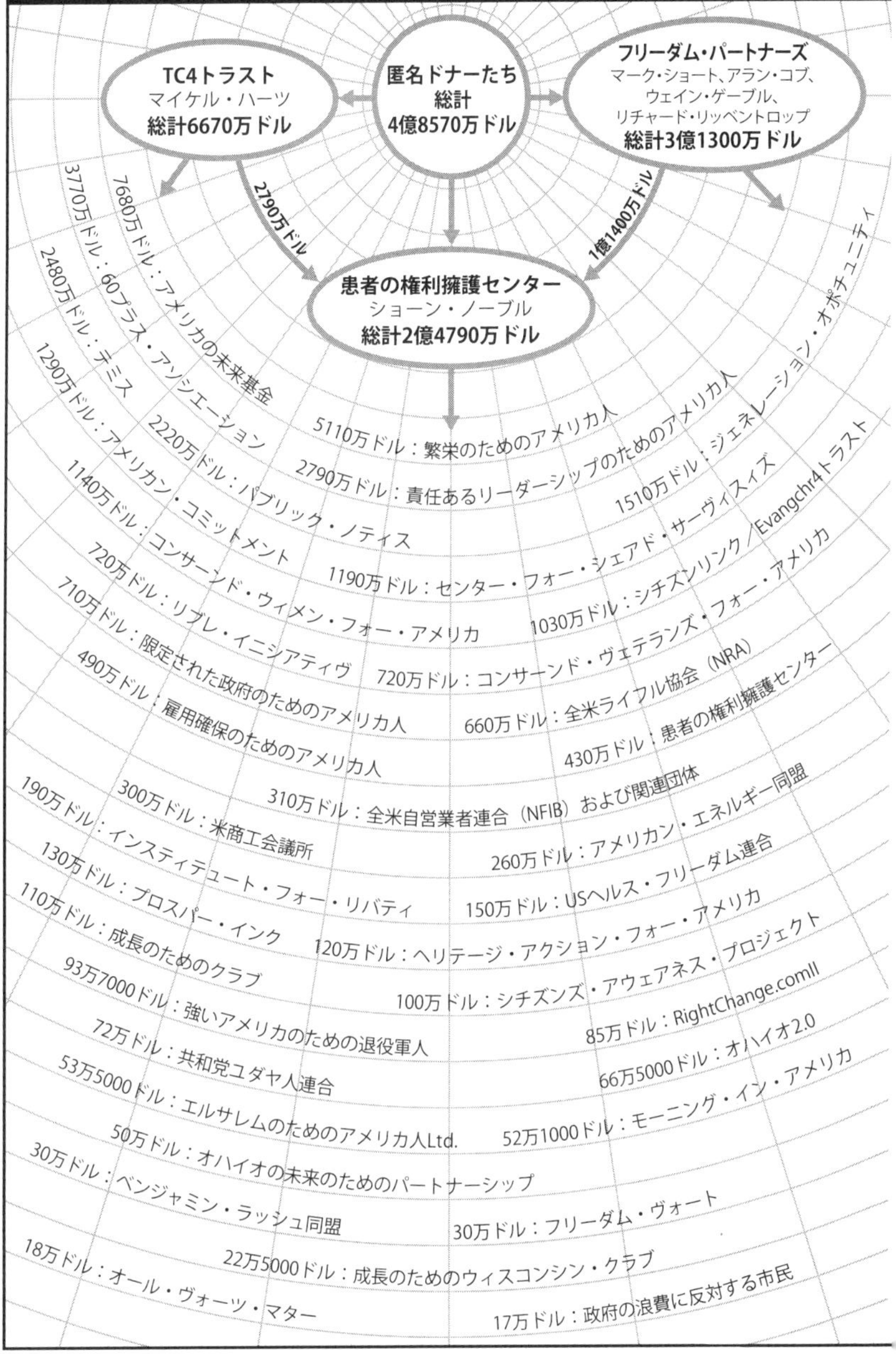
TC4トラスト
マイケル・ハーツ
総計6670万ドル
匿名ドナーたち
総計
4億8570万ドル
フリーダム・パートナーズ
マーク・ショート、アラン・コブ、
ウェイン・ゲーブル、
リチャード・リッベントロップ
総計3億1300万ドル
2790万ドル
1億1400万ドル
患者の権利擁護センター
ショーン・ノーブル
総計2億4790万ドル
7680万ドル：アメリカの未来基金
3770万ドル：60プラス・アソシエーション
2480万ドル：テミス
1290万ドル：アメリカン・コミットメント
2220万ドル：パブリック・ノティス
1140万ドル：コンサーンド・ウィメン・フォー・アメリカ
720万ドル：リブレ・イニシアティヴ
710万ドル：限定された政府のためのアメリカ人
490万ドル：雇用確保のためのアメリカ人
5110万ドル：繁栄のためのアメリカ人
2790万ドル：責任あるリーダーシップのためのアメリカ人
1510万ドル：ジェネレーション・オポチュニティ
1190万ドル：センター・フォー・シェアド・サーヴィスィズ
1030万ドル：シチズンリンク／Evangchr4トラスト
720万ドル：コンサーンド・ヴェテランズ・フォー・アメリカ
660万ドル：全米ライフル協会（NRA）
430万ドル：患者の権利擁護センター
310万ドル：全米自営業者連合（NFIB）および関連団体
300万ドル：米商工会議所
190万ドル：インスティテュート・フォー・リバティ
130万ドル：プロスパー・インク
110万ドル：成長のためのクラブ
260万ドル：アメリカン・エネルギー同盟
150万ドル：USヘルス・フリーダム連合
120万ドル：ヘリテージ・アクション・フォー・アメリカ
100万ドル：シチズンズ・アウェアネス・プロジェクト
93万7000ドル：強いアメリカのための退役軍人
85万ドル：RightChange.comII
72万ドル：共和党ユダヤ人連合
66万5000ドル：オハイオ2.0
53万5000ドル：エルサレムのためのアメリカ人Ltd.
52万1000ドル：モーニング・イン・アメリカ
50万ドル：オハイオの未来のためのパートナーシップ
30万ドル：ベンジャミン・ラッシュ同盟
30万ドル：フリーダム・ヴォート
22万5000ドル：成長のためのウィスコンシン・クラブ
18万ドル：オール・ヴォーツ・マター
17万ドル：政府の浪費に反対する市民

77万ドル：リバティ・ソース
58万ドル：教育における個人の権利のための財団
50万9000ドル：独立した女性フォーラム
40万ドル：フロリダ・サザン大学
39万3000ドル：サザン・メソジスト大学
33万1000ドル：ノースカロライナ大学チャペルヒル校
25万7000ドル：ケイトー研究所
25万ドル：ノースウェスタン大学法科大学院
23万5000ドル：テキサス公共政策研究所
20万2000ドル：ジョージ・ワシントン大学
17万2000ドル：アソシエーション・フォー・プライヴェート・エンタープライズ・エデュケーション
16万7000ドル：オハイオ州立大学
15万2000ドル：税財団
15万ドル：ノヴィム・グループ
13万2000ドル：インディアナ大学
12万5000ドル：アイン・ランド研究所
12万ドル：政策分析のための全国センター
10万9000ドル：テキサス工科大学
10万9000ドル：ロヨラ大学ニューオーリンズ校
10万5000ドル：オクラホマ州立大学
10万ドル：フィランソロピー・ラウンドテーブル
10万ドル：グローバル経済成長のためのラファー・センター
10万ドル：フロリダ・ガルフコースト大学

情報源：連邦書式第990号記載事項、2009～2013年

ネットワーク　シンクタンク、学術界、政策　501(c)(3)

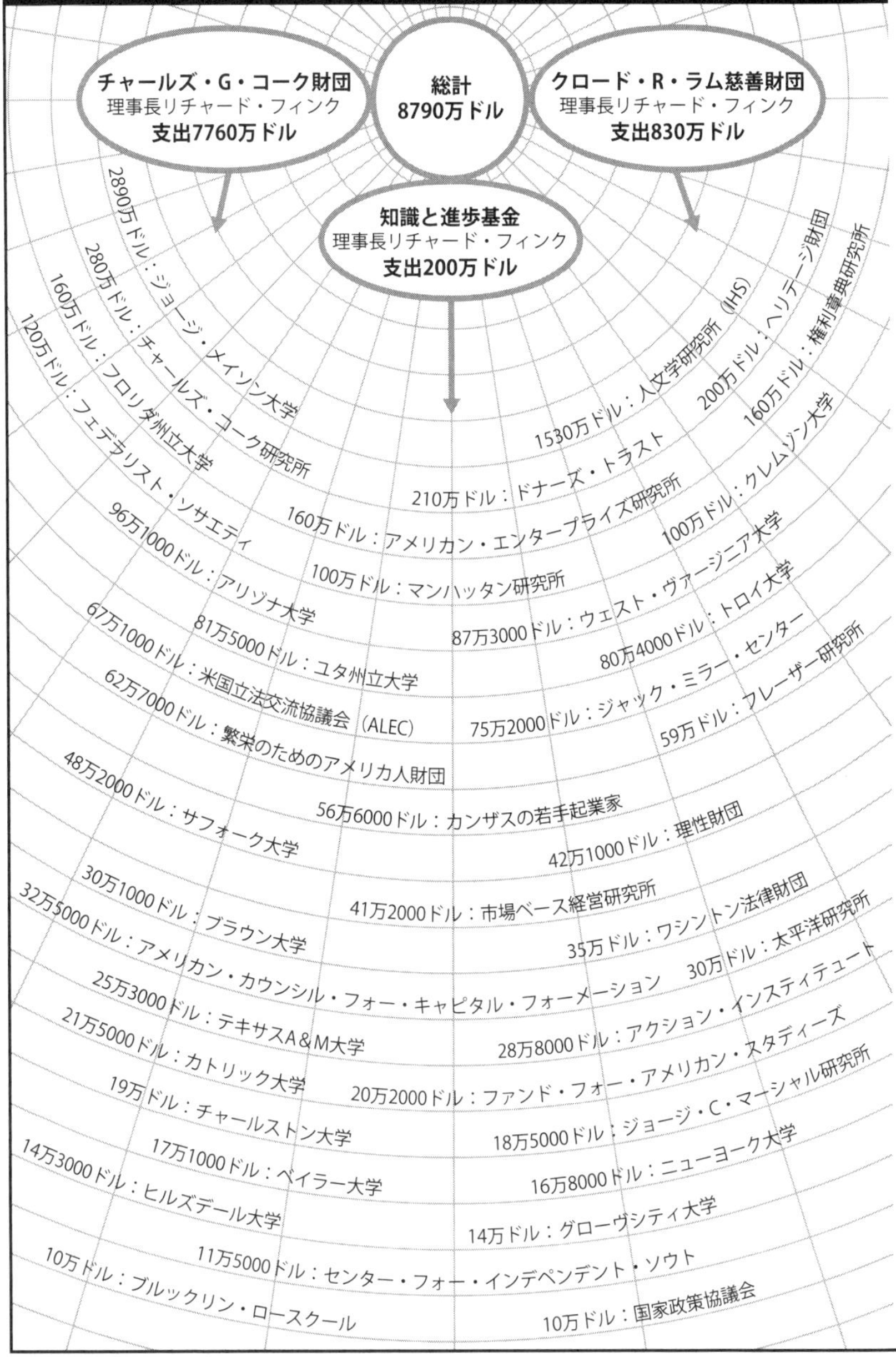
チャールズ・G・コーク財団
理事長リチャード・フィンク
支出7760万ドル
総計
8790万ドル
クロード・R・ラム慈善財団
理事長リチャード・フィンク
支出830万ドル
知識と進歩基金
理事長リチャード・フィンク
支出200万ドル
2890万ドル：ジョージ・メイソン大学
280万ドル：チャールズ・コーク研究所
160万ドル：フロリダ州立大学
120万ドル：フェデラリスト・ソサエティ
1530万ドル：人文学研究所（IHS）
200万ドル：ヘリテージ財団
160万ドル：権利章典研究所
160万ドル：クレムゾン大学
210万ドル：ドナーズ・トラスト
160万ドル：アメリカン・エンタープライズ研究所
100万ドル：ウェスト・ヴァージニア大学
96万1000ドル：アリゾナ大学
100万ドル：マンハッタン研究所
87万3000ドル：ウェスト・ヴァージニア大学
81万5000ドル：ユタ州立大学
80万4000ドル：トロイ大学
67万1000ドル：米国立法交流協議会（ALEC）
75万2000ドル：ジャック・ミラー・センター
59万ドル：フレーザー研究所
62万7000ドル：繁栄のためのアメリカ人財団
48万2000ドル：サフォーク大学
56万6000ドル：カンザスの若手起業家
42万1000ドル：理性財団
30万1000ドル：ブラウン大学
41万2000ドル：市場ベース経営研究所
35万ドル：ワシントン法律財団
32万5000ドル：アメリカン・カウンシル・フォー・キャピタル・フォーメーション
30万ドル：太平洋研究所
25万3000ドル：テキサスA&M大学
28万8000ドル：アクション・インスティテュート
21万5000ドル：カトリック大学
20万2000ドル：ファンド・フォー・アメリカン・スタディーズ
19万ドル：チャールストン大学
18万5000ドル：ジョージ・C・マーシャル研究所
17万1000ドル：ベイラー大学
16万8000ドル：ニューヨーク大学
14万3000ドル：ヒルズデール大学
14万ドル：グローヴシティ大学
11万5000ドル：センター・フォー・インデペンデント・ソウト
10万ドル：ブルックリン・ロースクール
10万ドル：国家政策協議会

第2部 秘密の後援者 2009―2010年 秘密活動

第3部 政治の私物化 全面戦争、2011―2014年

序章

投資家たち

Introduction: The Investors

オバマ就任式の裏側で……

2009年1月20日、アメリカ中の目が、ワシントンDCに向けられていた。初のアフリカ系アメリカ人大統領の就任式を見ようとして、100万人以上の人々が祝典に集い、拍手喝采していた。全国からおおぜいの支持者がなだれ込んできたため、ワシントンDCの人口は24時間にわたって倍増した。大統領就任式は、民主主義のもっとも基本的なプロセスのなかでも、つねに感動的な祝典だが、今回はとくに幸福感に満ちていた。ソウルの女王アレサ・フランクリンから、チェリストのヨーヨー・マに至るまで、アメリカのもっともシンボリックな有名ミュージシャンたちが、気分を高揚させる演奏で、このお祭りを印象づけた。セレブや高官が、席を得るためにコネを使った。熱に浮かされたような欣喜雀躍のさなかで、民主党の政治コンサルタント、ジェイムズ・カーヴィルは、民主党が「今後40年にわたって政権を維持する」ような、長期の政治的再編成が起きるだろうと予測した。

だが、２００９年1月の最後の週末、アメリカの反対側では、大統領選挙の結果を帳消しにするためにはどんな手立てを使うことも辞さない活動家の一団による、べつの集まりがひらかれていた。カリフォルニア州パームスプリングズの郊外にある、インディアンウェルズという砂漠の町で、磨き込まれたSUVがつぎつぎと、ルネッサンス・エスメラルダ・リゾート&スパの、ヤシの並木がある長い私設車道を走っていった。ベルボーイたちが荷物を運ぼうと駆け寄るなかで歩道におりてきたのは、アメリカのもっとも熱烈な保守主義者たちで、その大部分が、事業の権益を強力に固めている企業の経営者だった。彼らを出迎えた道具立ては、まさに絵に描いたような裕福な暮らしを表わしていた。頭上には抜けるような青空があった。遠くにはコーアチェラ・バレーからそびえ立つサンタロサ山脈の麓の低山が望め、彩りがたえず変わって、目が醒めるような背景をかもし出している。なめらかなグリーンの芝生が、隣接する36ホールのゴルフコースに向けてうねりながら、見渡すかぎりひろがっている。人工の砂浜をそなえたプールのまわりには寝椅子や、人知れずくつろげるようにカーテンがかかった四阿《あずまや》があった。夕闇が訪れると、無数のティーライト・キャンドルやティキトーチが、まるで魔法のように小径や花壇で点灯した。

コーク・サミット

だが、ホテルのダイニングルームは、暗い雰囲気だった。まるでそういった贅沢が、あたかも集まった集団が失うおそれがあるものを強調しているかのようだった。その週末にリゾートに集まった客の多くは、ジョージ・W・ブッシュ政権下の8年間で最大の勝利を収めた人々だった。ビリオネア（訳注　資産10億ドル以上）のビジネスマン、アメリカの偉大な名門一族の富の継承者、右派メディアの大立者、保守派の議員や首長、パトロンが選挙に勝って権力を維持するよう画策することで優雅な暮らしをしている海千山千の政治運動員などである。文章力のある文筆家や弁舌の巧みな政治評論家もいた。彼らはシンクタンクや支持団体に雇われていて、数かぎりない出版物が、企業勢力から秘密裏に助成を受けている。だが、主賓は、政治資金を寄付する可能性のある人々だった――彼らは「投資家」と自称している――まもなく行なわれるプロジェクトには、彼らの小切手帳がどうしても必要になる。

その週末に集まった集団は、政権を奪われた既成政党の指導者ではなく、チャールズ・コークという一市民によって呼び集められた。チャールズ・コークは70代で白髪だが、若々しく健康で、カンザス州ウィチタに本社を置くコングロマリットのコーク・インダストリーズを完全に統率している。コーク・インダストリーズは、創立者だったチャールズの父フレッドが1967年に亡くなったあと、チャールズと弟デイヴィッド――しばしばコーク兄弟と呼ばれる――が、あとの兄弟2人の株を買い占めて、経営を行なうようになってから、飛躍的に成長した。同社はパイプライン4000マイル（6436キロメートル）、アラスカ、テキサス、ミネソタの製油所、ジョージア－パシフィック製材・製紙会社、鉱物資源、化学メーカーを所有し、商品先物取引の大規模トレーダーでもある。同社は一貫して利益をあげつづけ、兄弟は世界で第6位と第7位の大富豪になった。いずれも2009年の資産総額は推定140億ドルだった。兄のチャールズはすさまじく行動的で、何事も意のままにやることに慣れている。その週末、仲間の保守主義者たちに、チャールズは気が遠くなるほど困難な任務を課した。オバマ政権が民主党の政策を実行するのを、阻止するよう求めたのである。アメリカ国民はそれらの政策に票を投じたのだが、言語道断だとチャールズは見なしていた。

チャールズとデイヴィッドは、当然ながら膨大な富によって絶大な影響力を備えている。さらに、おなじような考え方の政治的同盟者の、小規模だが熱烈なイデオロギーを抱く集団と組むことによって、長い歳月のあいだに、影響圏をひろげていった。仲間の多くは、やはり計り知れない富を所有している。この派閥は富を武器に、ごく最近まで政治の辺縁の過激派だった超保守的なリバタリアンの政治活動を推進しようとした。1980年、デイヴィッド・コークがリバタリアン党の副大統領候補に立候補した。一般選挙のリバタリアン党の得票率は、1パーセントにとどまった。当時、保守派のシンボル的存在だった作家・コメンテイターのウィリアム・バックレー・ジュニアは、リバタリアンの見解は「無政府－全体主義」だと酷評した。

私的基金から数十億ドル

コーク兄弟は1980年の選挙で惨敗を喫したが、そのアメリカ国民の判定を受け入れず、国民の投票志向を変えることに取りかかった。少数派の自分たちの見解を、富を使ってべつの手段で多数派に押しつけた。投票で打ち負かされたときからずっと、自分たちの政見を辺縁からアメリカの政界の中心へ押し出すために、隠密の活動に何十億ドルも注ぎ込んできた。事業に打ち込むときとおなじ深謀と忍耐によって、驚異的な全国的政治マシーンを創造し、築きあげた。工学を学んでいたチャールズ・コークは、全米にひろがるような運動を1976年から立案しはじめていた。元ジョン・バーチ協会のメンバーだったチャールズは、過激な目標を掲げていた。1978年には、「われわれの運動は現状の国家統制主義者のパラダイムを破壊しなければならない」と宣言した。

この目的のために、コーク兄弟は並外れた長期的な思想闘争を行なった。無関係に見えるようなシンクタンク、学術プログラム、多種多様な支持団体のネットワークに補助金を投入し、自分たちの意見を全国的な政治論議に割り込ませた。ロビイストを雇って、議会で自分たちの権益を推し進め、政治運動員を雇って、現場での政治運動を勢いづけるまやかしの草の根運動集団を創りあげた。さらに、法曹団体や司法関係者の遊興に金を出し、裁判で自分たちの主張を無理に通させた。そしてついに、共和党と肩を並べ、脅かし、併呑しようとする私的政治マシーンが、陣容にくわわった。この行動主義はおおむね秘密のベールに隠され、フィランソロピー（訳注　政府の福祉政策などの機能によらずに民間セクターで社会に影響を及ぼして改革しようとする動き）の形をとるので、大衆が追跡できるような金の流れの跡を残さない。だが、そういった組織の積み重ねにより、2015年にある政治運動員が自慢したように、「完全に統合されたネットワーク」ができあがった。

コーク兄弟は異様なまでに一心不乱だが、仲間がいないわけではない。ほかにもきわめて裕福で超保守的な一族がいて、何十年ものあいだ大衆にほとんど知られることなく金を注ぎ込んで、アメリカ国民の考え方や投票志向に影響をあたえてきた。20世紀の後半、こういった勢力の活動が本格的にはじまった。コーク兄弟にくわえ、メロン銀行と湾岸の石油の富の継承者のリチャード・メロン・スケイフ、国防受注業務で財をなした中西部のハリー&リンド・ブラッドレー、化学・爆薬メーカーの大物ジョン・M・オリン、コロラドのクアーズ醸造会社一族、アムウェイ・マーケティング帝国の創立者であるミシガンのデヴォス一族がいる。それぞれにちがいはあるが、新世代のフィランソロピーを展開し、アメリカの政治の方向性を変えるために、私立財団から10億ドル単位の金を注ぎ込んでいる。

現代のスタンダード・オイル

このドナー（政治資金提供者）たちが、自分たちの信条に沿うようにアメリカを改造する探求の旅をはじめたときには、その思想はどちらかといえば、取るに足りないと見なされていた。積極的に行動する政府は大衆に利益をもたらす力になるという、幅広く受け入れられていた第二次世界大戦後の合意に、彼らは異議を唱えた。それに代わるものとして彼らが唱えたのは、個人と企業の税を大幅に下げ、貧窮者向けの社会サービスを最低限のものにして、産業の監督、ことに環境面での規制を緩める「限定的な政府」だった。自分たちは信念に駆り立てられていると述べていたが、どの意見も彼らの個人的な金銭的利害にぴったり合致していた。

ロナルド・レーガン政権のころに、彼らの見解は支持をひろげはじめた。ほとんどの場合、もっとも極端な右派だと見なされていたが、共和党とアメリカの大半は彼らとおなじ道に向かいかけていた。当時の右寄りの進展は、予算を無駄遣いするリベラルのプログラムに対する大衆の反発だという解釈が、まかり通っている。しかし、あまり吟味されていないが、このビリオネアのドナー集団が及ぼした影響も、原因の1つなのである。

もちろん、富裕層のパトロンたちは左右両陣営にいて、長年、アメリカの政治に大きすぎるほどの影響をあたえてきた。リベラルの組織や候補者を支援するビリオネアの投資家ジョージ・ソロスは、しばしば保守派の批判の的になる。だが、コーク兄弟は、関与の水準が従来とは桁はずれだった。超党派の調査報道団体センター・フォー・パブリック・インテグリティの創立者チャールズ・ルイスは、つぎのように述べている。「コーク兄弟は、まったくレベルがちがう。これほど巨額の金を費やす人間は、ほかにはいない。その規模そのものが別格だ。違法行為、政治操作、まやかしの図式ができあがっている。私はウォーターゲート事件のころからワシントンDCにいるが、こういうものは見たことがない。彼らは現代のスタンダード・オイルだ（訳注　ジョン・ロックフェラーの牙城だったスタンダード・オイルは反トラスト法によって1911年に分割されるまで独占的な商取引をつづけた）」

超富裕層「0・1パーセント」の挫折

バラク・オバマが大統領に選出されたときには、ビリオネア兄弟の作戦はもっと高度なものになっていた。裕福な保守派を精選して数を増やし、自分たちとともに「投資」するよう説得して、秘密の政治銀行とでもいうものを設立した。リゾートに集まったのは、この集団だった。ほとんどはコーク兄弟とおなじように莫大な富を所有するビジネスマンで、アメリカで1パーセントの富裕層であるだけではなく、もっと選り抜きの0・1パーセントかそれ以上の超富裕層だった。どんな基準に照らしても、きわめて大きな成功を収めているといえる。だが、この集団にとって、オバマの大統領当選は、きわめて腹立たしい挫折だった。

共和党が政権を握っていたこれまでの8年間、保守派のビジネスエリートは、権力を強化し、アメリカ政府の規制と税制にとてつもない影響力を駆使してきた。ブッシュ大統領は真の保守派とはいえない、とけなすものまでいた。しかし、この階層の多くは、ブッシュ時代に自分たちの利益になるような政策を練りあげることで、莫大な富を蓄積していて、民主党の新大統領を自分たちが手に入れたものすべてへの脅威だと見なしていた。リゾートに集まった参加者たちは、共和党支配の8年が過ぎ去っただけではなく、国と自分たちに計り知れない恩恵をあたえてきた政治秩序が終わりを告げるのではないかと怖れていた。

2008年の選挙で、共和党はいたるところで打ち負かされた。ホワイトハウスを民主党の大統領に奪われただけではなく、議会の上下院でともに少数党に転落した。2008年の選挙は、失意を味わったという程度のものではなかった。総崩れの大敗北だった。「連中はまさに吹っ飛ばされた。問題は生き残れるかどうかだった」オバマ大統領の元広報官ビル・バートンは、当時を回想して述べている。のちにオバマ政権の上級補佐官になるリベラルの政治活動家ジョン・ポデスタは、選挙直後の雰囲気について語っている。「勝利主義のようなものが蔓延していた。ブッシュは地に落ちた、ブッシュはフーヴァー、オバマはフランクリン・ルーズヴェルトだというような感覚だ。振り子が逆に動いて、新しい進歩的な時代がはじまったという感じがあった。世論調査では、ブッシュはニクソンよりも不人気だった！　ブッシュの経済・外交政策の着想はいずれも大失敗だった。いっぽう私たちには、〝われわれはしくじるはずがない〟という意識があった」

オバマは最悪の悪夢

保守派の政治的危機感を逆なでするように、経済は１９３０年代の大恐慌以来最悪の、めまいに襲われるような急降下に陥っていた。オバマが就任宣誓を行なった日、株式市場はアメリカの銀行の生存能力にあらたな疑念が生じたために急落し、スタンダード＆プアーズ５００種指数は時価総額が５パーセント以上目減りし、ダウ・ジョーンズ工業平均株価は４パーセント下落した。先の見えない経済崩壊は、保守派の資産に損害をあたえただけではなく、信念体系も揺るがした。リバタリアン保守主義の基本的な教義である、市場は誤ることがないという思い込みは、狂気の沙汰に思えた。自由市場を唱える人々も、思想に凝り固まったリバタリアンの運動は危険だと見なした。共和党の一部ですら、疑問視していた。たとえば、ブッシュ親子の政権の両方に関わりがあったコリン・パウエル退役陸軍大将（訳注　ブッシュ・シニア政権時は統合参謀本部議長、ブッシュ・ジュニア政権では国務長官）は、「アメリカ国民は、統治の緩和ではなく強化を必要としている」と述べた。『タイム』誌は共和党のシンボルの象を描いた表紙に「絶滅危惧種」という見出しをつけて、時代の思潮を捉えた。

チャールズ・コーク本人は、オバマ政権誕生をまるでこの世の終わりであるかのように表現した。１月初旬、「アメリカは１９３０年以来の自由と繁栄の大損失」に直面していると宣言する激烈なニューズレターを、社員７万人に送信した。連邦政府の予算でリベラルな政策が復活するのを怖れたチャールズは、政府のプログラムと規制を増やすのは、悪化する不況への対策として完全に間違っていると、社員に述べた。「成長のもっとも力強い原動力を提供して、この苦難の時代からわれわれを救いあげるのは、政府ではなく市場だ」とチャールズは力説した。

オバマの就任演説は、チャールズにとってまさに最悪の悪夢だった。宣誓した直後にオバマは、政府の規制がもっとも緩いときに市場はもっともよく機能するという途方もない考えに、事実上、宣戦布告した。「監視の目がなかったら、市場はきりもみに陥って制御できなくなります」オバマは警告した。さらに、まるでインディアンウェルズに集まっている超富裕層のビジネスマンを狙い澄ましたかのように、「富裕層だけに有利な状態では、国は長く繁栄することはできません」といい放った。

自分たちにとって脅威となるこの政治背景に対して、チャールズ・コークは、同胞の保守主義者クレイグ・シャーリーが述べる「商業の権利」をふりかざして、アメリカの政治を取り戻すか、あわよくば乗っ取ろうとした。オバマの当選で任務の緊急性は高まっていたが、インディアンウェルズはコーク兄弟にとって最初の集会ではなかった。チャールズと弟デイヴィッドは、2003年以降、年に2度、保守派のドナー向けのおなじような会合をひそかに開催していた。この企ては、はじめは小規模だったが、右派の0・01パーセントがオバマへの反感をつのらせるにつれて、爆発的に拡大した。

われわれ以外にだれがやるのか

彼らは、自分たちの野心的な大事業を大衆の目からほとんど隠していた。法律で求められている財務の開示は最低限にとどめ、政治的フィランソロピーのことを、コーク兄弟は仲間内で高い地位に伴う義務だと表現していた。「われわれでなければ、だれがやるのか？　いまやらなければ、いつやるのか？」寄付を募るこうした頂上会議《サミット》への招待状で、チャールズは古代ヘブライの律法学者ヒレルの言葉を借りて問いかけた。「われわれが大惨事に向かって進んでいることは明らかだった」のちに保守派のジャーナリスト兼編集者のマシュー・コンティネッティに自分の計画を説明するときに、チャールズはそう語った。自由市場を熱望する人間を集めて、圧力団体を組織するという案だった。初のセミナーは2003年にひらかれたが、15人しか集まらなかった。

元はコーク王国関係者で、報復を怖れて名を伏せているある情報提供者は、最初のころの寄付金集めの集会は、自分の会社の収益に役立つ政争の資金を他人に払わせるという、チャールズ・コークの巧妙な仕掛けだったと述べている。セミナーは、実質的に会社のロビー活動の延長だった。スタッフも組織化もコークの社員がやり、おおむね会社のプロジェクトのような扱いだった。コーク兄弟にとってとりわけ重要だったのは、環境問題での争いで他の業種のリーダーたちの支援を得ることだったと、この情報提供者はいう。コーク兄弟は、政府が気候変動に取り組むことに、激しく反対した。化石燃料部門の利益に悪影響があるからだ。しかし、2009年1月、この狭い範囲の懸念は、にわかに影が薄くなった。オバマの大統領就任によって、保守派のビジネスエリートのあいだにもっと重大で広範な不安がひろがったからである。このため、彼らは集会に群れをなして押し寄せ、そこは政治的抵抗の中心になった。集会の立案者たちは、その成り行きに圧倒されるばかりだった。「突然、パレードを先導しているような感じになった！　こんなことは、だれも予想していなかった」

コーク兄弟が集めた9億ドル

2009年には、コーク兄弟は自分たちの政治集会を、自由市場の意見交換会から、影響力の大きい大物が勢ぞろいするような政治集会に拡大していた。裕福なビジネスマンたちが、最高裁判事のアントニン・スカリアとクラレンス・トーマス、下院議員、上院議員、州知事と親しく付き合い、メディアの名士も出席した。「招待を受けることは、成功のあかしだった」と、現在もコークのもとで働いている運動員は説明する。「みんなそこへ行きたがった」

サミットで集められる寄付金の額も、注目を浴びるようになっていた。アメリカの政治を操作できると期待して、最初のころに参加したビジネスマンも、たしかに途方もない金を費やしたが、コーク・セミナーの参加者の出す金額は従来とは比べ物にならないくらい大きかった。『ワシントン・ポスト』のダン・ベルツが述べているように、「保険業界の大物でフィランソロピストのW・クレメント・ストーンが、リチャード・ニクソンの1972年の選挙運動に200万ドルを寄付したときには、大衆の怒りをかき立て、それがウォーターゲート事件後に選挙運動資金を改革する運動をもたらした」インフレ率を計算に入れると、ストーンの寄付した200万ドルは現在の1100万ドルに相当する。いっぽう、2016年の選挙に向けて、コーク兄弟とその仲間の小規模な集団が集めた資金は、8億8900万ドルだった。ウォーターゲート時代にすさまじく腐敗していると見なされた金額とは、比べ物にならないくらい莫大な額だ。

リゾートに集まった参加者たちの政治的影響力は、コーク兄弟の評判を高めるのに寄与し、これまではメインストリームから遠く離れているとして軽視されていた、彼らの極端なリバタリアンの政見の社会的地位に、あらたな輝きを授けた。「われわれは、駆けずりまわっておかしなことを口走る過激派の群れではない」デイヴィッド・コークは、コンティネッティに得意げにいった。「ここにいるのは、ほとんどが大きな成功を収めた人々だし、それぞれのコミュニティで重要で尊敬される地位を占めている」

彼らは地中に潜っている！

オバマ政権の1期目が発足した2009年1月のサミットにだれが参加し、リゾートでなにが行なわれたかは、断片的にしかわからない。招待客のリストが、コーク兄弟の政治・ビジネスの多くとおなじように、秘密のベールに包まれているからだ。過去にコーク兄弟のもとで働いたことがある、共和党の選挙コンサルタントは、コーク一族の政治活動について、「レーダーの下を潜っているという表現では物足りない。彼らは地中に潜っている！」と述べている。

一例をあげるなら、サミットの参加者たちは、いかなる書類のコピーもすべて破棄するようにと警告されている。「会議のメモや資料の保管と秘密保持に気を配ってください」と、集会の招待状に注意書きがあった。メディアとは話をしてはいけないし、会議の内容をインターネットにアップしてはいけないと、招待客は命じられる。参加者の名前や会議の議題が大衆の吟味にさらされないように、入念な保全《セキュリティ》（訳注　主に相手方の情報・諜略活動を阻止して自分たちの情報を護ること）手段が講じられる。集会に出席することを決めた参加者は、リゾートの従業員を信用せず、すべての手配をコーク兄弟のスタッフに任せるようにと注意される。従業員はコーク兄弟の警備班に身許を調査される。不法侵入者や他人の名を騙る人間を見破るために、どの行事でも名札をつけるよう求められ、スマートフォン、iPad、カメラ、その他の録音・録画機器は、会議前に没収される。集会中に盗聴されるのを未然に防ぐために、表の招かれざる報道陣や大衆に向けてホワイトノイズを発生するラウドスピーカーを、音声技術者が周辺に配置する。いうまでもないが、守秘に違反した人間は、その後の会合から追放される。守秘違反が起きたとき、コーク兄弟は1週間にわたる厳しい内部調査を行ない、漏洩《リーク》の源を突き止めて穴をふさぐ。サミットで集められた寄付金の額やドナーの名前は公表されないが、その金が国家の問題に決定的な影響をあたえることを、立案者たちは期待している。「匿名性は護られる」コーク・インダストリーズの特別プロジェクト担当副社長で、チャールズ・G・コーク慈善財団の副社長でもあるケヴィン・ジェントリーは、あるサミットで寄付金を募るときに、ドナーにそう請け合った。しかし、その後、その言葉の録音がリークされた。

この大事業の重大さを理解できないものがいた場合に備えて、チャールズ・コークはある招待状で、「太陽を浴びて楽しむ」のは「われわれの最終目標ではない」と力説した。ゴルフに興じたり、ゴンドラに乗ったりするのは、仕事が終わったあとならかまわないが、朝食討論会は冴えた頭で早くはじめなければならない。チャールズは招待客を戒めた。「これは行動派の集会だ」

富が権力を生み、権力が富を生む

オバマ大統領の1期目、コーク兄弟の秘密反対運動に、18人以上のビリオネアが参加した。出席者のなかの平凡なミリオネアはべつとして、ほとんどが推定数億ドルもしくは数十億ドル以上の富を有している。名前がわかっている18人のビリオネアの富の合計（２０１５年の時点）だけでも、２１４０億ドルにのぼる。それどころか、オバマ政権の１期目、名前を知られないようにしてコークの立案会議に参加するビリオネアの数は、『フォーブス』がもっとも裕福なアメリカ人４００人をはじめて発表した１９８２年（訳注　フォーブス４００。米国長者番付。１９８２年にはビリオネアは13人しかいなかった）とは比べ物にならないほど増えている。

コーク・セミナーの参加者の富は、アメリカの経済格差が大幅に拡大し、１８９０年代の金ぴか時代のレベルに達していることを如実に示している。アメリカの収入トップ１パーセントとそれ以外の人々との差は、２００７年には大きくひらき、人口の１パーセントが国全体の個人資産の35パーセントを所有するに至った。その１パーセントの人々が、国民の全収入の４分の１近くを我が物にしている。25年前には、その比率は９パーセントにすぎなかった。ノーベル賞を受賞しているエコノミストで、『ニューヨーク・タイムズ』のコラムニストのポール・クルーグマンのようなリベラルの批判勢力は、アメリカが民主主義から金権政治か、悪くするとロシアのような寡頭制に変わってしまう危険性があると心配している。そこではきわめて強力な少数のビジネスマンが、政府を意のままに動かし、他の国民すべてを犠牲にして自分たちに便宜を図るように仕向けている。「私たちはたんにきわめて格差の大きい社会に向かっているだけではなく、寡頭制の社会に向かっている。継承した富の社会だ」とクルーグマンは警告する。「政治システムを実質的に買収できるくらい裕福な少数の人々がいるとき、政治システムはその人々の利益にかなうように動く傾向がある」

「寡頭制」という言葉は挑発的だし、アメリカのような民主主義とは相容れない専制的な支配者のことだと考えるのに慣れている人間にとっては、大げさに思えるかもしれない。しかし、寡頭制の比較研究を専門とする、ノースウェスタン大学のジェフリー・ウィンターズ教授は、アメリカは「市民寡頭制」だと唱えている。この説を唱えるものはかなり増えている。「市民寡頭制」では、極度に裕福な少数の国民が、圧倒的に優位な経済的地位を利用して、自分たちだけに有益な政治思想を増進させる。アメリカの寡頭制の支配者は、直接に統治するのではなく、富を利用して自分たちの利益になるような政治結果を生み出す、とウィンターズは主張する。ノーベル経済学賞を受賞している、左派寄りのコロンビア大学教授ジョーゼフ・スティグリッツは、「富が権力を生み、そしてまた権力が富を生む」と表現している。

ピケティの「世襲資本主義」

アメリカのエコノミストは、長年、国民の経済格差の重大さを過小評価する傾向が強かった。格差増大はグローバル経済の避けられない大幅な変化による、やむをえない結果だとしてきた。時間がたてば極端な格差は自然と均され、上げ潮によってすべての船が上昇するとエコノミストたちは唱えた。自由市場を擁護する人々は、重要なのは結果が平等であることではなく、機会が均等であることだと主張した。保守派のノーベル賞受賞エコノミストのミルトン・フリードマンは述べている。「結果の平等という意味で、平等を自由よりも優先する社会は、平等も自由も得られないという結果になる……いっぽう、自由をなによりも優先する社会は、幸運な副産物として、より大きな自由と大きな平等をものにする」

しかし、21世紀にはいると、この多数派の意見は揺らぎはじめた。政治と富の結びつきを研究する学者多数が、アメリカで加速している格差の拡大は、経済だけではなく民主主義にとって脅威だと見なすようになった。パリ経済学校のエコノミストのトマ・ピケティは、時代の思潮を動かした著書『21世紀の資本』で警告している。アメリカやその他の国の経済格差に、政府が積極的に介入しないと、格差はどんどん拡大し、人口のごく小さな一部が現在所有している富は、予測できる範囲の未来において増大し、世界の富の3分の1か、半分、あるいはそれ以上になる可能性が高い、とピケティはいう。莫大な財産の所有者とそれを継承するものの富は、賃金の上昇率をしのぐ速さで増加し、「世襲資本主義」を生み出すとピケティは予測している。この力学は持つ者と持たざる者の隔たりをさらにひろげ、昔のヨーロッパやバナナ共和国の貴族社会に似たレベルに達する、と。

エリートの少数派は、大部分の国民が直面している経済的現実と乖離した利益や政治目標を目指す、極端な党派主義を推し進める、という意見もある。上院予算委員会のスタッフとして、裕福な実力者集団が中央政界で政策策定機構を操るのを30年間、目の当たりにしてきた、共和党のマイク・ロフグレンは、富裕層の「かけ離れ」を公然と非難している。富裕層は「国民の市民生活とはかけ離れ、国民を搾取の源と見るとき以外は、国民の福利に関心を持たない」ジェイコブ・ハッカーとポール・ピアソンは、アメリカは「勝者がすべてを取る」国になり、経済格差は政治的優位を行使することによって永続する、と述べている。そうであるなら、コーク・セミナーは、勝ち組の集合写真のようなものだ。

コーク・サミットの紳士録

コーク・サミットの出席者全員のリストは、一度だけ公衆の目に触れた。２０１０年6月の集会のリストだった。19世紀末のニューヨークの社会では、アスター家の舞踏会に出席できるかどうかが大きな基準で、アスター夫人が上流階級を４００人に絞り込み、独自のサロンを形成した。コーク兄弟のドナー・リストも、それとおなじように幸運な社会のほんの一部を反映していた。ほとんどがビジネスマンで、女性はきわめて少数だった。非白人はさらにすくない。また、みずから富を築いた人間もいたが、多くは継承した莫大な遺産を護ることに余念がなかった。コーク兄弟の会合に惹かれるものはいちように保守派だったが、陰謀理論に描かれているような見え見えの戯画的な悪党ではなく、さまざまな幅広い見解を持っていた。社会・国際問題については、意見が異なることも多かった。しかし、政府の規制と税制、とりわけ蓄積された富に影響を及ぼす規制と税制への反発が、彼らを密接に結びつけていた。アスター家の時代は鉄道王や鉄鋼王が君臨していたが、20世紀末の莫大な富を築く手段は昔とは異なる。その変化を示すように、出席者のなかでは金融関係者がかなりの数を占めていた。

オバマ政権第一期にコーク寄付金サミットに出席するか、代理人を送った有名な金融関係者として、スティーヴン・Ａ・コーエン、ポール・シンガー、スティーヴン・シュワルツマンがあげられる。いずれも主義主張がはっきりしている思慮深い保守派で、秘めた動機はないが、オバマ政権で予測される連邦政府の強腰の政策を怖れる理由がそれぞれにあった。

コーエンの華々しく成功しているヘッジファンド、SACキャピタル・アドヴァイザーズは当時、インサイダー取引に関する厳しい刑事捜査の対象になっていた。検事は、コネティカット州スタンフォードに本社を置くコーエンの会社のことを、「市場詐欺師を引きつけるまぎれもない磁石」だと表現した。『フォーブス』はコーエンの富を103億ドルと推定したことがある。彼の小切手帳は、無敵の政治的武器だった。

大きな利益をあげているヘッジファンドのエリオット・マネジメントを経営しているポール・シンガーの富を、『フォーブス』は19億ドルと推定している。批判勢力にはハゲタカファンドとも呼ばれているエリオットは、経済が悪化している国が投げ売りする債務を買い、攻撃的な法的手順に訴えて、債務を免除されることを期待している困窮した国に債務を買い戻させ、利益を得るというやり方をしていた。最貧国の債務は買わないとシンガーは断言しているが、儲けの大きい彼の手法は大衆に軽蔑され、政府の吟味を受けることになった。ニューヨークのタブロイド紙までもが、尻馬に乗っていた。2007年7月にシンガーがルドルフ・ジュリアーニ元ニューヨーク市長の大統領選挙出馬を応援したとき、『ニューヨーク・ポスト』は「ルディの〝ハゲタカ〟$$男」という見出しに、「貧乏人からむしり取った利益」という小見出しをつけた。シンガーは、自分は自由企業制を唱えるゴールドウォーター風の保守派（訳注　アリゾナ州選出の故バリー・ゴールドウォーター上院議員は、現代アメリカの保守主義の象徴とされてきた）だと主張し、自由市場の思想を推進するために気前よく寄付しているが、その裏では異例の政府支援を要求して、悲惨な状態の貧困国から絞り取っているとされている。この手の矛盾は、コークのドナー・ネットワークの多くの参加者にあてはまる。

政府に睨まれたウォール街の〝英雄〟

スティーヴン・シュワルツマンは、通常、シンガーほど政治活動に熱心ではないが、偶然の成り行きでコーク兄弟の政治的企てに参加したのは、かなり早かった。2000年、シュワルツマンは、ジョン・D・ロックフェラーがかつて所有していたパーク・アヴェニュー740番地の豪壮な3階建の家を、3700万ドルで購入した。おなじマンハッタンの共同住宅を、3年後にデイヴィッド・コークが買った。オバマが大統領に当選したころには、シュワルツマンはウォール街の行き過ぎた行為のシンボルになっていた。クリスティア・フリーランドが『グローバル・スーパーリッチ――超格差の時代』に書いているように、2007年6月21日、驚異的な成功を収めているシュワルツマンのプライベートエクイティ会社ブラックストーンのIPO（株式の新規公開）は「アメリカの寡頭制がカミングアウト・パーティを行なった日になった」。その日の市場が引けたとき、株の売却でシュワルツマンは6億7700万ドルを儲け、78億ドル相当の株を保有していた。

シュワルツマンのすさまじい金儲けに、連邦政府はかなり大きな危機感を抱いた。その直後に民主党は、キャリード・インタレスト（訳注 ヘッジファンドのマネジャーが受け取る成功報酬）税の抜け穴や、金融業者が莫大な富を蓄積するのに役立っているその他のからくりへの批判を開始した。2008年の市場大暴落後、オバマ大統領と民主党がウォール街の改革強化を唱えはじめた。シュワルツマン、コーエン、シンガーなど、コーク・セミナーに集まる金融業者は、多くを失うおそれがあった。

コーク兄弟の大手ドナーの1人、ロバート・マーサーが運営するヘッジファンドも、政府のターゲットになるおそれがあった。マーサーは奇矯なコンピュータ科学者で、高度な数学のアルゴリズムを利用して株を売買し、富を築いていた。議会民主党は、株の売買に課税することを検討していた。マーサーが共同会長をつとめるルネッサンス・テクノロジーズは、コンピュータを使用する株の売買を、きわめて高い頻度で大量に行なっていた。マーサーの考え方をよく知っているものは、政治活動と金銭欲を彼は混同していないと主張するが、マーサーにはビジネスの面で反政府的になる理由がほかにもあった。マーサーの会社が数十億ドルの税金を払うのを不適切なやり方で回避しているのではないかと、IRS（内国歳入庁）が調査し、会社はその容疑を否定していた。雇用関連の法律も、マーサーにとって厄介な悩みの種になっていた。家政婦3人が、残業代を払わず、バスルームのシャンプーが容器の3分の1以下になったのに取り換えなかったというような些細な落ち度のために、給料を減額されたとして、マーサーを告訴した。タブロイド紙の記事では、マーサー自身が前に起こした訴訟のことが、かならず引き合いに出された。ニューヨーク州ロングアイランドの邸宅に精密な模型列車のセットを取り付けた玩具メーカーが、200万ドルも多く請求したと、マーサーは告訴していた。2011年の報酬パッケージは1億2500万ドルで、マーサーはその年のヘッジファンド・マネジャーの報酬ランキングで16位になった。

長期の法廷闘争

コーク・グループに加わっていた金融業者の1人、ケン・ランゴーンも、法的な問題を抱えていた。

ホームデポの共同創業者でビリオネアのランゴーンは、ニューヨーク証券取引所報酬委員会の委員長だったときに、友人であるディック・グラッソー会長に退職金1億3950万ドルを支払うことを決断した件で、長期の法廷闘争に巻き込まれていた。あまりにも言語道断な金額で、グラッソーは辞任に追い込まれた。批判に腹を立てたランゴーンは、「われわれのような太った猫と寄付金がなかったら、アメリカの大学はすべて苦境に陥る」と考えたと伝えられている。

コーク・セミナーに参加した金融業者のうち、ミューチュアルファンドのストロング・キャピタル・マネジメントの創立者リチャード・ストロングは、不適切な時間外取引で友人や家族が利益をあげるよう仕組んだとして、当時のニューヨーク州司法長官エリオット・スピッツァーに摘発され、捜査後の和解契約で、金融産業で活動することを生涯禁じられた。ストロングは罰金6000万ドルを支払い、公に謝罪した。ストロングの会社は関連罰金として1億1500万ドルを支払った。しかし、ストロングが会社の資産をウェルズファーゴに売却すると、「いっそう大金持ちになった」とAP通信は報じた。

コーク・サミットの参加者の多くは、ビジネスだけではなく税回避の面でも優秀なリーダーだった。たとえば、長距離通信会社クエスト・コミュニケーションズを設立した、石油とエンタテインメント・ビジネスのビリオネア、コロラドのフィリップ・アンシュルツは、2002年、『フォーチュン』に、アメリカの「もっとも強欲な経営者」と評されたが、説明には会計士なみの知識が要求されるような税問題で、厳しい戦いをくりひろげている。アンシュルツは、聖書がテーマの映画に融資するような保守派のクリスチャンで、前払変動先渡取引という仕組みを使い、2000-2001年のキャピタルゲイン課税を回避しようとした。この取引では、アンシュルツのような裕福な株主が、後日投資会社に株を譲渡すると約束して、代金を前払してもらう。株の名義がすぐに変わるわけではないので、キャピタルゲイン税は支払われない。『ニューヨーク・タイムズ』によると、アンシュルツは自分の石油・天然ガス会社の株をドナルドソン・ルフキン&ジェンレットを通じて先渡しすると約束することで、3億7500万ドルを調達したという。

最終的に裁判所は、細かい一点についてのみアンシュルツの行為を不適切とした。元『タイムズ』のレポーター、デイヴィッド・ケイ・ジョンストンは、裁判所は「アンシュルツの取引と若干異なるやり方の前払いであれば可能であると裁定した。しかし、果たしてそれでよいのか？」と問いかけている。「アメリカにはまったく異なる不平等な2種類の所得税システムがあるというのが、おぞましい真実なのである。いっぽうのシステムは、アンシュルツや、さまざまなごまかしを使ったり、投資による利益を先送りしたりして課税を免れたアンシュルツの妻ナンシーのような超富裕層向けのものだ。もう1つのシステムは、法外な金持ちではない人間向けのものだ」と、ジョンストンは結論づけている。

ドナーの家族のなかには、まぎれもない税法違反を犯している人間もいた。ミシガンに本社のある世界的な連鎖販売取引《マルチレヴェル・マーケティング》の帝国、アムウェイの共同創始者リチャード・デヴォスは、1982年に関税2200万ドルをカナダ政府から詐取した犯罪計画について、有罪の答弁をした。その後、誤解だったとデヴォスは弁解しているが、カナダ当局を騙すために会社が故意に巧妙な捏造を行なっていたことを記録が示している。デヴォスと共同創始者のジェイ・ヴァン・アンデルは、罰金2000

万ドルを払わされた。そのくらいの罰金では、『フォーブス』が57億ドルと推定したデヴォスの富に、なんの痛手もあたえなかった。２００９年、デヴォスの息子ディックとその妻ベッツィは、コークの大口ドナー・リストに載っていて、オハイオ州の選挙運動資金法に違反したとして、５２００万ドルという記録的な額の民事訴訟の罰金を科せられていた。

環境規制逃れ

コーク・ネットワークでは、エネルギー関連の大立者も大きな存在感を示している。この集団もまた、重大な政府の規制や環境問題を抱えている。石油、天然ガス、鉱業のような「採取産業」は、国内での政府の規制にもっともあからさまに反対するような人間が経営していることが多い。しかしながら、どの企業も利益の補助には政府の許可、規制、税法に依存しているし、国有地の使用許可をあたえられている場合も多い。コーク兄弟の会社も含め、12社以上の石油・天然ガス会社が、グループに参加していた。これらの会社は、政府の気候変動対策から逃れ、環境保護規制を緩和することに、莫大な利害関係を持っている。このグループの有力メンバーであるコービン・ロバートソン・ジュニアの一族は、10億ドル規模の石油会社クインタナ・リソースィズ・キャピタルを創業した。ロバートソンは石炭に大きく賭けていた――「個人として最大の買い溜め」――石炭２１０億トンを保有――と『フォーブス』に書かれるほど、大がかりな賭けだった。石炭を燃やす施設の汚染を規制する環境保護庁（ＥＰＡ）の活動と争う隠れ蓑《フロント》政治団体のいくつかと、ロバートソンが結びついていることを、捜査報告書が指摘している。こうしたフロント団体の１つは、「工場にはＣＯ$_2$が必要」という滑稽な名称だった。

コーク兄弟の寄付金ネットワークで活動しているもう1人の石炭王は、ヴァージニア州の鉱業会社カンバーランド・リソースィズの経営者リチャード・ギリアムだった。低迷する石炭産業が、規制との戦いの裏で陰惨な賭けを行なっていることが、2010年の事件で明らかになった。カンバーランドが10億ドル近い価格でマッシー・エナジーに売却された数週間後、マッシーのアッパー・ビッグ・ブランチ炭鉱で悲惨な爆発が起こり、鉱員29人が死亡した。40年間で最悪の炭鉱事故だった。連邦政府の捜査により、マッシーが安全面で多数手抜きをしていたことが判明し、連邦大陪審は、連邦が定めた鉱山安全基準への違反と妨害を企てたとして、ドン・ブランケンシップCEOを起訴した。石炭王が刑事告訴を受けるのは、はじめてだった。その後、マッシーはアルファ・ナチュラル・リソースィズに71億ドルで買収された。同社のCEOケヴィン・クラッチフィールドも、コーク・ネットワークの一員だった。

水圧破砕法《フラクチャリング》（訳注 シェールガス採取のテクノロジー）ですばらしい成功を収めたが、政府に不平を抱いている経営者数人も、コーク兄弟のリストに載っている。頁岩層（シェール）から天然ガスを抽出するこの画期的な方法によって、アメリカのエネルギー産業は息を吹き返したが、環境主義者たちは警戒した。コーク・グループの代表的な「破砕者《フラッカー》」は、オクラホマ州の巨大企業デヴォン・エナジーの共同創立者J・ラリー・ニコルズ、ノースダコタ州でにわか景気に沸いているバッケン・シェールで最大手のコンティネンタル・リソースィズを経営するハロルド・ハムなどである。ハムは分益小作人の息子で、2015年には『フォーブス』の推定で資産82億ドルを有する、アメリカで

37番目の金持ちになった。ハムは石油生産関連税法の抜け穴を護るために運動し、環境と労働環境安全基準で違反を重ねていることで悪名高い。

「見えない金持ち」の法律トラブル

コーク兄弟のネットワークのドナーの多くには、共通したひとつの特徴がある。それは、非公開会社だということで、『フォーチュン』がかつて「見えない金持ち」と呼んだように、世間的に目立たない。非公開会社は、経営の自由度が大きく、公に公開される情報を限定でき、株主の吟味から護られている。それでも多くのドナーたちは、政府に目を付けられ、望ましくない法的吟味を受けるおそれがあった。

それどころか、コーク・ネットワークの企業は驚くほど多数が、過去か現在に深刻な法律問題を抱え込んでいる。世界最大の賭博会社ラスヴェガス・サンズ・コーポレーションの創立者で会長兼CEOのシェルドン・アデルソンは、『フォーブス』に資産314億ドルと推定されているが、マカオでカジノの経営をつづけるライセンスを確保するために海外腐敗行為防止法違反を侵しているおそれがあるとして、贈賄容疑で司法省の捜査を受けた。

コーク兄弟も同法に関して、大きな懸念を抱えていた。ブルームバーグ・ニューズがのちに暴露したところによると、コーク・インダストリーズがアルジェリア、エジプト、インド、モロッコ、ナイジェリア、サウジアラビアで違法な支払いをしていたことが、フランスの法廷で明るみに出たという。さらに、オバマが当選する直前の2008年夏には、連邦政府当局者が、テロリズム支援国家との貿易禁止命令の違反に関して、イランへの売却についてコーク・インダストリーズから事情を聞いた。

いっぽう、べつのドナー、オリヴァー・グレイス・ジュニア――化学コングロマリットのW・R・グレイス&カンパニーを創立した一族の血縁――は、株のバックデート操作事件の渦中にあり、きわめて暴力的なビデオゲームの「グランド・セフト・オート」を開発したテイク・トゥー・インタラクティヴ社の取締役会から追放された。

シンシナティに本社を置くアメリカ最大の制服メーカー、シンタス・コーポレーションのリチャード・ファーマー会長が抱える多数の法律問題のなかには、社員のむごたらしい事故死にまつわるものがあった。企業寄りではないと予想されるオバマ新政権が誕生する直前に、シンタスは、6件の安全違反通告について、労働安全衛生局（ＯＳＨＡ）と２７６万ドルの和解契約に達した。そのうち1件では、社員が産業用ドライヤーで焼け死んでいた。そのヒスパニック系移民の社員は、熱源に向かうコンベアベルトにひっかけられた。その死亡事故の前にＯＳＨＡは、２００３年以降１７０件以上の安全違反について、シンタスに通告し、そのうち70件について、「死亡もしくは身体損傷」をもたらすおそれがあると警告していた。オバマが就任したとき、シンタスは社員の寡婦への損害賠償をめぐって係争し、社員の死は本人の過失だと主張していた。同社のファーマー会長もまた、『フォーブス』の推定で資産20億ドルという、コーク・グループのビリオネア・ドナーの1人だった。

政府への根強い反感

参加者がいちように反政府、自由市場、独立、を支持しているのに、コーク・ネットワークには意外にも、『フォーブス』の推定で個人資産28億ドルのスティーヴン・ベクテル・ジュニアのような政府の事業を請け負う大手受注業者が多数含まれている。ベクテルは、国際的な巨大建設会社ベクテル・コーポレーションの元会長で現在は取締役をつとめている。祖父が創業者で、父が経営し、ベクテルの引退後は、息子と孫が経営している。父親的温情主義で家族経営のベクテルは、アメリカで6番目の民間企業で、ほとんど政府の保護によって存続している。フーヴァー・ダムをはじめとして、大規模な公共事業を数多く受注し、政府の国家安全保障部門に深くはいり込んでいることで知られている。2000年から2009年にかけてだけでも、政府から392億ドルの事業を受注している。それにはアメリカ侵攻後のイラク復興をするための6億8000万ドルも含まれていた。

コーク・ドナーの所有する他の企業の多くとおなじように、ベクテルも政府と法律問題で揉めていた。2007年、イラク復興担当特別査察官の報告は、ベクテルの粗雑な工事を非難している。さらに2008年、ボストンの悪名高い「ビッグ・ディグ」トンネル工事の下請けで、詳細不明の告発の和解金3億5200万ドルを支払っている。ベクテルはまた、ワシントン州ハンフォードの核処理施設の数十億ドル単位の除染作業でもコストを超過したとして、議会に非難された。

コーク・ネットワークでは政府に対する反感がきわめて強く、あるドナーは、連邦政府のビジネスに対する干渉ばかりではなく、自分の身の安全についての干渉も腹立たしげに拒んでいる。父親が創業したシアトルに本拠を置く食料ビジネスを、サーヴィス・グループ・オブ・アメリカという大企業に拡大したトーマス・スチュワートは、ヘリコプターや社有機に乗るのが好きだと伝えられている。だが、会社のパイロットが、ＦＡＡ（連邦航空局）の規定に違反するとして、スチュワートの操縦についての助言を拒むと、スチュワートは「座席から立ちあがって、〝おれはなんでもやりたいようにできる〟となった」と『シアトル・ポスト‐インテリジェンサー』のインタビューでそのパイロットが語っている。

妥協は敗北だ

２００９年のコーク・サミットの最大の山場は、選挙での敗北に直面して、保守派がつぎになにをやるべきかについての闊達な討論会だった。ドナーやその他の招待客が、古代ローマのフォルムで剣闘士の決闘に臨席する元老院議員よろしくホテルの大宴会場で食事をして、熱のこもった議論がくりひろげられ、明確な選択肢へと絞られてゆくのを見守った。参加者たちに面した舞台のいっぽうには、元テキサス州最高裁判事で全米共和党上院議員委員会（ＮＲＳＣ）委員長のテキサス州選出上院議員、ジョン・コーニンが着席していた。長身、秀でた桃色の額、ふんわりとした白髪、ダークなピンストライプのスーツを好むコーニンの風采そのものが、共和党のエスタブリッシュメント派閥の柱石であることを示している。超党派の『ナショナル・ジャーナル』によれば、コーニンは上院共和党で2番目に保守的だと見なされているという。だが、元補佐官がいうように、政治では時折歩み寄りが必要だという信念を持つ「立憲主義者」でもある。

司会者を挟んで反対側には、サウスカロライナ州選出のジム・デミント上院議員が陣取っていた。デミントは共和党の反エスタブリッシュメントの最右翼で、信奉者の1人は「フン族の酋長」と呼んでいる。当時は57歳で、コーニンよりも五カ月年長だが、髪が黒く、引き締まった体つきだし、もっと気さくで控え目なので、いくつも年下に見える。議員に当選する前は、サウスカロライナ州で広告代理店を経営していた。デミントは売り込みが上手だった。パルメットヤシ州（サウスカロライナ州の俗称）のデミントの先祖がその場にいたなら、デミントがその晩に弁じた政治手法は、1860年代に南部連合国支持者のジョン・C・カルホーンが唱えた連邦権限の実施拒否（訳注　連邦が制定した法律を、違憲であると州が見なした場合には、州内での実施を拒否できるとする理論）とおなじだと気づくにちがいないと、歴史家のショーン・ウィレンツはいう。

共和党上院議員2人は、しばらくのあいだ対立していた。その晩、2人は正反対の声明を述べた。コーニンは、共和党は穏健派も含めた幅広い有権者への訴えかけを拡大して、勝利を目指すべきだと論じた。「テキサスとメインの共和党党員がまったくおなじとはかぎらないことを、コーニンは知っていた」元補佐官は説明する。「コーニンは党を大きな陣営にするという考えだった。票を増やさないと勝てないからだ」

デミントは、それとは逆で、妥協は敗北だというい い方をした。立憲政府の動きの遅いプロセスに辛抱できなかった。上院の同僚議員の多くを臆病で自己の利益しか考えていないと見なしていた。連邦政府はアメリカ経済のダイナミズムに対する重大な脅威だと考え、規制と財政支出に対して全面戦争を行なわないことは敗北にひとしいと考えていた。デミントは新種の過激主義の顔で、その晩も共和党を希釈するのではなく、精製する話をした。「なにも信じていない多数党よりは、何事かを信じている30人の共和党員」のほうが望ましいと、デミントは呪文のように唱え、聴衆の拍手喝采を受けた。共和党は信条を曲げて新政権に協力するのではなく、オバマに対して確固たる立場を維持し、2008年の選挙結果にかかわらず、大規模な抵抗・妨害運動を行なう必要がある、とデミントは説いた。

名ばかりの共和党員

参加者の拍手喝采がつづくなかで、デミントは土臭い南部の流儀で、ことに1つの問題についてコーニンを論難した。あなたは保守派の自由市場の原則を裏切って、大きな政府の最悪の形の支出に対する抵抗をやめ、財務省の大規模な破綻銀行救済プログラムに賛成票を投じたと、デミントはコーニンを非難した。2008年9月15日、アメリカ最大の投資銀行の1つであるリーマン・ブラザーズの破綻は、金融機構にすさまじい取り付け騒ぎを引き起こし、全体にパニックがひろがった。連邦準備制度理事会（FRB）議長ベン・バーナンキは、議会の両党指導部に、「グローバルな金融システムのメルトダウンが数日中に起きるだろう」と警告した。経済危機を防ぐために、ブッシュ政権の財務省は、不良債権救済プログラム（TARP）と呼ばれるものに、7000億ドルもの莫大な緊急救済予算を承認するよう議会に懇願した。

オバマも共和党の大統領候補ジョン・マケインも、2008年の選挙に向けて運動中に、この緊急対策を支持した。しかし、その後、救済に対する怒りと反対の声が、大衆とデミントのような反政府の自由市場保守派の両方で高まった。共和党の未来について紳士的な議論が行なわれるものと思っていたコーニンは、突然、守勢に追い込まれた。ドナーたちが嘲りの声をあげ、自由市場主義の批評家で『ウォールストリート・ジャーナル』の論説欄にも寄稿している司会者のスティーヴン・

ムーアも聴衆を煽った。会場が騒然とした。ドナーの1人、ランディ・ケンドリックが、コーニンを激しく非難した。「RINO《ライノー》を選ぶのは、もうやめよう！」――「名ばかりの共和党員《リパブリカンズ・イン・ネイム・オンリー》」を意味するその頭語は、ムーアが軟弱な穏健派を揶揄するのに使いはじめたといわれている。

自由市場狂信者の秘かな転向

この間ずっと、前列のテーブルで、チャールズ・コークと夫人のリズは、無言で座っていた。コーニンを弁護するものは、1人もいなかった。筋金入りの自由市場狂信者のコーク兄弟は、政府の大規模な民間セクター救済には反対していると、一般には信じられている。その後も多くのレポーターが、根拠もなくそう思い込み、コーク兄弟のオバマ政権への敵対は、TARP救済のような問題には原則に基づいて反対であるからだと決めつけている。しかし、それはまったく事実と異なる。記録を入念に調べれば、はっきりとわかる。当初、コーク兄弟の政治組織、繁栄のためのアメリカ人《アメリカンズ・フォー・プロスペリティ》（AFP）は、銀行救済についてリバタリアンの原則に基づく立場をとっているように見えた。だが、株式市場の底が抜けそうになり、コーク兄弟の膨大な投資資産が脅かされると、AFPはすばやくひそかに転向した。9月29日月曜日、市場が崩壊しはじめたとき、下院は保守派の激しい反対に遭って、予想に反して連邦政府の救済計画を可決できなかった。ダウ・ジョーンズ工業平均株価は777ポイント下落し、時価総額の6・98パーセントが失われた。株式市場の1日の下落としては、最高の幅だった。

デミントのような一部の保守派集団や政治家は、それでもまだ救済に反対していたが、市場パニックでおおかたの意見は変わった。その後の48時間で、コーク兄弟も翻意した。下院の予想外の否決から2日が過ぎて、上院で法案が審議にかけられていたとき、保守派多数がこんどは救済支持に転じて、舞台裏で共和党上院議員たちに働きかけ、救済に賛成するよう説得した。ＡＦＰも支持団体だったことが、いまでは判明している。ほどなく上院は、ジョン・コーニンも含めた圧倒的な超党派の支持で、ＴＡＲＰ法案を可決した。コーク兄弟の考え方をよく知っている情報源は、ＡＦＰの転向はコーク兄弟の翻意を反映していると述べている。

だが、資産を護る個人的な利害が自由市場の原理をしのいだとしても、オバマとの戦いに資金を出してくれる、いきり立ったリバタリアンの集会で、コーク兄弟がそれを口にするはずはなかった。だから、口添えをすればその場の力関係を変えることができたかもしれないのに、だれもコーニンを弁護しなかったし、昔ながらの理性的な政治論争の埒を越えず、責任ある態度でふるまうようにと戒めもしなかった。

それどころか、オバマ政権下のコーク・セミナーの終盤、ドナーたちの感情は、目撃者の１人がいうように、「ゴリラが自分の胸を叩いているみたいだった」。両陣営の意見を聞き終えたとき、招待客たちは過激主義の道を選んでいた。

進歩主義の撃退に生涯をかける

コーク兄弟はそれ以前から、自分たちの目標を達成するには、尋常ではない政治手段に訴える必要があるという結論を下していた。２００９年1月のドナー・セミナーの数日前、チャールズとデイヴィッド・コークは、カンザス州ウィチタにある、黒いガラス張りの要塞のようなコーク・インダストリーズ本社で、長年ともに仕事をしてきた政治戦略家と、選択肢をひそかに比較考量した。

オバマの就任演説を聞いたあとで、コーク兄弟は『ウィチタ・イーグル』のビル・ウィルソンとロイ・ウェンズルのインタビューを受け、アメリカは滅びる道をたどっているという点で、自分たちの政治顧問リチャード・フィンクと意見が一致したことを明かした。フィンクは、2人の富を合わせると世界最大の富を動かすことができるビリオネアの兄弟に、オバマの当選が示す進歩主義の潮流を撃退するには、「生涯の戦い」が必要だと告げたといわれている。

「これをやるには、適切にやるべきで、さもなければまったくやらないほうがいい」ウィチタの新聞の記事によれば、フィンクはそう告げた。「しかし、適切にやらなかったり、まったくやらなかったりした場合には、われわれは無価値な人間になり、多くの時間を無駄にする。そうなったら、ゴルフでもやっていたほうがましだ」

コーク兄弟が、「適切にやる」と決断したとして、どのようにやるにせよ、「きわめて汚い戦いになるだろうから」、覚悟を決めたほうがいいと、フィンクは警告した。

オバマ政権の補佐官たちはのちに、自分がなにを敵にまわすことになるかをオバマは知る由もなかったと認めている。オバマはポストパルティザン（訳注　党の主義や党規を超越して妥協し、協力するという考え方で、この時期に再浮上した）の政治家として、「私たちの国を赤い州と青い州に薄切りにしたりサイの目に切ったりしたがる」人間に理想主義的に異議を唱えて、選挙運動を展開した。「私たちは1つの国民であり」、アメリカ合衆国である（訳注　ジェファーソン大統領の「私たちはみなリバブリカンであり、フェデラリストである」という言葉を踏まえている）と、オバマは力説した。人種と生国の混淆を受け継いでいるオバマの理想像は、分裂ではなく和解だった。はじめての就任演説でもこの主題が反映され、「自分たちの足もとで地面が動いた――私たちを長年、消耗させてきた古臭い政治論議が、もはや成り立たないことを……理解しない人々は、冷笑的である」とオバマは叱責した。

あっぱれな考え方ではあるが、残念ながら希望的観測だった。宣誓したばかりの大統領が、楽観的な言葉を口にしたときに、磨き込まれた靴の真下の地面を見たなら、心に留めていたかもしれない。自分が立っている赤と青のカーペットは、政府の発注による特別あつらえで、コーク・インダストリーズの子会社のインヴィスタが製造した。アメリカの政治では、コーク兄弟と彼らが具現するものすべてから逃れるのは、容易ではない。

第1部

フィランソロピーを兵器として使う思想の戦い

1970—2008年

第1章

過激派：コーク一族の歴史

Radicals: A Koch Family History

腐敗した政府と戦うよそ者

奇妙なことに、熱烈なリバタリアンのコーク一族は、史上もっとも悪名高い独裁者2人、ヨセフ・スターリンとアドルフ・ヒトラーのおかげで、富の一部を築いた。家業である石油業を創立した一族の家長フレッド・チェイス・コークは、1930年代にソ連とナチスドイツの独裁政権と結びつき、利益の大きい事業を手がけていた。

一族のいい伝えによれば、フレッド・コークは、オクラホマ州との州境のすぐ南にある、テキサス州のクワナという小さな町に住みついて印刷と出版を営んでいた、オランダ人の息子として生まれた。父親は週刊紙と印刷所を所有していた。コマンチ族最後の酋長クワナ・パーカーにちなんで命名された町には、1900年にフレッドが生まれたころも、西部の辺境の雰囲気が残っていた。フレッドは利発な子供で、旧世界風の高圧的な父親から逃げたくてたまらず、一度家出して、コマンチ族と暮らしたことがあった。その後、アメリカ大陸を横断するように大学を転々として、テキサスのライス大学から、マサチューセッツ工科大学(MIT)へ移った。そこで化学工学を専攻し、ボクシング・チームにはいった。若いころの写真を見ると、眼鏡をかけ、くせ毛がもじゃもじゃに乱れ、自信たっぷりの反抗的な表情を浮かべた、きちんとした服装の長身の若者が写っている。

1927年、創意工夫に余念のなかったフレッドは、原油からガソリンを抽出するプロセスを改善する方法を発明した。だが、後年、息子たちにしじゅう棘々しく語ったところによると、アメリカの大手石油会社にビジネスを脅かすと見なされ、業界から締め出されて、1929年には特許侵害で顧客とともに告訴されたという。フレッドは、大手石油会社が行使している独占的な特許は、競争を阻害し、不公平だと見なした。コーク兄弟がのちに、政府と大企業が不公平に協力していると して、「企業えこひいき」と対決する構図の、初期の形のようにも思われる。自分は腐敗したシステムと戦っているよそ者だというのが、フレッド・コークの見方だった。

ソ連の石油産業の生みの親

フレッド・コークは、15年以上も法廷で争い、最後には150万ドルの和解金を勝ち取った。敵がすくなくとも1人、裁判で重要な役割を果たしていた判事を買収していると、フレッドは疑っていたが、それは事実だった。無能な酔っ払いの判事は、不正直な書記官に事件を任せていた。「判事が賄賂を受け取っていたという事実が、正義への見方を完全に一変させた」一族の会社に長年勤務した社員はいう。「正義は金で買えるし、ルールを守るやつは食い物にされると信じるようになった」いっぽう、この期間、アメリカ国内では訴訟のために動きがとれなかったフレッドは、自分の革新的な精油法を海外で利用した。

フレッドは、それより以前、第一次世界大戦後に師匠のシャルル・ド・ゴナールとともにイギリスで製油所を建造していた。当時はロシアがイギリスに原油を供給していた。そういう経緯から、ボルシェヴィキ革命後のソ連は、自国に製油所を建設するのに、フレッドの技術を借りようとした。

一族のいい伝えによれば、フレッドは助力を求めるソ連からの電報を、最初は破り捨てたという。共産主義者のためには働かないし、金を払ってくれると信用できない、とフレッドはいった。しかし、前金で支払わせるよう合意を取り付けると、思想を理由に渋るのはやめた。1930年、当時はウィンクラー＝コークと呼ばれていたフレッドの会社は、ロシア人エンジニアを教育し、スターリン政権が5カ年計画の最初の事業として近代的な製油所15カ所を建設するのを手伝った。このプログラムは成功し、ソ連のその後の石油産業の中軸になった。石油輸出は貴重なハードカレンシー（国際決済通貨）をソ連にもたらし、他の産業の近代化が可能になった。フレッドの会社は、50万ドルの支払いを受けたといわれている。大恐慌の時代のアメリカでは、莫大な額だった。しかし、1932年になると、国内需要が高まるなかで、ソ連政府はフレッドのテクノロジーをまねて、今後は自分たちで製油所を建設するほうが、利益が大きいと考えるようになった。ある報告書によれば、ソ連が製油所100カ所を建設するあいだ、フレッドはソ連を技術面で支援したが、そういう顧問の仕事では儲けがすくなかった。

そのつぎの経緯は、コーク・インダストリーズの公式な社史からは省かれている。1932年には大部分が終わったソ連での会社の事業に触れたあと、社史は1940年に飛び、フレッド・コークがウッド・リヴァー・オイル&リファイニング・カンパニーを設立することを決断したと述べている。チャールズ・コークの著作『成功の科学』でも、やはりその間のことはぼかされている。父親の会社は「外国、ことにソ連でプラントを建設する」ことで、「大恐慌の最初の数年間、はじめて本物の財政的成功を満喫した」と書いてあるだけだ。

ヒトラーの第三帝国

その本では、問題のある1つの章が欠落している。ソ連と手を切ったフレッド・コークは、アドルフ・ヒトラーの第三帝国を頼った。ヒトラーは1933年に首相に就任した。ヒトラー政権はただちに、膨張する軍事的野望を果たす目的で、ドイツの石油生産を増強することも含めた莫大な産業拡大を統率し、資金を注ぎ込みはじめた。フレッド・コークは1930年代に、石油ビジネスでしばしばドイツに赴いた。公式記録を掘り起こすと、当時はウィンクラー–コーク・エンジニアリングと称していた、カンザス州ウィチタに本社を置くフレッドの会社は、エルベ川沿いのハンブルクにある会社が所有する巨大製油所に建設案を提供し、工事を監督している。

その時代にドイツでその製油所に関わることは、フレッドにとっても異色の冒険的な事業だった。経営幹部のウィリアム・ローズ・デイヴィスは、ナチのシンパとして悪名高いアメリカ人だった。ヒトラーと多岐にわたるビジネス関係にあったため、デイヴィスは連邦判事によって、ナチス政権のために「影響力を行使する諜報員《エージェント・オヴ・インフルエンス》」だと告発された。１９３３年、デイヴィスは、オイロペーイシュ・タンクラーゲルA・G（ユーロタンク）という会社がハンブルクに所有する既存の石油貯蔵施設を買収して巨大な製油所に改造することを提案した。そのころにはヒトラーの軍事目標も、燃料を大量に必要としていることも、周知の事実だった。原油をドイツに輸送して精製し、ドイツ軍に売るというのが、デイヴィスの計画だった。デイヴィスが取引していたアメリカの銀行の総裁は、ナチスの軍備増強を支援していると見られるとして、その取引に関わることを断固として拒んだが、部下が手配して融資した。アメリカで資金を募ったデイヴィスがつぎに必要としたのは、第三帝国の後押しだった。その支援を得るには、ドイツの企業家たちに、自分はヒトラーを支援していると納得させなければならない。デイヴィスは彼らに取り入るために、I・G・ファーベン会長のヘルマン・シュミッツに早くから接触し、ナチ式の「ハイル・ヒトラー」の敬礼で挨拶をしていた。I・G・ファーベンは、上層部に人脈がある強大な化学会社で、その後、強制収容所の処刑室で使う毒ガスを製造する。こうした活動でもゴーサインが得られなかったので、デイヴィスはヒトラー本人に書簡を送って、ついに面会を取り付けた。面会の場に現われたヒトラーは、取引を承認するよう腹心の部下たちに命じた。ヒトラーの命令によって、第三帝国経済大臣が、デイヴィスの製油所建設を支援した。デイヴィスの伝記作者デイル・ハリントンは、疑念を呈している直属の部下たちに、ヒトラーがつぎのように述べたと書いている。「諸君、わたしはデイヴィス氏の提案を吟味したが、実行可能であるように思えるので、銀行に資金を提供するよう求める」その後数年のあいだに、デイヴィスがすくなくとも6回はヒトラーに会い、あるときには妻のために署名入りの『わが闘争』がほしいと頼んだ、とハリントンは書いている。ハリントンによれば、1933年末にはデイヴィスはナチズムに「心底傾倒して」いて、「ユダヤ人への嫌悪」をかなりあらわにしていたという。

ドイツ戦闘機の燃料を生産

1934年、デイヴィスは、フレッド・コークの会社ウィンクラー＝コークに、ドイツでの事業計画の実行を支援してほしいと頼んだ。フレッド・コークの指揮のもとで、製油所は1935年に完成した。1日1000トンの原油処理能力を有する、第三帝国で3番目に大きいこの製油所は、デイヴィスとフレッド・コークの協力によって完成した。特筆すべきなのは、それがドイツでは数少ない、「戦闘機の燃料として欠かせないハイオクタンのガソリンを生産できる」製油所だったことだと、ハリントンは書いている。当然ながら「ユーロタンクの売上の大部分は、ドイツ軍が占めていた」。つまり、アメリカの冒険的事業が「ナチスの戦争マシーンの重要コンポーネントになった」とハリントンは結論を下している。

ドイツ工業史に詳しい歴史家たちも、おなじように解釈している。ヒトラーの軍事的野望にとって、「ドイツ燃料産業の発展は、このうえなく重要だった」と、ノースウェスタン大学教授のピーター・ヘイズは述べている。「ヒトラーは、アウタルキー、つまり経済的自給自足を目指した」ヘイズは説明する。「そのプログラムのドイツ側の責任者だったゴットフリート・フェデルは、ドイツが原油を輸入しなければならないとしても、石油製品を自国で製造すれば、外貨を節約できると判断した」

戦争の準備期間、デイヴィスはそういう枠組みからたっぷりと利益をあげ、イギリスの海上封鎖を破って原油をドイツが輸入できるように、巧妙な策略にいそしんだ。第二次世界大戦が勃発すると、ドイツ軍機のパイロットが爆撃を行なうのに、ハイオクタンの燃料が使われた。コーク家もデイヴィスとおなじように、この冒険的な事業で利益をあげた。スコットランドのグラスゴー大学の商業歴史センター所長レイモンド・ストークスは、ナチス時代のドイツの石油産業の歴史についての共著『The Oil Factor』で、フレッドの会社が果たした役割を述べている。「ウィンクラー゠コークは、第三帝国の燃料政策の実現を助けるこのプロジェクトから、直接の利益を得た」

この時期、フレッド・コークは頻繁にドイツへ行った。一族のいい伝えによると、1937年5月に爆発事故を起こしたヒンデンブルク号に乗る予定だったが、ぎりぎりになって間に合わず、乗らなかったのだという。第二次世界大戦が近づき、ヒトラーの意図が明らかになっていた1938年末、フレッドはフランクリン・ルーズヴェルト政権のニューディール政策が行なわれていたアメリカを腹立たしげに引き合いに出して、ドイツやその他の国のファシズムのことを感嘆をこめて述べている。「私に賛成するものは1人もいないだろうが、世界で健全な国はドイツ、イタリア、日本しかないというのが持論だ。3国とも、国民が熱心に働いて機能しているからだ」と、友人に宛てた手紙に書いている。さらに、「これらの国で働いている人々は、世界の他の国の人々と比べ、よい暮らしをしている。ドイツ国民の1925年と現在の心境のちがいを比較して、私は思うのだが、われわれがいま陥っている、公共予算で食わせてもらい、政府に依存する怠惰な生活は、いつまでも続けることはできない」と、つけくわえている。

１９４１年にアメリカが第二次世界大戦に参戦すると、フレッド・コークは米軍に入営しようとしたと、コーク一族の人々は主張している。しかし、政府は、アメリカの軍用機向けのハイオクタン燃料を精製するために、化学工学の技倆を駆使するよう、フレッドに命じた。その間に、皮肉な成り行きで、ウィンクラー＝コークが建造したハンブルクの製油所は、アメリカの爆撃の重要攻撃目標になった。１９４４年6月18日、米軍のＢ－17爆撃機の編隊が、ついに製油所を破壊した。ハンブルク爆撃では、想像を絶する人的被害が生じた。ハンブルク工業地帯の重要目標に対する連合軍の長期にわたる集中爆撃で、民間人が合計４万２０００人近く殺された。

コーク家は、フレッド・コークがソ連やナチスに協力して事業を行なったことで、最初の富を築いた。１９３２年に、フレッドがのちに結婚するメアリ・ロビンソンとポロの試合で出遭ったときには、スターリンの油屋《オイルマン》としての仕事で、とてつもない大金持ちになっていた。

ドイツの労働倫理を評価

家族写真に写っているウェルズリー大学卒で24歳のメアリは、ほっそりした長身の美女で、ブロンドの髪、青い目、快活な表情が際立っている。ミズーリ州カンザスシティの著名な医師の娘で、どちらかというとコスモポリタンの環境で育てられた。7歳上のフレッド・コークは、メアリにひと目惚れして、会ってから1カ月後に結婚した。

コーク夫妻はまもなく、州内でもっとも流行っていた建築家に依頼して、ウィンクラー＝コークの本社があるカンザス州ウィチタの郊外の広大な敷地に、壮麗なゴシック様式の石造りの館を建てた。社会的地位が高くなっているのを反映し、周囲が平坦な飾り気のない野原であることはべつとして、貴族の館のように古めかしく立派で広々としていた。厩、ポロの競技場、猟犬用の犬舎、プール、水遊び場、円形の車まわし、石造りのテラスがある庭園が備わっていた。アメリカでも最高の職人が、錬鉄の手摺、風変わりな雪の結晶の模様が彫られた石の暖炉などの凝った装飾をほどこした。数年のあいだにコーク夫妻は、カンザス州リースの近くの広大なスプリング・クリーク牧場を買い、科学と遺伝学が大好きなフレッドは、そこで牛を飼育した。家族写真には、ピクニックやプールサイドのパーティを主催し、馬に乗り、乗馬ズボンをはいてポロの装具を身につけ、楽しそうな友人たちに囲まれている、魅力的で高貴な感じの夫妻が写っている。

結婚してから8年のあいだに、コーク夫妻は4人の息子をもうけた。家族のあいだではフレディと呼ばれていたフレデリックは、1933年に生まれた。チャールズが1935年、双子のデイヴィッドとウィリアムは、1940年に生まれた。父親が頻繁に旅行し、母親は社交や文化的な趣味で忙しかったので、子供たちはほとんど乳母や家政婦に世話されていた。

1930年代にフレッド・コークがヒトラーのことをどう思っていたかは、はっきりとはわからない。ただ、フレッドは、アメリカの社会福祉が充実しはじめていたことと比較して、ドイツの労働倫理のほうがずっといいと明言していた。ドイツの生活様式と考え方に大きな魅力を感じていたため、長男フレディと次男チャールズのために、ドイツ人の女家庭教師を雇った。フレディはまだ幼く、チャールズはおむつが取れていなかった。その乳母兼家庭教師の厳しいしつけに、幼い男の子たちは怯えていたと、一家の知人はいう。その乳母は、高圧的であるだけではなく、熱烈なナチのシンパで、ヒトラーの美点をしょっちゅう褒めそやしていた。糊のきいた白いお仕着せに、尼僧のとがった帽子をかぶり、ドイツの子供向けの気味が悪い本を持って現われた。ヴィクトリア朝時代の『もじゃもじゃペーター』という絵本も、そのなかにあった。悪さをした子供が、親指を切り落とされたり、焼け死んだりする、サディスティックな話が載っている。乳母の育児のやり方が粗暴で独裁的だったことを、くだんの知人は記憶している。用便にも厳格な手順を強制し、朝はかならず決まった時間に排便させ、そうでないときにはヒマシ油を無理やり飲ませて浣腸をした。

この忌むべき乳母は、数年のあいだほとんどとがめられずに子供部屋を支配していた。1938年には、両親が日本、ビルマ、インド、フィリピンを旅行するあいだ、子供2人は何カ月も置き去りにされた。母親のメアリは、家にいるときでも夫に従い、まったく干渉しなかった。「父は母に対して、かなり乱暴だった」と、ビル（ウィリアム）・コークが後年、『ヴァニティ・フェア』のインタビューで語っている。「母は父を怖がっていた」そのころ、フレッド・コークはドイツなどへの旅行で、つづけて1カ月も家を空けることが多かった。

父親は絶対的、お仕置きは体罰

1940年、フレディが7歳、チャールズが5歳のときに、双子が生まれ、ドイツ人の乳母がついにウィチタのコーク家から去った。どうやら本人の意思だったらしい。暇を取った理由は、ヒトラーのフランス侵攻に欣喜雀躍し、母国に帰って総統とともに祝したいからだった。幼いころに乳母の権威に従わされたことが、チャールズにどういう影響をあたえたかを知るすべはない。しかし、チャールズが、事業を隅々まで支配するいっぽうで、権威主義に反対する運動に邁進していることは興味深い。

フレッド・コーク本人も、粗野で、要求が多い、厳格な人間だった。デイヴィッドの幼馴染で、のちにFIA（先物取引業協会）の会長になるジョン・ダムガードは、フレッドは「まさにジョン・ウェイン風だった」という。フレッドは、荒々しい趣味を重んじ、息子たちをアフリカでの大物狩りに連れていった。地下のビリヤード室に珍しい動物の首の剥製がずらりと並んでいて恐ろしかったのを、いとこの1人が憶えている。ライオン、クマ、角や牙がある動物が、うつろな目で壁から睨んでいた。夏になると、通りの向かいにあるカントリークラブのプールで友だちが水しぶきをあげている音が、コーク家の男の子たちの耳に届いた。だが、そこへ行って遊ぶことは許されず、5歳を過ぎるとタンポポの草むしりを命じられ、もっと大きくなると、一家の牧場で溝を掘ったり堆肥を積んだりしなければならなかった。フレッド・コークは、子供たちのことを気にかけてはいたが、自分が知り合った石油王の子供たちのような「カントリークラブでのらくらしているやつら」にはしたくないと決心していた。「幼いころから労働倫理を私に植え付けてくれた父には、大きな恩がある。そのときはそう感じなかったが」チャールズは書いている。「私が8歳になったときには、空いている時間をほとんど労働に費やすように、父が手配りした」

兄弟4人は、後年、父親への尊敬と愛情を口に出すようになるが、懐かしむ言葉は暗い事実を糊塗している。フレッド・コークの支配は絶対的だったし、お仕置きは体罰と決まっていた。決まりを破ったときは、尻を叩くだけではすまされなかった。ベルトで笞打つか、もっとひどい罰を受けた。家族の1人は、フレッドが木の枝を手にして、皮を剥ぎ、「双子を犬みたいに笞打つ」のを見ている。双子は石のパティオに傷をつけ、それが父親を怒らせたのだ。「愛せるような人間ではなかった」と、名前を伏せることを望んだ家族の1人がいう。もう1人は、ベルトで笞打たれたのを憶えていた。フレッド・コークは「留守のことが多かったが、息子たちは無作法をすると、かならず痛い目に遭わされた」。

敵対意識の強かった4人兄弟

コーク4人兄弟の敵対意識は、成人すると頂点に達するが、子供のころからずっと激しかった。家族の写真や映画には、柵で囲まれた戸外の遊び場に閉じ込められた兄弟が、相手のおもちゃをつかんだり、泣かせたり、幼いころから、頭とおなじくらいの大きさのグラブでボクシングをしたりしている光景が写っている。やがて次男のチャールズが、群れのリーダーとしてのさばるようになった。競争心が旺盛な努力家で、自信に満ち、典型的なブロンドの美男子のスポーツ好きだった。家族の1人は、チャールズの好きな遊びが「お山の大将」だったのを憶えている。べつの1人は「いまも変わらない」という。

チャールズはめったに負けなかったが、負けるとひどくこたえた。弟のビルにボクシングの試合で負けたときには、家族のいい伝えによれば、2度とボクシングをやらなかった。

フレディがあとの3人とちがうことが、幼いうちから明らかになった。荒々しい父親とは正反対だった。本が好きで、芸術家肌の母親に似ていた。双子が指図したがるチャールズとボール遊びをしているあいだ、フレディは部屋にこもって本を読んでいた（だが、フレディは1度だけ、チャールズに対抗し、顔を思い切り殴って鼻の骨を折ったことがあった）。チャールズは後年、『フェーム』に、「父は兄弟4人すべてを男に仕立てたかったが、フレディはその体制に合わなかった」チャールズはさらにいう。「父は理解できず、それでフレディにつらく当たった。フレディが怠け者ではなく――ただちがっているだけだというのが――父にはわからなかった」

フレッド・コークは、他の息子たちにもつらく当たった。デイヴィッドは本を読むのが好きで、しばらく『オズの魔法使い』シリーズに熱中した。もちろん舞台がカンザスということもある。だが、フレッドは息子に雑用をやらせたかった。デイヴィッドはいよいよ兄のチャールズになつき、相棒や共犯者になって、チャールズがやめろと命じれば、なんでも進んでやめるようになった。「私がデイヴィッドと親しかったのは、どんなことでも［あとの2人よりも］ましだったからだ」と、チャールズは『フェーム』にあからさまに語っている。

メアリ・コークは、当時を思い出して述べている。「そのために、ビリーはいつもチャールズとデイヴィッドに除け者にされていると思っていました」ビリーは「自信がなく、自尊心もありませんでした」とメアリはいう。兄弟のなかでただ1人赤毛のビリーは短気で、何度も記憶に残るような癇癪を起こしている。一度はきわめて貴重な花瓶をつかみ、床に投げつけて割った。父親のお仕置きは、尻叩きではすまなかった。

家族から追放されたチャールズ

ジョージ・メイソン大学准教授で歴史学者のクレイトン・コピンは、外部の人間としてはめずらしく、コーク家の家庭内の仕組みをじかに知る立場に置かれた。1993年、コーク・インダストリーズは、内密の社史を書かせるために、コピンを雇った。それから6年間、コピンはウィチタの本社にある内密の文書庫をほとんど自由に使うことができ、フレッドとメアリ・コークの私書も閲覧した。ビジネス上の仲間のインタビューも自由にやらせてもらった。1999年に社史が完成すると、コーク・インダストリーズはコピンを解雇した。その後、2002年に、こんどはビル・コークが、兄チャールズの政治活動についての秘密調査プロジェクトのためにコピンを雇った。私とのインタビューで、コピンは最初の研究で一家について知ったことを語り、第二の研究の報告書を提供してくれた。2003年に完成した3部構成の長い報告書には、「隠密《ステルス》：チャールズ・コークの政治活動史」という題が付けられていた。

フレッド・コークの私信を多数読んだコピンによれば、長男フレディが13歳になった1946年に、フレッドは家族の友人に、家庭に育児の問題があって力を貸してほしいと、打ち明けていた。その夏、家族の牧場で働くことを強制されたフレディが、情緒不安定になった。家族の友人は、子供の発育を専門とするニューヨークの小児精神科医のポーティア・ハミルトンに相談することを勧めた。フレッドは、ハミルトン医師と手紙をやりとりするようになった。ハミルトンは家族と会って、診断を下した。子供たちを分かれさせ、社交生活や旅で忙しいメアリには、子供たちとさらに距離を置くようにと、ハミルトンは助言した。「子供たちをもっと男らしくするため」だとハミルトンはいった。当時の心理学理論では、「母親が過保護に世話を焼くと」ホモセクシャルになるとされていた。

その結果、フレディはニューヨーク州タリータウンにある寄宿制の進学予備校に送られ、マンハッタンでオペラを見たり、学校の芸術制作に参加したりして、好きな文化にひたることができた。

次男チャールズが弟たちをいじめるのを防ぐために、コーク夫妻はおなじように遠くの学校に入れた。まだ11歳になったばかりだった。夫妻が選んだのは、厳格なことで有名なサザン・アリゾナ・スクール・フォー・ボーイズだった。弟のビルのためだと、メアリは念を押したが、それがよけいチャールズとビルのおたがいへの恨みをつのらせた。

「行かせないでほしいと、必死で頼んだ」と、1997年にチャールズは『フォーチュン』のインタビューで語っている。その寄宿制学校でのチャールズの成績ははかばかしくなかったが、コーク夫妻は、帰りたいという懇願に折れるどころか、コロラド州のファウンテン・ヴァレー・スクールというさらに厳しい寄宿制学校に、チャールズを行かせた。「なにもかもが、いまわしかった」チャールズは当時を思い起こしていう。あるとき、両親がついにチャールズを「憐れんで」、ウィチタの公立高校に入れた。チャールズは学校が気に入ったが、「問題を起こした」ため、こんどはインディアナ州のカルヴァー・ミリタリー・アカデミーに送られた。やはり規律を重んじる学校だった。そこでは成績はあがったものの、何度となく問題を起こした。列車で飲酒したとして、ついにカルヴァーはチャールズを退学させた（もっとも、のちに復学が許され、卒業資格は得られた）。「わたしはすこし反逆児で、自由な精神の持ち主だった」と、チャールズはのちに認めている。フレッド・コークは、罰としてチャールズを家から追い出し、テキサスの親類の家に預けた。「父は神への怖れを兄に植え付けた」デイヴィッドは、のちに当時のことを語っている。「父はいった。〝やり遂げられなかったら、おまえは役立たずだ。おまえは私の期待を裏切った〟。父は過酷な現場監督だった」

ビル・コークに提出した秘密報告書に、コピンは書いている。「その後15年ほど、チャールズは家に寄りつかず、祭日にときどき帰るだけだった」家族から追放されたあと、「チャールズが休みに家に帰って最初にやるのは」弟のビルをさんざんに殴ることだった。

年下のビルは、危険なくらい落ち込んだ。ひきこもって、双子の片割れのデイヴィッドや兄のチャールズよりも劣っているということばかりを考えた。まもなく双子のデイヴィッドとビルも、寄宿学校へ入れられた。おもしろいことに、ビルはチャールズの行ったカルヴァー・ミリタリー・アカデミーを選び、デイヴィッドは東部の進学予備校ディアフィールド・アカデミーを選んだ。「兄弟はしじゅう争っていた。チャールズはつねに権威に反抗的だった。悲惨な子供時代だった」とコピンは語った。

聞く耳がない人間には届かない

しかしながら、のちに親になったときに、チャールズはおなじ図式をくりかえした。息子のチェイスが、13歳のときにテニスの試合をやる気なさそうにやったとき、チャールズは社員を迎えにいかせて、一家の牧場の暑くて悪臭が漂う飼養場へ送り込み、1週間休みなしで12時間働かせた。『ウィチタ・イーグル』のインタビューで、チャールズはにやにや笑いながら、得意げにその話をした。「あいつはこのウィチタで仕事を見つけて、夜には友だちと遊びに行けると思っていたんだろう」チェイスはずばぬけたテニス選手になったが、その後、もっと重大な問題を起こした。ウィチタで高校生だったときに、赤信号を無視して12歳の男の子を死亡させたのだ。チェイスは、車両運転故殺罪で有罪の答弁をして、18カ月の保護観察とコミュニティ奉仕100時間の罰を宣告され、男の子の葬儀費用を払うよう命じられた。大学卒業後、チェイスは父親とおなじように、一族の会社に入社した。

いっぽう、チャールズのもう1人の子供で、プリンストン大学を卒業しているエリザベスは、力量を父親に示すための努力についてブログで述べている。実家に帰ったときのことを、こう書いている。「家に着いたとたんに、親たちが私にしてくれたことに感謝しているのを示すために、床に這いつくばって屈辱をなめなければならないという激しい衝動に駆られる。油断したら甘やかされたモンスターになると注意されていたのに、そうならなかったことにね」エリザベスは、父親を家中「追いかけて」、歓心を買うために、経済に興味があるといいながら、「なにをやろうが特権に恵まれた肉のかたまりには役に立たないという、暗い井戸の底を覗き込むような心地を味わった」という。

甘やかされた子供になるなという厳格な戒めは、1世代前にフレッド・コークが息子たちに向けて発したものと変わらない。1936年、莫大な遺産を息子たちに遺す計画を立てたときに、フレッドは予言のような一通の手紙を息子たちに宛てて書いた。そこでつぎのように警告している。

おまえたちは、21歳になったときに、いまの時点では莫大に思えるような金を受け取ることになる。その金はなにに使おうと勝手だ。福になるかもしれないし、禍のもとになるかもしれない。なにかを達成するための貴重な道具になるかもしれないし、愚かに浪費してしまうかもしれない。物事をはじめる才能や独立心をこの金によって殺してしまうなら、おまえたちにとって禍のもとであり、金を遺すという私の行為は間違っていたことになる。輝かしい達成感をおまえたちが味わえなかったら、私は深く悔やむだろうし、おまえたちが期待を裏切らないことはわかっている。逆境はしばしば形を変えた福で、間違いなく人格を築いてくれるというのを、忘れてはならない。兄弟と母親に親切に、寛大に接するように。

チャールズ・コークは、この手紙のコピーを額に入れてオフィスに飾っているが、『フォーチュン』が評しているように、その後、兄弟が延々とつづく訴訟合戦をくりひろげたことからして、「こういう有益な助言も、聞く耳がない人間には届かない」。

すべてが共産主義の陰謀

デイヴィッド・コークは、父親が息子たちを政治面でも教化しようとしたのを憶えている。「政府のどこが間違っているかということを、たえず私たち子供に語っていた」コーク家が資金を提供しているリバタリアンの雑誌『リーズン』の編集人ブライアン・ドハティに、デイヴィッドは述べた。ドハティは、コーク兄弟が協力しているリバタリアン運動の歴史を描いた２００７年刊行の『資本主義の過激派』の著者でもある。「私はそういうなかで成長した――大きな政府は悪で、われわれの生活や経済的な富に政府の管理を押しつけるのは間違っているというのが、基本的な見方だった」

フレッド・コークの政治的観点は、明らかにソ連との関係で傷ついたことによって形作られている。スターリンは数年のあいだに、フレッドがソ連で知り合った人々のうちの数人を残虐に粛清した。人を平気で殺す共産主義政権の性質を、フレッドは垣間見た。ソ連で働いていたとき、非情なお目付け役をつけられたことにも、フレッドは恐怖を感じていた。その男は、共産主義がもうじきアメリカを征服すると脅した。フレッドは当時の経験の影響を強く受けていて、のちに、ソ連との契約が終わったあとで、協力したのを後悔していると述べている。自分が建築に関わった製油所がその後、破壊されたことを証拠立てるために、フレッドは本社に写真を保管していた。「ソ連の軍事力が強大になるにつれて、製油所建築を手伝ったことを、フレッドはかなり後悔するようになった。だいぶ気に病んでいたと思う」コーク一族のウィチタでの知人、ガス・ディゼレガはそうほのめかしている。

1958年、フレッド・コークはジョン・バーチ協会の設立メンバー11人のうちの1人になった。ジョン・バーチ協会は超保守派の団体で、アメリカを破滅させる共産主義者の計画があるという、途方もない陰謀理論をひろめたことで知られている。インディアナポリスの菓子メーカーの元経営幹部ロバート・ウェルチが召集した創立会議に、フレッドは出席した。ジョン・バーチ協会は、のちに右派のブラッドレー財団に資金を提供する、ミルウォーキーのアレン-ブラッドレー社のハリー・ブラッドレー会長など、おなじような考え方のビジネスマンを全米から引き寄せた。協会のメンバーは、ドワイト・D・アイゼンハワー大統領も含めた著名なアメリカ人の多くを、共産主義者の手先だと見なしていた（保守派の歴史家ラッセル・カークは、主流を逸脱した狂信的な派閥を追放するために、有名な反論を行なった。〝アイクは共産主義者ではない。ゴルファーだ〟)。

1960年の自費出版の小冊子『一ビジネスマンの見る共産主義』でフレッドは、「共産主義者は民主党にも共和党にも浸透している」と主張した。プロテスタント教会、公立学校、大学、労働組合、軍、国務省、世界銀行、国連、モダンアートは、フレッドの見方ではすべて共産主義の道具だった。フレッドは、イタリアでムッソリーニが共産主義者を鎮圧したことを褒めちぎり、アメリカの公民権運動をこきおろした。ジョン・バーチ協会の会員は、フレッドの本拠地であるカンザス州のトペイカで起こされたブラウン対教育委員会の裁判で、最高裁が公立学校の人種差別廃止を可決すると、アール・ウォーレン首席裁判官を弾劾するよう扇動した。「有色の人間は、アメリカを乗っ取る共産主義者の計画で、非常に大きな役割を担っている」とフレッド・コークは、小冊子で主張した。フレッドの見方では、社会福祉は田舎の黒人を都会に引き寄せるための秘密計画で、「むごたらしい人種戦争」を黒人が煽るはずだと予測した。1963年の演説でフレッドは、共産主義者が「われわれの知らないうちに、上は大統領に至るまで、アメリカ合衆国政府上層部に浸透するだろう」と唱えた。

フレッドは、政治活動を自分の富で援助し、息子たちがのちにたどる道を切り拓いた。自分の主張を述べた小冊子を250万部配布する費用を負担し、遊説も行なった。AP通信によれば、1961年の演説でフレッドは、カンザス州の女性共和党員クラブのメンバーに、共産主義との戦いに加わって「物議をかもす」のを怖れているようなら、「脳みそに弾丸を食らって溝に倒れていたら、物議をかもすどころの騒ぎではない」ことを肝に銘じておくべきだと告げたという。こういう暴言によってフレッドはFBIに目をつけられた。FBIの報告書には、フレッド・コークの理論は「荒唐無稽である」と書かれている。

ケネディ大統領は売国奴

ジョン・バーチ協会は、理論が幼稚でも、マーケティングがきわめて高度だった。創設者の元菓子メーカー経営幹部のウェルチは、オーガナイザーを促し、広告をふんだんに使い、小冊子を戸別訪問で配るという、現代的な販売計画を実行させた。フレッド・コークが地元のジョン・バーチ協会の集会に頻繁に出席し、寄付金を気前よく提供したウィチタで、運動はかなり栄えた。

皮肉なことに、組織のひな型は共産党そのものだった。隠密にやり、欺瞞するという特性が備わっていた。会員であることは秘密にされた。「汚い手を使って」戦うのは、恐るべき敵との戦闘では不可欠だから正当だと、内輪で認められていた。ウェルチは、共産主義者の手口と「まったくおなじやり方を採用しようとした。操り、ごまかし、嘘をつくといったことだ」若いころにウィチタでジョン・バーチ協会の集会に出席したことがあるディゼレガはいう。「正体を隠した」偽の隠れ蓑組《フロント》織をでっちあげるというのも、手口のひとつだった。TRAIN（いまアメリカの独立を再興する）、TACT（市民混迷の真実）といったような略語の名称の団体は、ジョン・バーチ協会とひそかに結びついていた。もうひとつの戦術は、「政府を弱く、責任を強く」といったような、耳慣れていて、危険には思えない、平凡なスローガンで、その集団の過激な思想を隠すというものだった。ウェルチの気に入っていた文言は、「集産主義（訳注　自由放任せずに社会の福祉のために政府の統制を強める手法)」だった。50年以上たってから、チャールズ・コークが、『ウォールストリート・ジャーナル』で民主党の批判勢力を「集産主義者」とけなしたときには、さすがに首をかしげたものがいた。

ウェルチは「たいへん知的な切れ者で、すばらしい知識人でした」フレッド・コークの妻メアリが、後年、地元紙『ウィチタ・イーグル』に述べている。だが、一家のジョン・バーチ協会称賛は、1963年11月22日、ジョン・F・ケネディ大統領が暗殺されたときに、政治的に不都合な状況をもたらした。リー・ファングが著書『マシーン:復活右派の野外教範』に書いているように、問題の朝、ケネディ大統領がダラスに到着すると、ジョン・バーチ協会のテキサス州の会員数人が買った、新聞の全面広告に出迎えられた。憎悪が燃えたぎる紙面は、ケネディを「モスクワの魂胆」を推し進める売国奴だと非難していた。そのころ、ケネディはジョン・バーチ協会を黙殺するのをやめ、恐怖を植え付ける悪質な活動と対決する必要があると気づいて、「疑いをひろめる運動」であり、「過激主義」だと非難していた。

ケネディ暗殺の直後、フレッド・コークはいちはやく方向を転じ、『ニューヨーク・タイムズ』と『ワシントン・ポスト』に全面広告を出して、大統領の死を悼んだ。そこでケネディ大統領暗殺について陰謀理論を展開し、リー・ハーヴェイ・オズワルドは共産主義者の計画の一翼を担ったのだと主張した。共産主義者は「この成功で手を休めることはない」と、広告で警告した。ページの端には切り取り線が付いた、ジョン・バーチ協会のパンフレット郵送申込書があった。これに対応して、コラムニストのドルー・ピアソンが、コークの「いかさま」を激しく論難し、ソ連の石油産業を増強して共産主義から莫大な利益を得ていた偽善者であることを暴露した。

父親の陰謀理論、息子の経済理論

フレッド・コークは、過激な政治活動をなおもつづけた。1964年には共和党の大統領予備選挙で、バリー・ゴールドウォーターの右派にかなりの支援を提供した。ゴールドウォーターも、公民権法と、ブラウン対教育委員会裁判での最高裁の歴史的な人種差別撤廃判決に反対だった。しかしこの極右主義は勝利に貢献せず、その年、共和党は民主党のリンドン・ジョンソンによって屈辱的な敗北を喫した。1960年代後半、フレッド・コークはさらに右寄りになった。ジョージ・ウォーレスが登場する前に、フレッドは協会員のエズラ・タフト・ベンソン元農務長官に、サウスカロライナ州選出のストロム・サーモンド上院議員を副大統領候補として、人種隔離と所得税全廃を訴え、つぎの大統領選挙に出馬するよう求めた。

デイヴィッドとチャールズは、父親の保守的な政治学を吸収して、ジョン・バーチ協会に入会したが、父親の見解すべてに賛成だったわけではなかった。1960年代半ば、集会後にジョン・バーチ協会の書店で本を見ていたときに、チャールズと友人になったディゼレガによれば、チャールズは協会の陰謀理論を信じていなかったという。いくつか年上のチャールズが、共産主義者の陰謀について書かれた本からディゼレガを引き離し、自分がかなり興味を持っている反政府の経済書の棚へ連れていった。「こっちがまともな本だ」とチャールズがいったのを、ディゼレガは憶えている。ジョン・バーチ協会の設立者のウェルチは、経済教育財団の理事で、唱えている無干渉主義経済学は、あまりにも極端で「無政府主義すれすれだった」と、ゴールドウォーターの台頭の歴史を描く『嵐の前』の著者リック・パールスタインは書いている。父親が陰謀理論に固執したのに対し、チャールズはこの経済理論に心を奪われた。

大学卒業後の数年は、チャールズにとって不安定な時期だった。1961年、26歳のチャールズは、家業を手伝うのには迷いがあったが、健康が悪化していた父親が、ウィチタに帰ってくるようにと説得した。工学理学士にくわえ、原子力と化学工学の修士号を得て、父親が理事に名を連ねているMITを卒業したあと、チャールズはボストンでビジネス・コンサルタントとして自由に働くのを楽しんでいた。家業を手伝わないと父親が会社を売却するにちがいないと悟ったチャールズは、しぶしぶウィチタに帰ったが、故郷の街では知的な面で満足できないとわかった。父親の感情的な反共主義と、もっと世界を分析的に考える自分の手法の架け橋となる、もっと包括的な政治理論体系を、チャールズは血眼になって探した。さらに、自分のビジネスについての考えと、工学や数学への興味を、融合させようとした。「それから2年間、本に埋もれて隠者のように過ごした」チャールズは、1997年に『ウォールストリート・ジャーナル』に語っている。チャールズのアパートメントを訪れた者は、あらゆるところに難解な経済学や政治学の専門書が積まれていたのを憶えている。「自然界を支配する特定の法則がある」ことを学んだと、のちにチャールズは説明している。「社会という世界でもおなじなのかどうかを」見出そうとした。

節税がフィランソロピーの動機

この時期のチャールズの知識熱は、かつて父親が食事のときに税制を罵倒したことに由来するかもしれない。フレッドは、アメリカの税制は社会主義の初期の形だと敵視していた。以前、IRS（内国歳入庁）が、フレッドの会社が脱税しているとして告訴し、巨額の追徴金と罰金と裁判費用を請求した。フレッドはいまも遺産税に猛反対していて、政府に重税を課され、家業を売却しなければならないかもしれないと、チャールズに話した。そうなったら、息子たちに遺すものが減ってしまう。将来の課税を減らすために、フレッドは巧妙な相続計画を駆使した。さまざまな戦略のうちの1つは、「慈善リード年金信託」で、経過利子を20年間、息子たちが慈善目的に寄付するという条件を満たせば、相続税を払わずに財産を息子たちに受け継がせることができる。べつのいい方をすれば、コーク家の息子たちは、自分の利益を最大限にするには、慈善に打ち込まなければならない。つまり、コーク兄弟の膨大なフィランソロピーの動機は、節税だった。のちにデイヴィッド・コークが説明しているように、「つまり、20年のあいだ私はその収入をすべて放棄し、それが身についたわけだ」。

フレッド・コークの遺産計画は、4人の息子に平等だったが、コピンによれば、子供たちが今後も自分に従うように、2段階に分けて財産を渡すようになっていたという。死後に残った半分が渡される。最初の分配は、フレッドが所有する2社のうち、小さいほうのコーク・エンジニアリングの株を、兄弟4人に均等に分けるというものだった。最後の分配は息子たちの頭の上に吊るされ、父親の機嫌しだいで、どうにでもできる。

チャールズがジョン・バーチ協会に熱心だったのは、フレッドをよろこばせるためでもあったと、コピンはいう。その時期にコーク邸での非公式討論会に招かれたディゼレガによれば、「ジョン・バーチ協会に馬鹿げた要素があるとチャールズが思っていたことは、明らかだった」。「チャールズがものすごく頭がよかった」ことが、ディゼレガの印象に残っている。じっさい、フレッドの死後の1968年、チャールズは自分が反対していたベトナム戦争をジョン・バーチ協会が支援していることを理由に、協会を辞めている。

国家は治療薬に化けた疾病

そのいっぽうで、波乱に富む前歴を持つ過激な思想家ロバート・ルフェーヴルが率いる、フリーダム・スクールという同種の過激派団体が、この時期のチャールズ・コークの政治活動に重要な影響を及ぼすようになっていた。ルフェーヴルは1957年にコロラドスプリングズでフリーダム・スクールを開設し、当初からジョン・バーチ協会と密接なつながりがあった。1964年、ジョン・バーチ協会ウィチタ支部の大物ロバート・ラヴが、チャールズに、フリーダム・スクールのことを教えた。フリーダム・スクールは「自由と自由企業制の哲学」の1週間ないし2週間の集中講義を行なっていた。ジョン・バーチ協会設立者のロバート・ウェルチも訪れたことがあった。だが、ルフェーヴルが第一に掲げる使命は、すこし異なっていた。彼は共産主義だけではなく、アメリカ政府もおなじくらい敵視していた。

ルフェーヴルは、国家の全廃に賛同していたが、「無政府主義者」というレッテルを嫌い、「自給自足主義者」と称していた。「政府は治療薬に化けている疾病だ」という言葉を好んで口にした。リバタリアン運動の歴史家ドハティは、「ルフェーヴルはチャールズのハートを射止めた無政府主義者だ」といういい方をしている。また、フリーダム・スクールは、「ニューディール政策は恐ろしい失政だと考えている人々の狭い世界」だと述べている。ＦＢＩのフリーダム・スクール関係のファイルによれば、１９６６年にチャールズ・コークは、その組織の大手財政支援者であるだけではなく、幹部兼理事にもなっていた。

陽気な白髪のサンタクロースのような外見のルフェーヴルは、以前、「マイティ〝アイアム〟」というカルト的な右派の自己実現運動に関わっていたときに、郵便詐欺で起訴されたことがある。この団体は、ルーズヴェルト大統領と夫人のエレナの名前に呼応して、「やつらを絶滅しろ！」と唱えさせ、聴衆を狂乱に導いていた。ジャーナリストのマーク・エイムズによれば、ルフェーヴルは州側の証人になることで訴追を免れたが、その後も道にはずれたことをつづけて、超能力があると主張したり、破産したり、14歳の少女にのぼせあがったりした。その後、ジョー・マッカーシー上院議員の反共運動の絶頂期に、ルフェーヴルはＦＢＩの情報提供者になり、ハリウッドの映画関係者を共産党のシンパだと告発し、ガールスカウト・オヴ・レッズの粛清をもたらした。コロラドスプリングズの超保守系新聞『ガゼット－テレグラフ』の論説の連載で資金を貯めたルフェーヴルは、近くの山林５００エーカーの土地を得て、フリーダム・スクールを設立することができた。そこで学長を名乗った。

おいはぎ貴族は英雄だ

フリーダム・スクールでは、おいはぎ貴族（悪徳資本家）は悪者ではなく英雄だったし、金ぴか時代こそアメリカの黄金時代だったというように、アメリカの歴史を書き換える修正主義者の視点で教えた。税金は一種の盗みだと貶められ、進歩的な運動、ルーズヴェルト大統領のニューディール政策、リンドン・ジョンソン大統領の貧困との戦いは、同校の見方では社会主義への破滅的な方向転換だった。弱者や貧者は、政府ではなく民間の慈善で世話されるべきだ、と説いた。南北戦争についても、歴史修正主義者の視点があった。そもそも戦争は行なわれるべきではなく、南部は分離を許されるべきだった。人間は望んだときには自分を奴隷として売ることを許されるべきだから、奴隷制度は徴兵に比べれば小さな悪だと、彼らは唱えた。この時期のチャールズ・コークとおなじように、フリーダム・スクールは、その視点による歴史、経済学、哲学を、「フロンヒステリー」と称する1つの理論の枠組みにまとめようとした。

地元の商工会議所の指示で1959年にフリーダム・スクールで受講した、イリノイ州の教師の一団が、大きな衝撃を受け、帰ってからFBIに通報して、同校が「政府、警察、消防署、公立学校、土地利用規制、衛生法をなくし、国防すら捨てる」ことを唱えていると告発する書簡を公表した。「これはむろん無政府状態である」と、教師たちは指摘した。権利章典を「財産を所有する権利」という1行だけにするという提案も暴かれた。

1965年、『ニューヨーク・タイムズ』が特集記事で、フリーダム・スクールを「過激保守主義」の牙城だと表現し、その教育によって人生が一変した重要な卒業生のひとりにチャールズ・コークがいると述べている。チャールズは、原子力工学という修士号では政府関係の仕事をやらざるをえないと気づき、MITでもう一度、化学工学の修士号を修得したと、『タイムズ』は伝えていた。同紙によれば、当時、フリーダム・スクールは政府と激しく対立していて、現行の憲法を廃止し、「強制税制」を押しつける政府の権限を制限するものに置き換えるよう提案していた。ルフェーヴルはメディケア（高齢者向け医療保険）や貧困対策にも反対し、政府が支援する差別撤廃に自分の学校は反対するとほのめかしている。ルフェーヴルは『タイムズ』に、自分の学校に黒人の生徒はいないが、いると「学生の一部が人種分離主義者なので」問題が起きる、と述べた。

チャールズ・コークは、フリーダム・スクールにのめり込み、兄弟3人にも講義を受けるよう勧めた。しかし、歴史や文学をあとの3人よりもよく学んでいた家族のはぐれ者のフレディは、同校のカリキュラムはたわごとだとこきおろした。ルフェーヴルはシンクレア・ルイスの小説に登場するペテン師にそっくりだと、フレディはいった。チャールズはこの変節に激怒し、統率に従わないと「殴り倒す」といったと、のちにフレディが語っている。

チャールズがフリーダム・スクールの講義を受ける手配をしてくれて、受講料もたぶん払ってくれたのではないかと、ディゼレガはいう。ルフェーヴル以外の教職員で、ディゼレガの記憶に残っているのは、ジェイムズ・J・マーティンというアナーキストの歴史家だった。マーティンはのちに、歴史見直し研究所（ＩＨＲ）の「歴史修正主義者」の研究で、ホロコースト否認論者として悪名を馳せる。第二次世界大戦中のナチスによるジェノサイドは「でっちあげ」だと、マーティンは述べている。フリーダム・スクールは、「思想のごった煮だった」と、のちにリベラルの研究者になったディゼレガはいう。「しかし、大金持ちの家に生まれ育ち、それが異様に思えたら、おいはぎ貴族が英雄になっている、この手の書き換えられた歴史には、安心感をおぼえるだろう」

惚れ込んだ経済学者

フリーダム・スクールで、チャールズはことに、無干渉主義のエコノミスト2人、オーストリア人理論家ルートヴィヒ・フォン・ミーゼスとその高弟フリードリヒ・ハイエクの研究に惚れ込んだ。ハイエクの『隷従への道――全体主義と自由』は、『リーダーズ・ダイジェスト』が縮約版を出すと、信じがたいことに1944年のベストセラーになった。この本は「集産主義」を激しく批判し、当時のリベラルが惹かれていた、中央集権化された政府の計画は、かならず独裁制をもたらすと主張していた。ハイエクは復古主義者で、資本主義を理想化し、制限が課せられていなかった、失われた黄金時代を空想している。だが、そういう資本主義は、多くの人々にとっては存在したことがなかった。それに、ハイエクの論説は、彼を信奉するアメリカ人の解釈とは、いささか異なっている。アンガス・バーギンが『The Great Persuasion』で述べているように、反動的なアメリカ人の多くは、『リーダーズ・ダイジェスト』に載った、ハイエクの著書の曲解された翻訳しか知らない。ハイエクは、貧者の最低限の生活水準、環境問題、労働環境の安全基準、独占企業の不当利益を防ぐための価格統制を支持しているが、それは政治的に不都合なので、保守派の出版物では省かれている。

ハイエクの思想は、大恐慌後のアメリカに登場した。そのころ、保守派のビジネスマンは必死で、1929年の市場大暴落前に人気のあった無干渉主義の信用を取り戻そうとしていた。大恐慌後は、ケインズ経済学が無干渉主義の地位を奪っていた。ハイエクの優れたところは、信用を失ったイデオロギーを魅力的なべつの形に作り直したことだった。キム・フィリップス－フェインが『Invisible

Hands: The Making of the Conservative Movement from the New Deal to Reagan（見えざる手：ニューディールからレーガンに至る保守派運動の仕組み）』で述べているように、ハイエクは自由市場をたんなる経済モデルではなく、全人類の自由を握る重要問題として売り込んだ。政府は威圧的であると中傷し、資本主義者は自由の旗手だと美化した。当然ながら、ハイエクの思想は、チャールズ・コークや、フリーダム・スクールを支援するその他のアメリカのビジネスマンにとって魅力的だった。彼らの私利追求は社会全体のためになるというのが、ハイエクの見方だったからだ。

市場原理が人生を変えた

チャールズは、フリーダム・スクールへの資金援助を皮切りに、生涯ずっと、アメリカのリバタリアニズムへの控除可能な金銭的支援をつづけることになる。チャールズは、自分の過激な思想をメインストリームに割り込ませるために、フリーダム・スクールを公認の大学院にして、ゆくゆくはリバタリアンの原理に特化した4年制大学のプログラムを確立し、ランパート・カレッジと名付けることを願っていた。１９６６年のパンフレットには、シャベルを持ったチャールズとルフェーヴルが、新しい施設を建設するために起工式を行なっている写真が載っている。ランパートの歴史学部長として、マーティンが雇われた。だが、エイムズが書いているように、この冒険的な企てはすぐにずさんな管理のためについえて、支援者たちの不満だけが残った。のちにフリーダム・スクールは南部に移り、反組合のテキスタイル業者の大物ロジャー・ミリケンによって長年維持されていた。ルフェーヴルが１９８６年に死んだときには、チャールズはかなり遠ざかっていた。おそらく政治的に不都合だと考えていたのだろう。だが、1973年には、チャールズはルフェーヴルに親身な手紙を送っている。また、1990年代のある演説では、フリーダム・スクールが自分に絶大な影響をあたえたと称賛している。「現実と人間の性質にもっとも調和した社会組織を築いて熱心に献身することを、私はそこで身につけていった。そこでミーゼスやハイエクのような思想家のことを深く知るようになったからだ」チャールズはさらにいう。「要するに、市場原理が私の人生を変え、私のやることすべてを導くようになった」

ホモセクシャル疑惑で脅迫

チャールズがますますイデオロギーに駆り立てられるようになっていたころ、弟のデイヴィッドとビルは、父親の母校MITで工学士の学位を得た。いっぽう、もうフレディとは呼ばれなくなっていたフレデリックは、ハーヴァードで学び、米海軍に勤務したあと、イエール大学演劇大学院で劇作を学んだ。一族の会社に加わることには興味を示さず、戯曲を書いてはプロデュースし、美術品、骨董品、古い稀覯本、きわめて贅沢な歴史建造物を収集するのが好きだった。

1982年のビルの宣誓証言によれば、まだ独身の若者だったフレデリックの私生活は、弟たちの悪質な脅迫の的になった。ビルはその宣誓証言で、1960年代半ばに、チャールズとデイヴィッドが兄のフレデリックはゲイだと考えて、会社の所有権の持ち分を放棄しないと、私生活を父親にばらすと脅し、感情的にこじれて対立したときのことを物語っている。

この脅迫計画は、チャールズとその友人が、フレデリックの住んでいるグリニッジ・ヴィレッジの建物の管理人を説得し、フレデリックの留守中に本人の許可なくアパートメントにはいったときからはじめられた、とビルは述べている。部屋にはいった2人は、探しまわって、フレデリックの名誉を傷つけるような個人情報を見つけたようだった。ビルの証言によれば、チャールズがデイヴィッドとビルを呼び、フレデリックを今後も一族の会社の幹部にしておくことが望ましいかどうかを話し合ったという。ビルは反対尋問に対して、兄弟2人に同調し、家族の事業の評判を危うくするおそれがある状況だと判断し、フレデリックを追及する計画を立てるのを、チャールズに任せたことを認めた。チャールズは、兄弟4人がこの時点で承継していた事業の一部であるコーク・エンジニアリングの重役を、ボストンに集めた。重役会を組織したのも兄弟4人だった。この重役会は罠そのものだったと、ビルは述べている。会社の問題に取り組むのではなく、フレデリックの私生活を裁くためのインチキ裁判だった。フレデリックが他の兄弟3人と向き合って座るように、席が配置された。宣誓証言によれば、チャールズが審問を主導して、フレデリックはゲイだし、その行動は家族の会社にふさわしくないと論じた。フレデリックは、持ち株を他の兄弟に譲るのを拒めば、父親に事実をばらすと脅された。体が弱っている父親がそれを知れば、健康を損ね、ひいてはフレデリックが相続人廃除されるだろうと、チャールズたちは警告した。

フレデリックの私生活という話題が、家族のあいだでおおっぴらに話し合われたことは、一度もなかった。母親のメアリは、仲がよかった長男について〝芸術家的〟だったといい、父親のフレッドは明らかにその話題を避けていた。当時、家族のあいだではホモセクシャルはとんでもないタブーだったから、「そうだったなら放逐されていたはずだ」と家族の1人はいう。

ビルの宣誓証言によれば、フレデリックは弟たちの非難に対して、自分を弁護しようとして、発言権があると主張した。だが、チャールズが「黙れ」といってさえぎり、この問題について意見はいわせないといい張った。その時点で、フレデリックは席を立ち、この話し合いにはもう応じられないといって、出ていった。気の毒になって終わりのほうでは仲裁しようとしたと、ビルは証言している。そのために、フレデリックが出ていったあとで、ビルはチャールズに激しく叱責された。3人は団結しなければならないと、チャールズはいったという。反対尋問に対してビルは、あとでフレデリックに謝り、遅ればせながら弁護した礼をいわれたと述べている。だが、その問題は大きな痛みを残し、二度と語られることはなかった。

長兄を会社から追放

この対決の全貌がこれまで明らかになっていなかったのは、ビルの宣誓証言が秘密扱いになっていたからだ。しかし、1997年に『フォーチュン』が「株を安値で買い取るために、チャールズがフレデリックにホモセクシャル疑惑の脅迫を仕掛けようとした」と、手短に報じている。チャールズは「言下に否定した」と、書き添えてあった。何年もたってから、フレデリックも遠まわしにそれを認め、伝記作者のダニエル・シュルマンに、「私の株を支配するためにチャールズが仕組んだ〝ホモセクシャル脅迫〟がうまくいかなかったのは、そもそも私がホモセクシャルではなかったからだ」と述べている。しかしながら、理由はいまだに判明していないが、フレデリックの相続の扱いは、弟3人とは異なっていた。フレデリックは、先に現金を多く貰ったが、最終的な遺産分配からははずされた。

子供たちがこうして争っているなかで、1967年にフレッド・コークが心臓発作のために死んだ。32歳になっていたチャールズは、父親に敬意を表してコーク・インダストリーズと改名されていた家業の会長兼CEOに就任した。当時の主な事業は、石油精製、パイプライン運用、牧畜だった。年商は推定1億7700万ドルで、かなりの規模ではあったが、のちに巨大企業になったときと比べれば、まださささやかなものだった。

税金ですべてを没収されるというフレッド・コークの危惧は、考えすぎだったとわかった。フレッドが死んだときには、カンザスでもっとも裕福な人物だと見なされていて、遺書によって息子たちはとてつもない大金持ちになった。チャールズ・コークは、成功するための正しい習慣をしばしば褒めそやし、2007年にそれを主題にした『成功の科学』を上梓した。遺産相続については、それほどざっくばらんではない。弟のデイヴィッドは正反対で、自分の力をそれほどひけらかしていない。2003年にディアフィールド・アカデミーの同窓会で演説したときに、自分の幸運について冗談をいっている。デイヴィッドはマサチューセッツのその進学予備校の卒業生で、2500万ドルを寄付し、唯一の「終身理事」になった。デイヴィッドは演説で述べた。「諸君はきくかもしれない。デイヴィッド・コークはどうやって、こんなに気前のいい金持ちになったのだろう？　と。そもそものはじまりは、私が子供だったころのことだ。ある日、父がリンゴを1個くれた。私はそのリンゴをすぐに5ドルで売り、リンゴを2個仕入れて、10ドルで売った。それから、リンゴを4個仕入れて、20ドルで売った。まあ、それが毎日、毎週、毎月、毎年つづいて、父が死んだときには私に3億ドル遺してくれたわけだ」

会社支配を巡る兄弟間の訴訟合戦

フレッド・コークは、世界最大の利益をあげる企業帝国の1つを築く材料も、息子たちに遺した。コーク・インダストリーズのある元幹部によれば、もっとも値打ちがあったのは、ミネソタ州ミネアポリスに近いローズマウントの、パイン・ベンド製油所だったという。当時はグレート・ノーザン石油会社と呼ばれていたこの企業の株の4分の1を、フレッドは買っていた。

チャールズ・コークが会社の舵を握ってから2年後の1969年、コーク・インダストリーズはこの製油所の最大手株主になった。チャールズはのちに、この買収は「私たちの会社の発展において、もっとも重要な出来事の1つであった」と述べている。

パイン・ベンド製油所に金鉱並みの価値があったのは、カナダから値段が安いガベージオイルと呼ばれる重質の原油を輸入するのにうってつけの場所にあったからだ。この会社は、安いくず原油を精製して、ふつうのガソリンとおなじ価格で売ることができた。重質の原油はかなり安いので、パイン・ベンドの利益率はほかの製油所と比べて抜群に高かった。また、環境規制が数多くあるために、競合他社が近くに新しい製油所を建設して対抗することは、きわめて困難になっていた。

2015年には、パイン・ベンドはカナダ産原油を1日35万バレル精製し、コーク・インダストリーズはカナダ原油の最大輸出相手になったと、ロイター通信の子会社『インサイド・クライメイト・ニューズ』のデイヴィッド・サスーンが書いている。サスーンは、「2012年の時点で、コークの製油所1カ所が、アメリカがカナダのタールサンド地域から輸入している1日あたり原油1200万バレルの推定25パーセントを処理していた」と書いている。だが、コーク兄弟の幸運は、地球にとっての不運だった。なぜなら、カナダの汚染したタールサンドから産出する原油の精製には、莫大なエネルギーを要するので、環境にあたえる悪影響がかなり大きいからだ。

1970年、コーク・インダストリーズがパイン・ベンドの買収を終えた年に、双子のデイヴィッドとビルが経営陣に加わった。デイヴィッドはニューヨーク、ビルはボストンの近くで仕事をした。例によってチャールズが支配を握り、まもなく長年の兄弟同士の敵対が再燃した。裁判記録によれば、ビルは軽んじられていると思い、利益の大部分をふたたび会社に注ぎ込むというチャールズの方針に憤慨した。「私はアメリカ有数の金持ちなのに、家1軒買うのに借金しなければならない」と文句をいった。政治的に偏りのないビルは、「チャールズは、配当を出すときにリバタリアンに寄付する額が多すぎる。そのうちに、会社もコーク兄弟も常軌を逸しているという評判が立つだろう」といった。

1980年、ビルはフレデリックの支援を受けて、元朋友のブルース・バートレットがいう「過酷な管理体制」を敷いていたチャールズから、会社の支配を奪い返そうとした。このクーデターは、チャールズとデイヴィッドに気づかれ、2人の側にまわった取締役にビルが解雇されて、失敗に終わった。

ビルとフレデリックが原告、チャールズとデイヴィッドが被告側で訴訟が起こされ、兄弟の子供のころの敵対関係が蘇った。1983年、チャールズとデイヴィッドは、ビルとフレデリックの持ち株を11億ドルで買い取った。この和解でチャールズとデイヴィッドは、コーク・インダストリーズの株の80パーセントを握り、2人で均等に分けた。だが、兄弟間の訴訟は、その後も17年間つづいた。告訴の事由の1つで、ビルとフレデリックは、チャールズとデイヴィッドが会社の価値を低く見積もって騙したと主張した。この論争の中心はパイン・ベンド製油所で、ビルとフレデリックは、チャールズとデイヴィッドがその製油所のほんとうの価値を隠していると主張した——その非難をチャールズとデイヴィッドは否定した。敵意が強まると、両陣営は法務チームと私立探偵をそれぞれ雇い、文字どおり対立する相手の家族のゴミまで漁ったといわれている。

母親の葬儀から締め出された長兄

1990年、兄弟は母親の葬儀のときに、いかめしい表情ですれちがった。だが、フレデリックはその場にいなかった。ある親友がのちに、母親が亡くなったウィチタに住んでいたチャールズが、葬儀に出席する手配が間に合わないように、知らせるのを送らせたのだと主張している。シカゴでは吹雪が起きて、フレデリックの旅行の手配が難しくなった。結局、フレデリックは葬儀後のもてなしにどうにか出席しただけだった。「フレデリックは打ちひしがれていた」と、親友が語っている。

ビルも葬儀に間に合わないところだった。直前に知らされたので、ジェット機をチャーターしてどうにか到着し、近親者ではなくいとこたちといっしょに着席した。しかも、父親の牧場で営むようチャールズとデイヴィッドが手配した内輪の追悼式から締め出されたと、ビルとフレデリックは感じていた。

さらに、メアリ・コークの遺言書が開封されると、死後6週間以内に他の兄弟と訴訟で係争中の場合には、1000万ドルの遺産からいかなる額であろうと相続できないという条項があることがわかった。チャールズとデイヴィッドを訴えて争っているフレデリックとビルは、認知症をわずらっていた母親が、体が弱ってきたときに、条項を書きくわえるよう説得されたのではないかと疑った。2人は訴訟を起こしたが、敗訴し、控訴して、やはり敗訴した。

ひとり暮らしのフレデリックは、やがて1年のほとんどを海外で暮らすようになり、フランス、オーストリア、イギリス、ニューヨーク、ペンシルヴェニアのすばらしい歴史建造物を買って修復し、美術品や骨董品や古書を収集し、その多くを美術館や稀覯本の図書館に寄付した。他の兄弟とはちがって、フレデリックは寄付を匿名で行なうのを好み、自分たち兄弟は、謙虚でなければならないし、慈善をひけらかすのはいやしいことだと父親に教えられたと、友人に語った。フレデリックは、チャールズとは一生話をしないと決意していた。

ビルもCO_2排出の多いエネルギー会社オクスボウを創業し、『フォーブス』によれば自力でビリオネアになった。贅沢な暮らしをして、1992年にはヨットレースのアメリカズ・カップに推定6500万ドルを注ぎ込んで優勝した。他の兄弟とおなじように、共和党の大手ドナーで、環境保護主義者と派手な訴訟合戦をくりひろげ、自分の家から見る景観を損ねるといって、ケープ・コッドの夏別荘の沖の風力発電設備建設に反対した。やはりチャールズとは何十年もほとんど口をきかなかったが、双子のかたわれのデイヴィッドとは、徐々に和解した。

週に6日、1日10時間働く

チャールズが揺るぎない会長兼CEOになると、コーク・インダストリーズは急成長した。投資銀行エヴァーコア代表のロジャー・アルトマンは、同社の業績を「驚異的をさらにしのぐ」といい表わしている。さらに、「どうやっているのか、知りたいものだ」とつけくわえた。チャールズは功績をほとんど自分のものにして、聡明で、細部にも目が行き届き、メトリクス駆動開発を駆使する経営者という評判を勝ち得た。チャールズがあまりにもしたたかな交渉相手なので、ある同僚は「五分五分の取引では、彼は責任恐怖症にかかってしまう」と冗談をいっている。

会社が成長するにつれて、チャールズはウィチタにとどまり、週に6日、1日10時間、働くようになった。将来の妻になるリズに電話でプロポーズしたとき、結婚式ができる日を探すために、スケジュールがかなり埋まっている手帳をめくる音が聞こえたという。結婚の準備として、チャールズはリズに、自由市場経済を勉強することを求めた。

いっぽう、デイヴィッドは、ニューヨーク市内に住み、コーク・インダストリーズの上級副社長と系列のケミカル・テクノロジー・グループのCEOをつとめた。コーク・インダストリーズに詳しい財務専門家は、会社の内情について、「チャールズが会社だ。チャールズが動かしている」といういい方をしている。同僚たちに「人好きがする」、「すこし抜けている」などとささやかれていたデイヴィッドは、金持ちの独身者の暮らしを何年も楽しんでいた。南フランスでヨットを借り、サザンプトンの海辺の家を買い、そこでパーティをひらいた。ウェブサイトのニューヨーク・ソーシャル・ダイアリーは「ヒュー・ヘフナーの夜会の東海岸版」になぞらえている。デイヴィッドは、「窓ガラスが割れそうなガアガアという鳴き声」などといわれる馬鹿笑いをすることで有名だった。しかし、長年、家族ぐるみの付き合いがある女性はいう。彼は「まごついている」ことが多く、「付き合いはぎくしゃくしていました。人のことは、ほとんど心に留まらないようです」。1991年、ロサンゼルスで起きた飛行機事故で、デイヴィッドは重傷を負った。ファーストクラスで唯一の生存者だった。回復期の定期健康診断で、前立腺がんが見つかった。治療を受けたデイヴィッドは、人生を考え直した。結婚して、落ち着き、家族を持った。『アップスタート・ビジネス・ジャーナル』に、デイヴィッドはこう語っている。「飛行機の前のほうに乗っていて、全員が死に、たった1人の生存者になったら――こんなことを思う。〝なんということだ。神様は私になにか大きな目的を授けてくれたんだ〟。笑い話のようだが、それ以来、思いつく限りいいことをやるのに、忙しくてたまらない。さぞかし神様に信頼してもらえるだろう」

貧しい人には関心のない慈善家

サザンプトン、パームビーチ、アスペンの別荘に行っていないとき、デイヴィッドと夫人――元ファッション・アシスタントのジュリア・フレシャー――は、子供3人といっしょにパーク・アヴェニュー740の840平方メートルの二層式高級アパートメントで暮らしている。ニューヨークでもっとも裕福な住民のデイヴィッドは、芸術や医学を重視する慈善家で、リンカーン・センター、メトロポリタン美術館、アメリカ自然史博物館などの施設に数百万ドルを寄付している。アカデミー賞を受賞しているアレックス・ギブニー監督のドキュメンタリー『パーク・アヴェニュー』によれば、デイヴィッドは、身近な手助けについてはそれほど気前がよくない。元ドアマンは、デイヴィッドはアパートメント一の「ケチ」だという。「私たちは、彼の車に荷物を積んであげます。じっさいはバン2台で、毎週末にサザンプトンへ行くんです。重いバッグを何度も往復して運びます。コークさんからチップをもらったことは、一度もありません。笑顔すら向けてもらったことがありません」クリスマスには、1年間の骨折りの埋め合わせをドアマンは期待したが、デイヴィッドは50ドルの小切手を渡しただけだった。2012年にPBSテレビでこのドキュメンタリーが放映されると、デイヴィッド・コークは激怒して、ニューヨークの公共テレビ局WNETの理事を辞任し、多額の寄付を行なうという約束を破った。コーク・インダストリーズの広報担当は、ドキュメンタリーがテレビ局を罰した理由かどうかについてコメントするのを拒んだが、デイヴィッドは友人の1人に、ドキュメンタリーについて「やつらの代償は1000万ドルだ」と、あからさまに語っている。

「彼らはずっと高い空のバブルのなかで暮らしている」家族と長年付き合いがある人物は、批判にさらされてデイヴィッドが激怒したことに関して、こう述べている。「彼らは自分たちのような人間か、そうなりたいと思っている人間の世界で動いている。貧しい人たちのことなど知らない。そういう人たちの支援について知る義務があると感じるような連中ではない」

リバタリアン革命のレーニン

富が増大するにつれて、チャールズとデイヴィッドは、アメリカの強硬なリバタリアン政治の第一の資金提供者になった。チャールズと比べれば、デイヴィッドはずっとコスモポリタンで社交的だが、兄弟2人をインタビューしたリバタリアン年代記編者のドハティによれば、2人の意見が異なる問題は1つもないという。チャールズの目的は、政府を「根絶する」ことだ、とドハティはいう。

クレイトン・コピンは、最初はコーク・インダストリーズに、そしてのちにビル・コークに雇われて、コーク一家の私信を読み、家族と親しい知人のインタビューを行なった稀な部外者だが、チャールズの強烈な政治的見解は、一家のしつけに関係があると考えている。公表されなかった2003年の報告書『隠密《ステルス》』で、コピンはチャールズの政治活動を調査した。チャールズがこれほど激しく政府を憎んでいるのは、子供のころの権威との争いの延長だと解釈するしかないと、コピンは述べている。

最初のころ、チャールズの目標は全面的な支配だったと、コピンは指摘する。「父親が死ぬまで、チャールズは父親の権威から逃れることができなかった」父親の死後、自分が一族の会社を支配することに、兄弟やその他の人間が異議を唱えられないように、チャールズは徹底した手段を講じた。その後も、パイン・ベンド製油所で組合を組織した労働者との衝突や、州の取締強化の拡大によって、チャールズはいっそう決意を固めた。「残された権威は、政府と裁判所だけになった」と、コピンは書いている。チャールズの自由政策が「立法化されれば、そういったものを排除できる」。

チャールズがたんに自由市場経済理論を唱えていたのなら、既存の組織を支援していただろう。しかし、チャールズはアナーキズムすれすれの過激派に惹かれていた。コピンはこう述べている。「チャールズは、この世で彼をしつけることができる唯一のもの――政府を叩き潰したいという根深い衝動に駆られている」

ビル・コークがいまも所有している秘密書類によって、コピンはチャールズの政治的な進化をたどることができた。チャールズは、かつての師ルフェーヴルの知的な過激思想から遠ざかり、現実に権力を握ることを望むようになった。政治の実戦ではなく思想こそが変革の最善の道具だと説くリバタリアンの理論家に対し、チャールズは1978年の『リバタリアン・レヴュー』の記事で、自分のような外部の人間が組織をまとめる必要があると、はっきり唱えている。「思想はそれ自体ではひろまらない。人間を通じてひろまるものだ。つまり、われわれは1つの運動を必要としている」とチャールズは書いた。戦闘的な言葉遣いで、「われわれの運動は、現在優勢な国家投資主義者の枠組みを破壊しなければならない」と要求した。

コピンの意見では、この時点──1970年代末にはもう、チャールズが「リバタリアン革命のエンゲルスもしくはマルクス（思想家）ではあきたらず、レーニン（革命家）になろうとしていた」ことが明らかだった。

アメリカ政治乗っ取り計画

おなじころにチャールズ・コークが資金を補助したひそかな会議によって、コーク兄弟の将来のアメリカ政治乗っ取り計画の行程表は、おおむね形が整った。1976年、チャールズ・コークの寄付金6万5000ドルをもとにして、ニューヨーク市リバタリアン研究センターが発足し、ほどなくリバタリアン運動の指導者数人を招いて会議がひらかれた。チャールズ・コークは、傍流の運動がほんものの力を得る方法を記した文書を配布した。そこに書かれていたすさまじい過激主義、大衆への軽侮、政治的欺瞞が必要だという信念には、驚きを禁じえない。リバタリアンは「アナーキズム」という言葉をぜったいに使わず、反政府過激主義であるという真の姿を隠さなければならない、と講師たちは説いた。多くの人々が、「テロリスト」を連想してしまうからだ。支持者を増やすために、人工的な「草の根」集団を組織し、ボランティア向けの無意味な名称をつけ、本質的な権限は渡さないようにすればいい、という提案もあった。

チャールズ・コークは、自分がよく知っている組織で、彼らの将来の企てのモデルでもある、ジョン・バーチ協会の長所と弱点を系統的に分析する文書で、会議に貢献した。チャールズの評価は明晰できめ細かかった。その過激な組織に欠点はあるが、会員は9万人、職員は240人で、年間予算が700万ドルであることを、チャールズは指摘した。会員数はたいしたものだが、ジョン・バーチ協会は陰謀理論に取り憑かれていて、ウェルチが強めたカルト的な性質を抑えられていないという欠陥がある。ウェルチが組織の大株主であるために、中央集権で支配し、建設的な批判に耳を貸さない（おもしろいことに、チャールズ自身の非営利シンクタンク、ケイトー研究所の株式は、ほぼおなじような形で発行された）。だが、美点もある。ことにジョン・バーチ協会の秘密保全はまねるべきだと、チャールズは主張した。

「望ましくない批判を避けるために、組織の管理と指揮統制のやり方は、あまり公にしないほうがいい」アメリカの政治に影響を及ぼすための今後の計画は、隠密《ステルス》に進めるべきだと、チャールズは述べている。

さらに、今後の政治的企ての資金を集めるには、ジョン・バーチ協会とおなじように、「資金を募り、ドナーを惹きつけるために、あらゆる現代の販売・動機づけの手法を利用すべきだ……それには、自宅やドナー候補者が行きたいような場所で集会を行なうことも含まれる」コーク兄弟のドナー・サミットは、このマーケティング手法に従っているので、客を厳選した招待者のみ参加の行事を、豪華な会場で行なうという形で、資金を集めている。

チャールズは過激派仲間に、勝利を収めるには、ジョン・バーチ協会とは逆に、信頼できる指導者とプラスのイメージを育てなければならないと注意した。「メディアや芸術界の人々と争うのではなく、協力する」ことを、チャールズは求めた。自分とデイヴィッドも、この計画を進めた。デイヴィッドはニューヨークで芸術の絶大な支援者になり、社交欄にたびたび登場した。いっぽうチャールズは、目立たないようにしつつ、ラジオのトークショーの司会者グレン・ベックや、『ワシントン・ポスト』のコラムニストのチャールズ・クラウトハマー、『ナショナル・レヴュー』のコラムニストのラメシュ・ポヌルなど、メディアのシンパをこまめにドナー・サミットに招待した。コーク・ネットワークの1位と2位のドナーは、それぞれニュース・メディアを所有している。石油王フィリップ・アンシュルツは、『ワシントン・エグザミナー』と『ウィークリー・スタンダード』を所有し、ミューチュアル・ファンドの大物フォスター・フライスは、『デイリー・コーラー』の最大の株主だ。コーク兄弟も、2013年にトリビューン社を買収することを、真剣に考慮した。

若者を思想的に支配せよ

支持者を増やす方法についてチャールズは、「若者を惹きつける」ことに焦点を絞るのが最善だと提案している。「過激に異なる社会哲学を受け入れやすいのは、この集団だけ」だからだ。この信念に従って、チャールズはその後、自由市場を売り込むカリキュラムや、小学生まで含めた将来の支持者候補に自分のイデオロギーを売り込むビデオゲームに、数百万ドルを注ぎ込んでいる。

若者の運動を拡大する支援として、べつの講師、リバタリアンの歴史家レナード・リッギオは、ナチスのモデルの成功例を取りあげた。コークが資金を提供している人文学研究所(IHS)に1974年から1998年まで参加していたリッギオは、「国家社会主義者の政治戦略:独裁主義の系譜が残る現代の産業社会における社会変革」と題した文書で、ナチスが若者の運動を創りあげて成功したことが、国家を乗っ取るのに重要だったと述べた。リバタリアンは、ナチスとおなじように大学生を組織し、グループ・アイデンティティを築くべきだと、リッギオは唱えた。

ウィチタのジョン・バーチ協会の元会員で、ここ数年、チャールズ・コークの政治補佐官をつとめているジョージ・ピアソンは、みずからの啓発的な文書で、この戦略をさらに拡大していた。リバタリアンは、新しいやり方で学問の世界に影響を及ぼすことで、幹部候補の若者を動員する必要があると、ピアソンは唱えた。従来のように大学に貢ぐだけでは、じゅうぶんな思想的支配は行なえない。それよりも、名門大学に非公式研究所を設立して資金を提供し、自分たちの目的の過激主義を隠しつつ、採用決定に影響を及ぼすといったような形で、ドナーが支配すればいい、とピアソンは説いた。

コピンは、ピアソンの主張を、つぎのように要約している。「曖昧なごまかしの名称で、ほんとうの政治目標をぼやけさせ、支配の手段を隠す必要がある。これはその後、チャールズ・コークが慈善事業の寄付で実践した手法で、政治活動にも用いられた」

20世紀の政治改革はすべて廃止

1976年の集会の直後から、チャールズはリバタリアン党の政治に飛び込んだ。資金提供者になっただけではなく、政府規制の全廃を要求するエネルギー政策の綱領も書いた。1979年には、コーク兄弟はそれまでよりもずっと大胆な一歩を踏み出して、選挙政治に乗り出した。舞台裏で活動するのを好むチャールズが、39歳になっていたデイヴィッドを説得して立候補させた。そのころコーク兄弟は、ロナルド・レーガンに対抗してさらに右寄りから立候補した、リバタリアン党の大統領候補エド・クラークを支援していた。選挙資金の規制すべてに反対していた2人は、合法的に規制を回避する方法を見つけた。選挙資金法によれば、デイヴィッドが副大統領に立候補すれば、自分の財産をどれだけ注ぎ込んでも差し支えない。1人あたり1000ドルという献金の上限は関係なくなる。

「デイヴィッド・コークが80年に立候補したのは、選挙資金法を逆用するためだった。候補者になれば、いくらでも資金を出せる」保守派の活動家グローヴァー・ノーキストが、のちに認めている。「策略だった」と、コークが資金を提供しているシンクタンクで働いたことのあるエコノミスト、バートレットはほのめかしている。デイヴィッド・コークには政治の経験はなく、無名に近かったので、当初はかなり驚かれた。だが、リバタリアン党の大会で、デイヴィッドが運動に50万ドルを寄付すると約束すると、唖然としていた党員たちも歓声をあげたという。公認候補のスローガンは、「リバタリアン党には資金源は1つしかない：それはあなただ」というものだった。このポピュリスト風の文言は、まやかしだった。じつは主な資金源はデイヴィッド・コークにほかならず、選挙運動の予算全体の60パーセント弱を占める200万ドル以上を注ぎ込んでいた。

いまにして思えば、1980年のデイヴィッドの選挙は、ルフェーヴルの過激な教育からティーパーティ運動へと向かう、1つの過程だった。おもしろいことに、当時のリバタリアン党の党首、エド・クラークは、『ネーション』に、リバタリアンは「きわめて大きなティーパーティ」を主催する用意がある、なぜなら、大衆は税金に「死ぬほどうんざりしてる」からだ、と述べた。いっぽう、党の綱領はフリーダム・スクールの過激なカリキュラムの引き写しだった。選挙資金法をすべて廃止し、連邦選挙委員会（FEC）を全廃することを求めていた。メディケアとメディケイドを含めた、政府の医療プログラムの廃止も唱えていた。ソーシャル・セキュリティは「実質的に破綻している」と攻撃し、全廃を要求した。リバタリアンは、キャピタルゲイン課税も含めた、すべての所得税と法人税に反対し、脱税者に対する訴追をやめるよう要求した。また、証券取引委員会（SEC）と環境保護庁（EPA）、FBI、CIA、政府のさまざまな部局の廃止を、綱領で求めている。雇用を妨げている「あらゆる法律」の廃止を強く要求している。これは最低賃金と未成年者に関する法律のことである。子供に「強制的に」教育をほどこす機関であるとして、公立学校も廃止の対象にしている。リバタリアンは、食品医薬品局（FDA）、労働安全衛生局（OSHA）、シートベルト着用を義務付ける法律、貧困層に対するあらゆる福祉をすべて廃止することを求めている。要するに、リバタリアン党の綱領は、20世紀に行なわれた主な政治改革をほとんど撤回させようとしている。政府は個人と財産権を護るという最低限の機能さえあればいいというのが、コーク兄弟をはじめとするリバタリアン党の党員たちの見方なのだ。

政府は邪悪の権化だ

その11月、リバタリアン党の候補者は一般投票でわずか1パーセントの得票率だった。戦争と徴兵制に反対し、麻薬と売春を合法化するという姿勢は、反抗的な若者の一部に支持された。しかし、市場実験としては、リバタリアニズムは大失敗だった。自分たちのいまの政治ブランドでは票が得られないと、コーク兄弟は悟った。チャールズ・コークは、因習的な政治をあからさまに蔑むようになった。「いまの政治は汚らしい腐敗したビジネスになりがちだ」と、当時、レポーターに語っている。「私はリバタリアンの思想を推進したい」

ドハティが描くリバタリアンの歴史によれば、コーク兄弟は選挙政治を「台本に従って役者が演じている」にすぎないと見なすようになった。コーク兄弟は、時間を無駄にするのはやめて、その後は「その台本に主題や台詞を提供する」ようになったと、コーク兄弟の腹心がドハティに語っている。アメリカの方向を変えるためには、「政策案が濾過される領域」――つまり学会やシンクタンクに「影響を及ぼさなければならない」と、コーク兄弟は気づいた。

1980年の選挙後、チャールズとデイヴィッド・コークは、公の競技場から撤退した。「私のレーダーにまったく映らなくなった」右派ダイレクトメール会社で大成功を収め、「右派の創立の資金提供者《ファウンディング・ファンダー》」（訳注　ファウンディング・ファザーズ「建国の父」をもじっている）という異名をとる、リチャード・ヴィゲリーは、当時のことをそう語っている。しかし、その後の30年間、コーク兄弟は自分たちの過激な思想を推し進めることを目的とした、一見無党派のように見える数十の団体に、1億ドル以上を寄付し、その内容はほとんど開示されていない。彼らのフロント団体は、アメリカ政府を市民の民主的な代表ではなく敵だと見なし、邪悪の権化だとこきおろした。アメリカ政府には自由がないし、束縛されずに個人の富を莫大に蓄積することがアメリカの目標であるべきだとした。コーク兄弟は多くの触手を持つイデオロギー・マシーンを徐々に造りあげ、やがてそれはコークトパスと呼ばれるようになる。

コーク兄弟に味方がいなかったわけではない。大衆の票を求めずにアメリカの政治を過激に右傾化する方法を模索するうちに、会社の富をおなじ目的に役立てようとしている、似たような考え方の裕福な保守派一族の小集団から、コーク兄弟は貴重な支援を受けるようになった。匿名性を護れるフィランソロピーが、彼らの選んだ道具だった。だが、目的は明らかに政治だった。彼らはリンドン・ジョンソン大統領の「偉大な社会」や、フランクリン・ルーズヴェルト大統領のニューディール政策を解体するだけではなく、セオドア・ルーズヴェルト大統領の進歩主義の時代すら葬り去ろうとしていた。

この遠大な任務に取りかかるにあたって、彼らは多くの場合、父親たちが敗北した戦いをふたたびくりひろげることになった。1970年代になると、うぬぼれの強いリベラルや共和党員の多くは、アメリカの政治の振り子が大きくふれて、ジョン・バーチ協会のような極端な保守派から永遠に遠ざかったと思い込んでいた。強固な政府は社会と経済の改善に不可欠な道具だという考えが、ほとんど例外なしに受け入れられていた。税と支出の再配分に異議が唱えられることは、まずありえなかった。共和党のリチャード・ニクソン大統領ですら、1971年に、「いまや私は経済ではケインズ主義者（訳注　財政出動などで好景気を保とうとする政策は、ケインズ理論によるもので、基本的に民主党の手法）だ」といい放った。

しかし、共和党のすべての党員が賛成だったわけではない。少数ではあるが豊富な資金を持つ反動的な保守派が、すでにせっせと作業を進め、過激な右派が穏健派と戦って勝利を収めるための独創的な方法をひねり出していた。

第2章

隠された手：リチャード・メロン・スケイフ

The Hidden Hand: Richard Mellon Scaife

共産主義のクソ女は出ていけ！

ピッツバーグにあるリチャード・メロン・スケイフの邸宅のホワイエには、何年も前から有名な所蔵品が飾られている。マホガニーの台座に載った真鍮の象。メロン銀行、アルミニウム製造業のアルコア、ガルフ石油帝国を創立したスケイフの祖先は、100年以上にわたってペンシルヴェニアの共和党を財政的に支えてきたので、客がよくある共和党のマスコットだと誤解しても許される。しかし、この象はじつはハンニバルへのオマージュだった。名高い軍事戦略家のハンニバルは、象に乗ってアルプスを越え、ローマ帝国を奇襲攻撃した。それが、スケイフが1964年に創立した秘密組織の着想の源になった。ほとんど公にされなかったこの小集団は、その後、予想外の成功を収める活動の、最初の小さな一歩だった。アメリカでもっとも裕福な男たちと、きわめて裕福な保守派後援者たちが、ハンニバルの例に倣って野戦司令官の役割を案じ、アメリカの政治を打倒することを目的とした、思想の戦略的な戦いを開始した。

スケイフは数十年来、惜しみない資金援助を受けている人々にも、隠者のような謎めいた存在だといわれてきた。50年以上にわたって、スケイフは一族の富を、インフレ率を計算に入れると推定10億ドル以上も、フィランソロピーにみずから費やしてきた。その大半、本人の推定で6億2000万ドルは、政府の事業に影響を及ぼすのに向けられていた。1999年、『ワシントン・ポスト』は、スケイフを「20世紀の最後の25年間、アメリカの政治を造り直す運動を財政支援した最重要人物」だとしている。スケイフが2014年7月4日に死ぬと、『ニューヨーク・タイムズ』は写真入りの長い死亡記事を載せた。しかし、スケイフは自分の動機や目的については、ほとんど語ったことがなく、インタビューもほとんど受けていなかった。自分が設立した機構を運営している人間とは、めったに話をせず、元妻2人と成人の息子2人も含めた家族や以前の友人の多くと、疎遠になっていた。『コロンビア・ジャーナリズム・レヴュー』のカレン・ロスマイヤーが、1981年に突撃インタビューをやろうとしたとき、スケイフは「共産主義者のくそ女、ここから出ていけ！」と警告した。しかし、手術不能の癌だと診断される5年前の2009年、スケイフはそれまで秘密にされ、いまだに出版されていない回顧録『A Richly Conservative Life』を完成させた。現代の保守派運動の構築に関するすべての秘密が、そこに述べられている。

〝カルタゴの英雄〟と呼ばれた男

スケイフは回顧録で、影響力の大きい少数の保守派と自分が、アメリカ文明は進歩主義という実在の脅威にさらされていると思い、冷戦時代に会合を持つようになったと述べている。リベラルへの流れに抵抗する計画を立てるために、当初は非公式に集まった。そういった会合で、アメリカのまぎれもない凋落を古代ローマになぞらえるのは、手垢のついた表現だし、不適切ではないかと、だれかがいい出した。北アフリカのカルタゴと比較するほうが適切だと、一同は判断した。カルタゴは、裕福な特権階級が、ローマの門に到達した軍事指導者ハンニバルをじゅうぶんに支援しなかったために、凋落したとされている。支配層が消極的だったために、敵が勝利し、カルタゴの高貴な文化は永遠に葬られた。この議論から、カルタゴを救うための同盟という非公式ネットワークが生まれ、強硬なアメリカの保守派は、「アメリカはカルタゴとおなじ道をたどってはならない。われわれはこの時代の闘争に勝たなければならない」と決意したと、スケイフは述べている。

1964年、この集団はカルタゴ財団として正式に法人化され、多くの保守派が、失われた文明の残党の気分を味わった。彼らの旗手、共和党の大統領候補バリー・ゴールドウォーターは、一般投票で惨敗した。勝利を収めた民主党のリンドン・ジョンソンは、リベラルな公民権の法制化と、大胆な「偉大な社会」貧困撲滅プログラムを強化し、政府の権限を拡大して、古い秩序に異議を唱えた。戦後のこの時期、文芸の分野はリベラル一色で、文化評論家のライオネル・トリリングは、自慢げに述べている。「こんにち、保守派もしくは反動主義者の思想が、一般に行き渡ることはありえない」

右派の代表的な知識人M・スタントンは、1965年の著書『The Liberal Establishment: Who Runs America...and How』に、保守派が傍流に追いやられたと感じていることを書き記している。「リベラル・エスタブリッシュメントの大きな問題点は、それが支配しているということだ」と、スタントンは明言している。ルートヴィヒ・フォン・ミーゼスを研究した右派活動家のエヴァンズなどは、これに対応して「反エスタブリッシュメント」を唱えた。だが、それを築くための基盤が欠けていた。

この空隙に踏み込んで、難題に取り組もうとしたのが、スケイフだった。「リチャード・メロン・スケイフ陸軍元帥、1950-2000年、半世紀にわたりカルタゴの英雄」と、象の下の真鍮板に刻まれている。この銘はスケイフの「大胆不敵、忠誠、堅忍不抜」を称えている。長年スケイフと密接に協力し、政治的冒険をともに行なっていた保守派レポーター兼出版人のクリストファー・ルディは、きわめて効果の大きい政治的慈善事業という新手法を編み出したのはスケイフだと確信している。スケイフは現在のモデルの「創始者だった」と、ルディはいう。「彼がやったようなことは、それまでだれもやっていなかったと思う。スケイフがこの贈り物を世の中にもたらした」

アルコール中毒の母親

最初の数年は、スケイフが政治やそのほかの物事に大きな影響をもたらすだろうと予想するものは、ほとんどいなかった。たしかに、生まれつきの大金持ちではあった。1957年、『フォーチュン』はスケイフの母サラ・メロン・スケイフとメロン一族のその他の3人を、アメリカ最高の富豪8

人にくわえた。しかし、スケイフはそれ以外のことでは、ことに目立ってはいなかった。30代なかばまでは、実績といえるようなものは、なにもなかった。自分自身の評価でも、放埒な暮らしだった。スケイフは回顧録に、自分の好きな作家のひとりはジョン・オハラで、その理由は、上流階級にはびこる退廃と失望をだれよりもうまく描いているからだと書いている。「特定の階級のペンシルヴェニア人たちを、じつにみごとにまとめあげている。カントリークラブの価値観、ありあまる金とアルコールで、人生をだめにしてしまうことを」

一族の富を築いたスケイフの曽祖父トーマス・メロン判事は、富の相続が将来の相続人たちに悪影響をあたえるのを心配していた。19世紀前半にペンシルヴェニアに入植したアイルランド人の息子だったメロンは、すばらしく優秀な商売人だった。借金で不動産に投資し、貸金業を繁栄させ、それがのちにピッツバーグの名門企業メロン銀行になった。金ぴか時代に、一族は急成長していた産業分野で、何社もの株を大量に購入した。ガルフ石油やアルコアもそこに含まれていた。しかし、莫大な富を見渡して、メロンは気を揉んでいた。「一所懸命働き、自制して、金を手に入れ、貯めるのが、人間の正常な状態だが、努力する必要がなくなった子孫は、遅かれ早かれ、心身ともに堕落しはじめるだろう」と。

曽孫のリチャード・メロン・スケイフが、1932年にピッツバーグで生まれたときには、一族の長老のその暗澹たる懸念は、現実になっていた。家族にディッキーと呼ばれていたリチャードの母親サラ・メロン・スケイフは、アルコール中毒との勝てない戦いに苦しんでいたと、だれもがいう。娘の故コーデリア・スケイフ・メイによれば、「最低の酔っ払い」だったという。「ディックもそうだった。わたしもそう」とコーデリアは語っている。

銀の匙をくわえて生まれた彼らにも、生まれながらの不満のたねがあった。スケイフは回顧録で、自分は根本的に「反エスタブリッシュメント」だったと述べている。莫大な財産を相続しているのだから、不思議に思えるかもしれないが、メロン王朝におけるスケイフの立場には、恨みがともなっていた。母親が結婚した相手は、人脈の広い地元の上流階級の美男子、アラン・スケイフだった。猟犬を使う狩りに巧みだし、出た学校はすべて名門校だったが、先祖が一族の金属加工会社をつぶしていた。その結果、リチャード・スケイフの母親とおなじように、メロン家の莫大な財産のかなりの部分を相続していた伯父のR・K・メロンは、スケイフ家を馬鹿にしていた。「父は――いじめられていた」スケイフは、１９７８年に一家の伝記を書いたバートン・ハーシュに語っている。回顧録では、メロン家の親類のなかではいちばん血縁が濃く、姉とともに仔豚《アンクル・ギー》おじさんと呼んでいた伯父は、「父を遣い走りのようにこき使っていた」と書いている。アラン・スケイフは、メロン家のさまざまな事業で形ばかりの肩書をもらっていたが、妻の莫大な財産を管理するほかには、なんの権力も持っていなかった。

父親ゆずりの反共思想

アラン・スケイフは、第二次世界大戦中につかのま溌剌とした姿を見せた。ＣＩＡの前身の戦略事務局（ＯＳＳ）に、陸軍少佐として加わったのだ。だが、注文仕立ての軍服を着ているところは、惚れ惚れとする風采だったが、仕事のほうはそんなに立派ではなかった。のちにＣＩＡ長官に就任するリチャード・ヘルムズは、同僚だったアラン・スケイフは「軽量級」だったと述べている。

しかし、父親がスパイの世界と接触したことは、諜報活動の策略、陰謀理論、国際問題に、リチャード・スケイフが生涯熱中するきっかけになった。反共思想も、それによって強まったと、スケイフは書いている。休暇で帰宅した父親が、共産主義の災いが海外ばかりかアメリカ国内で大きくなっていると家族に教え諭したと、スケイフは回顧録で述べている。「私は政治保守主義のせいで、ヒラリー・クリントンが空想している〝大規模な右派の陰謀〟の黒幕の悪党とまでいわれるに至るが――それはクリントンの空想でしかない」とスケイフは書いている。その保守主義に染まったのは、「12歳の誕生日よりも前だった」。ニューヨークの〈コロニー・クラブ〉でのランチで、アラン・スケイフは家族に、自分たちのような金持ちの資本家は攻撃にさらされていると警告した。労働者の暴動や階級闘争を、実例としてあげた。「父は国の安全保障を不安視し、私たちの未来そのものが危険にさらされているという雰囲気をその場にかもし出した」とスケイフは書いている。地元の新聞編集人ウィリアム・ブロックも、似たようなことを記憶している。1940年代、富裕層に対する左派の脅威が高まっていると見なして、アラン・スケイフが極端にいらだっていたのを憶えているという。「アラン・スケイフは、相続した財産のことをひどく心配していた」と、のちにブロックは回顧している。

格差は優秀さと美徳の報奨

富を護るのに余念がなかったのは、以前の世代もおなじだった。スケイフは、アメリカ産業界で最大の富の相続者だっただけではなく、悪徳資本家の時代に根付いたきわめて反動的な政治観も受け継いでいた。伯父のピッツバーグの銀行家アンドリュー・メロンは、ウォーレン・ハーディング、カルヴィン・クーリッジ、ハーバート・フーヴァーの三大統領のもとで財務長官をつとめた人物だが、進歩主義運動に対抗する反革命主義者の筆頭で、ことに所得税を敵視していた。

1913年に議会が、憲法修正第16条（訳注 これにより連邦議会は、州や国勢調査の手続きを経ずに所得税を課すことができるようになった）を成立させ、連邦所得税を法制化する前は、アメリカの税負担は貧困層に不釣り合いに重くのしかかっていた。アルコールや煙草などの大量消費財に高い税率が課されていた。都市部の土地の税率は、農場や田園地帯の大邸宅よりも高かった。「上から下までずっと、アメリカの社会の税込年収は、格差をまざまざと表わしていたが、この税制でそれがいっそう悪化した」と、サンディエゴのカリフォルニア大学社会学教授、アイザック・ウィリアム・マーティンは書いている。

『Rich People's Movements: Grassroots Campaigns to Untax the One Percent』でマーティンは、1913年の所得税法成立は、数多くの裕福な国民に災厄と見なされ、進歩主義的な税制を後退させるか撤廃させるための戦いが起きて、100年にわたり何度も綱引きがくりかえされてきた、と指摘する。それから100年間、裕福な保守派は、公共心という理由づけで反税主義を覆い隠して民心をつかむ、巧妙な手口を発達させてきた。戦いを進めるにあたって、彼らは自己の利益についてはほとんど触れずに、自分たちに対して重く課せられる税に一貫して反対してきた。その初期の反対運動にもっとも貢献したのが、ほかならぬアンドリュー・メロンだった。

議会が連邦所得税を法制化したとき、メロンはアメリカでもっとも裕福な人間の1人で、当時〝トラスト〟と呼ばれていた独占的なコングロマリット数十社の株を保有していた。メロンのユニオン・トラスト銀行は、ピッツバーグの投資の半分近くを引き受けていたといわれている。こういった枠組みによって生じる格差は避けられないし、それは優秀さと美徳の報奨だというのが、メロンの考え方だった。この考え方に一般大衆の支持を得るために、メロンは『Taxation: The People's Business』という大衆向けの本を出版し、富裕層への課税を削減すれば、税収は減らずに増え、狭い範囲の個人が儲かるのではなく幅広い大衆の利益になるという、常識はずれの主張を展開した。60年後、〝サプライサイド経済学〟（訳注　レーガノミクスと呼ばれたレーガン大統領の経済政策の1つの根幹となったマクロ経済学。ジョージ・H・W・ブッシュ大統領に〝ヴードゥー経済学〟だと批判された）の父ジュード・ワニスキーが、メロンとその慧眼に敬意を表している。しかし、メロンのこの反税制本は、ビジネスリーダーたちがまとめ買いをしたにもかかわらず、当時はあまり売れなかった。

財務長官に就任すると、メロンは進歩主義時代の改革の多くを後退させるのに貢献した。そのため、1920年代は産業界がこの動きで成功を収めた時代と見なされるようになる。1921年にはキャピタルゲイン課税が削減され、株式市場がにわか景気に沸いた。財務長官をつとめた12年のあいだに何度も尽力した末に、メロンはついに「アメリカの最富裕層の税率を史上のどの法律よりも大きく削減する」法案を成立させた、とマーティンは述べている。メロンは、より偉大な成長と繁栄を約束した。ところが、常軌を逸した投機の末に、1929年に株式市場が崩壊し、メロンの受け継いだ財産も痛手を受けた。メロンの経済理論は自分の利益だけを追い求める無責任な考え方だと見なされ、しかも、メロン家が大手投資家である会社も含めたアメリカの大企業の税金を、メロンがひそかに優遇し、補助金を提供していたことが暴かれた。メロンはその後、所得税詐欺で起訴されたが、無罪放免になった。しかしながら、追徴課税を受けた。高貴な一族の尊厳が傷つくような屈辱だった。

1929年の株式市場大暴落の3年後、この階級闘争と財務のごまかしを背景に、リチャード・メロン・スケイフが生まれた。スケイフの家族も、そしてのちには本人も、アンドリュー・メロンとおなじように、低税率と政府機能制限を第一目標に掲げた。しかし、スケイフの両親の場合は、課税をできるだけ小さくするように巧妙な財産計画を立てていたことからして、この問題をもっと具体的に考えていたのだとわかる。

スケイフの両親は、税を免除される一族最大の慈善事業、サラ・スケイフ財団を、日本の真珠湾攻撃の数日後の1941年12月に設立した。予測されていた増税から一族の富を護れるようなタイミングだったと思われる。「両親の具体的な動機は知らない」とスケイフは書いているが、戦争が差し迫っていたので、「噂はあった……所得税の上限が90パーセントを超えるのではないかと」。ルーズヴェルトと労働組合は、「犠牲の平等を計るために」、富裕層は戦争のための軍備増強のコストをもっと負担すべきだと主張していた。

スケイフ家は国防に関してはタカ派の見解だったにもかかわらず、軍備増強の割り当てを負担するのを避ける手段を講じた。回顧録にスケイフはありていに書いている。「富裕層は当然ながら、政府に没収されるのを避けられるように、富を組織的に組み立てた。適切だと思える、法に触れないあらゆる手段を使って、収税吏の手から逃れようとした」

そのいっぽうで、スケイフ家は豪奢な暮らしをしていた。ペンシルヴェニア州リゴニエーの敷地725エーカーに、広大なコッツウォルド風の石造りの貴族の邸宅を建てた。となりには、メロン家が祖先から受け継いだローリング・ロック農場の9000エーカーの地所がある。サラ・スケイフが敷地をよちよち歩きさせて楽しんだペットのペンギンたちにちなみ、スケイフ邸はペンギン・コートと呼ばれていた（イグルーの形に建てられ、毎日氷を入れていた繁殖地があった）。週末用の家も広大で、スケイフの勘定では、少年時代に4部屋あたえられていたという。そんなに金持ちではない不眠症の人々とはちがい、スケイフは、羊を数えるのではなく、「眠れないときには部屋の数を数えた。50か60あったと思う」と書いている。

14歳から酒に溺れる

しかし、贅沢な生活様式も、9歳のときの乗馬中の事故で頭に重傷を負うことから護ってはくれなかった。落馬で頭蓋骨にひびがはいり、8時間か10時間意識を失い、頭のなかに金属片を埋め込まれた。そのため、1年以上も自宅で教育をうけることになるとともに、生涯、激しいスポーツをやらずにすむようになった。怪我のために軍務にもつけなかった。だが、第二次世界大戦中には、病床にいて部隊移動を地図で見ながら、戦況を緻密に追っていた。それが新聞に生涯打ち込むきっかけとなり、少年のころはむさぼるように読み、後年、新聞を所有するようになった。

家族が庶民の暮らしと隔離されていることは、スケイフ家の子供が大恐慌や戦争中に嘲りの声を浴びるのから護ってはくれなかった。ガソリンが配給のときに、子供だけが運転手つきのリムジンのリアシートに乗って通るのを見ると、通行人はヤジを飛ばした。10歳になるころには、「スケイフ家の人間は大多数の人々とはちがって、金持ちだ」ということに気づいたと、スケイフは回顧している。若いころは、そのために嫌われるのが怖かったという。だが、たいがいのリベラルとは異なり、年をとるにつれて、自分は恵まれていて当然だと思うようになった、とスケイフは書いている。「友だちは――ほとんどの友だちといっていい――金を持っていることに罪悪感を抱いている。私はそう思ったことは一度もない」スケイフの表現では、「財産はその人間だけではなく、コミュニティも国も受け継ぐのだ。それが強力な善を行なう」。「思想の戦いに金を注ぎ込んで影響をあたえることができるのは気分がいい」とも指摘している。

子供のころは幸せだったと、スケイフは回顧している。育ててくれた女性家庭教師が好きだったし、父親を尊敬し、母を敬愛していた。だが、4歳上の姉コーデリアは、子供時代をちがうように見ていた。家族はおたがいを「ものすごくみじめにする」ことが、いたって得意だったと、コーデリアはいう。スケイフ家に金とおなじくらいふんだんにあったものは、アルコールだけだった。14歳でディアフィールド・アカデミー（デイヴィッド・コークが8年後に学んだのとおなじ学校）に送り込まれたときには、スケイフはすでに酒飲みになっていた。最上級生のときにキャンパスの外で地元の若い女と酒を飲んでいるのが見つかり、ディアフィールドの校則違反で卒業できなくなるところだった。両親があわてて新しい寮のために寄付をして、卒業証書がもらえるようにしてくれたことを、スケイフは憶えている。そのくせ、何年もたってからスケイフは、社会批評家チャールズ・マレーに資金援助している。リバタリアンの論客であるマレーは、富裕層の成功は優れた労働倫理と道徳律に負うところが大きいという説を唱えている。

スケイフは進学予備校を卒業するのもやっとだったにもかかわらず、父親の母校イエール大学に迎え入れられたが、すぐに酔っ払って騒ぐ学生数人とともに放校された。友愛会のいじめっ子だったという評判を裏付けるエピソードがある。空のビール樽を階段から落とし、同級生に怪我をさせたというのだ（濡れ衣で、じっさいは友だちが投げ落とした、とスケイフは書いている）。キャンパスの外でまた酔っ払って騒ぎを起こし、逮捕されたあと、事件を裁いて放校を早めた学生部長を、スケイフは罵っている。それでも、翌年、スケイフは新入生としてイエール大学に再入学するチャンスをあたえられた。だが、授業よりも映画を見るのに時間をかけ、ほどなく落第して、こんどこそ完全に退学させられた。しかし、ピッツバーグ大学の理事長だった父親の助けで、同校を卒業し、一族の会社ガルフ石油に入社した。

それでも、素行は直らなかった。23歳のとき、雨の晩に酒を飲んだあと、フィアンセのフランシス・ギルモアに急いで会いに行こうとして、あやうく死亡事故を起こしそうになった。スケイフは膝を複雑骨折し、追突した相手の家族に高額の示談金を払うはめになった。大人になってからのスケイフの人生には、アルコール中毒と異様な悲劇的事件がつきものだった。1人の友人は、スケイフの目の前で自殺した。もう1人、姉の夫は、謎に包まれた状況で銃創のために亡くなった。この義兄の死は事故か自殺だろうと判断されたが、スキャンダルになり、スケイフが関わっているのではないかと姉のコーデリアが疑っていたために、きょうだいの亀裂は長年つづいた。コーデリアも2005

年に死病に取り憑かれ、ポリ袋を使って窒息し、みずからの命を絶った。残された遺産は8億2500万ドルあった。

税金逃れの慈善事業

だが、こうした悲劇が起きる前の1958年、スケイフの父アランが急死した。当時、スケイフは26歳だった。「重大な転機の年だった」とスケイフは回顧している。父親はスケイフに、傾いていた家業、金属加工会社を遺した。スケイフはすぐに会社を二束三文で売却し、尊大な伯父が会長をつとめるメロン銀行の取締役会に、有名無実の席を得た。それよりも重要だったのは、母親の財産管理を任されたことで、何億ドルもの投資の責任を負うことになった。「最優先事項は母親の問題の処理で、父親がやっていたのと、まったくおなじことだった」と、スケイフは書いている。「54歳の母サラは、裕福な女性だったが、財産管理の経験はなかった……それで、私が投資家の役割を引き受けざるをえなくなった。なにもかも、面倒をみることになった」

父親の死後すぐに、スケイフの母親は現金5000万ドルの慈善信託基金を2つ設立した。スケイフと姉のための基金だった。スケイフ家もコーク家とおなじように、非営利の慈善事業にその後20年間、総収益を寄付するという形をとった。その期間が過ぎれば、元金5000万ドルを相続税を払うことなく子供たちに贈与できる。べつのいい方をすれば、20年間の慈善事業は、無税で相続するための代償だった。スケイフはその仕組みについて、こう述べている。「なんというすばらしい税法だろう」

それを名案だと考えた母親が、1961年におなじような信託基金を2組設立したと、スケイフは指摘している。今回は、それぞれ2500万ドルで、スケイフと姉は、純利息を10年間、慈善事業に寄付すればいいだけだった。さらに1963年、母親はまた1億ドルの信託基金を孫たちのために設立し、サラ・スケイフ・グランドチルドレン信託基金と名付けた。それについては、純利息は21年間、寄付されることになっていた。コーデリアに子供はいないので、この基金の1億ドルすべての管理を、幼い息子と娘がいるスケイフが引き受けた。つまり、それから1984年までの21年間、スケイフは3つの信託基金の利息から生じる慈善事業への寄付の大部分を取り仕切ることになった。基金の総額は、2億5000万ドルに及んだ。当時としては、資産としても年間利息としても、とてつもない巨大な額だった。

スケイフは回顧録で、母親が課税されずに富を遺すのを可能にしたこの手法を、「社会的に有益な税回避」だと述べている。「相続人が相続税や贈与税を払わずにすむように、ある程度の額を取り分けておく。ただし、一定期間、公の利益になったあとで、そういう相続が可能になる。双方にとってうまみのある取引だと思う」

しかし、この税法があるために、ずばぬけて裕福な家族の多くが富を護るのにいそしみ、アメリカの民間セクターで大きな影響力を持つようになった。課税から身を護るために、公共の慈善事業の役割を創り出さなければならなかった。そして、コーク兄弟とスケイフ家の場合は、現代の保守主義運動への資金提供を強化するという結果になった。

重税を課せられることを懸念したスケイフは、慈善家の役割を強化するようになった。しかし、基金から生じて蓄積するいっぽうの利息をどう分散して寄付するか、ということが悩みの種だった。税法の条件を満たすように分配しなければならない。スケイフやコークのようなきわめて裕福な一族にとって魅力的な解決策は、みずからの私立慈善財団に寄付するという方法だった。そうすれば、節税できるだけではなく、慈善基金の使い道も自由にできる。

反民主主義の厄介者

私立財団には、法的な規制がほとんどない。「非営利団体（NPO）」と呼ばれる公共的な慈善組織に対して、資産の5パーセント以上を毎年寄付すればいいだけだ。見返りとしてドナーは控除を受け、所得税を大幅に減らすことができる。この仕組みで、富裕層は同時に潤沢な租税補助金を受けることができ、自分たちの財団が社会に望むような影響をあたえるのに使える。しかも、このプロセスで、ドナーは気前がよく公共心が旺盛だという印象がかもし出され、階級間の恨みを和らげるのに役立つ。

こんなふうに利点が数多くあるので、私立慈善財団は20世紀に超富裕層で急増した。こういった組織は、現在ではありふれた存在で、めったに論争の的になることはないが、かつては私立財団そのものが、アメリカのすべての政治勢力に、強い疑いの目を向けられていた。公の場に割り込んだこれらの私的な富の集合体は、選挙制度を通さず、説明責任がない、金権政治勢力だと見なされていた。

このやり口は、金ぴか時代にジョン・D・ロックフェラーによってはじめられた。ロックフェラーの慈善事業顧問フレデリック・ゲイツ牧師が、警告した。「あなたの財産はどんどんふくれあがって雪崩になってしまいますよ！　それに追いつくようにしなければなりません！　その成長よりも早く配分する必要があります！」対応として、ロックフェラーは1909年に、法的な認定を得ようとした。苦難の防止と救済にくわえ、知識と進歩をひろめることを幅広い任務とする、多目的私立財団を設立するのに利用できる、連邦憲章を確保するために、ロックフェラーは議会に働きかけた。セオドア・ルーズヴェルト前大統領を含めた批判派は、この案を攻撃し、「そういう財産を使っていかなる慈善を行なおうとも、その富を手に入れるための違法行為を埋め合わせることはできない」と断言した。当時、アメリカの著名人がつぎつぎと議会で証言し、私立財団の創出に反対した。なかでもジョン・ヘインズ・ホームズ牧師は、「民主的な社会という観念そのものと両立しない」と糾弾した。アメリカ労使関係委員会のフランク・ウォルシュ委員長は、1915年に、「財団と称する巨大な慈善トラストは、社会の福利にとって脅威だと思われる」と述べた。スタンフォード大学の政治学教授で、スタンフォード・フィランソロピーと市民社会センター副所長のロブ・ライシュは、私立財団は「そもそも富豪階級の声を代表する」ものであるから、「基本的に根深い反民主主義の厄介な存在である……この統一体は、政治的平等を脅かし、公共政策に影響をあたえ、永遠に存在しつづけるおそれがある」と説明している。

連邦議会の承認が得られなかったため、ロックフェラーはニューヨーク州議会に自分の計画を承認させた。しかし、すべての私立財団の祖先であるロックフェラー財団は、当初、教育、科学、信仰の振興のみに法律で活動を制限されていた。とはいえ、やがて複雑で多彩な問題がほじくり返され、それを材料とする多数の私立財団が生まれた。ライシュによれば、1930年には約200の私立財団があったという。1950年には2000、1985年には3万に及んでいた。2013年の時点で、アメリカには10万以上の私立財団があり、その資産は8000億ドルを超えていた。このアメリカ特有の組織は、有権者や消費者に対する透明性も説明責任もほとんどなしに運営されるいっぽうで、税金の面での優遇措置という公的補助を受け、公共政策の世界で8000億ドルもの巨人に成長した。因習打破主義者のリバタリアン法律学者、リチャード・ポズナーは、永続する慈善財団は「だれにも報告義務がない、完全に無責任な機構」だとして、「こうした財団が物議をかもしていないのは、経済学の謎」だとほのめかしている。

アメリカで最大の慈善事業家

悪徳資本家たちがはじめて慈善事業に寄付したときには、控除の対象にはならなかった。だが、1913年に連邦所得税が施行されると、富裕層はすかさず、特別な優遇税制が受けられないと、慈善家は公共の目的のために財産を寄付できなくなるかもしれないと、議会を説得した。そんなわけで、1917年にドナーは慈善への寄付の無制限控除を認められた。たとえ金持ちでも、寄付が個人の利益ではなく公共の利益に貢献する限り、公的補助を受ける資格があるという解釈がなされた。他のあらゆる社会計画向けの税法の適用には反対していた保守派が、このときばかりは、この税の抜け穴にもろ手をあげて賛成した。

1958年に父親が死んだときには、スケイフはすでに自分の小規模な財団を設立していた。21歳になり、スケイフの言葉を借りれば最初の〝カンフル剤〟を受け取ったとき、一家の弁護士が、慈善財団は税逃れの手段に使えると説明した。アレゲニー財団と呼ばれるスケイフのこの私立財団は、地元の改善プロジェクトを目的としていた。１９６４年にスケイフは、自分の政治団体にちなんでカルタゴ財団を設立した。当初、カルタゴ財団は国家安全保障に的を絞っていた。

１９６５年に母親が死ぬと、スケイフと姉はかなり拡大していたサラ・スケイフ財団を共同で運営した。だが、優先事項が異なるために、すぐに和解できない争いが起きた。２人は仲たがいし、それからの一生、ほとんど口をきかなかった。コーデリア・スケイフは、母親とおなじように芸術、自然保護、教育、科学、産児制限を最優先していた。（サラ・スケイフは産児制限活動家マーガレット・サンガーの友人で、サンガーが設立した組織から発展したプランド・ペアレントフッドを支援していた）。スケイフもプランド・ペアレントフッドを長年、支援していたが、回顧録にあるように〝公共の問題〟への関心のほうが強かった。１９７３年にスケイフは、サラ・スケイフ財団の方向性を変えるのに成功し、助成金をもっぱら自分の大義のために使うようになった。「それによって助成の力が大幅に強化され、アメリカの利益になると私が信じている概念を推進できるようになった」。税逃れに触発されたのをきっかけに、スケイフはアメリカ有数の大金持ちであるだけではなく、最大の慈善事業家になった。「これがリチャード・メロン・スケイフの伝説のはじまりだった。右派の大義を陰で推し進める影の人物になったのである」と、スケイフは回想録に茶目っけたっぷりに書いている。

保守派の反〝共産党宣言〟

しかし、その金をどういうふうに使うのがもっとも有効か、というのが大きな問題だった。はじめのころウィリアム・F・バックレー・ジュニアを尊敬していたスケイフは、その考えをすべて受け継いだ。右派の知識人は、リベラルのエスタブリッシュメントに対抗するために、自分たちのエスタブリッシュメントを打ち立てる必要があるという考えを、育んでいた。この運動の主唱者は、スケイフのカルタゴを救うための同盟の一員、ルイス・パウエルだった。元最高裁判事のパウエルは、当時、ヴァージニア州リッチモンドで著名な企業弁護士だった。また、パウエルは、大がかりな計画の財源を提供してくれる大金持ちのドナーを探していた。

保守派の大企業がアメリカの政治を奪還するやり方を詳しく述べた華々しい戦闘計画を、パウエルは立案していた。ハンニバルの気概にならい、増長して自己満足に陥っているエスタブリッシュメントに壊滅的な奇襲攻撃をかける。エスタブリッシュメントは、自分たちを超党派と見なしているが、保守派の目から見ればリベラルだった。この攻撃を行なう先鋭的なオピニオン・エリートは、既存の組織に見せかけてあるが、じつは党派色の濃いドナーがひそかに資金を提供し、企業寄り——利己的だと批判勢力はいうだろう——の政治目標の実現に邁進する。

パウエルの保守派の企業家との結びつきは、多岐にわたっていた。パウエルは、企業向けの法律事務所を繁栄させていただけではなく、フィリップモリスも含めたアメリカの最大手企業十数社の取締役でもあった。そんなわけで、1971年春、63歳だったパウエルは、過激派の学生、反戦運動のデモ、ブラックパワーの武装勢力、リベラルのエリート知識人の多くが、企業国家アメリカの悪行に対抗するのを見て、いらだちをつのらせていた。アメリカの資本主義は危機に瀕していると、パウエルは考えた。その夏のあいだ、パウエルは政治的危機を報じる雑誌や新聞の記事を切り抜いた。特に目をつけていた相手は、ハーヴァード・ロースクール卒の若手活動家ラルフ・ネーダーだった。当時、労働次官補だったダニエル・パトリック・モイニハンが、自動車の安全性を調査するために、ネーダーを雇っていた。ネーダーが1965年にGMについて暴露した『Unsafe at Any Speed』で、自動車産業は安全よりも利潤を優先していると非難すると、アメリカでは消費者運動が活発になり、アメリカ国民の企業への信頼が揺らいだ。パウエルはGMの企業弁護士の友人で、この一件やその他の反企業活動の拡大を、この世の終わりであるかのように警戒した。

その夏、リチャード・ニクソン大統領によって最高裁判事に指名される2カ月前に、アメリカ商工会議所会頭の親しい友人で、パウエルとおなじように政治的混乱を不安視していた隣人のユージン・シドナー・ジュニアが、経済連合会《ビジネス・リーグ》のために特別な回状《メモ》を起草するようパウエルに依頼した。8月にパウエルが作成したメモは、企業国家アメリカへのまぎれもない動員令で、政治的な組織を編成して反撃しないと生存が危ぶまれると、企業コミュニティに警告していた。この5000語の意見書には〝秘〟と記され、「アメリカの自由企業制への攻撃」という題がついていた。反〝共産党宣言〟そのもので、保守派が支配するための設計図が説明されていた。キム・フィリップス－フェインは、『Invisible Hands』で、パウエル・メモは企業国家アメリカを〝尖兵〟に変えたといういい方をしている。

私立財団は保守派運動の資金源

この鬨の声に、スケイフも含めて、アメリカ最大の企業の富を継承した人々が注目した。彼らは、自分たちの私立財団を保守派運動の資金源にする準備を整えた。財団には、ドナーの側と寄付金を貰う側の両方に、いくつか利点があった。たいがいの企業とはちがって、私立財団はごく少数の人間が操っているので、問題のあるプロジェクトでもすばやく行動することができる。さらに、ドナーは高尚な理想に関わっているような雰囲気をかもし出しながら、優遇税制を利用できる。マンハッタン政策研究所の研究員で、いくつかの保守系財団の重鎮になったジェイムズ・ピアソンは、この時期をふりかえっていう。「1970年代末にはじめたときには、私たちにはなにもなかった。アメリカ政界のメインストリームに乗る機構は皆無だった」企業が極右運動にじかに資金を提供していると、リベラルが錯覚していたことを、ピアソンは指摘した。「私たちがやっていたようなことは、問題がありすぎて、企業は関われない」だから、当初は「ごくわずかな数の財団しかなかった」。石油の富によるイヤハート財団、咳止めと風邪薬の王国から生まれたスミス・リチャードソン財団、そして、もっとも重要なスケイフ家のさまざまな財団である。

1960年代末から1970年代初頭にかけては、企業国家アメリカと、企業の莫大な財産で暮らしている人間にとっては厳しい日々だった。環境保護運動と消費者運動の誕生と、政府の一連のあらたな厳しい規制によって、企業社会はよろめいていた。1962年にレイチェル・カーソンの『沈黙の春』が出版され、化学会社の無責任な操業が破壊的な環境悪化をもたらしていることが暴かれると、議会は大気浄化法、水質浄化法、有害物質規制法などの法律を成立させ、現代の規制態勢を確立した。1970年には、強力な超党派の支援を得て、ニクソン大統領が環境保護庁（EPA）と労働安全衛生局（OSHA）を創設する法案に署名し、政府は企業を取り締まるあらたな権限を得た。

大気浄化法の定めた基準は、ことに厳しかった。規制を強化するにあたって、EPAは国民の健康という唯一の事柄を重視するよう命じられた。企業が負担するコストは、度外視されることになった。いっぽう、ベトナム戦争反対の機運が高まり、反戦組織は、企業が紛争を煽っていると激しく非難した。ナパーム・メーカーのダウ・ケミカルは、1970年代に200回以上も抗議行動の対象になった。ストートン・リンドのようなニューレフト指導者は、1969年に書いているように、政府相手の反戦運動で時間を無駄にせず、「企業を包囲しろ」と促した。アメリカ国民の企業への尊敬が急落したことを、世論調査が示していた。

科学者たちが喫煙と癌が結びついていると唱えると、タバコ産業は明確な攻撃の的になった。そのことでパウエルは警戒をいっそう強めたのかもしれない。パウエルは、最高裁判事に指名されるまで、1964年からずっとフィリップモリスの取締役をつとめ、だれはばかることなくタバコ産業を擁護し、批判勢力を攻撃する年次報告書に署名していた。たとえば、フィリップモリスの1967年の年次報告書は、つぎのように断言している。「私たちは遺憾に思います。客観的な証拠がないことは、最大の反論でしょう……不幸なことに、タバコと健康を結びつける多くの報告は、一般に認められている喫煙の利点を無視し、喫煙に好意的な科学報告書にほとんど注意を払っていません」。パウエルは、タバコ会社がテレビで批判に対して〝同一時間〟で反論することを、連邦通信委員会が許可しなかったことに立腹し、タバコ会社の憲法修正第一条（訳注　言論の自由などに議会が干渉することを禁じる）の権利が侵害されていると主張した。この法的主張は法廷で却下され、パウエルは、企業の戦闘態勢を整えなければならないという考えをいっそう強めた。ジェフリー・クレメンツは

『Corporations Are Not People』で、パウエルのタバコ産業擁護は企業右派運動の先触れで、企業寄りの法廷の力を強化するために保守派向けの文書をつぎつぎと出すきっかけになったと、説明している。

アメリカの資本家は反撃しろ

企業国家アメリカの災厄が悪化するにつれて、アメリカ経済は高インフレと高失業率という異常な組み合わせの〝スタグフレーション〟に苦しめられた。オイルショックが起きて、ガソリンを買うための行列ができた。富を再配分する累進課税と相続税が何世代にもわたってつづいたあとで、経済エリートは差を縮められていた。1970年代半ばのアメリカ国民の収入は、歴史上もっとも平等に分配されていた。

「すこしでも知恵の働く人間なら、アメリカの経済システムが広範囲で攻撃されていることに疑問を抱かないだろう」パウエルは、内部文書で明言している。パウエルの嘆きが他の保守派の長ったらしい演説と異なっていたのは、最大の脅威をもたらすのは「左派の過激派」ではなく「社会でもっとも敬われている部分」だとした点だった。ほんとうの敵は「大学のキャンパス、教会の説教壇、マスコミ、知的な雑誌、文芸誌、芸術、科学、そして政治家なのだ」とパウエルは説いた。

反撃しろと、パウエルは企業国家アメリカをたきつけた。アメリカの資本家たちに、「狡猾なやり方で」われわれを害しようとする相手に「ゲリラ戦」を仕掛けろと促した。保守派は世論を味方につけなければならない。それには世論を形作る機構、つまり学会、マスコミ、教会、そして裁判所に、影響力を行使する必要がある。保守派は、教科書、テレビ番組、ニュースに「バランス」を要求することで、政治的議論を根本から統制すべきだ、とパウエルは論じた。ドナーは大学の人事やカリキュラムでの発言権を要求し、「あらゆる政治の闘技場で激しく責める」べきだ。「統合された活動を通じてのみ得られるような規模の資金援助」に後押しされた、「周到な長期の立案と実行」が、勝利には重要だと、パウエルは予想した。

そう唱えたのは、パウエルだけではなかった。右派の活動家多数がおなじような檄を飛ばした。その1人が、新保守主義の生みの親のアーヴィング・クリストルだった。元トロッキストのクリストルは、『ウォールストリート・ジャーナル』の保守派論説欄のコラムニストになり、ビジネスリーダーたちに、もっと広報活動を行なうよう勧め、「ひたすら自己の利益を追求している」ことを隠しながら、家族や信仰のような倫理的な価値観を売り込まなければならないと説いた。ニクソン政権の上級顧問パトリック・ブキャナンも、1973年に同様のことを論じている。長期的に政治多数派の地位を固めるために、保守派は企業社会アメリカと共和党支持の財団を説得して、「非課税手段」、「人材銀行」、「広報センター」として機能するシンクタンクに資金を提供させる必要がある、とブキャナンは唱えた。だが、右派を奮い立たせたのは、なんといってもパウエル・メモだった。パウエルは、新たに誕生した裕福な超保守派に、複数の前線で戦って、アメリカの政治思考に影響を及ぼすために、フィランソロピーへの寄付を兵器として使うよう促した。

保守派の「砲兵隊」

この時期、スケイフは多くの保守派とおなじように、ありきたりの政治資金の使い方に幻滅しはじめていた。ゴールドウォーターの敗北で、スケイフは激しい失意を味わった。その後、スケイフは一度だけ選挙運動に深く関わった。1972年のニクソンの再選運動に関係のあるフロント団体330社に、それぞれ3000ドルずつ寄付し、合計100万ドル近くを注ぎ込んだ。少額に分けたのは、連邦の献金額制限にひっかからないようにするためだった。

しかし、ウォーターゲート事件でニクソンが関与を疑われると、スケイフは寝返り、候補者に献金するという考えを捨てた。そのころスケイフはピッツバーグ郊外のグリーンバーグの『トリビューン・レヴュー』という地方新聞を買収していたが、1974年にニクソン弾劾を要求する痛烈な社説を載せた。じきに、ニクソンからの電話にも出なくなった。「それ以来、スケイフは候補者を大々的に応援することはなかった」と、クリストファー・ルディはいう。

選挙という手順に不満を持っていたスケイフは、チャールズ・コークやデイヴィッド・コークとおなじように、それよりも間接的な手段で政治的な勝利をものにしようとした。政治運動や政治活動委員会への寄付はつづけていたが、保守派の機構や思想への投資を増やしはじめていた。スケイフの私立財団は、政治と政策の仲立ちをする組織にとって、最大の資金源になった。ことにシンクタンクは、保守主義運動の思想戦争で、ピアソンがいう「砲兵隊」になった。スケイフは回顧録で、保守主義運動の重要な機構300のうち、推定133以上の機構に資金を提供したと書いている。

ヘリテージ財団の最大の後援者

1975年、スケイフ・ファミリー慈善基金は、ワシントンDCで新たに発足したシンクタンク、ヘリテージ財団に、19万5000ドルを寄付した。それから10年にわたって、スケイフは最大の後援者になり、1000万ドル以上を寄付した。1998年には寄付の総額は2300万ドルに達し、ヘリテージ財団の資金全体で占める割合が圧倒的に大きくなった。それ以前に、スケイフはアメリカン・エンタープライズ研究所（AEI）の最大のドナーになっていた。AEIのほうが古く、ワシントンDCで競合していたが、ヘリテージ財団には新しいモデルがあり、スケイフはそれに引き寄せられた。ヘリテージ財団は、従来の研究所とは異なり、明確に政治的な組織で、きわめて保守的な概念を創出し、売り込み、アメリカ政治のメインストリームに注ぎ込んでいることを誇っていた。

じつのところ、ヘリテージ財団を生み出したのは、従来のシンクタンクのモデルに不満を持っていた議会の補佐官2人だった。そのうちの1人、エドウィン・フォイルナー・ジュニアは、ペンシルヴェニア大学のビジネス・スクールであるウォートン・スクールの卒業生で、資金集めの才能があった。もう1人、ポール・ウェイリッチは、ウィスコンシン州出身の労働者階級のカトリックで、頭がよく激烈な保守主義者だった。自分は「過激派」で、「現在の権力機構をひっくりかえすために働いている」と公言していた。2人はAEIが、決着がつくまで立法の戦いに介入するのを拒むことに腹を立てていた。古いシンクタンクは、非営利の立場を失うのを怖れて、そういう用心深いやり方をする。2人は、決断が下される前に議員に積極的にロビー活動を行ない、戦いで旗幟を鮮明にし、あらゆる面でただ「考える《シンク》」のではなく「やる《ドゥー》」ような、新しい形の行動主義のシンクタンクを設立しようとした。

保守主義運動に投資したい

ルイス・パウエルの回状《メモ》は、2人がプロジェクトに必要としていた資金を得る糸口になった。コロラド州でクアーズ醸造所を経営する超保守主義者一族の末裔、ジョーゼフ・クアーズが、1番手になった。パウエル・メモを読んで「感動した」クアーズは、コロラド州選出のゴードン・アロット共和党上院議員に手紙を書き、「保守主義運動に投資したい」と持ちかけた。アロットの部下だったウェイリッチが、クアーズの手紙を読んで、絶好の機会に飛びついた。条件を付けずに潤沢な資金を出すと提案しているビール王に、早急にワシントンDCに来ていただきたいと、ウェイリッチは促した。「ジョー・クアーズほど政治の面で純真な人物には、いまだかつて会ったことがなかった」会ったあとで含み笑いをしながら、ウェイリッチはいったという。だが、クアーズはすっかり取り込まれていた。ウェイリッチは、「この国の基礎となっている自由を護る戦いに従事しましょう」と説いた。「戦闘情報としてどういうものが必要であるのかを、考えてください」と、ウェイリッチはクアーズにいった。

クアーズはただちに戦いに加わった。コーク兄弟やスケイフとおなじように、クアーズとその兄弟たちは、莫大な利益をあげている家業とともに、反動主義者の両親の考え方も受け継いでいた。ジョー・クアーズはジョン・バーチ協会を支援し、組織労働者、公民権運動、連邦政府の社会福祉プログラム、1960年代のカウンターカルチャーは、自分や祖先を繁栄させてきた生活様式にとって実在の脅威だと見なしていた。クアーズ醸造所は1873年にプロイセンからの移民アドルフ・クアーズが創業し、労働組合を敵視していることで有名だった。また、マイノリティの従業員を差別していると指摘したコロラド州公民権委員会と、何度となく衝突している。創業者のもっとも年下の孫であるジョー・クアーズは、アメリカは過激な左派に蹂躙されていると確信し、コロラド大学の理事をつとめていたときに、左派の演説者、教職員、学生をキャンパスから追放しようとして、物議をかもした。クアーズは、アメリカへの忠誠を誓うことを教職員に強制しようとしたが、理事会で却下された。自分の息子が同大学でヒッピーになったのに激怒し、学位授与式（卒業式）の最中に、「遊び人の寄生虫どもが……州の施しを受けて暮らしている」と罵った。ウェイリッチと結びついたときには、クアーズはすでに、ウェイリッチが説明したようなより戦闘的な全国組織を右派は必要としていると確信していた。

クアーズはまもなく、ウェイリッチとフォイルナーが発足させた生まれたての保守系シンクタンクの、最初のドナーになった。ヘリテージ財団の前身となったこのシンクタンクは、当初、分析研究協会と呼ばれていた。クアーズは、最初の寄付25万ドルにくわえて、本部ビルのために30万ドルを寄付すると約束した。ほどなくクアーズは、名士の地位を享受するようになり、コロラド州ゴールデンとワシントンDCをジェット機で行き来した。マルチミリオネアの政治イデオローグの第一陣に後援され、ヘリテージ財団は1973年に業務を開始した。

ほどなくスケイフの金が、さらに莫大な規模で注ぎ込まれた。当時よくいわれたように、「クアーズはビールの6本パックを提供し、スケイフはケースごと提供した」。

「思想戦争」のための「学術組織」

アメリカにも21世紀初頭には独立系の研究施設があったが、ジョン・ジュディスが『Paradox of American Democracy』に書いているように、もっと以前のシンクタンクは、個人や党派の利益という狭い目的ではなく、幅広い大衆の利益を促進することにいそしんでいた。進歩主義運動の伝統によって、イデオロギーではなく社会科学が原動力だと明言していた。もっともよく知られているのは、1916年にセントルイスのビジネスマン、ロバート・ブルッキングズが設立したブルッキングズ研究所だろう。ブルッキングズは、研究所の使命は「いかなる政治的・金銭的利害関係にも縛られない」と定義した。「公平無私」の倫理を護るために、共和党員だったブルッキングズは、さまざまな見解を持つ研究者で理事会を構成するように義務付けた。

ロックフェラー、フォード、ラッセル・セージ財団、当時の学界や報道機関も、おなじ考え方で活動していた。『ニューヨーク・タイムズ』は、党派主義の偏見にとらわれない事実を報道するようにつとめていた。こういった機関には、事実を現代の観点で科学的に捉えることに専念しているという意識があり、したがって自分たちはリベラルだとは思っていなかった。もっとも、社会問題に対して彼らが出した解決策には、政府の対策が含まれている場合が多かった。

1970年代になると、スケイフのようなすさまじく裕福な少数のドナーや、一部の大企業の支援を得て、従来とはまったく異なる形の「シンクタンク」が登場した。こうしたシンクタンクは、学術的な研究を行なわず、あらかじめ方向性が定まっているイデオロギーを政治家や大衆に売り込んだ。ラッセル・セージ財団の元理事長エリック・ワナーは、この現象を端的に述べている。「AEIやヘリテージ財団のたぐいは、社会科学は社会政策を形作るべきだという進歩主義の信念に逆行している」

シンクタンクを偽装した政治兵器にするという着想を生み出したのは、ハイエクだという説もある。BBCのドキュメント映画を制作したアダム・カーティスが、その経緯を語っている。イートン校とケンブリッジ大学を出ているアントニー・フィッシャーという狂信的なイギリス人リバタリアンが、1950年前後にハイエクの『隷従への道』を『リーダーズ・ダイジェスト』版で読み、社会主義と共産主義が民主主義の欧米を乗っ取ると信じて、どうすべきかとハイエクに助言を求めた。立候補して公職につくべきでしょうか？　当時、ロンドン・スクール・オブ・エコノミクスで教鞭をとっていたハイエクは、そういう信念を抱いているものが政界に参加しても無駄だと、フィッシャーに告げた。政治家は古い通念の虜だというのが、ハイエクの見方だった。当時はまだ途方もないと思われていた自由市場という概念を実現するには、政治家の考え方を変える必要がある。それには、大胆でなおかつ正直とはいえない広報活動を展開しなければならない。それをやる最善の方策は、「思想の戦争」を行なう「学術団体」を発足させることだと、ハイエクはメモをとっていたフィッシャーに教えた。成功すれば、歴史の方向を変えることができると、ハイエクはフィッシャーにいった。

中立的、超党派的に見せかける

だが、成功させるには、シンクタンクのほんとうの目的を欺瞞する必要がある。この冒険的な企てでフィッシャーと組んだオリヴァー・スメドレーは、自分たちは「抜け目なくふるまい」、組織を中立的で超党派に見せかける必要があると、フィッシャーに書き送った。2人はロンドンでリバタリアン・シンクタンクの元祖とでもいうべき組織を設立し、当たり障りのない適当な名称を選んで、経済問題研究所と名付けた。スメドレーは手紙に書いている。「特定の路線に沿って大衆を教育しようとしていることを示すような文言は、使わないようにしなければならない。政治的に偏向していると解釈される可能性があるからだ。べつのいい方をするなら、われわれが自由市場の経済学を再教育していると、ありていにいったなら、われわれの動機が利他的ではないと、敵は異議を唱えることができる」

フィッシャーは、自由市場をひろめるシンクタンクを世界各地でさらに150ほど創立した。ニューヨークのマンハッタン研究所もその1つで、スケイフや保守系フィランソロピストが巨額の寄付を行なうようになる。それどころか、サラ・スケイフ財団は長年にわたって、マンハッタン研究所の唯一の大口資金援助組織だった。保守派の社会批評家マレーと、サプライサイド経済学の権威ジョージ・ギルダーの成功に貢献したとき、寄付はじゅうぶんに報われたというのが、スケイフの見方だった。社会福祉プログラムと税に反対するギルダーの主張は、アメリカの一般市民に絶大な影響をあたえた。

マンハッタン研究所の資金調達にあたって、フィッシャーに協力したのは、合衆国輸出入銀行頭取で、のちにCIA長官に就任する、ウィリアム・ケーシーだった。初期のシンクタンクは、スパイ組織ではなかったが、高貴な大義だと自分たちが見なしているものに役立てるためなら、偽りの口実や情報操作を利用するのにやぶさかでない裕福な人間が、資金を提供していた。それだけではなく、この時期のスケイフは、CIAの隠れ蓑《フロント》組織にも資金を提供していた。1970年代初頭に、フォーラム・ワールド・フューチュアというロンドンの通信社を所有していたことを、スケイフは認めている。じつは、この通信社はCIAに運営され、プロパガンダを行なっていた。スケイフは『ニューヨーク・ヘラルド・トリビューン』社主のジャック・ホワイトニーから買収したが、ホワイトニーはスケイフの父親がOSSにいたころの友人だった。

実態は企業の圧力団体

こういったまやかしの要素は、ウェイリッチの最初のころの計画立案にも見られた。自分の政治組織を企業の隠密のフロント団体に見せかけると書かれた手紙が、ウェイリッチの書類のなかにあった。同僚の1人が書いている。「周知のように、ビジネス界の人間は、政治の分野にまったく無関心だ。ビジネスマンが関与を怖れるのは、ビジネスに関して、政府から反撃される可能性があるからだと思う。われわれが提案する組織は、ビジネスマンを遮掩し、一定の代償で代わりに実質的な政治活動を行なう手段を提供する」

アメリカの大富豪が非営利のフロント団体の陰に隠れようとする試みは、当初、法的にも政治的にも大失敗に終わった。1930年代、民主党はデュポン家のアメリカ自由連盟への資金援助を暴いて大喜びした。アメリカ自由連盟は独立系の組織のふりをして、ルーズヴェルト大統領のニューディール政策に反対していたが、「アメリカ・セロハン連盟」と呼ばれて馬鹿にされた。「このセロハンはデュポン社製で、透き通って見える」というわけだった。1950年代、議会はのちにAEIになる団体を調査し、「大企業の圧力団体」だと糾弾した。本来ならロビー団体として登録すべきで、ドナーは控除を受けられないはずだった。1965年、AEI幹部が、ゴールドウォーターの1964年の大統領選挙運動のブレーン集団を組んだために休職した。それでも内国歳入庁は、非課税を撤回すると脅した。こうした厳しい事例のために、この時期のAEIやその他の保守系組織は、党派色を色濃く出したり、企業のサクラを演じていると見られたりしないように気を配った。

しかし、1970年代になると、こうした懸念は過去のものとなった。パウエルをはじめとする、企業側の新手の攻撃的な尖兵は、保守系の組織は事実を歪曲しているという非難に対し、ブルッキングズ研究所や『ニューヨーク・タイムズ』のような既成のエスタブリッシュメントも偏向していて、リベラルに寄りすぎていると主張し、形勢を逆転させた。あらゆる意見に対して平等なバランスを授けるような、思想の「市場」が不可欠だと、彼らは論じた。要するに、下世話な争いから超越し、中立的に公共に奉仕することを誇っていた旧来の組織を、二極化した戦争の下っ端の戦闘員に変えてしまったわけだった。

共和党員を代表にしたブルッキングス研究所

途方に暮れたブルッキングズ研究所や『ニューヨーク・タイムズ』は、超党派の立場を強調するために、保守派を陣営に加えた。ブルッキングズ研究所は、あわてて共和党員を所長に迎え、『ニューヨーク・タイムズ』は１９７３年にニクソンのスピーチライターだったビル・サファイアを署名入り記事のコラムニストに迎えた。１９７６年、スケイフが資金を提供したインスティテュート・フォー・コンテンポラリー・スタディーズが、メディアのリベラル偏向についての報告書を公表すると、『ニューヨーク・タイムズ』は論説主幹のジョン・オークスを、反企業の傾向があるとして辞任させた。いっぽう、初期の超党派の環境保護運動や、公共法運動に資金を提供してきたフォード財団は、リベラルだという批判に対抗するために、１９７２年にアメリカン・エンタープライズ研究所（ＡＥＩ）への寄付金30万ドルの１回目の払い込みを行なった。「フォード財団からたっぷりとふんだくったな。おめでとう！」ＡＥＩ幹部の友人が、内部文書にそう記している。

結局、保守系ＮＰＯは１９７０年代末に、カルタゴを救うための連盟がはじめて結成されたときには考えられなかったような力を発揮した。とてつもなく裕福な右派ドナーは、ルーズヴェルト大統領の時代には利己的な「経済王政主義者」だと馬鹿にされたが、いまでは二陣営に分かれた論戦の「相手方」として敬意を表されるようになっていた。

新型の超党派主義シンクタンクの影響は、中央政界の外にも及んでいた。学問や科学の確立していた分野に異議を唱えて、まったく偏見のない専門家の信用を損ね、矛盾のある統計や議論を政治家にぶつけて、そこから選択するように仕向けた。それには、リベラルの正統な説を超越して、多元論的な知識が求められる雰囲気をかもし出すという利点があった。しかし、党派主義のサクラは、ごまかしのある研究に基づく「バランス」をでっちあげ、スポンサーたちの金銭的利益がからんでいる火急の問題について大衆を騙す危険性があった。

政治アナリストとして、シンクタンク数カ所とニクソン・センターに勤務したことがある、スティーヴ・クレモンスのような消息通《インサイダー》は、新型のシンクタンクは「悪魔に魂を売り渡す取引」だという。金で研究が汚染されることを、クレモンスは憂慮している。「資金提供者は、自分たちの重要目標に貢献するような政治的結果を、いよいよ期待するようになっている」と、告白的な評論に記している。「私たちは、特定の政治目標を持っている金を洗浄《ロンダリング》している。だれもそのことをいおうとしない。大きなタブーになっている」

新型シンクタンクは、知識の面で清廉潔白だということを証明するために、ドナーの一部とは異なる立場をとっていると主張する場合がある。しかし、AEIのスポンサー、化学・爆薬メーカーの大物経営者ジョン・M・オリンのような例が、むしろ典型的だ。ニクソン政権の時代に遺産税増税に猛反対するようAEIに要求し、そのための寄付を行なったのに、AEIの活動がてぬるかったと激怒していることが、オリンの何通もの手紙からうかがえる。AEI所長への回状でオリンは、税は「完全な社会主義」だと罵り、AEIがただちに意見を表明しなかったら、「私の財産は私が死ぬと同時に文字どおり清算されてしまうだろう」と苦情を述べた。

保守派から転向してリベラルの活動家になったデイヴィッド・ブロックによれば、若手フェローとして自分が勤務したヘリテージ財団は、完全に裕福なスポンサーに牛耳られていたという。すべてを暴露する『Blinded by the Right』に、ブロックは書いている。「右派のイデオロギーが、どのように少数の強力な財団によって操作され、統制されていたかを、私は目の当たりにした」として、スミス・リチャードソン、アドルフ・クアーズ、リンドとハリー・ブラッドレー、ジョン・M・オリンの名をあげている。ブロックの分析では、スケイフが「群を抜いて重要」で、「現代の保守派運動を築き、その思想を政界にまでひろげた、唯一無二のもっとも重要な人物だった」という。

財産を相続していなければタダの人

スケイフ本人が知力の面でどう関わっていたかは、いまだに謎だ。スケイフは、顧問で長年の右腕だったリチャード・ラリーや、ラリーの同僚の元海兵隊員R・ダニエル・マクマイケルに、権限を肩代わりさせることはなかった。スケイフの巨額の寄付を受けていた、戦略国際問題研究所（CSIS）のデイヴィッド・アブシャイアや、レーガン政権の司法長官でヘリテージ財団のフェローのエドウィン・ミーズ3世は、口をそろえてスケイフの眼識を褒めそやしている。ミーズはスケイフのことを、「公の闘技場にバランスと健全な正道」を復活させた「見えざる手」だと表現している。しかし、スケイフの部下だったジェイムズ・シューマンは、『ワシントン・ポスト』に、スケイフが莫大な財産を相続していなかったら、「彼の知力では、大きなことができたとは思えない」と述べている。

スケイフは回顧録で、多少のウィットと愛想をこめて自分の人生をふりかえり、強く意識してはいなかったが、頭の回転が早く、愉快な人間だったと述べている。しかし、1994年に共和党が上下院で多数を占めたとき、ヘリテージ財団の祝賀会でスケイフが行なった演説は、知力の冴えを示したとはいいがたかった。スケイフの演説は支離滅裂で、「この政治的勝利によって、この国で半世紀にわたって渦巻いていたイデオロギー紛争は、いまや赤裸々なイデオロギー戦争が勃発する明らかな兆候を示しており、私たちの共和国の基盤そのものが脅かされています。そのことを私たちは銘記すべきでしょう」といい放った。

スケイフのまとまりのない発言は、アルコール中毒治療を何度も受けてはまた中毒者に戻るという人生で、ふたたび飲酒をはじめた直後のものだった。1987年、2番目の妻マーガレット・〝リッチー〟・バトルは、スケイフをベティ・フォード・センターへ連れていった。仲間の話では、何年かはしらふだったという。しかし、スケイフの人生はすこぶる波乱に富んでいた。1979年にリッチーと出会ったあと——2人とも配偶者がいた——2人はソープオペラもどきの情事をつづけた。魅惑的でとてもおきゃんな南部女のリッチーが、男の目を惹く白いアンゴラのセーター姿でオフィスに現われたあと、恋愛の極致を味わったと、スケイフは書いている。「私たちは自然になすがままのことをした」と、スケイフは『ヴァニティ・フェア』に語った。リッチーは反論する。「アンゴラのセーターなんか持っていなかった。ああいうのにはアレルギーがあるのよ!」。求愛していたころに、リッチーに睾丸をひどく蹴られたスケイフが、病院の緊急治療室に運ばれたという話も伝わっている。いっぽう、スケイフと妻は10年以上も離婚訴訟の財産分割で揉めていた。スケイフは離婚後に相続したガルフ石油の株を妻に渡したくないために争っていた。あるとき、罰則付き召喚状を免れるために、リッチーはクレオパトラみたいに絨毯に巻かれて、召使によってスケイフの家から運び出された。

あいびきの相手は売春容疑の女

スケイフの家庭生活は壊れていた。スケイフの息子デイヴィッドによれば、進学予備校――例によってディアフィールド――にいたころに、スケイフとリッチーが、酒とマリファナを持ってやってきたという。スケイフは息子と一緒にマリファナを吸った。1991年にスケイフはリッチーと結婚したが、リッチーは近所にある自分の家に住みつづけていた。2人の結婚披露宴に、ピッツバーグの上流階級の人々は眉をひそめた。芝生に卑猥な意味にもとれる派手な文字が描かれていたからだ。「リッチーはディックが大好き」（訳注 dickにはペニスの意味もある）。

しかし、2人の壮烈な破綻に比べれば、そのスキャンダルは些細なものだった。リッチーの雇った私立探偵が、道端の時間貸しのモーテルまでスケイフを尾行し、売春容疑で逮捕されたことがあるタミー・ヴァスコという長身のブロンド女とのあいびきを報告した。その後、リッチー自身も「大胆な不法侵入」によって逮捕された。夫の家を窓から覗き、召使が蝋燭を立てて2人分のロマンティックなディナーの準備をしているのを見て、忍び込んだのだ。告訴は取り下げられたが、笑い物にされたリッチーが、夫婦の茶色いラブラドール・レトリバーをめぐってスケイフの家政婦と殴り合いの喧嘩をした。リッチーが犬を連れて雲隠れすると、スケイフは庭に看板を立てた。「妻と犬が行方不明――犬を見つけた方にはお礼をします」

そういうささやかな小競り合いのあとには、壮大な規模の離婚訴訟の争いがあった。スケイフは弁護士の助言に従って、婚姻前のリッチーとの財産契約について語ることを拒んだ。契約したのは大きな間違いだったと、スケイフは回顧録で痛烈に悔やんでいる。「オープンな結婚生活」を営んでいると信じていたので、前の妻を傷つけるつもりはなかったと、スケイフは主張した。「ビル・クリントンと私に共通する問題だ」と冗談をいった。いっぽう、タミー・ヴァスコは、スケイフの最期の日々まで人生をともにし、家の使用人が憤り、ピッツバーグの上流社会に軽蔑されても、ナンタケットやカリフォルニア州ペブルビーチの家への旅に付き添った。タミーは売春で逮捕されたことがあったのに、スケイフは癌で死んだときも彼女の写真を病床のそばに置いていたと、知人の1人がいっている。

クリントンに殺されたかのような情報を流す

こういったことがあったにもかかわらず、不思議なことに、1990年、ヘリテージ財団の最大の資金提供者だったスケイフ財団は、保守派の社会的・倫理的な争点、具体的には家族の価値観にもっと集中するようにと、ヘリテージ財団に要求した。ヘリテージ財団のエド・フォイルナー総裁は、ドナーの要求に従って、ウィリアム・J・ベネットを雇い入れた。ベネットは歯に衣を着せない社会保守派で、レーガン政権で教育長官を、ジョージ・H・W・ブッシュ大統領のもとで国家麻薬統制政策局長官をつとめた。ヘリテージ財団で、ベネットは文化政策研究特別フェローに任命された。ヘリテージ財団の公式な歴史を編纂しているリー・エドワーズは、スケイフ財団は「ことに家族崩壊を意識しており、それがヘリテージの大きな関心事になった」ことを認めている。ベネットはスケイフ財団の理事も兼ねていた。

アーカンソー・プロジェクトと呼ばれる、1990年代のクリントン大統領の不倫問題の執拗な調査に、スケイフが自分の財団の資金を投入するのを許可したことも、おなじように理解しがたい。私立探偵を雇って反クリントン派の情報源からネタを掘り起こし、怪しげな下劣な情報を『アメリカン・スペクテーター』誌に流すというこの計画に、スケイフの家族財団から資金が流れていた。スケイフの財団は、クリントンに対する訴訟にも資金を提供した。こうした一連の動きが政治的騒動を煽って、クリントンを弾劾聴聞会にひきずり出した。

そのいっぽうでスケイフは、クリントンのホワイトハウスの補佐官ヴィンセント・フォスターの死についての突拍子もない陰謀理論に取り憑かれていた。警察は自殺だと断定したが、ほんとうは殺されたのだと信じ、「クリントン政権の陰謀を解明する手がかりになる」とまでいった。あるインタビューでは、「クリントンは命令によってだれでも始末できる……なんと「クリントンと結びつきのあった」60人が謎の死を遂げている」と語った。

スケイフは自己資金を投入し、大幅な減税を受けながら、報復的な反クリントン運動を展開して、たった1人の裕福な過激派が国家の問題に影響をあたえられることをじっさいに示し、コーク兄弟のオバマとの戦いの、実質的な予行演習にもなった。歴代大統領は、シークレット・サーヴィスの警護官や弁護士や政治運動員によって幾重にも囲まれているかもしれないが、NPOの陰に隠れた敵が追跡不能の資金を無尽蔵に投入したときには、防御が困難になることを、スケイフは実証した。

しかしながら、アーカンソー・プロジェクトはそのうちに手に負えなくなり、スケイフは法的な問題に何度も巻き込まれて、罰則付き召喚状によって出廷し、連邦政府の証人を買収した容疑について、大陪審で証言しなければならなかった。スケイフが雇っていたパイロット2人のうちの1人が、私有ジェット機のDC－9を操縦し、証言のためにアーカンソーに送り届けた。起訴には至らなかった。だが、怒ったスケイフは、『アメリカン・スペクテーター』を自分の財団の資金提供先からはずし、反クリントン告発を指揮した長年の部下のリチャード・ラリーを見捨てた。ラリーはほどなく辞職した。

やがて、2008年に驚くべき転回が訪れる。クリントン夫妻をいじめた「右派の大規模な陰謀」の首謀者だと、かつてヒラリー・クリントンに名指しされていたスケイフが、ヒラリーと会談したのだ。保守系政治評論家のバイロン・ヨークは、「驚天動地の出来事だ」といい放った。編集会議のようなごやかな会談が終わると、スケイフは自分の新聞に社説を書き、民主党大統領候補者としてのヒラリー・クリントンに対する考え方が変わり、「いまではたいへん好意的になっている」と述べた。この和解は、ヒラリー・クリントンの政治手腕と、スケイフの子供のような感動しやすい性格をよく表わしている。スケイフの回顧録を読むと、リベラルのケネディ一族のサージェント・シュライヴァーや、ジャック・マーサ民主党下院議員のような敵対する相手とじかに会うたびに、政治的見方が変わるということが、何度もくりかえされている。「多くのビリオネアとおなじように、スケイフもバブルのなかで暮らしていた」と、友人のルディ（やはりクリントン夫妻と和解した）が述べている。相容れない情報は、めったにバブルを通過しない。その反面、一族の富は政治の防壁を築くのに役立ち、イデオロギーが強化されて、スケイフはそれを全米に押しつけようとする。

補助金の過剰請求で告発される

その間、ウィチタではチャールズ・コークが、一族の会社を急成長させ、やはりルイス・パウエルに刺激を受けて、選挙政治を通じずにリバタリアニズムを拡大できる効果的な手段を追い求めていた。チャールズは、ダラスのホテルに集まったビジネスマンの一団に、パウエルを引き合いに出して演説した。「パウエル・メモが指摘しているように、ビジネスと企業制度は厄介なことになっていて、それもかなり手遅れに近い」と、チャールズは警告した。

チャールズは、ビジネス・リーダーの仲間に、「優勢になっている反資本家の風潮を克服するために、過激な新しい活動を行なう」よう促した。「自由企業哲学を主唱する、健全で資金が潤沢な提唱者の精鋭集団を育成することが、いまのわれわれにとってもっとも肝要である」と、チャールズは宣言した。「社会主義的な」規制に反対する人々は、「資本主義者寄りの研究・開発プログラム」に投資することで、自分たちの力を「梃子に使う」べきだ。そうすれば、自分たちの活動には「乗数的な効果」がある、とチャールズは論じた。

この時点でチャールズが政府に向けていた怒りは、たんなる思想的なものではなかった。コーク・インダストリーズは、政府の規制のターゲットになっていた。1カ月前に政府は、連邦の石油価格統制に違反したとして、コーク・インダストリーズを告発していた。1975年には、コーク・インダストリーズが、プロパン・ガス向け補助金を1000万ドル過剰請求していたと政府が指摘した。

そして、さらに重大な政府の申し立てが、まもなく行なわれようとしていた。

無党派を演じる富と権力の研究所

パウエルの動員令の直後、チャールズもシンクタンクを発足させた。自分の私立財団をケイトー研究所に作り変えた。アメリカの植民地時代に自由を求める書簡をつぎつぎと書いた人物の筆名に敬意を表する名称だった。一説によれば、開業の資金はスケイフが以前、ヘリテージ財団に寄付した額とは比べ物にならないほど巨額だった。チャールズは、このアメリカ初のリバタリアン・シンクタンクに、最初の3年だけで推定1000万ドルないし2000万ドルの控除対象の寄付を行なったという。

リバタリアニズムに熱心なのはチャールズとおなじでも、それほどの財力はないカリフォルニアの若く小粋な銀行家、エド・クレーンによれば、このシンクタンク設立は自分の着想だったという。1976年の大統領選挙で、リバタリアン党の候補者が予想どおり大敗を喫したあと、この選挙運動に関わっていたクレーンは、民間セクターに戻るつもりでいた。しかし、選挙運動中にクレーンと会ったチャールズが、脇に呼び寄せて、リバタリアン運動に残ってもらうには、なにが必要かときいた。「銀行口座が空っぽですと私はいった」と、クレーンはのちに述べている。「チャールズは、〝いくらいる?〟とききました」これに対して、「ブルッキングズかAEIをモデルにした、リバタリアンのシンクタンクがあるといいですね」とクレーンは答えた。チャールズはすかさず、「きみにそれをあげよう」といった。

クレーンはケイトー研究所の所長になったが、チャールズがもっぱら1人で厳しく支配していたと、はじめのころの職員が述べている。初期のケイトー研究所に勤務していたリバタリアン活動家のデイヴィッド・ゴードンは、『ワシントニアン』誌に、「エド・クレーンがしじゅうウィチタに電話して、なにもかもチャールズが切りまわしていた。チャールズが指揮をとっていることは明白だった。もう1人の初期の職員、ロナルド・ハモウィもいい添える。「チャールズがいうことがすべて通った」クレーンが政府を嫌悪していたにもかかわらず、1977年にはケイトー研究所はワシントンDCに置かれた。そしてまもなく、メインストリームのメディアが、無党派の専門家として敬意を表している研究者多数を雇った。

だが、ケイトー研究所は基本的に、チャールズ・コークの未来像を基本方針としている。政府の正当な役割は、「夜警として、個人と財産を詐欺も含めた外部の脅威から護ることで、それを限度とする」と、チャールズは1970年代にウィチタ・ロータリー・クラブで述べた。コーク兄弟は、ケイトー研究所やその他のイデオロギー推進計画は、無党派で利害関係のない人間が支援しているフィランソロピーだといいつづけていた。だが、コーク兄弟のイデオロギーとビジネスの権益は最初から、区別がつかないくらいがっちりと組み合わさっていた。減税、規制緩和、貧困層と中間層向けの政府プログラムの減少は、すべてコーク兄弟の富と権力の蓄積と結びついていた。

企業の秘密兵器庫

1970年代初頭に、少数のずば抜けて富裕な一族が資金を注ぎ込んだ私設財団や基金から、右派シンクタンクにどれほどの金が流れていたのか、それがどれほど効果的だったかを、正確に知ることは不可能だ。富裕層の寄付金に、そういった一族の大胆な導きにおそるおそる追随した企業の寄付金が混じり合った。政治的影響を及ぼすのを目的とする他の献金とは異なり、この金はほとんど公にされることがない。NPOへの贈り物は、大衆の目から隠すことができる。したがって、新型シンクタンクは、急速に成長し、企業の秘密武器庫になった。それどころか、ウォーターゲート事件後、保守系シンクタンクは、自分たちはスキャンダルのおそれなしに政策に影響をあたえる、もっとも安全な手段だと、企業に売り込んだ。初期の支援者クレア・ブース・ルースの秘密文書に含まれていた、1980年代のヘリテージ財団のスポンサーのリストには、フォーチュン500社がひしめいていた。アモコ、アムウェイ、ボーイング、チェイス・マンハッタン銀行、シェヴロン、ダウ・ケミカル、エクソン、GE、GM、メサ石油、モービル石油、ファイザー、フィリップモリス、プロクター&ギャンブル、R・J・レイノルズ、サール、シアーズ、ローバック、スミスクライン・ベックマン、ユニオン・カーバイド、ユニオン・パシフィックといった企業が、そのころにはシンクタンクの経費を支払っていた――いっぽうシンクタンクは、自分たちの政治目標を促進していた。

保守系フィランソロピーの重鎮で研究員のジェイムズ・ピアソンは、とにかく「シンクタンクと保守系財団は、保守派の思想が敬意を表されるのに役立った」と評している。そういった組織への支出が急増する前は、保守派はアメリカの政治の辺縁の「奇人」だと見られていたという。

この運動の影響力を示す1つの指標は、1973年に現われはじめ、その数十年にわたって、大衆の政府への信頼は低下しつづけた。保守派運動に資金を提供していた勢力は、こぞって1つのことを訴えていた。アメリカの問題点は企業ではなく政府だと。1980年代初頭、世論がはっきりと逆転し、アメリカ国民の政府への不信は、企業への不信をしのいだ。

保守派の投資が、全国レベルで実質的な成果を生み出した最初の兆候は、1978年の中間選挙で共和党が圧勝したことだった。その年、共和党は上院で3議席、下院で15議席を得て、知事6人が当選した。ジョージア州でニュート・ギングリッチが下院議員に当選したことは、当時はまだ予見されていなかったが、その後、間接的な影響をひろげてゆく。エネルギー危機や「スタグフレーション」といった外部の要素も、選挙結果に波及したことはたしかだ。しかし、新型保守系シンクタンクとその他の右派政治組織は、不満を煽り、自分たちに都合のいい物語を作った。

新たな独立した運動組織が、激烈な攻勢を行なったことも、保守派復活を助けた。資金を提供したのは右派のドナーで、全国保守政治運動委員会（NCPAC）が統率し、アメリカの選挙運動に、個人の資金による攻撃広告というまったく新たな段階をもたらした。

保守派は復活し、リベラルは死に絶える

議会でも保守派が勢力を強めていた。労働運動組織はジミー・カーター政権下で、大幅な利益が得られるものと期待していたが、拡大するシンクタンクと外部のロビイスト集団の支援を受けて、企業寄りの議員団が圧倒的に優勢になり、壊滅的な敗北を喫した。ここでもウェイリッチの手が鍵を握っていた。ウェイリッチは、外部の活動家と保守派議員を団結させる共和党研究委員会を設立して、議会での保守派運動の影響力を強化した。この混合組織のおかげで、長年、ヘリテージ財団の

職員は、共和党下院議員と定期的に集会を持つことができた。「われわれは基本的に、ヘリテージ財団と下院の保守派議員とをつなぐトンネルだった」と、1983年に所長のドン・エバリーが語っている。

ウェイリッチは、スケイフから財政支援を受けて、この時期にほかにもいくつか、独創的な政治組織を立ち上げている。その1つが、アメリカの各州の法案について保守派の戦いをくりひろげるための、米国立法交流評議会（ALEC）だった。1973年から1983年にかけてスケイフ家とメロン家の基金が寄付した50万ドルが、ALECの予算の大部分を占めていた。「ALECは組織を立ち上げた人間の夢の実現に向けて、順調に進んでいます」ウェイリッチの補佐官が、スケイフの上級顧問に向けて、1976年に書き送っている。「すべて、あなたがたの信頼と、スケイフ・ファミリー慈善基金の絶大な雅量のおかげです」ALECの管理職の1人が、スケイフの財団が組織の政治目標に影響を及ぼしすぎると苦情をいうと、スケイフの部下が、われわれは「黄金律に基づいて動いている——黄金律をだれが握っていても」と反論した。

その間もウェイリッチは、ジェリー・ファルウェルと共同でモラル・マジョリティを設立し、企業寄りの信者に社会・宗教保守主義を吹き込んで、保守派の世論の波をいっそう高めた。ウェイリッチはことに、人種差別廃止に対する白人の怒りに乗ずるのがたくみだった。

こうした活動の成果が、1980年に表われはじめた。保守主義運動の旗手ロナルド・レーガンが、大統領選挙でカーターに圧勝した。数年前にはリベラルから死に絶えたといわれていた保守派が、めざましい復活を遂げた。この番狂わせはあらゆるレベルに伝わって、上院ではリベラルの大看板のジョージ・マクガヴァン、フランク・チャーチ、ジョン・カルヴァー、バーチ・ベイの4人が落選した。

アメリカで最大の利益をあげる非公開企業

スケイフは、コーク兄弟とおなじように、1980年のレーガンの選挙運動を当初は応援しなかった。予備選でスケイフは、ジョン・コナリーのほうを選んだ。個人の考えを生み出す工場を造った過激派のドナーたちには、党外で政治を支配する手立てがあった。大統領に当選したレーガンは。ヘリテージ財団が作成した電話帳ほどの厚さの政策手引き『リーダーシップ指令書』を受け取った。さらに1冊ずつが、議員全員に配られた。レーガン政権は、すぐに要求された項目をどんどん実現しはじめた。ヘリテージ財団は、1270件の具体的な政策提案を行なっていた。フォイルナーによれば、レーガン政権はその61パーセントを採用したという。

アンドリュー・メロンが生きていたら、レーガンが議会に大幅減税を認めさせたことに、おおいによろこんだにちがいない。レーガンは、富裕層に有利な形で、所得税と法人税を切り下げた。1981年から1986年にかけて、所得税率の上限は70パーセントから28パーセントに下げられた。いっぽう、収入区分の5分の4の階層では、増税になるまでは水平線だった経済格差が、右上がりの線になった。

石油産業の最大の願いもかなえられた。大統領に就任するとすぐに、レーガンはヘリテージ財団の提案に従い、エネルギー危機に取り組むためにニクソンが設定した石油と天然ガスの経済統制を解除した。それは、チャールズ・コークが激しく反対した規制の1つだった。レーガンは石油による利益の税率も削減した。当然ながら、コーク・インダストリーズの利益は急増した。『フォーブス』は、ほとんど知られていないが、コークは「アメリカでもっとも大きな利益をあげている非公開企業である可能性が高い」としている。

保守派の新型NPOも繁栄した。1985年には、ヘリテージ財団の予算は、ブルッキングズとAEIの予算の合計とほぼひとしくなっていた。スケイフはそれまでに、年間100万ドル、合計1000万ドルを寄付していた。ルイス・パウエルの夢を実現してあまりあるほどだった。だが、パウエルの目論見の重要な部分は、まだ達成されていなかった。保守系財団は、同種の知的組織に資金を提供することはできるが、カルタゴを救うための同盟は、まだアメリカの大学を制覇してはいなかった。アイヴィー・リーグの名門大学は、スケイフが放校されたときよりもさらに、スケイフのような人間を歓迎しなくなっていた。リベラルの洗脳を受けなくてよかったと、スケイフは豪語した。「私は幸運だった。高等教育で左に偏向せずにすんだし、後悔したことは一度もない」と、回顧録に書いている。「金持ちがうしろめたく思うのは、そういう学校で罪の意識を植え付けられるからだろう」

それが変わろうとしていた。

第3章

海岸堡：ジョン・オリンとブラッドレー兄弟

Beachheads: John M. Olin and the Bradley Brothers

高等教育の歴史でもっとも恥ずべき出来事

アメリカの高等教育を支配しようとする保守派のドナーを活気づけた出来事を1つ挙げるとすれば、それは1969年4月20日のコーネル大学の紛争だろう。その日、ニューヨーク州イサカのキャンパスでは、週末の父母参観日だった。黒人学生約80人が、占拠した学生センターの前でデモ行進し、固めた拳を宙に突き出すブラックパワーの敬礼をした。数人が銃をちらつかせていたので、上品なアイヴィー・リーグのコミュニティは驚愕した。デモの先頭には、コーネル大学アフリカ系アメリカ人協会の「国防相」と名乗る学生がいた。その学生は、メキシコの革命家パンチョ・ビリャもどきに、弾薬をいっぱい差した弾帯をたすきがけにしていた。右手で悠然とライフルを握って、床尾を腰に当てていた。顎を突き出し、アフロヘア、山羊髯、マルコム・Xがかけていたような眼鏡を見せびらかしていた。彼は忌まわしい一場面の顔となり、その後、何年にもわたって、ジャーナリストのデイヴィッド・ホロウィッツのような保守派に、「アメリカの高等教育の歴史で、もっとも恥ずべき出来事」と見なされるようになる。

マルチミリオネアの企業家ジョン・M・オリンは、その週末、母校のコーネル大学の現場にはいなかった。海外旅行に出かけていた。だが、元理事だったので、武装したデモ隊の歴史的な写真を目にしていたはずだった。「例の写真」と呼ばれたその画像は、たちまち世界中に反響をひろげ、やがてその年のピュリッツァー賞を受賞した。

コーネル大学の上層部が、流血の対決を怖れて黒人武装勢力の要求に屈したというニュースも、画像とおなじくらい早くひろまった。監禁された学長が、独立した黒人学生向けのプログラムを促進し、黒人女子学生が住む建物の外で十字架が燃やされた事件を調査すると約束した。さらに、学長がデモ隊の行為を全面的に許すことに同意したので、コーネル大学の保守派の教職員と学生は愕然とした。それより前の紛争で、彼らは大学図書館の本を棚から投げ落とし、それらの研究は黒人の体験に「即していない」と非難したため、懲戒処分がはじめられていた。

この紛争は、あらゆる面でオリンにとって不愉快きわまりなかった。コーネル大学図書館は、オリン一族の名が冠されている建物4棟のうちの1つだった。オリンもその父親もコーネル大学を卒業し、そのことを誇りに思い、巨額の寄付を行なっていた。オリンの見方では、コーネル大学のジェイムズ・パーキンス学長のふるまいは、デモ隊よりもなお悪質だった。熱心なリベラルのパーキンスは、都市部のマイノリティの学生にも門戸を開放し、その連中をなだめるためにカリキュラムの質を落とし、規律を緩めようとしている。

「コーネル大学の騒動は、オリンが自分のフィランソロピーを大胆な新しい方向に向けるきっかけになった」と、公認伝記『A Gift of Freedom』の著者ジョン・J・ミラーは述べている。この本は、オリンの人生と業績を独創的に研究した貴重な資料である。オリンは「コーネル大学の学生が、ほとんどの一流大学の学生とおなじように、ビジネスマンと企業を敵視し、当然ながら国家の理念そのものに疑問を呈しはじめていることを、はっきりと見抜いていた」と、オリン財団の内部文書に記されている。

その結果、ミラーによれば、オリンは、1953年にジョン・M・オリン財団を設立した当時からつづけてきた病院、博物館、その他の平均的な党派主義の大義への直接の寄付から、もっと過激な新しい針路に転じた。アメリカの高等教育を政治的に右寄りにするのを目的とする、野心的な攻勢に資金を提供しはじめた。オリンの財団は、アメリカ最高の学府とされるアイヴィー・リーグや、それらの大学とほぼ同等の大学に狙いをつけた。そういった大学の卒業生が、将来、権力の座に着くのを見越していたからだ。この若者の集団を教育して、自分とおなじような考え方をするように仕向ければ、オリンや他のドナーが、アメリカの未来の政治を掌握するのに役立つ。この乗っ取りの試みに、弾帯やライフルを見せびらかすのではなく、オリンは金を武器として選んだ。

反インテリ主義

ジョン・M・オリン財団は、創立者の遺言によって2005年に解散するまでに、自由市場のイデオロギーとその他の保守派の理念をアメリカの大学でひろめるために、総資産3億7000万ドルの約半分を提供した。それを通じて、新世代の保守派の卒業生と教授を育て、実績を積ませた。「この活動はキャンパスの左翼に対抗する手段になった——もっと具体的にいうなら、過激な活動家がアメリカの大学を支配するという問題に取り組むことができた」2003年にミラーは、保守派のフィランソロピー活動家が運営するフィランソロピー・ラウンドテーブルが発行した小冊子で、そう結論づけている。

「この人々は、個人や集団で新しいフィランソロピーの形を創出した。それが運動型フィランソロピーだ」進歩主義の政治戦略家ロブ・スタインは、オリン財団やその他の少数の私立財団が、この時期に保守派の反インテリ主義を編み出した。「彼らは民主主義体制のもとで、一連の思想をひろめて政府の手綱を握るための、きわめて有能な機構を発足させた」スタインは深い感銘を受けて、そのモデルのリベラル版を創りあげようとした。両陣営ともに、敵のほうが金と影響力が大きいと主張した。敵陣営をどこまで幅広く定義するかに、その解釈は左右される。しかし、1970年代初頭には、右派の少数の斬新なドナーが開拓したイデオロギーが勢力をひろげ、左派は対抗するのに苦労していた。

コーネル大学の紛争が、オリンのフィランソロピーを過激化させたことに、疑いの余地はないが、それがオリンの考えに重大な影響を及ぼしたとはいい切れないことを、公表されている資料が示している。大学でデモが行なわれたのは1969年だったが、オリンの弁護士がいうように「自由企業制を救う」ためのイデオロギー的手段に財団を変えたのは、その4年後の1973年春だった。もっとよく調べると、それにはべつの要素がからんでいて、オリンの動機はさほど崇高ではなかったことがわかる。

世界自然保護基金の総裁

1973年には、オリン・コーポレーションは、環境汚染にまつわるさまざまな問題にたてつづけに巻き込まれ、評判も売上も落ちて、高額の賠償金を伴う訴訟で動きがとれなくなりかけていた。オリンの父フランクリンが1892年に創立した会社は、イリノイ州イーストアルトンで、炭鉱向けの発破用爆薬を製造していたが、拡大して小火器と弾薬も製造するようになった。コーク家の息子たちとおなじように、オリンは父親の歩んだ道を忠実にたどった。進学予備校から父親の母校コーネル大学に進み、勉学には苦労したが、家業に関係のある化学を専攻した。1913年に化学の学位を得て卒業した。そして、家業に参加するために、イリノイに帰った。

オリンは、独立独行を旨として、ニューディール時代の政府の社会福祉プログラムには反対で、のちにその信念から自由市場イデオロギーに資金を投じるに至った。しかし、会社の成長と個人の富の蓄積にもっとも貢献したのは、ほかならぬその連邦政府だった。ミラーの伝記に詳しく述べられているように、第一次世界大戦と第二次世界大戦で政府の武器生産を受注したことで、会社の基盤は飛躍的に強化された。第一次世界大戦中に売上高は5倍になり、第二次世界大戦中に爆発的に増加した。オリンは政府の干渉と効率の悪さに文句をいっているが、第二次世界大戦だけでも、会社は4000万ドルの利益を得ている。1953年には、『フォーチュン』に数少ない家族経営の大会社の1つとして褒め称えられた。

1954年、会社は株式を公開し、マシソン・ケミカル・コーポレーションと合併して、倍の規模になり、業務を多角化して、やがて社名をオリン・コーポレーションに変更した。この複合的企業の売上高は、それまでに5億ドルに達し、スクイブ社の医薬品から、紙巻きタバコの紙まで、あらゆるものを製造していた。ウィンチェスターのライフルも製造し、のちにニール・アームストロングの1969年の月面着陸船のヒドラジン・ロケット燃料も製造した。その間に、オリンは全国的な有名人物になった。1957年、『フォーチュン』は、父親の会社を引き継いだジョン・M・オリンと弟のスペンサーを、アメリカで31番目の富豪だとして、資産を7500万ドル以上と推定した。富が増えるとともにオリンの名誉も高まった。1963年に会社の取締役会長を退くと、オリンはコーネル大学も含めた名門大学数校の理事会に専念し、アウトドアでの趣味にいそしんだ。1958年には、ショットガンを持ち、小粋なツイード姿で、絵のような高い草むらに立ち、妻とともに『スポーツ・イラストレイテッド』の表紙を飾ったこともあった。ハンターであり、コンテストに優勝するような犬を飼育していることをきわだたせるためだった。オリンは環境保護主義者として名高く、世界自然保護基金の総裁だった。

一転、環境汚染の無法者に

だから、1973年に環境保護庁が、ニクソン大統領によって創設されるとすぐに、オリン・コーポレーションを第一次ターゲットのうちの1社に名指ししたのは、会社の収益と威信ばかりではなく、オリン本人にとって、手痛い打撃だったにちがいない。突然厳しくなった吟味のもとでは、オリンが築いた会社は無法者になり、いくつもの州で同時に、はなはだしい環境汚染を犯したとして告発された。

アラバマ州では、オリン・コーポレーションはDDT製造をめぐる紛争に巻き込まれた。レイチェル・カーソンは著書『沈黙の春』で、この殺虫剤が生物の食物連鎖を破壊する恐ろしい汚染物質であることを指摘した。オリン・コーポレーションは、アメリカで使用されるDDTの20パーセントを製造していた。環境基準があらたに強化され、DDTの製造と使用が制限されると、オリン・コーポレーションは連邦政府当局と激しく戦い、生産を減らすと工場が操業できなくなると主張したが、勝ち目はなかった。環境保護組織の環境防衛基金、全米オーデュボン協会、全米自然保護連盟が加わって、すべてオリン・コーポレーションを訴え、アラバマ工場に近い国立自然保護区にDDTで汚染された排水を流すのをやめるよう命じた。1972年、連邦政府はDDTの使用を完全に禁じ、オリン・コーポレーションは生産を中止した。

塩素などの製品を製造するのに、オリン・コーポレーションが水銀を大量に使用することも、大きな問題になっていた。1970年夏、『ニューヨーク・タイムズ』の第1面の記事によれば、アメリカ内務省が、1日に26・6ポンド（約12キログラム）の水銀をニューヨーク州北部のナイアガラ川に捨てていると告発した。そのころには、水銀が人間の健康に有害であることが知られていた。水銀が人間の脳と生殖能力と神経系統に害をあたえることを、科学者が証明していた。つづいて司法省が、オリン・コーポレーションが記録を改竄し、水銀を含む化学廃棄物6万6000トンを、ニューヨーク州にあるナイアガラの滝のゴミ埋立地に捨てている事実を隠していると告発した。フッカー・ケミカルズ&プラスティックス・コーポレーションも、有毒な化学物質をおなじ場所と、近くの「ラヴ運河」に捨てているとして告発され、その場所は有害物質汚染の世界的なシンボルになった。その後、オリン・コーポレーションと元経営幹部3人が、有害物質廃棄の記録を改竄した件で有罪判決を受け、裁判長は罰金の上限である7万ドルを支払うよう同社にいい渡した。

いっぽう、ヴァージニア州の南西の端にあるソルトヴィルというアパラチア山脈の小さな町で、オリン・コーポレーションは、同社の製造部門ばかりか町での暮らしが何年も立ち行かなくなるような汚染危機に直面していた。オリン・コーポレーションによる汚染は広範囲にわたり、手に負えなくなっていた。数億ドルとはいわないまでも、数千ドルの除染費用が必要になり、先行きが見えない状態だった。

水銀汚染の悪夢

ソルトヴィルは、何十年にもわたり典型的な企業町で、まるで封建制のように、唯一の大手雇用主であるオリン・コーポレーションに所有され、仕切られていた。険しく美しい谷あいの土地1万エーカーと、質素な下見板張りの家450棟を会社が所有し、2199人の住民にその家を貸していた。大きな食料品店、水道、下水、労働者階級の子供が6年生か7年生でやめてしまう唯一の学校も、会社のものだった。プールや住民向けの小さな野球場のようなこれみよがしの設備で、会社は親身に世話をしていることを自慢していた。従業員が病気になれば、会社が医療費を負担した。ソルトヴィルの町長を含め、ほとんどの住民が、オリン・コーポレーションが1954年にマシソン・ケミカル・コーポレーションと合併したときに取得した化学工場で働いていた。自然の岩塩鉱山が、塩素と苛性ソーダを製造するのに最適な場所で、とにかく経営者にとっては、長年、アメリカ産業の繁栄の縮図だった。しかし、従業員にとっては、対策がなされていない恐ろしい問題があった。オリン・コーポレーションの塩素製造には、大量の水銀が使われ、それがほぼ毎日、工場から漏れて水道に混入していた。1951年から1970年にかけて、1日あたり約100ポンド（約45キログラム）の水銀を排出していたと、会社は推定している。そのほとんどが、町の端を流れる美しいホルストン川の北支流にじかに流されていた。さらに、覆いのない沈殿池にも会社は水銀廃棄物を捨て、5万3000ポンド（約24トン）もの有害物質で汚染していた。

「当時から、危険なのは会社ぐるみで知っていた。会社にはほんとうに優秀な科学者や化学者がいた。しかし、規制がなかった」ソルトヴィルで小さな歴史博物館を運営しているハリー・ヘインズはいう。ヘインズの父親もオリンの工場で働いていた。「私たちはみんな、子供のころは水銀で遊んでいた」ヘインズは当時を思い起こしていう。「おやじが化学工場から持ち帰ったんだ。床に落とすと、水銀は無数の粒になり、掃き寄せるとまた塊に戻る」化学物質の蒸気が漂っているので、会社は従業員にガスマスクを支給していたが、べつの住民はいう。「だれもつけていなかった」

だが、1972年、日本の水俣湾のすさまじい水銀汚染による先天性欠損症（胎児性水俣病）の写真を見て、世界中の人々が恐怖におののいた。科学者たちは、水銀に汚染された地元の漁場で採れた魚介類を食べたのが、脳性麻痺、精神発達遅滞、先天性欠損症の原因だと断定した。海に捨てられた水銀は分解して可溶性になる。海洋生物とそれを摂取する人間にとって、きわめて有害な物質だった。水俣の悪夢のような例が、他の地域で、水銀汚染の影響への懸念を呼び醒ました。ソルトヴィルのオリン・コーポレーションの工場も、その1つだった。州が行なった水質試験で、ソルトヴィルからテネシー州へ流れているホルストン川の北支流の沈殿物に高濃度の水銀が含まれていることが、たちまち判明した。テネシー側で、北支流は人気のある釣り場のチェロキー湖公園に流れ込んでいる。オリンの工場の130キロメートル南で、魚から危険なレベルの水銀が検出されたと、ある報告書に記されている。

ソルトヴィルで高まっていた懸念に対応して、ヴァージニア州議会は1970年に厳しい新基準を成立させたが、会社は基準を満たすことができないと答えた。1972年末までにソルトヴィルでの操業は停止するしかないと、オリンは述べた。じつは、工場を閉鎖する理由は、ほかにもいくつかあった。まず、効率のいい西部の苛性ソーダ生産に太刀打ちできなかった。また、激しい闘争の末に従業員の代理人になった米国鉱山労働者組合から、圧力を受けていた。環境問題がなくても、工場は閉鎖される運命にあった。

鉛と水銀がいっぱいの飲み水

しかし、そういった問題は、いやおうなしに環境保護活動家への非難にすり替えられた。『ライフ』は「企業町の終焉」と題して、哀愁に満ちた写真入り随筆を載せ、『ウォールストリート・ジャーナル』は、壊滅的打撃をあたえる新規制が、企業国家アメリカの重荷になると嘆いた。いっぽう、オリン・コーポレーションは工場を取り壊して、ソルトヴィルの不動産の大部分を地元住民に売却したが、水銀廃棄物の「こやし池」の引き取り手は見つからなかった。同社は池の周囲の土壌を30センチほど剥がし、川沿いに溝を掘って、有害物質が流れ込むのを防ごうとしたが、いずれもまったく効果がなかった。ほどなく環境保護庁が、ソルトヴィルをアメリカ初の「有害産業廃棄物除去基金」(スーパーファンド)の対象地域に指定した。

「いまではゴーストタウンだ。極度の汚染がいまも残っている」ソルトヴィルの近くで育ち、いまもそこで暮らしているシャーリー・〝シシー〟・ベイリーはいう。「いまもこやし池はそのままだし、川沿いに水銀の塊があるのが見える。飲み水は鉛と水銀がいっぱい含まれていて、犬も飲めないくらいよ」その歴史とともに〝生きてきた〟とベイリーはいう。空気には塩素などの化学物質のにおいが充満していた。「オリン社は汚くて、みんなにひどい扱いをした。人間並みに扱わなかった。労働者はたいがい、ろくな教育を受けてなくて、ヒツジみたいに操られていた。病気になる人が多く、ソルトヴィルでは先天的欠損症が、アメリカのどの地域よりも多かった」とベイリーはいうが、それを証明する研究や、相関関係を確認するような研究は行なわれていない。

「常識的には、会社が責任を負うべきだったが、1970年代までは、それに関する規制がなかった。環境保護庁ができてはじめて、説明責任が生まれた」ハーヴァード大学を卒業し、ヴァージニア州フォールズチャーチの健康環境公正センターの科学部長をつとめるスティーヴン・レスターはいう。このNPOは、ソルトヴィルの水銀汚染闘争で、ベイリーに技術的支援を提供した。「もちろんそれには、会社の収益に影響があるコストが課されるから、企業には不人気だった」ソルトヴィルの除染コストは、最大で3500万ドルと推定されていた。

環境問題で会社が恥ずべき記録を残していたことについてきかれると、オリン財団の元幹部の多くは、企業寄りで規制反対のイデオロギーを標榜するNPOとの結びつきはそう強くなかったという言い方をする。「オリンさんが会社に対する訴訟や規制に、ある程度まで影響されていた可能性はある」1985年から2005年までオリン財団の取締役兼理事だった、保守系研究者のジェイムズ・ピアソンはいう。「しかし、それは数多い要素の1つにすぎない。その時期、オリンさんは会社の日々の業務をじかに運営してはいなかった」さらにこういった。「だいぶ逆風が吹いていた。冷戦、デタント、ウォーターゲート、インフレ、株式市場急落、中東での戦争、ベトナム、環境保護主義、フェミニズム」オリン財団で1988年から2003年までプログラム担当だったウィリアム・ヴォーゲリはいう。「その時期には、オリン家はジョン・オリン財団やオリン・コーポレーションに、ほとんど関わっていなかった」また、「私が財団にいたとき、寄付金がオリン社（持ち株は寄付金の1パーセント以下）やオリン家の財政にどう影響するかということなど、ひとことも聞いたことがない。私たちの保守派の政治目標について、どういうことがいわれていようと、オリン家は関心を持っていなかった」

左翼にキャンパスが蹂躙されている

しかし、その発言は、じっさいの事情に反している。ジョン・オリンは弁護士に命じて、企業国家アメリカを護る戦いに財産を注ぎ込み、どんどん進められていた取締強化と、激しい衝突をくりかえした。本人が述べている。「この国で自由企業制がふたたび確立されることが、私の最大の望みだ。企業と大衆は、第二次世界大戦以降、社会主義の束縛がじりじりと強まっていることを悟らなければならない」

当初、オリン財団は、スケイフやクアーズが支援していたのとおなじ保守系シンクタンクに、資金を集中した。ヘリテージ財団、アメリカン・エンタープライズ研究所、スタンフォード大学に置かれている保守系シンクタンクのフーヴァー研究所。だが、すぐにジョン・オリンはよそに焦点を向けた。コーネル大学の紛争が原因だったかもしれないが、オリンの財団は学術界を変えるという、異色の活動に的を絞った。コーネル大学学長に宛てた私信にオリンは、「明らかに左翼の姿勢と確信を持つ研究者たちに」キャンパスが蹂躙されていると書いた。「経済発展がマルクス主義やケインズ主義やその他のなにかに分類されようが、私にはどうでもいい」と断り、〝リベラル主義〟と〝社会主義〟は〝同義〟だと見なしていると述べた。そういった学術界の潮流は、「真剣に研究して是正する必要がある」とオリンは断言した。

この方針を進めるために、オリンの労働問題専門弁護士フランク・オコネルが、他の保守系私立財団数社と接触した。オコネルは、コーク財団やスケイフ財団の弁護士に助言を仰ぎ、イヤハート財団や、「ヴィックス・ヴェポラップ」で築いた富を元にしたスミス・リチャードソン財団など、右派の財団の弁護士にも相談した。チャールズ・G・コーク財団を切り盛りしていたジョージ・ピアソンがその際にオコネルを指導し、ハイエクの論文『知識人と社会主義』も含めた自由市場主義の必読書リストをあたえた。政治を制覇するには知識人を制覇しなければならないと、ハイエクは激しく主張していた。オコネルは当時を思い出していう。「まるで自宅学習の課題をあたえられたようだった」

生まれたばかりの右派財団は、この時期、エスタブリッシュメントの財団についても研究を進めていた。ことに巨大なフォード財団が、研究の対象になった。1960年代末、フォード財団は、元ハーヴァード大学学部長で、ケネディ政権とジョンソン政権で国家安全保障問題担当大統領補佐官をつとめた、マクジョージ・バンディ理事長が「権利主張型フィランソロピー」と呼ぶものの先駆者だった。たとえば、環境防衛基金や天然資源防御協議会のような環境保護運動に資金を注ぎ込んでいたのだ。フォード財団は、公益を護るための訴訟を支援し、フィランソロピーが、民主主義の選挙プロセスを通さず、法廷を通じて大規模な変革を達成できることを実証した。私立財団を最初に批判した勢力が怖れていたのは、まさにそのことだった。

公益の護り手は「新独裁者」

1977年、オリンはウィリアム・サイモンを理事長に迎えて、財団のステータスを高めた。サイモンは、ロングアイランドのイースト・ハンプトンにどちらも夏別荘を持っていたことから、オリンと交友があり、「私とほとんどおなじ考え方だ」とオリンが書いている。だが、オリンが目につかないようにしていたのに対し、サイモンは脚光を浴びるのが好きで、それも派手に注目されるのを望んだ。アリス・ロングワースが父セオドア・ルーズヴェルトについていったことに似ていると、ヴォーゲリは当時を思い起こしていう。「彼はすべての結婚式で花嫁に、すべての葬式で死体になりたがった」

サイモンはエネルギー王で、ニクソン政権とフォード政権で財務長官をつとめ、自分が「愚者」だと思う相手を手厳しく批判することで有名だった。愚者という大きなくくりには、自分が属する共和党のリベラル、過激派、穏健派が含まれていた。サイモンはオリンとおなじように、取締強化の拡大に憤激していた。環境保護主義者などの、みずから名乗り出た公益の護り手をとりわけ忌み嫌い、「新独裁者」と呼んでいた。1978年の声明書『A Time for Truth』にサイモンは書いている。「60年代以降、規制法案が多数、議会で成立した……［それらは］おおむね、公益運動という名目で活動する新型の強力なロビーが提案したものだった」サイモンは彼らをけなして、「大学出の理想主義者」と呼び、「〝消費者〟の幸福」、「環境」、「マイノリティ」といった物質的ではない大義のために活動していると唱えているが、じつは「アメリカの生産者をしのぐ政治力を拡大しようとしている」と非難した。彼らの純粋さにも疑問を投げかけた。金に興味はないという彼らの主張について、他の私利追求に駆られているのだと非難した。同僚で新保守主義の知識人アーヴィング・クリストルの言葉を借りて、この強奪者どもは「われわれの文明を形作る権力」がほしいのだと告発した。そのような権力は、「自由市場」のみに属するべきだ、とサイモンは論じた。

リベラルのエリートに対するサイモンの憎悪は、１９８０年に年次声明書『A Time for Action』を発表したときには、かつてのニクソン大統領なみに激しくなっていた。学術界、マスコミの有力者、官僚、公益を唱えるやからの「秘密の体制」が、国を動かしていると、サイモンは主張した。９年前にルイス・パウエルが回状《メモ》で筆をおいたところから引き継ぎ、ビジネスマンが反撃しないと、「われわれの自由は重大な危険にさらされる」と警告した。

オリンもサイモンも、アメリカで権力と富の頂点に達しているのだから、こういう不吉な予言はいささか不可解だ。いずれもミリオネアのなかのミリオネアで、自分たちでも勘定し切れないほどの財産、所有物、肩書、名誉、業績を誇っている。サイモンはスケイフとおなじように運転手つきの車で小学校を送り迎えされた。一族はとてつもない大金持ちで、両親はＦ・スコット・フィッツジェラルドの小説の登場人物のように、なんの苦労もない気ままな人間だったと、サイモンは語っている。それでも、自分は独立独歩だと自慢している。父親が自分の母親の財産を食いつぶしたことはたしかで、それがサイモンの自立の動機になった。ウォール街でサイモンは、レバレッジを使って大儲けする買収で先手を取り、ソロモン・ブラザーズのパートナーとしてたいへんな成功を収めた。だが、オリンもサイモンも、つぎの世代への影響力がなかった。「われわれは集産主義に向けて、恐ろしい速度で疾走している」とサイモンは警告した。

アイヴィー・リーグを取り込め

国を救う道はイデオロギーの戦いのみだというのが、サイモンの見方だった。「われわれに必要なのは反インテリ主義だ……［それを］組織化し、われわれを支配している〝新階層〟――オピニオン・リーダーに対抗する」とサイモンは書いている。「思想は武器だ――当然ながら、対立する思想が戦うのに使えるのも、その武器だけだ。資本主義には、敵を補助する義務はない」私立財団や企業財団は、「政治、経済、歴史などの学部が資本主義に敵対するような大学を無頓着に補助する」のをやめなければならない。そうではなく、「政治と経済の自由に関係があることを理解し、資金をほしがっている研究者、社会科学者、著述業者を集中的に支援するよう努力する必要がある」。サイモンの言葉を借りれば、「彼らが著作物をどんどん出す見返りに、助成金をどんどんあたえるようにする」。

サイモンの指導のもとで、オリン財団は新〝反インテリ主義〟に集中して資金を注ぎ込もうとした。最初は、保守的な思想――と金――が歓迎される、無名の大学を支援しようとした。だが、それは敗北の戦略だと、サイモンも同僚たちもすぐに気づいた。オリン財団が影響を及ぼしたいのであれば、名門校、ことにアイヴィー・リーグの大学に浸透する必要がある。

オリン本人や、あるいはサイモンよりも、オリン財団に大きく貢献したのは、上級副社長のマイケル・ジョイスだった。ジョイスは、はじめはリベラルだったが、クリストルの新保守主義の門徒になった。ジョイスの友人によれば、フィランソロピーで重要なのは力であり、膨大な富を持つ人間は、自分のような政治的術策に長けた人間に、力を行使するやり方を指導してもらう必要がある、とジョイスは語ったという。ジョイスは好戦的な男だった。軟弱なやり方でアメリカのリベラルなエスタブリッシュメントの欠点を補うのではなく、正面切って対決しようとした。『フォーブス』に記事を書いているリバタリアンのブロガー、ラルフ・ベンコによれば、「ジョイスは本物の過激派だ。アントニオ・グラムシ（訳注　イタリアのマルクス主義者で、イタリア共産党設立者の1人だった）の影響を受けている。過激な変化を引き起こそうとした」ミラーの見方では、ジョイスは「活動家のなかでは知識人、知識人のなかでは活動家だった。思想を言葉にして、実世界に影響を及ぼすやり方を心得ていた」。ジョイス本人は、もっとあからさまないい方をしている。「私の流儀は、よちよち歩きの幼児や思春期の若者とおなじだ。戦い、戦い、戦って、休み、立ちあがって、また戦い、戦い、戦う。私を愉快なやつだなどとなじるものは、どこにもいない。私は世の中を変えた。それは味方も敵も認めている」

思慮深く、物静かな話し方をする新保守主義者のピアソンが、ジョイスの陣営に加わった。ピアソンもアーヴィング・クリストルを通じて、オリン財団にたどり着いた。ピアソンはペンシルヴェニア大学で、アーヴィングの息子ビルとともに行政学と政治理論を教え、クリストル家と交流を持った。2人とも、リベラルの教職員によって虐げられていると感じていた。アメリカの学問の世界のインテリゲンチャをじっくり観察したピアソンは、財団はもっともエリートの機構に「浸透」しなければならないと結論を下した。「名門校は、それよりもステータスの低い大学の模範になっているからだ」やはりオリン財団に勤務していたヒレル・フラドキンはいう。「この国の議論を変えるには、他校に目を向けさせなければならない。保守的な末端の大学に資金を出しても、あまり効果はない」

大学の内部から穴をあける

そこから「海岸堡」理論と呼ばれる戦略が生まれた。ピアソンはのちに、保守系フィランソロピストの仲間に助言する小論文で、保守派の細胞、つまり「海岸堡」を、「もっとも影響力の大きい学校で確立し、それを目的遂行のための最大の手段にする」と説明している。この手順は、直截ではないやり方で巧妙に進めなければならないし、欺瞞も必要になるかもしれない。

保守派のインテリゲンチャに、「学問の清廉さに疑問を持たれないようなやり方」で資金を提供する方法を見つけるのが重要だと、ピアソンは説明している。ポストを確保したり、教職員の任命に口を出したりすれば、「激しい反論」を引き起こすから、そういうことは避けなければならない。それよりも、保守派のドナーは、似た考え方の教職員を見つけて、外部から資金援助し、影響力が大きくなるように仕向けるほうがいい、とピアソンは提案した。そういう教授は、いずれ大きなプログラムを管理運営するようになる。ただし、「そのプログラムの清廉さと評判を損ねないことが不可欠であり、イデオロギーの観点から画定されたと見られてはならない」とピアソンは注意している。「結論があらかじめ決まっている」のをあからさまに認めたら、プログラムは失敗する。だから、「マルクス主義が間違っていることを実証する」とか、「自由企業制」を促進するというような題目で組み立てるのではなく、「[たとえば]プリンストン大学アメリカ思想研究所[における]ジョン・M・オリン軍事史フェローシップというように、研究分野の用語を使って、プログラムを画定するほうがいい」

（じっさい、何年も試行錯誤した末に、オリン財団は２０００年にプリンストン大学のマディソン・プログラムの開設資金として52万５０００ドルを寄付した。運営するのは歯に衣を着せない社会学と宗教学の保守主義者ロバート・ジョージで、「海岸堡」理論にはきわめて理想的なプログラムになった。ジョージの友人の１人が、２００６年に『ネーション』に、ジョージは「抜け目のない右派政治運動家で、リベラルの機構の内部から穴をあけていった」と述べている。）

ピアソンは保守派のフィランソロピストたちに、一般教養科目からリベラルを追い出すには、忍耐とずる賢さが必要だと注意している。自分も研究者だったので、正面攻撃は政治攻撃を受けやすいと承知している。学問の世界を一夜のうちに分解掃除するようなあからさまなやり方は避けて、「新たな意見を誕生させて、異議を唱えさせるべき」かもしれない。ピアソンの言葉を借りれば、「大学文化を変えるには、それが最善の策かもしれない。なぜなら、強力な批判の声がいくつかあがれば、イデオロギーの積み木の家がいつかは自然に崩壊するかもしれないからだ」

CIAの反共マネーを洗浄

オリン財団はこのように任務の透明性に問題があるが、それには前例があった。１９５８年から１９６６年にかけて、オリン財団はひそかにＣＩＡの銀行の役割を果たしていた。この８年間にＣＩＡは１９５万ドルを、オリン財団を通じて洗浄していた。ミラーによれば、オリンはこの秘密の役割を、愛国者の義務を果たしているだけだと見なしていた。政府の資金のほとんどが、反共の知識人や出版社にまわされていた。だが、1967年にマスコミが秘密プロパガンダ活動を暴露し、政治騒動が起きて、CIAはそのプログラムを中止せざるをえなくなった。オリン財団にあったCIAの資金は、当時は公にされず、届けられたときとおなじように、ひそかに消滅した。しかし、イデオロギー色の強い知識人に資金を提供するのに、私的財団を使うという手法は、その後もつづけられた。

ほどなくオリン財団は、支援していたテレビ番組『ファイアリング・ライン』の司会者ウィリアム・F・バックレー・ジュニアに資金を注ぎ込みはじめた。大ヒットしてベストセラーになった『アメリカン・マインドの終焉』の著者で右派の教育者アラン・ブルームにも、資金を提供した(ブルームは同書で、ロック・ミュージックのことを〝商売になるようにつぎつぎと事前包装されるマスターベーションの幻想〟だと攻撃している)。オリン財団は、『Illiberal Education』の著者ディネシュ・ドゥスーザも支援した。女性やマイノリティを思いやらなければならない厳しいルール、〝政治的正しさ〟は、リベラルの思考警察の行き過ぎだと、同書は激しく非難している。また、オリン財団は、ハーヴァード大学のハーヴェイ・C・マンスフィールドやサミュエル・P・ハンティントンをはじめとする、アメリカ中の一流大学の教授たちにも資金を提供した。ハーヴァード大学でマンスフィールドが進めていた、アメリカ政府を保守派の見方で解釈する「立憲政治研究プログラム」に3300万ドルを寄付した。外交政策と国家安全保障をタカ派の手法で進めることを唱えている、ハンティントンの「ジョン・M・オリン戦略研究所」には、8400万ドルを寄付した。

オリン財団が育てた「秘蔵ワイン」

こういったプログラムを巧妙に管理することで、オリン財団は次世代の保守派を教育した。ジョイスはそれを「秘蔵ワイン」と呼んだ。メンバーが年齢を重ねて、ステータスや力が強まるにつれて、いっそう貴重になるからだ。ハンティントンの戦略研究所に在籍した人間のその後を、オリン財団は調査し、多くは公務員や研究者になったと誇らしげに指摘している。1990年から2001年にかけて、戦略研究所の特別会員88人のうち56人が、シカゴ大学、コーネル大学、ダートマス大学、ジョージタウン大学、ハーヴァード大学、MIT、ペンシルヴェニア大学、イエール大学で教鞭をとっていた。そのほかにもおおぜいが、政府、シンクタンク、メディアで名を成した。オリン財団は、2005年にドアを閉ざすまでに、ハーヴァード大学のプログラムを11件支援し、財団の名と思想のイメージを高めた。それとともに、プロジェクトを適切に組んで資金を提供すれば、アメリカ最高の名門大学といえども、外部の思想団体が「海岸堡」を築くのを許してしまうことを実証した。

こうしたプログラムに加えて、ジョン・M・オリン財団は特別会員の教職員100人以上に800万ドルを分けあたえた。若い研究者多数がその資金のおかげで、研究して論文を書く時間を持つことができ、地位を高めた。資金を提供されたなかの1人が、問題のあるジョージ・W・ブッシュ政権の「拷問文書」――テロ容疑者をアメリカ政府が拷問するのを合法化するもの――を書いた法学者のジョン・ヨーだった。

専門家の査読がない学術出版

一流の学術出版物は厳格なピアレヴュー（訳注　おなじ分野の専門家による査読）を受けるが、オリン財団はそれ抜きで、よくいっても論争の余地があるような説を立てるお抱え学者の著作多数を、メインストリームに紛れ込ませることができた。たとえば、シカゴ大学でオリン財団の特別会員だったジョン・R・ロト・ジュニアは『More Guns, Less Crime』を書き、大きな影響を及ぼした。同書でロトは、銃が増えれば犯罪は減り、銃器を隠し持つことが合法化されれば、市民はもっと安全に暮らせる、と主張した。銃を規制する法律の緩和を要求する政治家は、ロトの研究結果をしじゅう引き合いに出す。だが、『Gunfight』の著者アダム・ウィンクラーは、ロトの研究は疑わしいと見ている。「ロトは〝大々的な全国調査〟が情報源だと主張しているが、質問されると、自分と調査助手が行なった1件の調査のみだと訂正した」とウィンクラーは述べている。データを提供するよう求めると、コンピュータがクラッシュして消滅したと、ロトが答えたという。調査の科学的根拠《エヴィデンス》を要求すると、「そういうエヴィデンスはないと、ロトはいった」とウィンクラーは述べた（ウィンクラーもオリン財団の資金を提供されている。オリンの資金をもらった人間すべてが同類項ではないことがわかる）。

オリンが資金を出したべつの本、デイヴィッド・ブロックの『Real Anita Hill』は、マスコミに取りあげられたが、最後には専門家に虚偽だと非難された。この本に、オリン財団はいくらか調査費を提供していた。最高裁判事クラレンス・トーマスの指名承認公聴会で宣誓証言したヒルが嘘をついたと、ブロックは同書で非難した。だが、後日、ブロックは自分が間違っていたことを認め、非難を撤回した。ブロックは本の内容について謝罪し、保守派の情報源に騙されて誤ったのだと弁解した。

とはいえ、オリンの資金提供を受けた人々があたえた影響は、全体として「勝利」だったと、ミラーは判断している。2003年に一保守主義者としてミラーは、「ごく少数の財団が、冒険的な資本《ベンチャー・キャピタル》を保守派運動に提供した」ことに感激した。ライオネル・トリリングが保守主義を宣言し、「保守派の思想は幅広く行き渡り、それが上昇機運にあると多くが信じている」と述べた時代と比較して、ミラーはなおもいう。「保守派知識人の運動がNASCAR（全米自動車競争協会）のカーレースで、それを形成する研究者や組織がコースを疾走するレーシングカーのドライバーだとするなら、レースに参加している車のほとんどすべてが、オリンのステッカーを貼っている」

やがて、右派の思索家をつぎつぎと製造するのにオリン財団が成功を収めていることを、左派がうらやむようになった。「右派の連中は、本が重要だというのを理解している」イエール大学出版部長のスティーヴ・ワッサーマンは指摘する。ワッサーマンは、保守派の知識人への投資に対抗するために、裕福なリベラルのドナーを募ろうとしたが、失敗に終わった。「カリフォルニアのレストランで、民主党の主な政治活動家や資金提供者、マージェリー・タバンキン、スタンレー・シャインバウム、ゲイリー・デイヴィッド・ゴールドバーグらと会ったときのことを憶えている。左派の本に資金を提供する方法を考える必要があると、私は説いた。だが、本には派手さがない。興味を持たれなかった。彼らは、政治文化で本が重要だとは思っていなかったんだ。民主党は、スター的な個性の人間や選挙政治のことしか頭にない」

「法と経済学」の拡大を後押し

しかし、オリン財団のもっとも重要な海岸堡は、アメリカのロースクールで確立された。そこでは、「法と経済学《ロー・アンド・エコノミクス》」という新しい法学理論に資金が供給された。パウエルは回状《メモ》で、「社会、経済、政治を変革するのに、司法はもっとも重要な道具であるかもしれない」と論じた。オリン財団は、その考えに同意した。法廷が、消費者、労働者、環境関連の権利を拡大し、人種や男女の平等、作業場の安全の確保を要求するにつれて、ビジネス側の保守派は法的な影響力をもっと強化しようと血眼になった。

法と経済学は、当初、学問分野としては、主にリバタリアンの一匹オオカミが唱える瑣末な理論と見なされていた。しかし、オリン財団が６８００万ドルを投入して、拡大を後押しした。まるで学問の世界のジョニー・アップルシード（訳注　リンゴの種や苗を開拓地に配ったという伝説のある実在の人物の綽名）のように、オリン財団は１９８５年から１９８９年にかけて、アメリカのロースクールのすべての法と経済学プログラムの83パーセントの費用を負担した。総額にすると、ハーヴァードに１０００万ドル以上、イエールとシカゴには７００万ドル、コロンビア、コーネル、ジョージタウン、ヴァージニア大学に２００万ドル以上をばらまいた。ミラーは書いている。「それどころか、ジョン・オリンは、自分が支援したどのプログラムよりも、法と経済学が自慢だった」

ピアソンの入念な作戦書に従い、法と経済学という名称には、イデオロギーを匂わせるところはない。法と経済学は、政府の規制も含めた法律の分析を行なう学問で、公平性だけではなく、経済にあたえる影響も研究する。この理論の提案者たちは、社会正義というような漠然としていて数量化しづらい概念に頼らず、法律に「効率」や「明快さ」を導入するなどと、政治色のない言葉で説明している。

しかしながら、ピアソンが認めているように、このプログラムの美点は隠密に政治的攻撃が行なえることだった。しかも、アメリカで最高のロースクールはそれを見抜くことができず、そこに詰め込まれたイデオロギーのパンチをブロックできなかった。「わたしはそれをロースクールにはいり込む手段と見なした——いや、こんなことを白状すべきではないだろう」ピアソンは、2005年に『ニューヨーク・タイムズ』に語っている。「経済分析には保守化をもたらす効果がある」その後も、政治学者スティーヴン・M・テルズのインタビューで、保守派の憲法研究プログラムに資金を提供したかったが、そういう直接攻撃をやろうとしたら、財団はアメリカの超一流ロースクールから締め出されていたはずだ、とピアソンは付け加えた。「保守派の憲法学に資金を提供したいと学長にいったら、即座に拒否されていたはずだ。しかし、法と経済学を支援したいといえば、案件に開放的になる」と、ピアソンは打ち明けた。「法と経済学は中立的だが、自由市場と力を制限された政府を指向する理論でもある。要するに、多くの学問の分野がそうであるように、中立的に見えるが、じつはそうではない」

法曹界の風土が変わる

オリン財団は、回り道をして、アメリカの超一流ロースクールにはいり込んだ。まず、法と経済学の初期の泰斗、リバタリアンのヘンリー・マンを財政支援した。マンは自由主義経済学のシカゴ学派の1人だった。頭がいいが融通がきかず、純粋主義者だったので、オリン財団が1970年代初頭に資金を提供しはじめたときには、「法学の世界では非主流の奇人と見なされていた」とテルズはいう。だが、マンは名門校で教鞭をとることはなかったので、財団は業を煮やしていた。しかし、1985年に、法学の名門校の最高峰に海岸堡を築く絶好の機会が訪れた。その年、ハーヴァード・ロースクールは、意見の分裂で混乱していた。左派の教授陣が、企業向け法律事務所の内部で「破壊活動《サボタージュ》」を行なうよう、学生をそそのかしていた。保守派の教授と卒業生は憤慨した。この騒動が『ニューヨーカー』などの全国的なメディアで報道された。怒り狂ったハーヴァード卒業生のなかに、オリン財団の理事だったジョージ・ギレスピーがいた。突破口を見つけたと考えたギレスピーは、同窓生だったハーヴァード・ロースクールの保守派教授フィル・アリーダに接触し、財団が支援すると持ちかけた。オリン財団が主導権を握り、ハーヴァードは現金を受け取った。それをきっかけに、ハーヴァード・ロースクールにジョン・M・オリン法・経済・経営学センターを発足させるという、イデオロギー的な協定が結ばれた。同センターにオリン財団は最終的に1800万ドルを注ぎ込んだ。オリン財団の歴史でも最大の寄付金だった。当時のハーヴァード大学学長デレク・ボクは、新たな資金源を得たことと、不満をつのらせていた卒業生をなだめられる機会を得たことに、大喜びしたと伝えられている。

ハーヴァードが法と経済学を受け入れると、他校もたちまちそれに倣った。1990年には、80校近いロースクールが、その科目を教えていた。その間に、法と経済学を学んだオリン財団の特別会員たちが、法曹界のトップに向けて着々と進み、1985年以降、1年に1人の割合で、最高裁の書記官の地位を獲得した。法と経済学の信奉者の多くが優秀な弁護士になり、すべてが保守派ではなかったが、それまで優勢だった法曹界の風土を変えていった。1986年には、当時コロンビア・ロースクール教授だったブルース・アッカーマンが、法と経済学は「ハーヴァード・ロースクール誕生以来、法学教育で最大の重要事」だと述べた。テルズは2008年の著書『The Rise of the Conservative Legal Movement』で、法と経済学は「法学の分野では、過去30年間でもっとも成功した知識人運動で、反体制だったのが急速に覇権を握った」と述べている。

将来の最高裁判事を青田買い

オリン財団にくわえて、コーク兄弟やスケイフなどの保守派支援者が段階的に資金を提供し、法と経済学がひろまるにつれて、リベラルの批判勢力は警戒を強めた。ワシントンDCのリベラル系NPOアライアンス・フォー・ジャスティス(AFJ)は、批判的な報告書を1993年に発表し、「少数の富裕層集団」が「私たちの社会で正義が配剤されているやり方を、根本的に変えようとしている」と警告した。オリン財団が、ジョージタウン・ロースクールの法と経済学講座を受講する学生や、コロンビア・ロースクールで研究会に出席する学生に数千ドルを渡していることを、AFJは暴露した。倫理的に問題がある状況にもかかわらず、オリンの資金提供を断ったのは、ロサンゼルスのカリフォルニア大学だけだった。同校は、学生に補助金を提供することで、オリン財団は「学生の金銭的な窮乏につけ込み、特定のイデオロギーを吹き込もうとしている」と指摘した。

さらに問題視すべきなのは、オリン財団が判事向けの法と経済学のセミナーの資金を提供していたことだった。ヴァージニア州のジョージ・メイソン大学ロースクールの学部長になっていたヘンリー・マンが、セミナーを主催し、リバタリアン法学の核を築こうとしていた。経費はすべて財団が負担し、判事たちはセミナーで、法と経済学の集中教育を2週間受ける。会場はたいがい、フロリダ州キーラーゴにあるオーシャン・リーフ・クラブのような贅沢な施設だった。毛沢東主義者の再教育キャンプとクラブメッドをかけ合わせたようなものだったが、無料の休暇旅行として、たちまち判事たちに大人気になった。環境規制と労働規制は最悪だし、インサイダー取引を取り締まる法律には利益よりも害のほうが大きい理由を、2、3時間学んだあと、判事たちは休憩をとってゴルフや水泳を楽しみ、招待者と楽しい食事をする。数年間に660人の判事が、この豪華な旅行に行った。連邦控訴裁判所判事で、最高裁判事の候補になったが承認されなかったダグラス・ギンズバーグなどは、何度もくりかえし参加した。ある計算によれば、連邦裁判所の判事の40パーセントが参加し、なかにはその後の最高裁判事ルース・ベイダー・ギンズバーグやクラレンス・トーマスもいた。

さまざまな大企業が、オリン財団などの保守系財団の活動にいそいそと参加し、費用を出した。2008年から2012年にかけて、保守派大企業が主宰する法学セミナーに、連邦判事185人が参加し、なかには裁判で係争中の企業もあったことを、超党派の調査報道団体センター・フォー・パブリック・インテグリティが突き止めている。チャールズ・コーク財団、サール自由基金、エクソンモービル、シェル石油、製薬会社の巨人ファイザー、保険会社のステート・ファームなどが、有力な出資者だった。議題は「資本主義の倫理基盤」、「テロリズム、気候、セントラル・プランニング…

自由と法の支配に対する課題」といったものだった。

オリン財団は、それと同時に、保守派法学生向けの強力な組織、1982年に設立されたフェデラリスト・ソサエティに不可欠な初動資金を提供した。フェデラリスト・ソサエティは、オリン財団からの550万ドルに加え、スケイフやコーク兄弟などの保守派の遺産と結びつきのある、その他の財団からの寄付を受けたことで、寄せ集めの法学生3人のとっぴな夢想から、右寄りの弁護士4万2000人、ロースクールの支部150、弁護士団体75から成る、全米に及ぶ強力な有識者ネットワークに拡大した。最高裁の保守派判事はすべて会員で、ディック・チェイニー元副大統領、エドウィン・ミーズ元司法長官、ジョン・アシュクロフト元司法長官、連邦裁判所の判事多数も会員になっている。『ナショナル・レヴュー』創刊者の息子で常任理事のユージン・B・メイヤーは、オリン財団の支援がなかったら「存在することすらかなわなかっただろう」と認めている。オリン財団の職員は当時をふりかえって、財団が行なったなかでも「最高の投資の1つだった」という。

反リベラルの無名作家も支援する

ジョン・M・オリンは、1982年に89歳で死んだが、オリンの死後も財団はいっそう強大になった。遺産のうちの5000万ドルと、基金のうちの5000万ドルを、オリンは夫人に遺した。夫人が1993年に死ぬと、その分が財団に渡った。巧みに投資されていたおかげで、基金は3億7000万ドルに増え、2005年に解散されるまでに、それをすべて使い果たした。オリンは、財団がリベラルの手に落ちるのを怖れ、管財人が生きているあいだに解散するよう遺志で命じていた。

フォード財団がまさにそうなったと、オリンは確信していた。

ウィリアム・サイモンは、2000年に死ぬまで、オリン財団の理事長をつとめた。サイモンも1980年代に、問題のある投資活動で莫大な富を築いた。1980年代末、『フォーブス』はサイモンの富を3億ドルと推定している。

ちょうどそのころ、オリン財団は無名の著作家だったチャールズ・マレーに、2万5000ドルの重要な投資を行なった。マンハッタン研究所の助成金を肩代わりし、マレーが書いていた、リベラルの福祉政策を攻撃する本を支援させたのだ。マレーの『Losing Ground』出版にまつわる裏話は、保守系NPOの影響力が拡大し、複雑に絡み合っていることを示している。39歳のマレーは無名の研究者で、アメリカ政府の社会福祉計画を分析するワシントンDCの中心部の会社で、報われない仕事についていた。生活するのもやっとで、不満を抱いていたマレーは、冒険小説でも書いて糊口をしのごうかと思っていたが、ヘリテージ財団に提出した願書が、保守派フィランソロピー界で注目された。そしてたちまち、拡大するネットワークの恩恵を受けた。ヘリテージ財団が、マレーの書いた反福祉の小文を、『ウォールストリート・ジャーナル』の特集ページに載せた。それがきっかけでオリン財団が助成金を支給し、マレーは1984年の先駆的な本、『Losing Ground』の執筆に専念できるようになった。とはいえ、それまでは自分の研究が本になるとは、思ってもいなかった。「フィランソロピーの進取の精神の典型だった」とマレーはいう。マレーを後押ししたのは、オリン財団の異端児ジョイスだった。「マイク・ジョイスは、20世紀最高の陰の実力者だ」とマレーはいう。

『Losing Ground』は、怒りよりは悲しみをこめて、貧困者のあいだに依存という風潮を生み出した政府を非難している。批判勢力は、マレーが貧困者にはコントロールできないマクロ経済を見過ごしているといい、研究者とジャーナリストは意見が割れ、マレーの学識にも疑問が持たれた。それでも、オリン財団などの保守系財団から豊富な資金提供を受けて、マレーは議論をすり替え、アメリカの貧困問題は社会の欠陥ではなく、貧者そのものが悪いのだという説を打ち立てるのに成功した。レーガンは、大きな政府を忌み嫌うと公言するいっぽうで、マレーの問題の多いリバタリアン政策とは用心深く距離を置き、政府が運営する貧困撲滅プログラムそのものが悪いのではなく、虚偽の申告で福祉を受ける人間がいけないのだといういい方をした。ところが、「新民主主義者」のビル・クリントンは、マレーの思想を認めて、リベラルを失望させた。マレーの分析は「本質的に正しい」といい、就労機会調整法、エンタイトルメント（法的受給権）に基づく給付の制限といった形で、その処方箋の多くを１９９６年の福祉改革法案に組み込んだ。マレーはいう。「『Losing Ground』が問題視されてから、通念になるまで、10年かかった」

　オリン財団は、カレッジ・ネットワーク（ＣＮ）にも資金を提供した。ＣＮはアメリカの右派系大学新聞をひそかに財政支援する組織だった。その１つが『ダートマス・レヴュー』で、「おれたちやダートムトにはいって研究室で逆立ちしても優等じゃ卒業できないぜ」というような、怪しげな黒人英語で論説欄を書くことで評判が悪い。この学生新聞は、世界的な飢餓に反対してハンガーストライキをする学生たちをからかうために、ロブスターとシャンパンのパーティを開催したり、南アフリカのアパルトヘイトに抗議する学生たちが立てた仮小屋を大ハンマーで打ち壊したり、ゲイの学生組合の集会をひそかに録音して書き起こしたものを載せたりする。『ダートマス・レヴュー』は、デスーザやその後の保守派ラジオ司会者ローラ・イングラハムのような右派メディア関係者を育てる温床になった。いっぽう、ヴァッサー大学のおなじような新聞は、ＡＢＣのジョナサン・カール、『ワシントン・ポスト』のオンライン・コラムニストで、ブッシュ政権の拷問容認を弁護したことで知られるマーク・シーセンなどを、ジャーナリズムに送り込みはじめた。

イデオロギー戦争の戦闘員

オリン財団が資金を使い切って消滅することを目指しているあいだに、マイケル・ジョイスは、べつの一族が設立したさらに強力な新しい私立財団に移った。１９８５年、ミルウォーキーでの企業合併が、思いがけない大きな成果をもたらし、以前はたいした活動をやっていなかった地元の慈善団体、リンド＆ハリー・ブラッドレー財団を一夜にして巨大なＮＰＯに変えた。資産が１４００万ドルから2億９０００万ドルに急増し、アメリカの20大財団の１つに数えられるようになった。それまでは地元でありきたりの善行だけをやっていた少数の無給職員は、現金の海で溺れそうになり、ジョイスを見出して頼んだ。「われわれには金があるし、あなたがオリンでどういうことをやってきたかを知っている。われわれは西部のオリンになりたい」ジョイスはふたつ返事でミルウォーキーに引っ越し、みずからブラッドレー財団を運営した。短気で有名なサイモンのお守りと、オリン財団を解散するための20年計画の処理には、ピアソンを残した。

ジョイスはブラッドレー財団で、それまでよりも自由に活動した。「要するに、ジョイスは現代の保守派フィランソロピーという分野を発明した」とピアソンはいう。その後15年間、ブラッドレー財団はジョイスの好む保守派運動に、2億8000万ドルを提供した。ブラッドレー財団は、フォード財団のような古い研究財団と比べると小規模だったが、フォード財団とは違ってジョイスひとりの指示で動き、イデオロギーの戦争における正義の戦闘員だと自負して、それだけに集中していた。あるアナリストによれば、助成金の3分の2以上が、保守派の知的活動に注ぎ込まれたという。ブラッドレー財団は、600前後の大学卒業生と大学院卒業生の団体、右派シンクタンク、保守派雑誌、海外で共産主義と戦う活動家、財団内の出版部門エンカウンター・ブックスに、資金を提供した。名門校に的を絞るという戦略を重視しつづけ、ジョイスの運営のもとで、最初の10年のあいだに、ハーヴァードとイエールに5500万ドルを寄付した。中等学校では資金を使って活動家を動かした。ブラッドレー財団は、教員組合と伝統のある公立学校を全面攻撃し、全国的な「学校選択の自由化」運動を引き起こした。アメリカ国民を政府から「乳離れ」させるために、親が公共の基金を使って子供たちを私立学校や宗教系の学校に行かせるのを妨げた。

保守主義運動の最高執行責任者

ブラッドレー財団の手綱を握ったジョイスは、オリン財団にいたときに支援したのとおなじ学術団体の多くに資金を提供した。大学も半数はおなじだった。「たいがい、おなじ大学だというだけではなく、学部もおなじで、ときには支援する研究者もおなじだった」と、ブルース・マーフィーが『ミルウォーキー・マガジン』に書き、「知識人のえこひいき」だと非難している。選ばれた研究者は、イデオロギー戦士としては優秀でも、「偉大な研究者であることはめったになかった」。たとえば、マレーの1994年の著作『The Bell Curve』は激しい反論に遭い、ジョイスは困り果てた。この本でマレーは、人種と知能指数には相互関係があり、黒人は白人よりも「知的エリート」になりにくいと論じていたが、当然ながら痛烈に批判されて、信用が失墜した。マンハッタン研究所は、この問題の多いプロジェクトの件で、マレーを解雇した。「彼らに災いのタネだと嫌われた」とマレーはいう。だが、ジョイスは、アメリカン・エンタープライズ研究所に逃げ込んだマレーに、約100万ドルの助成金を渡しつづけていたという。「マイク・ジョイスに、私の特別会員権は〝持ち運び可能だ〟といわれた」とマレーはいう。しかし、マレーのこの本によって起きた論争のために、ブラッドレー財団の評判には傷がついた。ジョイスは、人種差別主義者だと非難され、殺すという脅迫を受けたという。身の危険を感じたジョイスは、警備を強化するよう要求した。『The Bell Curve』は私に消えない印影を残した、とジョイスは正直に述べている。

ジョイスは、アルコール中毒で常軌を逸した自滅的なふるまいをするという噂に包まれて、2001年にブラッドレー財団を退いた。「噂には尾ヒレがつくものだ」と、親しい友人が、当時を思い出して述べている。事情をよく知っている情報源によれば、ジョイスの飲酒は、ランチのビール3本からはじまって、痛飲するようになり、あげくの果てに、ワシントンDCでの正式行事で司会をつとめたときに、人前で酔っ払って見るに堪えない状態になったという。そのあとでブラッドレー財団の理事会が、アルコール中毒を治療するか、それとも辞任するか、とジョイスに迫った。理事会の敬意を失ったと悟ったジョイスは辞任した。その後の残された短い歳月、ジョイスは孤独で、力もなく、きりもみのように落ちていった。

とはいえ、ジョイスが成し遂げたことは、彼の私生活の問題を超越していた。引退したとき、ジョイスは右派の絶賛を浴びた。『ナショナル・レヴュー』は、ジョイスは「保守主義運動の最高業務執行責任者だった」と述べ、「思想の戦いのどこに目を向けても、うっすらと埃の積もったところには、彼の指紋が残されている」とつづけて、「ブラッドレーにジョイスが貢献した期間、草創期のリバタリアニズムに対する重大な攻撃は一度も起きなかったと記憶している。マイク・ジョイスがいなかったら、リバタリアニズムは生まれも死にもしなかった」と結んでいる。

資産が一夜にして20倍に

だが、ブラッドレー財団が推進していた小さな政府保守主義が、じつは連邦政府の資金に活気づけられていたことは、まったく注目されていない。ブラッドレー財団は、大きな政府の敵だと巧みに見せかけている。1999年、ジョイスは財団の理事会に宛てた秘密の内部文書で、勝利をものにするのに、保守主義者は「大量消費向けのパッケージ……劇的な物語を必要としている」と述べ、国民は「巨大な国家統制主義者、官僚主義のゴリアテと果敢に戦う、勇者ダヴィデ」だと説明している。しかし、ブラッドレー財団は、ゴリアテのおかげで生存している——納税者の金が国防予算にまわされる、という形で。

ブラッドレー財団の資産が一夜にして20倍になり、一大政治勢力になったきっかけは、1985年の企業買収だった。当時アメリカ最大の国防受注業者だったロックウェル・インターナショナルが、ミルウォーキーの電子機器メーカー、アレン-ブラッドレーを、現金16億5000万ドルで買収した。

この吸収合併で、会社の株を保有していたブラッドレー一族の私立財団が大儲けし、資産が1400万ドルから2億9000万ドルに増加した。

アレン-ブラッドレーを買収したとき、ロックウェルの年間売上の3分の2、利益の半分は、アメリカ政府の発注によるものだった。それどころか、ロックウェルは政府の無駄な支出の典型だと、槍玉にあげられていた。『ロサンゼルス・タイムズ』はロックウェルを、「軍産複合体の暴走のシンボル」と呼んだ。ロックウェルの金庫は金ではちきれそうになっていたが、B-1爆撃機製造の主メーカーだったために、攻撃にさらされていた。B-1爆撃機は開発時に問題が多く、「空飛ぶエドセル」と呼ばれていた（訳注　フォード社が1950年代に販売したエドセルはまったく売れず、史上最悪の失敗作と評された）。カーター大統領は予算の無駄だとして開発計画を中止させたが、ロックウェルが精力的にロビー活動を行ない、レーガン大統領が開発を再開させた。レーガンは、MXミサイル・システムの製造も許可した。この数十億ドル規模の国防プログラムは、不必要だと各方面から批判されたが、やはりロックウェルが最大の受注者だった。こうした放漫な政府の支出のおかげで、ロックウェルは1984年には、国防産業で最強のバランスシートを誇り、帳簿には13億ドルの現金が記載されていた。政府の発注に依存しすぎないように、事業を多角化する必要があると、企業アナリストは警告した。こういった疑わしい状況のもとで、ロックウェルは買い物熱に浮かされて、アレン-ブラッドレーを買収し、ブラッドレー財団は一気に裕福になった。

アレン-ブラッドレーは、経営を成り立たせるために、当初から国防受注に大きく依存していた。1903年に起業精神の旺盛な兄弟、リンドとハリー・ブラッドレーが、高校をやめて、投資家スタントン・アレンとともに創業し、加減抵抗器からはじめて成長し、主に無線機、工業機械、自動車産業向けに、その他の制御機器を製造するようになった。ミルウォーキーの歴史家ジョン・ガーダが依頼されて執筆し、ブラッドレー財団が出版した社史によれば、会社の「資金繰りが厳しくなった」とき、アメリカが第一次世界大戦に参戦した。会社の事業の70パーセントを占める政府の軍需発注のおかげで、製品の受注が6年間に10倍増加した。ガーダによれば、会社は「軌道に乗った」。第二次世界大戦はさらに大きなにわか景気をもたらした。会社に「驚異的な影響をあたえた」と、ガーダは書いている。1944年には政府の軍需品の生産が、会社の受注の80パーセント近くを占めていた。第二次世界大戦中に、事業は3倍以上に拡大した。

連邦政府と共産主義は人類の二大脅威

アレン-ブラッドレーは、オリン・コーポレーションとおなじように、押しつけがましいとはいえ気前のいい付加給付を、おどろくほど多種多様な形で、従業員にあたえていた。常勤の指揮者付きのジャズ・オーケストラまで抱えていて、ランチのときにセレナーデを演奏した。屋上にはバドミントン・コートがあって、コーチがいたし、従業員向けの読書室もあった。ブラッドレー兄弟は、ミルウォーキーのサウスサイドにある工場の上に、偶像よろしく4面で17階の高さのフィレンツェ風時計台を建て、自分たちは従業員の家族の面倒をみる善意の市民指導者だと思っていた。だから、状況をそうは見ていなかった従業員が、1939年に組合を結成し、ストライキをしたときには、ひどく傷ついた。

兄のリンドは、そのすぐあとに亡くなったが、弟のハリーは1965年まで生きて、熱烈な右翼になった。フレッド・コークとおなじように、ジョン・バーチ協会の精力的な支援者で、同協会の設立者ロバート・ウェルチを会社の営業会議の講師にたびたび招いた。ハリー・ブラッドレーは、ユダヤ教からキリスト教に改宗したオーストラリアの医師で、芝居がかった反共主義者のフレデリック・シュワーツ博士の熱心な信奉者でもあった。シュワーツは、キリスト教反共主義運動のために、アメリカの中心部を旅して、「カール・マルクスはユダヤ人」で、「たいがいのユダヤ人とおなじで彼は小柄で醜く、怠け者で、だらしなく、生活のために働きに出る意欲がない」が、「たいがいのユダヤ人とおなじように、優れてはいるが邪悪な知性の持ち主だった」と説いた。シュワーツもアレン－ブラッドレーをよく訪れ、ブラッドレーの運動のなかでもお気に入りになっていた。ブラッドレーは、『マニオン・フォーラム』（訳注　保守派のラジオ・テレビ番組）も、熱心に支援していた。その視聴者のなかには、アメリカの社会福祉支出はアメリカを財政破綻させようとするソ連の秘密の陰謀だと信じているものもいた。自分の会社が連邦政府の支出のおかげで破産から救われ、急成長したにもかかわらず、ブラッドレーは、連邦政府と共産主義の拡大は、人類の「自由」に対する「二大脅威」だと見なしていたといわれている。

自由市場を標榜しながら価格操作

しかし、アレン－ブラッドレーは自由市場を標榜していながら、価格操作を行なっている。1961年、ハリー・ブラッドレーの後継者で長年の腹心だったフレッド・ルークが、電子機器メーカー29社との談合容疑で有罪判決を受けた。公認の社史によれば、拘禁はかろうじて免れた。会社もCEOも巨額の罰金を支払った。

1960年代に、会社と連邦当局との関係は、さらに悪化した。アレン‐ブラッドレーは、オリン・コーポレーションとおなじように、社会からの期待の高まりによって制定された新しい法律の標的になっていた。1966年、おなじ機械を操作しているのに男性従業員よりも安い賃金を会社が支払っているとして訴えた女性従業員の一団が、連邦裁判所で勝訴した。さらに、1968年には、雇用方針に人種差別の疑いがあるとして、連邦当局がアレン‐ブラッドレーを捜査した。それに対応して、アレン‐ブラッドレーは積極的差別是正措置を行なうことに同意した。その間も、組合を結成した従業員が工場でストを打ち、11日間、操業が停止した。こうした反トラスト、人種、性差、労使問題によって、アレン‐ブラッドレーの経営陣には反動的な方針をはぐくむ土壌ができあがった。

いっぽう、ブラッドレー財団も、ますます政治色を強めていた。そもそも、困窮している従業員とミルウォーキーの住民を援助し、動物虐待を防ぐのが、財団の当初の目的だった。ハリー・ブラッドレーと夫人は動物が大好きで、ペットのプードルを溺愛していた。フォービズムの画家にちなんでデュフィと名付けられ、ペントハウスにドッグランまであった。しかし、1985年にジョイスが財団の運営を任されると、ミッション・ステートメント（訳注　社会的使命や価値観を具体的に明文化したもの）が書き換えられ、補助金を「限定された適格な政府」、「動的な市場」、「力強い国防」の支援に向けると定められた。

ブラッドレー兄弟は、家族経営と地元での雇用を半永久的につづけたいと考えていた。2人の遺書には、そう明記されていた。しかし、相続人たちは、ミルウォーキーの法律事務所フォレー&ラードナーに依頼して、会社をロックウェルにまんまと売却し、莫大な現金を手に入れた。その法律事務所のパートナー、マイケル・グリーブは、その後、資金が豊富になった財団の会長兼CEOに就任した。

保守運動の名士に25万ドルの賞金

しかし、アレン=ブラッドレーのその後は、あまり芳しくなかった。アレン=ブラッドレーの凋落は、20世紀末にアメリカの製造業が没落し、まともなブルーカラーの雇用が空洞化したのとおなじ道をたどっている。売却から25年が過ぎた2010年、ロックウェル・オートメーションと改称されていたミルウォーキーの工場は、最後の製造の仕事を、ラテンアメリカやアジアなどの低賃金の地域にアウトソーシングした。最後に解雇された従業員を代表する、全米電気・無線・機械労働組合第1111支部のロバート・グラナム支部長は、『ミルウォーキー・ビジネス・ジャーナル』に、ロックウェルの決定は「未来の世代の労働者から、家族を養えるまともな仕事を得る機会を奪うことになる」と述べた。

アレン=ブラッドレーのたぐいまれなフィレンツェ風時計台は、いまもミルウォーキーのサウスサイドにそびえている。しかし、それまでにミルウォーキーは、「分裂した国の、もっとも分裂した州の、もっとも分裂した地域」になっていた。産業基盤が崩壊し、製造業の雇用が消滅し、アレン=ブラッドレーで働いていた白人移住者の多くはとっくに郊外に越して、ミルウォーキーの人口の40パーセントを黒人が占めるようになっていた。ミルウォーキーは、黒人の貧困率が全米で2番目に高く、黒人の失業率は白人の4倍に近い。

その間に、ブラッドレー財団は、保守派運動の中心になっていた。賢明な投資のおかげで資産が膨れあがった。アレン－ブラッドレーに見られるように、アメリカの雇用が海外に奪われるのは、貿易、労働、産業政策に起因するのだが、政府の施しに依存しているのが貧困の原因だと唱える運動に、ブラッドレー財団は心おきなく資金を注ぎ込むことができた。２０１２年には、ブラッドレー財団の資産は６億３０００万ドル以上に達し、その1年だけでも３２００万ドルの補助金を分けあたえることができた。公立学校への攻撃にくわえ、貧困層に就労を要求する福祉改革政策を推進するために、資金を提供しつづけていた。ハーヴァード、プリンストン、スタンフォードを含む名門校35校の保守派海岸堡の支援もつづけていた。

ブラッドレー財団が毎年授与するブラッドレー賞は、いまや保守派にとってアカデミー賞並みの輝かしい行事になっている。ワシントンＤＣを流れるポトマック川の岸辺に建つケネディ・センターで、イブニングドレス、タキシード、長々しい受賞演説、生演奏のファンファーレといった道具立ての授賞式が行なわれ、運動の名士に最高で年間25万ドルの賞金があたえられる。歴代の受賞者のなかには、のちに財団の理事になった新聞のコラムニストのジョージ・ウィルもいた。フェデラリスト・ソサエティの設立者たち、プリンストン大学のロバート・ジョージ、『ウィークリー・スタンダード』の新保守派編集人ビル・クリストル、ハーヴァード大学教授のハーヴェイ・マンスフィールド、フォックス・ニューズ社長のロジャー・アイルズ、ヘリテージ財団の忠実な保守派エド・ミーズ、エド・フォイルナーも受賞している。受賞者のほとんど全員が、アメリカの政治論議を右に引き寄せるのに、重要な役割を果たしている。また、ほとんど全員が、私立財団の小さな集まりに長年支援されてきた。ごく少数の裕福な反動主義者が税金の控除対象になる寄付を行なって、そういった財団を運営しているが、彼らの身元や来歴を知るアメリカ国民は、ほとんどいない。だが、ジョイスが述べているように、彼らの「遠大な目的」は、「フィランソロピーを利用して思想の戦争を支援する」ことだった。

第4章

コーク・メソッド：自由市場騒乱

The Koch Method: Free-Market Mayhem

会社はなにも教えてくれなかった

コーク兄弟がアメリカの企業を政府の統制から自由にするためのイデオロギー戦争に資金を投入する間、ドナルド・カールソンは21年にわたって、コーク兄弟の産業が残した滓《かす》の清掃をつづけた。ミネソタ州ローズマウントにあるコーク製油会社のパイン・ベンド製油所は、好景気に沸いていた。そこで働いていたカールソンのジャケットには、「雄牛《ブル》」と書かれた名札が縫い付けてあった。同僚がカールソンをそう呼んだのは、腕力があり、だれも手を出したがらない仕事を進んで引き受けるからだった。「あのひとは、夫や父親としていつもすばらしいとはかぎらなかったけれど、毎朝ちゃんと起きて仕事に行きました。連日、登板するピッチャーみたいに」夫に先立たれたドリーン・カールソンはいう。「ひどくたいへんな仕事があると、会社はあのひとにやらせたんです」

1974年に雇われてからずっと、カールソンは製油所で1日に12時間か、ときには16時間働いた。製油所の利益は大きく、コーク兄弟のパイン・ベンド買収に先見の明があったことを実証していた。1日に原油33万バレルを処理する能力があり、ルイジアナ州の北で最大の製油所だった。カナダからアメリカに輸出される原油の4分の1にあたる。ミネソタ州で消費される天然ガスの半分、ウィスコンシン州で消費される天然ガスの40パーセントを供給している。仕事はきつかったが、カールソンは楽しんでいた。有鉛ガソリンを収める巨大なタンクを清掃し、手作業で滓をこそげ落とした。蒸気が勢いよく漏れて、ヘルメットを吹き飛ばすこともあるような貯蔵タンクから、サンプルを採った。カールソンは重い荷物を担ぎ、漏れて脚に火傷ができるくらい深く溜まった燃料をバキュームポンプで吸い上げた。製油所の従業員1000人の多くとおなじように、カールソンはしばしば有毒物質にさらされた。「あのタンクのなかで泳いでいたようなものです」とドリーンはいう。だが、カールソンは危険を顧みなかった。「おれは若かった」とのちに語っている。「会社はなにも教えてくれなかった。おれはなにも知らなかった」

ことにベンゼンについて、なんの説明も受けなかったと、カールソンはいった。ベンゼンは原油から精製される無色の化学物質で、1928年にイタリアの医師2人が、発癌性物質であることを突き止めた。その後も、無数の科学研究によって、長期にわたってベンゼンにさらされると、白血病になる危険がきわめて大きくなることが示された。4つの連邦政府機関――国立衛生研究所（NIH）、食品医薬品局（FDA）、環境保護庁（EPA）、疾病管理センター（CDC）――すべてが、ベンゼンは発癌性物質だと公表している。宣誓証言で、ヘモグロビンにあたえる害について警告されたかときかれたカールソンは、答えた。「ヘモグロビンがなにかということすら知りません」

労働者の安全より利益優先

1995年、カールソンは製油所で働けなくなるくらい体調が悪くなった。会社の医療記録を取り寄せたカールソン夫妻は、それを読んで驚愕した。1970年代に労働安全衛生局（OSHA）が、ベンゼンにさらされる従業員に、会社が年に一度の血液検査を受けさせ、異常があれば再検査をして従業員にその旨を伝えることを求める規制を発効させていた。異常な結果が出た従業員に専門家の診断を受けさせることも、会社は求められていた。コーク製油会社は法律どおり年に1度の血液検査を受けさせ、カールソンは従順に定期検査を利用していた。だが、1990年に血球の数値がきわめて異常になり、1992年と1993年の検査でも同様の結果が出ていたにもかかわらず、会社はそれを1994年までカールソンに告げていなかったことがわかった。

チャールズ・コークは、政府の規制を「社会主義的」だとけなしていた。チャールズの見方では、進歩主義の時代に生まれた取締強化は、自由企業制への不法な侵害で、創業と利益を阻害するものだった。だが、そういう理屈は会社の経営者には気に入られるかもしれないが、何万人もの従業員にとって、現実はまったく異なっていた。

カールソンはそれから1年間働いたが、体力が落ちて、1週間に1・5リットルないし2・5リットルの輸血が必要だった。1995年夏、病気がひどくなって、ついに働けなくなった。当時のことを妻のドリーンが語っている。「解雇されました。6カ月分の給料をくれて。溜まっていた疾病手当てのようなものでした」自分の病気は仕事のせいだとカールソンは主張したが、会社は労働災害補償の適用を拒否した。適用されれば医療費に充て、妻とティーンエイジの娘のための扶養補助金も受けられたはずだった。「労働災害補償を適用されていないことに、お医者さまはびっくりしていました」ドリーンはいう。「私たちはあまりにも世間知らずでした。私たちが死ぬのをみんながほうっておくとは思っていませんでした。〝きっと助けてくれるわ〟と思っていたんです」

1997年2月、コーク・インダストリーズに職を得てから23年後に、ドナルド・カールソンは白血病で死んだ。53歳だった。妻とは31年の結婚生活だった。「最悪だったのは、わたしたち家族がお金に困るのではないかと考えながら、あのひとが死んでいったことでした」とドリーンはいう。「夫は、一所懸命働いて、いい仕事をすれば、報われると、本気で信じているようなひとでした」

会社に腹を立てたドリーンは、夫の死の責任をある程度認め、謝罪させるために、女ひとりでコーク・インダストリーズと戦った。「説明責任を求めます」と、ミネアポリスの『スター・トリビューン』のトム・ミアズマン記者に語った。ドリーンは3年にわたって法的権利を主張した。会社はいくばくかの金を出すと申し出たが、仕事が原因で死んだことに対する補償だとは認めなかった。正式な裁判になる手前まで、会社は抵抗した。ようやくドリーンの条件を呑んだときには、ひそかに同意書に署名させ、問題を表に出さないようにした。「会社はけっして認めませんでした。裁判になるのを避けました。書面の記録はありません。わずかな金をよこして、私の口を封じたんです」ドリーンは当時を思い返してそういった。

それから12年以上たって、守秘の同意は時効になり、ドリーンは話をすることができるようになった。「私がコークをどう思っているかをいったら、活字にはできないような言葉になります。私たちはただの副次的被害なんです。あいつらはお金のことしか頭にないし、お金がいくらあっても足りないと思っています」交渉相手だった低レベルの経営者ではなく、コーク兄弟に責任を負わせるのは公平だろうかと問いただすと、ドリーンは反論した。「製油所の持ち主はチャールズ・コークです。あいつらは、規制がないほうがいいと思っているわけでしょう？　まったくあきれます。あいつらは、自分たちに利益があることしか望んでいない。利益を削るようなことはぜったいにやらない。政治の世界でおおぜいを支援していると聞いています。規制をなくすことが目的にちがいありません」ドリーンはいう。「だけど、ああいう規制は安全のためにあるんです。労働者をお金持ちにするのではなく、死ななくてすむように」

ベンゼンの排出量をごまかす

チャールズが経営を握ってからの数十年間、コーク・インダストリーズの企業行動は数多くの攻撃にさらされている。カールソンの事件はそのうちの1つにすぎない。コーク・インダストリーズはすさまじい勢いで世界的なコングロマリットに拡大し、化学、製造、エネルギー、貿易、製油など、幅広い分野で大手企業に成長した。だが、法律紛争も、おなじように驚異的な割合で増加した。チャールズは、彼のリバタリアンの考え方に業を煮やしていた政府の監督機関と和解せず、宣戦布告した。高潔な正道を護るために抵抗したのだと、チャールズは表現している。たとえば、1978

年には、『リバタリアン・レヴュー』で他のビジネスマンに動員令をかけ、「規制当局がわれわれの戸口を訪れたとたんに負けてはいけない……自主的に協力するな。法的に抵抗できる分野では、どんなことにも抵抗しろ。さらに、正義という旗印を掲げてやれ」と論じた。

チャールズがフィランソロピーを利用して規制に反対したことと、財政面での利益が強く結びついていたことは、とうてい否定できないだろう。チャールズは、「傲慢で高圧的な全体主義派の法律」に直面して、「自由という大義をたえず進めようとした」と表現している。カンザス州出身で、コーク兄弟を観察してきた、『What's the Matter with Kansas?』の著者トーマス・フランクのような批判勢力は、まったく違う見方をしている。「リバタリアニズムでは原理のみが重要なのだが、現実には私利追求のための政治になっている。基本的に、哲学の仮面をかぶった企業戦線だ」１９８０年から２００５年にかけての25年間、チャールズ・コークの指揮下で、彼の会社が企業として違法行為を重ねてきたことは、否定できない事実として記録に残っている。

１９９６年4月、ブルと呼ばれたドナルド・カールソンがミネソタで白血病のために死にかけていたころに、コーク・インダストリーズの環境技術者サリー・バーンズ－ソリスが、コーク兄弟が製油所を所有しているテキサス州コーパスクリスティの政府監督機関を訪れ、大気中に排出するベンゼンの量を会社が偽っていると告発した。環境関連の規制は、作業場の安全に関する規制よりもずっと、コーク・インダストリーズには大きな障害になっていた。コーパスクリスティの事件は、その典型的な例だった。

バーンズ－ソリスは、のちに『ブルームバーグ・マーケッツ』誌に、「コーパスクリスティの製油所は、大気中にベンゼンを大量に吐き出していた」と述べている。１９９５年の連邦政府によるあらたな規制は、排出を削減することを求めていたが、それに従っていなかった。コーク・インダストリーズは、テキサス天然資源保護評議会に提出することを求められている報告書で、排出量をごまかそうとした。社内で会社の弁護士が、会社の自主報告は「誤解を招き、不正確である」と認めたので、会社はバーンズ－ソリスに、もっと正確な数字を出すよう命じた。

有罪となった「会社ぐるみの陰謀」

バーンズ－ソリスは、コーク・インダストリーズに5年つとめていて、従業員と大衆の健康と安全にじかに貢献していると思っていたので、仕事が気に入っていた。命じられたとおり、製油所のベンゼン排出を入念に図表化し、法律で制限されている量の15倍を排出していることを突き止めた。上司はその結果にいい顔をしなかった。バーンズ－ソリスは、化学と環境医学の学士号に加え、産業衛生学の修士号を持っていたので、自分の仕事に間違いはないと承知していたが、それでも計算を何度もやり直した。だが、おなじ芳しくない結果が出るばかりだった。「私に数値を変えさせようとして、何度も会議がひらかれました。厳しかったけれど、私は確信を曲げませんでした」バーンズ－ソリスは、『ブルームバーグ・マーケッツ』に語っている。その後、コーク・インダストリーズがテキサスの監督機関に提出した報告書を見て、バーンズ－ソリスは愕然とした。ベンゼンの排出量が、彼女が計算した数値の１４９分の１に改竄されていたのだ。

「会社が書類を改竄しているのを見て、監督機関に通報しないわけにはいきませんでした」コーク兄弟の違法行為の一端として、この事件を取りあげた『ブルームバーグ・マーケッツ』に、バーンズ－ソリスは語った。昼休みに州の監督機関まで車を走らせ、この欺瞞を通報した。

コーク・インダストリーズを弁護する連中は、通報者は会社に不満を抱き、今後の雇用を確保する口実を探している社員にすぎないとほのめかした。だが、2000年9月28日、コーパスクリスティでコーク・インダストリーズは、91トンのベンゼン排出を隠蔽した容疑で、訴因97件に基づき起訴された。会社は罰金3億5200万ドルを支払わなければならないおそれがあり、社員4人が長期刑に加えて罰金175万ドルずつを課せられる可能性があった。会社は法廷で激しく反撃し、排出に関係のある電子メール数百通の提出を拒んだが、首席裁判官は、取引上の秘密ではないとしてそれを却下し、会社の弁護士を、「規制違反の規模」を監督機関が暴くのを「妨害」しようとする「操り人形」だと酷評した。この法廷闘争のさなかに、規制の基準に従うにはコストが700万ドルかかることを、会社が明かした。巨額のコストに思えるかもしれないが、製油所の莫大な利益に比べれば、ほんのわずかな額でしかない。検察側は、コーク・インダストリーズのコーパスクリスティ製油所が、1995年だけでも1億7600万ドルの利益をあげていると証言した。

やがてコーク・インダストリーズは、ベンゼンの排出量に関する「情報の隠匿」という1件の重罪容疑で有罪の答弁を行なって、司法取引により罰金1000万ドルとコーパスクリスティの環境改善プロジェクトの費用1000万ドルを支払った。コーク・インダストリーズの広報担当者の女性は、そのあとで、会社の経営陣への告訴が取り下げられたことを強調し、「政府の主張事実は最終的に崩れました」と述べた。しかしながら、当時、司法省環境犯罪部の部長だったキャリアの検事デイヴィッド・アールマンは、まったく逆のことを述べている。コーク・インダストリーズは、監督機関やコミュニティの目から、発癌性物質である「ベンゼン排出を隠蔽する会社ぐるみの陰謀」で有罪を認めた。この訴訟は、「大気浄化法が適用された裁判のなかで、もっとも注目に値する事件だった」と、アールマンは指摘する。「環境犯罪は、ほとんどといっていいくらい、金銭欲と傲慢さがからんでいる。コークの事件では、その両方がはちきれそうなくらい充満していた」

バーンズ＝ソリスに対する会社の処遇も、ちょっとしたエピソードとして注目に値する。監督機関に通報したせいで、がらんとしたオフィスに隔離され、電子メールも使えず、仕事もあたえられなかったという。その後、バーンズ＝ソリスは辞職し、いやがらせ《ハラスメント》をしたとして告訴した。1999年にコーク・インダストリーズは、封印された和解によって、非開示の額を支払った。

会社が雇った偽のFBI捜査官

ちょうどおなじころ、ルイジアナでコーク・インダストリーズの下級職だったカーネル・グリーンも、通報する寸前に、報告書を撤回しないと逮捕させると会社に脅迫されたという。コーク・インダストリーズでパイプライン技術者とガス・メーター検査員をつとめていたグリーンは、経営陣と衝突し、1998年と1999年に、ビル・コークに雇われた私立探偵に、合計2通の供述書を渡している。勤務したのは1976年から1996年までで、監視していたガス・メーター36台からこぼれた水銀を、ドアから地面に掃き出すよう命じられていた。1台あたり約1リットルの水銀が充填されているメーターが古くなると、大型ゴミ容器に捨て、余った水銀を流しに捨てるよう命じられた。上司がおなじことをやるのも目撃したという。水銀がいたるところにあって、家に帰ると服や靴から玉になって落ちたと、グリーンはいう。

だが、1996年に有害物質の講習を受けたグリーンは、上司に報告書を提出し、水銀は健康を脅かすおそれがあり、もっと慎重に廃棄すべきだと注意した。上司に、その話はしないようにと注意された。まもなく「FBIのムーアマン特別捜査官」と名乗る男が、訊問しにやってきて、水銀について嘘をついていると非難した。会社に対する申し立てを撤回しないと、逮捕して投獄すると、グリーンはその男に脅された。また、外部の当局も含めて、だれかに水銀の話をしたら、解雇すると警告された。そのあとで直属の上司が、あらかじめ用意され、あとは署名するだけの供述書を出した。コークの施設に水銀はないと書かれていた。投獄されるのを怖れて、グリーンは署名した。

しかし、自分の健康が不安だったので、グリーンはそれでもOSHAに告発したという。コーク・インダストリーズはたちどころに、「虚偽の供述を行なった」としてグリーンを解雇した。

グリーンは供述で、ムーアマン特別捜査官がFBIではなく「カンザス州ウィチタのコーク・セキュリティ」に雇われていることを、のちに知ったと述べている。当時、ラリー・M・ムーアマンは、コーク・インダストリーズ法務部の調査員だった。その後、ムーアマンはコーク兄弟の企業秘密保全部長になった。

私立探偵リチャード・〝ジム〟・エルロイによれば、コーク・インダストリーズの水銀で汚染されているとグリーンに指摘された場所の土は、掘り起こされて、分析のために独立した研究所に送られた。エルロイの報告書によれば、土壌サンプルには高濃度の汚染が認められたので、研究所が郵便で送り返すのを拒み、有害物質処理の特別費用を請求したという。だが、そのときにはもう、グリーンは失職していた。「グリーンはルイジアナの労働者階級出身の勤勉な黒人で、一所懸命暮らしを立てようとしていた」と、エルロイはいう。チャールズとデイヴィッド・コーク兄弟をグリーンが告発したとき、エルロイはビル・コークに雇われて、グリーンから供述書を取った。「コークはこういう人々を踏み潰して、ゴミとして捨てる」とエルロイはいう。グリーンの告発について質問しても、ムーアマンとコーク・インダストリーズの広報はなんの回答もしなかった。

5年間に300件以上の石油漏出事故

だが、汚染に関する告発は全米で増加し、連邦検事局が、コーク・インダストリーズの水質浄化法違反について大がかりな訴訟を積みあげはじめた。1995年、6つの州のパイプラインと貯蔵施設から数百万ガロンの石油が漏れていることについて虚偽の報告をしたとして、司法省がコーク・インダストリーズを起訴した。過去5年間に300件以上の漏れがあったと、連邦捜査官が報告している。なかでも、原油10万ガロンの流出事故は深刻で、コークの製油所に近いコーパスクリスティ湾の20キロメートル沖まで油膜がひろがった。

当時、コーク・インダストリーズを告訴する事件で、連邦検事のトップだったアンジェラ・オコネルは、司法省での仕事人生25年間の大部分をそれに費やしたことを指摘し、こんなひどい石油会社はほかにはないと述べている。「彼らはつねに制度を度外視して業務を動かしている」オコネルは、『アメリカの真の支配者　コーク一族』でコーク・インダストリーズの重大な法律違反を克明に描いているダニエル・シュルマンに語っている。オコネルは、石油の漏出や流出が起きるのは石油業界では稀ではないと断ったうえで、他社が規制に耐え、失策を認めるのに対し、コーク・インダストリーズは「くりかえし嘘をつく……罰から逃れるために」

コーク・インダストリーズを相手取って、複数の州にまたがる大規模訴訟を組み立てていたとき、オコネルはスパイされているのではないかという不安に襲われた。ゴミを漁られ、電話を盗聴されているようだと思ったが、立証できなかった。そういう状況に動揺したオコネルは、自分に不利に使われることがないように、すべての言動に注意した。

コーク・インダストリーズが1983年から、シークレット・サーヴィスの元局員、デイヴィッド・ニカストロを雇い、秘密保全活動を手伝わせていたことが、記録からわかっている。ニカストロは、1994年にはテキサスで自分の小規模な調査会社セキュア・ソースを開業し、「それから4、5年のあいだ、コーク兄弟のためにさまざまな案件を手がけた」と認めている。案件には兄弟間の訴訟も含まれていた。法廷の記録で、コーク・インダストリーズのために「さまざまな調査」を行ない、「機能を果たす」のが自分の役割だと述べている。元FBI捜査官のチャールズ・ディッキーが、ニカストロのもとに加わった。

オコネルは、遠い過去になった当時をふりかえって、コーク兄弟は「危険」だったし、いまでもその話をすると落ち着かないという。盗み聞きされているかもしれないというように声を落とし、回顧する。「彼らはわたしの評判を落とそうとしました」オコネルがコーク・インダストリーズを起訴する事件を担当していたときに、同社が当時の環境保護庁（EPA）長官キャロル・ブラウナーと会う約束を取り付け、オコネルが過度に熱を入れすぎていると非難し、事件からはずすよう求めたという。だが、それは失敗に終わった。「彼らはあらゆることで嘘をつき、民間会社だからそれを追及されずにすむ」オコネルはいう。「証拠探しのあらゆる段階で妨害されました。〝私はやっていない〟、〝それは私たちの石油ではない〟、〝うちのパイプではない〟というのが決まり文句でした。彼らのいうことは、ひとことも信用できません。他の会社とは違って、ルールにまったく従おうとしないんです」

2000年1月13日、司法省のオコネルの部門は、勝利を収めた。コーク・インダストリーズは罰金3000万ドルの支払いに同意した。水質浄化法違反に対する罰金としては、その時点で最大の額だった。EPAはプレスリリースを出し、コーク・インダストリーズは「言語道断な違法行為を犯したと非難し、莫大な罰金は「私たちの環境を汚染することで利益を得ようとするものは、その代償を払うことになる」のを証明したと喧伝した。だが、2004年に司法省を退官したオコネルは、10年後のいまも、石油漏出による損害が忘れられないという。「厄介なのは、石油が海底に沈んで、魚を汚染することです。それを人間が食べたら、健康に大きな影響があります。おおぜいが死にます」とオコネルはいう。

地下パイプラインの大爆発

数度の法律違反なら、不運な事故だと解釈できるかもしれないが、コーク・インダストリーズがくりかえした汚染は、言語道断であるばかりだけではなく、故意の行為だった。オコネルが担当した石油漏出事件が結審したところ、ミネソタ州ローズマウントのパイン・ベンド製油所が、やはり水質浄化法違反で有罪の答弁をした。アンモニアで汚染した排水378万5000リットルを地面に捨て、保護されている自然の湿地帯と近くのミシシッピ川に227万1000リットルの燃料を誤って流したとして、800万ドルの罰金を支払った。製油所はそれまでにも、同様の違反の告発と和解するために、ミネソタ州汚染管理局(MPCA)に690万ドルの罰金を支払っていた。この汚染では、コーパスクリスティの場合とおなじように、当局はコーク社が違反行為を隠蔽しようとしたと非難した。監視をまぬがれるために、汚染物質の一部を週末や深夜にこっそりと捨て、さらに記録を改竄するという手口だった。パイン・ベンド製油所で働いていた元従業員のトーマス・ホルトンは、ミネソタの『スター・トリビューン』に、「ときどき……おれたちは嘘をつくことがあった。たしかにやった。それを隠すつもりはない」と語った。

だが、これらの違法行為は、1996年8月24日に、ダラスの80キロメートル南東にあるテキサス州ライヴリーという田舎町で、ティーンエイジャー2人が見舞われた悲運に比べれば、ものの数ではない。その午後、高校を卒業したばかりのダニエレ・スモーリーは、実家のトレイラーハウスで、大学へ行くための荷造りをしていた。友人のジェイソン・ストーンが来て、その晩、ダニエレのためにひらく予定だったお別れパーティの話をした。機械工の父親ダニーも家にいて、テレビでスポーツを観戦していた。かすかだが、かなり吐き気を催すガス臭いにおいが、なにか異変が起きているのを示していた。原因がわからなかったので、ガス漏れを通報してもらうために、ダニエレとジェイソンが近所の家まで車で行くことになった。スモーリー家のトレイラーハウスには、電話がなかったのだ。

ダニーのピックアップ・トラックを借りて、２人は出かけていったが、数百メートル行ったところでエンストした。運転していたダニエレがエンジンをかけようとしたとき、付近を通っていたコーク社の腐敗した地下パイプラインから漏れた、ブタンガスの見えない霧が、イグニッションの火花で引火した。すさまじい爆発が起きて、火の球が噴きあがり、トラックを包み込んだ。ダニエレとジェイソンは焼け死んだ。

コーク・インダストリーズは、ダニエレの父ダニー・スモーリーに金を払って、会社に対して起こされた有害な致死事件裁判を取り下げさせようとした。だが、遺族はドリーン・カールソンとおなじように、金以上のものを望んでいた。

裁判の前の策謀は、すさまじかった。コーク・インダストリーズは、一流弁護士の一団で護りを固め、私立探偵を雇って、スモーリーを尾行させたという。いっぽう、スモーリーの弁護士テッド・ライオンは、自分の事務所が盗聴されているのではないかという疑いを抱いた。警備会社に依頼して調べてもらうと、事務所に小型送信機が仕掛けられていたことがわかった。「コークがやったとはいわない」のちにライオンは語っている。「ただ、訴訟を起こしている時期に、そういうことがあったというのは、じつに奇妙だ」

修繕費よりも損害補償金の方が安い

双方が公判の準備をしているあいだに、企業過失を暴く、身の毛もよだつような写真が公表された。国家輸送安全委員会（ＮＴＳＢ）の調査により、パイプラインの管理を担当するコーク・パイプライン・カンパニーが、パイプラインが腐敗しているのを知りながら、必要な修繕も行なわず、爆発が起きた場所の近くに住む40世帯ほどの家族に、緊急事態への対処法も伝えていなかったことが判明した。スモーリー側の専門家証人が、パイプラインは「スイスチーズなみに穴だらけだった」と証言した。その証人、石油産業の安全専門家として定評のあるエドワード・ジーグラーによれば、爆発は「完全に会社の過失だった。会社が、規制どおりにパイプラインの安全を維持して運営するのを怠ったのが原因だった」。

じつは、コーク・インダストリーズは新しいパイプラインを使うようになってから、古いパイプラインの使用を停止していた。しかし、修理して液体ブタンの輸送に使えば、年間700万ドルの利益を増やせると気づき、古いパイプラインを復活させることを決定した。コーク・インダストリーズのビル・カフィ副社長が、宣誓証言でそれを認めた。「コーク・インダストリーズはダニエレ・スモーリーの死に全面的な責任があります」しかし、使用を許可したときには、パイプラインは安全だと確信していたと、力説した。チャールズ・コークは、安全やその他の規制を尊重して、従うことに専念していると、カフィは褒め称えた。しかし、財務の面から圧力がかかっていた、と弁解した。「私たちは無駄な経費を減らそうと努力していました」元社員のケノス・ウィスティンは、断裂したら死亡事故が起きるのではないかと怖れて、べつの腐敗したパイプラインのことで、会社の上司に懸念を伝えると、修繕するよりも損害の補償金を支払うほうが安くつくといわれたと、宣誓証言で述べた。

ダニー・スモーリーが待ちに待った機会がついに訪れ、後半の最終証人として証言席についた。スモーリーは、怒りをこめた独白で、コーク兄弟は金のことしか考えていないと激しく非難した。のちに『60ミニッツ』で、「彼らはこういった。〝お嬢さんとジェイソンが命を落としたのは、お気の毒でした、スモーリーさん〟。謝っても取り返しはつかない。彼らは気の毒になんか思っていない。最後の1セントまで儲けることしか考えていない。パイプラインを停止したら、いくら損をするかということしか頭にない。思いやりなんかない。ほしいのは金だけなんだ」

コーク兄弟が傲慢な安全策に賭けていたとするなら、陪審が評決を出したとき、彼らはその賭けに負けた。1999年10月21日、コーク・インダストリーズは過失だけではなく犯意についても有罪になった。腐敗したパイプラインがきわめて危険であることを承知していたからだ。この裁判で、ダニー・スモーリーは1億ドルという巨額の損害賠償を求めていた。だが、陪審はその約3倍の罰金を命じ、コーク・インダストリーズに2億9600万ドルを要求した。不法な事故死への賠償金としては、その当時の最高額だった。

逆らえば見張られ、恫喝される

その判決に打撃を受けたコーク兄弟は、激化する政治危機にも直面していた。コーク兄弟の会社がネイティヴ・アメリカンの居住地で数千億ドル相当の石油を盗んでいる容疑について、上院が調査を開始したのだ。1989年、1年にわたる調査の結果、上院はきわめて厳しい報告書を公表し、コーク石油は「詐欺的な数値改竄によってインディアンその他の住民から原油を盗む、広範囲にわたる巧妙な陰謀」を行なっていると非難した。

上院の調査は、コーク兄弟の厳重な秘密にも浸透し、チャールズ・コークは、ウィチタの本社から呼び出されて宣誓証言せざるをえなくなった。上院調査委員会のある委員は、チャールズが政府の干渉に「無言で怒りをたぎらせていた」と述べている。チャールズは宣誓して、会社がインディアンの土地から3年にわたり約3100万ドル相当の原油を不適切に奪っていたことを認めたが、不作為だったと主張した。チャールズは調査官に、石油の計量は「かなり不確かな技術」だと述べた。しかし、調査委員会は、当時、インディアンの土地から石油を買っていた他社が、どこも計量に大きな問題を抱えていなかったことを示す証拠を提出した。それどころか、コーク石油が詐欺を行なっていると見なして、当局に密告したのは、一流企業を中心とする同業他社だった。

上院の調査には、それまで、何度もくりかえされてきたような特徴があった。コーク兄弟の行為に異議を唱える人間は、だれかに見張られ、恫喝されているような感覚を味わうようになる。後年、私立探偵になるリチャード・〝ジム〟・エルロイFBI捜査官は、上院の調査で任務を命じられた。それまでの専門はオクラホマ州の腐敗調査で、過酷な事件を何度も手がけ、なかには組織犯罪にからむ事件もあった。だが、ほどなく、マフィアを調査しているときですら遭遇しなかったと本人がいうような状況に直面する。尾行されていると、エルロイは確信した。

ある日、エルロイは車をとめて跳びおり、あとをつけてきた車の運転手を捕まえた。銃を突きつけ、FBIのIDを見せて、車から引きずり出し、警告した。「こんどこういうことをやろうとしたら、おまえは遺体袋に入れられる」。そう雇い主にいえ」その男が、「自分はコーク・インダストリーズに雇われた私立探偵」だと白状したと、エルロイはいう。コーク・インダストリーズの法務部長は、エルロイを監視するために私立探偵を雇ったことを否定したという。上院の報告書によると、べつの捜査官は、コークの社員が元妻から弱みを聞き出そうとしたことを知ったという。

まるで組織犯罪の捜査のようだ

調査委員会の主任弁護士ケネス・ボーレンは、かつてはニュージャージー州で組織犯罪を取り締まる検事だった。弱みを握るためにアシスタントの1人が買収されていたと、ボーレンは確信している。さいわい、なにも弱みはなかった。「政治とはまったく違う。まるで組織犯罪を捜査しているようだった」ボーレンは当時を思い起こして、そう述べている。チャールズ・コークについては、「相手にまわすには恐ろしい男だ。たいがいの人間は関わるのを怖れて引きさがる」といういい方をしている。「あの連中は、すさまじい権力を蓄積し、責任を負うことを免れていた」

若手弁護士として上院の調査にくわわっていて、のちに一流法律事務所キング&スポルディングのパートナーになるウィック・ソラーズも、胸騒ぎがするような出来事を経験した。ソラーズは、ボルティモアで連邦検事補をつとめていたときに、上院委員会に勧誘された。「会社は調査に不満だった」ソラーズは指摘する。「私たちを阻止しようとして、さまざまな連中をよこした——密使や弁護士を——ある上院議員を使って調査を中止させようとした」その上院議員は、オクラホマ州選出の共和党員ドン・ニクルズだった。社会保障と財政について保守派で、長年にわたりコーク・インダストリーズから選挙の際に献金を受け、そのロビー団体はのちにコークに雇われている。

何者かにゴミを調べられていると確信したスタッフが何人もいたと、ソラーズはいう。「だれの差し金かはわからない」ソラーズは用心深くそういった。「しかし、だれかが私立探偵を雇い、根掘り葉掘り調べあげようとしていた」後日、上院委員会の職を辞して、キング＆スポルディングにくわわったあとで、差出人の名がない荷物が事務所の恩師のもとに届いた。なかには、ソラーズの評判を傷つけるための、新聞の切り抜きや法廷文書のコピーがはいっていた。コーク兄弟の無罪を喧伝する文書もあった。「弁護士としての人生で、こういうことは一度も経験していない」ソラーズはいう。「何者かが恫喝して、コーク兄弟を批判する人間を黙らせようとしていた。私は政治とは無縁だが、わずらわしかった」

クリストファー・タッカーは、コーク兄弟に対する敵対証人として、委員会の調査官たちの前で証言したが、やはり異様ないやがらせを受けた。コーク・インダストリーズが原油の計量をごまかしていると非難したあとで、偽証したと新聞記事で貶められ、上院議員4人が連名する手紙で糾弾された。また、ビジネススーツ姿の男たちがゴミを持ち去ったと、家政婦の娘に教えられた。タッカーに対する苦情は主に、履歴書に書かれていた職業の資格が、証言後に修得されていたことだった。現在、コーク・インダストリーズは、上院議員の手紙をタッカーに送るよう手配したことを認めている。「非常に恐ろしかった」と、タッカーはのちにレポーターのロバート・パリーに語っている。「相手は莫大な金がある企業だ。小さな国よりもずっと金持ちだ」

そういった状況にもかかわらず、上院インディアン問題特別委員会は、コーク・インダストリーズを驚くほど激しく告発する報告書を公表した。その後、まだＦＢＩ捜査官だったエルロイは、オクラホマシティの連邦検事に内部報告書を提出し、コーク・インダストリーズが原油を盗んでいる疑いについて、刑事告発も考えられると述べた。しかし、そのいっぽうでエルロイは、ことの成り行きによってはチャールズとデイヴィッドが刑務所送りになるかもしれないと、ビルに警告した。「それならブチ込め」とビルがいったのを、エルロイは憶えている。「自分の家族と遺産、父の遺産が、組織犯罪で築いたものであってほしくない」と、ビルはある通信社に語った。

兄弟の反目は、激しくなるばかりだった。チャールズとデイヴィッドが、1983年に他の兄弟2人の持ち株を合計8億ドルほどで買収した直後、ビルは家族の財産の分け前について騙されていたと確信した。会社の価値を、チャールズとデイヴィッドが、故意に低く見積もっていたと、ビルは考えた。報復として、ビルはチャールズとデイヴィッドに対して、やつぎばやに訴訟を起こし、あるときは母親まで訴えた。だが、ビルはほどなく、またもや策略にしてやられたと思うようになる。

連邦検事の人事にも介入

上院委員会のコーク・インダストリーズ告発を18カ月にわたって検討したあとで、オクラホマシティ大陪審は、嫌疑を解いた。コーク兄弟のその後の政治活動に付き物の陰謀によって、判断が狂わされたためだった。『ネーション』が入手した会社の内部文書は、刑事告発に直面したコーク兄弟が、金で政治的影響力を買う緊急戦略を開始したことを示している。大陪審がひらかれたオクラホマ州で、コーク兄弟はニクルズ上院議員も含めた有力政治家に献金した。おなじころ、ニクルズは、オクラホマシティの新任の連邦検事を推薦した。その検事が、大陪審の調査を監督する予定だった。推薦するにあたって、ニクルズは検事局刑事部の頭ごしに、自分の息がかかっているティモシー・レナードを選んだ。レナードは元共和党州上院議員で、刑法の経験はなく、一族の油田がコークから採掘権料を受け取っているという金銭的な利害関係があった。そのため、忌避要求がなされたが、ジョージ・H・W・ブッシュ大統領の司法省は、レナードの横滑り的な就任を許可した。

オクラホマ大陪審でコーク・インダストリーズの調査を担当していた、ナンシー・ジョーンズ連邦検事補は、徹底的な調査が見送られるよう政治的圧力がかかったかと、のちに質問されたときに、慎重な言葉遣いで答えた。「こういえるでしょう」と、かなり長い沈黙のあとで、ジョーンズは切り出した。「連邦検事候補からはずされた人物は、州出身のリベラルな民主党員でしたが、指名されたのは、連邦の業務、刑法、裁判の経験がない共和党員でした」元FBI捜査官のエルロイは、もっとあけすけな言葉を使っている。エルロイの意見では、「ニクルズはそこの検事当局を叩き潰した。連邦検事の指命に介入した。ニクルズはコークから巨額の支援を受けている。コークの手先だ。買収できる最高の上院議員だったんだ」。

ニクルズは、政治干渉したという指摘をたちどころに否定し、「連邦検事局がコークを刑事訴追する調査をしていたことすら知らなかった」と述べた。連邦検事になったレナードとは、「その話をしたことすらない」と付け加えた。レナードも不穏当な行為はなかったと否定した。

だが、元検事で、上院インディアン問題特別委員会の委員長をつとめた、アリゾナ州選出民主党上院議員のデニス・デコンチーニは、当時こう語っている。「唖然とするとともに、暗澹とした。われわれのつかんでいた証拠は強力だった。われわれの調査は、上院で行なわれたなかでも、きわめて精緻なものだった。コークを訴える圧倒的な証拠がそろっていた」

連邦の刑事捜査も、コーク・インダストリーズの重要書類が紛失するという不可解な出来事のせいで挫折した。ジョーンズは、不満を抱いた従業員の言葉だとして証言が斥けられるような証人に頼らないために、上院の証言の裏付けとなる記録を集めようとした。だが、証拠を法廷に提出するようコーク・インダストリーズに求めると、ほとんどが消滅したといわれた。落胆したジョーンズは、やがてあきらめて辞職した。エルロイも辞めた。FBIを退官して、常勤の私立探偵としてビル・コークに雇われた。分裂した兄弟のどちらも、これで私立探偵を抱えたことになる。ビル・コークは、元イスラエル情報機関員も雇っていた。「諜報は必要だ」のちに質問されたときに、ビルはそう答えた。「しかし、それをやるには合法的な方法と、違法な方法がある」

反目し合うコーク兄弟

チャールズとデイヴィッドが刑事訴訟で裁かれる見込みが薄れると、ビル・コークは、それに代わる法的戦略で、コーク・インダストリーズにもっと大きな問題をもたらそうとした。一族全員とおなじ執拗な性格を発揮して、ビルは内部告発者法に則り、コーク・インダストリーズが政府の土地から原油を盗んでいることをたれ込む訴訟を起こした。南北戦争のころに成立した法律によって、民間の受注業者が政府を騙していることを証明できるときには、市民が刑事的民事訴訟を起こすことができる。オクラホマ大陪審が却下したのとほぼおなじ事件だが、民事のほうが要求される証拠のレベルが低い。

この民事訴訟がゆっくりと進められているころ、エルロイはコーク・インダストリーズに不利な証拠をさらに集めはじめた。アメリカ各地を旅して、証人になる可能性のある500人から話を聞いた。コミックの「スパイvs.スパイ」の兄弟版のようだった。ビル・コークの調査員たちは、チャールズとデイヴィッドの私立探偵に通信を盗聴されていると確信した。ビルのチームは、5000ドルの秘話電話機を買って対抗した。ビルの弁護士の事務所にスパイが浸入している疑いがあったので、チームは猥褻なことを書いた偽のメモをおとりとしてデスクに置いた。それについて相手方からすぐに問い合わせがきたと、エルロイはいう。「敵には、弁護士の事務所にはいり込めるスパイがいる」エルロイは断言する。「おなじビルのべつの階で働いているやつで、金をもらって法務部に侵入している」

エルロイの疑惑は、根拠がないことではなかった。ひそかに同意書に署名した共和党の政治活動家が、名前を出さないことを条件に認めている。その男は、法律事務所を通じてチャールズとデイヴィッド・コークに雇われ、何カ月もかけて国中を旅行し、ビルに害をなすような私生活、ビジネス、法的な情報をかき集めた。「揉め事になるようなことなら、なんでもいいから見つけろといわれていた。ビルの目をつつくとがった棒に使えるようなものを」

こうした諜報作戦の1つの結果が、メリーランド州東岸地帯の往来の激しいハイウェイからすこし離れたところにある、南京錠のかかった貸しロッカーにいまも存在している。ビル・コークの弱みを握ろうとした私立探偵たちの驚くべき活動が、古い書類ファイルとなって残っている。すでに廃業したベケット・ブラウン・インターナショナルという私立探偵社の隠密の作業が、そのファイルに収められている。汚い字で手書きされたその内部文書によれば、探偵社は1998年に雇われ、そのころ頻繁に流れはじめた反コークのテレビCMがビル・コークの差し金かどうかを調べるよう命じられた。清らかなアメリカのための市民と名乗る集団が、そのCMを制作し、コーク兄弟が環境を汚染しながら儲けていることを暴いていた。調査により、事実ビルがその集団の背後にいることがわかった。しかし、それを暴いた方法は、ビルの策略とおなじくらい、いかがわしかった。

ファイルは、探偵社が〝D〟手段を使ったことを暴いている。〝D〟は、ゴミ容器の中身をほじくり返す《ディッグ》ことを意味する隠語だった。反コークのCMをプロデュースしたヴァージニア州リッチモンドの小さな広告会社の経営者の電話も含め、個人の電話数回線の記録も、ひそかに入手していた。その経営者、バーバラ・ファルツは、コーク家のだれかが関わっていたことは、まったく知らなかったという。ファルツは、善意の集団のためにCMを制作したと思っていた。それから15年が過ぎたわけだが、個人の電話の記録を探偵が入手し、メリーランド州東岸地帯の貸しロッカーにいまもその書類が残っていて、だれに電話したかが手書きで記されていると聞いて、ファルツは「ぎょっとした」といった。

「私は自分の電話の記録を、だれにも教えていません」引退し、孫もいるファルツは、そういった。ちょうどそのころ、リッチモンド警察が午前2時に電話してきて、事務所のドアが半開きになっているといったので、不審に思ったことを、ファルツは憶えていた。電話の記録は、そのときに盗まれたのかもしれないという。「だれかが私のいる場所に忍び込んで、知らないあいだに記録を調べるなんて、ぞっとするわ」ファルツはいう。「私は政治には無関係だけど、アメリカのすばらしい自由が、権力に飢えている道徳観のないずるい人たちに脅かされているのは、嘆かわしいことよ」

計量器具にインチキを仕込む

1999年、ダニー・スモーリーの不都合な訴訟がテキサスで公判に差しかかるころ、コーク・インダストリーズが「故意に詐欺行為をくりかえしている」とするビル・コークの内部告発訴訟も、オクラホマ州タルサで公判に付されていた。ビル・コークのために働いていたエルロイなどの調査員は、被告側に壊滅的な打撃をあたえられるような証人をそろえていた。コーク・インダストリーズの元従業員が、つぎつぎと宣誓して、会社のために原油を盗んでいたことを明かした。「やれといわれたとおりにやらないと、仕事がなくなる」元従業員の1人、L・B・ペリーは、陪審に述べた。コーク・インダストリーズもそれに対抗して証人を差し出した。会社側の証人は、業務は常識的で合法だったと弁護し、非難するものは嘘つきや不満を抱いている従業員だと主張した。しかし、コーク・インダストリーズに27年勤務し、1994年に解雇されたルイジアナ人、フィル・デュボーズが証人席につくと、公判に大きな転機が訪れた。

デュボーズは、サプライヤーから原油を買うときに計量する下っ端の従業員〝量り屋〟からはじめて、東海岸地帯で石油を南北に輸送するのを監督する上級管理職になった。パイプライン6500キロメートル、トラック186台、艀のすべてを管理していたデュボーズは、証人席につき、他の従業員が「コーク・メソッド」と呼ぶ手口について証言した。「インディアン・リザヴェーションから出る石油を、アメリカの他の土地でやっているのとおなじように、計量をごまかしているだけです。原油を買うときには、目盛が少なめになるようにするんです。やり方は会社が教えてくれます。計量は現場で行なわれます。目盛をあらかじめ調整しておき、買うときに、4分の3バレルしかないという。ほかにもいろいろやり方があります。要するにごまかしです。1500バレルを積んだ艀1隻を売るときに、2000バレルあるという。すべて重量や寸法がからんでいるので、計量する器具にインチキを仕込めばいいわけです。それがコーク・メソッドです」

ビル・コークの調査員たちは、コーク・インダストリーズの元従業員のリストを順繰りにあたって、たまたまデュボーズを見つけ出したという。調査員が訪れる直前に、デュボーズは家族の不幸に見舞われ、宗教心が篤くなっていた。コーク・インダストリーズについて質問されると、精いっぱい話をすると、デュボーズはいった。ルイジアナののんびりしたなまりで、デュボーズが話をはじめたとき、噴出油井を掘り当てた——貴重な証人を見つけた——と、調査員は悟った。

デュボーズは説明した。「コーク兄弟は、ルールを護ってプレイしたことは一度もありません。彼らには自分の競技場があります。何者にも従おうとしません。相手が環境保護庁（EPA）だろうとなんだろうと。彼らはたえず汚染を垂れ流しています。罰金をとられても平気です。違法行為をやれば、罰金より大きな儲けがでるからです。現場でパイプラインが破裂しても、私たちは報告しません。報告したらクビになるからです。石油が流出したときには、流出した量をごまかします。コストを減らすためにそうしろと、私たちは命じられました。コーク兄弟は、私たちが嘘をつき、隠すのが当然だと考えています」

イカサマ師の証明

コスト削減の圧力はきわめて厳しく、トップから会社の末端にまで浸透していると、デュボーズは告げた。「1カ月か2カ月、基準を満たせなかったら、仕事を探すはめになります」デュボーズは、説明もなしにクビになったために、怒りをたぎらせていたのかもしれないが、忘れられない印象をあたえた。「彼らはあの金を不正なやり方で手に入れたんです」とデュボーズは断言した。「ペテンを使い、現場の男女従業員からむしり取って、儲けたんです。彼らのようなやり方をすれば、ビル・ゲイツのような天才でなくても、金儲けができます」デュボーズは結論を述べた。「彼らは国中でルールを破ることで儲けた。それだけの話です」

公判が結審する前に、チャールズの妻、デイヴィッドとその妻が見守るなかで、チャールズ・コークがみずから証人席についた。政府から騙し取っていたという容疑をチャールズは否定し、会社がごまかしていると石油生産者が考えているのであれば、競合他社に売ればいいと主張した。

陪審は明らかにチャールズの言葉に納得していなかった。1999年12月23日、コーク・インダストリーズは政府に2万4587件の虚偽請求を行なったとして有罪になった。2億ドル以上の罰金を科せられる可能性があった。さらに屈辱的なのは、それに加えて、罰金の4分の1を、ビル・コークに支払わなければならないことだった。ビルは勝ち誇って報道陣に宣言した。「これで彼らが石油産業でもっともひどいイカサマ師だということが証明された」

「彼らははじめて敗北した」当時をふりかえって、デュボーズはいう。「私たちが勝ったのは、私たちが使った武器よりも大きな武器が、向こうになかったからだ」具体的にはなにかときくと、デュボーズは答えた。「真実だよ」

最終的に、コーク・インダストリーズはビルの内部告発訴訟に対して、２５００万ドルの和解金を支払った。大部分が連邦政府に納められたが、ビルに７００万ドルが支払われ、法廷費用も会社の負担になった。戦っていた兄弟は２００１年半ばに休戦に同意し、やがて一族のあいだで、「グローバル和解」と呼ばれるものが結ばれた。チャールズ、デイヴィッド、ビルが、今後は訴訟を起こさないという契約書に調印した。互いの名誉を汚すことを禁じる拘束力のある条項が含まれ、違反した場合には、段階的に増える巨額の違約金を支払う義務が生じる。あるとき、ビルが他の兄弟のことをあけすけにしゃべったので、コーク・インダストリーズの法務部長が、違約金を払う危険を冒していると注意した。契約で、不安定な平和がもたらされた。しかし、会社のイメージと一族の評判は、すでに大きく傷ついていた。

発癌性物質の指定に反対する

コーク・インダストリーズの広報部長メリッサ・コールミアは、コーク兄弟が法廷闘争で深刻な損失を引き起こしたことは、教訓となる実体験であり、その結果、会社は企業コンプライアンスを護る努力を強化すると発表した。１９９０年代以降、コーク・インダストリーズの環境問題での記録は多少改善されたが、２０１０年の時点でも、マサチューセッツ大学アマースト校の政治経済研究所によって、アメリカの10大大気汚染企業の１つに数えられている。２０１２年のＥＰＡのデータベースは、コーク・インダストリーズがアメリカでもっとも大量の有害廃棄物を排出していることを物語っている。製造過程で生じる有害・発癌性化学物質650種類の取り扱いについて、法律により責任を負っている企業は8000社あるが、コーク・インダストリーズは排出量40万8000トン以上で首位だった。

チャールズ・コークは、2007年に上梓した『成功の科学』で、最初のころに見込み違いがあったことを認めている。「規制の急激な増加に、準備ができていないまま不意打ちされた」チャールズはこう弁解している。「企業への規制は増えるいっぽうだったが、私たちは純粋な市場経済のなかで暮らしているように考え、そうふるまっていた」

コーク・インダストリーズの経営ではなく、それを取り巻く法的枠組みのほうが問題だというのが、チャールズの見方だった。お気に入りの「純粋な市場経済」にはそういう規制は存在しないとでも主張しているようだ。状況を検討したコーク兄弟は、自分たちがフリーダム・スクールで理想とした自由放任のユートピアから、アメリカがかなり遠ざかっていることに気づいた。自分たちの会社が数億ドルの罰金を科せられ、上院にイカサマ師のレッテルを貼られ、連邦の刑事告発をかろうじて免れたとき、コーク兄弟は陣容をあらためることにした。問題の原因となるパイプラインの多くを売却し、合計6500キロメートルにまで減らし、金融セクターに軸足を移して、規制と監督がゆるい分野で商品やデリバティブを売買した。急速に多角化し、デュポンの合成繊維部門インビスタを2004年に41億ドルで買収した。インビスタはライクラの世界最大のメーカーで、カーペットのステインマスターズのような有名ブランドをいくつも抱えている。1年後の2005年には、製材大手のジョージア‐パシフィックを21億ドルで買収し、合板、薄板、ディキシーの紙コップ、ブラウニーのペーパータオル、キルテッドノーザンのトイレットペーパーのようなどこにでもある紙製品で、世界最大のメーカーになった。発癌性物質に指定されないように、コーク・インダストリーズがひそかに戦っているホルムアルデヒド製造でも、大手メーカーになった。そのいっぽうで、デイヴィッド・コークは、公には癌研究をフィランソロピーで支援していた。

コーク・インダストリーズの企業利益とデイヴィッド・コークのフィランソロピー活動の不一致は、2009年にはっきりと表面化した。デイヴィッド・コークが国立癌研究所（NCI）の諮問委員会の一員だったときに、その上部組織の国立衛生研究所（NIH）が、ホルムアルデヒドを「既知の発癌性物質」に指定すべきだと結論を下した。いっぽう、ジョージア‐パシフィックの経営幹部は、政府のこの研究結果に抗議していた。同社のテイラー・チャンピオン環境問題担当副社長は、連邦政府の保険部門に正式書簡を送り、ホルムアルデヒドを「既知の発癌性物質」に指定するというNIHの結論に「強く反対する」と述べた。ホルムアルデヒドの発癌性が検証されるあいだ、デイヴィッド・コークは、諮問委員会から身を退くこともせず、ジョージア‐パシフィックの株を売却することもしなかった。

発言は高潔、行動は私利私欲

疑問が投げかけられると、前立腺癌で何度も先進治療を受けたデイヴィッドは、自分の高潔さに疑いをかけられたことに憤慨した。だが、NIHの1部門、環境衛生科学研究所（NIEHS）副所長のジェイムズ・ハフは、デイヴィッドが諮問委員会に居座っているのは「きわめて不愉快」だと述べている。「公衛生機関として健全とはいえない。既存の利害関係者が委員会にいる。この委員会はきわめて重要だ。ＮＣＩがホルムアルデヒドを指定するかどうかに影響をあたえる。ホルムアルデヒドには、何十億もの金がからんでいる」元ＮＣＩ所長で、デイヴィッドが科学研究に寄付しているのを知っているハロルド・ヴァーマスは、ビジネスで利害関係があるフィランソロピストは多いと断りつつ、ジョージア－パシフィックのホルムアルデヒドに対する姿勢を知って「愕然とした」と述べている。

コーク兄弟の企業利益は、その他の問題でも、フィランソロピーの姿勢と食い違っている。たとえば、政府の「クローニー資本主義」（訳注　政治権力者が血縁者や親しい知人に意図的に経済上の利権を配分し、その勢いで経済発展を促進する政策）に彼らは抗議しているが、コーク・インダストリーズはさまざまな形で連邦政府の補助金を受け取っている。たとえば、50万エーカーの牧場の40パーセントは連邦政府の土地で、飼料費を節約できるし、２００２年にはブッシュ政権との取引で、市場が供給中断に陥ったときの備えである戦略石油備蓄用に原油８００万バレルを売却した。「戦略石油備蓄は、自由市場にきわめて反している手段だ」コーク・インダストリーズの元幹部はいう。「エネルギーは自由市場で動いてはいない」

コーク・インダストリーズの所業は、その他の面でも、経営者たちの高潔な発言とは、まったくかけ離れている。『ブルームバーグ・マーケッツ』の調査報道によれば、コーク・インダストリーズは「アフリカ、インド、中東で事業を獲得するために不適切な支払いに関わり」、「アメリカが世界的なテロリズムを支援している国に指定しているイランに、石油化学製品製造機器を数百万ドル売却した」。コーク・インダストリーズのイランとの取引は、1995年にクリントン大統領が無法者国家に対して行なった禁輸措置を愚弄するものだと、記事は述べている。貿易が禁止されていたときに、イランが世界最大のメタノール工場を建設するのを支援したことを、コーク・インダストリーズは認めているが、取引は海外支援に基づく、完全に合法的なやり方で組み立てられていたと強弁している。この問題のある行為を暴露した従業員を、会社はその後解雇した。

しかし、チャールズとデイヴィッドは、会社の利益の90パーセントを事業に注ぎ込んでいても――株を公開して四半期ごとに株主に配当を支払わなければならなかったら、とうてい不可能な戦略だと、しばしば指摘されている――年収は驚異的に増加していた。1960年の資産でも7000万ドルという莫大な額だったが、2006年には900億ドルという驚くべき数字に達していた。「めざましいという言葉ではいい足りない」ウォール街の投資銀行エヴァーコアのロジャー・アルトマンはいう。「とてつもない成功を収めている。それもあらゆる分野で」

第5章

コクトパス：自由市場マシーン

The Kochtopus: Free-Market Machine

政治を3段階で乗っ取る

法廷と議会で屈辱的な敗北を喫したあと、コーク兄弟はビジネスばかりではなく政治への取り組みでも、陣容をあらためはじめた。権力を追い求めるにあたって、これまでにない手法で、より戦略的に資金を集中するようにした。コーク兄弟の政治の変容にもっとも貢献したのは、リチャード・フィンクという人物だった。フィンクは、コーク兄弟の支払う報酬で豪勢な暮らしをしていたので、内輪で陰口を叩くものに、〝海賊〟という綽名をつけられていた。

フィンクは、27歳の大学院生だった1970年代末に、飛行機でウィチタに来て、チャールズに金をせびったことで知られている。格子縞のシャツに派手なブルーのネクタイを締め、おろしたてのポリエステルの黒いスーツには、白いパイピングがほどこされていた。「田舎者丸出しだった」とのちに認めている。ニュージャージー州メイプルウッドで、『ザ・ソプラノズ　哀愁のマフィア』がホームビデオに思えるような家族のもとで育ったフィンクは、オーストリア派の自由市場理論の熱心な信奉者になった。フィンクは、ニュージャージーのラトガーズ大学のプログラムにチャールズが寄付してくれることを願っていた。その大学で非常勤講師をつとめながら、フィンクはニューヨーク大学で修士号を得ようとしていた。その当時の大学では、オーストリア経済学は、ウィンナ・ワルツとおなじくらい珍しかった。だが、フィンクが売り込んだとたんに、チャールズはプログラムに15万ドルを寄付した。その後、ディスコにでも着ていくようなピカピカのスーツを着た、長髪で顎鬚を生やした大学院生に、どうしてそんな大金をあたえたのかと、フィンクがきくと、チャールズはうまい台詞を吐いたという。「ポリエステルは好きなんだ。石油製品だからな」

1980年代末には、フィンクはケイトー研究所のエド・クレーンに取って代わり、チャールズ・コークの政治面での右腕になった。クレーンはリバタリアンの思想に興味がなく、「政治家を相手にしなければならないときには、触れたくない化物」だと見なしていた。フィンクは逆で、権力の成り立ちに魅了されていた。コーク兄弟の政治問題を半年間、研究したあとで、フィンクはハイエクの生産モデルにヒントを得たかに見える、実際的な設計図を描き、チャールズを感心させた。フィンクの計画は、1976年にチャールズがその問題について書いた文書を補完していた。「社会構造の変化」と題され、政治の変化を製品とおなじように製造業の観点から考察していた。フィンクはその後、談話でも詳しく説明し、アメリカの政治を3つの段階で乗っ取ると述べている。第1段階で必要なのは、知識人への「投資」だった。知識人の思想は、「原料」の役目を果たす。第2段階では、思想を市場で通用する政治に変えるシンクタンクに投資する。そして第3段階では、「特別利益団体」とともに選挙で選ばれた公職者に圧力をかけ、政策を実施させる「市民」集団に、助成金を提供することが求められる。要するに、それがリバタリアンの生産ラインになる。買って、組み立て、スイッチを入れるだけでいい。

ハイエクに傾倒していて、エンジニアらしい系統だった考え方でビジネスと政治に取り組んでいたチャールズ・コークの手法に、フィンクの計画はぴたりと噛み合わさった。民主主義のプロセスを工場になぞらえることに、違和感をおぼえる向きもあるだろうが、チャールズはすぐにそのやり方を自分のものとして採用した。リバタリアンの著作者ブライアン・ドハティにチャールズは、「社会の変化をもたらすには、垂直と水平に統合された戦略が必要だ」と語っている。それは「政治行動を起こすよう圧力をかける草の根組織への教育を進める政策を創出する発想」から生み出される。リバタリアンの代弁者たちはまもなく、世間には内緒にしたい、多方面で武装したコークの組み立てラインを、コクトパスと呼ぶようになり、それが定着した。

共和党の有力な献金者になる

フィンクの手助けによって、コーク・メソッドは、イデオロギー色が強く素人っぽかった旧リバタリアン党時代の手法とは違い、かなり実用的になった。ビジネスへの重大な脅威に直面して、他の企業をしのぐほどではないにせよ、おなじようにワシントンDCでの政治駆け引きに積極的に取り組みはじめた。一例をあげるなら、インディアンの原油を盗んだ件で上院の調査を受け、広報の面で大きな痛手を受けたあと、コーク・インダストリーズはイデオロギーの埒を越えて、中央政界の有数のロビイスト、元民主党全国会議議長ロバート・ストラウスを雇った。また、ワシントンDCに事務所をひらき、強力な院内ロビー活動を開始した。会社は「訴訟手続《プロセス》によってひどく虐待され」ているし、「企業防御」能力を欠いているので、ワシントンDCに常駐する必要があると、フィンクは説明した。

コーク兄弟はそれまで通常の政治を馬鹿にしていたが、共和党の大手献金者になった。「例の調査が、彼らが共和党に接近するきっかけになった」と、上院調査委員会の元顧問ケネス・ボーレンは指摘する。その前は、「チャールズが極端な右翼だったために、はるか彼方に遠ざかっていた。レーガンを裏切り者だと思っていたくらいだ。しかし、ビジネスに不安を抱いた。そこで重要なのは権力だ」ドハティも、コーク兄弟が共和党と組んだことを、おなじように見ている。ドハティは、コーク兄弟がリバタリアンの思想への最大の献金者であることのほうを高く評価しつつ、「他の企業とおなじ理由から、共和党の政治家にじかに献金するようになった」と指摘している。「リバタリアンの世界ではおおぜいが困惑し、裏切り者だと考えている」と、ドハティはいい切っている。

ホワイトハウスは地下鉄のようなもの

コーク兄弟の投資は、たちまち2人の政界での立場を変えた。1996年には、共和党の重要な大物活動家になっていた。デイヴィッド・コークは、1980年代初頭には、コーク・インダストリーズの本拠地カンザス州選出のボブ・ドール上院議員を「倫理的な信念のない、ありきたりのエスタブリッシュメントの政治家」だとけなしていたが、1996年にビル・クリントンに対抗してドールが大統領選挙に出馬したときには、選挙対策委員会の副委員長に就任した。コーク一族はもはやアウトサイダーではなく、ドールの献金者の3番手になっていた。それだけではなく、デイヴィッドはドールの誕生日パーティを主催し、政治資金15万ドルをそこで集めた。

ドールのほうもコーク兄弟を支援したようだ。コーク・インダストリーズのような企業が規制に違反したときに罰金の支払いが免除されるように仕組まれた、企業側に有利な法案をドールが提案したという批判がある。しかし、不意にハンバーガーのサルモネラ菌中毒が蔓延し、議会が罰則を緩めるのに二の足を踏んだため、提案された法案の恩典は見送られた。とはいえ、それが成立していたら、コーク・インダストリーズに科されていた罰金数千万ドルが帳消しになっていたはずだった。『ワシントン・ポスト』によれば、コーク・インダストリーズはべつの問題でもドールに助けられたという。不動産減価償却期間の新ルールから免除されることで、会社は数百万ドルを節約した。数十年後、政界から引退したドールが打ち明けた。「人が大金をあたえるときには——言葉にはしないかもしれないが——見返りを期待している」

コーク兄弟は、ビジネスとおなじように政治でもなりふりかまわず不正な手段を使ったため、ほどなく問題が起きた。1997年、またしても上院の調査の対象になった。その年、クリントン夫妻は、高額献金者にリンカーンの寝室を貸したとか、身元が不審な民主党の献金者から寄付を受けたというような、選挙運動資金スキャンダルで、連日見出しになっていた。その不審人物ジョニー・

チャンは、その後、資金の一部を中国の情報機関から受け取っていたことを認め、有罪の答弁をした。こんな捨て台詞を吐いたことで、チャンは悪名高い。「私はホワイトハウスを地下鉄のようなものだと見なしていた。コインを入れればゲートがあく」報復として、上院で少数党だった民主党は、地道な調査に乗り出し、ウィチタのほとんど無名の兄弟2人に、捜査の手がのびた。

民主党攻撃に300万ドル

民主党が公表した痛烈な報告書は、1996年の選挙の終盤に非公開の大手献金者が、選挙を不法に買収した「大胆不敵な」陰謀を暴いていた。それを行なったのは、トライアド・マネジメント・サーヴィスという怪しげなダミー会社で、29の選挙区で、民主党候補者に対する激しい攻撃広告に300万ドル以上を費やしていた。広告費の半分以上が、実態のわからないエコノミック・エデュケーション・トラストというNPOから出ていて、しかもその資金源は謎だった。上院委員会の捜査官は、「〝トラスト〟の資金のすべてもしくは一部が、カンザス州ウィチタのチャールズとデイヴィッド・コークから出ている」と確信した。上院の報告書によれば、トラストは献金者の身元を隠すための偽装で、選挙資金法に違反する。

選挙資金提供への規制に反対しつづけてきたコーク兄弟は、攻撃広告にひそかに資金を提供した疑いが持たれていた。選挙区はほとんどが、コーク・インダストリーズが事業を行なっている場所だった。トライアド・マネジメントがことに活発に活動していたカンザスは、トラストが接戦区4カ所の結果に影響をあたえた疑いが持たれていた。上院議員に立候補していた保守派共和党員サム・

ブラウンバックの票が急に伸びた。対立候補のジル・ドッキングがユダヤ人だと告げる電話攻勢によるものだった。カンザスでの不審な当選結果は全米に波及した。クリントン大統領が再選されたにもかかわらず、共和党は下院で多数党になった。

資金を寄付したのかとレポーターに質問されると、コーク兄弟はコメントすることを拒んだ。チャールズ・コークは、上院の捜査官の問い合わせにも応じなかった。しかし、1998年に『ウォールストリート・ジャーナル』がついに結びつきを確認し、コーク兄弟が雇っている法務部長が策謀に関係していたと指摘した。共和党は、労働組合の選挙資金支出とバランスをとろうとしただけだと反論したが、1998年の企業献金は、労働組合の献金の12倍だった。最終的に連邦選挙委員会が、トライアドの策謀は違法だと裁定し、社長で創業者のキャロライン・メールニクに罰金刑を科した。しかし、そのほかの首謀者が突き止められることはなかった。

NPOで偽装した影響力

超党派のNPOセンター・フォー・パブリック・インテグリティの創立者で、アメリカン大学調査報道作業部会代表のチャールズ・ルイスは、1996年のトライアド・スキャンダルはアメリカの政治にとって「歴史的瞬間」だったと述べている。もちろん、その前にも大がかりな選挙運動スキャンダルはあった。しかし、トライアドは新しいモデルだった。大手企業が非課税のNPOを偽装に使うのは、それがはじめてだった。ルイスの言葉を借りれば「恐ろしいやり方で選挙にひそかに影響をあたえるための〝安全器《カットアウト》〟(訳注　秘密活動の要員や組織のあいだの接触を秘匿するための第三者)」だった。

コーク兄弟は「安全器を使って、だれかの頭に100万ドルを投げつけられる」ことを示した、とルイスはいう。ワシントンDCの政治腐敗を何年も報じてきたルイスは、「コーク・インダストリーズは狂気にはしった企業の典型だ」と結論を下した。

コーク家は、ルールを意図的に破っただけではなく、アメリカの政治において財政面でずば抜けた役割を果たすようになった。フィンクの計画に従い、あらゆる種類の政治支出──運動、ロビー活動、フィランソロピー──を、ドナーに将来、巨額の配当がもたらされることを狙った1つの投資に集中した。ルイスの調査報道作業部会は、2013年に丸1年かけてコーク兄弟の財務記録を精査し、彼らの活動は「前代未聞の規模、範囲、資金」で、コーク・インダストリーズの「財務と政治の権益をじかに強化し合っている」と結論づけた。

1992年、デイヴィッド・コークは、兄弟の多岐にわたる政治戦略を、運用資産の構成を多角化したベンチャー・キャピタリストになぞらえた。「政府の役割を最小にし、民間経済の役割と個人の自由を最大にするというのが、私の全体的な構想だ」デイヴィッドは、『ナショナル・ジャーナル』に語った。「これらのさまざまな組織［NPO］を支援することで、こうした目的を達成するのにさまざまな手法を後押しできる。投資家があらゆる種類の会社に投資するようなものだ。それで多様性とバランスが達成できる。それに、賭けのヘッジにもなる」

この手法からできあがった複雑なフローチャートで、コーク兄弟は自分たちの富を使い、数えきれないほどの多方面から一度に公共政策に影響を及ぼすことができる。そして、資金源はすべておなじ──コーク兄弟だった。最終的に、寄付はすべて、政府の役割を制限する企業寄りの目標を達成するのに役立つ。しかも、コーク兄弟は、同時に3方向から資金を集中させた。まず、党の委員会やドールのような候補者に政治献金をした。つぎに、会社が政治活動委員会を通じて寄付をし、ロビー活動で影響力を駆使した。さらに、無数のNPOに、自分たちの私的財団から控除対象の寄付をたっぷりと注ぎ込んだ。他の裕福な活動家も政治献金を行ない、他の企業もロビー活動にいそしんでいた。しかし、コーク兄弟の戦略と、おおむね秘密にされているフィランソロピー支出は、彼らの権力強化を加速させるのに大きく貢献した。

ウィチタ詣でをする先鋭的活動家

1990年には、先鋭的な保守派とリバタリアン活動家が、ウィチタ詣でをして、かつてのフィンクとおなじように、支援を取り付けようとしてチャールズ・コークに売り込んだ。典型的な実例は、1991年に訪れた2人だった。レーガン政権時代にクラレンス・トーマスのアシスタントをつとめた弁護士クリント・ボリックと、ウィリアム・〝チップ〟・メラー3世は、「経済の自由」を唱えて政府の規制に反対する訴訟を行なう、右派の新型公益法律事務所の開業資金を求めてやってきた。メラーは当時、「大きなことができる金をくれる人間は、ほかにはいない」と思ったことを憶えている。メラーによれば、下のほうの補佐官に最初は提案を断られたが、チャールズ・コーク本人がその場で1500万ドルを出すことを決めたという。ただし紐付きで、メラーは管理された。メラーの記憶では、「チャールズがいった。〝私はこういうことをやる。3年間、最大50万ドル渡すが、自分が設定した目標に達したことを証明するために、毎年ここへ来い。1年単位で評価するし、なんの保証もしない〟」2人の法律集団、インスティテュート・フォー・ジャスティスは、選挙資金法などの政府の規制に対して訴訟を起こし、何度も勝訴し、いくつかは最高裁まで達した。

先見の明があるニュース記事が、1992年に指摘している。「近年、ウィチタからの金が、自由市場経済や政府の規制を最小限にするというリバタリアンの信条に専念する、ワシントンDCのシンクタンクと公益集団の大部分の金庫に大量に流れ込んでいる」1990年だけでも、チャールズとデイヴィッド・コークが支配している主な私立財団3つが、政治的動機を隠して超党派を装っているそういった団体に、400万ドルを分配していると、その記事は指摘している。

極右の自由放任経済の世界の外では、ほとんど着目されていなかった、コーク兄弟の多元的な政治支出は増大しつづけていた。1998年から2008年にかけて、チャールズ・コークの私立財団、チャールズ・G・コーク慈善財団は、税控除の対象となる補助金4800万ドル以上を、もっぱらチャールズの政治見解を推進する団体に寄付していた。チャールズと妻リズ、社員2人、会計士1人が管理するクロード・R・ラム慈善財団も税控除の補助金2800万ドル以上を寄付している。デイヴィッド・コークの財団、デイヴィッド・H・コーク慈善財団は、税控除の補助金1億2000万ドル以上を――政治関連ではなく、文化や科学関連のプロジェクトに――寄付している。いっぽう、この期間、コーク・インダストリーズはロビー活動に5000万ドル以上を費やしている。それとはべつに、同社の政治活動委員会「コークPAC」は、政治運動に800万ドルを寄付し、その80パーセントが共和党向けだった。さらに、コーク兄弟と一族のものが、個人の運動に数百万ドルを費やしている。

いかさまのフィランソロピー

公式記録は完全ではないので、この広大な政治活動にどれほどの金額が注ぎ込まれているかを正確に知っているのは、コーク兄弟だけだ。大部分を迷路のように入り組んでいるNPO網を通じてばらまくことで、コーク兄弟は自分たちの政治〝投資〟を大衆が探知することを、不可能とはいわないまでも、かなり難しくしている。2008年だけでも、コーク兄弟の主な一族の財団3つが、政治・政策団体34に寄付していたことが、公式の納税記録で判明している。そのうちの3団体はコーク兄弟が設立し、いくつかの団体はコーク兄弟の指示を受けている。

法的な埒がないわけではない。内国歳入庁（IRS）が501（c）（3）（訳注　内国歳入庁法第501条C3項）によって規定する、免税慈善団体（訳注　正確にはパブリック・チャリティーと呼ばれる公益的な［charitable］非営利団体。私的財団もおなじ条項の対象。C4項以降は非公益的な非営利団体）は、ロビー活動や選挙政治に関わってはならず、ドナーの利害ではなく公共の利益に尽くさなければならない。しかし、その法律が執行されることは稀だし、流動的に解釈されている。

コーク兄弟のフィランソロピーの手法は免税慈善事業の目的を大きく損ねていると、批判勢力が苦情をいいはじめた。監視機関レスポンシヴ・フィランソロピー全国評議会（NCRP）の2004年の報告書は、コーク兄弟のフィランソロピーが自己の利益を追求していることを暴き、「これらの財団は、コーク・インダストリーズの利益率に影響をあたえるような問題を研究し、諮問しているNPOに資金を提供している」と告発した。

しかし、環境規制と戦い、企業と富裕層への減税を支持している団体へ何百万ドルも寄付することは、公共精神に則っているると、コーク兄弟は弁解する。長年の仲間がこれについて質問すると、家族の友人だったガス・ディゼレガは、コーク兄弟が若いころに打ち込んだリバタリアニズムが、企業の自己利益追求を正当化する大きな原因になったのだろうという。「ひょっとして、金儲けと自由を混同しているのかもしれない」と、ディゼレガはチャールズについて批判した。コーク兄弟と緊密に活動してきたある人物は、関係を悪化させないために匿名を希望して、彼らの税金逃れは〝いかさま賭博〟だと断言している。コーク兄弟は、フィランソロピーを税金を払わずにすむ手段だと見なしているというのだ。あきれたことに、「〝やあ――なんて気前がいいんだ！〟と、だれもがいう。だが、使える手段のなかで、いちばん都合がいいというだけのことだ。運動にお金を出さなかったら、政府に持っていかれる。このやり方なら、支出を自分たちでコントロールできる」コーク兄弟は企業活動と慈善活動を組み合わせて、「あるかなきかの細い境界線を引いた。じっさいは一種のロビー活動だ」と指摘する。しかし、「驚くべきマシーンを彼らは造り上げた」というのが彼の結論だった。

「不正」で「横暴」で「不法」だ

コーク兄弟は当初から、自分たちのフィランソロピー活動を、みずからの手で異様なまでに厳しく支配した。「大金を出すのであれば、われわれの意図どおりに使われるようにしなければならない」デイヴィッド・コークは認め、ドハティにこう述べている。「だから、間違った方向に進んで、われわれが同意しないようなことをやりはじめたら、資金を引き揚げる」

チャールズ・コークが、こういう脅しを実行した実例が、早くも1981年にあった。ケイトー研究所の最初の株主5人のうちの1人を、チャールズは解雇した。チャールズはかつて、ロバート・ウェルチが持ち株をちらつかせて、ジョン・バーチ協会をカルト的なものに変えたと非難したが、皮肉なことに、自分もおなじやり方をして、理事を選ぶことで、株主のいるNPOのケイトーを変えた。こういう仕組みは、NPOの世界では珍しい。しかし、ジョン・バーチ協会を観察した経験のあるチャールズは、支配を維持するために、理事会を特殊な手段として使えることを知っていた。

チャールズが解雇したケイトー研究所の理事は、リバタリアンの世界では大物のマレー・ロスバードだった。ロスバードはアッパー・イーストサイドのユダヤ系知識人で、関係が良好だったときには、チャールズが研究資金を提供していた。ロスバードは、チャールズの突然の反乱を、「不正」で「横暴」で「不法」だとなじった。ロスバードはさらに、「わたしがうかつにも、〝安全に保管してもらう〟ためにコークのウィチタの本社に預けてあった株券を、チャールズが没収した」と主張している。「われわれの合意だけではなく、リバタリアン主義のあらゆる信条に反する行為だ」。

オーストリア経済学派の純粋主義者だったロスバードが解雇されたのは、1980年の選挙でデイヴィッド・コークが幅広い票を得るために、不人気なリバタリアンの姿勢を弱めたと非難したからだ、という観測もある。たとえば、そのときの綱領では、所得税の全廃という主張は取り下げられた。軍の全廃ではなく縮小が目標とされた。リバタリアン・コミュニティの牙城では、この問題のある方針への警戒が高まり、ロスバードに与するものは、チャールズを主義よりも権力に関心がある、非情で強欲な人間だと見なした。

世襲財産をめぐるコーク兄弟4人の数多い争いの1つで、ロスバードが証言したときも、チャールズの支配欲に焦点が絞られていた。ロスバードの先見性のある証言をまとめた内部文書によれば、チャールズは「反対意見を許さない」とロスバードが述べたという。さらに、「自分が関係しているNPOを支配し、支配しつづけるためには、手段を選ばない」。チャールズはケイトー研究所のオフィスの装飾から、文房具のデザインに至るまで、あらゆることを指示したと、ロスバードは非難している。また、チャールズは自分が関係しているNPOを「完全に支配する」ことを望み、「他人の金を使うことができる」ように仕組んだ。その後、コーク・セミナーについて、他人の金を集めて自分がそれを支配し、政治買収資金にする手段だと、同様の批判がなされている。ロスバードはさらに、チャールズが「政府の実力者に近づき、尊敬されるために」NPOを利用していると、非難している。

税は「盗み」、福祉は「不道徳」

1980年代半ば、フィンクの計画の第一段階に従って、コーク兄弟はみずから学問の海岸堡を築きはじめた。ことに力を注いだのは、ジョージ・メイソン大学だった。ワシントンDCの郊外にあり、ヴァージニア州の由緒正しい大学のなかでは、ほとんど無名に近い。1977年に『ワシントン・ポスト』は、同校が「名もなき荒野」で努力していると表現した。1981年、フィンクはオーストリア経済学のプログラムをラトガー大学からジョージ・メイソン大学に移し、ほどなくマルカタス・センターと名付けた。このシンクタンクは、コーク兄弟を中心とする外部の寄付で成り立っていたが、州立大学のキャンパスにあることから、「市場原理重視の世界でも一流の大学研究所で、学問の思考と実世界の問題の架け橋になっている」と、誤解を招くような売り込みがなされている。

財務記録によれば、コーク家の各財団が、ジョージ・メイソン大学に3000万ドルを寄付し、その大部分がマルカタス・センターに割り振られたという。『ワシントン・ポスト』はマルカタス・センターについて、「忠実な反規制勢力で、コーク・インダストリーズが資金の大部分を提供している」と説明している。このため、マルカタス・センターは独立した研究所なのか、それともコーク兄弟のロビー活動の延長なのかという疑問が沸き起こった。ジョージ・メイソン大学で歴史学を教え、ビル・コークに雇われてチャールズの政治活動について秘密調査を進めていたクレイトン・コピンは、マルカタスは「利害関係のない学術プログラムに偽装したロビー団体」だといい切っている。この仕組みには、コーク兄弟にとって財政面での利益がある。なぜなら、チャールズは「自分の企業の利益のためにロビー活動をするのが本当の目的の団体を資金援助することで、税控除を受けられる」からだ。

チャールズ・コークが代表をつとめ、コーク家がほとんどの資金を提供している人文学研究所（IHS）が、マルカタス・センターとビルを共用している。IHSを設立したのは、F・A・〝ボールディ〟・ハーパーという、自由市場原理主義者だった。フリーダム・スクールの理事だったときに、ハーパーは『The Freeman』と題する論文を書き、税は「盗み」、福祉は「不道徳」、労働組合は「奴隷制」だと論じて、人種隔離を是正することを求める裁判所命令に反対した。チャールズ・コークは、ハーパーを熱烈に褒め称えた。「自由を説く教師のなかで、ボールディほど好かれている人間はいない。なぜなら、教師たちを薫陶したのは彼であり、しかも謙虚にやさしく指導したからだ」

次世代のリバタリアン研究者の飼育チームを醸成して資金援助するのが、IHSの目的である。思想の戦争の進捗が遅すぎるのを不安視したチャールズが、学生の政治的見解を推し量る基準を改善しろと命じたといわれている。応募者の小論文をコンピュータで分析し、自由市場の象徴であるアイン・ランドとミルトン・フリードマンの名前が何度書かれているかを調べなければならなくなったため、教職員の一部は暗澹とした。学生は毎週のはじめと終わりに、思想面で進歩があったかどうかを確認するためのテストを受ける。研究所には、チャールズ・G・コーク夏季インターンシップ・プログラムの事務局も置かれていた。有給のフェローシップで、コークの考えに同調する学生がリバタリアンのネットワークに参加できるように、おなじ思想のNPOに所属させるのが目的だった。

規制撤廃政策の爆心地

いっぽう、ジョージ・メイソン大学経済学部は、アメリカの税法を変えようとする問題のある理論の温床になり、富裕層に大きな利益があったレーガン政権のサプライサイド減税政策を育む役割を果たした。同大学のポール・クレイグ准教授が、レーガン時代の最初のサプライサイド減税を先導する法案を作成し、元の上司ジャック・ケンプ下院議員がそれを議会に提出した。この減税で政府の財政は苦しくなったが、ジョージ・メイソン大学は自分たちの果たした役割をわざと小さく見せた。「公共選択論」の提唱者だった花形教授のジェイムズ・ブキャナンは、しばしば自分の手法は「ロマンスのない政治」だと述べていた。選挙で選ばれた高官や公務員は、自己権力を拡大しようとする貪欲な私的利益団体の1つだと、ブキャナンは分類していた。反政府リバタリアンに人気のある見方だった。1986年、ブキャナンはノーベル経済学賞を受賞した。リベラルのエコノミストたちは、愕然とした。たとえば、ロバート・リーキャッシュマンは、ブキャナンは「人間のふるまいはすべて単純な私欲だと貶めた」と痛罵した。とはいえ、ノーベル賞受賞は明白な業績であり、ジョージ・メイソン大学とリバタリアニズムは有名になった。

ケイトー研究所のフェローだったジュリアン・サンチェスは、すかさず、ジョージ・メイソン大学は「リバタリアンの聖地」だともてはやし、「アメリカの高等教育機関のなかで、もっともリバタリアンの教職員が多いかもしれない」と述べた。しかし、リベラルは、コーク兄弟が同校に君臨しているのを、疑いの目で見ていた。「ワシントンDCの規制撤廃政策の爆心地」だと、右派の金の使い方を研究していた民主党政治戦略家のロブ・スタインは述べている。コーク兄弟が異様なまでに大きな役割を果たしていることについては、「ジョージ・メイソン大学は公立校で、公金を受け取っている。ヴァージニア州は、コーク兄弟が実効支配している教育機関を丸抱えしている」と批判した。

チャールズの経営哲学

リック・フィンクがさまざまな重職を担っていることが、批判勢力の懸念をなおのこと強めた。フィンクは、チャールズ・コークにとって重要な存在になるにつれて、マルカタス・センターでの公式な職務から離れ、手下に采配を任せて、コーク・インダストリーズでロビー活動の責任者になったが、大学の由緒ある顧問委員会には残った。チャールズ・G・コーク慈善財団の理事長をつとめたこともあり、クロード・R・ラム慈善財団の理事長やフレッド・C&メアリ・R・コーク財団の理事をつとめ、コークの政治集団のいくつかで重要な地位を占めている。こうして流動的に役職を変えていることは、コーク兄弟の大事業のなかでは、NPOと利益の追求の境界線が、あるかなきかの細いものであることを示している。

フィンクの運勢が上昇するのとは逆に、クレーンは凋落した。クレーンはまだケイトー研究所を牛耳っていたが、1992年にチャールズ・コークはこのリバタリアン・シンクタンクを離れた。もっとも、弟のデイヴィッドは理事として残った。同僚たちは、クレーンが命令にいそいそと従わず、ご主人様に忠誠を疑われたのだろうと見ていた。クレーンは、チャールズの経営哲学を、陰で馬鹿にしていた。チャールズはその理論を市場ベースの経営（MBM）と名付け、それがのちに『成功の科学』としてまとめられた。要するに、チャールズは、どういうビジネスでも、自由市場の競争原理に倣うべきだと確信していた。チャールズの会社はほとんどすべてのレベルで、社員は自分たちが生み出した価値をもとにして報酬を受ける。年間給与の大きな部分を占めるボーナスを得るために、社員がたがいに競い合う。チャールズはMBMについて、「全体論のシステム」で、「洞察力、長所と才能、知識プロセス、決定権、報奨金」という五次元を含んでいる、と説明する。社員のなかには、生き馬の目を抜くような社風を陰で揶揄し、MBMは「兄弟の金を稼ぐ《メイキング・ザ・ブラザーズ・マネー》」の略だというものもいる。『フォーブス』も、チャールズの本の書評で辛辣に風刺し、チャールズは「〝一定の法則〟が〝人類の幸福を支配している〟という、まるでマルクス主義者のような信念に取り付かれた独学者」で、彼の「社員を評価するシステムは、いたって不明瞭である」と評している。

さまざまな批評にもかかわらず、チャールズは大事業の隅々にいる人間にまで、自分のシステムに従うことを求めた。定期的に技術を学んだり評価したりする時間はあたえなかった。「リバタリアンがもっとも忌み嫌う、繁文縟礼そのものになっていた」とある元社員はいう。さらに、「ビリオネアは私ではなく彼のほうだから、それが正しいのかもしれないが」と付け加えた。市場ベースの経営では、最下層のレベルの社員に至るまで、全社員がトップよりもすぐれたアイデアを持っているかもしれないという、途方もない考えを報じている。理屈の上では平等主義の手法にも思えるが、トップダウンの権威に逆らったクレーンの例を見ればわかるように、チャールズがそれほど寛大だとは思えない。チャールズが社員といっしょに会社のカフェテリアでランチを食べることを指摘し、世界有数の金持ちにしては驚くほど謙遜だというものも数多くいる。しかし、1999年の演説で、チャールズは自分の凝り固まった信念を、プロテスタントの創始者マルティン・ルターになぞらえた。「この点において、私はマルティン・ルターに共鳴する」自分の自由市場の見解について、「私はこれを護る。ほかのことはできない」この比較が、チャールズの本心を暴いている。

いずれにせよ、チャールズがケイトー研究所に自分の経営システムを押しつけようとしたとき、クレーンはうやうやしくそれに従おうとはしなかった。驚くほどモダンで、陽光の降り注ぐ、ワシントンDCのケイトー研究所の広いオフィスで、クレーンはのちにはっきりと語っている。チャールズは真剣な思想家で、称賛に値するビジネスマンだと、クレーンは考えていたが、MBMについては茶化さずにはいられなかった。「彼は自分は天才だと思っている。裸の王様だということに気づいていない」冷笑を浮かべて、クレーンはいった。いっぽうフィンクは、チャールズの思想をいそいそと受け入れた。「リッチーは、MBMを徹底的に利用した」ケイトーのある幹部は、フィンクのことをそう評した。フィンクはクレーンを「闇打ちして、乗っ取った。クレーンはさんざん貶められた」

経済的な下心を〝洗浄〟する研究者

コーク兄弟は、ケイトー研究所と人文学研究所を手に入れたことで、フィンクの社会変革案の最初の項目――自分たちの意向に沿った学術的な思想を育てる機構を持つこと――を達成した。マルカタス・センターによって、それらの思想が稼働するよう促す実際的な組織を持つという、2番目の項目が達成された。マルカタス・センターが、議事堂とはポトマック川を隔てた対岸にあるのも便利だった。フェローが、議会の公聴会で独立系の専門家として頻繁に証言できる。2004年には『ウォールストリート・ジャーナル』が、「これまでになかったような、もっとも重要なシンクタンク」だと評し、ジョージ・W・ブッシュ大統領が〝抹殺リスト〟に載せた規制23件のうち14件が、マルカタスの研究員によって提案されていたことを指摘した。そのうち8件が環境保護関連の規制だった。フィンクは同紙に、コーク兄弟には「『自分たちの』戦いをやる手段がほかにある」し、マルカタス・センターは会社の私的な利益を積極的に推進しているわけではないと述べた。しかし、環境問題を専門とするテキサス大学のトーマス・マギャリティ法学教授は、「コークはたびたび環境保護庁（EPA）と揉めているし、マルカタスはたえずEPAを攻撃している」と反論する。マルカタス・センターと何度も衝突したことがある環境問題専門弁護士は、マルカタスはNPOを装っているロビー組織で、「経済的目的をロンダリングする手段だ」と非難する。戦略の流れを、その弁護士が説明した。「企業の資金を、中立に見えるシンクタンクに注ぎ込む。つぎに、立派な経歴があって学位を持っている人間を雇い、信用できそうな研究を発表する。しかし、すべてが資金提供者の経済的利益と完全に噛み合っている」

たとえば、1997年にEPAは、古い製油所の排出物による大気汚染の1つである、地表近くのオゾンを削減しようとした。マルカタス・センターの幹部のエコノミスト、スーザン・ダドレーが、提案された規制に対し、奇抜な反論を示した。スモッグが太陽の光をさえぎることによって皮膚癌を減らしていることを、EPAは計算に入れていない、大気汚染を抑制すれば、皮膚癌の発症が年間1万1000件増加する、とダドレーは論じた。

1999年、コロンビア特別区巡回裁判所は、ダドレーのスモッグ善玉説を支持した。EPAの規制について、裁判所は、「オゾンに健康の面で利点があるかもしれないこと」をEPAは「まったく度外視している」とした。EPAが権限を超えているという争点についても、2対1で違反であると裁定した。

その後、監視団体のコンスティテューショナル・アカウンタビリティ・センターが、多数派の裁判官がかつて、主催者側が全額を負担する裁判官向けの法学セミナーに参加していたことを暴いた。コーク兄弟の財団が、セミナーの費用の大部分を提供していた。裁判官たちが参加したセミナーはモンタナ州の牧場で行なわれ、コーク兄弟が支援している、経済および環境研究財団と呼ばれる組織が主宰していた。自分たちの裁定は、その贅沢な接待には影響されていないと、裁判官たちは主張した。しかし、マルカタス・センターの奇抜な主張を受け入れたことで、裁判官たちは、まもなく政治的に困った立場に追い込まれた。最高裁が全員一致で、巡回裁判所の裁定を覆し、大気清浄法の基準は絶対的なものであり、コスト削減を狙った分析の対象とはならないと指摘した。最終的に負けはしたが、コーク兄弟の思想パイプラインが順調に流れていることを、この事件が物語っている。

マルカタス・センターに勧誘された人間のなかで、もっとも大きな悲運に見舞われたのは、ウェンディ・グラムかもしれない。グラムはテキサスの巨大エネルギー企業エンロンのエコノミスト兼取締役で、夫はテキサスの共和党大物上院議員フィル・グラムだった。ウェンディ・グラムは、1990年代半ばにマルカタスの規制研究プログラムの責任者になった。グラムはそこから議会に働きかけ、のちにエンロン抜け穴と呼ばれるようになるものに支持を取り付けようとした。特定のエネルギー関連デリバティブが規制からはずされれば、エンロンは大きな利益を上げることができる。エンロンと、やはりエネルギー関連デリバティブを大量に売買していたコーク・インダストリーズが、必死でロビー活動をして、抜け穴をこしらえようとした。企業は評判を大切にし、自己規制が働くので、政府が取り締まるには及ばないと、チャールズ・コークは主張した。

危険を予見していた専門家もいる。1998年、商品先物取引委員会のブルックスレー・ボーン委員長は、儲けは大きいがリスクのあるデリバティブ市場に対する政府の監視を強化する必要があると警告した。しかし、上院金融委員会の委員長だったグラム上院議員は、こういった警告を顧みず、エンロンやコークの仕立てたとおりに、商品先物現代化法という規制緩和法案を作成した。ボーンが警告したにもかかわらず、クリントン政権もウォール街の圧力でこの規制解除に賛成した。

2001年、エンロンは粉飾決算と不正経理にまみれて破綻した。だが、ウェンディ・グラムはその年、抜け穴法案を支援した報酬として、エンロンから180万ドルを受け取っていた。つぶれる前にエンロンがグラム上院議員に多額の選挙運動資金を寄付していたことも明るみになった。エンロンのケネス・レイ会長は、マルカタス・センターにも寄付を行なっていた。

2002年末までに、グラム夫妻は引退に追い込まれていたが、マルカタス・センターでは、コーク・インダストリーズが好んでいたエネルギー関連デリバティブを含むきわめて危険な市場を規制からはずす運動が、熱心につづけられていた。そして、2008年の市場崩壊で、その影響がすべて明らかになった。それまでにジョージ・メイソン大学は、コーク財団が最大の寄付を行なう高等教育機関であるとともに、ヴァージニア州で最大の研究中心の大学になっていた。

学問の独立に反するやり方

ジョージ・メイソン大学は、コーク兄弟の最大のリバタリアン学術プログラムだったが、唯一無二ではなく、そういうプログラムは数多くあった。内部のリストによれば、2015年の時点で、コーク財団は、高等教育機関の研究所307カ所の企業寄り、反規制、反税のプログラムに助成金を提供し、さらに18カ所増やす予定だった。彼らが手をのばしていた教育機関は、現金に飢えていたウェストヴァージニア大学から、オリン財団に倣ってコーク兄弟がアイヴィー・リーグの「海岸堡」を築いたブラウン大学に至るまで、多種多様だった。

アイヴィー・リーグのなかではもっともリベラルだと見なされることが多いブラウン大学の場合、チャールズ・コークの財団は2009年に14万7154ドルを、リバタリアンのジョン・トマシ教授による新入生向けの自由市場講座、政治理論プロジェクトに寄付した。「ハイエクの理論を半年間学んだら、その後の4年ずっと、そういう観点を払い落すことはできなくなる」保守派の出版人によれば、トマシは〝ずる賢そうに〟そう打ち明けたという。チャールズ・コークの財団は、ブラウン大学にさらに寄付して、金融規制の緩和が貧窮者のために役立つというような論題について、教授の研究や博士号取得者の研究を支援した。

ウェストヴァージニア大学では、自由企業制のためのセンターを開設するのに、チャールズ・コークの財団は96万5000ドルを寄付したが、やはり紐付きだった。財団は、資金をあたえる教授たちに意見をいう権利を、大学側に要求した。これは学問の独立という伝統的な規範に反している。コーク兄弟の投資は、彼らが財政的な利害関係のある石炭産業が支配している、小さな貧しい州で、とてつもなく大きな影響があった。ウェストヴァージニア大学の教授の1人、ラッセル・ソーベルは、2007年に『Unleashing Capitalism: Why Prosperity Stops at the West Virginia Border and How to Fix It』という著作に資金援助を受けた。炭鉱の安全と清浄な水は、労働者に害を及ぼすだけだという内容だった。「安全になっても収入が減ったら、労働者はほんとうにいい暮らしができるのか？」と同著は問いかけている。ソーベルはほどなく、ウェストヴァージニア州知事とその閣僚に講演することになり、上下院の合同財政委員会にも呼ばれた。州共和党委員長は、反規制を訴えるソーベルの著作は、党の綱領の青写真になるといい放った。

2014年、ほとんど規制を受けていなかったウェストヴァージニア州の企業、フリーダム・インダストリーズが、悪臭を放つ謎の化学物質3万7850リットルを、州最大の都市チャールストンの上水道に流入させ、水道の蛇口に近づかないようにと当局に命じられた住民30万人が、パニックを起こした。ウェストヴァージニア州では、その事件ばかりではなく、産業が引き起こす恐ろしい惨事が立てつづけに起きて、住民が苦しめられていた。だが、そのころにはもう、ソーベルは現地を離れていた。サウスカロライナのシタデル大学の客員研究者になり、ジョージ・メイソン大学のマルカタス・センターでも泰斗と仰がれていた。

大学はプロパガンダの場ではない

チャールズ・コーク財団の大学担当部長のジョン・ハーディンのように、コーク兄弟が学術界に影響を及ぼしていることを弁護する人間もいる。コーク兄弟の補助金によって、大学のキャンパスに思想的な多様性と議論がもたらされると、ハーディンは主張する。「大学のキャンパスにさまざまな思想を加味するような教授を、私たちは支援している。そして、ほとんどの場合、スタッフの人選や教育に関する決定は、大学がコントロールしている」ハーディンは『ウォールストリート・ジャーナル』にそう書いている。

しかし、批判勢力の目からすると、コーク兄弟は、本格的な学問の水準に達しておらず、資金援助がなければ失敗に終わっていたような講座を支援して、学術界を豊かにするどころか、腐敗させている。ウェストヴァージニア大学工学部の経済学教授ジョン・デイヴィッドは、大学が変わっていくのを目の当たりにして、新聞のコラムで、「大学の学問の領域すべてを、政治家のように買収できる」ことが明白になったと、痛烈に批判している。「大学では政界とは違って、開かれた対話や思想の交換が行なわれるべきだ。外部の特別利益団体の指示するプロパガンダでうぶな学生を洗脳する場所ではない」

フィンクの計画の最初の2つの段階は完了した。しかし、それだけでは変化を起こすにはじゅうぶんではないと、コーク兄弟は結論を下した。自由市場絶対主義は、アメリカの政治ではまだ傍流だった。フィンクの計画の最後の段階、第3段階が必要だ——自分たちの思想を世間に持ち込み、大衆の支援という後ろ盾を動員しなければならない。「いくら偉大な思想でも、象牙の塔に閉じ込められていたのでは、役に立たない」1999年の演説で、チャールズはそう指摘した。デイヴィッドは、すこしちがういい方をしている。「われわれに必要なのは販売部隊だ」

第2部

秘密の後援者
2009―2010年　秘密活動

（訳注　covert operation「秘密活動」は、実施機関の秘匿に重点を置くことを指す。これに対し、clandestine operation「隠密活動」は、活動そのものの秘匿に重点が置かれる）

オオカミにとっての完全な自由は、ヒツジにとっては命取りだ。

――アイザイア・バーリン

第6章 敵地で戦う歩兵

Boots on the Ground

秘密の政治販売部隊

1976年にまとめたリバタリアン運動創立の青写真で、チャールズ・コークは、「現代の販売と動機づけのテクニックすべて」を駆使する必要があると力説していた。それから10年もたっていない1984年に、チャールズは秘密の政治販売部隊の創設に取りかかった。書類上では、チャールズが資金を提供し、より小さな政府を目指して闘う保守派NPOが1つ増えただけのようだった。そのNPOは、健全な経済のための市民（CSE）と名乗っていた。外部から見ただけでは、全米でつぎつぎと生まれたラルフ・ネーダーの公益調査団のように、懸念を抱いた市民の意識が高まって創られた、正真正銘の政治団体のように見えた。

しかし、無党派NPOのセンター・フォー・パブリック・インテグリティによれば、CSEは、アメリカ最大の企業数社が武器庫に保有する新兵器――草の根の運動ではなく、後援企業によって操作される偽のポピュリスト運動――だった。こうした組織は、その後、人造集団と呼ばれるようになる。CSEへの寄付は、企業のロビー活動や選挙運動への支出とは異なり、隠すことができる。非営利の「教育」団体を名乗っているからだ（慈善団体と政治活動委員会も包含している）。この新組織の陰の後援者で群を抜いているのは、やはりコーク兄弟で、1986年から1993年にかけて、790万ドル以上を提供している。

企業の私利を隠すために、まやかしの表看板を掲げた組織を使うという発想は、目新しいものではないし、コーク一族にも前例があった。ニューディール時代にデュポン家その他が、おなじ策略を利用したし、1950年代にフレッド・コークの配下の組織がおなじことをやった。フレッドは、ウィチタに本拠があった政治的自由のためのドミル財団で、初期の活動的なメンバーだった。この財団は反労働組合組織で、のちに「国民の労働権（訳注　労働組合の団体交渉は個人が労働力を取り引きする能力を奪っているとする反組合の考え方）を法的に守る財団」（NRWLDF）に発展する。職員の1人の私信で、組織の「人工芝」戦略が説明され、内情が浮き彫りになっている。現実には大手企業の資本家が組織を動かし、「名もなきクォーターバック」の役割を果たして、「采配をふって」いる、と彼は書いている。しかし、組織が「大企業の資本家ではなく、主婦、農民、中小のビジネスマン、知的労働者、給与所得者から成っている」という「作り話」を信じ込ませなければならない。さもないと、運動が「失敗するのは目に見えている」と彼は正直に述べている。

フレッド・コークの息子たちは、健全な経済のための市民（ＣＳＥ）で、おなじ作戦要領《プレイブック》を使った。リバタリアニズムは、まだ孤独な改革運動だったが、ＣＳＥは企業の資金を使って、それをひろめ、大衆運動だという雰囲気をかもしだそうとした。最初のころの関係者、マット・キッブによれば、ＣＳＥの使命は「退屈な思想をアメリカの大量消費物資に変える」ことだった。キッブは説明する。「われわれはオバマが読んだ非暴力革命についての本とおなじものを読んだ――ソウル・アリンスキー、ガンディー、マーティン・ルーサー・キング。ボストンティーパーティの狙いも、非暴力社会変革の例として研究した。思想を売り込むには、候補者ではなく、敵地で戦う歩兵――つまり現場の運動員――が必要だということを学んだ」

ＣＳＥは数年のうちに、26州で有給の現場運動員50人を動員し、減税、規制緩和、政府支出の削減というコーク兄弟の政治目標を後押しする票を集めた。ＣＳＥは累進課税を撤廃して一律課税にし、ソーシャル・セキュリティなど数多くの政府プログラムを民営化することを求めた。「思想はそれ自体ではなにも変えられない」キッブは指摘する。「歴史上ずっと、思想は後援者を必要としてきた」

大企業の雇われ運動

ＣＳＥを創設したのはコーク兄弟で、最初のころの資金のほとんどを提供していたが、ＣＳＥはまもなくアメリカの最大手企業数十社の隠れ蓑《フロント》団体の役割を果たすようになった。雇われ運動であることを、ＣＳＥの代表は否定した。しかし、『ワシントン・ポスト』が入手した秘密記録には、

CSEの政治目標が大衆に支持されはじめると、エクソンからマイクロソフトに至るまで大企業がこぞって寄付を行なうようになったことが記されていた。企業の多くは、政府との戦いに明け暮れていた。たとえば、マイクロソフトは、反トラスト法訴訟に打ち勝とうとしていた。司法省の反トラスト捜査を減少させるのを目的として、CSEが設立した財団に、マイクロソフトが寄付したといわれている。

CSEの常識にはずれた行動が、論議を引き起こすこともあった。1990年、CSEは、酸性雨などの環境問題は「根拠のない通念」だと主張する、環境のための市民という下部組織を創設した。『ピッツバーグ・ガゼット』が調査し、この下部組織には「会員の市民がいない」ことを突き止めた。内部の事情を知る人間は、CSEそのものの会員構成にもごまかしがあるという。「会員は25万人だとつねに主張していた」のちに彼は語った。しかし、会員証を持っていたり、会費を払ったりしている会員のことかと質問されると、そうではないという答えが返ってきた。どれほど前でも、どれほど金額が小さくても、一度寄付した人間は会員として勘定されるという。「理知的には不正直だ（訳注　不正だと知りつつ弁護するときの表現）」と彼はいい張った。

草の根運動にみせかけた脅し戦術

ビル・クリントンが大統領に就任したころ、健全な経済のための市民（CSE）は、企業が応援する反対運動の手本になっていた。その後、オバマが大統領になると、この手の団体は急激に増加する。1993年、化石燃料の使用に課税し、再生可能エネルギー源を免税にする、クリントンのエネルギー税提案をCSEは攻撃し、勝利を収めた。後援者の企業が暴かれないように力を誇示するために、CSEは宣伝やメディアを使った行事を展開し、政敵を攻撃目標にした。一見草の根運動のように見える騒々しい反税集会を、議事堂の外でひらいた――「浮足立っている民主党員の心に恐怖を植え付けるのが目的だった」と、ナショナル・パブリック・ラジオが報じた。

エネルギー税を支持した民主党員の1人で、コーク兄弟の故郷であるウィチタ選出の元下院議員ダン・グリックマンは、秘密資金が集中的に使われたせいで、18年間維持した下院での議席を奪われたと確信している。「証明はできないが、まず間違いなく、やつらの餌食になったのだと思う」ウィチタ出身のグリックマンは、コーク兄弟との共通の知人がいる。コーク兄弟は自分たちの思想は純粋だと断言していた。それは事実かもしれないが、「やつらの政治理論は、私利を正当化するためのものにすぎない」とグリックマンはいう。

その後、グリックマンの疑念を裏付ける言葉を、フィンクが口にしている。エネルギー税を打倒した運動は、会社の収益が動機だったと、フィンクは選挙後に認めた。「エネルギー税は長年のあいだにわれわれのビジネスを崩壊させるかもしれないと、われわれは確信していた」と、フィンクは『ウィチタ・イーグル』に語った。

クリントンのエネルギー税を廃案にするのに貢献したCSEは、いよいよ増長した。つぎに狙ったのは、クリントンの提案した高額所得者に対する増税だった。しかし、『ウォールストリート・ジャーナル』によれば、CSEが出した広告は、誤った理解をひろめるのが目的だったという。じっさいは、最富裕層4パーセントに対する増税だったのに、CSEの広告は洗車業者などの家族経営の商売に的を絞り、ミドルクラスを狙った増税だと宣伝していた。オバマ政権のあいだ、この手の大げさな脅し戦術が、コークのトレードマークになった。だが、秘密の企業ドナーたちは、CSEに夢中になっていた。「レーダーの目をくぐり抜けて飛べる……限界も制限もなく、情報の開示もない」1人が勝ち誇ってそう述べている。

支配をめぐって内部分裂

しかし、2003年末に、CSEは内紛のために分裂した。「支配をめぐって分裂した」テキサス州選出の元共和党下院議員で、下院多数党院内総務をつとめたこともある、ディック・アーミーは、当時についてそう語る。アーミーは下院議員を引退したあと、CSEの代表に就任した。「全容はわからなかった。いまでもよくわからない」コーク兄弟が組織を使って、「ビジネス上の利益を促進しようとした。そういう問題にCSEを使いたがった」とアーミーはいう。アーミーが自分の法律事務所の顧客の利益を促進しようとした、という意見もある。アーミーはそれを否定した。分裂の背後にはべつの要素もあった、とアーミーはほのめかした。「リチャード・フィンクが権力を握ろうとしたのだと、私は見ていた。自分の地位を守り、コーク家に取り入っていい暮らしをつづけるために、もっと陽の当たる場所を得ようとしたんだ」

アーミーはコーク兄弟のことはよく知らなかったが、組織にはいる前にチャールズと話をしたことはあり、「ちょっと変わっている」と思った。「チャールズは謎めいていた。秘密主義のところがあり、暗号のようなしゃべり方をする。〝いったいどういう意味だ?〟と考えてしまう。このビジネスは

〝国を救う〟ことを目指している、というようなことをいうんだ」アーミーには、チャールズの目標は矛盾しているように思えた。「チャールズはもっとコントロールしたいと思ういっぽうで、もっと陰に隠れていたいと思っていた。わけがわからない」健全な経済のための市民（CSE）にいたことがあるべつの人間は、コーク兄弟が大好きな自由は空疎な概念だと決めつける。「彼らは支配力が強かった。ほとんどトップダウンだ。彼らと一緒に組織を築くことはできない。彼らが組織を動かす」

アーミーは、CSEから離叛した数人とともに、べつの保守派自由市場集団、フリーダムワークスを2003年に立ちあげた。そのおなじ年に、コーク兄弟が年に2度のドナー・サミットを開始した。内部の事情を知る人間によれば、コーク・インダストリーズの環境や規制との戦いのコストを、他人に転嫁するのが、当初の目的だったという。第1回のサミットは、かなり陰気な感じで、参加者は20人に満たず、ほとんどがチャールズの社交の仲間だった。講演は苦痛なまでに退屈だったと、事情通が述べている。

いっぽう、デイヴィッド・コークとリチャード・フィンクは、分裂したCSEのかけらから、あらたなNPO顧問組織を創った。その新組織は、繁栄のためのアメリカ人（AFP）と名付けられた。繁栄のためのアメリカ人は、CSEとおなじようにNPOという偽装で実態を見えにくくし、コーク兄弟の企業と政治の利益をはかって活動していると非難された。新組織はCSEとおなじように数部門に分かれ、税法上の身分も異なっていた。繁栄のためのアメリカ人財団という部門は、デイヴィッド・コークとリチャード・フィンクが理事会に加わっていた。501（c）（3）に分類される教育組織なので、そこへの寄付は慈善事業への寄付として税控除の対象になる。だが、この組織は、大衆を「教育」することはできても、選挙政治に関わることは許されない。べつの部門は顧問組織で、たんに繁栄のためのアメリカ人と呼ばれていた。税法上は501（c）（4）「非公益的な非営利組織」（訳注　市民組織、健康保険維持機構、権利保護組織など）に分類され、「主要な活動」にしなければ、選挙政治にも関与できる。この組織への寄付は秘密に行なえるが、税控除の対象にはならない。

「草の先端」と「草の根」が専門

政治色が強いこの活動を運営させるために、コーク兄弟はティム・フィリップスを雇った。フィリップスはベテランの政治戦略家で、以前、キリスト教連合の元代表ラルフ・リードと共同作業をしたことがある。リードは信仰が篤く、右派でもっとも狡知に長けた政治活動家だと見なされていた。リードとフィリップスは、センチュリー・ストラテジーズという選挙運動コンサルタント会社を共同で創業した。センチュリー・ストラテジーズは、ネイティブ・アメリカンのカジノ所有者などの顧客から数百万ドルを詐取して、実刑を科せられたロビイストのジャック・エイブラモフと、うまみのあるビジネスの結びつきがあったことから、悪名を馳せた。フィリップスはその事件に関しては告訴されなかったが、エイブラモフのために、宗教と関係がありそうに装った会社を立ちあげるのを手伝い、その会社がじっさいにカジノの現金を扱った。

フィリップスは、荒っぽい過酷なやり方をする集団に属していて、チャールズ・コークの以前の思想集団のような頼りないぼんやりした思考とは無縁だった。リードとエイブラモフは、ワシントンDCが根拠地の有力な反税活動家グローヴァー・ノーキストの最初のころの配下だった。ノーキストは、「バスタブで溺れるくらいに」政府を縮小することを願っていると広言したことで知られている。リードとエイブラモフの2人は、もっともすぐれた弟子だったといったことがある。「〝ラルフはおれのトロツキー、エイブラモフはおれのスターリン〟だと、グローヴァーは私に語った」と、保守派エコノミストのブルース・バートレットが述べている。

フィリップスは、サウスカロライナ州の出身で、民主党を支持する貧しい家庭に生まれ育った。繊維工場で働き、のちにバス運転手になった父親は、フランクリン・デラノ・ルーズヴェルトと呼ばれるくらい熱心な民主党員だったし、祖父はかつてルーズヴェルトのWPA（公共事業促進局）で働いた。しかし、思春期に「トラウマになった」事件があったのを、フィリップスは憶えている。1980年にテレビのニュースでレーガン大統領を見て、すっかり魅了されたフィリップスは、父親に「ぼくはこの人を支持する」といった。ショックを受けた父親がテレビを消して、母親を呼び、共和党は「金持ちの党だ、おまえ。おい、おれをからかっているのか？」と厳しく注意した。

フィリップスは反論した。「それじゃ、ぼくはいつか金持ちになるよ」両親がひどくがっかりしたのを、フィリップスは憶えている。「たとえば、ソ連に移住して、神をも恐れない共産主義者の無神論者になるとでもいったような感じだった」

南部のバプティストだったフィリップスは、キリスト教福音派のジェリー・ファルウェルが設立した、ヴァージニア州リンチバーグのリバティ大学に進んだ。しかし、1学期が終わると金がなくなり、ドロップアウトした。そのあとは、さまざまな保守系集団に援助され、家賃なしの住まい付き実習訓練《インターンシップ》を受け、やがてヴァージニア州の共和党下院選挙運動の運動員に雇われた。1997年にはリードと共同で、センチュリー・ストラテジーズを設立した。２００4年の大統領選挙で2人は、福音派の票を集めて、ジョージ・W・ブッシュの再選に貢献した。キリスト教右派は、ゲイの権利について恐怖を煽り、社会保守派を誘導したとして、批判を浴びていた。２００5年、デイヴィッド・コークと、ノースカロライナの10セント・ストア王でコーク・セミナーの常連のアート・ポープが、繁栄のためのアメリカ人を運営させるために、フィリップスを勧誘した。「経済問題を基盤とする運動を打ち立てることができるという着想に、興味をそそられた。いっぽう、キリスト教右派の人々は、社会問題を基盤に運動を打ち立ててきた」引き受けた理由について、フィリップスはそう説明する。

フィリップスのオンライン履歴書には、「草の先端」と「草の根」の政治組織化が専門だと書かれている。コーク兄弟が、筋金入りのプロフェッショナルであるフィリップスを選んだことは、コクトパスが非情な新段階に向かっていることを示している。政治の「暗殺者」を称賛することで知られているノーキストは、フィリップスを「変革をもたらすことができる大人」だと褒めている。

これで、フィンクの計画の第3段階を、本格的に進められるようになった。

第7章

ティータイム

Tea Time

ティーパーティ運動の創世神話

ティーパーティ運動は、既存の財政的利益には汚されず、自発的にアメリカで生まれたという通念が、世間に行き渡っている。しかし、それはたいがいの創世神話とおなじように、現実とは大きくかけ離れている。

2009年、ビジネスニュース・ネットワークCNBCのレギュラー出演者で元先物トレーダーのリック・サンテリが、いきなり憤懣をぶちまけ、それをきっかけに反政府の怒りの声が全米にひろがったという筋書きが、しばしば語られる。サンテリが長々と演説した日は、オバマ政権が発足して間もない2009年2月19日だった。オバマが大統領就任の宣誓を行なってから、1月もたっていなかった。そのとき、オバマは60パーセントという支持率を満喫していた。だが、1年後には、オバマのヘルスケア法案を擁護していた下院議員が侮辱され、2年後には下院で民主党は過半数を割り込み、オバマが選挙運動中に約束した「信じられる変革」をもたらす力を、実質的に失う。おそらく、その日から凋落がはじまったのだろう。

批評家、政敵、幻滅した支持者は、行政府の約束をないがしろにしたと、オバマを非難するに違いない。たしかに、オバマと行政府も過ちを犯した。しかし、就任早々、ゲリラ戦を仕掛けられた大統領が、ほかにいただろうか。莫大な資源を有する少数の人間が、自分たちの目的に沿うように、経済不安を画策し、操作し、利用した。彼らは税控除の対象になる寄付を利用して、富裕層の減税と自分たちのビジネスへの規制廃止を促進する運動に資金を注ぎ込んだ。彼らは、フィランソロピーを行なう人間の匿名性を守る法律の陰に隠れて、フォーカス・グループや手だれの政治活動家に金をあたえ、自分たちに都合のいい政策を、急を要する公益の問題に見せかけるよう指示した。主張をひろめるのには、サンテリのような一見庶民的な人間を使った。

サンテリの「叫び」

サンテリの「叫び」と呼ばれるようになる演説は、シカゴ・マーカンタイル取引所から電波に乗り、徐々に調子を高めていった。それを引き出したのは、前のゲストだった。サンテリが登場する数分前に、抵当権実行に直面している住宅所有者数百万人のローン組み直しを政府が緊急支援するという前日のオバマの提案を、ウィルバー・ロス・ジュニアが激しく非難した。デイヴィッド・コークの親しい友人のロスは、利害関係のない政策アナリストなどではなかった。彼のプライベート・エクイティ投資会社WL・ロス&カンパニーは、いわゆるハゲタカファンドで、住宅ローンの管理回収に深く関わっていた。

自由市場を唱える強い男を気取りたがる傾向があるサンテリは、興奮し、政府は支援すべきではないというロスの意見に賛同した。「ロスさんのいうことは的を射ている!」と切り出した。オバマの計画はキューバ式の国家統制だとこき下ろした。ローンが払えなくなった住宅所有者は「負け犬」で、自業自得だと、サンテリは力説した。モラルハザードを招くとして、政府が富を再配分する役割を演じることに反対した。財政的な賭けに失敗した住宅所有者の救済に政府が手を貸せば、「悪しきふるまいを促進する」と唱えた。批判勢力がのちに、ブッシュ政権がアメリカの大手金融機関を救済したときに、サンテリがおなじように憤慨しなかったことを指摘した。その際にサンテリは、ちょっとぼやいただけで、「賛成だ。なにか手を打つ必要がある」と認めた。だが、返済能力を超える借金をした最下層階級をオバマが救済すると提案すると、サンテリはカメラに向かってわめいた。「ここはアメリカだ! 近所の人間が、バスルームが余分にある家のローンが払えなくなったのを肩代わりする人間が、どこにいる? いたら手をあげろ。オバマ大統領、聞いているか?」

仲間のトレーダーが口笛を吹き、喝采すると、サンテリはなおもいった。「7月にシカゴ・ティーパーティを開こうじゃないか。ミシガン湖に資本家諸君、私が組織する」そもそも、ティーパーティになぞらえること自体が間違っている。オバマの景気刺激策を丹念に報じている『The New New Deal』の著者マイケル・グルンウォルドは、「ボストン・ティーパーティは、選挙で選ばれていない指導者の増税に反対する運動だったが、オバマは選挙で選ばれた指導者だし、行なったのは減税だ」と批判している。

コークはティーパーティ関与を否定

それにもかかわらず、サンテリがボストン・ティーパーティを自発的に引き合いに出したことで運動が起動したというのが、大方の意見だった。たとえば、コーク兄弟の政治顧問リチャード・フィンクはいう。「シカゴの取引所でわめいた男」がそれをはじめた。「われわれのプログラムは無関係だった」

ティーパーティ運動が勢いを増していた2009年4月に、コーク・インダストリーズの広報担当のメリッサ・コールミアも、この騒ぎにコーク兄弟は直接関わっていないと否定する声明を発表した。「コークの各社や各財団、チャールズ・コーク、デイヴィッド・コークのいずれも、ティーパーティには資金を提供していませんし、具体的な支援も行なっておりません」1年後に、デイヴィッド・コークは、『ニューヨーク』誌に述べている。「ティーパーティの行事に参加したことは一度もない。ティーパーティの代表者が私に連絡をとろうとしたことは一度もない」『デイリー・ビースト』の好意的なインタビュワー、エレン・ラファティが、コーク兄弟が関与していると『ニューヨーカー』が報じているが、事実かと質問すると、デイヴィッドは、「いいかげんにしてほしい」と答えた。

こうして何度も否定されたことで、当初、ティーパーティはふつうの市民が素人っぽく蜂起したのだという評価が形作られた。「ポピュリズムの新種が目の前で転移していった」と、『ニューヨーク・

レヴュー・オブ・ブックス』にマーク・リラが書いている。ティーパーティのメンバーは、「民主党、共和党、財政赤字、多様な不満」に憤慨した、無党派の市井の人々だと、ナショナル・パブリック・ラジオは報じた。

プロが仕掛けた大規模な反政府運動

ティーパーティは自然に燃えあがった政治活動だとするこうした報道は、あながち間違ってはいない。しかし、それは全容とは程遠い。そもそも、ティーパーティはアメリカの政治では「新種」ではなかった。規模こそ異例だが、おなじような反動の力が、フランクリン・ルーズヴェルト以降のほとんどの民主党大統領を攻撃してきた。アメリカ自由連盟、ジョン・バーチ協会、スケイフのアーカンソー・プロジェクトなど、企業が資金を提供した以前の右派運動もすべて、民主党の大統領を売国奴、強奪者、憲法への脅威だと貶めていた。ティーパーティの集会の多くに、まぎれもない他人種への怨嗟が見られる。これもまた、アメリカ政治の歴史に長らくつきまとってきた恥ずべき要素である。また、ティーパーティは断じて超党派ではない。『ニューヨーク・タイムズ』の世論調査がのちに示しているように、支持者の4分の3が共和党員だとわかっている。残りの4分の1は、現在の共和党は、本物の共和党とはいえないと感じている。さらに、支持者の多くが政治の初心者のように見えるとはいえ、反エリートの反乱を装ったこの運動は、最初から経験豊富な政治エリートが資金を出し、先導し、組織したものだった。綿密に調べれば、ハーヴァード大学の政治学者シーダ・スコチポルとヴァネッサ・ウィリアムソン博士が、2012年刊行の『The Tea Party and the

Remaking of Republican Conservatism』で述べているように、ティーパーティ運動は「大規模な反政府活動で……コーク兄弟のようなビリオネアの資本家が資金を提供し、元共和党重鎮のディック・アーミーのような盛りを過ぎた政治家が統率し、グレン・ベックやショーン・ハニティのようなマスコミのセレブのミリオネアが絶え間なく宣伝している」

兵隊を手に入れた指揮官

世相にはあまり反映されていなかったが、アメリカでもっとも裕福なビジネスマンの一部が、1970年代からたゆまず「反エスタブリッシュメント」を築いていた。そしていま、彼らは大衆の不穏な状態を、自分たちの政治目標に幅広い支援を得る、またとない好機だと見なしている。エコノミストのブルース・バートレットは、つぎのように述べている。「リバタリアン運動全体の問題点は、兵隊がおらず、指揮官ばかりがいることだった。有権者のようなふつうの人間とは違って、他人のいうことに聞く耳を持たなかった。つまり、コーク兄弟のような連中は、じっさいに稼働する運動を立ちあげるのに苦労していた」ティーパーティの登場によって、「兵隊がそこにいることに、だれもがはじめて気づいた――思想にほんとうの力をあたえるのはそういう人間なのだ」コーク兄弟はすかさず、「ポピュリストの蜂起を固めて、支配し、自分たちの政策に取り込もうとした」

じつはコーク兄弟と少数の裕福な人間が、サンテリの叫びよりもずっと前に、政府への反乱を扇動する動きを何度もくりかえし、ボストン・ティーパーティもしばしば引き合いに出されていた。話は数十年前に遡る。1970年代末にチャールズ・コークが描いたリバタリアン革命の青写真や、

1980年代のリチャード・フィンクの3段階の計画、「社会変革の構造」などが、それに当たる。1990年代には、NPO「草の根」顧問団体にコーク兄弟や数人の仲間が資金を提供し、ティーパーティ型の反税を露骨に主張しはじめた。しかし、バートレットが述べているように、そういった初期の活動には、あまり弾みがつかなかった。

1991年、健全な経済のための市民（CSE）が、ノースカロライナ州ローリイで、増税に抗議するために、「ボストン・ティーパーティ再現」を大々的に喧伝した。しかし、独立戦争の兵士、アンクル・サム、サンタクロースに扮装した抗議集会の参加者よりも、報道陣のほうが多いくらいだった。CSEは、翌年にもティーパーティ型の抗議行動に関与した。このときは、タバコ税に反対するために、タバコ会社がひそかに資金を提供したが、資金源が暴かれたために中止された。CSEは2007年に分裂した。コーク兄弟の新組織、繁栄のためのアメリカ人（AFP）は、テキサスでティーパーティ型の反税活動を展開しようとしたが、またしても不発に終わった。それにもかかわらず、オバマが大統領に選ばれ、経済がメルトダウンしつつある時期に、政治マシーンの基盤が敷かれ、金で買われた政治運動専門家のネットワークが、「人工芝」をかぶって大衆の支援を受けているように装った団体を創りあげた。

終わりのない選挙運動

オバマは、延々とつづく選挙運動という新手の敵と対峙することになった。それを行なうのは政治家ではなく、選挙の結果を損ねかねない私的な作戦を行なうのに資金を提供できる裕福な人間だった。いわゆる外部の金――選挙運動そのものとは距離を置いている個人や集団の資金――が、オバマ政権のあいだに、爆発的に増えた。この支出のうち、選挙に振り向けられたものは、注目された。国の統治に影響があるような事柄でも、外部の金は無敵の役割を果したのだが、そちらはあまり注目されなかった。この支出の大部分は、ぜったいに開示されない。しかし、コーク兄弟の政治面での右腕ともいえるフィンクは、2012年に『ウィチタ・イーグル』に自慢している。「オバマ政権がなにを経験したかは明白だ。彼らがどの石をひっくりかえしても、そこには敵がいて、しかもその敵というのは私たちなんだ」

選挙とは無関係な外部の金の支出は、2008年夏に試運転が開始された。ジョージ・W・ブッシュが「企画家」と呼んだ選挙参謀のカール・ローヴは、無尽蔵の個人の財産を資金源とする、従来の政党の支配の及ばない保守派政治マシーンを創造することを夢想していた。あらゆる種類の保守派ドナーを勧誘し、資金をすべて自分たちでまかなう、準軍事組織のようなものを創設したいと考えていた。その組織を召集して戦うときには、従来の選挙運動を制限している透明性・法的制約・説明責任には縛られない。そしてその夏、コーク兄弟はそのプロジェクトに短いあいだ関わったと、『ポリティコ』のレポーター、ケネス・ヴォーゲルが述べている。コーク兄弟の代理人が、ラスヴェガスのカジノ王シェルドン・エーデルソンを含む、べつの裕福なドナーたちの手先の政治活動家とひそかに会った。「けっして終わらない選挙運動」という発想があった、と参加者の1人はいう。だが、オバマが当選したことに失望し、組織は解散された。コーク兄弟もその他のものも、隊伍を整えなければならなかった。

次回はもっと資金を注ぎ込む必要があるという教訓を学んだ、とテキサスのビリオネアの故ハロルド・シモンズは述べた。レバレッジを使った買収で富を築いたシモンズは、２００８年の選挙の際に、オバマを１９６０年代の過激派ビル・エイヤーズと結びつけるテレビＣＭを流していた集団に、３００万ドル近い金を注ぎ込んでいた。「もっと広告を出せば、オバマを叩き潰せたかもしれない」とシモンズは嘆いた。

〝蜜月期〟のなかったオバマ

オバマが大統領に就任すると、株式市場は６０００ポイント以上、値を下げ、失業率は７パーセントに急上昇した。トム・ダシュル元上院議員は、当時をふりかえって、「災難だという実感が強まっていた」という。オバマは、９・11同時多発テロの経済版が起きたような時期に、超党派の支援があるものと期待した。２００４年の民主党全国大会での基調演説で、「リベラルのアメリカと保守派のアメリカなどない。あるのはアメリカ合衆国だ」と宣言した。とにかく、そう思っていた。

オバマの敵のビリオネアたちは、ふつうなら大統領就任直後にもたらされる蜜月をオバマにあたえなかった。大統領就任の48時間後、繁栄のためのアメリカ人（ＡＦＰ）は、オバマの最初の大規模法案を攻撃しはじめた。このアメリカ復興・再投資法は、ケインズ理論に従って、公共投資を増やし、減税して、経済を刺激するもので、予算は８０００億ドルという莫大な額だった。コーク兄弟の顧問団体が、全国で「ポーキュラス（訳注　ばらまき型の景気刺激策を意味する造語。pork barrel＝議員が票田に助成金を配分すること、に由来する）」に抗議する集会をひらき、腐敗した公金のばらまきを嘲笑した。この造語を創ったのは、ラッシュ・リンボーだった。コーク兄弟がこんな細かいことまで手がまわったとは思えないが、側近グループの一員だったことのある人間は、AFPは「まさにコーク兄弟の望みどおりのことをやっていた」という。当初は参加者がすくなかったとはいえ、「ポーキュラス」抗議集会はティーパーティの予行演習になった。

AFPは、早くも1月中に、コーク・セミナーで人気があるサウスカロライナ選出の上院議員ジム・デミントを担ぎ出して、反オバマのメディア行事を主催する「景気刺激策反対」活動に乗り出した。ウェブサイトも運営し、テレビでCMも流して、議会がオバマの景気刺激法案を可決するのを防ごうとして、嘆願を起こし、50万人の署名を集めたと称した。「繁栄に向かう道で無駄遣いは許されない」AFPは、そう主張した。法案の形が整いはじめると、辛辣な文言の手紙を共和党議員たちに送り、新政権が妥協や修正を申し出ても反対するよう要求した。

この攻撃は、政府の経済への干渉が大恐慌を引き起こしたとする、チャールズ・コークの歴史修正主義者的な考えを浮き彫りにしている。「銀行家、ブローカー、ビジネスマンが非難されてきたのは間違いだ」とチャールズはいう。ほんとうの元凶はハーバート・フーヴァーとフランクリン・ルーズヴェルトで、いずれの大統領も危険なリベラルだったと、チャールズは見なしていた。その解釈によれば、ウォーレン・ハーディング大統領とカルヴィン・クーリッジ大統領の政策——後者は「アメリカ国民の主な仕事《ビジネス》は商売《ビジネス》だ」という名言で知られている——は、不公平に中傷されてきたことになる。ニューディール政策は衰退を「長引かせ、悪化させた」だけだと、チャールズは主張していた。オバマの当選直後、チャールズはこの「歴史の教訓」ニューズレターを7万人ほどの社員に送ったが、内容はフリーダム・スクールで教え込まれた悪徳資本家の歴史修正主義の再現だった。公共政策と政治を専門とする34の組織から成るコクトパスも動員した。コクトパスは、ブッシュ政権の時代にはあまり活動していなかったが、チャールズの支援で、2008年にはかなり広範なネットワークに拡大していた。

紐付きの研究報告や署名記事

コーク兄弟とその同盟者のドナー・ネットワークが資金を提供するシンクタンク――ケイトー研究所、ヘリテージ研究所、スタンフォード大学のフーヴァー研究所などで、年次のコーク・セミナーの参加者6人が、重要な地位を占めている――が、オバマの景気刺激策に反対する研究報告、プレスリリース、特集ページの署名入り記事をつぎつぎと発表した。偏向していない研究者たちは、そういった研究の多くの信憑性に疑問を唱えている。たとえば、ジョージ・メイソン大学のマルカタス・センターは、刺激策の資金はほとんどが民主党の選挙区にまわされていると主張する報告書を公表した。その後、報告書の著者は修正せざるをえなくなったが、その前にラッシュ・リンボーがそれを引用して、オバマのプログラムは「贈賄資金」だと決めつけ、フォックス・ニューズなどの保守派メディアもそれに同調した。

雇われ弁士が、全国でそれに呼応した。繁栄のためのアメリカ人（AFP）の副理事長フィル・カーペンは、フォックス・ニューズのウェブサイトの寄稿者だった。ほかにも、ジョージ・メイソン大学でジョン・M・オリン優秀経済学教授に認定されたウォルター・ウィリアムズも、AFPの幹部で、視聴者が2000万人いると吹聴しているリンボーのラジオ番組に、しばしばゲスト出演した。

ティーパーティは裕福なドナーになんの借りもないと強弁する保守派もいる。ケリ・カレンダーがシアトルでただ独りの「ポーキュラス」抗議行動を行なったのが、サンテリの叫びの1週間前だったことが、引き合いに出される。しかし、カレンダーが使った「ポーキュラス」は、リンボーの造語だったし、リンボーの番組を配信しているプレミア・ネットワークは、ヘリテージ財団から年間200万ドルもの補助を受け、さまざまな問題に同財団の路線を盛り込んでいた。このネットワークの報道は紐付きで、超富裕層の資金源とつながっている。

生まれたばかりのオバマ政権の悪しきふるまいを非難するすっぱ抜きが、たてつづけに行なわれて、大衆の怒りを煽り、それが議会共和党にとって格好の弾薬になった。この時期の共和党にとっては、どんな支援でもありがたかった。2008年の選挙でオバマと民主党は圧勝したので、共和党は片隅に追いやられないために、人気がきわめて高いと見なされていたオバマと取引せざるをえないだろうというのが、一般の見方だった。だが、妥協を期待していた勢力――オバマ大統領と側近たち――は、共和党で過激主義が拡大しているのに、気づいていなかった。

共和党の手本はタリバンだった

ヴァージニア州リッチモンド出身の弁護士で、ほどなく下院少数党院内幹事に就任する予定のエリック・キャンターは、新会期がはじまる前から、ワシントンDCのコンドミニアムで開かれた内密の立案会議で、信頼できる数人の仲間に、つぎのように述べていた。「われわれは取引して、おこぼれをもらい、あと40年少数党でいるためにここに集まったわけではない」そうではなく、共和党は戦わなければならない、とキャンターは説いた。オバマの提案することにはなんであろうと反対し、超党派で勝利を収めるのをぜったいに許さないために、団結する必要がある。その小集団の1人、キャンターの院内副幹事のケヴィン・マッカーシーは、「ヤング・ガンズ」と自分たちを名付けた。彼らが採用した妨害戦略で、共和党は「ノーの党」という異名を得た。

2009年1月に、はじめて院内の主導権を奪われたとき、下院共和党がまねようとしたモデルは、タリバンだった。共和党下院選挙対策委員会の新委員長に就任した、テキサス州選出のピート・セッションズ下院議員は、アフガニスタンの悪名高いイスラム過激派を引き合いに出し、「非対称戦」を行なう見本にできると唱えた。アメリカは経済危機のさなかにあるかもしれないが、自分たちが当選したのは統制するためではないと、セッションズは同僚議員に告げた。アナポリス・インでスライドのプレゼンテーションを進めながら、キャンターは同僚議員たちに問いかけた。「多数党の目的が統制することだとしたら……われわれの目的はなにか?」キャンターの答えは単純明快だった。「少数党の目的は、多数党になることだ」その目標が、「議員団全体の任務になる」

下院少数党院内総務のジョン・ベイナーは、ヤング・ガンズには加わっていなかったが、彼らに妥協しないと退陣の憂き目を見ることが、いよいよ明らかになっていた。選挙民全般よりもずっと過激なドナーが寄付する外部の金が、党から権力を奪ってゆくにつれて、穏健派はプライマリー・チャレンジ(訳注 特定の選挙区の予備選で対立候補を立て、現職議員を落選させようとすること)と右派からの内部クーデターを怖れなければならなくなった。

身分不相応の影響力

ベイナーの友人で、オハイオ州で長期にわたり共和党下院議員をつとめてきた穏健派のスティーヴ・ラトゥーレットが説明した。「以前は、おなじ党の現職に対抗して立候補することは稀だった。だが、こうした外部の集団の金によって、酔った勢いでという感じで、現職に対抗して立候補するものが出てきた」外部のドナーについて、ラトゥーレットはいう。「おそらく十指にも満たないだろう金持ちの群れが、法外な影響力を持っている。そのうちの1人か2人は、高校では鼻くそをほじっているさえないおたくだったかもしれないが、いまは4000万ドルを相続して、実力者になれる見込みがある。彼らが莫大な金を注ぎ込むことができるようになったら、身分不相応の影響力を手に入れる。1人に1票という平等な仕組みが成り立たなくなる」ラトゥーレットは、溜息をついた。「金がすべてになる。ほかのことが機能しなくなる」

オバマ当選後の共和党議員団の初会合に出席したラトゥーレットは、愕然とした。「なぜ負けたのかという質問が出たときに、あの連中は、〝保守色が足りなかったからだ〟といっていた。そこで、私は数字を見た。われわれは無党派票を58パーセント失っていた！」しかし、ラトゥーレットのような穏健派は、しだいに冷遇されて締め出された。業を煮やしたラトゥーレットは、やがて辞任し、ロビイストになって、共和党の過激派勢力と戦う組織を立ち上げた。「私は辞めた」ラトゥーレットはいった。「嫌気がさしたからだ。とても耐えられなかった。私は議会に18年いた。荒っぽいスポーツだというのはわかっていたが、運輸だろうと学生ローンだろうと、ためらわずにやるべき事柄がある。

いまでは、なにひとつやれない。政府になにもやらせたくないと思っている連中がいる」と、ラトゥーレットはいい切った。

グルンウォルドが引き合いに出したエピソードによれば、共和党指導部は下院の共和党議員たちに、下院歳出委員会のジェリー・ルイスの言葉を借りれば、「プレイできない」よう指示したという。下院歳出委員会委員長の民主党下院議員デイヴィッド・オベイは、まったく協力がないことに憤っていた。「最初から彼らはいっていた。あんたたちがなにをやろうが、手助けするつもりはない。サイドラインに立って、野次を飛ばすだけだ、と」

もちろん、共和党側はちがう見方をしている。オバマは党派色が強すぎ、国民の負託を受けているのをひけらかして不快感を示すと、彼らは非難する。ある緊張した話し合いで、「私は勝ったのだ」と、オバマはキャンターにいったという。民主党は傲慢で、狭量で、高圧的だというのが、ルイスの見方だった。

オバマが経験した屈辱的な大失敗

それでもオバマは、超党派の支援を求めつづけた。ヒラリー・クリントンが「大規模な右派の陰謀」と呼ぶものを、オバマはあまり経験していなかった。イリノイ州選出の上院議員から、一気に大統領に昇りつめたせいでもある。オバマの自信過剰は現実離れしていて、『ハーヴァード・ロー・レヴュー』を編集していたころとおなじように、党派主義の恨みを克服できると思っていた。だから、ベイナーをはじめとする下院共和党議員団の招待を受けいれ、景気刺激法案について話し合うのに、華やかな演出で議事堂へ行った。

1月27日、大統領として議会を初訪問するために、オバマは装甲をほどこしたリムジンに乗り、車列を組んだ。共和党のみと会見するのも、大統領がロビー活動のために相手の縄張りへ行くのも、異例のことだった。しかし、オバマ政権は、偏狭な党派主義を捨てると明言していた。それどころか、オバマの経済顧問団は、共和党の支持を得られるように景気刺激策を調整したと考えていた。3分の1が減税によるものだったからだ。リベラルはこの妥協に落胆して、政府の支出は減税よりも経済回復に注ぎ込むべきだし、刺激策の額が小さすぎて、経済を活性化するには不十分だと警告していた。これだけ歩み寄っていたにもかかわらず、オバマの議事堂での会見は屈辱的な大失敗に終わった。オバマが法案を売り込むためにやってくる直前に、下院共和党指導部が議員団に対して法案に反対するよう指示したことが、ニュースでリークされた。オバマは、すでに決意を固めている相手の前で話をするはめになった。会見後、オバマは気弱な顔で、なにも差し出すものがないまま、集まった報道陣と会うことになった。

「茫然とした」オバマの政治顧問を長年つとめたデイヴィッド・アクセルロッドが、のちに語っている。「とてつもない規模の大惨事が起きる可能性があり、それに対処するには協力がぜったいに欠かせないと、私たちは考えていた」

翌朝、『ニューヨーク・タイムズ』と『ウォールストリート・ジャーナル』の読者が新聞をひらくと、チャールズ・コークが資金を提供し、デイヴィッド・コークが理事に名を連ねているシンクタンク、ケイトー研究所の全面広告が載っていた。オバマの信用にまっこうから疑問を投げかける広告だった。

「私たちの政府の行動、経済を活性化する復興計画が必要であるということについて、意見の相違はありません」というオバマの発言が引用されていた。広告は大きな太字で反論していた。「お言葉を返すようですが、大統領、それは事実ではありません」その声明に203人の個人が署名していた。その多くが仕事や研究で、コーク兄弟の財団、ブラッドレー財団、ジョン・M・オリン財団、その他の右派の家族の富から、巨額の資金援助を受けていた。

1兆ドルを使う社会主義者の実験

オバマのホワイトハウスの副報道官ビル・バートンは、当時をふりかえって、政権発足後、最初の1カ月に受けた妨害のレベルに衝撃を受けたという。「彼らはすぐさまオバマに襲いかかった」バートンはのちに無念そうに語った。「私たちは答えが用意できていなかっただけではなく、どこに座ればいいのかもわからなかった。ホワイトハウスの椅子は、前に座っていた連中のせいで、まだぐるぐるまわっていた」バートンは首をふった。オバマ政権はあまりにも世間知らずだった。「あのとき、だれもそうなるのを予想していなかった」

もっと具体的にいうと、「オバマが大統領に当選するまで、私たちには、その力、外部の金のことに気づいていなかった。あのとき、オバマは何兆ドルもの財政出動を実行しなければならなかった。それが、唯一の手立てでもあった。景気刺激法案を成立させ、つづいて第2次景気刺激法案を成立させ、TARP(不良資産救済プログラム)や自動車メーカーの救済を行なった。右派の金権政治家どもは、それをむさぼり食らった。財政出動についての怒りにつけ込んだ」バートンは正直にいう。

「コーク兄弟やディック・アーミーの差し金だったことに、だれも気づいていなかった」

オバマ就任から2カ月とたたないうちに、政治環境が改造されてしまったと、バートンはいう。「1月には、中道の思考にしっかりと根ざした景気回復法案のことで、共和党と協力していた。経済悪化の規模からして、大々的な財政出動が必要だという意見が、経済の領域では主流だった。私たちは共和党に意見を求めた。協力が得られていた。さまざまな議員から、真心のこもった提案の手紙が届いた。ある下院共和党の重鎮は、なんと高速鉄道の建設を提案した！　しかし、2月初旬にそれが変わりはじめた。彼らはもう手紙を寄こさなくなった。どのような支出であっても、すべて疑問を呈するようになった」コーク兄弟の景気刺激策反対運動の音頭をとっていたデミント上院議員は、議場でつぎのように演説した。「私はオバマ大統領が大好きです」と切り出してから、景気刺激法案は「1兆ドルを使う社会主義者の実験」で、「この100年間に議会が検討したなかで、最悪の経済法案」だと告げた。バートンの言葉を借りるなら、「デミントは、オバマの就任6週間後に、〝1期だけの大統領に〟する、という趣旨のことをいっていた」。

金持ちが作った地下政治インフラ

2月17日、オバマが署名して、復興法は法制化された。共和党議員の賛成は、上院では3票、下院ではゼロで、かろうじて可決された。5年後、アメリカの優れたエコノミスト集団の研究が、ほぼ全員一致で、復興法は失業を減らすという目標を達成したという結論を下した。この研究は、イニシアティヴ・オン・グローバル・マーケットと呼ばれるシカゴ大学のプロジェクトで、思想的に多様な著名エコノミストを集めて行なわれた。研究に携わったエコノミスト37人のうち、この結論に反対したのは1人だけだった。中央政界で共和党を支配していた自由市場正統信仰は、理知的な専門家の意見とはかけ離れていたが、過激派が勝利を収めかねなかった。その結果、オバマの敵は、多くのエコノミストが必要不可欠だと見なしていた景気刺激法案を縮小させ、回復を弱めた。オバマの大統領就任の1カ月後、外部の金に煽られた急進的な敵が、すでにオバマに痛手を負わせていた。経済刺激法案に署名した翌日、オバマは住宅所有者救済計画を発表した。

翌朝、サンテリが例の叫びを発し、またたくまにそれが蔓延した。保守派のニュース扇動家マット・ドラッジが、自分のウェブサイトの回転するサイレンを象ったアイコンとそれをリンクさせ、読者300万人に政治的緊急事態だと喧伝した。

数時間後に、TaxDayTeaParty.comというべつのウェブサイトがインターネットに現われ、ティーパーティの名目で反乱を拡大させた。ドメイン名は、シカゴ在住のイリノイ州リバタリアン党の党員、エリック・オドムが登録していた。オドムはその直前まで、コーク兄弟と長年、密接なつながりがある人物がCEOをつとめる、サム・アダムズ同盟という組織にいた。サム・アダムズ同盟にも奇怪な物語があり、ごく少数の裕福なイデオローグが、数年のあいだに私的資金で地下政治インフラを築いていたことを、それが実証している。

免税団体サム・アダムズ同盟

シカゴに本拠があるこの免税団体は、1773年のボストン・ティーパーティの指導者サミュエル・アダムズの名を冠している。建国の父たちを彷彿させる名称だが、ＣＥＯのエリック・オキーフはウィスコンシンの投資家だった。オキーフは、デイヴィッド・コークが副大統領に立候補したときに若いボランティアとしてリバタリアン党の運動に参加し、その後もずっと、コーク兄弟との関係をつづけた。オキーフは、その後、リバタリアン党の全国委員長に就任した。しかし、１９８３年には、コーク兄弟とおなじように、自由市場原理主義を他の手段で推し進めるようになり、ドナー向けセミナーなどの企てによって、コーク兄弟としばしば共同戦線を張った。オキーフは子供のころに『ウォールストリート・ジャーナル』やコンサヴァティヴ・ブック・クラブに影響を受け、『ワシントン・ポスト』によれば、「金もあった。家も裕福だったが、投資家としてかなりの額を儲けて、数十年間に何度も野心的な政治運動にのめり込んだが、そのほとんどが失敗に終わった」。

サム・アダムズ同盟の創設者は、公の場に出たがらないブルックリン生まれの禿頭の不動産王、ハワード・リッチだといわれている。敵と味方の両方にハウィーと呼ばれているリッチは、コーク兄弟とともに、さまざまな冒険的な政治活動に関わった。ハイエクとミルトン・フリードマンの著作に感服したリッチは、勝ち目の薄いリバタリアン運動をたゆまず支援するいっぽうで、マンハッタン、テキサス、ノースカロライナのアパートメント・ビルの買収で富を蓄積した。オキーフとリッチは、デイヴィッド・コークとともにケイトー研究所の理事をつとめている。彼らは長年結びつきがあり、多少の変化はあったが、チャールズ・コークともつながっていた。関係はいたって良好で、チャールズ・コークが理事長のジョージ・メイソン大学人文学研究所は、チャールズ・G・コーク財団のフェローを30人ほど選抜して、サム・アダムズ同盟の夏のインターンシップに送り込んでいる。

この裕福で熱心な小集団は、固く信じているリバタリアンの思想を推進する活動を、何十年もつづけてきた。ほとんどの場合、自分たちがからんでいるのが察知されないように、幾重もの偽装団体を使って秘密に活動していた。リッチはことに達人のマジシャンなみに術策が得意で、名称や形を頻繁に変え、複雑にからんでいる無数の組織の陰に、身を隠していた。マスコミと話をすることや、敵と討論することは、ほとんど拒否した。しかし、ティーパーティ以前は、はかばかしい結果は得られなかった。「32年間も打ち込んだが、不満に満ちた経験だった」と、政治運動で頻繁に組んでいたオキーフは認めている。

多選禁止運動の黒幕

この集団が1990年代初頭に進めた政治運動の目標の1つは、下院議員に任期制限を課すことだった。多選禁止の州民投票法案（訳注　間接民主主義の代表を選ぶ選挙を除く投票案件で、州民が発案し、表決するもの。27州にもうけられている）に有権者の賛成を得ようと、彼らは秘密裏に画策した。そのころ、民主党は現職議員が多かったので、より大きな痛手をこうむるはずだと、専門家が分析していた。彼らのような裕福な部外者は、それによって力を強めることができる。のちのティーパーティ運動のときとおなじように、任期制限を支持するものは、自分たちの運動は、凝り固まった権力に対するポピュリストの怒りが原動力で、草の根から生まれたといういい方をした。多選禁止の可否を決めるために1992年にカリフォルニアで行なわれた州民投票は、コーク兄弟が画策したという噂があったが、広報担当者は、直接の結びつきはなにもないと否定した。だが、州民投票に成功したあとで、『ロサンゼルス・タイムズ』が、大部分の資金の出所をたどり、ハウィー・リッチとエリック・オキーフが運営する秘密団体US多選禁止を突き止めた。コーク兄弟との結びつきもあった。同紙に追及されたフィンクは、「着手金」を提供したことを認めた。

ワシントン州でも下院議員の多選禁止州民投票が1991年に成立しかけたが、コーク兄弟と袂をわかった不遜なリバタリアン論客のマレー・ロスバードが、「コーク主義者の豊富な資金が〝草の根運動〟の背後にある」といったことを、『ニューヨーク・タイムズ』がすっぱ抜いた。支持者は「ポピュリズムの野火」と称しているが、じっさいはワシントンDCに本拠があり、デイヴィッド・コークの出資数十万ドルで設立された、議会改革のための市民と称する団体が生み出したことを、同紙は調べ上げた。「私が火花を散らしたら、炎が自然と燃えあがった」関与が暴かれると、デイヴィッドはそう弁解した。しかし、炎を煽ったのは、デイヴィッドの小切手帳だった。運動の予算の4分の3近くを、デイヴィッドに関係のある組織が寄付し、州民投票にかけるのに必要な人数の名簿を作るのに、プロの署名集め専門家を雇っていた。

やがて、最高裁が、連邦議員の多選禁止は憲法違反だと裁定した（訳注　それまでは州民投票が利用され、多選が禁止されていた）。それにより、この運動は議会レベルでは息の根をとめられたが、黒幕たちのえせポピュリズム好きは収まらなかった。

繁栄のためのアメリカ人

リバタリアニズムの後援者たちは、大衆に支援されているという雰囲気を、なおも金で買おうとした。２００４年、コーク兄弟があらたに発足させた顧問団体、繁栄のためのアメリカ人（ＡＦＰ）が、最初の冒険的な活動を開始し、納税者権利章典と名付けられた、過激な法案を提起した。この法案は、州の立法府の権限を大幅に制限し、増税はすべて州民投票を経なければならないとしていた。ＡＦＰは、納税者権利章典の最初の戦場にカンザスを選んだ。おりしもコーク兄弟は、地元の州で諮られていた増税案と戦っているところだった。陰で多額の費用を出していることに、激しい抗議の声があがったにもかかわらず、ＡＦＰはテレビＣＭに莫大な金を使い、増税案は潰された。

２年後の２００６年、制限された政府のためのアメリカ人という団体をリッチが設立・運営し、８００万ドルを注ぎ込んで、さまざまな州民投票法案を推進しようとした。なかには、土地利用法が土地所有者にあたえる影響を賠償することを求める法案もあった。支持者たちは、またしても幅広い草の根の支援だと唱えた。しかし、センター・フォー・パブリック・インテグリティの調査で、じっさいには組織の資金の99パーセントを、わずか3人のドナーが提供していて、いずれも名前を公開していないことがわかった。巨額の支出にもかかわらず、過激な反政府法案は、ほとんどの地域で否決された。

ほどなくイリノイ州は、義務付けられている財務諸表の提出を怠ったことを理由に、リッチの組織の慈善事業認可を取り消し、２００６年に組織はシカゴの本部を閉鎖した。この時点で、制限された政府のためのアメリカ人は、リッチが運営するＮＰＯ数社が本部を置いている、ヴァージニア州フェアファックスに移転していた。いっぽう、シカゴでは、もとの住所に新しい免税団体が突然発足し、サム・アダムズ同盟を名乗った。

制限された政府のためのアメリカ人の理事をつとめていたエリック・オキーフが、その新組織の会長兼CEOに就任した。「われわれは黙っていない」以前にウィスコンシン州で選挙運動資金法違反の捜査を受けたとき、オキーフは明言した。サム・アダムズ同盟のその年の資金が、情報未公開の謎のドナー1人が提供した370万ドルだったことが、納税記録によって判明した。

自発的に見せた抗議行動

2008年夏、バラク・オバマが大統領当選を確実にしつつあったころに、サム・アダムズ同盟のエリック・オドムは、のちにティーパーティ運動を組織するのに役立つ、オンライン通信手順を試用しはじめていた。ワシントンDCの連邦議会下院で右派のフラッシュモブ（訳注　SNSなどで示し合わせ、なにげないふりをして公共の場所に集まり、一斉になにかの集団行動を引き起こすこと）を引き起こそうとして、オドムはツイッターを試した。オドムと、オドムの友人で、「右派の巨大な策略のプラカード持ち」を自称する28歳のブロガー、ロブ・ブルーイが、「行くな」運動と称するものを創りあげた。ツイッターでメッセージを送り、海底油田とガス田を合法化する採決を予定に組み入れるよう民主党の下院指導部に要求し、受け入れられなかったときには、共和党議員は夏休みの帰郷を拒むようにと指示した。

ツイッターの実験は、驚くほどうまくいった。その8月、保守派下院議員や石油業界のロビイストなど、海底油田の支持者が、下院になだれ込み、一見自発的のような荒々しい抗議行動を行なった。彼らは「行くな！」とか、「ここを掘れ！　いま掘れ」というようなスローガンを唱えた。海底油田掘削制限は撤回されなかったが、反乱の首謀者の1人、アリゾナ州選出のジョン・シャデグ下院議員は、抗議行動は「ボストン・ティーパーティの2008年版だった」と勝ち誇った。

6カ月後、サンテリの叫びの直後に、エリック・オドムは「行くな」リストを再稼働させた。前回とおなじ1万人の筋金入り保守派の当事者に、行動を呼びかけた。オドムとブルーイは、彼らの連絡情報を収集していた。オドムは、べつの活動家たちとともに、全米ティーパーティ同盟も結成した。ディック・アーミーのフリーダムワークスや、コーク兄弟の繁栄のためのアメリカ人（AFP）の運動員も、そこに含まれていた。AFPはすぐにTaxPayerTeaParty.comというウェブサイトを登録し、全国で集会を計画する50人ほどのスタッフの連絡網に使った。

運動員がオンラインで各部隊を結びつけるとともに、初の全国的なティーパーティ抗議行動の日が2月27日に決まった。その日、アメリカのあちこちの都市で十数件の抗議行動が行なわれた。ティーパーティ組織は、参加者が3万人だったと主張したが、会場の多くは入りがまばらだった。しかし、4月15日に2度目の「税の日」ティーパーティ集会が全米で開かれたときには、人数は10倍の30万人に膨れ上がっていた。

普通の市民はわずかしかいない

ヘリテージ財団、ケイトー研究所、繁栄のためのアメリカ人（AFP）が、講師、論題、プレスリリース、輸送手段、その他の後方支援を提供した。進歩的なウェブサイトThinkProgressを運営するブロガーのリー・ファングは、ティーパーティ運動が自然発生なのか、それとも人造の「人工芝」なのかという点に、最初に疑問を投げかけたうちの1人だった。ＡＦＰが急に「東海岸から西海岸に至る」抗議行動を計画し、フリーダムワークスがフロリダ州で現地の集会を乗っ取ったかのように見えることを、ファングは指摘した。抗議行動をトップダウンで管理されるのをよしとする人間ばかりではないのだ。「ＡＦＰのやり方は、一部のティーパーティ支持者を怒らせた」リバタリアンのブロガー、ラルフ・ベンコは当時をふりかえって語る。「その連中は車で戸別訪問し、Ｔシャツを着て、写真を撮り、チャールズ［コーク］に送りつけ、〝見てくれ。おれたちはあんたの金ですごいことをやっているんだ〟という」

『What's the Matter with Kansas?』の著者トーマス・フランクは、２００９年2月にホワイトハウスの向かいのラファイエット広場で開かれた、最初のころのティーパーティ集会をわざわざ見にいった。「完全に仕組まれたものだ」と、フランクは断言した。「常連が勢ぞろいしていた。フリーダムワークス、〝配管工のジョー〟、『アメリカン・スペクテーター』誌。独立戦争時代の扮装をして、〝おれを踏みつけにするな〟と書いた旗を持っている人間や本物の活動家がいて、ふつうの市民はわずかしかいなかった」とフランクはいう。「しかし、保守派の人間によって、しっかりと組織化されていた。やらせだというのは当時から見え見えだったし、保守派がお膳立てをしていた。しかし、そのうちに人気が出た」一部がいうように「ティーパーティは堕落させられたわけではない」と、フランクはいう。「生まれたときから堕落していた。とはいえ、コーク兄弟のような後援者にとっては大成功で、企業の私利を市井の人々の運動に化けさせることができた」

オバマを「最悪のうすのろ」と表現

コーク兄弟は関与を否定しつづけているが、レーガン政権のスタッフだった威勢のいいベテラン運動家のペギー・ヴェナブルは、1994年からずっと、政治運動家としてコーク兄弟に雇われ、テキサスで活動してきた。繁栄のためのアメリカ人（AFP）のテキサス支部長に就任したヴェナブルは、ティーパーティ運動で重要な役割を果たしたことを自慢している。「私は、ティーパーティが流行る前から、メンバーだったんですよ！」コーク兄弟が後援し、オースティンで開かれた、〝アメリカの夢を守る〟という政治イベントでのやりとりで、ヴェナブルはそう口走った。さらに、ティーパーティ運動が軌道に乗ったとき、政策の詳細について活動家たちを「教育する」のをAFPが手伝ったと説明した。活動家の政治エネルギーをもっと「効果的に」集中できるように、集会後に支援者たちに「つぎの段階の訓練」をほどこしたという。また、AFPは、怒れる抗議行動参加者たちに、ターゲットにする議員のリストを提供した。コーク兄弟の広報責任者に相談しないでインタビューに応じたヴェナブルは、コーク兄弟についてさもうれしそうに語った。「たしかに私たちの仲間です。デイヴィッドは私たちの理事会の理事長です。たしかに、私はコーク兄弟に会ったことがあります。お2人がやってくださることに、深く感謝しています」ヴェナブルはいい添えた。「ティーパーティがやっていることを私が気に入っているのは、それが本来のアメリカを取り戻す方法だからです！」

ヴェナブルは、ティーパーティの「市民指導者」数人を、サミットで表彰している。AFPテキサス支部は、〝今年の優秀ブロガー賞〟を、シビル・ウェストという若い女性にあたえた。ウェブサイトに書いた文で、ウェストはオバマを「最悪のうすのろ」と表現し、「悪魔つき」（統合失調症のこと）の症状が出ていると推測していた。

サミットのケータリングの昼食会のときに、ヴェナブルは、元テキサス訟務長官で、のちに上院議員に当選する、テッド・クルーズを紹介した。クルーズは聴衆に向かって、オバマは「オーヴァル・オフィスを占領した大統領のなかでもっとも過激」で、選挙民に隠した秘密の政治目標があると語った。「それはわれわれの経済と暮らしを、政府が乗っ取ることだ」オバマとの戦いは、「私たちの世代の勇壮な戦いになるだろう！」とクルーズは断言した。聴衆が立ちあがって拍手喝采すると、クルーズは、アラモの砦の戦いで、あるテキサス人が口にした不敵な言葉を引用した。「勝利か、それとも死か！」

怒りを大規模な政治運動へ変えた

ティーパーティ運動の初期にもっとも大きな役割を果たした組織は、なんといっても、ＡＦＰと不仲になったフリーダムワークスだった。フィリップモリスのような企業や、リチャード・メロン・スケイフのようなビリオネアの寄付が、フリーダムワークスの資金源だった。「ティーパーティが軌道に乗ったときには、それを効果的な運動にするのに、フリーダムワークスがもっとも貢献したというつもりだ」とアーミーが述べている。

いまにして思えば、ブレンダン・スタインハウザーという若い補佐官の働きが大きかったと、アーミーは認めている。スタインハウザーは、州と連邦の運動で組織を指揮していた。サンテリの叫びの直後にウェブサイトを立ちあげ、それで支持者に実際的な助言をひろめられるようになった。どうやって集会を計画し、どういう問題に抗議すればよいかを、スタインハウザーは支持者に教えた。オバマの景気刺激のための支出が、ターゲット・リストの上のほうにあった。スローガンやプラカードについても提案し、活動を調整するために国中のティーパーティ活動家50人以上が毎日行なっていた電話会議を支援した。やがて、フリーダムワークスは、9人編成のプロフェッショナル支援チームを、現場活動に派遣するようになった。スタインハウザーが「フリーダムワークスのウェブサイトを見つけて電話をかけてくる人々と、何時間も応対していた」のを、アーミーは憶えている。「フリーダムワークスのほかのスタッフは、最初のうちはそれを見て笑っていた」だが、スタインハウザーは、組織化されていなかった怒りを大規模な政治運動に変えた、とアーミーはいう。「スタインハウザーは、そういう人々に、なにをやればいいかを教えた。訓練をほどこした。フリーダムワークスがなかったら、ティーパーティ運動はけっして軌道に乗らなかっただろう」アーミーはのちにそう述べている。

アーミーが中央政界の政界関係者だということ自体が、ティーパーティは反エリートだという埒もない言説を打ち消している。アーミーは下院議員を18年つとめ、ブリストル・マイヤーズスクィブといった大手薬品会社のような企業クライアントを抱えているDLAパイパー法律事務所で、ロビイストとして年間75万ドルの報酬を得ているという。しかし、ビリオネアの支援も有益だった。生まれたばかりのティーパーティ運動に、彼らは組織と政治指針をあたえた。それがなかったら、ティーパーティ運動は、ウォール街を占拠せよ運動とおなじように消滅していたかもしれない。見返りとして、抗議運動を行なっていた人々は、ビリオネアのドナーが金で買えないもの——彼らの企みを正当な政治目標に見せかけるのに必要な数の支持者——を提供した。アーミーがいうように、「私たちはこの孤独な作業を、何年もつづけてきた。私たちにしてみれば、救援の騎兵隊が駆けつけてくれたようなものだ」。

金でメディアを買う

のちに判明するが、フリーダムワークスは重要な支援も金で買っていた。フォックス・ニューズのテレビ番組で扇動的な発言をくりかえす右派司会者のグレン・ベックと、ひそかに取引をまとめていたのだ。当時のベックは、ティーパーティのスーパースターだった。最大で年間１００万ドルの報酬で、ベックはフリーダムワークスのスタッフが書いた「埋め込みコンテンツ」を読んだ。オンエアで話すことを、フリーダムワークスが指示し、ベックはそれが自分の意見であるかのようによどみなく語りに盛り込んだ。フリーダムワークスの公開された税務記録は、この手段を「宣伝費」に計上している。

「適度に使えば有効な道具になると、私たちは考えたが、やがて調子に乗ってやりすぎるようになった」と、アーミーはこの手段のことを回想して、そう述べている。「活動家や支援者には秘密にしていた。運動の英雄であるこの有名人が、自分たちのことを吹聴してくれるのが重要だというような幻想を、彼らは抱いてしまったんだ。メディアに報じられるに値することをやらないで、メディアを金で買ったんだ」

ベックの考え方は、偏執的な政見でジョン・バーチ協会創設のヒントをあたえた過激な論客、W・クリオン・スコウセンの影響を受けていた。ベックは、フレッド・コークのような昔の過激な保守派の思想を、ニュース番組なみの規模で、1日200万人の視聴者にひろめた。フランク・ランツは、歴史的な影響があったと述べている。「サンテリの叫びが、アッパー・ミドルクラスと投資家たちを目覚めさせ、グレン・ベックがそれ以外の人間すべてを目覚めさせた。グレン・ベックの番組が、ティーパーティ運動を生み出したんだ」ランツはなおもいう。「2009年の税の日にはじまり、7月にはタウンホール・ミーティング（訳注　政治家が地元の有権者と対話する集会のたぐい）で、爆発的に拡大した。3カ月で大衆運動を創出できたんだ」

もう1つの要素は、オバマが対決を避け、論破しようとしなかったために、ウォール街に臆病者と見なされたことだった。フランクリン・ルーズヴェルト大統領は、1期目の就任演説で、大恐慌の主犯は「両替商」どもだと非難した。オバマの発言はもっと控え目だった。批判勢力は、数週間のあいだに、オバマはポピュリストのマントを敵であるティーパーティに譲ったと宣言した。「ポピュリストの巻き返しが明らかになっていたときに、オバマは右派が条件を決めるのを許してしまった」と、リベラルの『ニュー・パブリック』誌のジョン・ジュディスは批判する。

白人だったらありえない非礼

スタインハウザーは、ティーパーティが人種差別やその他の憎悪《ヘイト》の兆候を示すのを規制していたが、オバマ就任から2カ月とたたないうちに、白人のデモ隊が「いますぐ弾劾しろ！」や「オバマ・

嘘ついてた《ビン・ライィン》」といったプラカードを掲げて、道路や公園を占拠するようになった。オバマの似顔絵がポスターに貼られた。顔が真っ白に塗られ、口が裂けそうに描かれて、まるで映画『ダークナイト』のジョーカーのようだった。眼窩は黒く、ゾンビのような死んだ目つきで、「社会主義」という言葉が描かれていた。インターネットの営利事業で、積極行動主義を唱えるレジストネットは、「オバマ＝ヒトラー」と題した動画をウェブサイトで流した。2月27日の集会で、参加者の1人は、この団体に属していると告げ、議会を奴隷所有者、納税者を「ニガー」と呼ぶプラカードを掲げた。オバマの画像はフォトショップで編集され、鼻に骨を通した原始的なアフリカのまじない師に仕立てあげられた。

コーク兄弟の政治顧問のフィンクは、差別主義に困惑したと明言している。しかし、デイヴィッド・コークは、オバマはアフリカ人だというまことしやかな主張に同調しているが、事実とはまったく異なる。オバマはアメリカに生まれた。幼児のときにケニア人の父親は、母親と離婚して帰国した。オバマはほとんどハワイで母親に育てられ、成人するまでアフリカ大陸に行ったことはない。それにもかかわらず、その後、保守派批評家のマシュー・コンティネッティのインタビューで、デイヴィッドは内心を吐露し、オバマを「われわれの国が抱え込んだもっとも過激な大統領」で、過激主義はアフリカの先祖から受け継いだものだと思うと述べている。「彼の父親はケニアの筋金入りの経済社会主義者だ。オバマは父親と顔を合わせて交流するようなことはなかったが、私がさまざまな資料に目を通したところでは、父親の見解をかなり尊敬しているようだ。つまり、オバマは反企業と反自由企業制の影響力を、生まれたときからずっと受けている。弁の立つ人間になにが達成できるかという好例だ」

オバマとおなじように黒人と白人の血を引くビル・バートンは、「オバマの右派との関係は、彼の人種を計算に入れないと理解できないだろう。だれも口にしたがらないが、人種の要素があるのは否定できない。彼らは、オバマが白人だったらありえないような扱いをしている。オバマに対する非礼は限度を超えている」

オバマ大統領就任の翌月末、『ニューズウィーク』が、「われわれはみんな社会主義者になった」とする、冷やかし半分の特集記事を載せた。高尚な『ニューヨーク・タイムズ』までもが、オバマはアメリカの主流からはずれているという右派の決めつけを取りあげた。大統領へのインタビューで、同紙はオバマに社会主義者かと質問した。オバマはひどく驚いたようで、あとで同紙に連絡して回答した。「社会主義者かという質問を本気でしたとはとうてい信じられません」と述べ、「銀行株を大量に買い込んだのは、私ではなく前のジョージ・W・ブッシュの共和党政権でした。財源もなしに大規模な社会保障と処方薬の政府負担を新たに導入したのも、私が就任する前のことでした」と指摘した。

オバマケアなら死んでいたと主張

オバマが経済について守勢にまわっているとき、べつの攻め口が、裕福な資金援助者たちの関心をひそかに捉えていた。コーク兄弟が1月にパームスプリングズでひそかに開催したサミットで、最大ドナーの1人、ランディ・ケンドリックが、1つの疑問を投げた。ケンドリックは、白い髪を肩まで垂らし、派手なジュエリーを身につけて、とても民衆扇動家には見えないが、歯に衣を着せない弁護士だった。何十年も前に女性運動をやめて、フェニックスの極右リバタリアン・シンクタンク、ゴールドウォーター研究所で理事になった。夫のケンとともに、メジャーリーグのアリゾナ・ダイヤモンドバックスの共同所有者とマネージング・ジェネラル・パートナーをつとめ、人もうらやむ富を保有している。

ウェストヴァージニア州出身のアール・〝ケン〟・ケンドリックは、コンピュータのソフトウェアを大学に供給するデータテルを創業し、ミリオネアになった。その後、テキサスのウッドフォレスト・ナショナル銀行を買収した。ウッドフォレスト・ナショナルはプライベート・バンクで、2010年には、当座貸越に高利の手数料をかけた件で、3200万ドルを返済し、制裁金100万ドルを支払わなければならなかった。ケンドリック夫妻は筋金入りの経済・社会保守派で――とはいえ、ダイヤモンドバックスのスタジアムは州の補助金を受けているし、そこへの公共交通機関も州が敷設した――オバマの当選に怖気をふるった。2人はコークのドナー・ネットワークに創立時から加わっていて、億単位の寄付を行なったこともある。彼らの気前のよさには、見返りがあった。ケンドリック夫妻は、人文学研究所やジョージ・メイソン大学のマルカタス・センターのような、コーク兄弟のお気に入りの機関を支援していた。いっぽうコーク兄弟は、ケンドリック夫妻がアリゾナ大学に設立した「フリーダム・センター」を支援していた。そこでケンドリック派の哲学教授が、学生に「自由《フリーダム》」を教える。

ランディ・ケンドリックは、オバマがアメリカのヘルスケア・システムを根本から変革するのを阻止するために、自分たちはなにを予定しているのかと問いかけた。ランディは、元民主党上院議員トム・ダシュルが2008年に上梓した『Critical: What We Can Do About the Health-Care Crisis』を読んでいて、警戒を強めていた。ダシュルはオバマの考えを反映して、国民皆医療保険に賛成しているのではないかと、ランディは警告した。ダシュルはオバマ政権の保健福祉長官になるはずだった。ダシュルが提案したような計画を、新政権が採用すれば、企業は痛手をこうむり、患者に害が及び、自分たちの生きているあいだに最大の社会主義者政権が支配することになる、とランディはいった。強硬な態度だった。「オバマを阻止しなければならない。どういう計画があるの?」

ランディ・ケンドリックは、熱烈に弁じた。彼女は政治的な理由だけではなく、個人的な理由から、ヘルスケア問題に関心を抱いていた。脚を怪我したあと、自費治療を選ばなかったら、一生車椅子から離れられなかったはずだと、ランディは論じた。最初は、珍しい疾患があるので、危険だから手術できないといわれた。しかし、評判の高いクリーヴランド・クリニックの専門医が、有効な治療法を見つけた。ランディは手術を無事に終え、いまはティーンエイジの双子の活発な母親になっている。「カナダやイギリスのような政府のヘルスケアがアメリカでも行なわれていたら、自分は死んでいたと、ランディは確信しているのよ」匿名を希望したランディの友人は、そう打ち明けた。

力強い証言だったし、コーク・セミナーに出席していたドナーたちは、たいへん感動した。しかし、オバマ政権が提案しているのは、カナダやイギリスのような政府のヘルスケアではない。オバマの患者保護並びに医療費負担適正化法が実行されたあとで、ランディ・ケンドリックの治療を担当した、クリーヴランド・クリニック・ラーナー医科大学の分子医学教授ドナルド・ジェイコブソンに話を聞くと、気前のいい寄付者だったことを憶えていた。しかし、彼女が受けたような治療はオバマのヘルスケア計画によって危機に瀕するという主張は馬鹿げていると、一笑に付した。「オバマケアで私たちの研究が細るというようなことは、絶対にない」と、ジェイコブソンは断言した。「しかし、右翼の保守派とティーパーティの差し押さえ戦術（訳注　共和党指導部がオバマとの交渉で債務上限引き上げと引き換えに課した、予算強制削減機能。２０１２年予算管理法に盛り込まれ、超党派の予算削減委員会が有効な案を打ち出せなかったときには、トリガーが作動して予算が強制的に削減される）は、医療研究の進歩を妨げている。国立衛生研究所が被害を受けているし、研究者はみんな資金を得るのに苦労している。非難されるべきなのは、患者保護並びに医療費負担適正化法ではなく共和党だ」

だれにカネを渡せばいいの？

とはいえ、ケンドリックが感情的な演説を終えたとき、コーク兄弟は気まずそうに沈黙していたと、サミットに詳しい出席者2人はいう。コーク兄弟はむろん、検討されている国民皆医療保険も含めて、政府の社会福祉プログラムすべての拡大に反対していた。しかし、情報源によれば、その問題にはあまり注意を払っていなかったという。ヘルスケア産業がみずからの権益のために戦うはずだと、コーク兄弟は想定しており、自分たちが介入する必要はないと考えていた。ところが、オバマ政権はヘルスケア産業の大部分と取引を結び、大幅な支援を勝ちとった。「彼らはその問題に備えていなかった」と、情報源の1人が語った。

その後、オバマケアへの反対を画策したのはコーク兄弟だという評判が立ったが、じっさいに扇動したのはケンドリックだった。政府の運営するヘルスケアやその他の健康保険にアリゾナ州が州民を強制加入させるのを防ぐために、彼女と数人のマルチミリオネアが資金を出したが、不首尾に終わった。しかし、ケンドリックはあきらめなかった。意志強固だったし、つねに自分のやり方を押し通した。数週間ごとにシンクタンクに現われるケンドリックについて、元の同僚は語っている。「たいがいみんながならんで、花束を渡すのよ。まるで女王を出迎えるみたいに」

アリゾナで敗北したケンドリックは、全国的な戦いを展開すると誓った。「だれに資金を渡せばいいの?」実質的にケンドリックの専属政治コンサルタントになっていた、アリゾナ州の共和党政治運動家、ショーン・ノーブルに、ケンドリックはたずねた。『ナショナル・レヴュー』のイリアナ・ジョンソンによれば、ケンドリックは強い口調で質問したという。「これをやっているのは、どの組織?」

ダークなマネー団体

ケンドリックに頼まれたノーブルが、その分野を調査すると、オバマにヘルスケア問題で挑んでいる組織は、2009年はじめの時点では皆無に近いとわかった。いずれにせよ、団体の主な目的に関わりがあれば政治活動ができる、免税の「非公益非営利団体」に認定された、501(c)(4)のNPOは、一社もなかった。従来の政治組織とは異なり、こういったNPOは、IRS(内国歳入庁)に報告するだけですむので、ドナーの身元を大衆から隠すことができる。この手のいわゆるダーク・マネー団体が、コーク・ネットワークのメンバーのように、大衆に気づかれずに政治を動かしたいと考えている富裕層にとって、きわめて魅力的だということを、ノーブルはよく知っていた。

ノーブルは、元のボス、ジョン・シャデグとともに、コーク・セミナーに出席した。シャデグは、アリゾナ州選出の忠実な保守派共和党下院議員で、父スティーヴンはバリー・ゴールドウォーターの選挙参謀で無二の親友だった。ノーブルは10年以上、シャデグのもとで働き、やがてアリゾナ州の下院議員事務所の首席補佐官になった。しかし、２００８年に、ノーブルは独立を決断し、故郷のフェニックスでノーブル・アソシエーツという政治コンサルタント会社を開業した。シャデグの主な支援者だったケンドリックが、格好のクライアントだった。ランディ・ケンドリックとノーブルは、何年も緊密に仕事をしていた。ケンドリックが長々と演説した1月のコーク・サミットには招かれていなかったが、そのあとでケンドリックが電話して、ノーブルに手伝ってほしいといった。ノーブルは開業したばかりで、ヘルスケア改革に対抗する運動を開始したいというケンドリックの依頼と、コーク・ネットワークにケンドリックが参加していることは、大きな利益を生み出すビジネスチャンスだった。

堕胎反対のリバタリアン

ノーブルは、ワシントンＤＣの政治メジャーリーグの一線級プレイヤーではなかったが、尊敬されていたし、人を惹きつける魅力にあふれていた。引きしまった体つきで、髪はブロンド、鬢にすこし白いものが混じっているのが、童顔のノーブルにすこし重みをあたえていた。出しゃばらず、楽しい相手だった。政敵までもが、好意を抱いていた。ノーブルは、アリゾナ州ショーロウ――入植地を賭けてポーカーをやった男たちのやりとりにちなむ町名（訳注　show lowは「低い役を見せろ」の意味）

──という小さな町に生まれ育った自分のことを、「レーガンの申し子」だといっている。幼いころは、ラジオから国歌が流れると同時に起きて、胸に手を当てながら聞いた。母親は主婦、父親は歯科医で、いずれもアメリカは約束の地だと信じているモルモン教徒だった。家庭ではバリー・ゴールドウォーターが英雄で、ジミー・カーターは悪漢だった。1976年にカーターが大統領に当選すると、ソ連が世界を乗っ取ると母親が警告した。大学に入学するころには、ノーブルは保守派候補者のために働き、やがてシャデグの目に留まった。その間に結婚し、5人の子供をもうけ、フェニックスのワード（訳注　モルモン教の教区の最小単位）の司教になった。堕胎反対でリバタリアンのノーブルは、1988年にロン・ポールに投票した。あらゆる面でコーク・ネットワークにうってつけの人物だったが、1つだけまずい点があった。ノーブルはおしゃべりで、崇高な思考《ノーブル・シンキング》という個人のブログに、しじゅう寄稿せずにはいられなかった。だが、オバマのヘルスケア計画に私的な資金で対抗するには、隠密性が欠かせない。

でっちあげのテレビCM

2009年4月16日、ノーブルとケンドリックが計画に着手し、患者の権利擁護センター（CPPR）がメリーランド州で法人化された。といっても、フェニックスの北にある砂漠の道路沿いに建っている、ボールダー・ヒルズ郵便局の鍵のかかった私書箱72465号があるだけだった。その後の記録で、ノーブルが組織の理事長であることがわかった。活動は秘密に包まれ、2013年の宣誓証言で、だれに雇われているのかと質問されたノーブルは、守秘の取り決めがあるといって、回答を拒んだと、調査報道NPOのプロパブリカがのちに報じている。

弁護士の質問に対して、ノーブルはいった。「だれのために働いているかはいえません」

「ちょっと待ってください」弁護士が口を挟んだ。「私はあなたに、給与はどういうふうに取りきめられたのかと質問したんですよ、あなたは、ある人々と2009年に話し合ったといいましたが、それがだれなのかをいうのは拒否するんですね」

「拒否します」ノーブルは答えた。

ドナーの身元ははっきりしないままだったが、ノーブルの後援者が莫大な金を持っていることだけは、税務記録から明らかになっている。6月までにCPPRは、寄付金300万ドルを貯め込んでいた。2009年末には、1300万ドルに達していた。そのうち1000万ドル以上が、繁栄のためのアメリカ人（AFP）を含む他の免税団体に、すみやかに渡された。それらの組織が、すぐに先導してオバマのヘルスケア計画を攻撃した。2010年末までに、CPPRの私書箱経由で流れる金は、6200万ドルに達し、その大部分がコーク兄弟のドナー・ネットワークを通じて募られていた。

この地下資金供給の存在がはじめて察知されたのは、「生存者」というテレビCMがきっかけだった。ショーナ・ホームズというカナダ人女性が登場し、「私は脳腫瘍にかかって生き延びました」と告げる。しかし、カナダ政府のヘルスケアによる治療を待つしかなかったら、「死んでいたでしょう」。しかし、アリゾナで治療を受けたので命を救われたという。その後、事実調査団体により、ホームズの劇的な物語がかなり疑わしいことが暴かれた。カナダのヘルスケア当局が彼女を迅速に治療しなかったのは、下垂体の良性嚢胞だったからだった。しかし、デイヴィッド・コークが理事長をつとめる免税組織の慈善部門である繁栄のためのアメリカ人財団は、２００９年夏にこのテレビＣＭのために１００万ドルを支出した。

メッセージ性の強いこのＣＭを制作したのは、ラリー・マッカーシーという、ワシントンＤＣの老練なメディア・コンサルタントだった。マッカーシーは、殺人罪でマサチューセッツ州の刑務所に終身刑で服役していたアフリカ系アメリカ人が、週末の一時仮出所を許され、数々の犯罪を犯したことを取りあげた、人種差別的な「ウィリー・ホートン」広告の制作者として有名だった。１９８８年の大統領選挙で、民主党のマイケル・デュカキス候補が犯罪に甘いという印象をあたえるのに、この宣伝は役立った。マッカーシーは、恐怖を植え付けるなどして、感情的なメッセージをでっちあげることで悪名高い。民主党の世論調査員ピーター・ハートは、長年、敵として、ときには味方として仕事をしてきたマッカーシーについて、「暗殺を望んでいるなら、史上最高の射撃の名手を雇ったことになる」と述べた。その春、あり余る資金でノーブルはマッカーシーを雇った。

嘘だらけのレッテル貼り

ＣＰＰＲは、着々と活動していた。ノーブルの勧めで、ＣＰＰＲはその春に、共和党の世論調査員兼宣伝担当のフランク・ランツにも、ひそかに報酬を払い、オバマのヘルスケア提案を攻撃する最善策についての市場調査を行なった。ランツは、オリン財団をのちに運営するペンシルヴェニア大学の政治学教授ジェイムズ・ピアソンの生徒だった。保守派運動の組み立て方を学び、エリートの意見を大衆にわかりやすく伝える通訳のような役目を果たしていた。「シンクタンクが思想を創造する場になったので、私はそういう考えを説明する人間になった」とランツはいう。「話をよく聞いて処理するのが、私の主な仕事だ」物事を伝える道具としては、「シンクタンクはまったく役に立たない」と、ランツは認める。だから、自分のような「政策起業家」が長い列をなし、幅広い層に訴えるように問題を組み立て直し、裕福な支援者たちの政治目標を大衆にひろめる、のだという。

世論調査、フォーカス・グループ、「即応ダイヤル・セッション（訳注　相手の誘意性を計る尺度を備えたフォーカス・グループ）」を使って、ヘルスケア攻撃の文言を整えてから、ランツはミズーリ州セントルイスの平均的なアメリカ人に電話で聞き取り調査を行なった。この調査によって集めたデータは、4月に28ページの秘密文書にまとめられ、その時点では、オバマのヘルスケア計画に反対する世論の盛り上がりがないことが明らかになった。それどころか、逆に支持が高まっていた。オバマのプログラムに大衆が反対するように仕向ける、もっとも有効な手段は、「政府による乗っ取り」というレッテルを張ることだと、ランツは助言した。「乗っ取りはクーデターのようなものだ。独裁者が君臨し、自由が失われる」とランツは書いている。

「ヘルスケアの〝政府による乗っ取り〟というキャッチフレーズは、私が創造した。そのとおりだと確信している」とランツは主張し、「2010年にオバマを打ち負かすのに必要な武器を、それが共和党にあたえた」と指摘した。だが、ほとんどの専門家が、そのキャッチフレーズはかなり的外れだと考えている。なぜなら、オバマ政権はアメリカ国民に、政府ではなく営利企業の民間健康保険に加入することを提案しているからだ。それどころか、オバマ政権は、政府の保険プログラムを選びたい国民向けの「公共オプション」を支援せず、個人が加入した健康保険を保証することを政府に義務付けているので、進歩派は激怒している。これはヘルスケアの国営化を阻もうとするヘリテージ財団がまとめあげた、保守派の提案だった。ランツのキャッチフレーズは、まったく間違っていたので、超党派の事実確認団体ポリティファクトの「今年の嘘大賞」に選ばれた。しかし、政権上層部の保守派が記録をおずおずと修正しようとしているあいだに、ランツの欺瞞的なキャッチフレーズは定着してしまい、恐怖と怒りにかられた有権者を煽って、その多くがティーパーティの抗議行動に参加するようになった。

「草の根」をかたる「人工芝」運動

ノーブルの戦略は、ターゲットを入念に選んでいた。中傷広告は上院財政委員会の委員の州に狙いをつけていた。ヘルスケア法案はその委員会で起草されるし、本会議にかけられるには委員会の可決が必要になる。オバマのホワイトハウスは、委員長のモンタナ州選出上院議員マックス・ボーカスに、絶大な権限をあたえ、超党派の支援を取りつけることを一任していた。ボーカスは、散発的に共和党筆頭のアイオワ州選出上院議員チャック・グラスリーの協力を求めていた。ノーブルは、上院財務委員会について調査し、圧力をかけやすそうな委員と、採決を左右しそうな委員を選び、ターゲットのリストをルイジアナ、ネブラスカ、メイン、アイオワ、モンタナの5州に絞り込んだ。充分な圧力をかければ、グラスリーとボーカスを両方ともくじけさせることができると、ノーブルは確信した。

その時点では、オバマのヘルスケア案を阻止できると思っていたものは、ほとんどいなかった。保守派の反対は、ちがう問題に向けられていた。ノーブルは、説得できそうな上院議員に「草の根」の圧力をかける必要があったが、有権者がまだ足並みをそろえていなかった。上院の夏休みが近づいたところで、大きな賭けに出た。「夏休みをぶち壊さなければならないとわかっていた」ノーブルは、『ナショナル・レヴュー』に語った。そこで、アリゾナ時代の旧友、ダグ・グッドイヤーに助けを求めた。グッドイヤーのDCIグループは、広告会社だと唱えていたが、じつは、まぎらわしい広告の雛形を創ったタバコ産業をはじめとする、膨大な資金を有する大企業のために、偽の「人工芝」宣伝活動を行なうのが専門だった。

DCIグループのマネジング・パートナー兼CEOのグッドイヤーは、1996年に共和党の選挙運動員2人とともに同社を創業するいっぽうで、大手タバコ産業R・J・レイノルズの広報も引き受けていた。ありきたりの宣伝手段だけでも、ひどい有毒物質のマーケティングに成功できることを、3人はその仕事から知った。R・J・レイノルズがその後の訴訟の和解に際して公表を命じられた、1990年の内部文書によれば、会社がなにによって財政上の利益を得るかをごまかすことが肝心だという。タバコの販売という問題を表に出さず、「喫煙権」を主張する偽の団体を作り、喫煙の規制は自由という根本的な権利に反していると唱えさせる。あるいは、ティム・ハイド——DCIグループの共同創業者3人のうちの1人で、当時、R・J・レイノルズの全国現場活動の責任者だった——は社内文書に、会社は「自由、選択、プライバシーなど、いくつかの問題を1つにまとめて幅広い連合を築く」ような「運動を創出する」必要があると記している。「会社は2本の路線を進むべきだ」とハイドは書いている。1本は「DC－ニューヨーク回廊の知識人の路線」で、新聞の特集記事、訴訟、専門のシンクタンクの研究で、エリートの議論の流れに影響をあたえる。もう1本は「草の根の組織と主に地方の路線」で、フロント団体を使い、大衆の政治的支援があるように見せかける。

DCIグループが2009年の時点で、この後ろ暗い技術で抜きんでていたことを、ノーブルは知っていた。DCIグループは、共和党と強い結びつきがあり、エクソンモービルをはじめとする大企業や、ミャンマーの軍事政権の仕事を引き受けていた。グッドイヤーはことに、「人工芝」運動に隠れて企業のロビー活動を行なうのに熟達していた。だが、DCIグループには、ほかにも得意技があった。エクソンモービルのために働きながら、アル・ゴアが環境問題について嘆く映画『不都合な真実』を揶揄し、ひそかにパロディーのアニメを制作して発表した。それがたちまちひろまり、『アル・ゴアのペンギン軍』と呼ばれるようになった。インディー系のアニメ映画にDCIが関わっていたことがわかるのは、だいぶたってからだった。ロビー会社はある程度まで情報を開示しなければならないが、政治圧力を駆使できる広告会社は、金の出所を隠すことができる。

活動資金をばらまく謎の幽霊組織

ノーブルの患者の権利擁護センター（CPPR）は、まもなく他のNPOに何百万ドルもばらまきはじめた。いくつかは、DCIグループの正体を隠す幽霊組織だった。CPPRは6月に、患者の権利を守るための連合という、まぎらわしい名称の組織に、180万ドルを提供した。DCIグループの会計士が、ヴァージニア州でその月に設立した組織で、その資金はすぐさまDCIグループにまわされた。やがて、アメリカ医療協会の元会長ドナルド・パルミサーノが、「医師主導同盟」という新組織の代表として全国的なメディアに登場し、オバマのヘルスケア提案を攻撃した。パルミサーノは、医療関係者ではないドナーに雇われて組織の代弁をしていることは認めたが、ドナーの名前を明かすことは拒んだ。

ＤＣＩグループのおなじ会計士の名が、べつのワシントンＤＣ地域のＮＰＯの提出した書類に記載されていた、自由のための研究所という小規模な組織で、すかさずノーブルのＣＰＰＲから１５０万ドルの寄付があった。その資金のうち40万ドルが、「コンサルタント料」として、ＤＣＩグループに戻された。その前年、自由のための研究所の予算は、わずか５万２０００ドルだった。急に莫大な金の洪水に襲われたため、代表のアンドルー・ランガーは、『ワシントン・ポスト』に「今年はほんとうに思いがけない幸運に恵まれた年でした」と述べた。ランガーはドナーの名前を明かすのを拒んだが、その資金は５つの州でオバマのヘルスケア計画を一斉に攻撃する広告に使うよう指定されていると告げた。大々的な規模の運動だったが、資金源をたどることはできなかったと『ワシントン・ポスト』は報じている。オンエアされた広告の支援者情報は、欺瞞に満ちていた。「小企業の健康を維持するための救恤《きゅうじゅつ》金です」と、１行書いてあるだけだった。

民主党議員の人形が縛り首に

いっぽう、繁栄のためのアメリカ人（ＡＦＰ）は、ペイシエンツ・ユナイテッド・ナウという下部組織を立ちあげて、戦いに猛然と跳び込んだ。ティム・フィリップスによれば、ヘルスケア法案に反対する集会を300回以上その組織が主催したという。ある集会では、民主党下院議員の人形が縛り首にされた。べつの集会では、オバマのヘルスケア計画はナチスの国家命令による殺人と変わらないとほのめかすために、ダッハウ強制収容所の累々たる死体を描いた旗を翻した。

ブラッドレー財団も加わった。501（c）（3）の免税団体なので、じかにティーパーティ集団を支援することはしなかったが、マイケル・グリーブ理事長は、財団は「AFPやフリーダムワークスの運営する公共教育プログラムを支援する。いずれもティーパーティ内できわめて活動的だ」と述べた。

グリーブがあからさまに、コーク兄弟の組織であるAFPは「ティーパーティ内できわめて活動的だ」と告げたにもかかわらず、フィンクは「私たちはティーパーティに資金を提供したことはない」と、正反対のことを主張した。「自由市場の思想を推進するために、私たちは20年か30年前から、大学、シンクタンク、市民団体との会合を開いてきた。そういった思想が浸透して、ティーパーティ運動が軌道に乗ったのであれば、ありがたいことだ」

2009年、コーク兄弟が「アメリカの自由企業制と繁栄に対する脅威を理解して対処する」と題した2回目のドナー・サミットを、コロラド州アスペンでひらいたときには、ノーブルは内部関係者としての地位を得ていた。招待されただけではなく、コークの政治コンサルタントとして正式に雇われた。コーク兄弟は手伝いを増やしたいと考えていた、と元の内部関係者はいう。オバマの当選で右派は憎悪を燃えあがらせ、活動に参加することを望む裕福なドナーが急増して、さばききれなくなったためだった。「集まってくる金が、突然増えた！　彼らは一躍人気が出た。過呼吸を起こしそうなほど興奮していた」と彼はいう。

ランディ・ケンドリックは、もう議事に割り込んで発言する必要はなかった。ヘルスケア討論会で、発言の場をあたえられた。そして今回は、1人の証人によれば、ランディの演説は「その場を燃えあがらせた」。ドナーが解散する前に、オバマが最優先する法案を阻止するために、また数百万ドルが寄付された。

活動家の妨害で集会は大混乱

その夏、民主党の下院議員や上院議員が、それぞれの選挙区や州に戻ってひらいた昔ながらのタウンホール・ミーティングは、すさまじく荒れた。爆発した怒りは、完全に自発的なもののように見えた。しかし、フリーダムワークスのボランティアが、ティーパーティ支持者にミーティングを妨害するように指示する秘密文書を回覧していたことを調査報道ブロガーのリー・ファングが突き止めた。RightPrinciples.comというウェブサイトを運営しているボブ・マガフィーは、オバマの政策に反対する勢力に、「ホールを埋め尽くし……散開しろ」と助言した。人数を多く見せかけ、目立たせるためだ。さらに「共和党のプレゼンテーションでは、早くボートを揺らせ……叫び、共和党の声明に異議を唱えろ……講演者を動揺させ、用意された台本や議題から引き離せ……立ちあがって叫んでまた着席しろ」。マガフィーは一匹狼のアマチュアだとして、すぐに軽んじられたが、アジテーションをやる外部の人間は、コーク・ネットワークに雇われたプロフェッショナルだった。ノーブルがのちに認めている。「この問題についてわめき散らすだけの人間を、タウンホールにおおぜい送り込んだ」

ワシントン州選出の民主党下院議員ブライアン・ベアードは、オバマの国民皆健康保険計画を支持したことで憲法を汚したとして、元兵士の暴漢に襲われたあとで、政界から引退することを決意し、害意に満ちた雰囲気に耐えられないと述べた。フィラデルフィアでは、穏健派の上院議員アーレン・スペクターと、キャスリーン・セベリウス保健福祉長官が、ヘルスケア法案を説明するためのイベントで、数百人の妨害者のブーイングのために話ができなくなった。フロリダ州タンパ、ニューヨーク州ロングアイランドなど、全国のあらゆる選挙区で、下院議員たちがわめき散らす市民の待ち伏せ攻撃を食らった。高齢者を安楽死させるためにオバマが政府に「死亡委員会」を設置する計画がある、などというまことしやかな噂を、誤って信じているものまでいる始末だった。

荒れた集会は、オバマの政策の勢いを弱めるのに効果があった。反税活動家のグローヴァー・ノーキストは、繁栄のためのアメリカ人（AFP）の代表も含めた保守派指導者たちの会合を毎週開いていたが、その夏の大混乱が転換点になったと述べている。議会の共和党指導部は、「人々が街頭で活動した、あの8月がなかったら、あれを成し遂げることはできなかっただろう。グラスリーのような交渉人をくじけさせた」――普通の状況なら、オバマに建設的に協力していたはずの共和党議員たちのことだ。さらに、大衆の反オバマの気運が高まったように見えたため、ワシントンDCのロビイスト産業の中心であるKストリートへの企業の寄付が増加した。「Kストリートは3億ドルの風見鶏だ」とノーキストはいう。「オバマの力が強いときには、商工会議所は〝オバマ政権に協力してもい い〟という。だが、数千人が街頭に出て下院議員を〝威嚇〟すると、それが変わった。それを変えたのは、あの8月だった」

8月の議会休会のあいだ、オバマ一家はマーサズ・ヴィニヤードで過ごしていた。コーク・ネットワークが資金を提供している反ヘルスケア広告の猛攻撃を受けたグラスリーは、超党派の支援は行なわないと明言した。ボーカスも自分の州がノーブルの運動の激しい攻撃にさらされ、うろたえて足踏みしていた。国民皆健康保険の最強の闘士だったリベラルの上院議員、エドワード・ケネディの死が、ヘルスケア改革にさらなる暗雲をもたらしていた。ケネディの存在によって、民主党の議席が盤石だったマサチューセッツ州で、1月に補欠選挙が行なわれることになっていた。

国民の18パーセントが支持

オバマの2008年の選挙でスポット広告を多数制作した、民主党の政治コンサルタントで広告業者のジム・マーゴリスは、成り行きを見守るうちに暗澹とした。マーゴリスは、ヘルスケア問題についてホワイトハウスと議会民主党に助言していて、当初は大きな期待を抱いていた。「ヘルスケアに関して、思慮深い共和党議員から、ある程度の支援が受けられると思っていた」マーゴリスはいう。「3月から4月にかけて、マックス・ボーカスがオリンピア・スノーやチャック・グラスリーと交渉していた。穏健派の共和党議員は、好意的な口ぶりだった。しかし、なかなか進展しなかった。すると、8月の休会後に、突然、大爆発が起きた。どういう金の流れがあったのか、知りたいものだ」マーゴリスは考え込んだ。「夏になって外部の勢力が猛スピードで介入したのだと、私は推理している」アクセルロッドはのちに、この時期の右派の資金を「追跡していなかった」ことを認めている。

「右派の寡頭制支持者」の一団が、オバマは「政府の力で問題を解決しようとしている」と確信し、「脅威と見なした。金ぴか時代の再来だ」と、遅ればせながらアクセルロッドは気づいた。

派手な政治ドラマをつねに鵜の目鷹の目で探しているマスコミが、草の根の盛り上がりをことさら大げさに報道した。9月12日に、グレン・ベックとフリーダムワークスが企画し〝9・12〟集会では、「オバマケアをケネディといっしょに埋葬しろ」といったようなプラカードを持って、ワシントンDCのナショナル・モールに6万5000人弱のティーパーティ支持者が集まったのを、アメリカの政治の重心が大きく動いたかのように報じた。

ただ、極右勢力が増加していることは間違いない。1930年代にニューディールに反対したリバティ・リーグは、ティーパーティ系の運動だったが、参加者は7万5000人程度だったと推定される。いっぽう、1960年代のジョン・バーチ協会の中核の会員は、推定10万人だった。ジョン・バーチ協会の最盛期、アメリカ国民の5パーセントに支持されていた。しかし、ティーパーティ運動は、頂点を極めたときには国民の18パーセントの支持を受けていたと、『ニューヨーク・タイムズ』は推定している。だが、デヴィン・バーガートの調査によれば、ティーパーティ運動の中核は、6つの全国組織ネットワークに参加している33万人の活動家だという。この推定が正しいとすれば、筋金入りのティーパーティ活動家の実数は、歴史的な水準からもそう多いとはいえない。しかし、地下インフラのプロフェッショナル化、同調者のひろがり、補助金を受けているメディア、過激思想を中央政界に押し出すための集中的な資金投入は、重大な結果をもたらしかねない。

オバマの新提案をことごとく妨害

10月3日、オバマが当選してからほぼ1年が過ぎようとしていたころに、デイヴィッド・コークは、繁栄のためのアメリカ人が主催する、アメリカン・ドリームを守るサミットに出席するために、ワシントンDCへ赴いた。オバマの支持率はガタ落ちになっていた。ヘルスケア法案でオバマ政権に協力しているのは、メイン州選出のオリンピア・スノー上院議員だけだった。そのスノーも、やがて離脱する。オバマはひどく失望していたと、補佐官たちが述べている。オバマの野心的な国内政策を含む、当初の新提案をことごとく妨害することで、共和党はオバマの偉大な魅力を打ち砕き、オバマの公約は古い党派主義の亀裂によって実現できなくなった。

共和党上院少数党院内総務のミッチ・マコネルは、共和党議員団をしっかりと統率していた。方針に背けばティーパーティがプライマリー・チャレンジを仕掛けようと身構えていると注意したことも、議員たちをまとめるのに効果があった。つまり、外部の資金を得ている外部の組織が、重大な影響力を持っていた。彼らの計画は成功し、秋になると、一年前には先を争ってオバマを絶賛していた有識者たちが、オバマの政治手腕のまずさを批判するようになっていた。

その10月、ヴァージニア州アーリントンのクリスタル・ゲートウェイ・マリオット・ホテルの大宴会場で、大入りの客にデイヴィッド・コークはいった。「5年前に兄チャールズと私は、繁栄のためのアメリカ人の設立資金を提供しましたが、AFPは私の夢をはるかに上回って、このような巨大組織になりました」デイヴィッドはなおもいった。「こんにち、私たちが5年前に組織を設立したときの取締役会の理想が実現したといえるのです」ぎこちない仕草で両手をこすり合わせ、付け加えた。「私たちは州を基盤とする大衆運動を思い描いていましたが、いまや全米で、ありとあらゆる社会階級のアメリカ市民数十万人が立ちあがり、わが国を史上もっとも繁栄する社会にする経済自由のために戦っています……カリフォルニアからヴァージニアに至り、テキサスからミシガンに至る社会の揺らぎは、私たちの仲間の市民が、私たちとおなじ真実に気づきはじめていることを示しています」

デイヴィッドが満面の笑みを浮かべて演壇に立っていると、AFPのさまざまな支部の代表が、自分たちの州のばかでかい立て看板の横に立って、地域で「数十のティーパーティ」を組織したことを、1人ずつ報告した。会場の興奮が高まると、フラッシュの閃光が縦横に走った。大統領選挙で完敗を喫して政治の舞台を去ってから29年後に、デイヴィッド・コークは、大統領候補者の集会に似たイベントでの資金集めに成功し、しかも勝者になったことを、まざまざと見せつけたのである。

第8章 化石燃料

The Fossils

誘導された大衆の怒り

2008年の大統領選挙の最後の数カ月、ペンシルヴェニア大学の気象学地球学教授で、終身在職権を認められているマイケル・マンが夫人に、どちらの候補者が勝ってもうれしいと告げた。マンは気候変動の研究の第一人者だった。共和党の候補者も、民主党の候補者も、マンが現在もっとも重要な問題と見なしている地球温暖化に取り組むことが重要だと述べていた。しかし、ティーパーティを扇動している勢力が、その後、大衆の政府への怒りをマンのような科学者に向けてたくみに誘導していくとは、マンも予見していなかった。

当初、マンは気候変動説に納得していなかったが、北半球の過去2000年の気象を追跡調査する研究を、１９９９年に共著者２人と発表した。そこにたいへんわかりやすいグラフが記載されていた。約９００年間、地球の気温はほぼ水平の直線で推移していたが、20世紀になると、ホッケーのスティックの先端を思わせる曲線を描いて急上昇する。ホッケー・スティック・グラフと呼ばれるようになるグラフには、強い説得力があり、気候の議論ではかならず取りあげられるようになった。２００８年には、マンはほとんどの専門家とおなじように、科学的証拠《エヴィデンス》は圧倒的で、人類は石油、天然ガス、石炭を大量に燃やすことで、地球の気候を脅かしていると確信していた。燃料が排出する二酸化炭素（CO_2）その他の気体が、地球の熱を封じ込め、壊滅的な影響を引き起こしている、と。

科学技術では慎重な超党派の牙城である国防総省も、「気候変動のもたらす危険は、現実で、差し迫っていて、苛烈である」と結論を下している。公式報告書の国家安全保障戦略は、国家安全保障上の脅威が増大しているのが現状だと述べ、「地球の温度上昇がもたらす変動は、難民や資源に関するあらたな紛争を引き起こす。洪水や旱魃による被害、破壊的な自然災害、世界各地の土壌の劣化が予想される」と論じた。この報告書は控え目に、方策が講じられなかった場合には、「気候変動と世界的に流行する病気」が、「アメリカ国民の健康と安全」を直接脅かすだろう、と予想している。

世界最大の信望の高い科学ソサエティ、アメリカ科学振興協会（ＡＡＡＳ）は、おなじくらいきっぱりと明言している。「私たちは、回復が不可能であるかもしれない、予想外の突然の変動という危険に直面している」し、「大規模な破壊的影響」が起きる怖れがある、と、ＡＡＡＳは警告した。

マンは、政治にことに興味があるわけではない。中年で、愛想がよく、禿げあがって、黒い顎鬚が丸顔を囲んでいる。典型的な科学おたくで、カリフォルニア大学バークレー校で応用科学と物理学を専攻し、イエール大学で気象学と地球科学の博士号を得た。科学者が公共政策で果たす役割は大きくないと、長年考えてきた。オバマが大統領に当選したときのことを思い出して、マンはいう。「気候という側面で、なんらかの行動が見られるだろうという見方が一般的だった」

手段を選ばない化石燃料王

たしかに、そういう予想がもっともに思えた。民主党の指名を勝ち取った夜に、オバマは気候変動について激しく語り、未来のアメリカ人は「この瞬間に海面上昇の勢いが弱まりはじめ、われわれの惑星が治癒しはじめた」ことを知るはずだと誓った。就任すると、石油産業に汚染の代償を払うことを義務付ける「キャップ・アンド・トレード」（温室効果ガスの排出権取引制度）法案を成立させると約束した。他の産業がすでに行なっていることだったし、石油産業が他人の問題と見なすことは許されない。キャップ・アンド・トレードは、市場ベースの解決策で、本来は、CO_2排出の許可を要求していた共和党が後押ししていた。石油産業が汚染を防止する誘因になる、という理論だった。それまで何年ものあいだ、この制度は驚くほどうまく機能し、酸性雨の原因となる排出を減らしてきた。オバマ政権は、効果が実証済みの穏健な超党派の手法を選択したことになる。多くの環境保護主義者たちは政策合意《ディール》が成立するはずだと予想した。

「私たちが計算に入れていなかったのは」マンはのちに指摘している。「資金が潤沢な大企業と政治家の策謀がどれほどあくどいかということです。なにしろ地球上に存在する産業のなかでもっとも強大な産業に、真正面から挑むわけですから。彼らは、たとえ科学と科学者が関わっていても、自分たちの利益を脅かすものと戦うためなら、どんな手段を使うこともいとわない」マンは、「化石燃料産業は一種の寡頭制」だと主張する。アメリカの石油、天然ガス、石炭産業の大物たちを、ごく少数の特権階級が多数を実効支配する制度に当てはめるのは的外れだ、という意見もある。しかし、マンの暮らしを脅かし、気候関連法案を頓挫させ、オバマ政権の方向性を変えさせた一連の激しい個人攻撃が、最大の効果を上げるように組み立てられるのを支援し、資金を提供したのが、そういった化石燃料産業だったことに、疑問の余地はない。

大統領に就任したオバマの失墜をだれよりも望んでいた超富裕層の特別利益団体を1つ挙げるとするなら、それは化石燃料産業だろう。そして、アメリカの民主主義機構に彼らの金の力を集中するとどうなるかということは、すでに試されている。この少数派の力によって、政府の科学的な気候変動対策は阻止され、国際社会は逆の方向に動かされたのである。オバマのヘルスケア法案は、ティーパーティの抗議者の怒りを煽るのに好都合だったが、コーク一味のマルチミリオネアやビリオネアの多くにとって、ほんとうのターゲットはオバマの環境・エネルギー政策だった。世界中の人々の大部分にとって、気候変動に対応しなかった場合のコストは、対応した場合のコストよりもはるかに高くつく。しかし、化石燃料産業にとっては、マンがいうように、「19世紀に鯨油から切り替わったときとおなじだ。どれほど愚かであっても、現状維持のために彼らは戦う（訳注　石油は当初、主に鯨油に代わる灯油として用いられた。その後、内燃機関の登場によって燃料としての重要性が高まった）」

シェールガス成金たちも献金

石炭、石油、天然ガスの大物たちが、コークのドナー・ネットワークの中軸をなしていた。サミットの招待客名簿を見ると、アメリカの紳士録からもっとも成功している強硬な保守派の化石産業王の名が、ずらりとならんでいる。大多数が独立系の非公開企業の経営者だった。彼らは〝採取〟エネルギーで莫大な富を築き、あるいはそういう富を相続していて、公開株の株主などの質問に答える必要がない。たとえば、テキサスの伝説的な石油王ヒュー・ロイ・カレンの孫のコービン・〝コービー〟・ロバートソン・ジュニアも、その1人だった。ロバートソンは、テキサス大学のフットボール・チームでキャプテンをつとめ、1969年に卒業すると、相続した石油の富で尋常ではない大胆な賭けに出た。財産のほとんどを石炭に投資し、2003年には個人としてアメリカの石炭埋蔵量の最大の所有者になった。21兆トンの石炭埋蔵量を所有しているという試算もある——アメリカ全体の消費を20年間まかなえる量に当たる。ヒューストンに本社があるロバートソンの非公開会社クインタナ・リソースィズ・キャピタルをしのぐ石炭を所有しているのは、アメリカ政府だけだという。

コークのドナー・ネットワークには、ハロルド・ハムとラリー・ニコルズもいる。2人とも、頁岩層に水と化学物質を注入することで、石油や天然ガス（訳注　いわゆるシェールオイルとシェールガス）を抽出する、「水圧破砕法」という環境面で問題のあるテクノロジーで成功を収めた。コンティネンタル・リソースィズの創業者のハムは、自力でビリオネアになった山師で、『ナショナル・ジャーナル』はジョン・D・ロックフェラーになぞらえている。10億ドル近い金額の離婚訴訟和解や、分益小作人の子供13人の末息子からのしあがるという経歴は、タブロイド版の記事にはうってつけだが、ビジネス誌は、ほとんど一夜にしてノースダコタ州バッケン・シェールで水圧破砕法の象徴となったハムの会社のほうに注目している。

デボン・エナジーのCEOで、その後、アメリカの石油業界団体で、石油産業最大の貿易機構のアメリカ石油協会の会長に就任するラリー・ニコルズは、ハムとは正反対の社会階層からネットワークに加わった。プリンストン大学を卒業し、最高裁の書記官をつとめたニコルズは、一族が経営するオクラホマ州のエネルギー企業に、ミッチェル・エナジーを買収するよう勧めた。水圧破砕法のおかげで、同社の天然ガス生産が急増しているのに気づいたからだ。ニコルズが、自分の会社が得意とする水平掘削技術と水圧破砕法を組み合わせると、「非在来型天然ガス革命と呼ばれるものが一気にひろがった」と、エネルギー産業の歴史を研究しているダニエル・ヤーギンが、『探求――エネルギーの世紀』で述べている。コーク兄弟も、水圧破砕法関連の化学製品、パイプライン、その他の製品に投資した。

ドナー・ネットワークには、フィリップ・アンシュルツなど、華々しい成功を収めたオイルマンもいる。西部の油田採掘の富を相続したアンシュルツは、自分も1980年代にワイオミング－ユタ州境で有名な油田を掘り当て、その後、牧畜、鉄道、通信に多角化した。ネットワークには、もっと小規模な業者もいる。ワイオミング州、オクラホマ州、テキサス州、コロラド州のオイルマン、ヴァージニア州、ウェストヴァージニア州、ケンタッキー州、オハイオ州の石炭王もいる。家庭用プロパンガスの大手数社も参加している。アメリカのエネルギー部門に補助的な支援を行なっている会社の経営者もいる。コーク兄弟のほかにも、パイプラインや掘削機械の所有者、石油サービス産業の経営者も無数に加わっている。サウジアラビアやベネズエラなどで製油所やパイプラインを建設してビリオネアになったことで名高い、世界最大の建築会社を経営するベクテル家も参加している。

目立たないよう発言は政治家任せ

この集団のじっさいのドナーの多くは、目立ちたくないので、発言は政治家に任せている。政治家は、この集団の政府規制への反対を、高邁な哲学的な言葉に置き換えるのに長けている。政治家は、「雇用創出」、愛国心、アメリカのエネルギー独立の責任、といういい方をする。しかし、政府のCO_2排出制限で直接の財政的危機に見舞われるようなアメリカ国民は、明らかに皆無に近い。

2008年に気候変動の数値が想像を絶する難問になりかけていたことが、この集団にとって大きな悩みの種だった。21世紀半ばを通じて大気の温度が許容範囲を維持するのに有効だと科学者たちが考えている量に世界のCO_2排出を抑えるには、化石産業の保有する埋蔵量の80パーセントを地中に残しておかなければならない。べつのいい方をするなら、地球で安全に燃やすことができる石油、天然ガス、石炭のほぼ5倍にあたる量を、化石燃料産業は保有している。地球を守るために政府が「自由市場」を勝手にいじくると、化石燃料会社は破滅的な損失をこうむるおそれがある。しかし、政府がブレーキをかけず、埋蔵分の燃料が勝手に燃やされたら、大気の温度が許容範囲を超えて上昇し、地球上の生物が全世界規模で取り返しのつかない被害を受けると、科学者たちは予測している。

税の抜け穴を死守せよ

コーク・グループのあるメンバーは、早くも1997年に、いずれ規制が脅威になると、警報を鳴らしていた。その年、独立系石油・天然ガス企業の業界団体である米国独立系石油協会（IPAA）元会長のルー・ウォードが、いまわのきわに恨み事を述べた。オクラホマのオイルマンだったウォードは、自分の任期中に成立させたさまざまな税の抜け穴を、まず得意げにならべた。「この二年ほど、共和党が議会を支配していたおかげで、私たちは恵まれていた」とウォードは指摘した。しかし、自分たちの産業が戦って生き延びてきた昨今の〝小競り合い〟は、「本番のショーのリハーサルにすぎない……温室効果ガス作戦のコストを払わせる〝炭素税〟が施行される可能性がある」気候変動問題が浮上するのを、ウォードは正確に予測し、仮に「過激な環境保護主義者の〝石油離れ〟政策が功を奏したら、近い将来、私たちはこの産業が四方から攻撃されるのを目の当たりにするだろう」ウォードは宣言した。「そんなことは許さない。断固として阻止する」

ウォードの大言壮語には、れっきとした根拠があった。石油産業は地方中心とはいえ、アメリカの政治に長年、強い影響力を駆使してきた。早くも1913年に、その力によって〝石油減耗控除〟という特殊な税の抜け穴を勝ち取った。石油採掘はリスクが大きく、コストがかかるという理由で、噴出油井を掘り当てても、大幅な所得控除が受けられ、所得税の課税を完全に逃れられる仕組みになっていた。1926年にこの抜け穴が野放図に拡大されたとき、リベラルは反対したが、石油産業の縄張りを守る議員たちの抵抗に遭って挫折した。抜け穴を閉じることができたのは、その50年後だった。

北部のリベラルを憎むオイルマン

石油産業の力を借りて権力を握った20世紀の政治家の最右翼は、なんといってもリンドン・ジョンソンだろう。ロバート・カロが『The Path to Power』に書いているように、ジョンソンが1937年に新人下院議員に当選したのを皮切りに、民主党で最高の実力者にのしあがったのは、テキサスのきわめて裕福な後援者たちからの寄付金を選挙資金として分配し、後援者たちの権益を保護したからだった。

石油産業は、自分たちに有利な税制によって連邦政府から莫大な利益を得て、パイプライン建設の補助金その他のばらまきにも助けられているのに、反政府保守主義の牙城になった。それどころか、テキサスの油田地帯は、富を蓄積するにつれて、莫大な選挙資金源であるばかりではなく、右派のかなり極端な政策にも資金を提供するようになった。ブライアン・バローは、テキサス州の石油の富を描く『The Big Rich』で、石油王多数が活発に活動したのは、彼らのように「にわかに金持ちになった人間の深層には不安感があり」、手に入れたばかりのものを守ろうとして血眼になったからだ、と推理している。

テキサスの石油業界で現代の超保守派の鼻祖になったのは、コービー・ロバートソンの祖父ヒュー・ロイ・カレンだった。カレンはクインタナ・リソースィズ・キャピタルが10億ドル企業になるのに貢献した。南部連合国の零落した支配階級の流れを汲むカレンは、北部のリベラルを憎むオイルマンの一団に属し、フランクリン・デラノ・ルーズヴェルト政権の政策は〝ユダヤ人《ジュー》ディール〟だと侮辱して、「白人種の優越を回復する」ことを綱領で謳った第三政党を結成した。カレンの政治的野望は富とともに拡大し、１９５２年――コーク兄弟が巨額の政治資金を支出するようになる半世紀前――に、アメリカ政界で個人として最大のドナーになり、ジョーゼフ・マッカーシー上院議員の反共産主義運動の主な支援者になった。だが、当時、カレンの石油マネーを資金源とする過激な政治は、傍流の域を出られなかった。バローはそれについて、「カレンが望む政治で成功するには、なんらかの支援組織が必要だったが、カレンはそういう組織を築くのに乗り気ではなく、またその能力もなかった」と説明する。しかし、半世紀後には「コクトパス」が確立していたので、カレンの孫やその仲間のオイルマンは、ずっと楽に活動できるようになった。

気候変動の科学を攻撃せよ

CO_2抑制への反対は、化石燃料産業ではだいぶ前から強まっていた。地球が温まっていて、人類がそれを引き起こしているという考え方が、メインストリームのメディアに突然割り込んだのは、NASAのゴダード宇宙科学研究所のジェイムズ・ハンセン所長が、１９８８年に全国的な熱波のさなかに上院委員会で証言したのがきっかけだった。ジョージ・H・W・ブッシュ大統領は、当時の二大政党の政治指導者すべてとおなじように、この科学を論争抜きで受け入れた。ブッシュは環境を保護すると誓い、「ホワイトハウスの影響力をもってして、温室効果《グリーンハウス》ガスの影響と戦う」と約束して、ジェイムズ・ベイカー国務長官を、気象科学者たちの初の国際サミット、気候変動に関する政府間パネル（ＩＰＣＣ）に派遣した。ブッシュは共和党員だったが、党の異端派ではなかった。環境保護運動は、何十年ものあいだ、超党派の支援を満喫した。

だが、気候問題への対策を求める世論が高まるあいだも、化石燃料産業はひそかに最先端技術を利用した反撃を組織し、資金を注ぎ込んでいた。２００８年に二大政党の大統領候補が、気候変動を抑えるために手を打つ必要があるという点で同意したにもかかわらず、強力な外部の特別利権団体が、その同意をむしばむために熱心に活動していた。思想の戦争を遂行するのに必要な保守派のインフラは、すでにできあがっていた。あとは気候変動の科学を攻撃するのに、資金を集中すればいいだけだった。そして、水面下で資金がどっと流れ込んだ。

環境保護団体グリーンピースの研究部長カート・デヴィーズは、地球温暖化は現実ではないと否定するＮＰＯや有識者のウェブサイトへの金の流れを、何カ月もかけて追跡した。いずれもおなじ台本をもとに意見を述べているように思われた。２００５年から２００８年にかけて、コーク兄弟がたった１つの資金源として、気候対策と戦う数十の組織に、２５００万ドル近くを注ぎ込んでいることを、デヴィーズは突き止めた。途方もない額だった。デヴィーズの調査によれば、チャールズとデイヴィッドは、当時最大の公開石油会社だったエクソンモービルの3倍の資金を投入していた。２０１０年の報告書でグリーンピースは、当時はだれにも知られていなかったコーク・インダストリーズが「気候科学否定の黒幕の中核だ」と指摘している。

ピアレヴューを受けた初の学術研究が、さらに詳しい状況を暴いた。ドレクセル大学の社会学・環境科学教授、ロバート・ブルールが、「気候変動のもたらす脅威について世論を操作し、大衆を誤った方向に導くための大規模な運動に」２００3年から２０１０年にかけて、5億ドル以上が費やされていたことを暴いた。ブルールの研究は、地球温暖化関連の有力な科学研究に異議を唱えることに専念しているＮＰＯ１００社以上の税務記録を精査している。それによって判明したのは、要するに、免税のフィランソロピー事業を装って、企業のロビー活動が行なわれているということだった。１４０もの保守系財団が、この運動に資金を提供していることを、ブルールは突き止めた。ブルールが調査した7年間に、これらの財団はＮＰＯ91社に５９９件の助成金の名目で、5億５８００万ドルを分けあたえていた。シンクタンク、顧問団体、業界団体、他の財団、学術プログラム、法曹プログラムに、その資金は流れ込んでいた。気候科学へのアメリカ国民の信頼を揺るがし、ＣＯ$_2$排出を規制する行動すべてを打倒するために、この私的ネットワークはたえまない運動を展開している。

ダーク・マネーのＡＴＭ

ブルールが突き止めた保守派組織の顔触れは、現代の保守派運動の資金を追跡してきたものにはおなじみの連中だった。気候変動否定派の金主だとブルールが明確に指摘するもののなかには、コーク家やスケイフ家が加盟している財団があった。両家ともに、石油から富を得ている。また、ブラッドレー財団も深く関与し、デヴォス家の運営する財団のように、コークのドナー・サミットに参加している大富豪とつながりのある財団や、ノースカロライナ州の小売業界の大物アート・ポープ、ミューチュアル・ファンドの先駆者ジョン・テンプルトン・シニアの財産を受け継いだジョン・テンプルトン・ジュニア医師も関わっていた。テンプルトン・シニアは、バハマ諸島に住むためにアメリカの市民権を放棄し、それによって1億ドルを節税したといわれている。資金が分散されているため、「気候変動反対運動」と呼ばれるものに注入されている、この資金とその他の財源のうち4分の3は追跡できないと、ブルールは述べている。

「地球温暖化に関する科学研究の結果を否定し、この地球に対するとてつもない脅威の源をぼかし、解決策について大衆が疑念を持つようにするための運動を、強力な資金提供者たちが支援している」とブルールは論じている。「すくなくとも、アメリカの有権者は、この活動の黒幕を知る権利がある」

しかし、オバマが大統領に就任したときには、気候変動の科学と戦っていた大物資金提供者たちは、さらに深く地中に潜っていた。運動にじかに資金を注ぎ込むのではなく、無数の保守派私立財団とドナーが、ドナーズトラストという組織を通じて寄付金を投入する。それが右派の姿を隠し、現金から指紋を消す。ドナーズトラストとその子会社のドナーズ・キャピタル・ファンドは、ヴァージニア州アリグザンドリーアのありふれたレンガ造りの建物に置かれ、『マザー・ジョンズ』のアンディ・クロールは「保守派運動のダーク・マネーＡＴＭ」だと、みごとにいい当てている。

匿名資金の温床、ドナーズトラスト

ウェストヴァージニア州出身の熱烈なリバタリアンで、コークが設立したケイトー研究所の発展をずっと見守ってきたホィットニー・ボールが、１９９９年に設立したドナーズトラストは、裕福な保守派にとってまことに好都合な特徴を備えている。保守派の寄付は、ボールの穏便そうな「ドナーアドヴァイスド・ファンド（訳注　慈善団体に代わって資金を管理する組織）」に向けたもののように見える。だが、じつはボールがそこから問題のある保守派団体に配分している。この仕組みで、ドナーの名前が金の流れから消える。いっぽう、ドナーは慈善事業に寄付したのとおなじ額の税控除が受けられる。ドナーズトラストのウェブサイトが宣伝しているように、「慈善事業への寄付を秘密にしておきたいとき、ことに政治的に難しい問題や、世間を騒がせる問題が関わっている場合には、ドナーズトラストにアカウントを設定し、寄付を匿名にするよう希望してください。ドナーズトラストへの寄付はすべてＩＲＳ（内国歳入庁）に報告され、公開情報にはなりません。私的財団とは異なり、あなたのアカウントからの寄付は、ご要望どおり匿名のままです」。

１９９９年から２０１５年にかけて、ドナーズトラストはプールされた寄付金から7億５０００万ドルを、さまざまな保守派運動に再配分した。通常、チャールズ・Ｇ・コーク財団のような私立財団は、免税の見返りとして、自分たちが補助金をあたえた慈善団体の名称を公開することを求められている。それによって、補助金を受けた公共奉仕組織が、じっさいに公共に奉仕しているかを確認できる。しかし、ドナーアドヴァイスド・ファンドは、この最低限の透明性を無効にしてしまう。この仕組みは疑わしくないし、異例でもなく、リベラルにもタイズ財団というドナーアドヴァイスド・ファンドがある、とボールは主張する。しかし、保守派のタイズ財団だとされるドナーズトラストは、基金はタイズ財団の4倍だし、もっと戦略的な理事会を備えている。アメリカン・エンタープライズ研究所、ヘリテージ財団、チャールズ・コークが創立資金を提供したリバタリアンの法務組織インスティテュート・フォー・ジャスティスといった、保守派運動の最重要組織の上層部の人間が理事をつとめている。ドナーズトラストは、中央委員会として機能し、補助金の配分を調整している。

まやかしの草の根組織

気候変動否定の背後の資金を研究していたブルールは、障害となる改革への批判が高まっていた2007年前後に、コークやエクソンモービルのような化石燃料大手企業からの寄付数千万ドルが、公の戦いの場から消え失せたように見えることに気づいた。いっぽう、ドナーズトラストが気候変動反対運動に提供する匿名の資金は増大し、消え失せた資金の額とそれがほぼ一致していた。たとえば、ブルールが財務記録を調査した140団体の資金源にドナーズトラストが占める割合は、2003年にはわずか3パーセントだったが、2010年には24パーセントに増加した。この情況証拠は、化石燃料企業の気候変動否定への資金提供が、故意に隠されていることを示唆しているが。ブルールには立証できなかった。「出所がわからない巨額の金があるのをつかんだだけだ」とブルールは述べている。

コーク兄弟とドナーズトラストのあいだには、密接なつながりがある。コーク兄弟の各財団がドナーズトラストにかなりの額の寄付を行なっていることを、公開情報が示している。そして、ドナーズトラストは、多額の現金をお気に入りのNPOに配分している。たとえば、2010年にドナーズトラストが行なった最大の寄付は、デイヴィッド・コークが理事長をつとめる、繁栄のためのアメリカ人（AFP）に対するもので、金額は740万ドルだった。これはAFPのその年の資金の約40パーセントにあたり、ＡＦＰは本物の草の根組織だという主張が、まやかしであることを物語っている。いっぽう、ＡＦＰはティーパーティの反政府運動を組織するのに、先導者の役割を果たしただけではなく、気候変動対策を阻止するための全国運動の尖兵となり、２つの運動を合流させるためにありとあらゆる手段を講じていた。

人を欺くための作戦要領

秘密資金の大部分は、地球温暖化説への疑念をひろめるのに使われた。そのために化石燃料産業は、１９６０年代にタバコ会社の広報を担当した広告代理店ヒルズ＆ノウルトンが開発した、人を欺くための作戦要領を手本にした。ヒルズ＆ノウルトンは、タバコと癌の発症には関係があるとする学説に疑いがもたれるよう仕向けた。社内文書に、つぎのように記されていたことは、よく知られている。「疑念がわれわれの売り物だ」。タバコ産業は、自分たちの主張に信憑性を持たせるために、公の機関のように見せかけた研究所や、喫煙権を主張する団体に資金を提供した。地球温暖化否定運動も、まもなくおなじような性格を帯びるようになった。

地球温暖化にはたしかに不確かな部分があるが、それは科学の仮説のほとんどすべてに当てはまる。１００パーセント確実ではないが、蓋然性が高いとするのが、科学的手法の性格でもある。だが、アメリカ海洋大気庁（ＮＯＡＡ）の元長官ジェイムズ・ベイカーは、２００５年に述べた。「これに関しては、私が知っているいかなる問題よりも明確な科学的合意がある――それよりも明確なものは、ニュートンの運動の第二法則しかないかもしれない」

それにもかかわらず、1998年にアメリカ石油協会、大手石油産業の経営幹部、保守派シンクタンクの職員、確立しつつあったこの科学的合意について、マスコミや大衆を惑わすために、200万ドルを費やす秘密計画を共謀した。この計画のために、懐疑的な科学者を集めて、スポークスマンをつとめられるように広報の訓練を施す必要があった。化石燃料産業のもくろみを覆い隠すとともに、正当な裏付けがあるように見せかけるためだった。

『The Republican War on Science』によれば、ウィリアム・オキーフが計画を編み出したという。オキーフは元アメリカ石油協会COOで、エクソンモービルのロビイストから、ヴァージニア州の保守派シンクタンク、ジョージ・C・マーシャル研究所の所長になった。オキーフは、その後もエクソンモービルのロビー活動をつづけた。『ニューズウィーク』に「否定マシーンの中心の歯車」と描写されたこのシンクタンクは、いかがわしい顧客のために、科学の定説を否定する抗弁を提供するのを専門としていた。スケイフ、オリン、ブラッドレー財団も資金を提供している。冷戦時代に、レーガン大統領の「スター・ウォーズ」ミサイル防衛を推進するタカ派の拠点として発足したが、その後、リベラルや反企業と見なされるような科学的発見を貶めることを目的に拡大した。権益を脅かされた企業が、研究資金を提供することが多かった。

科学者の信用を失墜させる

気候の科学に先頭を切って異議を唱えたのは、ジョージ・C・マーシャル研究所会員で、引退した年配の物理学者2人、フレッド・セイツとフレッド・シンガーだった。この2人は、かつてタバコ産業を弁護したことがある。ナオミ・オレスケスとエリック・コンウェイが、共著書『世界を騙しつづける科学者たち』で述べているように、2人のフレッドは、一時代には優れた物理学者だったが、環境問題や健康問題の専門家ではない。「それなのに、何年ものあいだ、マスコミは彼らを専門家と呼んでいる」じつは彼らの専門は、見えない資金の流れを転用して、「事実と戦い、疑惑を広める」ことだと、オレスケスとコンウェイはいう。

しかし、化石燃料産業が世論を味方につけるのは、生易しいことではなかった。21世紀が訪れたときには、一般大衆の多くは環境規制に賛成していた。2003年になっても、世論調査によると共和党員の75パーセントが厳しい環境規制を支持していた。CO_2規制に反対する勢力は、宣伝活動を強化するために、2002年にフランク・ランツを雇った。ランツは、「環境問題は共和党全般――ことにブッシュ大統領――にとってもっとも大きな弱みになる可能性が高い問題だ」と警告した。勝利を収めるには、地球温暖化否定派は、自分たちは環境を「保存し、保護している」と見せかけなければならない。のちに大衆にリークされた、「地球温暖化の議論に勝つ」と題した秘密の内部文書でランツは、CO_2規制反対派は、「断じて、経済を第一の論点にしてはならない」と力説している。べつのいい方をすれば、自分たちの財政的利益という真実を告げれば、敗北を招くということだった。

科学に疑問を呈することが肝心だと、ランツは述べている。「科学的に絶対に確実ではないということを、議論の主題にしつづける必要がある」とランツは助言した。「科学界には地球温暖化に関する合意がないと、有権者が信じれば」、前もって規制を阻止できるかもしれない。「判断を急いではならない」とか「アメリカは自分たちを縛るような国際文書に肩入れすべきではない」といった文言が、「効果的」だと、ランツは助言している。のちに寝返ったランツは、地球温暖化は現実の危機だと、公に認めている。しかし、まもなく気候変動否定派のターゲットになるマイケル・マンの意見では、2002年のランツの回状《メモ》は、実質的にハンティングの許可証だった。「科学者の信用を失墜させ、偽の団体を創れといっている。〝人身攻撃〟とは書いていないが、その方向を目指している」

査読評価を受けていない研究も補助

それをきっかけに、コーク兄弟が資金を注ぎ込んで指揮している組織が、地球温暖化の科学とそれを支持する専門家に攻めかかった。チャールズ・コークが資金を提供しているリバタリアン・シンクタンク、ケイトー研究所が、『Apocalypse Not: Science, Economics, and Environmentalism and Climate of Fear: Why We Shouldn't Worry About Global Warming』をはじめとする報告書を、つぎつぎと発表した。チャールズ・G・コーク慈善財団からの補助金に加え、エクソンモービルやアメリカ石油協会からの資金は、地球温暖化の議論のマスコットになっているホッキョクグマが絶滅の危険にさらされているのは、気候変動のせいではないとする、査読評価《ピアレヴュー》を受けていない研究も補助していた。その研究はたちまち、ホッキョクグマは生息地の氷が溶けているために2050年には3分の2が消滅するだろうと予測している、全米野生生物連盟（NWF）のような分野の専門家の批判を浴びた。それにもかかわらず、石油資金の研究の結論は、コークの資金を受けている集団のネットワークに浸透した。「現在のホッキョクグマの数は、かつてなかったほど多い」と、ケイトー研究所のエド・クレーン所長はいい張った。「地球温暖化説は、政府が経済を支配する力を強めるだけ」とクレーンは主張する。

歴史修正主義的なホッキョクグマ研究の著者たちは、2003年にインチキ理論を発表し、マイケル・マンの画期的なホッケーのスティック研究を初攻撃した。批判勢力のサリー・バリウナスとウェイ－ホック・〝ウィリー〟・スーンの肩書は、たいそう立派に見えた。スーンは、ハーヴァード－スミソニアン天体物理学センターの科学者であることが確認された。しかし、気象学ではなく宇宙工学の博士号を持っているだけで、同センターの非常勤無給会員にすぎないことが、あとで判明した。スーンはその情報を公開せず、化石燃料産業から2005年から2015年にかけて120万ドル以上を受け取っていた。そのうち23万ドル以上が、チャールズ・G・コーク財団の資金だった。スーンの論文に対する報酬の一部を、化石燃料企業が「提出書類」として記録していたことが、のちに暴かれた。

スーンのマン攻撃は、あまりにも問題があったので、マンに同情した編集者やその他のスタッフ数人が、それを掲載した小規模な業界紙『Climate Research』に抗議して辞任した。しかし、ヴァージニア大学環境科学学部の准教授だったマンは、そのときから明確な標的になった。

科学者を演じる広報官

地球温暖化を支持する科学界の合意が強まるに従って、それと戦う化石燃料業界の活動はいっそう過激になった。環境保護活動家のアル・ゴアが2000年に大統領に立候補したことは、化石燃料産業にとって明白な脅威だった。2000年の大統領と上下院の選挙に際して、コーク・インダストリーズとその社員は、対抗馬のジョージ・W・ブッシュと共和党議員たちを支援するために80万ドル以上を支出した。コーク・インダストリーズの政治活動委員会は、エクソンモービルを含むどの石油・天然ガス企業よりも巨額の資金を、連邦選挙に費やした。コーク・インダストリーズの中央政界でのロビー活動支出は、2004年から2008年にかけて20倍以上に増大し、2000万ドルに達した。コーク兄弟は、若いころは在来型の政治に関わるのを軽蔑していたが、会社の権益の大きさが、それに打ち勝っていた。

石油・天然ガス・石炭企業からの政治献金は、この時期にますます極端な傾向を強めた。1990年には、石油・天然ガス産業の政治献金は、60パーセントが共和党に支払われ、40パーセントが民主党に支払われていた。ブッシュ政権の中期になると、この産業の政治献金の80パーセントが共和党にあたえられていた。石炭産業の場合はもっと偏りが大きく、センター・オブ・レスポンシブル・ポリティクスによれば、90パーセントが共和党向けだった。

この投資はすぐに効果をあげた。ハーヴァード大学の政治学者シーダ・スコチポルが気候変動否定の研究で述べているように、共和党、特に下院共和党は、気候問題でたちまち急激に右傾化した。一般大衆のあいだでは党派主義の意見の相違はまだ小さかったが、選挙で選ばれた公職者の意見の隔たりは大きくなっていた。

オクラホマ州選出の共和党上院議員ジェイムズ・インホフェなど、CO_2規制に反対する保守派は、コーク・インダストリーズの政治活動委員会（ＰＡＣ）からたびたび選挙運動資金の提供を受けていて、気候変動否定論を激しく煽った。地球温暖化は、「アメリカ国民に仕掛けた最悪のでっちあげだ」とインホフェは主張した。インホフェの広報官マーク・モラノは、２００４年に大統領に立候補したジョン・ケリーの軍歴を傷つけた、スイフト・ボート・ヴェテランズ・フォー・トゥルースの主張を売り込んで、プロフェッショナルの「闘犬」という評判を得たと、マンがのちに述べている。当時、モラノは、資金の一部をスケイフ、ブラッドレー、オリンの財団に提供されていた保守派の地方放送局に勤務していた。

２００６年にはモラノは科学者の「スイフトボーティング」に取りかかっていた。「名指ししたり、個人を攻撃したりする必要がある」ドキュメンタリー映画制作者ロバート・ケナーのインタビューで、モラノは説明している。モラノは政治上の反対意見を人身攻撃に転じるのが好きなようで、テレビ討論でにやにや笑いながら嘲り、敵を怒らせている。ジェイムズ・ハンセンのことを「ユナボマーかぶれ」と貶め、マンを「くわせ者」と呼んでいる。スケープゴートを吊るしあげるのを、「われわれはとても楽しんでいる」ともいっている。

モラノは、「気候詐欺」の片棒を担いでいるとマンを非難した。気候詐欺とは、豊富な資金を有する気候マシーンが法律を制定するようロビー活動して、あらゆるデータと新しい研究を利用し、「思っていたよりも悪い」とか、「いま行動しなければならない」と宣言していることだ、とモラノは主張する。モラノがジョージ・メイソン大学で専攻したのは、気象学ではなく政治学だった。「私は科学者ではないが、テレビでは科学者を演じている」とモラノは冗談をいう。それにもかかわらず、「人工の地球温暖化恐怖は、科学ではなく大げさな政治的言説だ」と、さも専門家らしく断言している。

石炭の炎で勝利したブッシュ

いっぽう、ジョージ・W・ブッシュ政権時代は、大統領選挙に背後から影響力を駆使した化石燃料産業にとって、大豊年の連続だった。2000年の選挙で石炭産業は、ウェストヴァージニア州の選挙人5人をブッシュが獲得するのに貢献した。本来なら民主党の州で、アル・ゴアがそこを制していれば勝利をものにできたのだが、ブッシュの当選がそれによって確実になった。「州のベテラン政治家とホワイトハウスの幹部スタッフは、根本的に石炭の炎による勝利だったと結論づけた」と『ウォールストリート・ジャーナル』は述べている。化石燃料産業は気前よくお返ししてもらった。石油・天然ガス探査生産設備製造サービス会社ハリバートンの元CEO、ディック・チェイニー副大統領が、みずからエネルギー政策を指揮した。ブッシュは選挙運動中に、温室効果ガスを削減して気候変動に対処すると約束していたが、大統領に就任するとチェイニーがそれを撤回した。チェイニーの伝記作家バートン・ゲルマンは、「道を誤ったボスを管理するケーススタディだった」と表現している。チェイニーは、地球温暖化説は「決定的ではなく」、「さらなる科学探求」を必要とするというように、ブッシュ政権の見解を変えた。

ヒラリー・クリントンが当時、「ディック・チェイニー・ロビイストエネルギー法案」と揶揄した2005年のエネルギー法案は、化石燃料集約型の企業に莫大な補助金と減税をもたらした。たとえば、ブッシュ政権は石炭火力発電所への規制を緩和した。また、クリントン政権の見解に反して、大気浄化法の規制から水銀排出を除外したが、裁判所の裁定で覆された。水圧破砕法も急増した。

チェイニーは政治力を行使して、環境保護庁（ＥＰＡ）の反対を抑え、水圧破砕法を飲料水安全法の規制から除外した。水圧破砕法関連の産業は、にわか景気に沸いた。5年とたたないうちに、ラリー・ニコルズのデヴォン・エナジーは、アメリカの天然ガス生産で第4位になった。ハロルド・ハムは、マルチビリオネアになった。チェイニーがかつてＣＥＯをつとめたハリバートンも、水圧破砕法の大手になった。自由市場を唱えるものが、自分たちに有利な政府の政策で莫大な利益をこうむることを、これが如実に示している。

ブッシュのエネルギー法の総額は、石油と天然ガスへの補助金60億ドルと、石炭への補助金90億ドルにのぼっていた。コーク兄弟はつねづね、自分たちはリバタリアンで政府の税金、規制、補助金を遺憾に思っていると唱えているが、石油、エタノール、パイプライン事業、その他の関連ビジネスが受けている特殊な税額控除や補助金を存分に利用していることを、記録が示している。そして、彼らのロビイストは、こうした特権を守るために激しく戦っている。さらに、リベラルの監視団体メディア・マターズによれば、コーク兄弟の会社は、２０００年以降の10年間に、政府の下請けで１億ドル以上の利益をあげている。

気候変動反対派の不都合な真実

バラク・オバマが大統領に就任すると、化石燃料産業は特権を守るだけではなく、気候変動の科学に対して、一段と攻撃的に反対するようになった。２００７年がその戦いの転換点になったと、スコチポルは指摘する。その年、アル・ゴアはノーベル平和賞を受賞し、アカデミー賞受賞作の『不都合な真実』に出演した。その映画は、マンのホッケー・スティック・グラフを取りあげていた。ゴアの賞賛とマンの単純明快な図表が、地球温暖化への懸念をあらたなピークまで高めるのに貢献し、アメリカ国民の41パーセントが「非常に心配している」というようになった。

「この重要な転機――アメリカ人全体が、地球温暖化に緊急に対処しなければならないということを納得していたかもしれない時期に」敵はあらたに激しい反撃を開始したと、スコチポルは指摘する。リチャード・フィンクとチャールズ・コークが数十年前に思い描いたイデオロギーの組み立てラインすべてが、保守派メディアの分野のすべても含めて、戦いに参加した。フォックス・テレビジョンや、ラジオの保守派トーク番組が、地球温暖化問題を集中して取り上げ、気象学者は過激な党派主義の反米政治目標を推進しているペテン師だと決めつけた。同盟を結んでいるシンクタンクが、著書やポジション・ペーパーをつぎつぎと発行した。そういった出版物の著者が議会で証言し、あちこちのトークショーをまわった。「気候変動否定は、シンクタンクの大部の著作からアメリカ国民の30ないし40パーセントが見ているような日常のメディアの番組に、急ピッチで故意にひろめられた」とスコチポルは推定している。

気候変動反対派は、保守派の福音主義キリスト教指導者も仲間に引き入れた。彼らは総じて政府を信用せず、強い政治力と思想伝達手段を備えている。この派閥の副産物の1つが、ワシントンDC郊外のコーンウォール同盟という組織だった。この組織は環境保護主義を偽神崇拝と同一視する映画『Resisting the Green Dragon』を制作し、福音主義者のあいだで映画は人気を博した。地球温暖化は「われわれの時代で最大の欺瞞」だとされていた。気候変動はキリスト教原理主義者が強い関心を抱く問題になっていた。このため、福音主義運動のもっとも強力な指導者と目されていた全米福音協会（ＮＡＥ）のリチャード・シジク副会長は、気候変動説を公に支持したために、２００８年に辞任に追い込まれた。

２つの脅威、大気浄化法と排出権取引

まもなく、筋金入りのリベラルを除けば、気候変動への懸念がすたれてしまったことが、世論調査によって判明した。２００８年の大統領選挙が進むにつれて、この問題はいよいよ二極化した。投票日直前、経済が混乱していたなかで、共和党の大統領候補のジョン・マケインが、気象問題は現実だと何度もくりかえした。グリーンな雇用は経済回復をもたらすとも発言した。しかし、「掘るのよ、ベイビー、掘るのよ」というキャッチフレーズを唱えるサラ・ペイリンを副大統領候補に選んだことは、共和党党内で環境過激派の意見の影響力が強まっていたのを物語っている。

オバマが大統領に就任した時点で、アメリカは全エネルギーの85パーセントを、石油、天然ガス、石炭によって生み出していた。化石燃料産業は膨大で、利益と影響力もそれに相応して絶大だった。

それでも、オバマの大統領就任は、環境保護主義者にとって有利な前触れだというのが、一般の見方だった。マンも楽観していたが、同僚たちの「危なっかしい自己満足」が心配だった。オバマ政権が化石燃料産業に対して、２つの大きな脅威を突きつけていることを知っていたので、ただではすまないだろうと思っていた。１つ目の脅威は、オバマの環境保護庁だった。リーザ・ジャクソン長官は、温室効果ガス排出を有害な汚染物質と見なし、大気浄化法によって規制すると宣言していた。

2007年に最高裁がその権限を認めていた。しかし、これまでの政権は、化石燃料産業との正面衝突を避けていた。2つ目の脅威は、長いあいだ懸案だった、温室効果ガス排出を制限するためのキャップ・アンド・トレード法案を、民主党が議案提出する予定であることだった。

CO_2削減反対の奇妙なテレビCM

オバマが就任の宣誓を行なう前から、繁栄のためのアメリカ人（AFP）は、キャップ・アンド・トレード案に狙いを定め、議員に気候変動と戦うための新予算に反対することを求める誓約書を集めていた。いっぽう、コーク・インダストリーズは、政府のCO_2削減義務に対抗するロビー活動を開始した。やがて、オバマの就任式の直後に、共和党の方針からかなりずれているようにも思える奇妙なテレビ広告が、全国で突然流れはじめた。アメリカ国民の多くがひろがりつつある経済危機によって立ちすくみ、オバマ政権が対処に追われていた時期に、甘やかされたスラッカー（訳注　高学歴だが、義務も責任も果たさずに無気力な生き方をする若者のこと）が登場する場違いなスポット広告が、どこからともなく現われた。

「あのなあ」胡散臭い感じの若者が、カナッペをつつきながらいう。「おれ、カールトン。金持ちのエコ偽善者だ。親から財産を相続して、贅沢な私立校を出た。家が3軒、車が5台あるが、いつも金持ちの友だちと、地球を救う話をしてる。で、議会には地球温暖化とグリーン・エネルギーの名目で何十億ドルも使ってもらいたいと思う。たとえ失業が増えて、エネルギー料金が値上がりして、あんたたちみたいな人間が不景気のどん底に落ち込んだとしてもだよ。どうなるかな。おれはそれでもっと儲かるかもしれないね！」

〝カールトン〟は、じつはデイヴィッド・コークが巨額の資金を提供しているNPO〝社会福祉団体、繁栄のためのアメリカ人（AFP）が創り上げたキャラクターだった。もちろんデイヴィッドは何億ドルもの財産を相続し、ディアフィールド・アカデミーを卒業し、家を4軒（アスペンのスキーロッジ、ベルエポック風の邸宅、パームビーチのサルミエント荘、ハンプトンズの広大なビーチハウス）所有して、ランドローバーやフェラーリを含め、何台もの車を乗り回している。

〝カールトン〟を囮として創造することで、コーク兄弟とその同盟者たちは、政府の気候変動対策は〝あんたみたいな人間〟、つまりふつうのアメリカ人の財政にとって脅威だと、大衆を納得させようとした。しかし、むろん自分たちにとっては、もっと大きな脅威だったのだ。製油所、パイプライン、石炭関連の子会社（C・レイス石炭会社）、石炭火力発電所、農薬、石炭コークス、材木、未採掘のカナダのオイルサンド100万エーカー以上の借地権を所有するコーク・インダストリーズだけでも、年間2400万トンのCO_2を大気中に排出している。CO_2汚染について政府が罰金を科した場合には、利益率にじかに響くだけではなく、まだ手をつけていない化石燃料埋蔵量への巨額投資の長期的価値にも影響が出る。

コーク兄弟本人は、その当時は気候変動についての見解をほとんど口にしていなかった。

だが、あるインタビューで、デイヴィッド・コークは、それが事実だとすればありがたいことだとほのめかしている。「食物生産に使える土地がひろがるから、地球はもっと大きな人口を支えることができる」とデイヴィッドは論じた。チャールズの考えは、会社の社内ニューズレターの「煙幕を吹き飛ばす」という見出しの記事に反映されている。「証明されていないか、あるいは偽られているこういう主張が、どうして喧伝されるのか？」と記事は論じている。ニューズレターは、地球温暖化そのものには反論せず、人類はそれに順応したほうが繁栄すると提案している。「母なる自然を私たちはコントロールできないのだから、その変化に合わせるすべを考えるべきだ」と助言している。２０１０年３月に開館された、ワシントンＤＣのスミソニアン国立自然史博物館デイヴィッド・Ｈ・コーク人類の起源ホールでも、ほぼ似たような説が唱えられた。デイヴィッドの富が資金源の展示物は、人類はこれまで環境問題に対応することで進化してきたし、気候変動に直面しても適応できるはずだという意見を代弁している。双方向テレビゲームが、地球の気候が耐えがたいものになったら、人間は「地下都市」を建設し、「引き締まった小さな体」か「脊柱の曲がった体」に変わって、「狭い場所で動きまわるのに支障がない」ようになるとほのめかしている。

偽の「CO_2警官」と偽の怒りの手紙

気候問題はじきにティーパーティの集会にも忍び込んだ。２００９年春と夏には一般大衆にも怒りがひろまって、抗議者が爆発的に増えた。繁栄のためのアメリカ人（ＡＦＰ）、フリーダムワークス、その他の秘密資金を注入されたティーパーティ系組織が、気候の戦いにポピュリストの怒りを向けさせるのに、驚異的な成功を収めた。２００９年４月15日にひらかれた第一回のティーパーティ「税の日」集会で、多くの抗議者はオバマの銀行救済と景気刺激策を激しく非難していたが、ＡＦＰの幹部は、市井の人々の大半にはよくわからないキャップ・アンド・トレード法案に抗議するＴシャツやプラカードを無料で配った。「オバマの予算教書は史上最大の消費税を提案している」と、AFPは争点を強調していた。

問題をことさら大げさに見せるために、AFPは、EPAの局員に化けた「CO_2警官」をティーパーティの集会に紛れ込ませ、裏庭でやるバーベキュー、教会、芝刈り機が、大気浄化法のあらたな厳格な解釈によって、禁止になるかもしれないと警告させた。また、キャップ・アンド・トレード法案を揶揄するために、熱い空気のコスト・ツアーを開始した。高さ20メートルの真っ赤な熱気球の側面には、キャップ・アンド・トレード法案への反論が、3つの恐ろしい言葉にまとめられて描かれていた。キャップ・アンド・トレードは、「増税、失業、自由の縮小」を意味する、と。AFPはこの気球をあちこちの州に派遣したので、ティム・フィリップスはのちに、「あの一年半、もう金輪際乗りたくないと思うくらい、何度も熱気球に乗った。熱気球は大嫌いだ」と白状している。

この大衆への宣伝活動は、後ろ暗い隠密活動を伴っていた。ヴァージニア州シャーロッツヴィルの新人民主党下院議員トム・ペリエロは、2009年夏に、選挙区の有権者から怒りの手紙の猛攻撃を受けるようになった。大量のファックスが有権者から届いた。その多くが、いつもなら支持層の全米黒人地位向上協会（NAACP）やアメリカ大学婦人協会（AAUW）のようなリベラルな団体の支部の代表からだった。正式のレターヘッドが付いている文書で、キャップ・アンド・トレード法は電気料金を上昇させ、貧困層が打撃を受けると、熱心に論じていた。しかし、ペリエロ議員のスタッフが怒っている有権者に連絡を取ろうとすると、ワシントンDCの広告代理店ボナー・アンド・アソシエーツが、石炭産業の業界団体に代わって投函した偽手紙であることがわかった。

この詐欺が暴かれると、ボナー・アンド・アソシエーツは社員1人を解雇した。だが、事件はそれだけではなかった。その夏、ペリエロは多くの議員たちとおなじように、タウンホール・ミーティングで討論を妨害された。妨害者の1人は、キャップ・アンド・トレード法案を支持していたペリエロを「売国奴」と罵り、べつの1人が対決の場面をビデオで撮影していた。その後、騒ぎを起こした聴衆の1人が、調査報道レポーターのリー・ファングに、繁栄のためのアメリカ人ヴァージニア州支部長にそそのかされてやったと告白した。その夏は、おなじような突然の騒動が、全米で勃発した。デラウェア州選出の穏健派共和党下院議員マイク・キャッスルは、どうしてそんな「でっちあげ」に賛成票を投じることを考えるのかと、詰め寄った有権者たちに非難されたと、エリック・プーリーの『The Climate War』に描かれている。アメリカ商工会議所、アメリカ石油協会、企業を代表するその他の組織が、エナジー・シチズンズという「草の根」団体を創り上げて、それがティーパーティの組織と合流し、タウンホールに抗議者をおおぜい送り込んでいたことが、のちに判明した。

右派のラジオ司会者が、炎を煽った。「地球を救うこととは無関係だ」ラッシュ・リンボーは、聴取者に告げた。「何事とも関係ない。増税と富の再配分を目論んでいるだけだ」グレン・ベックは、水が配給制になるとリスナーに警告した。「あなたがたの生活のあらゆる部分を統制しようとするだろう。シャワーを浴びるのもままならなくなる！」議会の共和党議員は、恐怖をいや増すために、アメリカ国民のエネルギー料金が何千ドルも増え、壊滅的な失業を招くとするヘリテージ財団の研究を引き合いに出した。超党派の議会予算局が、権威ある研究でそれを否定し、一般のアメリカ人が負担するコストは1日に切手を1枚買う程度だと証明した。しかし、共和党の下院少数党院内総務ジョン・ベイナーは、それを信じるものは「ユニコーンを探しまわるがいい」といって、真の数値を斥けた。

「国連は嘘つき」と題した報告書

２００９年６月26日、いまにも炎上しそうな雰囲気のなかで、下院はCO_2キャップ・アンド・トレード法案を可決した。すんなりと進んだわけではなかった。動議提案者２人、カリフォルニア州選出のヘンリー・ワックスマン下院議員と、マサチューセッツ州選出のエド・マーキー下院議員の絶大な努力に加え、環境保護派と影響を受ける産業の膨大な範囲に及ぶ取り引きが必要だった。最終案には欠陥があり、成立させる努力に値しないと、環境保護派の多くが見なした。だが、議会がオバマの目指していた妥協に達するだろうという見方をしていたものにとっては、はじめの一歩だった。

しかし、気分が高揚することはなく、恐怖が大きな影を落としていた。法案を支援した議員、ことに化石燃料産業の強い保守的な州で選出された、ペリエロやヴァージニア州のリック・バウチャーなどの民主党議員は、高い代償を払うことになるだろうと怖れていた。脅威が増大するにつれて、化石燃料産業は、それを阻止しようとする決意を固めていった。

その秋、ヘルスケア問題で民主党のマックス・ボーカス上院議員がすでにコーク・ネットワーク一味の攻撃にさらされていた、モンタナ州など、いくつかの州で、テレビ広告が流れるようになった。「CO_2が汚染物質だという科学的証拠は存在しません。それどころか、CO_2濃度が現在よりも高くなれば、地球の生態系には有利です」と広告は告げ、「雇用を代償にする」キャップ・アンド・トレード法案に賛成しないようボーカス議員に呼びかけてほしいと、視聴者に訴えた。広告のスポンサーは〝CO_2はグリーン〟という奇妙な名称だった。『ワシントン・ポスト』のエネルギー問題担当記者スティーヴン・マフソンによれば、アメリカで最大の石炭埋蔵量所有者のコービン・ロバートソンが、ひそかに資金を提供していた。

べつの反気候変動組織、コーリション・フォー・レスポンシブル・レギュレーションにもロバートソンが関与していたことが、物的証拠からわかっている。オバマのEPAが温室効果ガスを規制する手順を開始したとたんに、それまで知られていなかったこの団体が、それを阻止するための訴訟を起こした。団体の秘密メールがのちに明るみに出て、人工の地球温暖化はたしかに危険だし、EPAの科学研究の結果は信頼できると、テキサス州の気象学者が断定していたにもかかわらず、州政府の官僚をそそのかして証言させていたことが暴かれた。この団体を法人化した書類には、ロバートソンの名前も、ロバートソンの会社の社名も載っていない。だが、住所と幹部は、ロバートソンの会社クインタナの住所や幹部と一致している。

その夏の騒々しいティーパーティの抗議行動をなぞるように、ワシントンDCでも事態は荒れ模様だった。2009年9月、オバマが両院合同会議で、ヘルスケア提案を説明していると、サウスカロライナ州選出の共和党下院議員ジョー・ウィルソンが、発言をさえぎって、下院演壇前から「嘘つき!」とどなった。ウィルソンは甚だしい儀礼違反を譴責されたが、気候懐疑派はひと月とたたないうちに、ウィルソンとおなじように喧嘩腰になっていた。1人は「国連気候報告:やつらは嘘つきだ!」と題した報告書を提出した。

クライメートゲート事件

オバマ政権が、2009年12月にコペンハーゲンで開催される初の国連気候変動会議へ行く準備をしていた時期、反対が激しさを増した。世界各国の指導者たちは、アメリカがついに真剣な改革に乗り出すと期待していた。それまでアメリカは、京都議定書に従って温室効果ガスを削減するという先進国の合意に加わるのを拒んでいた。オバマの姿勢を考えると、化石燃料勢力と自由市場を唱えるその仲間にとって、事態は逼迫していた。ところが、2009年11月17日、反対派のウェブサイトで匿名のコメンテイターが、「奇跡が起きた」と告げた。

じつに効果的なタイミングで、身元不明のクラッカー（訳注　クラッキング＝悪意をもったハッキングを行なう者）が、イースト・アングリア大学のサーバーに侵入し、定評のある気候研究ユニットに勤務する科学者の私信を含む内部メール数千通を盗んで、オンラインで公表した。イギリスにいるこの大学の気象学者は、アメリカの気象学者とたえず連絡を取り合っていた。専門家としてあけすけに疑問を呈したり、敵を馬鹿にして内緒話をしたりしているメールが、全世界で読めるようになった。もっとも古いものは、1996年に遡る。

企業寄りのシンクタンクで、コーク兄弟をはじめとする石油などの化石燃料の富から資金を提供されている、コンペティティヴ・エンタープライズ研究所に勤務する保守派の気候反対派、クリス・ホーナーは、「ブルーのワンピースだ。決定的な証拠が見つかった」と断言した。しかし、彼らが利用したのは、ビル・クリントンを告発する証拠が残されていたモニカ・ルインスキーのワンピースではなく、世界の一流気象学者たちの言葉で、気候変動運動を告発するのが目的だった。文脈を取り除いて編集すれば、地球温暖化が事実だという理論を強化するために、気象学者たちがデータを偽造しているように見せかけることができる。

反対派にクライメートゲート事件と呼ばれたこの事件は、一気に過熱した。コーク兄弟の資金援助を受けている複数の組織のウェブサイトが、盗まれたメールを攻撃した。ケイトー研究所の研究者たちは、ことに熱心にこの経緯を宣伝した。ケイトー研究所のある研究者は、メール公表から2週間以内に20回、メディアのインタビューを受け、事件をスキャンダルとして吹聴した。まもなく『ニューヨーク・タイムズ』や『ワシントン・ポスト』にも、歪曲された情報源の記事が載るようになり、メインストリームでの信憑性が高まった。繁栄のためのアメリカ人のティム・フィリップス会長は、クラッキングで入手されたメールをさっそく攻撃して、ヘリテージ財団で開かれた保守派ブロガーの集会で、「重大な転換点だ」と述べ、「われわれがこの科学理論に打ち勝てば、完全に勝負がついたといえると思う」と付け加えた。

最終的には、独立した7件の調査によって、気象学者たちの嫌疑は晴れ、地球温暖化に関する合意や彼らの研究の信用を損ねるようなことは、メールからはなにひとつ見つからなかった。しかし、その間に、環境保護運動もマイケル・マンの生活も、混乱に陥れられた。

化石燃料産業による魔女狩り

謎のクラッキング事件でもっとも激しく動揺したのは、マンだった。盗まれたメールから抜きだされた4つの単語が、詐欺的行為の証拠だとされた。マンの研究について仲間の学者が、マンの「ごまかし」《トリック》が「低下を隠す」《ハイド・ザ・デクライン》のに役立ったと述べていた。マンを貶めようとする者たちは、マンの研究は大衆を騙すただの「ごまかし」で、地球温暖化の証拠を偽るために、20世紀にはじっさいに気温が「低下」しているのを故意に隠そうとしたのだと結論づけた。

全容を理解すると、事実はまったく異なっていた。証拠にされた言葉を書いたのは、マンではなくイギリスの研究者仲間で、文脈をつけ加えれば、ありふれた表現にすぎないとわかる。「トリック」は、マンがバックアップのデータを供給するのに考案した技術のことで、「巧みな技」を意味していた。問題にされた「デクライン」は、1961年以降、特定の年輪から得られる情報が「減少」し、一貫したデータを得にくくなったことを指していた。マンではなく、べつの科学者が、代替のデータ源を発見して、その問題を補った。それで「低下を覆い隠した」わけだった。メール公開で明らかになった不利な事柄は、マンをはじめとする気象学者たちが、自分たちが蔑んでいる批判派の一部と研究結果を共有せず、情報をあたえずにいたことだけだった。彼らがいやがらせを受けていたことを思えば、そういう理屈もわからなくはないが、科学界で慣例となっている透明性には違反している。それを除けば、〝クライメートゲート〟事件は、けっしてスキャンダルとはいえない。

しかし、メールのクラッキングによって、たちまち魔女狩りが開始された。日をおかず、インホフェも含めて、コーク兄弟に選挙運動資金の寄付を受けている共和党議員が、マンを調査するよう要求した。マンが終身在職権を持つペンシルヴェニア州立大学に、議員たちは脅迫するような手紙を送った。さらに、ジョージ・メイソン大学法学校出身のヴァージニア州司法長官ケン・クッチネリが、マンが以前に教鞭をとっていたヴァージニア大学に罰則付き召喚礼状を発して、マンの10年間の研究記録すべてを提出するよう要求した。リバタリアンは政府の介入に難色を示しているはずなのに、道理に合わないことだった。最終的にヴァージニア州最高裁が、州司法長官の申し立てには「偏見があり」、法を読み違えているとして却下した。

２００９年の歳末には、マンは全方位から攻撃を受けていると感じていた。保守派のラジオ・トーク番組の司会者が、たえずマンを罵倒していた。反対派のウェブサイトでは、マンに対する調査の詳細が投稿されていた。自称元ＣＩＡ局員が、マンの学部の同僚たちに接触し、弱みを教えれば「秘密は守り」１万ドルの賞金を出すと持ちかけた。その直後に、ナショナル・センター・フォー・パブリック・ポリシー・リサーチというシンクタンクが、マンがアメリカ国立科学財団から受けている補助金を停止させようとしたことがわかった。マンは著書『The Hockey Stick and the Climate War』に、保守派のＮＰＯ法律事務所2社、サウスイースタン・リーガル財団とランドマーク・リーガル財団に訴訟を起こされたと書いている。このシンクタンクと法律事務所2社は、私立慈善財団を通じて一族の富を配分する、ごく少数の富裕な一族の資金提供を受けていた。あらゆるところにはびこっているブラッドレー、オリン、スケイフが、ここにも出現した。

扇動的で粗暴な攻撃

チャールズ・コークの財団も、名を連ねていた。ランドマーク・リーガル財団を資金援助していた。コーク兄弟は、エドウィン・ミーズ3世元司法長官のアソシエートを長年つとめた、同財団のマーク・レヴィン会長を崇敬している。２０１０年、繁栄のためのアメリカ人（ＡＦＰ）は、全国に配信されているラジオのトークショーで宣伝活動を行なうために、レヴィンを雇った。フリーダムワークスが、グレン・ベックを雇ったときとおなじ手順だった。ボタンダウンのシャツを着ている知的な雰囲気のコーク兄弟が、レヴィンをスポークスマンに選んだのは、いささか奇異な感じだった。レヴィンは扇動的で、粗暴といってもいいような流儀だった。レヴィンはその後、ＡＦＰとの取引を報じた『ポリティコ』のレポーター、ケネス・ヴォーゲルを「悪辣なくそ野郎」と呼び、電話をかけてきた女性視聴者に、「あんたの亭主がどうして拳銃自殺しないのかわからんね。さっさと消えちまえ！」といった。オバマの政策への攻撃も、おなじように荒々しく、ことに気候変動問題では痛烈だった。「人工地球温暖化を唱えるマンなどのやからは、正しい統計分析の手法を知らない」といい、「環境統計は政府の専制的な乗っ取りを正当化するためにでっちあげられた」と非難した。彼らが「追い求めている」のは、「つまるところ真実ではなく権力なのだ」と、レヴィンは主張した。

その間に、ペンシルヴェニア州ハリスバーグに本部を置くべつの組織、コモンウェルス・ファウンデーション・フォー・パブリック・ポリシー・オルタナティヴズが、マンの生活を脅かす重大な攻撃を仕掛けた。自称シンクタンクのコモンウェルス・ファウンデーションは、ステート・ポリシー・ネットワークと名乗る同類の保守派組織の全米ウェブサイトに属していた。資金の大部分は、ドナーズトラストやドナーズ・キャピタル・ファンドを通じて提供され、後援者個人を突き止めるのは困難だった。しかし、スケイフの本拠地の州に置かれていたため、スケイフ一族の財団とはことに深く結びついていた。コモンウェルス・ファウンデーションのマイケル・グリーブ会長は、サラ・スケイフ財団の理事長と、スケイフのカーセイジ財団の財務部長を兼ね、その2財団の管財人でもあった。そういう関係だったので、コモンウェルス・ファウンデーションにはたぐいまれな政治力が備わっていて、ことにペンシルヴェニア州議会に対して絶大な影響力があった。

気象学者への冷酷非情な脅迫

コモンウェルス・ファウンデーションは、マンを解雇するための運動を展開し、仲間の共和党議員を動かして、大学がマンに対して「適切な行動」をとるまで大学の予算を棚上げにすると脅した。予算を人質にとられたペンシルヴェニア州立大学は、マンを調査することに同意した。コモンウェルス・ファウンデーションは、それと同時に大学の日刊紙にマンを攻撃する広告を載せる活動を行ない、キャンパスでマンに対する抗議行動を組織するのを手伝った。

「ペンシルヴェニア州立大学で受けた圧力で、神経が参りそうだった」とマンは回想する。「盗まれたメールをもとに曖昧な非難がなされた。ふつうなら調査を行なう根拠などないことは明らかだった。しかし、コモンウェルス・ファウンデーションが推し進めた。その組織は、州議会の共和党議員の弱みを握っているようだった。自分がなにも悪いことをしていないのはわかっていたが、将来がどうなるか不安だった。ペンシルヴェニア州立大学には、すさまじい政治圧力がかかっていたから、大学が屈服するのではないかと思った」

その間、マンの書類受けに殺すという脅迫状がたびたび届くようになった。「家族をできるだけ巻き込まないように気をつけた」とマンはいう。しかし、ある日から、そうはいかなくなった。マンがなにも考えずに怪しげな手紙を開封すると、研究室に白い粉が飛び散った。炭疽菌ではないかと怖れたマンは、大学の警備部に電話した。すぐにＦＢＩがマンの研究室を犯罪現場テープで立入禁止にして、検疫し、学部全体の機能が麻痺した。粉は無害だとわかったが、マンはその事件について、「不快だった。妻がなにか異常なことに気づいた場合に備えて、冷蔵庫に警察署長の直通電話番号のメモを貼った。狂人に狙われているかもしれないと思い込んでしまうくらい、巧妙に仕組まれた中傷作戦だった」という。

マンがことに不安を感じたのは、筋金入りの気候変動否定論者と憲法修正第２条（訳注　市民が銃砲を所持、携行する権利を保証するもの。本来は民兵維持が目的）の熱烈な支持者が混じり合い、「冷酷非情な特別利益団体」に扇動されているように思えることだった。マンはいう。「不満を抱いた人々、食事にも事欠く人々が、間違った方向に誘導され、気候変動への対策は〝やつら〟がおれたちの自由と銃を奪うためだと思い込まされる。そういう人々を洗脳する、きわめて巧妙な運動だ。憲法修正第２条の熱烈な支持者が、中絶を行なった医師に対して行動を起こした例がある。それとおなじように、私たちを悪玉に仕立て上げようとしたんだ」

殺すという脅迫を受けたのは、マンだけではなかった。クラッキングされたイギリスの大学の気候研究ユニットのフィル・ジョーンズ所長も含めた気象学者数人が、ボディガードを雇わなければならないと感じた。マンはいう、「さいわい」ペンシルヴェニア州立大学の調査――２度目はさらに仔細に調べるようにと、州議会が要求した――と、実質的にアメリカ最高の科学機関である国立科学財団の監察官による調査が、マンの無実を裏付けた。「２年間つづいた。結果はよかった。しかし、２

年は長い歳月だ」マンはいう。「激しい論争の中心に置かれるとは、想像もしていなかった。そんなことのために気候を研究していたわけではない。心配なのは、この馬鹿げた騒動のせいで、若い科学者が怯えて逃げてしまうのではないかということだ。じっさい、ぞっとするような影響がある。自分や自分の部門の長が、脅迫されるのを怖れて、科学者が大衆との対話を避けるようになる」

こうしてマンの科学研究の正しさが証明され、彼の高潔さと、気候変動のもたらす危険がたしかに存在することが裏付けられた。しかし、そのときにはもう手遅れだった。地球が温暖化していると信じるアメリカ人は、2008年より14ポイント減っていた。2010年のギャラップの世論調査では、半分近く――48パーセント――が、地球温暖化は「おおむね誇張されている」と考えていることがわかった。この疑問をギャラップがはじめて取りあげてから、最高の数値だった。アメリカが科学から離れていった原因は、ほかならぬ金のせいだというのが、マンの観察だった。「科学界では、気候変動への確信はむしろ強まっている」とマンはいう。「大衆では現状維持か弱まっている。亀裂がある。化石燃料産業がくさびを打ち込んだからだ」

右派の圧力に怯む共和党議員

キャップ・アンド・トレード法案は、上院に提出されたが、すでに廃案になるおそれがあった。独立心の旺盛なサウスカロライナ州選出の共和党上院議員リンゼー・グレアムが、この戦いで果敢なリーダーシップを発揮し、民主党のジョン・ケリーと無所属のジョー・リーバーマンの共同議案提案者になると名乗り出た。その前にグレアムは、「温室効果ガスとCO_2汚染は、よくないことだと結論を下した」と宣言し、環境保護主義者を驚かせ、よろこばせた。

しかし、グレアムは右派からの圧力を怖れていた。フォックス・ニューズにプロセスを嗅ぎつけられる前に、急いで進めなければならないと、グレアムは民主党側に注意した。だが、グレアムの懸念は的中し、2010年4月、〝ガス税〟を支持したとして、フォックス・ニューズがグレアムを非難した。攻撃的なティーパーティの活動家が、ただちにグレアムの地盤の州で記者会見をひらき、グレアムは「ゲイ」だと誹謗し、アメリカン・ソリューションズという隠れ蓑《フロント》政治団体が、サウスカロライナ州でのグレアムの気候政策に反対するネガティヴ・キャンペーンを開始した。アメリカン・ソリューションズが化石燃料産業やその他の大企業に巨額の資金を提供されていたことが、のちに判明した。コーク兄弟の関連企業も数多く含まれていた。デヴォン・エナジーのラリー・ニコルズ、シンタスのディック・ファーマー、ハバード・ブロードキャスティングのスタン・ハバード、ラスヴェガス・サンズ・コーポレーションのシェルドン・アデルソンも加わっていた。グレアムは、何日かせっせと活動したものの、プロセスから手を引いた。ネヴァダ州選出の民主党多数党院内総務ハリー・リードは、キャップ・アンド・トレード法案に最後の一撃を食らわした。リードも選挙で苦戦するおそれがあったし、この法案のために民主党が痛手をこうむるかもしれないと不安視して、グレアムの撤退後、法案を採決にかけることを拒んだ。

不健全な大企業の影響力

気候変動反対派の願いはかなえられた。「膠着状態は、地球温暖化懐疑論者の最大の味方だ。なぜなら、事態が動かなければ、願ったりかなったりだからだ」とモラノはのちに認めている。「われわれは法案を提起しない。われわれは反対勢力だ。物事を阻止しようとするだけだ」

気候法案が頓挫する理由をきかれて、アル・ゴアは『ニューヨーク・タイムズ』のライアン・リザに語った。「特別利益団体の影響力は、いまきわめて不健全なレベルに達している。現在の政治体制の関係者は、提案された変革でもっとも大きな影響を受ける大企業にまずお伺いを立てて、許可してもらわない限り、どんな重要な変革も立法化することが不可能になっている」

気候変動に取り組む最初の法案が立ち消えになったとき、ウェストヴァージニア州のマッシー炭鉱でメタンガスの爆発による落盤事故が起こり、鉱夫27人が死んだ。その直後、メキシコ湾のディープウォーター・ホライゾン海上油田で、原油が漏れ、史上最大の原油漏出事故に拡大して、膨大な数の海洋生物が死滅したり、先天性欠損症を起こしたりした。大陪審は、アッパー・ビッグ・ブランチ鉱山の所有者を、安全規制を回避するために犯罪的な共謀を行なったとして起訴し、連邦判事は海上油田の主な所有者であるブリティッシュ・ペトロリウムをはなはだしい重過失と無謀な業務運営について有罪であると裁定した。

その間に大気中に排出されたCO_2の量は、地球温暖化が暴走する原因になるおそれがあると、科学者たちが注意していたレベルをすでに超えていた。オバマはその時点で、「いまは可決に充分な票が得られないかもしれないが、近い未来にかならず得る」と断言した。だが、保守派のマネー・マシーンは、すでにオバマに先んじて、厚顔無恥な新しい計画を進め、オバマの思惑を打ち砕こうとしていた。

第9章

金がものをいう：シチズンズ・ユナイテッドへの長い道のり

Money Is Speech: The Long Road to Citizens United

文化・科学施設に自分の名前

2010年5月17日、ニューヨークのメトロポリタン・オペラハウスで、ブラックタイの聴衆が拍手喝采するなかで、長身の快活そうなビリオネアが、舞台に駆けていった。毎年行なわれているアメリカン・バレエ・シアターの春のガラで、デイヴィッド・コークが理事として気前よく寄付していることから、名誉ある役目を授けられていた。長年、クラシック・バレエのファンだったデイヴィッドは、先ごろも250万ドルを公演シーズンに先駆けて寄付し、その前にも100万ドル単位の寄付を何度も行なっていた。デイヴィッドは、形ばかりの表彰を受けたあと、ガラの共同司会者ふたりに挟まれて立った。社交界の名士ブレイン・トランプはピーチカラーのドレスをまとい、政治家一族の若手キャロライン・ケネディ・シュロスバーグはエメラルドグリーンのドレスだった。キャロラインの母ジャクリーン・ケネディ・オナシスがかつてアメリカン・バレエ・シアターの後援者で、デイヴィッドが1995年に買った5番街のアパートメントも、たまたまジャクリーンのものだった。デイヴィッドには狭すぎたので、そのアパートメントは11年後に売ってしまった。

ガラに登場するときのデイヴィッド・コークは、ニューヨークでもっとも有名なフィランソロピストという顔を持っていた。70歳のデイヴィッドは、莫大な寄付を行なってきたことで知られていた。2008年にはリンカーン・センターのニューヨーク州立劇場の現代化に1億ドルを寄付し、劇場にはデイヴィッドの名前が冠されている。アメリカ自然史博物館には2000万ドルを寄付し、恐竜が展示されている区画にデイヴィッドの名前が冠されている。その年の春には、メトロポリタン美術館の外にある噴水の傷みが激しいのに気づき、改修のために1000万ドルを寄付した。同美術館の理事でもある。ニューヨークで人がもっともうらやむ貴重な社会的地位である。また、スローン・ケタリング記念癌センターの理事もつとめ、4000万ドル以上を寄付したあとで理事長の座を用意されて、研究所に名前を冠された。

毎年4億ドルの寄付で〝敬意〟を買う

ガラの第3の共同司会者ミシェル・オバマ大統領夫人が欠席していることが、目についた。予定が重なったために出席できないと、大統領夫人執務室が伝えていた。しかし、ニューヨークのフィランソロピー界では、デイヴィッド・コークはれっきとした名士だった。広報専門家を何人も抱えて、かなり立派な公のイメージをこしらえていた。仲間の1人によれば、毎年、収入の約40パーセントを寄付しているとデイヴィッドが打ち明けたという。収入は10億ドルと推定されている。つまり、6億ドルほど残り、なおかつ税金はかなり軽くなるはずだが、家族の1人は、敬意を金で買えるからデイヴィッドはその役割を楽しんでいるふしもあると語った。しかし、デイヴィッドの支出には、いまだにほとんど秘密にされているべつの側面もある。デイヴィッドは、高い評価を受け、愛されているアメリカの文化・科学施設に自分の名前が冠され、バレエの公演で大衆に挨拶するのはやぶさかでないが、一族の莫大な政治支出は内密の私事と見なしていた。

それどころか、コーク兄弟の大規模な政治策謀の概要が、公開されている税務書類によって、おぼろげながらも見えてくるまで、長い歳月を要するはずだ。全貌はまったくつかめないかもしれない。しかしながら、4カ月前に最高裁がヒラリー・クリントンに対する右派の攻撃をめぐる争議に下した裁定によって、コーク兄弟は秘密支出を駆使して、選挙運動により大胆に取り組めるようになった。デイヴィッドがニューヨークで舞台に立っていたころ、政治運動家たちがデイヴィッドとチャールズのためにひそかに活動し、30年にわたって築いてきた思想機構を、二大政党に匹敵するような政治マシーンに作り変えていた。しかし、その組織は幅広い支持者を代表するものではなく、アメリカのもっとも裕福な少数派の資金提供を受けていた。アメリカの政治を動かすのを望むならば、彼らは全財産を注ぎ込むこともできる。

シチズンズ・ユナイテッド事件の裁定

2010年1月21日、最高裁はシチズンズ・ユナイテッド事件に5対4で裁定を下し、企業や組合が公職の候補者に無制限に寄付することを禁じていた100年越しの規制を撤廃した。企業や組合が候補者にじかに寄付すれば買収行為になるが、選挙運動から独立して、候補者を支持もしくは反対している外部団体に寄付するのであれば、どの候補者を売り込むことに決めたとしても、無制限に支出できる、というのが裁定の骨子だった。その裁定を下すにあたって最高裁は、企業は市民とおなじように自由に発言する権利があるという主張を認めた。

この裁定は、控訴裁判所のスピーチナウという事件で同様の決断が下される突破口になった。これにより、個人も外部団体に無制限に支出できるようになった。従来は、政治活動委員会（PAC）が、個人の寄付を年間5000ドルに制限していた。だがいまは、候補者の選挙運動に結びついていなければ、無制限に寄付できると、裁判所は判断した。たちまち、スーパーPACと呼ばれる無制限の寄付を受ける団体がつぎつぎと設立され、あらたに得た影響力を強化していった。

どちらの事件でも裁判所は、候補者への直接の寄付ではない独立した支出は、腐敗につながらないという主張を認めた。聡明で因習打破主義者の保守派連邦判事リチャード・ポズナーなどの批判勢力は、「スーパーPAC寄付と選挙運動への直接の寄付の違いを見分けるのは、実質的に困難だから」、裁判所の理由づけは「浅はかだ」と、最初から断言していた。『ニューヨーカー』のライター、ジェフリー・トゥービンは、「それによって金持ちは自由裁量を得て、自分たちの好みの候補者を支援するために、思いのままに支出できるようになった」と要約している。

多数派の判事は、いくつかの制約は支持した。長年当然とされてきた、政治運動の支出はすべて大衆に見えるようにすべきだということも、その1つだった。多数派の意見書を書いたアントニー・ケネディ判事は、「インターネットが普及しているから、支出の情報のすみやかな開示」は従来よりも容易だと予想した。「選挙で選ばれた公職者がいわゆる金持ちの大企業に〝取り込まれている〟かどうかを、市民が見ることができるから」腐敗は阻止される、とケネディ判事は述べた。

この思い込みが間違っていたことが、たちまち判明した。そうはならず、批判派が警告したとおり、ドナーの身元を隠す権利があると主張する秘密主義のNPOによって選挙に注ぎ込まれる金は、増える一方だった。スケイフやコーク兄弟のような裕福な活動家は、フィランソロピーを兵器として使う道をすでに敷いていた。彼らに加えて、同盟者のドナーたちが、ドナーの情報を開示せずに選挙に支出する権利があると主張する「社会福祉」NPOに、やがて〝ダーク・マネー〟と呼ばれるようになる資金をあたえた。そのため、アメリカの政治システムは追跡できない無尽蔵の金であふれ返った。

100年来の選挙資金法が骨抜きに

既存の選挙資金法を叩き潰すことで、裁判所は100年来の改革を骨抜きにした。19世紀末から20世紀初頭にかけて、にわか成金の企業家からの秘密の寄付によって選挙スキャンダルが相次いだため、進歩派は民主主義のプロセスを腐敗から守るために、選挙への支出を制限する法律を制定した。経済格差が拡大しつつあった時期に、政治の平等を守るのが、これらの法律の目的だった。石油、鉄鋼、金融、鉄道の大立者に富が集中することは、民主主義の均衡を脅かすと、改革派は判断した。たとえば、1896年と1900年に共和党のウィリアム・マッキンレーが当選した大統領選挙では、ロックフェラーのスタンダード石油のような大企業の政治オーガナイザー、マーク・ハンナが募った寄付金で票を買ったことが知られている。この腐敗への反発が強まり、セオドア・ルーズヴェルト大統領の要求で議会は、連邦選挙と政治委員会に対する企業の寄付を禁じるティルマン法を、1907年に成立させた。その後もスキャンダルがつづいたため、組合の支出を制限し、個人の寄付金の額を制限する規制が定められた。シチズンズ・ユナイテッド裁判の裁定で、こうした規制の多くが撤廃され、さまざまな面で金ぴか時代に逆戻りした。

ジョン・ポール・スティーヴンズ判事は、最初に指名されたときは共和党穏健派だったが、その後は一貫してリベラルだった。この裁定について、スティーヴンズ判事は、「憲法修正第1条によって定められたことから極端に逸脱している」と述べた。スティーヴンズ判事は長々と反論し、憲法の立案者たちが書き記したのは、「企業ではなく、個々のアメリカ人の」自由に発言する権利であり、それに反する行為は「建国以来の自治を企業が損ねるのを防ぐ必要があると認識し、セオドア・ルーズヴェルト大統領の時代から企業の選挙運動の腐敗と戦ってきた、アメリカ国民の常識を斥けることだ」と述べた。スティーヴンズは、つぎのような印象に残る言葉も口にしている。「アメリカの民主主義は完全ではないが、政治に注ぎ込まれる企業の金がすくなすぎるのが欠点だというものは、今回の最高裁の多数派しかいないだろう」

公正な選挙を保証する重要な規則を180度転換させたのが、ジョン・ロバーツ裁判長の法廷の独断的な保守主義であったことが、詳細な分析から明らかになっている。それが決定的な要素だったのは明らかだ。しかし、それには過去の出来事が影響していた。

規制が大嫌いだったアムウェイの創業一族

法律で許されている以上の金額を注ぎ込んでアメリカの政治を動かしたいと思っていた超富裕層の活動家グループは、40年ほど前からずっと法の規制に憤激していた。ことにあくなき闘争をつづけていたのが、ミシガン州のデヴォス一族だった。一族の何人かは、コーク兄弟のドナー・ネットワークで忠実なメンバーになった。一族はダイレクト・マーケティングのアムウェイで大成功を収め、マルチビリオンの富を築いた。少年時代の友人だったリチャード・デヴォス・シニアとジェイ・ヴァン・アンデルが、1959年にミシガン州グランドラピッズの郊外の街エイダで創業し、日用品を訪問販売で売りながら、カルトじみた熱心さで富の福音を説いた。やがてその非公開企業は、マーケティングの巨人になり、2011年には売上が110億ドル近くに増大した。

デヴォス一族は、カルヴァン主義から離脱した分派、オランダ改革教会の熱心な信者だった。オランダ改革教会は、ミシガン湖の周辺に入植したオランダ人移民によって、アメリカにもたらされた。1970年代に盛んになり、キリスト教右派のあくどい運動の中心になったともいわれている。信者は堕胎、ホモセクシャル、フェミニズム、自分たちの教えに反する現代の科学への反対運動をくりひろげている。政府の干渉をはねつける極端な自由市場経済理論を唱え、カルヴァン主義の伝統に則って勤勉と成功を尊んでいる信者が多い。この極端な考え方のコミュニティのなかで、もっとも過激で行動的だったのが、デヴォス一族だった。保守派運動を創設した他の家族を除けば、ミシガン州以外ではあまり知られていないが、金主として大きな役割を果たしていた。デヴォス一族が支援しているさまざまな運動の1つが、コークのドナー・ネットワークだった。社会問題についての見解は、コーク兄弟よりもずっと反動的だが、規制と税制に対する反感はコーク兄弟以上に激しかった。

地元出身のフォード大統領の力

アムウェイそのものが、連邦の課税を避ける仕組みだった。デヴォスとヴァン・アンデルは、化粧品、洗剤、ダイエタリー・サプリメントなどの製品の訪問販売を行なうセールスマンを、社員ではなく「独立した事業主」と定義することで、それを成し遂げた。それによって経営者はソーシャル・セキュリティの負担などの社員への給付を行なわずにすみ、収益が大幅に向上する。しかし、そのためにIRSや連邦取引委員会（FTC）とたびたび法廷で小競り合いをするはめになった。投機的なディストリビューターに金持ちになれるというまぎらわしい約束をしているネズミ講式販売にほかならないと、政府側が申し立てたが、この告発はのちに撤回された。ディストリビューターの多くは製品を大量に買わされ、さばき切れないために、何人ものディストリビューターを探さざるをえなかったことから、ネズミ講の疑いが持たれていた。

会社の業務にそういうグレイゾーンがあったために、アムウェイは政治的影響力を醸成するのが重要だと判断した。1975年、グランドラピッズが地盤のジェラルド・R・フォード共和党下院議員が大統領に就任すると、政治的影響力が役立つことが、ことに明らかになった。FTCの調査がつづいているなかで、デヴォスとヴァン・アンデルは、オーバル・オフィスでフォードと長時間会見する手配をつけた。フォードの上級補佐官2人が、その直後に、デヴォスとヴァン・アンデルが設立した新事業に投資した。投資したことが公になると、2人は離脱したが、のちにアムウェイが1人をワシントンDC在住のロビイストとして雇った。偶然の一致かもしれないが、その間にアムウェイが違法なネズミ講式販売かどうかについてのFTCの捜査は先細りになり、ディストリビューターがいくら儲けられるかを宣伝していたまぎらわしい広告について、軽い罰を受けただけだった。

アムウェイの政治活動は異様なまでに激しく、FTCの検察官がその時期に、「彼らはビジネスではなく、宗教がかった社会政治組織のようなものだ」と、『フォーブス』に語っているほどだった。キム・フィリップス－フェインが『Invisible Hands』で述べているように、「アムウェイはたんなるダイレクト・マーケティング会社ではない。自由企業制という考え方に伝道めいて熱狂的に邁進している組織だ」。

脱税容疑で刑事告発

しかし、デヴォス一族が選挙にどれほど資金を注ぎ込むことができたとしても、法による制限があった。ウォーターゲート事件後の1974年、議会は寄付の限度額をあらたに定め、大統領選挙運動の公的資金補助制度を確立した。反対派は、新ルールを迂回する方法を探した。共和党の上院議員候補ウィリアム・F・バックレー・ジュニアの弟ジェイムズが起こした訴訟で、1976年に最高裁が「独立した支出」の限度を取り払い、格好の抜け道ができあがった。巨額ドナーは、それを利用して支出を拡大した。

1980年、リチャード・デヴォスとジェイ・ヴァン・アンデルが、「独立した支出」で先鞭をつけ、ロナルド・レーガン大統領候補の代理として最大の金額を支出した。2人の影響力がどれほど強まったかは、1981年の2人の肩書を見ればわかる。リチャード・デヴォスは共和党全国委員会(RNC)財務部長に、ジェイ・ヴァン・アンデルは商工会議所会頭に就任した。ワシントンDCで2人は華やかにふるまい、ポトマック川の岸に係留したアムウェイのヨットで開かれた豪華パーティに、共和党の大物政治家や、アムウェイが営業している十数カ国の要人が出席した。貧しいオランダ人移民の息子だったデヴォスは、ハリウッドの衣装部が用意したような服装で現われ、小指の指輪をちらつかせ、ロールスロイスを運転した。

だが、アムウェイの共同創立者2人のあり余る金も、カナダ政府の脱税詐欺捜査を潰すことはできず、デヴォスとヴァン・アンデルは1982年に刑事告発された。当時『デトロイト・フリー・プレス』の記者だったキティ・マッキンジーとポール・マグナソンが、アムウェイの13年にわたる巧妙な脱税が、デヴォスとヴァン・アンデルの差し金だったことを暴露し、たいへんなスキャンダルになった。愛国心と信仰を唱えていたデヴォスとヴァン・アンデルに慣れていた読者は、大きな衝撃を受けた。カナダ税関の係員を騙し、カナダに輸出する製品が実際よりも低く評価されるように、偽の送り状を作成することを、本社上層部がひそかに承認していた。この詐欺によってアムウェイは、1965年から1978年までのあいだに、納税を2640万ドル減らしていた。

アムウェイは報道を否定し、『フリー・プレス』に対して賠償金5億ドルの名誉棄損訴訟を起こすと脅した。しかし、その翌年、カナダ政府から騙し取ったことを認める有罪の答弁を行ない、罰金2000万ドルを支払うことになったと、ごく手短な声明で発表した。見返りに、デヴォスとヴァン・アンデルを含めた会社の経営陣4人に対する刑事告発が、取り下げられた。アムウェイは1989年にも関連するべつの民事訴訟で、3800万ドルの和解金を支払っている。

デヴォスは、ほどなく共和党全国委員会の財務部長を退任させられた。1982年の厳しい景気後退を、歓迎すべき「浄化プロセス」だといったり、働きたがっている失業者は1人も見たことがないと発言したりしたことも、立場を悪くした。デヴォスが共和党大会を、アムウェイのセールスマン向けに開いている愛国的な決起集会に変えようとしたことにも、重要なドナーたちは嫌気がさしていた。デヴォスは、裕福なドナーを舞台に呼んで質問した。「アメリカ人であることを誇りに思っている理由は?」長年、共和党のために働いてきたある活動家は、「寄付が減少していた。それが堪忍袋の緒が切れるきっかけになった」と『ワシントン・ポスト』に語った。

秘密結社、国家政策評議会

それでも、デヴォス一族は、共和党と高まる保守主義運動の大きな資金源でありつづけ、選挙運動資金関連の法律を撤廃させるための活動を支援した。1970年からずっと、ヘリテージ財団のようなシンクタンクから、大学の保守派出版物に資金を提供する大学間研究機構のような学術組織に至るまで、ニュー・ライトの基幹をなすすべての組織に、2億ドル以上を注ぎ込んでいる。「デヴォス一族と付き合いがなかった共和党の大統領や大統領候補は、この50年間、1人もいない」と、共和党ミシガン州支部長のサウル・アナジスはいう。

デヴォス一族は、『ニューヨーク・タイムズ』が「アメリカのもっとも強力な保守派数百人の知られざるクラブ」と表現している秘密結社、国家政策評議会（CNP）にも深く関与していた。CNPは1年に3度、「非公開の場所の閉ざされたドアの奥で、秘密会議をひらく」と、『ニューヨーク・タイムズ』は述べている。メンバーの名簿は秘密にされているが、ジェリー・ファルウェル、フィリス・スクラフリー、パット・ロバートソン、全米ライフル協会（NRA）のウェイン・ラピエールが、その組織と結びついている。メンバーはコーク・セミナーの参加者とも重なっていて、ワイオミング州のミューチュアル・ファンド、フライス・アソシエーツの創業者でマルチミリオネアのフォスター・フライスも加わっている。フライスは遅くとも1996年の選挙以降、コーク兄弟と政治で協力し、攻撃広告にひそかに金を投入するために、トライアド・マネジメントに資金を提供した。チャールズ・コークは、NRAの表彰を受けているが、メンバーではなかった。リチャード・デヴォスの言葉を借りれば、NRAは「ドナーと行動派」を結びつける場だという。

州知事選で落選

デヴォス一族は法律との衝突によって、むしろ図々しくなった。1994年の中間選挙のさなかに、アムウェイは共和党に250万ドルを献金した。アメリカ史上最大の企業からのソフト・マネー（訳注　投票促進や選挙の啓蒙のために使われるという名目の資金で、選挙管理委員会の規制を受けずに、候補者の政治資金に利用できる）献金だった。１９９６年には、政府浄化を訴える組織が、デヴォス一族が選挙運動の寄付の限度額を回避する目的で、その年の共和党全国大会のテレビ宣伝の援助金として、サンディエゴ観光局に１３０万ドルを寄付したと批判した。

それまでにリチャード・デヴォス・シニアは、ＮＢＡのオーランド・マジックを買収し、アムウェイの経営を、ディックと呼ばれていた息子のリチャード・ジュニアに任せていた。デヴォス・ジュニアは、政見と宗教観が父親とおなじだった。しかし、ビジネスに関しては実用主義者で、自由市場を熱烈に支持する会社を中国に進出させた。２００６年には、共産主義国家である中国での売上が、アムウェイの年間売上の3分の1を占めるようになっていた。

デヴォス一族のステイタスと富は、やはりミシガン州のオランダ改革派コミュニティの名家との婚姻で、いっそう拡大した。ディックの花嫁ベッツィ・プリンスの父エドガー・プリンスは、自動車部品製造業を創業して、１９９６年に現金13億５０００万ドルで売却した。ベッツィの兄エリック・プリンスは、世界的な民間軍事会社ブラックウォーターを創業した。ジェレミー・スカヒルは、ブラックウォーターは「世界一強力な傭兵軍」だと述べている。

その後、共和党ミシガン州支部の支部長に就任するベッツィ・プリンスは、夫にひけをとらない政治的野心を抱いているといわれている。ベッツィの支援を得たディックは、政治活動にもっと専念できるように、アムウェイの経営から退いた。しかし、結果は悲惨だった。デヴォス一族は２０００年にミシガン州の教育バウチャー（訳注　使用目的を限定した教育「クーポン」で、おもに私立学校に通うための補助に使われる）に２００万ドルを支出したにもかかわらず、得票率68パーセントの対抗馬に敗れた。2006年には3500万ドルを費やしたが、ディック・デヴォスは州知事の座を奪えなかった。

金を使えるという強み

保守主義の理想像の実現に熱中していたデヴォス一族は、政治支出への規制を撤廃させることばかりに的を絞るようになっていた。何年も前から、一族はさまざまな選挙資金規制法に対する訴訟を起こしていた。戦いの中心は、1997年にベッツィ・デヴォスが創設時の理事に就任した、ジェイムズ・マディソン・センター・フォー・フリー・スピーチだった。政治関連の資金に関するあらゆる法的規制を廃止させることが、このNPOの唯一の目標だった。名誉会長は事情通で驚異的な資金集めの名人、ミッチ・マコネル上院議員だった。

保守派は、選挙運動資金規制に反対するのは、言論の自由のための理にかなった防衛策だと主張するが、その運動の主唱者の1人であるマコネルは、ときどき、党派主義が動機であることを口走っている。1970年代に、民主党の堅固な地盤だったケンタッキー州で、ある共和党員が立候補したとき、「金を使えるという強みがなかったら、共和党は競り合うこともできないだろう」と正直に述べている。マコネルは大学で講義を行なったときに、政党を設立するのに必要だと思う3つの要因を黒板に書いた。「金、金、金」。選挙資金規制が提案されて上院で審議された際に、マコネルは同僚議員に「これを阻止すれば、われわれは今後20年、議会を支配できる」といったと伝えられている。ジェイムズ・マディソン・センターは、戦いを法廷に持ち込むことで、この夢を実現しようとした。

最初のころのドナーには、デヴォス一族のほかに、キリスト教同盟や全米ライフル協会など、右派のもっとも強力な団体が名を連ねていた。しかし、組織の影の原動力は、インディアナ州テレホートの一心不乱な弁護士ジェイムズ・ボップ・ジュニアだった。ボップは中絶に反対する「生まれる権利を守る全米委員会」の法務部長で、ジェイムズ・マディソン・センターでも法務部長をつとめた。

それだけではなく、ボップの法律事務所とマディソン・センターの事務所はおなじ住所で、電話番号もおなじだった。さらに、ボップは外部の契約社員だと主張していたが、ドナーからの寄付金はすべてボップの法律事務所に吸い込まれた。だが、マディソン・センターは非営利の慈善団体だと称していたので、デヴォス・ファミリー財団その他の支援者は、勝ち目が薄い訴訟に補助金を注ぎ込んで、税額控除を受けることができた。それがなかったら、訴訟は行なわれなかったかもしれない。「この組織とボップの法律事務所の関係は、そういうものであり、慈善は無関係だった」かつてＩＲＳ（内国歳入庁）のために免税組織を調査したことがある、ワシントンＤＣの弁護士マーカス・オーエンズはいう。「法の制約を受けている慈善団体や財団が、特定の法律事務所に資金を集中するなどということは、聞いたことがない」

金で買える影響力

１９９７年、マディソン・センターを設立したのとおなじ年に、ベッツィ・デヴォスは選挙運動資金規制に反対する理由を説明した。当時、民主党と共和党が１９９６年の大統領選挙中に、運動の広告ではなく〝問題〟の広告だとして、献金の制限を回避し、ソフト・マネーと呼ばれる資金を無制限に費やしたことに、国民の怒りが高まっていた。上院では超党派で改革の機運が高まっていた。だが、議会報告の専門紙『ロール・コール』に寄稿したベッツィ・デヴォスは、無制限の献金を擁護した。

「ソフト・マネーは、アメリカ人が一所懸命稼いだお金で、ビッグ・ブラザーがまだ掌握する手立てを見つけられないだけです。それだけのことで、それ以上ではありません」ベッツィはさらに述べた。「ソフト・マネーについて、私は多少のことは知っています。私たちの一族は、共和党へのソフト・マネーの最大の献金者ですから。でも、私たちがお金で影響力を買っているという意見に気分を害するのは、もう止めることにしました。その点は認めます。そのとおりです。私たちはいくつかのことでは、見返りを期待します。小さな政府から成り、アメリカ人の伝統的な美徳を敬うような、保守的な統治を、私たちは期待しています。私たちは投資のリターンを期待しているのです。善良で正直な政府を望んでいるのです。そして、共和党がそのお金を使って、政策を推進し、選挙に勝つことを、私たちは期待しています。私たちのような人々は」冗談めかして結論を告げた。「たしかに阻止しなければなりませんね」

リベラル系の大口献金者

選挙運動資金の制限に反対する大口ドナーは、大半が保守派だが、この精選されたクラブには、きわめて裕福なリベラルの民主党員もわずかながらいる。2004年、民主党寄りの外部団体が、1億8500万ドル——共和党の外部団体の支出よりも多い——を費やして、ジョージ・W・ブッシュの再選を阻止しようとしたが、失敗に終わった。このうち8500万ドルは、わずか14人の民主党ドナーが資金源だった。先導していたのは、ニューヨークのヘッジファンド王ジョージ・ソロスだった。ソロスはアメリカのイラク侵攻に反対していて、ブッシュ大統領こそ災難の源だと見なし、確実に落選させることができるのであれば、70億ドルの全財産を費やしてもいいと明言していた。ソロスは民主党運動員の手助けで、その年、さらに2700万ドルを、527グループという選り抜きの外部団体に支出した。その年に共和党はおなじ仕組みを利用して、ジョン・ケリー候補に「スイフトボート」攻撃を仕掛けた。シチズンズ・ユナイテッド裁判の裁定が下される前のことで、この計画はよくいっても法的に問題があった。連邦選挙委員会は、巨額の外部支出計画は選挙資金法に違反するとして、民主党と共和党の関係者に罰金を科した。ソロスはその後もイデオロギー色の強いフィランソロピーで活動し、数億ドルを支出して、人権と公民権団体のネットワークを支援したが、派手な選挙運動への献金からはおおむね手を引いた。

乱用された「表現の自由」

ベッツィがいうように、デヴォス家がマディソン・センターで「投資のリターン」を期待していたとすると、最高裁のシチズンズ・ユナイテッド裁定で、それが得られたことになる。じつは「ジム［ボップ］の創案だった」と、ロサンゼルスのロヨラ・ロースクールの選挙法の専門家、リチャード・L・ハセンは、『ニューヨーク・タイムズ』に語った。「ジムがこうした訴訟をでっちあげて、特定の順序で最高裁に異議を示し、特定の成果を達成した」ハセンはいう。「彼が訴訟マシーンだった」

ボップも同意する。「これを潰すのに10年計画を立てた」と、『ニューヨーク・タイムズ』に語った。「適切なやり方でやれば、いわゆる選挙資金法の規制すべての枠組みを解体できると思っている」

数年前には、こういう発言は馬鹿げていると思えたし、じっさい当初はだれもボップのことなど気にしていなかった。白髪まじりの髪は一時期のビートルズみたいにもじゃもじゃで、考え方が過激であることはいうまでもなく、弁護の手法も独善的だった。連邦判事の1人は、ボップを見て嘲笑った。当時ボップは、予備選の大統領候補だったヒラリー・クリントンを攻撃する極端な表現の映画は、CBSの「60ミニッツ」のニュースとおなじように、憲法修正第1条で保護されるべきだと主張していた。『Hillary: The Movie』と題された長ったらしい映画をプロデュースしたのは、悪意に満ちた選挙広告を制作してきた前歴のある右派団体シチズンズ・ユナイテッドだった。最高裁が判断を求められたのは、『Hillary: The Movie』が、自由を守られるべき言論の一形態であるのか、それとも企業による寄付で、選挙運動資金法の規制対象であるのか、ということだった。

自分たちの運動を税控除が受けられる慈善事業に見せかけている裕福なドナーの資金援助を受けて、ボップは訴訟をたてつづけに起こし、現代の選挙資金法の基盤を突き崩していった。ボップの作戦が功を奏したのは、リベラルの慣行を攻撃するのに、公民権や言論の自由というリベラルの言葉を使ったからでもあった。これは意図的な戦術だった。保守派法律運動の先駆者で、設立資金をチャールズ・コークに提供されたインスティテュート・フォー・ジャスティス代表のクリント・ボリックは、右派が左派と戦うには、左派に対抗する魅力のある自分たちの「権利」を身に帯びる必要があると説いている。そんなわけで、シチズンズ・ユナイテッドは、「言論の自由」を企業の権利にすり替えた。保守派の思惑どおり、この論理は左派の警戒心を和らげ、分裂させ、修正第1条を伝統的に重視するリベラルの支援まで得られた。

世論調査ではつねにアメリカ国民の大多数が——共和党支持者も民主党支持者も——支出の限度を厳格にすることを望んでいる。選挙資金法の骨抜きをもたらした反対運動を展開していたのは、並はずれて裕福な少数派——コーク兄弟とその派閥の超富裕な保守派活動家——だけだった。

反規制の急先鋒が規制当局のトップに

たとえば、スピーチナウ事件を仔細に調べると、シチズンズ・ユナイテッド事件の裁定をすぐさま踏襲した下級裁判所の裁定は、おなじ一味が引き起こしたものだとわかる。選挙資金支出の限度に異議を唱えるために、リバタリアン数人が捏造するまで、スピーチナウという組織は存在していなかった。この訴訟はほかならぬエリック・オキーフの発案だった。ウィスコンシン州の投資家のオキーフは、1980年にデイヴィッド・コークが副大統領に立候補したときからずっと、リバタリアンの同盟者だった。その選挙でも、選挙運動資金の支出限度の撤廃を求めていた。

この訴訟で采配をふったのは、保守派のセンター・フォー・コンペティティヴ・ポリティクスの共同設立者で、聡明で過激な反規制派の弁護士、ブラッドレー・スミスだった。スミスは、政治支出の情報をいっさい公開しないことを提案し、資金提供者も明かさなかったが、2009年にブラッドレー財団を含む保守派財団数社の支援を受けていたことが、IRSの記録から判明している。スミスの経歴を見れば、保守派のフィランソロピストが彼のような人材を育ててきた流れがよくわかる。

スミスはチャールズ・コークの人文学研究所の研究者で、その後、選挙運動への支出を取り締まることを任務とする連邦機関、連邦選挙委員会（FEC）の委員長でありながら、献金規制にあからさまに反対するという前代未聞の立場をとった。ミッチ・マコネルとケイトー研究所の後押しで、スミスはこの重要な役職についた。スミス自身が認めているように、「ケイトー研究所が議会で売り込んでくれなければ、私がFECで委員（訳注　当初は委員、その後副委員長、委員長）になることはなかっただろう」。

カネの拘束具を解き放った最高裁

チャールズ・コークが設立資金を提供したインスティテュート・フォー・ジャスティスも、スピーチナウ訴訟で不可欠な役割を果たした。起訴状はおもにフレッド・ヤングが作成した。ヤングはウィスコンシン州の引退生活者で、父親の会社ヤング・ラジエター・カンパニーを、組合を結成した労働者の仕事を組合のない州にアウトソーシングしたあとで売却し、数百万ドルを得た。コークに資金援助されているリーズン財団とケイトー研究所の理事をつとめ、コーク兄弟のドナー・サミットの常連でもあった。

2010年、ヤングはあらたに得られた支出の自由を思う存分利用した。SpeechNow.org のスーパーPACのその年の支出の80パーセントを、ウィスコンシン州選出の民主党上院議員ラス・フェインゴールドを攻撃する広告に注ぎ込んだ。フェインゴールドは、ことに象徴的なターゲットだった。フェインゴールドは上院で一貫して厳格な選挙資金法を主張してきた。原則を守り、自分の代理として外部団体が支出することを許さなかった。その秋、フェインゴールドは敗退した。

シチズンズ・ユナイテッド事件の裁定とそれがもたらした結果は、進歩派が怖れていたことに決着をつけたというよりは、グレーゾーンを明確にしたのだというのが、こうした動きを擁護する向きの見方だった。しかし、これはきわめて重大な出来事だった。最高裁は明るく輝くゴーサインを出して、富裕層とその政治運動員に、金を集めて支出することに関しては、なにをやっても罪に問われないと伝えたことになる。法律の霧と政治的汚名が、一気に消滅したのだ。

コーク・ドナー・サミットの寄付金の額は、2009年6月にショーン・ノーブルが集めた1300万ドルから、翌年には9億ドルに急増した。わずか一度の基金募集で、それだけの額が集まった。「最高裁の裁定は、『グッド・ハウスキーピング』の推薦のようなものだった」シチズンズ・ユナイテッド事件の裁定直後に、共和党の政治戦略家カール・ローヴが創設した保守派スーパーPAC、アメリカン・クロスロードのスティーヴン・ロー会長は認めている。

だが、オバマをはじめとする批判勢力は、この変化をもっと由々しき事態だと見なしていた。2010年の一般教書演説でオバマは、最高裁の裁定を公然と非難し、大きな見出しになった。最高裁は「100年間つづいた法律を逆転させた。これで外国企業も含めた特別利益団体を押しとどめていた水門があいてしまい、私たちの選挙に無制限の支出がなされるだろう」演説の場にいた最高裁陪席判事サミュエル・アリート・ジュニアが、首をふり、「事実ではない」とつぶやいているところを、カメラが捉えていた。

シチズンズ・ユナイテッド事件の裁定がもたらした、もう1つの重大な結果は、幅広い合意から成り立っている政党から、自分の資金を何百万ドルも使えるほど裕福で熱狂的な個人のほうへ、権力の均衡が傾いてしまったことだ。当然ながら、人口のごくわずかな部分でしかない特殊な少数派が、権力を握った。

「大金持ちを縛っていた拘束が解かれた」デイヴィッド・アクセルロッドはいう。「シチズンズ・ユナイテッドは、大統領ばかりではなく政府全体に対する、たえまない反対運動を解き放った。これまでも大統領が四方から攻め立てられたことはあったが、大統領は国民の利益のために行動しているという仮定がもう成り立たくなっている。周囲で悪意に満ちた主張を叫ぶものがいる」シチズンズ・ユナイテッド事件の裁定後、「私たちは包囲されたと感じた」とアクセルロッドは語った。

第10章

敵を叩きのめす：ダーク・マネーの中間選挙デビュー、2010年

The Shellacking: Dark Money's Midterm Debut, 2010

リベラルの牙城で初の共和党上院議員

2010年、初のコーク・サミットが1月末に開かれ、パームスプリングズにドナーが集合したとき、楽観的な雰囲気があたりを支配していた。「ボストンの補欠選挙から1、2週間しかたっていなかった」参加者の1人が、当時を思い起こして語った。「気分がかなり高揚していた」

非公開のドナーからの寄付がどっと押し寄せたおかげで、その月のはじめに、マサチューセッツ州の補欠選挙でスコット・ブラウンが予想外の当選を果たした。38年間リベラルが支配していた州で、共和党上院議員がはじめて誕生した。選挙の背後で巨額の資金を動かしたのは、当時、コーク兄弟に雇われていたショーン・ノーブルだった。当初、ブラウンは、勝ち目がないと軽視されていたのだ

が、当選すれば成果は大きいから、賭ける値打ちがあると、ノーブルが決断した。ブラウンの当選は、オバマにとっては大きな災難だった。8月に亡くなった伝説的な民主党員(エドワード・ケネディ)が長年守っていた議席をブラウンが奪ったことで、議会の力の均衡が変わった。それでも民主党は上院で多数党だったが、わずか1議席減っただけで、民主党の力はそがれた。ちょうどそのころ、オバマはヘルスケア法案の最終案を成立させようとしていた。共和党の議事妨害に打ち勝つのに、民主党は60議席を必要としていた(訳注　審議引き延ばしのために延々と演説するのが、通常の議事妨害の手段だが、それを打ち切らせるには、上院の議席の5分の3、つまり60票を必要とする)。民主党は、新法案を採決にかけるのに必要な議席数を失った。ブラウンの当選で、患者保護並びに医療費負担適正化法は廃案になるかと思われた。

ブラウンは、絶大な支援がなければ、当選しなかったにちがいない。数字がその間の事情を物語っている。ブラウンはあまり目立ったところのない州上院議員で、ロースクール生時代に『コスモポリタン』誌に全裸写真が載ったことが知られている。ブラウンは、予備戦後の6週間、対抗馬の民主党候補マーサ・コークリーの510万ドルに対して約870万ドルを注ぎ込むという消耗戦で、予想外の勝利をものにした。このうち300万ドル近くが、ドナーの情報が開示されていない、州外の正体不明のNPO数社から支出されていた。このダーク・マネー集団のなかでもっとも活動的だった2団体、アメリカの未来基金と雇用確保のためのアメリカ人は、ノーブルが前年の春にアリゾナ州の私書箱を住所に登録した、謎の「社会福祉」団体から、巨額の資金提供を受けていた。患者保護並びに医療費負担適正化法の成立を阻止する苦しい戦いに加わっていた、ランディ・ケンドリックをはじめとするコーク・ネットワークのメンバーが、患者の権利擁護センターと称していたこの私書箱に、何カ月にもわたって多額の金を詰め込んでいた。ノーブルはその金のかなりの部分を、マサチューセッツ州補欠選挙で、コークリーを攻撃するのに注ぎ込んだ。共和党が上院での勢力を変えることができれば、ヘルスケア法案を阻止し、オバマに致命傷をあたえられるかもしれないと考えていた。だから、計画が功を奏し、ブラウンが当選すると、ドナーたちは活気づいた。反オバマケアに潮流を変えるのに貢献したと感じたものが多かった。「勝利を収めたと思った！」と、コーク・セミナーの参加者は、そのときのことを語っている。

ブラウンの当選に虚を衝かれたオバマは、翌朝のホワイトハウスでのスタッフ会議で、なじるような口調でスタッフを問い詰めた。「私はどういう話をすればいいんだ？　話にならないじゃないか！」オバマ政権の勢いは、外部の金に圧倒されてしまった。

ロビー活動で1900万ドルの富

ドナーたちの気分は、ブラウンのマサチューセッツ州上院議員当選の2日後に下されたシチズンズ・ユナイテッド事件の最高裁裁定によって、いっそう高揚した。コーク・サミットは、その直後に開かれた。ブラウンの選挙は、最高裁が言論の自由の一環であると解釈した外部の資金にとって有望な予行演習だったと思われた。だから、2010年の中間選挙の計画を立てるために集合したとき、自称〝投資家〟たちは楽天的になっていた。

日焼けして颯爽とした風采のショーン・ノーブルは、6カ月前の2009年6月のサミットでは1

つの討論会の司会者にすぎなかったが、いまでは発言権を得ていた。議会スタッフの仕事や、学生ローンの返済が滞っていたことは、もはや遠い過去の出来事だった。ノーブルの政治コンサルティング会社のウェブサイトに、意気揚々と記されている。「肝心なのはなにを知っているかではなく、だれを知っているかだ」

パネル・ディスカッションの題は「2010年の好機：有権者の態度と選挙地図を読み説く」というものだった。ヘルスケアの戦いについて、ノーブルは国民の反発を呼び醒ましたと考えていて、楽観的に語った。演壇にはほかに3人がいた。その年の秋に行なわれる中間選挙で民主党を潰走させるはずの秘密政治作戦で、3人はそれぞれ役割を果たすことになっていた。

パネリストのなかでもっとも有名なのは、2003年に41歳で共和党全国委員会の委員長をつとめた、アメリカきっての政治戦術家、エド・ギレスピーだった。ギレスピーは、ロビー活動で推定1900万ドルの富を築いた。ギレスピーは元民主党員で、共同創業したクイン・ギレスピー・アンド・アソシエーツも超党派で、政治的に純粋であることよりも、政策合意をまとめることを重んじていた。顧客は、スキャンダルを起こして破綻した巨大エネルギー企業エンロンから、オバマの政敵が反逆罪だと呼ぶような個人保険加入義務を促進するヘルスケア団体まで、多岐にわたっていた。アイルランド系移民の息子のギレスピーは、中央政界の言い伝えによれば、持ち前の愛想のよさと機敏な政治的直観によって、駐車係からはじめて、ワシントンDCで好景気に沸く、影響力を売買する産業のトップにのしあがったという。

知事職と州議会を乗っ取れ

最高裁がシチズンズ・ユナイテッド裁定を提供すると、ギレスピーはそれがなにをもたらすかを悟った。数週間のうちに、ブッシュ政権で同僚だったカール・ローヴとともにテキサスに赴き、ダラス石油クラブの裕福なオイルマンたちに、新種の影の政治マシーンに資金を集める計画を売り込んだ。共和党や共和党の候補に寄付をする場合には金額に制限を課せられるが、これから設立する「外部」組織に対しては合法的に無制限の資金を集中できると、ローヴとギレスピーは説明した。この新組織は、ローヴが長年夢見ていた私的目的の予備軍として行動する。ローヴは金主たちに告げた。「私たちのやっていることは、大規模な右派の陰謀といわれているが、いまは中途半端なものでしかない。それを」ローヴは力説した。「本格的なものにする時機だ」

シチズンズ・ユナイテッド事件の裁定が下される前から、ギレスピーはせっせと働いていた。オバマ大統領の支持率がきわめて高かったとき、他の保守派の多くは意気消沈していたが、ギレスピーは自分が見つけたたった1つの突破口に付け入る巧妙な計画を編み出していた。オバマが中央政界を支配しているのなら、自分たちは州を狙えばいいと、ギレスピーは考えた。2011年に数多くの州の州議会が、人口調査をもとに選挙区の境界線の見直しを行なうことを、ギレスピーは知っていた。10年に1度行なわれるプロセスだった。そこで、全米で知事職と州議会を共和党が乗っ取ることを目的とした大胆な計画を、ギレスピーは練った。共和党員が知事になり、州議会で共和党が多数派になれば、連邦政府下院議員選挙区の境界線を、共和党の候補者に有利なように変更できる。

州議会の選挙戦の仕組みはややこしく、たいがいの人間にとってはうんざりするくらい停滞していたが、ギレスピーはそれを共和党復活の秘策と見なした。

「すべて、ヴァージニア州アレクザンドリアのエドのオフィスで考案された……すべてエドの構想だ」ギレスピーのアソシエート、クリス・ジャンコウスキーが、のちに『ポリティコ』に語っている。「いまではしごくあたりまえの戦略のように思えるが、私たちがどれほど意気阻喪していたかは、当時に戻って見ないとわからないだろう……エドはいっていた。〝われわれはこういう巧妙な手を打つことができる〟と」

ギレスピーは、多数党の選挙区変更《リディストリクティング・マジョリティ》プロジェクトを略して、その計画を〝ＲＥＤＭＡＰ〟と名付けた。それを実行するにあたって、従来は州法に影響を及ぼしたいと考えている企業の資金の受け皿になっていた、共和党州指導部委員会（ＲＳＬＣ）というＮＰＯの運営に乗り出した。あとはＲＥＤＭＡＰを起動するための資金さえあればよかった。２０１０年末には、タバコ産業アルトリア＆レイノルズの寄付金50万ドルをはじめとして、ウォルマート、製薬会社、コーク・サミットの裕福な個人ドナーの巨額の寄付金の助けを借りて、ＲＳＬＣの資金は３０００万ドルに達していた。民主党の同様の組織の3倍にあたる。「地道な正面攻撃の連続だった」と、ギレスピーは資金集めについて後日語っている。「たえず努力していた」ことにコーク・サミットのような資金の宝庫ではせっせと働いた。

4000万ドル投じた〝右派の騎士〟

ノーブルとギレスピーのパネルに、政治を細部まで使いこなす名人が加わった。小柄で、禿げあがり、ノースカロライナののんびりしたなまりがあり、眼鏡がずり落ちそうになっているところなど、南部のどこかの小売店の店員のように見える。だが、ジェイムズ・アーサー・〝アート〟・ポープは、小売店の〝店主〟だった。大西洋沿岸中部から南部にかけて、数百軒のアウトレットを展開する、家族経営のディスカウント・ショップのコングロマリット、ヴァラエティ・ホールセラーズの会長兼CEOで、マルチミリオネアだった。ポープは、コーク・ネットワークの設立メンバーでもある。長年の友人で同盟者でもあり、チャールズとおなじように自由市場哲学を信奉し、ケイトー研究所の夏のプログラムに出席して、ハイエクやアイン・ランドのような保守派の偶像の影響を受けた。1981年にデューク・スクール・オブ・ローを卒業し、家族の非公開会社の経営を引き受けると、資産が1億5000万ドル近くあったポープ家の財団を、恐るべき政治勢力に作り変えた。

それまでの10年間、ポープとその一族と財団は、アメリカの政治を右傾化させるために、4000万ドル以上を注ぎ込んでいた。コーク兄弟の秘密計画サミットに頻繁に出席するほかに、コーク兄弟の公式の権利擁護団体、繁栄のためのアメリカ人の理事と、その前身の健全な経済のための市民で理事をつとめ、そのほかにも数多くの政治活動でコーク兄弟と共同戦線を張っていた。環境規制、増税、組合に反対する組織や、歳出削減を求める運動など、コーク兄弟が支援する集団27団体以上に、ポープが資金を提供していることを、税務記録が示している。ポープはデヴォス一族とおなじように、ジェイムズ・マディソン・センター・フォー・フリー・スピーチの支援者だった。もちろん、ポープが地元のノースカロライナ州で果たしている役割は、多くの面で、コーク兄弟が全国レベルに果たしている役割の、州レベル版だった。ポープは州外ではあまり知られていなかったが、地元での影響力は拡大し、ラーレイの『ニューズ&オブザーヴァー』に、〝右派の騎士〟と呼ばれるようになった。

その週末、ポープがパネルに提起したのは、ドナーはノースカロライナ州をREDMAPの実験室に使えるということだった。ノースカロライナ州は昔から二大政党のあいだを揺れ動く激戦州だった。深南部の顔であるとともに、ジェシー・ヘルムズ上院議員の人種差別的な政治組織、全米議会クラブの根拠地でもあった。だが、2008年の大統領選挙でオバマはかろうじてノースカロライナ州を制し、2010年も支持率は高かった。民主党はノースカロライナ州議会も支配していた。共和党は、ノースカロライナ州議会の上下院では、100年以上も少数党に甘んじていた。「シャーマン将軍(訳注 南北戦争で、北軍のシャーマン将軍は、南軍のリー将軍が一八六五年にノースカロライナで降伏するのに、功績があった)以来だ」という冗談がある。2010年の選挙で多数党になるのは、容易ではないはずだった。しかし、それを実現するのに、ポープほど有利な立場にいる人間はいなかった。ポープはわかりづらい選挙法の達人で、匹敵するものがほとんどいないような財産を所有していた。だが、コーク兄弟やデヴォス一族とおなじように、これまでは自分の指導に従うよう有権者を説得することができなかった。ポープはノースカロライナ州議会下院議員だった1992年に、州副知事に立候補して落選した。州の行政に携わるのを目論んだのは、そのときだけだった。「ひどい候補者だった」選挙戦を報道したダラムの反体制新聞『インディ・ウィーク』のボブ・ギアリーはいう。「笑みを浮かべるのを見たことがない。ポープは内向的で、知識をひけらかした」几帳面なことで知られているポープも、はっきりと認めている。「私は切り株に立つカリスマ的な演説者ではない」

巨大タバコ産業の秘密広報部門

州の政治を逆転させるには、芸術的な政治手腕とずる賢さが必要だった。パネルはこの役目をジョン・エリスにあたえた。コーク兄弟は、だれもが参加したがる自分たちのサミットの招待客を選り好みすることで悪名高かったが、当時、エリスが選挙資金法違反で起訴されていたことは、気にしなかったようだ。エリスはノーブルの旧友で、2010年の選挙結果を予想するために加えられたのだが、ほかの特殊な仕事も専門としていた。

エリスには、評判の悪い企業や主義を支援する偽の運動をでっちあげてきた前歴がある。1990年代にエリスは、ランハーストと呼ばれる会社を経営していたが、巨大タバコ産業のR・J・レイノルズの秘密広報部門だったことが、証拠文書から暴かれている。エリスの指導のもとで、ランハーストは地元で生まれたように見せかけた「喫煙者の権利」抗議運動を組織し、提案されていたタバコへの規制と税に反対させた。1994年だけでも、R・J・レイノルズは260万ドルをランハーストに集中的に注ぎ込んでいる。政治運動員が全国に配置されて、〝超党派〟と称する組織を動員し、タバコ販売への課税を強化するクリントン政権のヘルスケア提案への抗議行動を演出した。その年の反ヘルスケア集会では、「ロシアに帰れ！」というシュプレヒコールが響いていた。

この騒動が15年後のオバマのヘルスケア提案の際の動きに驚くほど似ているのは、いずれもおなじ政治運動家が関わっているからだろう。ランハーストでエリスの右腕だったダーリング・グッドイヤーとトム・シンホーストは、1996年に広告会社のDCIグループを立ちあげた。ノーブルが扇動した、患者保護並びに医療費負担適正化法に対するティーパーティの抗議行動を、このDCIグループが支援していた。

いっぽう、エリスはワシントンDCの共和党の金脈の中心へ移っていた。そして、いくつかの報道機関に、トム・ディレイの〝右腕〟と評されるようになる。ディレイはテキサス州選出の強力な下院共和党院内総務で、企業ロビイストの要求に応じつつ、選挙運動への献金をとことん絞り取る、〝Kストリート作戦〟の名人として悪名高かった。ディレイは、エリスを政治活動委員会の上級ディレクターに任命した。この2人組の高圧的なやり方は、2005年に選挙資金法違反で起訴されるという結果を招いた。その後、ディレイの有罪判決は覆されたが、エリスはそれほど幸運ではなかった。2012年にエリスは重罪の訴因一件について有罪の答弁をして、罰金を支払った。エリスはめげることなく、履歴書からディレイの名を消して、仕事をつづけた。報酬をもらって抗議行動を演出した前歴について質問されても、エリスは気にするふうもなかった。「草の根運動は、大衆に自分たちの意見を行使する権利をあたえる」肩をすくめて、そういった。「2010年の好機」に裕福なドナーたちに向かって演説したとき、エリスの法的な立場は不安定だったが、政治の暗黒面に通じていることは、疑いの余地がなかった。

民主党議員に唾を吐きかける

ドナーたちは、ノーブルとパネルの他のメンバーの発言に触発され、2010年の選挙の見通しに楽観を抱いて、パームスプリングズをあとにした。しかし、オバマケアを潰したと思って明るい気分になったのは、早とちりだったとわかった。「ワシントンDCでもどこでも、スコット・ブラウンの当選がヘルスケアの弔鐘だという思い込みが蔓延していた」アクセルロッドは回顧する。「オバマはそれをぜったいに認めようとしなかった。〝地下に潜ってこれを通す道を見つけよう〟とオバマはいった」

やがて、民主党はヘルスケア法案を成立させる方法を編み出した。上院が12月に60票ですでに可決していた法案を、下院がほどなく承認するはずだった。そのあとで、上院が、51票しか必要としない巧妙な手順――共和党の議事妨害を回避できる――で、法案を修正する。危ぶむ声が多いなかで、3月中旬には粘り強いナンシー・ペロシ下院議長が、それを成就させる一歩手前までこぎつけていた。

法案成立の可能性が高くなると、ティーパーティの攻撃行動はさらに悪辣になった。大衆には見えなかったが、ティーパーティの背後ではコーク兄弟の金が動いていた。繁栄のためのアメリカ人（AFP）の会長、ティム・フィリップスが、議事堂前で3月16日に行なわれた「法案を殺せ《キル・ザ・ビル》」抗議行動のオーガナイザーとして突然現われた。民主党は「2000ページの法案をアメリカ国民の喉に詰め込もうとしている」と、ティーパーティは非難した。数日後の2度目の議事堂前集会では、通りかかる民主党議員に参加者が唾を吐きかけた。マサチューセッツ州選出のゲイの下院議員バーニー・フランクをからかうために、舌足らずの甲高い声で「おかま」と叫び、黒人下院議員3人、ジョン・ルイス、エマニュエル・クリーヴァー、ジム・クライバーンを差別的な綽名で呼んだ。

それにもかかわらず、3月21日、興奮が高まるなかで、下院のスコアボードはオバマの患者保護並びに医療費負担適正化法に216票が投じられたことを示した。それより1票でもすくなかったら、法案は成立していなかった。下院議場では、だれからともなく、「そうだ、われわれにはできる!」や、「そうだ、われわれはやった!」という声があがり、まるで選挙当日の夜のような幸福感があたりを満たした。その晩、オバマとスタッフは、めずらしくホワイトハウスのトルーマン・バルコニーで祝賀会を開いたが、政治的な意趣返しがすぐさまあるだろうと、オバマは予測していた。選挙戦で全国政治ディレクターをつとめたパトリック・ガスパードに向けて、シャンパンのフルートグラスを掲げながら、オバマは口走った。「このことで、私たちは連中から手痛いしっぺ返しを食らうだろうな」

オバマケアへの反撃の狼煙

ワシントンDC中心街で、ショーン・ノーブルがコークの政治運動員数人と共用しているオフィスで、まさにオバマの予測どおりのことが進められていた。下院が患者保護並びに医療費負担適正化法を可決した直後に、ノーブルとその仲間は、票数を丹念に調べた。新しい計画が、おぼろげな形をとりはじめた。今後やらなければならないのは、ヘルスケア計画と戦うために築いた政治組織を使い、オバマに最大の勝利をもたらした立法機関を乗っ取ることだと、ノーブルたちの意見は一致した。

「下院に集中しなければならないと、入念に具申した」ノーブルは、のちに『ナショナル・レヴュー』に語っている。「法案は下院で可決されて成立した。オバマケアは明らかに、共和党が下院で多数を占めようとする原動力を提供した」

気づいたものはほとんどいなかったが、中間選挙はすでに開始されていたも同然だった。ノーブルは4月のほとんどを旅に費やし、チャールズ・コーク、リック・フィンク、ランディ・ケンドリックなど、ネットワークの主な人物と話をして、作戦の詳細を煮詰めた。デイヴィッド・コークは、付け足しだった。というよりは、ある人物がいったように、末っ子の弟だった。几帳面で周到なチャールズは、立案者たちに圧力をかけた。コーク・ネットワークは、あまりにも巨大になっていたために、数多いドナーに接触するだけでも数週間かかった。全米のミリオネア1人ひとりに、ノーブルは自分の計画を売り込んだ。諸君は票を握っている、いまその責任を果たしてもらうときが来た、と説いた。

秘密政治資金の隠れ蓑

ノーブルの組織、患者の権利擁護センターが集めた資金は、2010年末には4倍の6180万ドルに膨らんでいた。税法の規定にある「社会福祉」団体を使っていたため、資金源を公にする必要はなかった。TC4基金と呼ばれる、コークと結びつきがある謎の組織も同様で、その年、

4270万ドルの資金を集めた。その約3分の1が、患者の権利擁護センターに、偽装された非公開の手順で戻された。つまり、ショーン・ノーブルは7500万ドル近くを貯め込んだことになる。現金があり余っているコーク兄弟は、ついに彼らの富にふさわしい政治作戦組織を得た。

それまでは、501（c）（4）の「社会福祉」団体にコーク兄弟が注ぎ込む金額は、さほど大きくなかった。シチズンズ・ユナイテッドの裁定前には、こうしたNPOは営利団体の企業とおなじように、選挙の立候補者の支援や反対のための支出を制限されていた。問題提起の広告と称して、法をくぐり抜けることもあった。だが、法的な危険にさらされてはいた。しかしシチズンズ・ユナイテッドの裁定後、コクトパスは実質的に2組目の触手を持つようになった。1組目は、フィンクがイデオロギーの生産ラインだと表現した、シンクタンク、学術プログラム、法曹センター、一定の問題に関する権利保護組織だった。これらの事業は、法的には公益活動が目的だと規定され、政治に関することは禁じられていた。こういった団体への寄付は、税額控除の対象になった。2010年にこれらに付け加えられた2組目の触手は、迷路のように入り組んだ「社会福祉」団体で、秘密資金がそこから中間選挙に注ぎ込まれた。

100年近く前に議会が「社会福祉」団体の法的枠組みを創ったときには、富裕層が政治支出を隠す手段になるとは、予想していなかった。そもそも、免税の資格を得るために、こうした団体は、「もっぱら社会福祉推進のための活動を行なう」ことを証明しなければならなかった。だが、IRSがその後、指導目標をゆるめ、「主たる《プライマリー》」目的ではないかぎり、政治に多少関わることを許可した。弁護士たちが、たちまちその抜け穴を途方もなく拡大解釈した。仮に、ある団体が資金の40パーセントを政治に投入したとしても、政治に「第一に《プライマリリー》」関わっているのではないから、法に従っていると唱えた。また、他の団体に寄付した場合には、たとえ寄付された団体がその資金をあとで政治に支出したとしても、政治支出ではなかったと主張できる、と唱えた。専門家は、この仕組みを入れ子人形のマトリョーシカになぞらえた。たとえば、2010年末、患者の権利擁護センターは、納税申告書で政治支出はゼロだったと申告している。しかし、他の保守派団体に1億3００万ドルを寄付し、そのほとんどが中間選挙に積極的に投入されていた。

少数の大富豪直属の運動家

コーク兄弟は、全国的なダーク・マネーの爆発的増加の一翼を担っていた。2006年には、ドナーの身元を隠す「社会福祉」団体から流入する金額は、「外部の」政治支出のわずか2パーセントだった。2010年には、それが40パーセントに増加し、何億ドルもの資金の出所が不明になった。選挙運動資金を改革しようとする勢力は、激しく怒ったが、手の打ちようがなかった。「こうした資金を得ようとしていて、そういう資金の支出から利益をこうむる政治家は、金の出所を知っているはずだ」リベラルのキャンペーン・リーガル・センターの上級顧問、ポール・S・ライアンはいう。「蚊帳の外に置かれているのは、アメリカの有権者だけだ」

この新たなダーク・マネーをすべて管理するのは、かなり厄介だった。4月、選挙参謀たちが、シチズンズ・ユナイテッド裁定を最大限に利用する方法を編み出そうとしていたころに、ギレスピーは共和党の運動員たちを、電子メールで「2010年の情勢についての非公式討論会」と呼んだものに招いた。この異例の会議は、ワシントンDC北西部の高級住宅地ウィーヴァー・テラスにある、カール・ローヴの邸宅の居間で行なわれた。出席者のなかには、語り草になっている政治の教祖の自宅に招かれたことを友人に自慢するために、ウィーヴァー・テラス・グループの初会議に出席したと冗談まじりにいう者もいた。それは実質的な作戦会議で、集められた頭目20人は戦闘計画の調整を行ない、それぞれの担当地域へ散っていった。ケネス・ヴォーゲルは『Big Money』に、そこは「新共和党の生誕地になった――選挙で選ばれた公職者ではないごく少数の政治運動家が、資金を提供する最富裕層活動家に直属し、それを動かしている」と述べている。

運動員が運営するプライベート・バンク

2つの組織が、すぐに運動員たちの運営するプライベート・バンク（訳注　個人銀行家の銀行）として登場した。1つはアメリカン・クロスローズと、501(c)(4)に該当する下部組織のクロスローズGPSで、カール・ローヴが設立した。資金はローヴの人脈であるテキサスの大富豪たちが大部分を提供した。もう1つはノーブルの患者の権利擁護センターで、コーク・ドナー・サミットの参加者からの寄付で膨れあがった。アメリカ商工会議所が、この2組織と密接に協力し、主にオバマのヘルスケア法を打倒するために、企業からの非公開寄付数億ドル以上を支出した。商工会議所は、ウィーヴァー・テラス会議とコーク・ドナー・サミットの両方に、幹部を何人も派遣した。

これらの運動の幹部者の役割は、入念に区別されていた。ノーブルは下院選挙に集中し、上院はローヴの組織に任せていた。ギレスピーはREDMAP戦略に従い、もっぱら州知事と州議会に注意を集中した。意図を隠すために、運動員たちは資金を無数の目につかない小さな組織に流し込んだ。それによって、社会福祉団体は一社あたり50パーセント以上の資金を選挙に支出してはならないという、法的要件も満たすことができた。ほどなく、素人目には自発的に見える民主党攻撃が、全国で勃発した。じっさいは中央で調整が行なわれていて、当事者の1人が述べているように、「すべての選挙で、複数の団体が同時に攻撃を行なった」。

同時多発のテレビCM攻撃

ノーブルがのちに、保守派の『ナショナル・レヴュー』誌の首都圏担当編集者イリアナ・ジョンソンに説明している。ノーブルはまず、エクセルのスプレッドシートを見せた。それには「落選させられる可能性の高い順番」で、民主党下院議員64人が記載されていた。6月下旬には、リストのターゲットは88人に増え、8月には105人になっていた。それぞれの下院選挙区に、「当選確率」を1から5のあいだで指定し、候補者に1から40までの点数をつけた。「それぞれの過去の得票率と、選挙区の構成などを考慮した」という。そして、ターゲットの候補105人を、「共和党が勝つ可能性に応じて、3階層に分類した」。

ノーブルはつぎに、各候補の勝率を予想し、それに応じてコーク・ネットワークの資金を分配した。自分の組織が広告に金を出していることは開示せず、さまざまなフロント団体を通じて資金を注ぎ込んだ。たとえば、ノーブルは『ナショナル・レヴュー』に説明しているように、高齢者ロビー団体の全米退職者協会（AARP）の右派版、60プラス・アソシエーションを使い、「下院選挙区のアリゾナ州1区、フロリダ州2区と24区、インディアナ州2区、ミネソタ州8区、ニューヨーク州20区、オハイオ州16区、ペンシルヴェニア州3区、ウィスコンシン州3区と8区」で攻撃広告をテレビで流した。さらに、べつの団体、雇用確保のためのアメリカ人――スコット・ブラウンの選挙で使った「経済連合会《ビジネス・リーグ》」――を使って、「ニューヨーク州24区、ノースカロライナ州2区と8区、オハイオ州18区、ヴァージニア州9区でテレビ広告を流した」。ブラウンの選挙で使ったその他の怪しげな団体、アイオワ州のアメリカン・フューチャー・ファンドを使い、アラバマ州2区、コロラド州7区、ニューメキシコ州1区、ワシントン州2区で、攻撃的なテレビ広告を流した。

政治資金ロンダリング

アメリカン・フューチャー・ファンドは、ノーブルのNPOとおなじように501(c)(4)に該当する「社会福祉」団体で、ドナーの身元を隠すことができ、選挙政治を主たる活動目的としてはいけないことになっている。この団体は、「アメリカ国民に保守派と自由市場の観点を指し示す」ことが使命だと唱えている。しかし現実には、保守派の政治資金を隠すフロント団体にほかならないと思われる。事務所を探そうとしても、アイオワ州の私書箱しか見つからない。アメリカン・フューチャー・ファンドは、アメリカ最大のエタノール製造会社の経営者ブルース・ラステッターが開設資金を提供し、2008年にアイオワ州の保守派政治運動員が設立したが、税務記録を調べると、2009年の資金の87パーセント以上と、2010年の資金の約半分を、たった1つの資金源――ショーン・ノーブルの患者の権利擁護センター(CPPR)から得ている。

501(c)(6)で「経済連合会」、つまり「業種団体」に指定されている(訳注　商工会議所もこの条項に該当する)雇用確保のためのアメリカ人(AJS)も、やはり税法によって、「会員」に分類される設立者の身元を隠すことができる。この組織はヴァージニア州アレクサンドリアにじっさいにオフィスがあるが、施設はほとんどもぬけの殻だった。社員は、ノーブルが雇った25歳の共和党運動員助手1人だった。1997年に保険会社の寄付金100万ドルで設立され、選挙運動資金の規制をもっと強化すべきだと唱えているリベラル団体のパブリック・シチズンに、「でっちあげのフロント団体」にすぎないと非難されている。AJSが運動を行なったアラスカ州の州政府関係者は、「全米でさまざまな金の流れを隠すほかに、なんの目的も持たない組織」だと指摘する。アラスカ州は、州の公平な選挙ルールに違反したとして、AJSを告訴した。AJSは、和解金2万ドルを支払ったが、罪は認めなかった。だが、2010年にはノーブルの活動で、商売は繁盛した。その年、ノーブルの患者の権利擁護センター(CPPR)は、AJSに480万ドルを注ぎ込んだ。

ノーブルはほかにも他の組織――反税活動家グローヴァー・ノーキストの税制改革のためのアメリカ人、ハワード・リックの限定された政府のためのアメリカ人、コーク兄弟の旗艦《フラグシップ》組織、繁栄のためのアメリカ人(AFP)など――を通じて、あちこちの選挙に数百万ドルを投入した。AFPの予算は、それにつれて急増した。2004年にはコーク兄弟の旗艦グループとその財団の予算は、200万ドルだった。2008年には、1520万ドルに増大した。2010年には、患者の権利擁護センターからの資金が押し寄せて、4000万ドルに達した。

狙い撃ちされた環境保護議員

2010年6月、ノーブルはAFPを使って、システムの試験をやった。ヴァージニア州シャーロッツヴィル選出の民主党新人下院議員トム・ペリエロに奇襲攻撃をかけた。ペリエロは、キャップ・アンド・トレード法案で、化石燃料企業に公然と反抗していた。より広範囲の民主党の地盤を弱めるために、ノーブルは異常なほど早く攻撃を仕掛けたかった。ペリエロは、気候変動の戦いは「天与の機会」だといい、「1世代のあいだにはじめて、エネルギー経済を修正する機会が訪れた」と気勢をあげたことがあった。しかし、その夏、ペリエロは、政敵ではなく、正体不明の外部団体が資金を提供した中傷広告の激しい攻撃を浴びて、自分の政見を修正せざるをえなくなった。

ペリエロは激戦州の歯に衣を着せないリベラルだったので、当然のターゲットだった。しかし、謎の資金は、ほどなく保守派の民主党下院議員リック・バウチャーの名声も汚しはじめた。バウチャーの選挙区は、オリン・コーポレーションの企業町ソルトヴィルを囲むヴァージニア州の田園地帯だったが、そこは有毒な産業廃棄物のゴミ捨て場になっていた。バウチャーは、州上院議員をつとめたあと、その選挙区で28年間下院議員の議席を守ってきた。ヴァージニア州出身の弁護士のバウチャーは、大企業の強力な同盟者で、下院議員でキャップ・アンド・トレード法案を成立させるためには、重要な存在だった。バウチャーは、法案の大部分を起草し、デューク・エナジーも含めた大手エネルギー企業の支持を取り付けていた。法案の交渉に際して、石炭産業にかなり多くの特典をあたえていたので、バウチャーは環境保護主義者には毛嫌いされていた。それでも、法案を支援していること自体が、コーク・ネットワークに寄付しているヴァージニア州の石炭王数人を含めた過激な保守派の怒りを買っていた。過激な保守派を怒らせ、愛想を尽かされていた。バウチャーはまさに、偏向した巨額の政治資金が滅ぼそうとしているたぐいの中道派だった。

「コーク兄弟は、文字どおり週7日24時間態勢で私をつけ狙った」11月の中間選挙で敗れ、シドレー・オースティン法律事務所のパートナーになったバウチャーはいう。AFPやその他の保守派外部団体が投入した200万ドルに押し倒された、選挙当日のことを思い起こして、バウチャーは語った。「ここはアパラチアの片田舎なんだ！　メディアを安く買収できる。たいがいの地域なら、1000万ドルかかっていただろうが」共和党の対抗馬モーガン・グリフィスは、「選挙資金をたいして集めもせず、使いもしなかったが、それには及ばなかった。コーク・グループの後押しがあったからだ」

グリフィスが持ち出した争点は1つだけだった。グリフィスは気候変動その他の環境問題に取り組むことに反対していた、とバウチャーはいう。グリフィスの当選によって、ソルトヴィル――いまだに汚染がひどくて釣りもできない川の水質改善に責任を負うようEPA（環境保護庁）がオリン・コーポレーションに命じた地域――は、EPAを選挙区にとって最大の敵だと決めつけている下院議員を代表に仰ぐことになった。

汚染の原因となった企業が勝利を収めたのは、選挙資金法が覆されたからだというのが、バウチャーの意見だった。「シチズンズ・ユナイテッド裁定以降、たいへんな変化が起きた」とバウチャーは主張する。「得体の知れない組織に隠れて、正体を明かさずにいくらでも金を使えるようになったとき、資金の流れを押しとどめていた水門があいてしまった。最高裁はたいへんな過ちを犯した。説明責任がなくなった。皆無になった」

今世紀最高の中傷広告

中間選挙の宣伝活動を組み立てるにあたって、ノーブルは世論調査員フランク・ランツに市場テストを依頼した。患者の権利擁護センター（CPPR）は、費用を出して、下院選挙区100カ所の世論調査を、ときには何度も行なった。これにはかなり経費がかかった。記録によれば、CPPRは2010年の「コミュニティ及び調査」に1000億ドルを支出したことがわかっている。

ランツは、フォーカス・グループに指示をあたえたあとで、オバマを直接攻撃するのは避ける必要があると注意した。オバマはいまだに人気があった。その代わりに、民主党の候補者を下院議長ナンシー・ペロシと結びつける。「ペロシはまさに毒素だった」計画に関わった内部の人間はいう。「国民はペロシが地盤のサンフランシスコとあまりにも近しく、現状がわかっていないと見ていた。一言一句変えずにいうなら」——編集されていない言葉でそのまま表現するなら——「ペロシはお笑い草だった」

だれもが楽しみにしている中傷広告の制作者に、ノーブルはふたたびマッカーシーを選んだ。マッカーシーは、複雑な問題を煮詰めて、単純で説得力のあるマイナスのシンボルに仕立て上げる能力に長けている、熟練のメディア・コンサルタントだった。ことに、ターゲットの候補者のオポジション・リサーチ（訳注　対立する相手を調査すること）——〝O〟と呼ばれる——を貪欲に吸収することで知られていた。マッカーシーは、世論調査、フォーカス・グループ、微細なターゲットに絞ったデータ、「パーセプション・アナライザー」――デモ・テープに対する視聴者の一瞬の反応を分析する計測器（訳注　政治家の発言や選挙結果に対する視聴者の反応をテレビ放送中に即座に調べるのを目的とした装置）――を使って、広告を洗練されたものにした。

マッカーシーは、法的・政治的に汚れないように、候補者とは無関係に見られたい「外部」団体向けに、いかがわしい広告を制作するベテランだった。広告は「独立した支出」だと主張することで、候補者は関係を否認できる。たとえば、ウィリー・ホートンCMは、シチズンズ・ユナイテッドを創設した外部の右派運動家フロイド・ブラウンが、制作費用を出した。このシチズンズ・ユナイテッドがのちにヒラリー・クリントンを攻撃する映画を制作し、企業の言論の自由が実際問題として提起された。「ラリーは近年最高の広告制作者にはとどまらない」ブラウンは明言する。「今世紀最高の広告立案者だ。ラリーといっしょにスタジオ入りすれば、芸術が見られる。じつに美しい」笑いながらいった。「私の目から見て美しいという意味だがね」

マッカーシーと過去に仕事をしたことはあるが、ほとんどの場合、敵対する立場にある民主党世論調査員ジェフ・ギャリンは、それほど熱のこもった褒め方はしない。マッカーシーは「犯罪常習者」で、「アメリカの政治で許容される事柄のハードルを下げるのに、かなり大きな役割を果たした」とギャリンは評している。

キャリード・インタレスト税の抜け穴

２０１０年６月にコーク兄弟が、コロラド州アスペンのセントレジス・リゾートで２度目のサミットを開く直前に、ネットワークの金の影響力を大幅に増大するチャンスが巡ってきた。いわゆるキャリード・インタレスト税の抜け穴を防ぐ法案で、オバマが後押しし、下院民主党が可決に持ち込んだ。これが実施されれば、プライベート・エクイティやヘッジファンドのマネジャーが利益をこうむっていた税控除が撤廃されることになる。金融界は恐怖におののいた。オバマは２００８年に、意外にもニューヨークの金融業界の重鎮多数から支援を得ていたが、オバマのこの増税策に——上院で成立する見込みはなかった——金融業界の大物たちの多くが怒り狂った。莫大な利益をあげていたプライベート・エクイティ会社ブラックストーン・グループの会長兼ＣＥＯで、『フォーブス』に個人資産65億ドルと推定されていたスティーヴン・シュワルツマンは、抜け穴を防ごうとするオバマ政権の動きは「戦争」だと告げ、「１９３９年のヒトラーによるポーランド侵攻のようなものだ」と決めつけた。

シュワルツマンは、のちにこの発言について謝罪したが、じっさいにはオバマが就任するやいなや、ウォール街との関係は悪化しはじめていた。金融業界は２００８年の経済悪化に責任があると責められたことを恨んでいて、オバマに「太った猫」と呼ばれたことにひどく腹を立てていた。オバマ政権はビジネスのことなどなにも知らない大学教授たちによって運営されていると、彼らは主張した。だが、シュワルツマンやその他の金融業者の多くは、それを自分たちに対するあからさまな侮辱と見なし、オバマの再選をなんとしても防ごうと決意して、小切手帳を手に6月のコーク・サミットに集まった。

皮肉なことだが、キャリード・インタレスト税の抜け穴に批判勢力が注目したのは、おそらくシュワルツマンの行きすぎた行為が原因だったに違いない。2006年、シュワルツマンは、ブラックストーンを非公開のパートナーシップから公開会社に変えることにした。そのときに、はじめて収益の公開を求められた。その数字を見て、ウォール街も政府も肝をつぶした。2006年のシュワルツマンの所得は、3億9830万ドルだった。ゴールドマンサックスのCEOの年収の9倍以上に当たる。しかも、シュワルツマンのブラックストーンの持ち株は、70億ドルと評価された。

2008年に『ニューヨーカー』にジェイムズ・B・スチュワートが書いた略歴に、シュワルツマンの友人の言葉が記されている。「これがウォール街にあたえた印象は想像もつかないだろう。みんなは一生おなじように懸命に働いても、2000万ドル稼ぐのが精いっぱいだ。たしかにウォール街には金がうなるほどあるが、シュワルツマンは方針を変更しただけで、ほとんど一夜にして、80億ドルを手にした」

スチュワートはさらに述べている。「シュワルツマンはウォール街の貪欲と度を過ごした消費を批判する勢力にとって、攻撃しやすいターゲットになった。現在のウォール街の水準からしても贅沢で格調高い豪邸を、いくつも所有しているからだ」2007年の『ウォールストリート・ジャーナル』に載った略歴も、シュワルツマンの豪邸5つを取りあげている。「フロリダ州パームビーチの1022平方メートルの屋敷のことで、シュワルツマンは料理長兼管理人のジャン・ピエール・ズーガンに苦情をいった。従業員が指定の黒い靴とお仕着せを身につけず……ラバーソールの耳障りな音で気が散る、と」シュワルツマンの母親は同紙に、「お金は彼の原動力であり、物差しでもあります」と語っていた。

だが、シュワルツマンは、性懲りもなく自分に害をあたえるようなことをやった。２００７年2月に３００万ドルかけて、60歳の誕生パーティをみずから開催し、ポップスターのロッド・スチュワートやパティ・ラベルを呼んで、セレナーデを歌わせた。ビリオネアたちが裏で画策したことがメディアを刺激して大騒ぎになったために、議会はキャリード・インタレスト税の抜け穴をふさぐことに踏み切った。

ウォール街とリバタリアンの合流

この抜け穴は、そもそも会計処理上のごまかしだった。それによって、ヘッジファンドとプライベート・エクイティのマネジャーは、所得の大部分を「利子」として計上でき、長期のキャピタル・ゲインに適用される税率15パーセントが適用される。他の高額所得者が支払う所得税率の半分でしかない。この抜け穴は一般の納税者につけをまわしてミリオネアやビリオネアにあたえる莫大な補助金だと、批判勢力は非難した。進歩派のシンクタンク、経済政策研究所（ＥＰＩ）は、このヘッジファンドの抜け穴で政府は年間60億ドル以上の損害をこうむっていると推定している――３００万人の児童にヘルスケアを提供できる額に相当する。税控除合計60億ドルのうち、20億ドル近くが、わずか25人に分けあたえられていると、ＥＰＩは報告している。

議会の批判勢力は、2007年ごろからこの抜け穴をふさごうとしていたが、民主党の支配する下院が改革法案を3度可決したにもかかわらず、そのたびにウォール街に囲い込まれた共和党と民主党の保護勢力のために、上院で廃案になった。

2010年夏、ふたたびそれが争点になり、金融業者たちがまたしても結束した。コネティカット州グリニッジでヘッジファンドを経営するクリフォード・エイスネスは、オバマがヘッジファンドを「投機家」とか「太った猫」と呼びはじめたときに、戦闘準備を宣言した。「ヘッジファンドには、コミュニティをまとめるオーガナイザーが必要だ」と、エイスネスは告げた。

6月のコーク・サミットで、シュワルツマンとその一党をオーガナイザーたちが待ち受けていた。「アメリカの自由企業制と繁栄に対する脅威を理解して対処する」というのが、サミットの主題だった。金融業者たちは、共和党支持者であるのはおなじだったが、コーク兄弟とは毛色が違っていた。狂信的なイデオロギーを抱いているものは、ほとんどいなかった。単純に、富の蓄積を守ることだけを考えている者が多かった。しかし、保守派運動の最初のころの資金提供者たちが建造した思想マシーンと、金融業者の富が組み合わさり、そこにコーク兄弟など反政府過激派の熱狂的なイデオロギーが加わると、共和党全体を右傾化させることが可能な現金の奔流ができあがった。

コーク・サミットの「太った猫」

アスペンのコーク・サミットに参加したヘッジファンド・マネジャーのなかに、オバマのバンドラー（訳注　選挙で巨額の資金を集める能力がある大物の資金調達者。小切手の束［bundle］に由来する俗語）

だったケン・グリフィンがいた。グリフィンは、シカゴのヘッジファンド、シタデルのＣＥＯで、創業者でもあった。グリフィンのように民主党のバンドラーから共和党に寝返る例は、その後、「ヘッジファンド転向」と呼ばれるようになる。サミットには、ほかにも何人かビリオネア金融業者が出席していた。ホームデポの創業者で投資銀行家に転身したケン・ランゴーン、マサチューセッツ州のプライベート・エクイティ投資家ジョン・チャイルズ。チャイルズは、飲料会社スナップルをレバレッジを使って買収し、2年間に9億ドルの利益をあげた、トーマス・Ｈ・リー・パートナーズのナンバー2だった。彼自身の会社Ｊ・Ｗ・チャイルズ・アソシエーツは、浮き沈みがあったが、保守政治では一貫して大口投資家で、かつては「共和党にとって、マサチューセッツ州にあるＡＴＭのような存在」といわれたこともある。２０１０年の連邦中間選挙で、チャイルズは90万７０００ドルを支出することになる。

　ヘッジファンドのマネジャー、ポール・シンガーは、マンハッタン研究所の会長で、共和党の大口献金者だが、サミットには出席しなかった。だが、近しい部下のアニー・ディカーソンが、代理として出席した。シンガーの会社、エリオット・マネジメントは、金融界では異色の隙間《ニッチ》市場を専門としていた。破綻した企業や国の不良債権を買い取り、全額返済を要求し、必要とあれば告訴する。貧しい国が相手のこともあるので、批判勢力は倫理にもとる業務を行ない、貧しいものを食い物にして利益をあげる「ハゲタカ資本家」だと非難した。だが、シンガーはこのやり方で推定9億ドルの富を蓄積した。自分はゴールドウォーター流の自由企業保守派だと唱え、ゲイの権利は支持しつつ、オバマ政権の提案する金融規制改革には激しく反対していた。民主党に激怒していたシンガーは、その夏、ドッドーフランク・ウォール街改革・消費者保護法などの金融改革に反対する共和党候補者たちのために、マンハッタンで政治資金を募る行事を主催した。シンガーは、おなじ不満を抱いていたヘッジファンドのドナー、SACキャピタルのスティーヴ・コーエンの時価1400万ドルの自宅で行なわれた、同種の会合にも出席した。その後の報告によれば、このとてつもなく裕福なビリオネアの小集団は、中間選挙で共和党を応援したさまざまな団体に、金の出所を公に知られることなく、「1000万ドル以上を注ぎ込んだ」という。

この時点で、コーク・サミットに集中する富は、異常な額に達していた。その6月にアスペンにひそかに集まった200人あまりの参加者のうち、すくなくとも11人が、『フォーブス』のアメリカの長者400人のリストに載っていた。『フォーブス』の推定から計算すると、この11人の資産の合計だけでも、1291億ドルにのぼる。

寄付金の額を競り合う

彼らに気前よく寄付させるために、ノーブルはドナーにテレビCMのサンプルを見せた。「11月のために市民を動員する」と題したパネルで、オバマケアを攻撃するとともに、共和党におおいに勝ち目があると売り込んだ。「この秋、自由と繁栄に献身する指導者を当選させる見込みはあるか?」と、討論会のパンフレットは問いかけていた。「この会議では情勢をさらに詳しく分析し、経済自由の重要性を有権者に教え込む計画を示す」

ノーブルのパネルに、繁栄のためのアメリカ人(AFP)の会長ティム・フィリップスが加わり、中間選挙のいくつかの選挙戦に絞って、4500万ドルという前代未聞の額を支出する計画を発表した。

その晩、会議の出席者たちは、晩餐会でフォックス・ニューズのグレン・ベックの熱烈なアジ演説を聞かされた。ハイエクへのオマージュで、「アメリカは農奴制への道を歩んでいるか?」と題されていた。その晩の仕上げは、ドナーズトラスト主催の「カクテルとデザートのレセプション」だった。ドナーズトラストのおかげで、ドナーたちは莫大な金を、名前を知られずに、政治的に安全な方法で寄付できるようになった。代表のホイットニー・ボールはのちに、自分が出席したその晩の行事は、「ターゲットにする獲物がうようよいる環境だった」と、あからさまに説明している。

最終日にドナーたちは、ランチを食べながらオークションのように競り合う。笑ったり拍手したりしながら、7桁の寄付金を釣り上げてゆく。チャールズとデイヴィッドも、1200万ドル寄付すると約束したといわれている。ランチが終わるまでに、コークの支援するNPOは、2500万ドル以上を蓄えていた。

あふれ返るダーク・マネー

7月には、民主党の戦略家たちは、不可解な底流を感じていた。まるで沖合で津波が盛りあがろうとしているようだった。運動員の1人が、共和党寄りの独立した団体10社が予定している中間選挙向け支出を合計する図表を作成し、その10社だけでも合計2億ドル以上になると知って、驚愕した。繁栄のためのアメリカ人は、4500万ドルを支出する予定だった。カール・ローヴの組織、アメリカン・クロスローズは、5200万ドルを支出する予定だった。アメリカ商工会議所は、7500万ドルを支出すると約束していた。他の無数の組織、数すらつかめていないダーク・マネー組織が、秘密資金であふれ返り、百万ドル単位で資金を投入する準備をしていた。党内に地下出版物よろしく回覧された図表を見て、ある民主党運動員は、「たちまち注意を喚起された」と認めている。

その金額に、オバマ政権は意表を突かれた。元ホワイトハウス広報部長アニータ・ダンは正直に語っている。「シチズンズ・ユナイテッド裁定が水門を開け、それが民主党に不利になることははっきりしていました。でも、2010年にそれが爆発したんです。中間選挙で支出された金額は、だれにとっても不意打ちでした」

5月になっても、アクセルロッドはコーク兄弟が何者なのか、まったく知らなかった。レポーターがコーク兄弟についてなにか知っているかと質問したとき、アクセルロッドは怪訝な顔をした。後日、コークの広報チームは、マスコミに自分たちが取りあげられたのは、ホワイトハウスの差し金だとほのめかした。しかし、オバマの政治チームはなにも知らなかったというのが、事実だった。偽装して工作を行なっていたノーブルのチームが、全米で民主党攻撃を開始したときになってようやく、ホワイトハウスは異変を察した。アクセルロッドがのちに語っているように、「この金はいったいどこから出ているのだろうと、われわれは不思議に思いはじめた」。

グラウンド・ゼロにモスク？

アイオワ州では、アメリカン・フューチャー・ファンドが、ラリー・マッカーシーの制作したCMを流しはじめた。民主党の世論調査員ジェフ・ギャリンはそれについて、「その年のもっとも悪質なCM」だったと述べている。当時、下院議員だった、アイオワ州の民主党員で弁護士のブルース・ブレイリーが、ロワー・マンハッタンに建設することを提案されているイスラム教徒コミュニティ・センターに賛成していると非難する広告だった。「グラウンド・ゼロにモスク」という誤解を招くような表現が使われていた。倒壊した世界貿易センタービルの映像を流し、ナレーターが「何百年も前からイスラム教徒は、軍事的勝利を収めた場所にモスクを建ててきました」と述べていた。今回は、9・11を祝う場所にモスクが建てられようとしている、「イスラム・テロリストがアメリカ人3000人を殺した場所です」日本がパールハーバーに戦勝記念碑を建てるようなものだ、とナレーターは指摘した。それから、ブレイリーがそのモスク建設を支持していると、CMは非難した。

当然ながら、ブレイリーはその問題にはなにも関係なかった。アイオワ州選出の下院議員なのだから、驚くには当たらない。しかし、身元不詳のビデオカメラマンが、アイオワ州共進会でブレイリーを待ち伏せ攻撃し、そのことを質問した。

それは地元の都市計画問題だから、ニューヨークの住人が決めることだろうと、ブレイリーは答えた。その直後に、ブレイリーは語っている。中傷広告は、「『オズの魔法使い』のドロシーの家みたいに、私の上に落ちてきた」2008年の選挙で30パーセントの大差で当選したブレイリーは、

2010年にはかろうじて議席を守った。アメリカン・フューチャー・ファンドの活動は、その年の独立した団体の選挙運動としては、もっとも巨額の経費を支出していた。

選挙後にブレイリーは、CMを制作したマッカーシーを「シチズンズ・ユナイテッド裁定をネタにもっとも汚いやり方で金を儲けた」と非難した。マッカーシーを雇った黒幕については、「銀行までずっと笑いがとまらなかっただろう。連中にとってはいい投資だった……連中が勝者だ。敗者はアメリカ国民、それが事実なのだ」

ビデオカメラの待ち伏せ攻撃

ノースカロライナ州では、下院議員を7期つとめたボブ・エザーリッジが、もっとひどい目に遭っていた。エザーリッジは、マッカーシーがノーブルのべつのフロント団体、雇用確保のためのアメリカ人向けに制作した広告の標的にされた。その夏、エザーリッジが議事堂付近を歩いていると、やはりビデオカメラの待ち伏せ攻撃を受けた。スーツ姿の若い男2人が、近づいてきた。1人が顔の前にビデオカメラを突きつけ、もう1人が高飛車にきいた。「オバマの政策目標を全面的に支持するか?」エザーリッジはたじろいできき返した。「きみたちは何者だ?」答がなかったので、もう一度きいた。いらだったエザーリッジは、5度きいてから、カメラを押しのけて、質問した男の体をつかんだ。

「腕を放してください、下院議員」質問した男が、懇願するようにいい、カメラが撮影をつづけた。

「きみたちは何者だ?」エザーリッジはくりかえした。

「ただの学生です」質問した男が、ようやくたどたどしく答えた。

「どこの?」エザーリッジはきいた。

「街頭の」相手は答えた。

数日後、その対決を編集して、エザーリッジが逆上したように見せかけた動画が、保守派のウェブサイト『ビッグ・ガヴァメント』に、「下院議員が学生に暴行」という見出しのもとで投稿された。それがウィルスのようにひろまった。その直後に、マッカーシーがその動画を「きみたちは何者だ?」という題の中傷広告に挿入した。エザーリッジの選挙区の住民だと称する人々が、「私たちはあなたの選挙区の有権者です」と答えて、エザーリッジがメディケアを削減しようとしている——もちろん事実に反する——と非難する。ランツの指示で、ナンシー・ペロシもおなじような広告で主役を演じるように仕掛けた。エザーリッジについに致命傷をあたえたスポット広告は、ブレイリーの場合とおなじ、「グラウンド・ゼロ・モスク」を支持しているという非難だった。

選挙運動を報じた地元ローリーのWRAL‐TVは、雇用確保のためのアメリカ人(AJS)がエザーリッジ攻撃のメディアに36万ドルを支出したと指摘したが、そのときはまだ、その団体の黒幕は突き止められていなかった。

11月の中間選挙で、エザーリッジがティーパーティのシンパのレニー・エルマーズに敗れるという番狂わせが起きた。エザーリッジは票の数え直しを求めたが、17日後に選挙委員会はエルマーズが1483票差で当選したと裁定した。エルマーズは、サラ・ペイリンの支援で立候補した女性看護師だった。翌日、それまでは関与を否定していた全米共和党下院委員会(NRCC)は、待ち伏せ攻撃動画の撮影に関わっていたことを認めた。その動画がどうして「独立した」団体の手に渡ったのかは明かされなかったが、NRCCはマッカーシーの顧客だった。

カメラの前で怒るよう仕向けろ

ブレイリー、エザーリッジ、ペリエロ、その他の民主党議員が、すべてその年に身元不明のビデオカメラマンの待ち伏せ攻撃を受けたのは、偶然の一致ではなかった。2010年、繁栄のためのアメリカ人とその他の保守派団体は、民主党の候補者を挑発して、カメラの前で怒るよう仕向けろと、メンバーに指示していた。やり方まで手ほどきされていた者もあった。やがてその手法が、リベラルの団体にもひろがった。インターネットによって動画を爆発的にひろめることができるし、ことに名誉が傷つくような行動を捉えるのに役立った。

その活動を支援するために、コーク・ネットワークのもっとも富裕なメンバーが、この時期にメディア関連の新事業を開始して、党派主義の攻撃に使える媒体が増えた。たとえば、ワイオミング州のミューチュアル・ファンド王、フォスター・フライスは、2010年に編集主幹候補のタッカー・カールソンと一度ランチのときに話し合った直後に、300万ドルを出資し、『デイリー・コーラー』を創刊した。このオンライン・ニュースは、リベラルのインターネット新聞『ハフィントン・ポスト』の保守派版だと称している。それは事実に反する。ドナー階級が資金を提供して、敵について調査したことを発表するのが、『デイリー・コーラー』の主な機能だった。その後、チャールズ・コークの財団の支援も受けている（その年の夏に、『ニューヨーカー』が私のコーク兄弟についての調査報道記事「秘密活動」を掲載したあと、『デイリー・コーラー』は私に報復するための敵対的調査の受け皿になったが、調査が事実とは異なると判明し、掲載は見送られた)。

扇動者はヘッジファンドのCEO

2011年にようやく、「グラウンド・ゼロ・モスク」問題の真相が、地元ニューヨークで明らかになった。この問題を扇動したのは、ロングアイランドのヘッジファンドで、年間売上150億ドルのルネッサンス・テクノロジーズの共同CEO、ロバート・マーサーだった。マーサーが資金を提供し、政治的利益のために騒ぎを起こしたのだ。ニューヨークである保守派の候補を支援するために、マーサーは100万ドルを支出し、「グラウンド・ゼロ・モスク」の支持者を攻撃する広告の制作費を補助していた。元コンピュータ・プログラマーで、数学者として優秀だが、一匹狼の奇人だという評判のマーサーは、コーク・サミットでは新人に近かった。だが、コークの組織にすぐさま魅了された。以前から政府を軽んじていたし、政府の規制に反発するコーク兄弟の考え方に共鳴した。「モスク」問題をめぐる炎をかき立てるために、マーサーは2010年に30万ドル以上をスーパーPACに注ぎ込み、株売買に課税することを提案していたオレゴン州の民主党下院議員ピート・デファジオを落選させようとしたといわれている。ルネッサンスは、いわゆる計量的証券投資分析ファンドで、コンピュータのアルゴリズムを使って証券を売買する。売買の頻度と数量がきわめて多い。そのため、提案されている税制が実施されれば、業界で語り草になっている利益がガタ落ちになる。マーサーの思考をよく知っている人間は、提案されていた株売買への課税が、選挙への介入の原因ではなかったと主張する。むしろ、地球温暖化への強い懐疑で、共和党候補者アーサー・ロビンソンと考えが一致していたからだという。だが、マーサーはこれらの問題を公に議論しなかった。動機について話をするのを拒み、テロリズムとメディケアについて有権者の恐怖を煽る広告に金を出した。

共和党候補者には無尽蔵の資金

選挙戦があくどくなるにつれて、ギレスピーの共和党州指導部委員会（RSLC）は、ダーク・マネーを州議会選挙にどんどん注ぎ込んだ。ウィスコンシン、ミシガン、オハイオなどの州で、州議会を乗っ取るための、巧妙に調整された秘密プロジェクトが進められた。ノースカロライナ州はことに、REDMAP戦略の格好の試験場になるだろうという期待を裏切らなかった。そこではアート・ポープが獅子奮迅の働きをして、シチズンズ・ユナイテッド後の時代には、とてつもなく裕福な活動家が、たった1人で1つの州に甚大な影響力を及ぼすことができるという実例が、不愉快なまでに実証された。

詳細の多くは、いまだに大衆の目から覆い隠されている。だが、その秋、州上院議員に3期連続で当選していた民主党員のジョン・スノー判事は、ノースカロライナ州の辺鄙な西端にある自分の選挙区で、立てつづけに政治攻撃を受けていた。スノーは共和党の議案に票を投じることも多く、州議会でもっとも保守的な民主党議員と見なされていたし、投票歴は選挙区の有権者の意見を反映していた。共和党の対抗馬ジム・デイヴィス――ティーパーティとゆるい結びつきがあった矯正歯科医――は、政治の経験がとぼしく、以前は大学のフットボールの花形選手だったスノーの楽勝が予想されていた。しかし、なぜかデイヴィスには無尽蔵の資金があるようで、それを使ってスノーを攻撃した。

スノーは、当時のことを思い起こして語った。「私は水族館付きの桟橋を建設する案に賛成した。ノースカロライナ州議会の上院と下院のすべての議員が賛成した」しかし、テレビの中傷広告では、スノーが無駄遣いの計画案を出して、「贅沢な桟橋を造らせた」ことになっていた。「私たちは雇用を失いました」と女優がいう。「ジョン・スノーの政策は、私たちの経済に役立っていますか？　〝釣りをしろ！〟ですって」桟橋はスノーの〝ばらまき《ポーク》プロジェクト〟だとして、豚の漫画を描いたダイレクトメールが、大量にばらまかれた。

恐怖を煽る大量のダイレクトメール

合計20種類以上の大量ダイレクトメール攻撃のターゲットになったと、スノーはいう。1つはウィリー・ホートン広告に似ていた。恐ろしい顔のアフリカ系アメリカ人受刑者の顔写真に、「傲慢なジョン・スノー州上院議員のおかげで、まもなく死刑囚ではなくなる」という台詞がついていた。事実はむしろ逆で、スノーは死刑を支持していたし、殺人事件を裁いたこともある。だが、2009年にスノーは新しい州法、人種公正法（訳注　人種を基準に死刑判決を下すことを禁じる法律。2013年にノースカロライナ州議会が廃止を可決、共和党知事が署名して廃止された）の成立に手を貸した。これにより、陪審の評決が人種差別に根付くことを立証できれば、裁判官は死刑を再考できる。死刑判決に人種差別によるはなはだしい不平等があった場合に対処するための法律だった。

「攻撃は熄《や》むことなくつづいた」スノーはのちに語っている。「私の敵は恐怖を煽る戦術を使った。私は中道だったのに、連中は私をリベラルのように見せかけた」投票日の夜（訳注　すなわち開票の結果がわかったとき）、200票以下という悔しいほどの僅差でスノーは敗れた。

選挙後、企業寄りの超党派組織、ノースカロライナ自由企業財団が、一見独立しているように思える外部の政治団体2社が、スノーを攻撃する広告に数億ドルを支出していたと暴露した——奥地の貧しい選挙区の選挙戦にしては、とてつもない金額だった。この2社、シヴィタス・アクションとリアル・ジョブNCへの資金投入を操っていたのは、ポープだった。それだけではなく、ポープは2010年にリアル・ジョブNCを立ちあげるのに、創設資金20万ドルを提供している。「釣りに行け！」広告と、スノーの「ばらまきプロジェクト」を攻撃するダイレクトメールは、この組織が行なったものだった。

リアル・ジョブNCは、エド・ギレスピーの共和党州指導部委員会（RSLC）からも、125万ドルもの膨大な寄付を受けていた。だが、調査報道機関プロパブリカの説明によれば、ギレスピーのグループは、関与を有権者から隠すようなやり方で、寄付を配分していたという。広告に自分たちの組織の名前を載せず、「共和党」という言葉を含まない、地元の組織のように見せかけたNPOを新たに作る。社会福祉団体なので政治的ではないと主張しつつ、資金は州の民主党議員20人を攻撃するのに使われ、共和党議員は1人も攻撃しない。

あくどい中傷広告

政治資金の管理強化を推進する組織、コモン・コースのノースカロライナ支部長ボブ・フィリップスは、劇的な展開を仔細に観察し、シチズンズ・ユナイテッド裁定は、全国レベルよりも地方レベルでより大きな「ゲーム・チェンジャー（訳注 形勢を一変させる重要な物事や出来事）」になったと結論している。それによって、ポープやコーク兄弟のように、大企業の資金を自由に使えるたった1人のドナーが、重大かつ決定的な役割を果たせるようになったと、フィリップスはいう。「2010年以前にはなかったことだ。シチズンズ・ユナイテッド裁定が、ドナーに扉を開放した。いまでは候補者が文字どおり、独立した団体によって巨額の資金を使えるようになった。ノースカロライナ州でそれを目の当たりにしたし、資金の多くは、アート・ポープまでたどることができる」

ほかにも、おなじ正体不明の団体がスポンサーの有権者を惑わす中傷広告が、州のすべての地方選挙で出現した。フェイエットヴィルでは、ノースカロライナ州上院議員選挙に立候補していた61歳の企業寄り民主党現職議員マーガレット・ディクソンが、ナンシー・ペロシのクローンのように宣伝された。これまでの経歴を見れば、ディクソンは明らかにペロシよりもずっと保守派だった。対抗馬が資金を出したべつの広告では、ディクソンを〝娼婦〟のように見せかけていた。そっくりの女優を使い、口紅をつけ、札束を受け取っている場面を撮影して、州の立法府での仕事を金目当てでやっているとほのめかした。この広告にはぞっとしたと、ポープはのちに述べているが、彼が理事に名を連ねている繁栄のためのアメリカ人は、ディクソンの対抗馬を売り込んでいた。「それらの広告はいまでも不愉快です」と、ディクソンはのちに語っている。「そういうことは4度くぐり抜けましたが、今回の運動はずっとあくどく、個人攻撃が多かった。それまで経験したことがないようなものでした」選挙の夜、ディクソンは人口15万人以上の選挙区で、約1000票差で当選できなかった。

その秋、ローリーで下院議員選挙に立候補した民主党の弁護士クリス・ヘガティは、選挙改革派を指揮したこともあり、政治資金の事情にも通じていた。それでも、統一のとれたやり方で攻撃されたときには、意表を衝かれた。リアル・ジョブNCとシヴィタス・アクションが、ヘガティは州財政を浪費していると宣伝し、繁栄のためのアメリカ人（AFP）が、対立候補の代わりに巨額の資金を支出した。ヘガティが「10億ドル以上の増税案に賛成した」と非難する広告もあったが、ローリーは初の立候補で、議席を持ったこともなかった。ヘガティはいう。「ポープのグループもすべてひっくるめて考えると、そのグループとノースカロライナ共和党は、じっさいに当選した候補者よりも大きな金額を、私を落選させるために使ったことになる」ヘガティは沈黙してから、付け加えた。「個人がそんな力を持つというのは恐ろしいことだ。ノースカロライナ州政府は売りに出された」

貧者の面倒をみるのは政府ではない

従来は民主党が強かったノースカロライナではずっと、迫害を受けていた弱者だったし、自分は真剣な改革者だと自負しているポープは、そういう意見に不快感を隠さない。「人は〝だれそれが選挙を金で買った〟といういい方をする」あるインタビューで、ポープはいった。しかし、それは買収のことであって、「そういう違法行為や腐敗などと、私はノースカロライナでずっと激しく戦ってきた」

自分の金は、「正しい情報に基づいて決断できるように」市民を「教育する」ために使われたというのが、ポープの考えだった。「それは憲法修正第1条の精髄だ！」金持ちが金持ちではない人間の声を打ち消すということはないかと質問されると、ポープはいった。「そうはならないだろうと、私はノースカロライナの有権者を信頼している」ノースカロライナ州上院の民主党院内総務マーティン・ネスビット・ジュニアは、そうは思わないという。２０１０年のポープの支出について、「教育ではなく虐殺だ。彼がやっているのは選挙を金で買うことだ」

他の批判勢力は、ポープは税控除を受けるフィランソロピーを使って、自分の会社に利益があるような企業寄りの反税制策を攻撃的に推進していると非難する。たとえば、ポープの一族の財団が資金を提供するシンクタンクの研究者たちは、最低賃金を上げることだけではなく、最低賃金を定めるすべての法律に反対している。さらに、ポープのディスカウント・ストアの従業員の多くは、最低賃金で雇われている。「私は法に従うように気をつけている」とポープは主張する。「それに、フィランソロピー、公共政策、草の根運動、独立した支出活動と、個人的な活動を、ずっと切り離している」

ポープは、ノースカロライナの住民を心から気遣っているといい、自分を貪欲で利己的な人物に描いている戯画に抗議する。しかし、住民は政府の社会福祉プログラムよりも民間企業のほうによく世話をされてると、ポープは確信している。したがって、個人所得税と法人税を切り下げ、遺産税を廃止し、州の支出を削減すべきだと考えている。貧者や恵まれない人々の面倒をみるのは、政府ではなく慈善事業の役目だとポープは確信している、とポープの友人たちは説明する。

しかし、ポープの富は、低収入の客に大きく依存している。１９３０年にポープの祖父は、ノースカロライナ州に5軒、小さな10セント・ストアをひらいて、つぎの世代にそれを売った。ポープの父親はしたたかで倹約家の商人で、その家業を13州にまたがる大事業に拡大した。ポープは父親の会社で働いて昇進し、ＣＥＯになった。ヴァラエティ・ホールセラーズは、ローゼズ、マックスウェイ、スーパー10、バーゲン・タウンなどのチェーンストアを所有している。ポープの小売業は特殊な人口統計を重視し、年間所得が４万ドル以下の中間層の地域や、アフリカ系アメリカ人が25パーセント以上住んでいる地域に主に出店している。

１８７０年以来初めての多数党へ

激しい論争を引き起こしたとはいえ、ポープと「外部の」金は、２０１０年にノースカロライナ州で圧倒的な勝利を収めた。ポープとその一族と組織が攻撃した22カ所の州議会選挙のうち、18カ所で共和党が勝った。ギレスピーとポープの思惑どおり、ノースカロライナ州議会は１８７０年以来はじめて、共和党が多数党の立場を確立した。

インスティテュート・フォー・サザン・スタディーズによれば、２０１０年のノースカロライナ州議会選挙で独立団体が支出した額の４分の３が、ポープと関係のある口座から出ていたという。ポープとその一族と、ポープが支援するグループの支出の合計は２２０万ドルで、全国の水準からすればたいした額ではないが、１つの州という狭い範囲では重大な影響を及ぼした。

この図式は、全米でくりかえされることになる。「オバマのチームは、すばらしい働きをした。じつにたいした連中だった。しかし、州議事堂では民主党は完敗した」REDMAP会長の元共和党下院議員トム・レイノルズは、のちに『ポリティコ』に語っている。ギレスピーの右腕クリス・ジャンコウスキーは、その後、正直に述べている。「最初はちょっとうろたえた。候補者たちは敵とまともに戦っていなかった。敵の反則パンチを食らうのではないかと思いはじめた」だが、やがて、「実情がわかってきた。あとは得点を積みあげていけばよかった」。

地元テレビ局の放映時間を買う

中間選挙の1カ月前、オバマの政治顧問たちは、惨敗を防ぐ手立てがほとんどないことに気づいた。「私たちは10月には絶望していた」ホワイトハウスの補佐官が、のちに認めている。「私たちは、なにひとつ察していなかった。船が氷山にぶつかるのを見ているしかなかった」

オバマは最後の手段として、共和党が秘密の特別利益集団の金で選挙を盗もうとしていると、有権者に注意しようとした。シチズンズ・ユナイテッド裁定で水門が開き、「大衆をまどわす中傷広告の洪水が殺到している。スポンサーは特別利益集団で、まぎらわしい名称の団体をまやかしの表看板に使っている」と、公然と非難するようになった。大企業が「繁栄のためのアメリカ人などの、無害のように思える名称の団体の陰に隠れている」と、コーク兄弟の関与をほのめかすようなこともいった。「繁栄のためのアメリカ人が具体的に何者なのかを、彼らはいう必要がない。ひょっとして外国が支配する企業かもしれない」——あるいは、とオバマは付け加えた。「大手石油会社かもしれない」

選挙戦の終盤、民主党は「ブッシュのクローン」、エド・ギレスピー、カール・ローヴ、「大企業のサクラ」が、「私たちの民主主義を盗もうとしている」と非難する全国広告をテレビで流した。強盗に襲われた老女が描かれていた。だが、その映像は陳腐だったし、伝え方も単純すぎた。そんな短い広告で、氾濫するダーク・マネーやドナーの財政的利害やオバマの政策への攻撃と、国民の生活とのつながりを説明するのは、不可能に近かった。アメリカ国民は理解しないか、関心を持たないだろうというのが、プロフェッショナルの政治コンサルタントたちに共通した意見だった。

歴史の流れと、失業率が9・5パーセントに達していたころから、2010年の選挙で共和党が波に乗るのは避けられなかっただろうが、当選が確実だった民主党議員を敗退させたのは、一握りの超富裕層の無敵の資金だった。作戦が順調に進んだために、ノーブルは選挙運動の最終週に、攻撃にもろいとはだれも思っていなかった第3段階以降の候補者に狙いをつけた。ミネソタ州ドゥルースの民主党州下院議員ジム・オバースターの選挙資金が乏しいのを見てとると、ノーブルは地元のテレビ局の放映時間を買いとり、オバースターは選挙区民のことなど頭にない利己的な議員で、1970年代から州議会に居座っている遺物だと非難するCMを、マッカーシーに創らせてテレビで流した。おおかたの予想に反してオバースターは落選し、ノーブルの仕留めた獲物の1つに数えられた。

陸の孤島となった民主党

2010年11月、民主党は大敗を喫して、下院の支配を失った。オバマの党は、わずか2年前に一気に権力を掌握し、長期の再編が予想されたのに、大胆な法案を可決できる望みは潰された。共和党は下院の議席を63増やし、確実な支配をものにした。１９４８年以来の大幅な勢力逆転だった。初の女性下院議長で、ランツが好んで攻撃したペロシは、わずか4年で少数党の代表に成り下がった（訳注　通常は下院議長をおりたあとは党の要職につかないが、ペロシは院内総務に立候補して当選した）。オハイオ州選出のジョン・ベイナー下院議員が議長に就任し、政府とオバマを名指しで攻撃して当選した過激なティーパーティの議員がかなりの数を占める議員団を統率していくことになった。共和党穏健派に予備選挙で勝って当選した議員もいた。過激な保守化を期待しているドナーのおかげで当選した議員がほとんどだった。したがって、彼らは妥協には興味を示さなかった。

民主党の敗北は、ほとんどすべてのレベルに及んでいた。共和党は上院でも6議席を積み増していた。州レベルでは、民主党の敗退はさらに激しかった。全米の州議会で、共和党は６７５議席増やした。共和党は21州で議会を支配し、州知事を当選させた。民主党が1党で両方を制したのは、わずか11州だった。党勢の地図では共和党の赤がほとんどを占め、民主党の青は孤島のようだった。

こうして政治勢力が拡大した結果、共和党は民主党の4倍のゲリマンダー選挙区（訳注　自分たちの政党に有利な無風区になるように境界線を無理やり引いたため、サラマンダー［サンショウウオ］のような奇妙な形になった選挙区。マサチューセッツ州知事エルブリッジ・ゲリーが最初にこの区割りを行なったことから、この造語ができた。なお、選挙区は人口統計をもとに、10年ごとに改変される）を確保した。安全な議席の確保は、今後10年間、共和党の支配を守る防火壁になる。

さほど巨額の投資ではなかったのに、ＲＥＤＭＡＰが大きな成果をあげたことは、かなり注目された。『ポリティコ』のグレン・スラッシュが評しているように、共和党にとってそれは「あたえつづける天からの授かり物」だった。ミシガン州、ウィスコンシン州、オハイオ州、ノースカロライナ州など、共和党があらたに支配を握った州は、たちまちオバマの重要政治目標を攻撃する拠点になった。ヘルスケア、中絶、ゲイの権利、投票権、移民、環境問題、銃規制、労働問題などに関するオバマの政策を、共和党は突き崩していった。

「じつに不愉快だ」選挙の翌日の記者会見で、オバマは率直に述べている。ことにつらかったのは、オハイオ州知事テッド・ストリックランドのように、オバマとその政策を弁護したために集中攻撃を受けた民主党員への、慰めの電話だった。「この2日間、いちばん心苦しかったのは、ほんとうにすばらしい公僕が、もう国民に尽くせなくなったのを見ることだった」とオバマは語った。「彼らが去るのを見るのが悲しいだけではなく、私にもっと違う手が打てたのではないか、もっと努力できたのではないかという疑問が胸をよぎる」

プロの政治家の決意をみなぎらせて、オバマは述べた。「これはすべての大統領がくぐり抜けなければならないことなのだと思う」しかし、そこで言葉を切り、用心深く冗談をいった。「いや、今後の大統領がすべて、私がきのう味わったような完敗を喫するだろうという意味ではないよ」

だが、あまり知られていないが、選挙の晩の最大の勝者は、ショーン・ノーブルだった。議事堂のスタッフとして働いていたときには、年間給与は8万7000ドルだった。しかし、2011年には大型の不動産物件を2つ購入し、フェニックスで自分と妻のために家を2軒買えるほど裕福になっていた。キャピトル・ヒルでテラスハウスを66万5000ドルで購入し、「ユタ州ハリケーンの8寝室530平方メートルの家の購入価格は公開されていない」とブルームバーグ・ニューズが報じている。それになんといっても、2012年の選挙での記録的な支出が、目前に控えていた。

第3部

政治の私物化
全面戦争、2011―2014年

階級戦争はたしかにあるが、戦争を行なっているのは、私の階級、つまり富裕層で、勝ちつづけている。

――ウォーレン・バフェット

第11章

戦利品：議会からの略奪

The Spoils: Plundering Congress

権力の中枢におさまる

米連邦第112議会は、2011年1月5日に正式開会になり、ナンシー・ペロシ前下院議長が、儀典用の馬鹿でかい槌を新議長ジョン・ベイナーに手渡した。だが、超保守派のビリオネアの影響は、すでにひろがりはじめていた。宣誓式が行なわれる前に、共和党を多数党にするために1億3070万ドル以上をドナー・ネットワークから支出したデイヴィッド・コークは、新下院議長の凝った装飾の執務室にいて、スタッフと愛想よくおしゃべりをしていた。「人民の家」とも呼ばれる議会は、あらたな管理者のもとに置かれた、批判勢力なら、新たな所有者のもとに、というところだろう。

デイヴィッド・コークは、議事堂でおおっぴらに姿を現わしていたが、デイヴィッドの政治担当副官ティム・フィリップスは、コーク・インダストリーズの収益にもっとも重要な意味を持つ、議会の委員会の奥の院にはいり込んでいた。その日のフィリップスにとってもっとも重要な目標は、下院エネルギー商業委員会だった。共和党が多数党になったいま、エネルギー商業委員会は、オバマの環境政策を下院で阻止する力を持つようになった。気候変動対策を葬り、当面は環境保護庁（ＥＰＡ）にいやがらせをすることができる。

デイヴィッド・コークがその日におおっぴらに姿を現わしたことは、たいへんな変化があったことを物語っていた。コーク兄弟はもう、かつてのようなリバタリアンの負け犬ではなかった。１カ月後に『ロサンゼルス・タイムズ』が指摘するように、「チャールズとデイヴィッド・コークはもはや、妥協のない保守主義によって孤立して、ワシントンＤＣの政治エスタブリッシュメントの外にいるのではなく」、２つの立法機関の片方、二大政党のいっぽうを支配している。同紙の見出しにあるように、「コーク兄弟はいまや共和党の権力の中枢にいる」。

その午後、ベイナーが宣誓したあとで、デイヴィッド・コークは祝杯をあげるために、ヘリンボンのツイードのオーバーを着て、キャメル色のカシミアのマフラーを巻き、議事堂の敷地をすたすたと横切っていった。だが、さほど進まないうちに、コーク兄弟の権力掌握を何カ月も記録していた『シンク・プログレス』の粘り強いリベラルのブロガー、リー・ファングに行く手をさえぎられた。ファングが自己紹介し、ビデオカメラマンがマイクを突きつけて、質問がなされた。「コークさん、ティーパーティと、ティーパーティがここ数年のあいだに成し遂げたことを、誇りに思っていらっしゃいますね？」

「そうだ」デイヴィッドは、すこしまごついて答えた。そばにいたフィリップスは、質問をさえぎろうとした。「ちょっと待て、デイヴィッド、このリーは、左翼の優秀なブロガーですよ」ひきつった笑みを浮かべて、ボスに注意しようとした。だが、左耳が聞こえにくくなっていたデイヴィッドは、注意の意味がわからなかったのか、それともどうでもいいと思ったのか、話をつづけた。「ティーパーティにはたしかに過激なものがいる」と認めた。「しかし、一般の会員は、私のようなふつうの人間だ。それに、私は彼らを尊敬している。１７７６年以来、最高の草の根蜂起だと思う」

フィリップスは、荒っぽいところをカメラに捉えられないようにしながら、インタビューを打ち消すために、何度もくりかえしていた。「リー──リー──きみにはがっかりした──リー──きみほどの人間なら、もっとましなことができるだろう──リー──リー──インタビューは終わりだ！」

それでもファングはがんばり、ベイナー議長の新議会からなにを望むのかと、デイヴィッドに質問した。「それはだな」デイヴィッドは活気づいて、いつもの癖で唇をなめながらいった。「歳出を大幅に削減し、予算を均衡させ、規制を減らし、えー、企業を支援させる」

その後、イメージを取り繕うインタビューで、コーク兄弟は自分たちは利害関係のない善意の人間で、刑事司法制度の改革といった超党派の問題を唱えている社会派のリベラルを誤解していたというような演出をした。しかし、こういうふうに追い詰められ、広報の支援も得られなかったときに、デイヴィッドは優先事項をはっきりと口にした。デイヴィッドは、自己の利益と大衆の利益を混同している。

ジャーナリストのクリスティア・フリーランドは、『Plutocrats: The Rise of the New Global Super Rich and the Fall of Everyone Else』（訳注　ＴＥＤトークの邦題は「新しいグローバル超富裕層の台頭」）で、莫大な資金源がある超富裕層が、あらゆるところで資金を使って、自分たちの利益になるような政策を確立していることを詳細に描いている。恵まれない人間がその代償を払う場合が多い。ここ数年、そういった風潮が政治をきわめて狭いやり方でゆがめていることを、アメリカの数々の研究が示している。政治学者のリー・ドラットマンは、無党派のサンライト財団のために行なった研究で、アメリカの富の集中は極端な過激主義を招き、ことに右寄りになる傾向があることを突き止めた。利益をこうむる共和党支持者の富裕層は、他の国民よりも税と規制に強く反対する。「共和党が１パーセント（訳注　人口の１パーセントの超富裕層）のドナーの１パーセントに頼れば頼るほど、保守色を強める傾向がある」ことを、ドラットマンは発見した。

下院エネルギー委員会を牛耳る

第１１２議会は開会早々、ジョージ・Ｗ・ブッシュ前大統領のスピーチライターだったデイヴィッド・フラムがいう、共和党の〝過激派富裕層〟のいや増す破壊的な影響力のケーススタディになった。フラムはいう、「献金母体の過激化によって、共和党は、１９６４年のバリー・ゴールドウォーターの大統領選挙運動以来の過激な政策を唱えるようになった」また、「議会共和党は以前ならためらわれたような戦術も使おうとするようになった」。

動かせないデータが、それを裏付けている。ハーヴァード大学のシーダ・スコチポルは、政治学者が議員の見解を計量的に記録するようになって以来、「下院は極右に向けて最大の跳躍を行なった」と指摘する。コーク兄弟が下院エネルギー商業委員会を動かす力を得たことが、それを実証している。

それまでは、下院エネルギー商業委員会の委員長は、カリフォルニア州選出のリベラルな民主党議員ヘンリー・ワックスマンがつとめていた。ワックスマンの指揮でキャップ・アンド・トレード法案は下院で可決されたが、上院では裁決が見送られた。いまや共和党新指導部は、石油産業を擁護する議員を委員会に多数送り込んだ。多くは選挙資金に関してコーク兄弟に莫大な借りがある。コーク・インダストリーズのPACは、委員たちにとって石油・天然ガス産業からの最大の献金で、エクソンモービルの献金額すらしのいでいた。コークは委員会の共和党委員31人に加えて、民主党委員のうち5人にも献金していた。さらに、委員の共和党新人議員6人のうち5人が、繁栄のためのアメリカ人（AFP）から「外部の」支援を受けていた。

また、新委員の多くが、コーク兄弟の政治目標に忠誠を誓う、異例の誓約書に署名していた。歳出削減で相殺されないような炭素税にはいかなるものであろうと反対すると、彼らは約束していた。そういう仕組みの炭素税が提案されることはありえない。この「気候税反対」は、最高裁の裁定で環境保護庁（EPA）が温室効果ガスを他の汚染物質とおなじように規制できるようになった2008年に、AFPが創り上げた誓約だった。コーク兄弟のこの誓約は、反税活動家グローヴァー・ノーキストが、増税に賛成しないよう共和党議員を脅すのに使って大成功を収めた誓約書を模倣していたが、大義ではなく企業の要求を満たすという違いがあった。

2011年の議会の会期がはじまったとき、156人もの議員がコーク兄弟の「気候税反対」誓約に署名していた。下院エネルギー商業委員会の留任委員の多数がすでに誓約していたし、新任の共和党議員12人のうち、新人6人を含めた9人が誓約に加わった。

予算削減で身動きできなくなったEPA

このコーク兄弟と下院エネルギー商業委員会の結びつきは、重大な変化を象徴している。ヴァージニア州ソルトヴィルでリック・バウチャーを破ったモーガン・グリフィスが委員長をつとめ、一気に勢力を増した新委員がいずれもコーク兄弟のおかげで議席を得ていることが、その結びつきを如実に表わしている。AFPの運動員たちは、勝利を祝う選挙後の集会に、来賓として招かれ、その際にグリフィスは、「あなたがたみんなが、色々な面で助けてくれて、ほんとうに感謝している」と調子に乗って口走った。

コーク兄弟の投資は、すぐに報われた。議員になったグリフィスは、メインストリームの気象学をあからさまに批判した。議会で証言する専門家の科学者に説教し、メソポタミアとバイキングの隆盛が地球温暖化によるものかどうかを検討する必要があるし、火星の氷冠が溶けているのを見れば、地球でも人類がそういうことの原因ではないとわかるなどといって、国民の失笑を招いた。

グリフィス議員は、下院共和党の「EPAとの戦争」でも主力選手になり、EPAの「手綱を締めなければならない」と要求した。議員になってから1カ月後に、グリフィスは他の共和党議員と語らって、EPAの予算を27パーセント削減するという過酷な措置を講じた。上院が反対したが、結局、ソルトヴィルの川に水銀が流出するのを阻止したＥＰＡの予算を16パーセント削減することに同意した。そのころには、オリン・コーポレーションのような汚染源に浄化の費用を負担させるための、１９８０年のスーパーファンド法（訳注　じっさいには１９８０年の包括的環境対策・補償・責任法［ＣＥＲＣＬＡ］と１９８６年のスーパーファンド修正および再授権法［ＳＡＲＡ］を合わせた通称）は期限切れになり、基金38億ドルも枯渇していた。ある研究によれば、アメリカ国民の半分近くが有毒物質廃棄場の15キロメートル以内に住んでいるというが、ソルトヴィルのような町では企業ではなく納税者が浄化を行なわなければならなくなった。

コーク・インダストリーズは、すこし楽に息ができるようになったが、その工場の近くの住民はそうはいかなかった。アーカンソー州のブルーカラーの町クロセットのサウス・ペンシルヴェニア・ロードでは、15世帯のうち11世帯で癌を発症していた。住民の多くは、近くのジョージア・パシフィック製紙工場が廃棄する化学物質が原因だと確信していた。悪臭がひどいので、幼児や高齢者は家から出ず、マスクをかけて呼吸していた。製紙会社は責任を否定し、癌との関係は「集団訴訟で否定されている」と指摘した。しかし、その通りに住む黒人聖職者デイヴィッド・バウイーは、ＥＰＡの関与を求めて活動していた。「私たちの住む通りでは、つぎつぎと癌にかかっている」リベラルの調査ドキュメンタリー映画制作者ロバート・グリーンウォルドに、バウイーは訴えた。「これだけ多くの人間が病気になったり、死んだりして、このコミュニティには問題がある。どうして癌の発症率がこんなに高いのか？　製紙工場が関係しているのではないか？」２年前に『ＵＳＡトゥデイ』が、ＥＰＡの大気汚染データをもとに、衝撃的な調査報道記事を載せた。クロセットの学校付近の大気は、アメリカでもっとも有害な大気1パーセントの1つで、ジョージア・パシフィックの工場が主な原因だと、そのデータで特定されていた。EPAのリーザ・ジャクソン長官は対策を約束したが、議会による予算削減が、なにをやるにも大きな制約になっていた。

コーク・インダストリーズがもたらしている汚染の数値は、論争の余地がない事実だった。2012年、アメリカ企業8000社の有毒物質と発癌性物質の生産を記録している、EPAの有害物質放出一覧データベースによれば、コーク・インダストリーズはアメリカで最大の有毒物質生産業者だった。その年だけでも、43万920トンの有害廃棄物を発生させていた。そのうち2万5764トンを、大気、水、土壌に廃棄し、アメリカで第5位の汚染業者になっていた。コーク・インダストリーズは、アメリカ最大の温室効果ガス排出業者でもあり、EPAのデータによれば、2011年には自動車500万台分に当たる2400万トンのCO_2を大気中に排出していた。

コーク・インダストリーズの関係者は、この統計を否定しないが、会社の業務の大きさと製造している製品の性質を反映しているにすぎないと主張する。同業他社と比べても法をずっと遵守していることが、記録からわかると力説する。コーク・ミネラルズのスティーヴ・テイタムは、「投資銀行はほとんど汚染を引き起こさない。なにも製造しないからだ。われわれはモノを作っている」という。

コーク選出の下院議員

コーク・インダストリーズの地元であるカンザス州ウィチタ選出の新人共和党議員、マイク・ポンペオも、エネルギー商業委員会の委員として、弁護にまわっている。ポンペオは、コーク兄弟との結びつきがあまりにも密接なので、「コーク選出の下院議員」だといわれている。コーク兄弟は、ポンペオが創業した航空宇宙産業に未公開の金を出資したことがある。ポンペオが立候補したときにはもう投資していなかったが、選挙では主な後援者になった。コーク兄弟の企業PACと繁栄のためのアメリカ人が、ポンペオを援助した。選挙後、ポンペオは首席補佐官に、コーク・インダストリーズのロビー活動チームの弁護士だった、マーク・チェノウェスを選んだ。数週間以内にポンペオは、コーク・インダストリーズの下院での最優先事項2つ――EPAの温室効果ガス汚染業者公開記録と、危険な製品に関する消費者の苦情のデータベースを設置するというオバマの計画に反対すること――に取りかかった。手に入れられる公開データがなかったら、当然ながら企業の有害物質排出を追跡するのは、かなり難しくなる（結局、コーク兄弟は戦いに負け、データベースは設置された）。

なりふりかまわぬ変節

コーク・インダストリーズのロビー活動の情報公開により、2011年に対議会ロビー活動に800万ドルを支出していたことがわかっている。大部分は環境問題向けの支出だった。コーク・インダストリーズが議会で影響力を強めたことを如実に示しているのは、政治記者ロバート・ドレイパーがいう「なりふりかまわない敵前逃亡」という現象だった。ミシガン州選出のフレッド・アプトン下院議員が、エネルギー商業委員会の委員長の座を手に入れようとしたときの寝返りが、その典型だった。2010年までは、アプトンは環境問題では穏健派として知られていた。それだけではなく、ティーパーティとそれを支援する勢力が主導権を握る前の２００９年には、「気候変動は真剣な解決策を必要とする重大問題だ」と述べ、「CO_2排出を削減するために、あらゆる方策を検討する必要があると、強く確信している」と付け加えた。しかし、２０１０年、共和党穏健派の多くとおなじように、アプトンは政治生命を絶たれ、右派のプライマリー・チャレンジに直面するおそれがあった。アプトンは生き延びたが、定着しつつあった気候変動論に賛成したサウスカロライナ州のロバート・イングリスのような議員は落選し、他の議員に向けた警告になった。イングリスは議会の視察旅行で南極大陸へ行き、産業革命後にCO_2が増加していることを示す氷のサンプルを見せられて、地球温暖化が現実であることを納得した。イングリスはキリスト教徒の保守派だったが、現実は否定できないというのが正直な考えだった。共和党色の強いサウスカロライナ州で、イングリスが科学に目覚めたことは、政治的にはマイナスになった。「放り出されたのはつらい」のちにイングリスは認めている。「しかし、私は共和党の正統的な慣行に反してしまった」

アプトンはそれとはまったく逆で、信念を翻し、地球温暖化懐疑派になった。２０１０年には、自分は気候問題について変節したことはないと否定し、繁栄のためのアメリカ人（ＡＦＰ）のティム・フィリップス会長と共同で、『ウォールストリート・ジャーナル』に署名入り記事を載せ、CO_2排出を規制するＥＰＡの計画は「憲法に反する権力掌握で、議会が介入しないと数百万人の雇用が失われる」と唱えた。アプトンは、ＡＦＰが扇動した、ＥＰＡの活動を阻止するための訴訟にも関わった。「なりふりかまわない逃亡」が功を奏した。議会の新会期で、アプトンは下院エネルギー商業委員会委員用の座を確保し、リーザ・ジャクソンＥＰＡ長官を委員会にひきずり出して証言させると約束した。議事堂に専用駐車スペースを確保しなければならないほど頻繁に呼び出したと、アプトンは自慢している。

骨抜きにされる大気浄化法

まもなく下院共和党は、ワシントン州選出のノーム・ディックス民主党議員が「汚染業者のお願いリスト」と呼んだ法案を提出しはじめた。地球温暖化対策を中止させようとしただけではなく、絶滅危惧種の保護を阻止し、グランドキャニオン付近でのウラン採掘を許可させ、山頂での採鉱の規制を撤廃させ、石炭灰を大気汚染物質の指定からはずそうとした。ＥＰＡの重要任務を骨抜きにするために、科学や健康上の利益を度外視して規制のコストを検討することを要求する法案を提案した。『ロサンゼルス・タイムズ』は社説で、「40年を経た大気浄化法のハートを引き裂く行為だ」と評している。

また、共和党主導の下院エネルギー商業委員会は、新体制になってから2カ月後に、代替再生可能エネルギー政策を打倒する活動を開始した。カリフォルニア州のソーラーパネル・メーカー、ソリンドラや、その他のクリーンエネルギー企業を支援する政府の優遇措置を、オバマが関わるスキャンダルに仕立て上げるのに成功した。事実はまったく異なり、エネルギー省がソリンドラに対する問題のある融資を延長した、貸付金保証プログラムは、ブッシュ政権下で開始されたものだった。さらに、党派主義者がおおげさにいい立てたのとは逆に、納税者はそのプログラムから利益を得ていた。さらに、ソリンドラの出資者はオバマ支持派だとされていたが、最大の後援者のなかには、ウォルマートの創始者で保守派のウォルトン一族がいた。エネルギー省の融資を受けたあとで破綻したべつのソーラーパネル・メーカーの大手出資者の1人は、コーク・ネットワークに巨額の寄付を行なっているベンチャー・キャピタリストのディクソン・ドールだった。だが、下院が公聴会をひらき、さまざまな保守派の隠れ蓑団体《フロント》が「クローニー資本主義」（訳注　政治権力者が血縁者や友人に意図的に利権を配分して経済発展をはかる手法）への怒りを煽るうちに、事実はもみ消され、化石燃料産業に有利な言説が横行するようになった。

汚染業者のいいなり

アプトン下院議員は、環境問題についての立場は変わっていないと力説する。しかし、NPOの全米野生生物連盟（NWF）のジェレミー・サイモンズ副理事長は、アプトンは「昼と夜くらい異なる」変身をしたと評している。サイモンズはなおもいう。「従来、エネルギー商業委員会では多数派が、大気浄化法は大衆を守る効果的な方法だと見なしていた。いまでは、大気浄化法とEPAを敵視している。有権者は、こんな汚染業者寄りの政策は望んでいなかったが、コーク兄弟が金を巧みに使い、自分たちの存在感を強めるように仕向けた」

2011年末の調査では、回答した共和党議員65人のうち、気候変動が地球温暖化の原因だと考えていると明言したのは、わずか20人だった。ティム・フィリップスは、懐疑論を表明する議員が急増したことを、喜び勇んで自分の手柄にした。「3年前の状況と、いまの状況を見れば、劇的な方向転換があったとわかる」と『ナショナル・ジャーナル』にフィリップスは語った。「気候変動説が政治問題になったことを、候補者の多くが悟った。われわれは大きく前進した。共和党側の候補者に、これが意味することは……グリーン・エネルギーを信じたり、この問題に肩入れしたりするのであれば、政治的な危険を承知でやるしかないということだ。予備選でも補選でも、［共和党の］候補者指名プロセスに関与する人々の大多数は、気候の科学に疑いを抱いている。そして、私たちはそこに影響力を行使する。繁栄のためのアメリカ人のような組織が、それをやってきた」

銛を打たれる潮吹きクジラ

コーク一族の長だったフレッド・コークは、以前の仲間によれば、「潮を吹くクジラは銛を打たれる」という格言をよく口にしていたという。フレッドが警告したとおり、コーク兄弟の注目度が高まると、大衆の吟味の目が厳しくなるというマイナス面が生じた。2011年1月、パームスプリングズ郊外のサミットにドナーたちが集まると、それまで秘密だった会合に抗議の人々が押し寄せた。劇場型の環境保護団体グリーンピースが、全長40メートルの「飛行船」をリゾート上空に飛ばした。蛍光塗料のグリーンに塗られた気球には、チャールズとデイヴィッドの引き伸ばした顔写真と、「コーク兄弟：汚れた《ダーティ》マネー」という文字が描かれていた。

コーク・ネットワークは、もはや秘密ではなかった。暴動鎮圧装備を身につけた地元警察一個中隊が、ランチョ・ミラージュ・リゾートに通じる私設車道に検問所を設けて封鎖し、寄せ集めの雑多な抗議集団が、表でプラカードをふりながら、「コークの人殺し！」、「コーク兄弟の正体を暴け！」などと叫んだ。25人前後が逮捕され、アルファベットのKをあしらった金色のバッジをラペルにつけたコーク兄弟の警備員たちが、リゾートのカフェにいた『ポリティコ』のケネス・ヴォーゲル記者を見つけて、身柄を拘束しようと脅した。ただちにリゾートを出ていかないと、「市民による逮捕」を行ない、「リヴァーサイド郡刑務所」に一晩留置すると警告した。

警備が強化されたリゾート内では、アメリカの高名な企業指導者たちがチャールズ・コークと会談していた。アムウェイのデヴォス一族、ホームデポのケン・ランゴーン、アメリカン・エンタープライズ研究所の会長でもあるプライベート・エクイティ王タリー・フリードマンなどがいた。デイヴィッド・コークとジュリア夫人は、攻囲されている王族のように、サングラスをかけてホテルのバルコニーにちらりと姿を現わし、眼下の街路劇場を気難しい顔で眺めた。

こういった強引な警備は、公の戦いの場で強大な力を示したために引き起こした反動に、コーク兄弟が攻撃的な姿勢を強めたことを浮き彫りにしていた。内部の事情を知る人間は、コーク兄弟が秘密漏洩にきわめて神経質になり、マスコミの批判的な報道に傷ついていたと述べている。自分たちの政治影響力が強まったために、吟味が厳しくなったことに、コーク兄弟は驚き、恨みを抱いたようだった。自分たちは普通の市民で、公共心が旺盛だと、コーク兄弟は思い込んでいた。あるゴルフのパートナーは、デイヴィッドが、『ニューヨーカー』やその他の出版物が、自分たちについて詮索していることに「ぶつぶつと文句をいい」、マスコミのせいで殺すという脅しが頻発し、家族がボディガードを雇わなければならなくなったと非難したと述べている。

ペンの代わりに溶接用バーナー

コーク兄弟は、オバマのホワイトハウスがレポーターたちを焚きつけて、自分たちの名誉を汚すよう仕向けていると、事実とは異なる陰険な非難も口にしている。「彼らは、自分たちが何千万ドルも使って広告を流しても、察知されることはないし、だれにも見つからないと思い込んでいたようだ」コーク兄弟に詳しい保守派の情報源が、『ポリティコ』に語った。「そんなわけだから、本来は備えておくべきだったのに、備えがなく、いまのようにあわてている」

マスコミを中心に増える一方の批判に対処するために、コーク兄弟は、攻撃的な戦術に特化した広報顧問チームをあらたに雇った。その1人が共和党政治運動員マイケル・ゴールドファーブで、会社のイメージを改善するために雇ったとコーク・インダストリーズは称していた。しかし、『ニューヨーク・タイムズ』はゴールドファーブについて、「保守派扇動工作員」で、「溶接用バーナーをペンの代わりにつかう」と述べた。ゴールドファーブは、サラ・ペイリンが副大統領候補に立候補したときに選挙運動に参加し、自分の仕事は「マスコミ攻撃」だと言明した。その後、『ワシントン・フリー・ビーコン』というオンライン・パブリケーションを立ちあげ、その編集者がいう「リベラルのほら吹き」に対抗する「戦闘ジャーナリズム」を実践した。標語は「やつらをペテンにかけろ」だった。ゴールドファーブの横顔について、ある保守派ジャーナリストは『ニュー・リパブリック』に、「失礼なことはいいたくないし、個人的には好きだが、右派のなかではかなりいかがわしい人物だ」と述べている。

コーク社の広報担当副社長、フィリップ・エレンダーが、ゴールドファーブの広報顧問チームに加わった。エレンダーはワシントンDCで会社のロビー活動と広報を監督していて、『ポリティコ』の表現によれば、「コーク兄弟が荒っぽい手口を使うという批判を裏付けるような戦術」を使うという評判だった。エレンダーは危機の際の広報プロジェクトを担当し、会社の公のイメージがどれほど崩れたかを評価するために、頻繁に世論調査を行なっていた。反撃のためにコークファクツという好戦的なウェブサイトを立ち上げ、『ニューヨーク・タイムズ』や『ポリティコ』などに好意的ではない記事を書いたレポーターのプロフェッショナリズムと高潔さに疑問を呈する広告で、人身攻撃を行なった。真鍮のナックルで殴るような戦術は、コーク兄弟が以前からやっていたことだが、正当な報道機関のレポーターまでもが矢面に立たされた。

酷評した記事への仕返し

2011年1月3日の午後に、私もそういった戦術を垣間見ることになった。1994年から私が専属ライターをつとめていた『ニューヨーカー』の編集者デイヴィッド・レムニクからのメールが、突然画面に現われた。レムニクは赫々たる多忙な編集者で、必要もないのにライターになにかをいってきたりはしない。連絡してくるときには、たいがいきちんとした理由がある。

10分前に『ニューヨーク・ポスト』でメディア産業を取材しているレポーターのキース・ケリーから、私のことで不可解な問い合わせがあったと、レムニクはメールで説明していた。どう回答すればよいのかわからないので、それを私に転送し、「これをどうすればいいのか、教えてほしい」とレムニクは書いていた。礼儀正しく、「お手をわずらわせて申しわけない」という言葉が添えられていた。「ハイ」ケリーの問い合わせは、軽い言葉ではじまっていた。「右派のブロガーが、ジェイン・メイヤーについてかなり重大な非難をする用意をしているという話を聞いている。2010年8月に彼女がコーク兄弟を酷評した仕返しのようだ」

ケリーが指しているのは、私が5カ月前に『ニューヨーカー』に書いた「秘密活動」という見出しに、「オバマに戦争を仕掛けているビリオネア兄弟」という副題がついた、1万語の記事のことだった。姿を現わすのを嫌うコーク兄弟が、ひそかに莫大な富を使ってアメリカの政治にとてつもない影響力をあたえていることを、はじめて深く掘り下げて暴いた記事だった。さらに、環境問題や職場の安全に関する彼らの前歴が、無欲なフィランソロピストという光り輝く公のイメージとは相反することも、明らかにしていた。

私は前にも、『ニューヨーカー』におなじ分量の記事を載せ、べつの金権主義者のドナー、ジョージ・ソロスの人物を描いたことがあった。ソロスはビリオネアの投資家で、リベラルの組織や候補者に富を注ぎ込んでいる。ソロスはその記事には不満だったが、民主主義ではマスコミから厳しい質問が出るのは当然だと、受け入れていた。今回はそれとは逆で、『ニューヨーカー』に記事が載ると、コーク兄弟は激怒した。コーク社の法務部長マーク・ホールデンはのちに、記事は「注意を喚起する出来事だった」として、「対策が用意できていなかった」と認めている。攻撃的な応急措置として、ホールデンはすぐさま『ニューヨーカー』に苦情の手紙を送った。事実の間違いを見つけることはできなかったが、「秘密活動」という見出しに反論し、コーク兄弟はなにも隠し立てしていないし、「秘密」はなにもないと述べた。しかし、コーク兄弟はソロスとは違って、『ニューヨーカー』のインタビューを受けることを拒んだ。それどころか、記事が出たあとで、デイヴィッド・コークは『デイリー・ビースト』で、記事は「悪意に満ち」、「馬鹿げている」、「まったく間違っている」とこきおろした。しかし、デイヴィッドの苦情は具体性を欠き、訂正も要求しなかったので、『ニューヨーカー』は、記事は事実であるとして、もうそのことは片付いたものと考えていた。しかし、その静けさは欺瞞だった。

私立探偵に記者を身辺調査させる

彼らのワシントンDCの拠点、ホワイトハウスから3ブロック離れた角張ったビルで、後ろ暗い活動の準備が整えられていた。コーク兄弟が中間選挙に向けて支出を増やしていた時期、J・C・ワッツ元下院議員の経営するロビー活動組織の裏にある賃貸事務所で、高額の報酬で雇われた政治運動員5、6人がひそかに働いていた。事情に通じている情報源によれば、私の評判を汚すことで、『ニューヨーカー』のコーク兄弟についての記事を打ち消すのが、彼らの目的だった。とにかく私の半生を根掘り葉掘り調べて、「弱み、弱み、弱みを探せ」と命じられたと、情報源がのちに私に伝えた。「弱みが見つからなかったら、でっちあげろ」

コーク・インダストリーズを批判する人々が、何年も前から苦情を述べてきた恫喝戦術の再現だった。政界と法執行機関に強い人脈を持つ、ある私立探偵会社が雇われた。どうやらその会社は、ルドルフ・ジュリアーニ元ニューヨーク市長のもとでニューヨーク市警察委員長をつとめたハワード・サファーが創業者で会長の、ヴィジラント・リソースィズ・インターナショナルのようだった。同社は、「情報秘匿と依頼人の秘密を守ることで高い水準」を維持していると、宣伝している。

レポーターの品位について報復的な調査を行なうために私立探偵が雇われるのは、普通では考えられない。マスコミの仕事は、そもそも政治を取材することなのだ。コーク兄弟がこの活動にどれほど個人的に関与していたかは、定かではない。私立探偵は、黒幕が抱えている法律事務所を通じて、間接的なやり方で雇われることが多い。そうすれば、顧客の秘密を守るという弁護士の特権で、関係を否認でき、指紋が残らない。私を調査したことがあるかという質問に対して、ハワード・サファーはたんに、「コメントできない。肯定も否定もしない」と答えた。父親の会社で働いているアダム・サファーも、コメントすることを拒んだ。チャールズとデイヴィッド・コークをインタビューしようとすると、会社の広報担当者、スティーヴ・ロンバードがメールで、「私たちは断らざるをえない」と返答した。会社が私立探偵を雇って私を調べさせたかと、なおもメールで質問すると、ロンバードは返答を拒んだ。

しかしながら、コーク兄弟までたどれる手がかりは、いたるところにある。ゴールドファーブ、エレンダー、その他のコーク・インダストリーズの人間が、このプロジェクトに深く関わっていたと、複数の情報源が説明した。ある情報源は、コーク・インダストリーズの広報担当で、繁栄のためのアメリカ人の幹部でもある、コーク兄弟の長年の側近の1人、ナンシー・フォテンハウアーが、ワシントンDCの拠点の責任者として指揮していたと述べている。

私はこういうことを知る由もなかったのだが、私の記事が出てから数カ月後に、あるブロガーが電話してきて、私がスパイめいた私立探偵の調査のターゲットになっているという噂があるが、知っているかと尋ねた。私は笑い飛ばした。その冬のクリスマス・パーティでも、ある元レポーターが私を脇に呼んで、奇妙な警告をしたときも、あまり気に留めなかった。「なんでもないかもしれないけど」と、元レポーターはいった。彼女の知っている私立探偵が、保守派のビリオネア2人が、ワシントンDCのあるレポーターの弱みを探ろうとしているという話をしたのだという。そのレポーターは、ビリオネア2人の気に入らない記事を書いた。「それで、あとで気づいたんだけど、調査したいレポーターというのは、あなたのことじゃないかしら」

記事盗用をでっちあげ

1月の午後にレムニクが転送してきた『ニューヨーク・ポスト』のレポーターのメールを読んだとき、それらの警告が私の頭をよぎった。『ポスト』のケリーは、私が他のレポーターの仕事を「大幅に借用している」と非難する記事が載る前に、「容疑」についてコメントをとろうとしたのだ。しかし、私が応答する前に、第二のメールがレムニクと私のもとに届いた。そのメールの発信者は、当時、保守派オンライン・ニュースサイト『デイリー・コーラー』のレポーターだった、ジョナサン・ストロングだった。ケイトー研究所のシニア・フェロー、タッカー・カールソンが、そのサイトの編集人をつとめていた。ストロングも、私を攻撃する記事を載せる予定のようだった。嫌な感じのメールでストロングは、私の仕事は「剽窃のたぐいに当たるのか」と、レムニクにあからさまに質問して、私の書いたものをいくつか例に挙げ、翌朝10時までに回答するよう要求していた。

剽窃は、ジャーナリズムでは職業倫理にもとるもっとも重大な犯罪とされている。評判と信用がすべてであるビジネスで、そういう容疑をかけられれば、身の破滅を招く。だが、よく調べると、容疑はいずれも非常識で、簡単に論破できるとわかった。おそらく何者かがコンピュータのプログラムを使い、私の仕事を10年分ふるいにかけて、政府高官の言葉の引用や、だれもが使うありふれた文言を抜きだして、「文章の組み立てと言葉遣い」が他のレポーター4人の記事と「きわめて似ている」と主張したのだろう。盗んだとされている文は、どれもとりたてて特徴のないものだった。ジャーナリズムのことをすこしでも知っていれば、気にも留めないような指摘ばかりだった。それにしても、間の抜けた非難だった。「私が剽窃した」と『デイリー・コーラー』が主張している記事4件のうち2件について、私は筆者の功績であることを記事のなかで述べていたのだ。

ジャーナリズムの世界に身を置いて25年、私もそれなりに過ちは犯してきたが、他人の仕事を不正に流用したと非難されたことは一度もない。それどころか、他のレポーターの功績を称えるよう、つねに気を配ってきた。しかし、この手の非難にはすぐさま対応しないと、事実など関係なくなるということも知っていた。中傷が活字になってしまえば、なにかあるに違いないと人は思うものだ。

この告発をでっちあげたとき、後ろ暗い作戦の立案者たちは、勝利まであと一歩だと思ったと、あとで聞いた。「これできみは終わりだと、連中は思った。コーク兄弟は自分たちをたいそう称揚するだろうと考えた」ある情報源はいう。弱みを探すのに、彼らはまず私の私生活を調べたが、告発できそうなことは、なにひとつ見つからなかったという。そこで剽窃という角度から攻めることにした。

これらの告発がオンラインで公表されるまで、わずか数時間しかなかったので、嘘がひろまる前に真実を公にするほかに、私にできることはなかった。午前零時までに、私が剽窃したとされていた記事の筆者4人のうち3人と連絡がとれた。3人とも、私を支持する声明を発表し、私が彼らの記事を不正に流用したことはないと否定することに同意してくれた。『デイリー・コーラー』のレポーターは、4人から事情を聞くことすらやっていなかった。

雑誌編集者協会にも圧力

コーク兄弟の調査報道で先鞭をつけ、私がその記事を引用した、リベラルのウェブサイト『シンク・プログレス』のリー・ファングが、声明を発表した。「これらの非難は事実無根だ。ミズ・メイヤーは、記事で私の功績をきちんと称えたし、みずからも膨大な調査を行なっている。ジャーナリストとしての高潔さを、ただただ尊敬するばかりである」と、ファングは述べた。

『ワシントン・ポスト』のレポーター、ポール・ケインは、問題にされた記事をすぐに見直して、メールを送ってきた。「あなたはわたしの記事を盗用するどころか、つぎの行で私の手柄だと褒めちぎっている」『ニューヨーカー』は、オンラインにケインの記事のリンクを載せるということまでやっていた。さらに、当時『ワシントン・ポスト』の編集者だった私の夫が、私が盗んだとされていた記事を編集していた。どの告発も間が抜けて滑稽だった。私が連絡をとった3人目のレポーターも、なんの苦情もないという声明を発表した。その後、4人目もおなじようにしてくれた。かなりお金をかけて敵対的な調査をしても、こんなものだとしたら、あまりにもお粗末すぎる。

私は事実を記して『デイリー・コーラー』に送った。それを確認した『デイリー・コーラー』は、記事にするのを控えた。

だが、『ニューヨーク・ポスト』のキース・ケリーは評判どおりの能力を発揮して、取材をつづけた。中傷記事を画策したのかと、コーク社の広報担当に執拗に質問したが、不思議なことに返事がなかった。「中傷記事は消滅」という見出しの後報で、「『ニューヨーカー』のジェイン・メイヤーを中傷しようとした集中作戦の背後には何者がいるのか?」と書いた。「記事は消えたが、告発の背後の人間のことは謎に包まれている」と指摘した。『デイリー・コーラー』の編集人のカールソンに、情報源はだれかとケリーは尋ねたが、「どこから出たのか、見当もつかない」とカールソンは主張した。

じつは大きな手がかりがあった。剽窃の陰謀が行なわれたのは、『ニューヨーカー』がコークについての記事を全米雑誌賞にノミネートしようとした時期と重なっていたと、『ニューヨーク・ポスト』が指摘した。『ニューヨーカー』が、それでも記事をノミネートすると、コーク・インダストリーズのホールデン法務部長が、アメリカ雑誌編集者協会宛てに異常ともいえる手紙を出し、私の記事が受賞するのを妨げようとした（どのみち受賞しなかった。まあそういうものだ）。

それまでに、デイヴィッド・レムニクが『ニューヨーク・ポスト』に、敵対的調査活動は「お粗末きわまりなかった」と述べていた。「大がかりな活動だったのに、『ピンク・パンサー』のクルーゾー警部みたいにドジなやつばかりだったことに、いささかびっくりした」と、レムニクは付け加えた。

コーク兄弟は、つぎにケイトー研究所のエド・クレーンに狙いを定めた。『ニューヨーカー』の私の記事に引用したときには名前を伏せたが、チャールズの「市場ベースの経営」システムを馬鹿にしていたことを、クレーンはのちに認めている。それに対してチャールズは、ケイトー研究所の持ち株を使って幹部の入れ替えを図り、長年忠誠を尽くしてきたナンシー・フォテンハウアーとケヴィン・ジェントリーを取締役に任命するよう要求した。いずれも熱心なリバタリアンの思想家ではなかった。ケイトーの共同設立者のクレーンは怒ったが、それはその年の内に行なわれた粛清の前奏曲にすぎなかった。チャールズとデイヴィッドは、クレーンを追い出した。デイヴィッドは、ケイトーの取締役会長ロバート・レヴィーに、超党派のシンクタンクという触れこみのケイトー研究所は、難解な知的理論を打ち出すのではなく、「繁栄のためのアメリカ人（ＡＦＰ）やわれわれの同盟の組織が使えるような、知的弾薬」を提供すべきだといったという。

予算削減のスーパースター

批判に対するコーク兄弟の不器用な反応と、四方から不当な攻撃を受けているという感覚は、支援者たちをよけい刺激したようだった。なぜなら、２０１１年2月1日に、パームスプリングズ近くの警備の厳重な飛び地をあとにしたとき、コークの金庫には４９００万ドルもの寄付金が集まっていた。最後の資金集めパーティはものすごく盛りあがり、ホテルのあるスタッフは、寄付を５００万ドル積み増すとドナーたちが約束しているのを聞いたと主張している。下院を制したコーク・グループは、いまや勢いに乗り、２０１2年の選挙でオバマを一気に打ち破ることを目論んでいた。

だが、その前にまず、下院で多数党になった共和党をどう支援するかについて、さまざまなことを話し合わなければならなかった。コーク兄弟の政治コンサルタントとしてひきつづき雇われていたショーン・ノーブルは、下院予算委員会の委員長に就任することになっている、ウィスコンシン州選出のポール・ライアン下院議員を支援するのが第一歩だと、強く主張した。

巨額の資金を提供するドナーたちにとって、ライアンはスーパースターだった。角張った顎、青い目、アイン・ランドの生真面目な若い弟子で、〝ガリ勉〟としばしば呼ばれ、それが称号のようになっている。ただ、難点があった。ライアンの大胆な予算削減案は、大衆を怯えさせ、リベラルに毛嫌いされ、多くの共和党員にも不安視されていた。本人がいうように、「私の引き出しには鋭いナイフが何本もはいっている」。

つぎの会期でライアンは、強硬な予算保守派向けの青写真になる予算案を提出するつもりだった。民主党が上院とホワイトハウスを掌握しているので、２０１１年度に成立するとは、だれも期待していなかった。しかし、ライアンがじゅうぶんに支援を募ることができれば、党を大きく右傾化させ、オバマを苦境に陥らせ、勢いに乗ったライアンの尻馬に乗ろうとするものが増えるはずだった。

ライアンは数年前から、高齢者と貧困者向けの政府の二大医療プログラム、メディケアとメディケイドを含めた、歳出の過激な削減を唱えていた。代替の民間退職勘定を導入して、ソーシャル・セキュリティの一部を民営化する案も示していた。アメリカの財政改善のためには、厳しい削減が必要だと、ライアンは唱えていた。財政赤字は危機的なレベルに達しているし、それらの政府プログラムは持続不可能だというのが、ライアンの考えだった。裕福なドナーのあいだで、ライアンの案は幅広い人気を集めていた。アメリカでもっとも高い税金を払っている高額所得者たちは、歳出削減による減税でもっとも大きな利益を得る。それに、自分たちの健康や福祉に、彼らは政府の社会福祉サービスを必要としていない。

だが、ライアンの案の多くは、ミドルクラスの大部分に忌み嫌われていた。ジョージ・W・ブッシュ大統領は、ケイトー研究所の推奨する計画に従ってソーシャル・セキュリティを民営化しようとしたが、大衆の猛反対にあって撤回せざるをえなかった。ティーパーティで大衆を動員できたものの、保守派の大物ドナーの数々の優先事項は、裕福ではない支持者の希望とはまったく異なるというのが、現実だった。支持者が離れていかないように、ティーパーティの指導者たちはソーシャル・セキュリティについての目論見を故意に〝ごまかし〟ていると、ある研究が指摘している。アメリカが〝破産〟しないようにしたいと、漠然としたいい回しをして、具体的なことはいわない。いっぽう、その研究に携わった研究者が会ったティーパーティの草の根支持者は、だれひとりとしてソーシャル・セキュリティの民営化を唱えてはいない。それどころか、ミドルクラスを支援する社会保障プログラムは、ほとんどのアメリカ国民に人気がある、侵すことのできない分野なのだ。金持ちの自由市場ファンはしばしば、そういったプログラムを市場中心の代替プログラムに置き換えようとするが、ニュート・ギングリッチが率直に「右派の社会工学」と呼んでいる変革のたぐいに、国民全体が頑として反対していることを、世論調査が示している。

共和党の予算を売り込め

ライアンが過激な予算案を普及させるためには、支援が必要だった。ほどなくノーブルが、ドナーに支援してもらう方策を編み出した。巨額の費用がかかる民間世論調査と市場テストの資金をドナーに提供してもらって、ライアンの売り込みを微調整するとともに、〝人工芝〟団体に大衆の支援を促す運動を行なわせる。興味深い案だったが、不正すれすれの行為だった。政府の年間予算を策定するのは、議会のもっとも重要な機能なのだ。

当初、2011年初頭には、ドナーたちはこの案に乗り気ではなかった。選挙にすでに巨額の資金を提供していたし、政府の政策のことでなぜ世論調査やフォーカス・グループに金を出さなければならないのか、納得がいかなかった。しかし、その後の数カ月で考えが変わり、コーク・ネットワークから謎の金が流れはじめた。大部分はTC4トラストという暗号めいた名称の501(c)(4)「社会福祉」団体に流れ込み、予算問題に集中しているパブリック・ノティスという下部団体とそれが密接に作業を進めた。TC4トラストは、ヴァージニア州アリグザンドリーアのUPS私書箱にすぎなかったが、2009年から2011年にかけて、4600万ドルの収入があり、保守派の他のNPOに3700万ドルを支出していたことをIRSに報告している。自由市場促進団体を名乗り、「寄付金は政治活動に使用されるものではない」という誓約書をIRSに提出している。だが、共和党の予算案を策定して売り込むことを目的とした世論調査と宣伝活動に、すぐさま資金を注ぎ込みはじめた。

予算プロジェクトに参加していた共和党の世論調査会社タランス・グループ社長のエド・ゴアズは、社会福祉予算削減による政治的ダメージを最小限にとどめるのは難題だと述べた。「肝心なのは政策を練ることではない」と、ゴアズはいう。「売り込み方が重要だ」メディケアやソーシャル・セキュリティについて語るときに、〝削減〟という言葉をあからさまに使わないようにするのが、解決策といえる。「〝自分が出しただけのものを政府から受け取る〟というように持ち出したらどうか、という話し合いもあった」ゴアズはいう。「〝効率をよくする〟といってもいいが——削減するといってはならない。あくまで〝効率改善〟だ。それを大きく掲げる」調査資金を提供したパブリック・ノティスも、大衆に対する宣伝活動を開始し、財政赤字がまもなく大惨事を引き起こすと唱えた。「パブリック・ノティスは、コーク兄弟の組織の1つだ」ゴアズは認め、その組織はライアンに助言しながら、「3年か4年、その問題に取り組んできた」と付け加えた。

ライアンは、明らかに教えがいのある生徒だったようだ。ライアンは、予算案の細かい条項についてはたしかに専門家だったが、広報のことはよく知らなかった。議論から生まれた事柄が自分の価値観に合っていれば、よろこんで支援を受け入れたと評されている。しかも、たいがいの助言とは異なり、金が先に支払われた。その春、オバマ大統領は政府の重要プロセスとして予算教書をまとめていたが、予算によって膨大な利害を左右されるアメリカの最富裕層の一部が、共和党の予算案をまとめて売り込むために資金を投入していることは、知る由もなかった（訳注　米大統領は議会に「予算案」を提出することはできず、「教書」という形をとる）。

最富裕層の税率の方が低い

ライアンを惜しみなく支援するという提案がなされるとともに、勝利をものにしたドナーたちに税問題が大きくのしかかった。税制は退屈な問題だが、リベラル系のセンター・フォー・アメリカン・プログレス代表のニーラ・タンデンがいうように、「寡頭制支持者が政府に強い影響力を行使できるようになると、彼らは戦利品を手に入れる。税制を通じて、法的な闘争が行なわれる」。

共和党が下院を正式に支配する前から、オバマはドナー階級にとって重大な税問題で妥協せざるをえないと感じていた。2010年12月、失業者数百万人に対する失業手当給付を延長し、給与税削減などミドルクラスへの支援を行なうために、オバマは政策合意《ディール》に達した。見返りに、オバマは、共和党にとって最大の懸案だったブッシュ時代の減税――富裕層にきわめて有利で、自動的に期限切れになる仕組みになっていた――の延長を認めた。

この減税によって、最高所得区分の税率が39・6パーセントから35パーセントに引き下げられた。ブッシュは超党派の支援で不労所得の減税も行なっていた。それも大部分が富裕層向けの減税になる。たとえば配当に対する税率は、39・6パーセントから15パーセントまで大幅に引き下げられた。富裕層が大部分をえているキャピタルゲインの税率は、20パーセントから15パーセントに引き下げられた。その結果、アメリカの最富裕層の多くは、ミドルクラスやワーキングクラスの給与所得者よりも低い税率で課税されることになった。

一例をあげるなら、アメリカの最富裕層の納税者400人に関する2008年の調査によると、平均所得2億200万ドルに対し、実質的な所得税率は20パーセントを下回っていた。申告された所得の60パーセントが、キャピタルゲインによるものだった。べつのいい方をすれば、2億200万ドルに対する実質税率は、年収3万4501ドルのアメリカ国民に課せられる税率よりも低い。

税制は、ずっとこんなふうに偏っていたわけではない。20世紀を通じて最富裕層の収入は急増しつづけ、富を持つものが法律策定者への政治的圧力を強めて、とてつもない金持ちに有利なように税制が変わっていった。平時の所得税がはじめて制定されたのは1894年で、ウィリアム・ジェニングズ・ブライアンのポピュリスト運動の成果だった。アメリカの人口6500万人のうち、約0・13パーセントに当たる最富裕層8万5000人が課税された。だが、悪徳資本家が代理法廷闘争に持ち込み、最高裁が無効にした。その18年後に、憲法修正第16条によって所得税が法制化され、当初は大金持ちだけが徴税された。戦時には納税は特権階級の愛国的な責務だと見なされ、ことに税率が高かった。第一次世界大戦中は、年間所得の最高区分の税率が77パーセント、第二次世界大戦中は、94パーセントだった（スケイフ一族は、巧妙なトラストや財団で徴税を回避した）。

だが、ほどなく最富裕層は、その重荷を所得がすくない人々に負担させることに成功し、1942年には人口の3分の2が所得税を払っていた。この割合の変化は数十年にわたってわりあい緩やかで、1981年の最高区分の税率は50パーセントだった。しかし、1970年代から30年にわたって「減税熱」がつづき、人口の1パーセントの最富裕層は実質的な連邦税率を3分の1縮小させることに成功した。人口の0・01パーセントの超富裕層はさらにうまい汁を吸った。連邦の税金の実質的な税率を2分の1に縮小させたのだ。当然ながら、アメリカにおける富の分配は、激しく歪んだ。

税金逃れを高尚な主義の運動に

超富裕層は税金の応分の負担を回避したと、批判勢力は主張している。しかし、チャールズ・コークの見方は違う。税の重荷に「応分の負担」などないと、チャールズは唱えている。富裕層を減税すれば他の層の負担が増えるというのは、誤った前提だと、チャールズはいう。すべての層の減税を行なうべきだというのだ。目的は、政府を縮小することだ。1978年の熱のこもった小論文で、チャールズは述べている。「われわれの目標は政府の重荷を移し替えることではなく、政府を撃退することだ」

過激な反政府のリバタリアンの観点では、税金を減らすのは貪欲のためではない。主義の問題なのだ。リバタリアンは、税金逃れを高尚な主義の運動に置き換える。当然ながらチャールズは、富裕層が納税額を減らすのは、道義的な行為だと主張する。前述の小論文でチャールズは、「道義的にいって、減税は財産権を守ることにすぎない」1980年にリバタリアン党が綱領で定めたように、市民には〝全能の国家〟という盲目的な崇拝に異議を唱える責任がある、というわけだった。

1980年代にコーク兄弟の政治勢力に参加したワイオミング州のミューチュアル・ファンド・マネジャー、フォスター・フライスも、反税は私欲ではないと主張するが、視点はすこし異なっている。政府よりも富裕層のほうが富でより大きな善行をなすので、富裕層が払う税金がすくないほうが、大衆に利益がある、とフライスは唱える。「富裕な人々の自己課税だ。ちょっと考えてみよう——政府があなたの金を取り立てて、あなたの代わりに支出すべきなのか、それとも自分でそれを支出したいと思っているか？」それがフライスの理屈だった。「世界をよりよくするのに貢献しているのは、最富裕層1パーセントであり、その他の99パーセントではない」

しかし、チャールズ・コークは、税金も慈善もないほうがいいと考えている。1999年の演説で本人が説明しているように、「私は12世紀の哲学者マイモニデスに賛成だ。同胞が暮らしを立てる手段を持てるようにして、慈善をいっさい不要にすることが、もっとも高度な慈善であると、マイモニデスは定義した」。

しかし、いくつかの大学でマイモニデスを扱った講義を行なったことがある、ユダヤ人の人文学者で著作家のレオン・ウィーゼルタイアーは、「それは間違っているし、偏向していて、まったく馬鹿げた理屈だ」という。「マイモニデスはたしかに、慈善を受ける人間がもっと自活できるような形の慈善を奨励したが、慈善という責務は永遠に存在すると信じていた」したがって、貧者を助ける責任は「疑いの余地のない、絶対的なものだ」。それどころか、マイモニデスは「慈善の義務から目をそむけるものは、下劣な人間と見なされる」と明言している、とウィーゼルタイアーは指摘した。

相続税廃止で710億ドル節税

チャールズ・コークと、その一党は、税に反対するのは純然たる主義の問題だと唱え、他人を犠牲にして自分たちの富を増やすための減税を受け入れるよう、オバマ政権にたえず圧力をかけた。たとえば、2010年12月に政策合意に達したとき、共和党の交渉担当は財務省が230億ドルの減収になり、最富裕層6600人が1人平均150万ドルの増収になる遺産税の減税に固執した。

この要求は、どこからともなく出現したわけではない。コーク兄弟やデヴォス一族をはじめとする、共和党後援者の最富裕層は、何年も前から〝死亡税〟という巧妙な表現を使って、遺産税撤廃の論議を煽っていた。コーク兄弟は、ウォルマートのウォルトン一族、マーズキャンディの経営者一族など、アメリカでもっとも富裕な16家族と語らい、資金を提供し、何年もかけて幅広い運動を展開し、ついに相続税を廃止させた。2006年の報告によれば、この17家族は税制の変更によって710億ドルも節税することができた。1998年からロビー活動をはじめ、合計5億ドル近くを注ぎ込んだ理由も、それで説明がつく。

彼らの代理として、いくつかの隠れ蓑《フロント》団体が活動した。たとえば、アメリカン・ファミリー・ビジネス研究所は、家族経営の農場を守るには減税が必要だと力説した。あいにく、2001年には遺産税のために廃業しなければならなかった家族経営の農場は、1つも見つからなかった。ハリケーン・カトリーナが襲来したあとで、おなじ団体が、運動に同調してもらおうとして、国中を探し、遺産税のために損害をこうむった被災者を見つけようとしたが、やはり1人も見つからなかった。現実には、遺産税の影響を受けるような莫大な遺産は、全遺産の0・27パーセントにすぎない。

コーク兄弟のドナー・ネットワークのメンバーの一部は、一族の富をできるだけ多く確保するために、唖然とするような手段を講じている。血縁に対して攻撃的な訴訟を仕掛けたのは、チャールズとデイヴィッド・コーク兄弟ばかりではなかった。この時期、ネットワークの一員で、防水素材〈ゴアテックス〉の富の相続人で、ワイオミング・リバティ・グループという保守派シンクタンクを設立したスーザン・ゴアは、自分の相続分をできるだけ増やそうとして、きょうだいとおなじだけ子供がいると主張できるように、元の夫を養子にしようとした。しかし、2011年に裁判官が、元夫を〝息子〟として勘定に入れることはできないと裁定して、この72歳の相続人の計略を却下した。

進歩派の怒りにもかかわらず、オバマ大統領は共和党の要求の多くを呑み、遺産税の控除枠も拡大した。オバマは、年間25万ドル以上の所得区分のブッシュ減税の延長に反対する運動を展開した。

しかし、2010年12月、共和党が下院を支配することが明らかになった時点で、当面はこれが最善の政策合意だと、落胆している支持者を説得しようとした。「かつては共和党議員数人を味方につけて、適切な政策を行なうことができた」オバマはいった。「しかし、いまはグレン・ベックやサラ・ペイリンが、共和党の中核になっている——協力を取り付けられる見込みはない」

リーマン危機を逆手にとる

12月の策謀は、幕開けのささやかな一幕にすぎなかったとわかった。劇的な事態が進むにつれて、裕福なドナーに有利なようにさらなる減税に同意させ、歳出削減で歩み寄らせる狙いで、下院共和党は連邦政府を債務不履行に陥らせると脅しはじめた。そうなったら、勢いを失っていたアメリカ経済は、一気に奈落の底へと落ちかねない。経済格差がひろがり、社会の機動力が停滞するなかで、こういう筋書きが進んでいた。アメリカ合衆国は、すべての人間に未来がある階級のない社会という理想を掲げていたにもかかわらず、数世代にまたがる経済的な階層移動が可能かどうかという点で、フランス、ドイツ、スペインのような階級の残るヨーロッパ諸国も含めた、他の豊かな国に遅れをとっていた。

アメリカの最富裕層の勝ち組が、こういう状況で自分たちの思惑どおりの政策を進めることは、通常なら難しいはずだった。そもそも2011年には、2400万人のアメリカ人が失業していた。1930年代の大恐慌の際には、家庭の富9兆ドルが失われた。しかし、その40年後、保守派の非営利団体の生態系は巧みに適応して、思想の戦いをくりひろげるようになった。右派のシンクタンク、政治活動団体、評論家が戦闘を開始し、政論の言説を確立して、そうならなければ当然行なわれていたはずの針路修正を阻んだ。

この戦いの重要な前哨戦は、２００８年の世界的不況の歴史を書き換えたことだった。過去の事例をもとに検証すれば、自由市場原理主義の主唱者は完敗を喫し、政府の規制を強化するという議論が優勢になるはずだった。大恐慌のときとおなじように、野放図に利益を追い求めた連中に対する激しい反発が生じ、政府の介入が強まって、もっと公平な税制が敷かれるのが、当然の動きだったかもしれない。

リベラルのエコノミスト、ジョーゼフ・スティグリッツは、２００８年の金融メルトダウンについて、自由市場論者にとって、共産主義者にとってのベルリンの壁崩壊に等しい出来事だと述べている。ワシントンＤＣの隠れもない自由市場擁護者、元連邦準備制度理事会（ＦＲＢ）議長アラン・グリーンスパンですら、アダム・スミスがいう見えざる手が企業を自滅から救うという考えは、間違っていたかもしれないと認めた。この大惨事は、アメリカの経済保守派が学ぶ気になる〝指導にうってつけの機会〟になっていたかもしれない。しかし、そうはならなかった。保守派は自分たちの好みの結論をまず出して、それに沿うように理論を組み立てた。

経済を専門とする著作家で、資産マネジャーでもあるバリー・リソルツが、ウォール街を「嘘の塊」と決めつけたのも当然で、保守派のシンクタンクの研究者たちは、問題は政府が小さかったことではなく、大き過ぎたことだと論じた。この歴史修正主義で主導的な役割を果したのは、金融業界の大物が理事会の大半を占めている、アメリカン・エンタープライズ研究所（ＡＥＩ）だった。理事の多くは自由市場狂信主義者で、コークのドナー・セミナーの常連だった。

ＡＥＩは、低所得者が住宅ローンを組めるように政府が支援したことが、金融崩壊を招いたと、具体的に非難していた。リソルッツは、この理論は「ざっと吟味しただけでも成り立たない」と指摘する。半官半民のファニーメイ（連邦住宅抵当公庫）とフレディ・マック（連邦住宅金融抵当公庫）にはたしかに欠陥があったが、ハーヴァード大学の統合住宅研究センターや、会計監査院（ＧＡＯ）など、きわめて多数の無党派の研究によって、それらの機関が２００８年の金融危機の主因ではなかったことが、証明されている。しかし、「判断ミスや誤った考え方で危機をもたらした元凶」は、非難の矛先をよそに向けることで、自由市場には「大人の監督」など必要ではないという「誤った言説」を唱えつづけることができる、とリソルッツは指摘する。

驚愕すべき歴史修正主義

企業の支援を受けている保守派シンクタンクが、自分たちを利するための研究を行なうのは、２０１１年にはじまったことではないが、驚くべきことに「彼らは勝利を収めている」とリソルッツは力説する。「嘘の塊」を延々とくりかえしたことが効果をあげたのだ。金融危機の原因を調査するために設置された連邦議会の超党派委員会のフィル・アンジェライズ委員長は、この歴史修正主義に驚愕した。アンジェライズは署名入り特集記事で、「金融業界の無謀さと、政策策定者および監督機関の見下げ果てた失態が、経済を悪化させた」ことを大衆にあらためて示そうとした。だが、「経済の山の頂上にいる者たち」は、「委員会が分析してまやかしを暴いた使い古しのデータ」を売り込もうとしている、とアンジェライズは述べた。歴史は勝者によって書き換えられるものだし、2011年にはアメリカ国民の多くが打撃からまだ回復していなかったが、金融セクターの大部分は勢いを盛り返し、「歴史の書き換えが全速力で行なわれた」と、アンジェライズは敗北を認めている。

AEIに資金を提供しているのとおなじドナーたちに後押しされていた政治家たちが、すぐさま「嘘の塊」を異口同音に唱えた。2010年6月のコーク・セミナーに出席したドナー49人の支援を受けて、2010年の共和党上院予備選挙で穏健派の候補を破った、フロリダ州選出の共和党の期待の星、マルコ・ルビオ上院議員は、ただちに高らかに唱えた。「この考え方――政府が小さすぎたから問題が起きたというのは――事実ではない。それどころか、無謀な政府の政策によって起きた住宅危機が、現在のアメリカの景気後退の主な原因だ」

最下層から最上層への再配分

こういった状況を背景に、2011年4月15日、「繁栄への道」と題されたライアンの予算案が、下院で採決に付された。それまでは、可決される見通しは、よくいっても不確かだった。民主党だけではなく共和党議員多数も、以前の案は過酷すぎると見なしていた。1年前にジョン・ベイナー下院議長は、生半可な支持しか示さなかった。しかし、いまでは共和党議員団は極右に傾いていたし、予算案そのものも組み立て直されていた。脱落した共和党はわずか4人で、民主党の賛成は1票も得られず、予算案は235対193ですんなり可決された。

メディケア改革という名目のもとで、「プレミアム・サポート」という制度が導入される運びになっていた。この仕組みでは、高齢者がみずから民間医療保険に加入し、保険料を政府が補助する。メディケイドも、定額交付金のぼろぼろのパッチワークと化し、予算は全額削減される。しかも、オバマの患者保護並びに医療費負担適正化法の一環であるメディケイド拡大は撤回される。それと同時に、所得税率を2種類にして、最高税率を25パーセントに引き下げる――レーガン政権発足前の税率の半分に当たる。税収減少分は控除の廃止で埋め合わせるとされていたが、具体的な案は示されていなかった。『ニューヨーク・タイムズ』のノーム・シュライバー記者が「縄抜け名人：オバマ・チームの景気回復のつまずき」で述べているように、ライアンの予算案では、オバマの予算教書と比べて、富裕層に2兆4000億ドルの減税になり、歳出削減は6兆2000億ドルになる。「右派の狂気」だと、シュライバーは評している。

もっとも衝撃的な側面は、それがアメリカの社会契約を過激に書き換えたことだった。財政赤字を減らすために、ライアンは政府の歳出の大幅削減を命じているが、その62パーセントは低所得者向けのプログラムだった。しかし、それらのプログラムは、連邦政府の予算の約5分の1にすぎない。ライアンのその後のほぼ同様の修正予算案を『ニューヨーク・タイムズ』が分析したところによると、180万人が食糧配給券を受け取れなくなり、28万人の児童が学校給食の補助金を失い、30万人の幼児が医療を受けられなくなるという。リベラルのセンター・フォー・バジェット・アンド・ポリシーのロバート・グリーンスタインは、ライアンの予算案を「逆ロビン・フッド」と呼び、「アメリカ現代史で最大の、最下層《ボトム》から最上層《トップ》への収入再配分」だと批判している。

それにもかかわらず、ライアンの予算案は、共和党指導部が高レベルの政策説明会でもてなしてきた保守派の専門家やシンクタンクの研究者に喝采で迎えられ、売り込みに成功した。ケイトー研究所、ヘリテージ財団、グローヴァー・ノーキストの強力な反税組織、税制改革のためのアメリカ人（ＡＦＴＲ）が、予算案を褒めそやし、ＡＦＴＲは「ポール・ライアンの予算は、まさに本物の保守派予算だ！」といい放った。パブリック・ノティス、60プラス・アソシエーション、インディペンデント・ウィメンズ・フォーラム、アメリカン・コミットメントなど、多くのＮＰＯ権利擁護団体が、急激な歳出削減に同調した。多数派の叫びのように見えたが、じつはこういった団体には共通した裏面があった――コークのドナー・ネットワークが寄付した現金の溜まり場だったのだ。

有識者も多数が、ライアンがまるで聡明な預言者でもあるかのように支持した。オバマ大統領が意見を重んじている、『ニューヨーク・タイムズ』の穏健保守派のコラムニスト、デイヴィッド・ブルックスは、ライアンの計画は「私たちの生涯ではじめて目にするような、勇敢な予算改革案だ……ライアンの提案は、この議論に参加したいと考えているすべての人間に、真摯な姿勢という基準を求めている。２０１２年の大統領選挙にだれが立候補するにせよ、共和党の綱領になりうるだろう」と述べた。

幅広い報道機関も、連邦政府の財政赤字はアメリカが直面している喫緊の経済課題だというライアンの主張に同意した。フリーランドが『Plutocrats』で指摘しているように、失業率が9パーセントだったにもかかわらず、4月と5月に、アメリカの5大紙が財政赤字を取りあげた回数は、雇用問題の5倍にあたる。「右派は経済論議の議題をまんまと定着させた。〝人口の１パーセント〟にとって絶好の結果だった」と、フリーランドは述べている。

守勢にまわったオバマ政権

ワシントンDCのマスコミ主流は、ライアンが厳しい問題と取り組み、リーダーシップを発揮し、アメリカの気が遠くなるような赤字を改善しつつ、社会保障プログラムを維持しようとしているのだと思い込まされた。そのあおりを食らったホワイトハウスは、きりもみ急降下に陥った。ホワイトハウスは急遽、あらたな代案を示したが、オバマ政権がそれまでに提案したものよりもさらに大幅に歳出が削減されていたため、リベラルは失望した。デイヴィッド・プラフやビル・デイリーなど、オバマの政治顧問は、リベラルの支持層を中核に据えず、中道派に狙いを定めて、浮動票を獲得することに専念していた。プラフはリベラルを馬鹿にして、「寝小便をするやつら」だといったことがある。

オバマ大統領は、今後12年間で歳出を4兆ドル減らすことを提案していた。ライアンの4兆4000億ドルと大差がない。当時、国務長官だったヒラリー・クリントンは、この提案に憤慨して、気を鎮めるために外の空気を吸いにいったと、同僚が述べている。

やがて、のちに〝待ち伏せ攻撃〟と呼ばれる事件が起きた。オバマが逆提案を発表する場に、ホワイトハウスはライアンを招いた。ライアンが最前列に着席すると、オバマはライアンの計画を激しくこき下ろした。「私たちが高齢者に約束したことを守るためのお金がないと、この構想は述べています……はっきり申せば、私たちがいま知っているようなメディケイドを廃止するということです」オバマは「富裕層に1兆ドル以上の減税を行なおうとしています」と共和党を非難し、これの狙いは「赤字削減ではなく、アメリカの根本的な社会契約を変えることです」と主張した。ライアンは、公の場で個人攻撃され、屈辱をおぼえた。この礼儀にもとる行為は、ワシントンDCでちょっとした騒ぎになった。のちにオバマは、ボブ・ウッドワードに、辛辣な演説をしたときには、ライアンが会場にいたのは知らなかったと述べている。「私たちの手落ちだ」とオバマは認めている。

政治的な儀礼よりも給付金の切り下げのほうが問題視される地域では、ライアンが提案したメディケア改造はたちまち悪影響を及ぼした。ニューヨーク北部の下院補欠選挙で、当選の見込みが薄かった民主党候補が、ライアンのメディケア計画に反対する運動をくりひろげ、共和党の有力候補を叩きのめして当選した。

しかし、それでも下院共和党は浮かれていた。オバマを自分たちの予算駆け引きに引きずり込むことができたからだ。オバマは雇用や支出の話し合いをするのではなく、財政赤字について話し合い、何兆ドル削減するかを共和党と交渉していた。「われわれが主導権を握った。彼らがこっちに手を差し出した」下院共和党院内幹事のケヴィン・マッカーシーは、勝ち誇ってそういった。ドナーたちも大喜びだった。オバマが守勢にまわったという事実によって、ライアンの計画を自分たちの富で支援した人々は、投資には価値があったと確信した。

債務上限引き上げをめぐる戦い

晩春になると、下院共和党はべつの問題でもオバマを苦境に追い込んだ。オバマが共和党と――

民主党の大幅な譲歩を含む――一時的な予算合意に達するとすぐに、下院のティーパーティ派が後押しする自称「ヤング・ガンズ」が、債務上限引き上げをめぐる戦いを仕掛けた。アメリカの財政負債の支払いを承認する手順で、従来は形式的なものだった。ティーパーティ過激派は、放漫な支出に抗議しているように見せかけていたが、じっさいにやっていたのは、議会がすでに割り当てていた資金の支払いを正式に承認するのを拒否する行為だった。つまり、議会が前年度に買い物にふけったあとで、そのクレジット・カードの支払いを拒むようなものだった。最終的に、この自滅的な戦いで自分たちが傷ついたが、過激派がアメリカ政府を債務不履行に陥らせようとしたことは、アメリカ全体を震撼させた。がむしゃらな対決がいよいよ激しくなって、混乱と機能不全をもたらしかねなかったが、そういう見通しは保守派の反政府計画を煽るばかりだった。共和党の下院議員補佐官を長年つとめたマイク・ロフグレンの言葉を借りるなら、「共和党はこの世の終わりをいいふらすカルトになってしまった」。

議会が請求書の支払を滞らせれば、アメリカ国債の現在の格付けAAAが下げられ、市場を動揺させ、企業の自信が揺らぎ、苦痛を伴う不況が悪化するおそれがあった。債務不履行の影響がどれほどひどいものになるかは、だれにも予測できない。普通なら考えられない出来事だった。ベイナーは共和党議員団の反乱分子に、「大人として対処するように」と注意した。だが、ヤング・ガンズを創立した下院多数党院内総務エリック・キャンターは、債務上限についての採決を、「梃子を使う好機」と呼んだ。

2011年は、過激派の成り上がり議員たちは、党指導部内に強力な派閥を築き、ベイナーの権威を脅かしたくてうずうずしているようだった。党よりもコーク兄弟などの過激な富裕層の後援者に借りがある議員が多かった。共和党内の揺るぎない企業寄り勢力が、過激派を経済への脅威と見なして、瀬戸際作戦を中止させるだろうというのが、ホワイトハウスの観測だったが、それは見込み違いだった。商工会議所に代表される伝統的な企業の特別利益集団は、たしかにそういう立場をとったが、ドナーが資金源の右派は、ヤング・ガンズに全面対決を促した。ビリオネアのヘッジファンド・マネジャー、スタンレー・ドラッケンミラーは、『ウォールストリート・ジャーナル』の記事で、政府の債務不履行は、「ほんとうの問題を解決しなかった場合ほど、壊滅的ではない」と述べている。ほんとうの問題とは、政府の歳出のことだ。また、チャールズ・コークは、２０１１年３月に『ウォールストリート・ジャーナル』に寄稿した署名入り記事で、債務上限引き上げは「厳しい決断を先送りする」ことにほかならないと決めつけている。

ウォール街の既得権を守る下院議員

この〝財政の崖〟に向けてヤング・ガンズをさらに推し進めたのは、コーク兄弟の政治活動機関、繁栄のためのアメリカ人（ＡＦＰ）だった。ティーパーティなどの反税組織40あまりも、全面戦争を唱えた。もっとも声高に主張したのは、成長のためのクラブという、ウォール街から資金が出ている小規模な結束の強い組織だった。この組織が強力だったのには、理由があった。妥協を許さない方針を遵守しない共和党議員に対して、プライマリー・チャレンジを行なえる資金があったのだ。このクラブは、支援した候補が公職につくと穏健になることに業を煮やし、この身内殺し戦術を開発した。プライマリー・チャレンジをやると脅すだけでも効果があるとわかり、「やつらは小便を漏らすほど怯える」と、設立メンバーの1人は冗談をいった。設立幹部の多くは、ビリオネアのヘッジファンド・マネジャー、ロバート・マーサーやポール・シンガー、プライベート・エクイティ王のジョン・チャイルズなど、コーク・ネットワークのメンバーだった。

ヤング・ガンズは、妥協に反対するのは純粋な信念の問題だと唱えているが、その背後には莫大な既得権がからんでいる。オバマ大統領とベイナー下院議長は、税の抜け穴をふさぐことを含めた「大型政策合意」をまとめる寸前だった。ヘッジファンドやプライベート・エクイティ会社の利益を減らすような改革に、ヤング・ガンズは断固として反対した。

キャンターは、ことにキャリード・インタレストという抜け穴を必死で守ろうとした。ヘッジファンドやプライベート・エクイティの大物を満足させたいと思っているのには、個人的な理由があった。キャンターは、証券会社や投資会社からの献金がもっとも多い下院議員の1人だった。キャンターの2度の選挙運動で最大の献金者3人は、コーク・ネットワークの金融業者だった。莫大な利益をあげているヘッジファンドSACキャピタルのビリオネア創業者スティーヴン・コーエン、いわゆるハゲタカファンドのエリオット・マネジメントのマルチミリオネア経営者ポール・シンガー、そして、ブラックストーン・グループのビリオネア共同創業者スティーヴン・シュワルツマン。そういう事情があるので、ある研究によれば、ヘッジファンド・マネジャーの上位25人が、年間平均6億ドル近くを稼いでいて、抜け穴をふさげば今後10年に200億ドルの税収増が見込めるにもかかわらず、キャンターをはじめとする下院共和党の反乱分子は、「財政危機赤字」を懸念しているふうを装いつつ、ベイナーの提案した「大型政策合意」を支援することを拒んだ。

番犬を追い払ってくれ！

債務上限問題が不穏な膠着状態に陥り、対決の雰囲気が高まるなかで、ベイナーはデイヴィッド・コークにみずから助けを求めるために、ニューヨークに赴いた。コーク家の元顧問によれば、「ベイナーはデイヴィッドに、〝番犬を追い払ってくれ！〟と懇願した。連邦政府が債務不履行に陥った場合、デイヴィッドの投資も無に帰す、とベイナーは指摘した」ベイナーの広報官だったエミリー・シリンジャーは、ベイナーがデイヴィッドに会ったことは認めたが、「ベイナー議長を知っている人間なら、〝懇願〟などしないと知っているはずです」といい張った。しかし、選挙で選ばれたアメリカの公職者のなかでも絶大な権限があり、大統領にもしものことがあった場合の代理として第3位の地位にあたる下院議長が、ビリオネアのビジネスマンのマンハッタンにあるオフィスへ行き、下院の内紛を収めるのに手を貸してほしいと頼むという場面自体が、共和党の権力基盤が２０１１年には外部のドナーの手に移っていたことを、如実に物語っている。

7月末、債務不履行が迫るなかで、オバマはベイナーとあと一歩で政策合意に達すると考えていた。さまざまな削減にメディケアとメディケイドの支出も含まれていたので、多くの民主党員は言語道断だと見なしていた。赤字削減がなによりも重要だという考えをオバマは受け入れ、経済安定のために政策合意は必要だと確信していた。つらいニュースを聞く覚悟をするようにと、オバマは民主党議員の説得に取りかかった。しかし、7月21日の夜、合意を正式決定するためにベイナーに電話すると、債務不履行に向けて時計の針が時を刻んでいたにもかかわらず、ベイナーは折り返し電話をよこさなかった。オバマは何度も電話をかけた。メッセージも録音した。丸一日が過ぎた。ベイナーがようやく電話してきたが、話し合いを中止すると告げるためだった。物別れになり、ベイナーは公にオバマを非難した。

「事実無根だった」と、トーマス・マンとノーマン・オーンスタインの議会の機能不全についての研究、『It's Even Worse Than It Looks』は指摘している。ベイナーは、オバマが合意の条件に背いたと主張した。「私はすべてをあたえた」とベイナーは主張した。「不幸なことに、大統領はイエスといおうとしなかった」

悪魔のサンドイッチ

のちにキャンターが、事実を『ニューヨーカー』のライアン・リッザに述べている。大型政策合意をぶち壊すというのは、キャンターの案だった。ぎりぎりになって、純然たる政治的理由から合意を受け入れないようにベイナーを説得したのは、「正しい情報評価だった」とキャンターはいう。なぜオバマに勝利を献上するのか？　とキャンターは説いた。オバマが有能であるように見られれば、再選に有利になる。どうしてそんなことをするのか？　たとえアメリカがたいへんな状況になっても、話し合いをすっぽかすほうが、共和党には利点がある。共和党の大統領が誕生すれば、もっといい政策合意がもたらされるだろう。

その後の結果は、リッザが「複雑怪奇」と呼ぶものになった。債務不履行を未然に防ぐために、両党は自動的な支出削減に合意し、すべての分野に見境なくそれを割り振った。「差し押さえ」と呼ばれた思慮にかける強制削減が執行されるとは、だれも思っていなかった。しかし、他の解決策が合意を見ないときには、それが実行された。この仕組みで、オバマ政権は無期限に財政的な拘束衣を着せられた形になった。下院黒人会派代表のエマニュエル・クリーヴァー議員は、この政策合意は、「砂糖をまぶした悪魔のサンドイッチ」だと罵倒した。ナンシー・ペロシ下院少数党院内総務は、それを修正し、「悪魔のサンドイッチに、悪魔のフライ添え」だといった。

政治的被害は、広い範囲に及んだ。無党派の議会予算局は、差し押さえが経済にあたえる影響で、年間75万人の雇用が減少し、公共サービスに依存しているアメリカ国民数百万人が痛手をこうむると推定した。スタンダード&プアーズは、アメリカの信用格付けを、アメリカ史上はじめて引き下げた。株式市場は急落し、一気に635ポイント下げた。いっぽう大衆は議会に愛想をつかし、支持率は世論調査がはじまって以来、最低の数字になった。オバマの人気にも影響があり、支持率の重要な境目である50パーセントをはじめて下回った。オバマは右派と左派の両方に嘲られ、けなされた。世論調査で、「弱気」と評された。

過激なスポンサーの利害に応じて動く政治マイノリティが、世界でもっとも力強い民主主義を機能不全にすることに成功した。リバタリアン党が綱領で「メディケアとメディケイドの全廃」や「ますます圧制的になるソーシャル・セキュリティ・システムの廃止」や「あらゆる税制の最終的廃止」を謳ってから30年後に、ビリオネアの後援者たちは優位に立った。

この時点で、オバマ大統領は自分が立ち向かっている相手のことを、ようやく理解したのだと、ニーラ・タンデンは確信している。「オバマは本気で党派主義を乗り越えようとしていたと思います」タンデンはいう。「債務上限をめぐる戦いで、敵は勝利を収めたいということよりも、オバマを憎む気持ちのほうが強いと、オバマは気づいたのでしょう。あれは敵の資金提供者が推進した、不合理な政策合意でした」大統領に就任してから2年半が過ぎてようやく、「オバマは、敵がみずからの身を救うよりも、オバマを殺したいと思っていることを悟ったのです」

第12章

すべての戦いの母なる戦争：2012年の敗北

Mother of All Wars: The 2012 Setback

オバマに落選の可能性？

２０１１年６月末、穏やかな夏の夜に、コーク兄弟はコロラド州ビーヴァー・クリークに部隊を集結させ、チャールズが「すべての戦いの母なる戦争」と呼ぶものに備えた。イラクの独裁者サダム・フセインの言葉を借用したもので、来る２０１２年の大統領選挙にコーク兄弟が取り組むにあたって、手段を選ばず残虐に戦うことをほのめかしていた。

最高裁のシチズンズ・ユナイテッド裁定後、はじめての大統領選挙になる。選挙に不可欠な財源を有するものは、いまではバチェラー・ガルチ・リッツ・カールトンの上の大空のように無限の支出を行なうことができる。半年ごとのセミナーは今回、「アメリカの自由企業制と繁栄への脅威を理解し、それと取り組む」と題され、３００人ほどの出席者が集まっていた。進行を秘密にするために、立案者はことに予防措置を講じていた。ドナーが集まる野外劇場の周囲のフェンスにラウドスピーカーがずらりと取り付けられ、外側に空電雑音を流して、傍聴されるのを防いでいた。というより、防げると思っていたのだが、『マザー・ジョーンズ』のレポーター、ブラッド・フリーマンが、その週末の重要講義を録音し、書き起こしたものを発表した。

ロッキー山脈の麓の低山地帯に集まったドナーたちが楽観していたのには、充分な理由があった。競馬の賭け元の冷徹な目で政治のオッズを予想する、『ニューヨーク・タイムズ』の常勤統計学者ネイト・シルヴァーが、「オバマの負けか？」と、あからさまに疑問を投げていた。オバマの支持率の低下と、指標が示す経済の足踏みを分析したシルヴァーは、オバマが「再選に勝つ確率が、まずまずの本命から、わずかながら落選の可能性あり」に変わったと結論づけていた。共和党が弱い候補を出すか、経済が奇跡的に回復すれば、それが変わるかもしれないと、シルヴァーは指摘した。しかし、対抗馬が間違いのない戦い方をすれば、オバマは再選で敗れたジミー・カーターやジョージ・H・W・ブッシュとおなじ道を歩むだろうというのが、シルヴァーの予測だった。

ミリオネア税と戦うと宣言

しかし、大統領選挙の15カ月前になっても、共和党は強力な候補を選ぶことができずにいた。舞台裏ではコーク兄弟の承認を得たショーン・ノーブルが、何カ月も前からポール・ライアンに立候補を促していたが、応諾が得られなかった。ビリオネアの後援者たちは、ライアンが連邦予算を〝鋭いナイフ〟で削減するのを期待していたが、ライアンは固辞していた。ライアン夫妻は、長期にわたる大統領選挙運動をやりたがらなかった。「副大統領候補に選ばれるほうがずっと楽だ」ワシントンDCの下院議員事務所で、コーク兄弟の密使と会ったときに、ライアンはそういった。「それなら2カ月の運動ですむ」

ライアンに拒否されたため、コーク兄弟とその配下の運動員たちは、懸命に代わりの候補を探した。ミット・ロムニーは明らかに申し分のない対抗馬だったが、一般市民との結びつきが薄いことから、当選が危ぶまれていた。ロムニーは、マサチューセッツ州知事をつとめる前に金融で富を築いていた。「ロムニーはあなたのような人々を気にかけるでしょうか?」と有権者に質問するような世論調査の結果が、はかばかしくなかった。もっと有望な候補者はいないかと探し、今度はニュージャージー州の強面知事クリス・クリスティを熱烈に口説いた。デイヴィッド・コークは、クリスティをマンハッタンのオフィスに招いた。組合などのリベラル勢力についてクリスティが大声で論じ、2時間近くいっしょに過ごして、2人は親しくなった。クリスティは喧嘩腰のブルーカラー風で、金権政治寄りの経済政策を唱えていたので、なんとしても候補にしたいところだった。6月にコーク兄弟はセミナーで重要な講演の枠をあたえた。党を率いる役割が担えるかどうかを選挙資金提供者の前で示す、オーディションになるはずだった。

クリスティの前に講演したテキサス州知事リック・ペリーが、完璧な引き立て役を演じた。後日、共和党の討論会でペリーは「えーと、失礼」といって言葉に詰まるのだが、これはその前触れだった。聴衆が数字に強いビジネスマンだったのに、4点から成る計画を示すのに指を5本立てたので、当てはまる計画がなくなって、指が1本残ってしまい、悪い印象をあたえた。

クリスティはまったく逆で、さながら本人が崇めるロックスター、ブルース・スプリングスティーンの政治家版だった。デイヴィッド・コークがみずから紹介し、「ありのままをいう、本物の政界の英雄」であるだけではなく、「私の好みの男」だと褒めちぎった。デイヴィッドは、組合が結成したニュージャージー州の公務員の将来の年金と給付金を削減する超党派の施策合意をクリスティが案出したことを、とくに情熱的に絶賛した。この妥協の見返りに民主党と組合は、身体障害者基金への支出を増やすというクリスティの約束を取り付けた。この強硬ともいえる〝立て直し〟で、クリスティは全国的に有名になった。4年後、ある判事がこの政策はおとり商法のたぐいだと裁定した。労働者の給付金は削減されたが、経済苦境のなかで州は約束を守ることができなかった。しかし、2011年には、コーク兄弟と集合した同盟者たちにとって、クリスティは大切な未来の顔だった。「わからないものだぞ」クリスティを紹介して、ドナーたちが喝采し、口笛を吹き、歓声をあげると、デイヴィッドは冗談めかしていった。「彼はニュージャージー州改革に大成功を収めたのだから、いつかもっと大きな舞台で演じるのを見ることになるかもしれない。それほど必要とされている人間なんだ！」

クリスティは、高額所得者の減税をポピュリストの大義に掲げ、金持ちの聴衆をたちまち総立ちにした。派手な演出で、「ミリオネア税」と呼ぶもの——最高税率区分に対する所得税1パーセントの増税——と戦うと述べた。「これを突き返します。私は署名しません」ドナーの喝采を受けながら、民主党に目にものいわせるとくりかえした。クリスティは、ニュージャージー州を風力エネルギーのスーパーパワーにする運動を進めていたが、温室効果ガス削減の地域プログラムを撤回すると述べて、また喝采を浴びた。聴衆の質問を受けたとき、最初の発言者が会場の興奮を代表して、「あなたはバラク・オバマを打倒できるとわかっている、はじめての人物だ」といい、笑い声と喝采のなかで、どうか立候補してほしいとクリスティに訴えた。

姿の見えない金持ち

だが、ディナーのメインコースは、チャールズ・コーク主導の資金集めだった。チャールズは、素朴さを装った中西部のなまりで、アメリカの生存はそれしだいだとでもいうように、寄付を求めた。湾岸戦争のときにサダム・フセインが唱えた有名なスローガンを口にしてから、不安に駆られている口調で訴えた。来年の大統領選挙で賭けられているものは、「この国が生きるか死ぬかということ」にほかならないと、チャールズは警告した。それから、明るい口調で、「ここにいる皆さんにプレッシャーをかけるつもりは毛頭ありません」と付け加えた。「これはプレッシャーではありません。しかし、みなさんの気が休まり、協力する気持ちになるのであれば、それでもかまいません」つづいて、全員から資金を間違いなく搾りとれるように、現在までの最大のドナーたちの名前を公にして、称揚した。「私たちの偉大なパートナーすべてを称えるだけではなく、そのパートナーのみなさんが10億ドル――100万ドル――いや、10億ドル――以上を寄付したことを称えたいと思います」チャールズはわざと言葉を切って訂正した。桁を間違えたことに富裕層の聴衆が馬鹿笑いし、チャールズは即興でいった。「いや、オバマの資金10億ドルの選挙運動のことを考えていたので、それをしのがなければならないと思いましてね」なおもいった。「10億ドル寄付してくだされば、そのかたのための特別セミナーをやりますよ」

チャールズはつづいて、過去12カ月に100万ドル以上を寄付したドナー32人の名前を挙げた。9人はビリオネアで、『フォーブス』のアメリカ長者番付400人に載るだけの富を所有していた。金融界のスターのチャールズ・シュワブ、ケン・グリフィン、ポール・シンガー、アムウェイのリチャード・デヴォス、天然ガス起業家のハロルド・ハムなどは、よく知られている。だが、あとのメンバーは、姿の見えない金持ちだった——莫大な利益をあげている非公開会社は、めったに大衆の目には留まらない。たとえば、『フォーチュン』は、ビリオネア9人のうち2人、ジョン・メナード・ジュニアの富を60億ドルと推定し、ダイアン・ヘンドリックスの富は29億ドルとしている。ヘンドリックスはウィスコンシン州で非公開の屋根や窓や壁などの建築資材を供給する会社を経営しているが、州外はもとより、州内でもあまり知られていない。チャールズの顔見知りのうち、マルチビリオネアではないメンバーの多くは、コーク兄弟の以前からの仲間だった。ノースカロライナ州のポープ一族、ワイオミング州のフライス一族、テキサスの石油一族ロバートソン、石炭王ジョー・クラフト、ギリアム一族、コーク・インダストリーズの唯一の外部大株主マーシャル一族。

チャールズはさらに述べた。「あと10人は、デイヴィッドと私も含めて、匿名です。つまり、かなり控え目に申しあげているわけです」と、冗談をいった。だが、真面目な口調で、「つぎのセミナーで、私は1000万ドルのドナーを読みあげますよ」といい切った——もはや100万ドル単位ではない。

気前のいいドナーの名前を読み上げながら、その金でなにを買うつもりなのかを、チャールズは明らかにした。「パートナーのみなさん」に向けて、「このお金を賢明に投資し、将来、みなさんがこの国で最高の配当を受けられるように、どこまでも最善を尽くすつもりです」。

こうした考えはいずれも、他のアメリカ国民には知らされなかった。シチズンズ・ユナイテッド事件で最高裁が打ち出した、政治支出は透明になるだろうという甘い見通しとはまったく逆で、コーク兄弟とそのパートナーたちは、自分たちの企みをひた隠すのにたいへんな手間をかけた。もちろん、それがセールスポイントでもあった。長年、コーク兄弟のために資金集めを監督し、セミナーの進行係をつとめていた、コーク・インダストリーズのケヴィン・ジェントリー特別プロジェクト担当副社長は、その週末にドナーたちに約束した。「私たちはみなさんのお名前が出ないように配慮しています」

コーク兄弟は最近、資金を隠すもっと巧妙な新しいやり方を編み出した。2010年の選挙で利用したような、秘密の慈善・社会福祉NPOの迷路に資金を流すのではなく、もっと効果的な手順を確立した。現金の大部分をまず、税制で501（c）（6）に分類される「経済連合会《ビジネス・リーグ》」のNPOにプールする。アソシエーション・フォー・アメリカン・イノヴェーション（AAI）と名付けられたこの上部組織の利点は、そこへの寄付が「会費」と見なされ、企業の経費として一定の控除が受けられることだった。501（c）（4）への寄付とおなじように、ドナーの身元の秘密が守れる。だが、経済連合会は、慈善基金とは異なり、州司法長官の管轄ではないので、いっそう秘密を維持しやすい。

IRSにウソの報告

ビーヴァー・クリークでのセミナーが終わったときには、コーク兄弟は新たな寄付金7000万ドルをえていた。この新資金の支出明細の公式記録はないが、大半が新設の経済連合会AAIに回されたと思われる。2011年だけでも、フリーダム・パートナーズとまもなく改称したAAIが2億5000万ドル以上を蓄えていたことが、税務記録から判明している。

コーク・インダストリーズのロビー活動責任者ウェイン・ゲーブルが当初、運営していたこの経済連合会は、設立目的をIRSに正直に伝えていなかった。設立の書類でIRSに、「現時点では、いかなる選挙にも影響を及ぼそうとする計画はない」し、将来は計画するかもしれないが、「実質的なものではない」と報告している。しかし、この組織は最初から、2010年の中間選挙でコーク兄弟が動員したのとおなじ政治フロント団体の多くに、資金を提供していた。ただし、今回のオバマに対する地下ゲリラ戦争は、「経済連合会」によって行なわれ、寄付の一部は企業の経費として控除されていた。2011年11月から2012年10月にかけて、コーク兄弟の新「経済連合会」は、1億1500万ドルをショーン・ノーブルの患者の権利擁護センターに、3230万ドルをデイヴィッド・コークの繁栄のためのアメリカ人（AFP）に送金していた。

共和党内の派閥争いが激化

2011年10月、クリスティが、2012年の選挙には出馬しないと宣言した。二大政党の候補者選びについて、よくいわれる決まり文句がある。「民主党は恋に落ち《フォール・イン・ラヴ》、共和党は歩調を合わせる《フォール・イン・ライン》」。だが、2012年は例外になりそうだった。中央集権型の党執行部のプロフェッショナルから、党のはぐれ者のビリオネアに権力が移行し、トップダウンの総意が崩れて、派閥争いが激しくなった。コーク陣営内部でも、多種多様な意見があった。デイヴィッドは、ライアンに夢中になったあとで、クリスティを贔屓した。チャールズは、当時は下院議員で、のちにインディアナ州知事になるマイク・ペンスを、高く評価していた。ペンスが出馬を拒むと、コーク兄弟はペンスの元首席補佐官マイク・ショートを、政治顧問として雇った。いっぽう、ドナーたちは、共和党陣営のあちこちを物色していた。ノーブルは、群れを1つの方向に向けようと血眼になったが、効果はなかった。

ほかに打つ手もなかったので、コークの運動員たちは2011年末に、一般選挙に向けた最初の中傷広告を打った。繁栄のためのアメリカ人（AFP）がスポンサーになり、ソリンドラへの「グリーン補助金」などで友人たちに金をばらまいていると、オバマを非難した。フロリダ州、ミシガン州、ネヴァダ州、ヴァージニア州など、重要な州で何千回もCMを流すために、AFPは240万ドルを支出した。ショーン・ノーブルは、絶好の名案だと唱えた。しかし、ちょっとした問題が起きた。コーク・ドナーの1人が、ソリンドラに投資していて、不快に思ったのだ。

コークが制作させ、AFPが流したつぎの広告も、大きな問題を起こした。コーク陣営は、広告と距離を置くために、アイオワ州に本拠のある怪しげなフロント団体にメッセージを出させていた。〝1パーセント〟に対するポピュリストの怒りが、ウォール街を占拠せよ運動と合体し、デイヴィッド・コークのアパートメントにデモ隊が押し寄せる映像を使ったCMで、オバマがウォール街とねんごろになっていると、陰険に攻撃した。オバマがウォール街の銀行家を「太った猫」と呼んだのを引用してから、「ウォール街救済に賛成したのはだれでしたか？ オバマのホワイトハウスはウォール街の経営幹部だらけです」と問いかけた。つづいて、オバマの顧問や補佐官の顔写真が流れた。コーク兄弟の政治運動員たちは、フォーカス・グループ15団体に広告を見せてテストした。オンエアされると、YouTubeで500万回もヒットし、大成功だったように思われた。しかし、ドナー・グループの金融関係者のなかには、この政治的まやかしに不快感を示すものがいた。「どうしてウォール街を攻撃するんだ?」と彼らは文句をいった。

6月のコーク・セミナーに出席したドナーのピーター・スキフは、この新しいポピュリストの売り込みを理解していなかったようだ。コネティカット州の金融アナリストでブローカーのスキフは、10月にマンハッタンに陣営を張ったウォール街を占拠せよ運動のまっただなかに、「私は1パーセントだ。話をさせてくれ」というプラカードを持って乗り込んだ。最低賃金を廃止し、「精神的に遅れた」人々に2ドルの時給を払うことを唱えているスキフの動画が、ジョン・スチュワートの『デイリー・ショー』で流され、笑い物になった。コーク兄弟の「すべての戦いの母なる戦争」の緒戦は、サダム・フセインの戦争と比べても、順調とはいえなかった。

巨額献金財団と最初の祝勝会

大統領選挙の重要な戦場になるウィスコンシン州では、対立の縮図がもっと鮮明だった。1期目の知事スコット・ウォーカーが、にわかに大胆な反組合政策を実施し、全国的に注目を集めた。

ウォーカーは、2010年にダーク・マネーの波に乗って楽々と当選した、新世代の共和党員の典型で、後援者たちが何十年もかけて保守派NPOで育て上げた政策を実行する意欲にあふれていた。

コーク・ネットワークにとって、ウォーカーの予想外の人気上昇は、勝利の1つに数えられる。ウォーカーの選挙運動で、コーク・インダストリーズのPACは2番目に大きい額だった。さらに重要だったのは、コーク兄弟が共和党州知事連盟の重要な資金源であることで、共和党は2010年に、ウィスコンシン州やその他の州で、州の厳しい献金規制を迂回するのに、それを利用した。コーク兄弟のPACは、ウィスコンシン州州議会選挙の候補者16人にも寄付され、全員が当選して、州上下院を保守派が支配し、ウィスコンシン州を一気に右傾化させる準備が整った。

ウォーカーは、コーク兄弟とはべつの超保守派の兄弟、リンドとハリー・ブラッドレーのフィランソロピーからも、巨額の献金を受けていた。ブラッドレー兄弟の財団は、ミルウォーキーで巨大思想団体に成長していた。ウォーカーの選挙参謀マイケル・グリーブは、ブラッドレー財団の会長だった。さまざまなシンクタンクが、以前から権力者に政策案を提供するようになっていた。リベラルのセンター・フォー・アメリカン・プログレスのように、政府の要職にあった有名な党派主義者によって動かされている財団もある。だが、財団の代表と政府の要職を兼ねるという例は、めったにない。しかし、グリーブはそれらを兼ねている。ブラッドレー財団の前会長のマイケル・ジョイスが生きていたら、それをさぞかし誇りに思っただろう。ジョイスが保守派フィランソロピーを兵器として使いはじめたときには、まさにそういう堂々たる政治影響力を求めていたのだ。

ブラッドレー財団とウォーカーの密接なつながりは、ウォーカーの社交予定表からも一目瞭然だ。

選挙後の最初の私的な約束は、ミシガン湖を一望にできるミルウォーキーの高級レストラン〈バッカス〉での、ブラッドレー財団の理事や幹部との祝勝晩餐会だった。そのころには、リンドとハリー・ブラッドレーの財団は、資産が6億1200万ドルを超え、ウォーカーの数多くの政策に作戦計画を提供していた。

公務員組合との長い戦い

ウォーカーを一躍有名にした、州公務員の組合を弾圧する新政策を生み出したのはブラッドレー財団ではないと、グリーブは否定する。しかし、グリーブはその動きを褒め称え、みずから資金を募る手紙を支持者に送って、ウォーカーが「大きな政府組合のボスたち」と戦うのを支援してほしいと訴えている。また、ブラッドレー財団は2009年に、ウィスコンシン州の保守派シンクタンク2社に莫大な補助金を提供し、州の公務員組合の力を弱める計画を組み立てさせた。『ミルウォーキー・ジャーナル・センティネル』が2011年に指摘しているように、ブラッドレー財団は「アメリカの保守運動の背後にある、もっとも強力なフィランソロピー勢力の1つ」であり、「ウィスコンシン州からはじめて全国にひろげようとする、公共政策実験の陰の資金提供者である。社会福祉改革、私立学校教育バウチャーといった政策に加え、今年は公務員への給付金が削減され、団体交渉の回数が減らされた」。

大学をドロップアウトし、とりたててカリスマ性も人間的な魅力もないウォーカーは、ふつうなら要職に選ばれるような人間ではなかったが、繁栄のためのアメリカ人（AFP）のウィスコンシン州支部は規模が大きく、現場での選挙戦を応援し、まだミルウォーキー郡部長にすぎなかったウォーカーがティーパーティの集会で演説できるようにお膳立てをした。コーク兄弟の政治組織は、2007年からずっと、ウィスコンシン州の強力な公務員組合と戦っていた。それはただの戦いではなく、きわめて重要な意味合いを帯びていた。1959年にウィスコンシン州は、公務員が組合を結成して団体交渉を開始したはじめての州になった。保守派がそれを忌み嫌ったのは、組合が民主党に肩入れする大勢力だったからでもある。「ウィスコンシン州でも、ほかの州でも、ずいぶん長いあいだこれに取り組んできた」AFPのティム・フィリップス会長は、『ポリティコ』に率直に語っている。フィリップスは以前に、組合は左派の「地上軍」だと、羨ましげに語ったことがある。

反組合・反税・小さな政府というウォーカーの意思表示は、コーク兄弟の考え方とみごとに調和し、コーク兄弟のビジネス上の利益とも一致していた。ウィスコンシン州には、コーク・インダストリーズのジョージア-パシフィック製紙工場が2カ所にある。また、系列の製材所、炭鉱、パイプラインに、労働者3000人を抱えている。

コークのドナー・ネットワークに属するウィスコンシン州のきわめて裕福な経営者たちが、すぐに献金を開始した。たとえば、ウィスコンシン州最大の金持ちのジョン・メナード・ジュニアは、2011年6月のコーク・サミットで100万ドルを寄付し、ウォーカーを押し上げた外部のダーク・マネー組織、ウィスコンシン・クラブ・フォー・グロウスにも150万ドルを寄付している。メナードの投資の多くとおなじように、この政治献金には充分な見返りがあった。知事に就任したウォーカーは、州経済発展団の議長になり、メナードのビジネスに180万ドルの特別税額控除を行なった。ウォーカーの州政府は、環境汚染業者の取り締まりも緩和した。

組織労働者へのすさまじい敵意

ウォーカーが知事に当選したときに70歳だったメナードは、自分の名前を冠したホームセンター・チェーンを経営して、2010年の時点で60億ドルと推定される富を築いた。だが、ウォーカーが知事に就任するまでは、州政府との争いが絶えなかった。2007年の『ミルウォーキー・マガジン』の人物紹介によれば、メナードの会社はウィスコンシン州のどの会社よりも州天然資源局との衝突が多かったという。有害廃棄物を違法に投棄したとして、メナードの会社とメナード本人が、最終的に170万ドルの罰金を支払っている。あろうことか、ヒ素を含んだ腐葉土を、「遊び場に最適」として売ったともいわれている。

メナードの組織労働者に対する敵意はすさまじかった。組合に属したことがある人間を雇うことを厳禁していた。高校生のときに組合のあるスーパーマーケットで袋詰め係のアルバイトをしたことがあるという理由で、有望な管理職候補を2人解雇しなければならなかったと、ある社員が述べている。また、店舗に組合ができたときには、店長は給与を60パーセント削られる。開店が遅れるような違反行為に1分100ドルの罰金を払うことに同意しなければならず、係争があったときには、法廷で争うのではなく経営陣の勝手な裁定に従わなければならなかった。メナードは、従業員が建築資材をちょろまかすのを怖れて、自分で家を建てるのを禁じていた。ある従業員が、車椅子を使わなければならない娘のために（降格と大幅な賃金カットと引き換えに）斜路を設けた家を建てることを特別に許可されたが、解雇された。使った建設会社が、競合他社の建築資材を使用したというのが、解雇の理由だった。

メナードは、報酬と税をめぐる争いも引き起こしている。2000万ドルを配当ではなく給与に計上し、経費として控除したことについて、IRSはメナードに、600万ドルの追徴税支払いを命じた。べつの事件でウィスコンシン州最高裁は、元法律顧問——当時メナードの愛人の妹——に、性差別と不当に低い報酬の賠償として、160万ドルを支払うよう命じた。その女性の弁護士は、メナードを「規矩も限度もなく、法をまったく尊ばず、自分を律する規律もない人間」だと表現している。

つぎの事件では、メナードが2011年に解雇した元社員の妻が、解雇されたのはメナード夫妻との3Pセックスを断った報復だと非難した。メナードの広報担当は、この容疑を否定した。また、べつの女性、元インディアナポリス・コルツのクォーターバックの妻が、セックスをしようと口説いたのを拒絶したために解雇されたと主張した。広報担当はこれも否定した。あらゆる面において、メナードは、バプティストの宣教師の息子で、キリスト教保守主義を標榜しているウォーカーの後援者にはふさわしくなかったが、経済政策では考え方が一致していた。さらに、メナードはマスコミ嫌いで知られていたため、ウォーカーとのつながりは、何年ものあいだ、ほとんど浮上しなかった。

労働運動の分割統治を説く

ウィスコンシン州でもっとも裕福な女性で、おなじくコーク兄弟の100万ドル・ドナーの1人のダイアン・ヘンドリックスも、目立たないようにしていたが、たまたまドキュメンタリー映画のカメラに捉えられた。2011年1月にウォーカーが就任式を終えたあと、ヘンドリックスは内緒話で組合に狙いをつけるよう新知事に勧めているところを撮影された。魅力的だが短気そうに見える60代の寡婦のヘンドリックスは、ウィスコンシンを「完全に赤く染め（訳注　赤は共和党のカラー）」、「労働権州（訳注　組合の団体交渉は個人の労働力取り引きの交渉権を奪うものであるとする反組合の考え方で、州法でこれを定めている州がある）」にするようにと、ウォーカーを説得していた。ウォーカーは、腹案があるとヘンドリックスに返事した。ウォーカーは、選挙運動中には有権者にそのことをまったく知らせていなかったが、ヘンドリックスに、第一歩は「公務員組合すべての団体交渉を始末することだ」と打ち明けた。それによって、労働運動を「分割して、統治する（訳注　分割して互いに競わせ、力を殺いで支配すること）」と説いた。ヘンドリックスの聞きたかった話のようだった。ヘンドリックスは、1982年に亡夫とともに創業した、アメリカ最大の屋根、窓、壁などの建築資材卸売業ABCサプライで、推定36億ドルの富を築いていた。とてつもない成功を収めたにもかかわらず、ヘンドリックスはアメリカが「社会主義国」になるのではないかと心配していた。自分もおなじことを懸念しているとウォーカーがいうと、ヘンドリックスと彼女の会社は記録的な献金を立てつづけに行ない、たちまちウォーカーの最大の財政的後援者になった。

偽の電話にひっかかる

ウォーカーが、組合に「爆弾を落とした」と表現した政策では、州の公務員のほとんどが給与の団体交渉権を失った。公務員、ことに教師の平均給与は年間5万1264ドルで、州の赤字財政の原因になっていると、ウォーカーは指摘した。甘やかされて充分な成果を上げていない公務員が州を破綻させそうだという、終末論めいた理論を展開しているあいだ、1つの不都合な事実が伏せられていた。州の記録によれば、ダイアン・ヘンドリックスは、複雑な会計操作を駆使して、2010年の個人所得税をまったく納めていなかった。

州都マディソンは真っぷたつに割れた。ウォーカーの反組合法案を可決するための定足数を割るために、民主党議員は州から脱出した。怒り狂った活動家たちが州議事堂に押し寄せ、街路をデモ行進し、ウォーカーはコーク兄弟にまるめこまれた反組合の道化だとこきおろした。就任から1カ月もたたないうちに、ウォーカーはうかつにも、デイヴィッド・コークを装って悪ふざけを仕掛けた男と、電話で恥知らずなことを長々としゃべってしまい、それがすぐに公表された。感激のあまり、ウォーカーは電話を切る直前に、「100万ドルをありがとうございました!」と、決め手の証拠となる言葉を発した。

ウォーカーに対する反発は激しく、批判勢力は延々とリコール運動をつづけたが、実らなかった。そのときには敵として姿を現わしていたコーク兄弟が、すさまじい反撃を開始したからだ。AFPや、その他の組織を使って、ウォーカー支持派の集会を開き、「ウォーカーと頑張ろう」とか「成功は目の前だ!」といったような広告をテレビとラジオで流した。彼らが開発したハイテクデータバンクのテミスも使い、支持を集めようとした。

リコール運動撃退の資金源

リコールとの戦いに勝ったあと、ウォーカーは2016年の大統領選挙に出馬を表明したが、不祥事が発覚して果たせなかった。無党派のある法務官の選挙運動資金違反調査で、リコール運動を撃退するために、州外の裕福な有力者多数が匿名で支援していたことを示すメール多数が発見された。ウォーカーの顧問団が、コーク兄弟や他のドナーの支援を受けるために、無党派とされていたウィスコンシン・クラブ・フォー・グロウスに寄付してもらうよう仕組んでいたことが、メールから暴かれた。1通のメールは、「コークの金をもらえ」と提案していた。べつのメールには、知事は「飛行機でラスヴェガスへ行って、シェルドン・アデルソンに相談すべきだ」と書いてあった。さらに「いますぐ100万ドル頼め」とあった。もう1通はウォーカーに、ヘッジファンド王ポール・シンガーがおなじリゾートへ行くはずだから、「彼を捕まえろ」と助言していた。その直後に、ウィスコンシン・クラブ・フォー・グロウスは、シンガーから25万ドルの寄付を受けた。

ウィスコンシン・クラブ・フォー・グロウスの舵を握り、従って陰謀の中心に陣取っていたのは、コーク兄弟の旧い同盟者、エリック・オキーフだった。オキーフはウィスコンシン州の投資家で、デイヴィッド・コークがリバタリアン党の副大統領候補に立候補したときに、選挙を支援した。デイヴィッドが落選したあと、ティーパーティ運動を育んだサム・アダムズ同盟に移り、つづいてケイトー研究所の取締役になった。オキーフの長年にわたる数々の政治策謀は、ブラッドレー財団の多大な支援を受けていた。ある統計によれば、1998年から2012年にかけてオキーフが設立に関わった団体に、ブラッドレー財団が300万ドル以上を寄付したという。ブラッドレー財団は、コーク兄弟のネットワークのメンバー数人とも、密接なつながりがある。ダイアン・ヘンドリックスや、コーク兄弟のノースカロライナ州での長年の盟友で、AFPの理事会にも名を連ねているアート・ポープも、じきにブラッドレー財団の理事に就任した。オキーフとその仲間の所属するクラブは小規模で、内輪で固めていたが、影響力は拡大していた。

偽電話にウォーカーがひっかかったあと、自分と後援者たちが賭けているものは大きいと、リチャード・フィンクは念を押した。「私たちは後退するわけにはいかない」と断言した。「左翼が、自由への支援から手を引くようコーク兄弟を恫喝し、施政者やその仲間に逆らうとこうなると州民に伝えようとしているいま、戦いをつづける以外の選択肢はない」フィンクはふてぶてしくいい放った。「これは私たちの一生の仕事の山場だ。ここでやめるわけにはいかない」

超富裕層の私的政党が誕生

ウィスコンシン州での成功に気をよくしたコーク兄弟は、大統領選挙に真剣に注意を集中しはじめた。長年の努力の甲斐あって、彼らは共和党エスタブリッシュメントに拮抗する勢力になりつつあった。かつて彼らを馬鹿にしていた政治通は、彼らの政治活動のひろがりに驚嘆した。

コーク兄弟は、世界一の利幅で資産を蓄積するいっぽうで、それを正当化する思想の組み立てラインを創り上げた。そしていま、それを守る強力な政治マシーンを手に入れた。最高の技倆の政治運動員を雇い、自分たちの有権者データバンクに資金を注ぎ込み、最新鋭の世論調査を行ない、アメリカの富裕層数百人を召集する資金集めの活動にいそしんだ。また、一極に集中している資金源を隠しながら政治的意図をひろめられるように、狭い支持層に特化した保守派団体17社の連合を結成した。ラテンアメリカ系の票を得るために、リブレ・イニシアティヴという団体を設立し、保守派の女性を取り込むために、コンサーンド・ウィメン・フォー・アメリカを設立し、ミレニアル世代向けに、ジェネレーション・オポチュニティを設立した。テレビの中傷広告から指紋を消すために、コーク兄弟はアメリカン・フューチュア・ファンドなどのフロント団体の陰に隠れた。彼らのネットワークの資金は、銃規制反対、引退者、退役軍人、反組合、反税、キリスト教福音派の団体にも注ぎ込まれ、オフィス・スペースのレンタルや書類仕事の代行といった州政府の仕事を調整する、センター・フォー・シェアド・サーヴィスィズと称する組織にも、450万ドルが注入された。いっぽう、AFPは、全国の支部を組織化した。コーク兄弟は実質的に、自分たちの私的政党を確立していた。

活動のすべてのレベルに、秘密主義が行き渡っていた。有権者データバンクのテミスのCOOをつとめた元コーク社幹部のベン・プラットは、その事業の標語として、「私の影響力の極意は、それがつねに秘密であることだ」というサルバドール・ダリの言葉を、自分のブログに書いている。

コーク・インダストリーズの広報担当ロバート・タッパンは、秘密主義はセキュリティ上の問題だと弁護する。なぜなら、「コーク兄弟は、これまで何度となく政権とその同盟者のターゲットにされてきた。公共政策や政治問題についての、私たちのほんとうの（あるいはときとしてそう見なしている）信念や活動のために」ジョン・バーチ協会以来、何十年も秘密主義だったことは、棚にあげている。

こういうふうに権力を地固めできるのは、シチズンズ・ユナイテッド裁定後に、全国のどこででも、超富裕層が莫大な選挙資金を集中的に支出できるようになったからだ。さらに、この支出の大幅な増大は、アメリカ全体で富がいっそう集中していることを物語っている。その結果、２０１２年はさまざまな意味で転換点になった。アメリカ史上もっとも金のかかる選挙だったことは間違いない。なにしろ、現在の選挙資金法が制定されてからはじめて、10億ドル以上の資金が吐き出されたのだ。アメリカの最富裕層の無尽蔵の寄付金がふんだんにあるスーパーＰＡＣや免税のＮＰＯなどの外部の資金源が、連邦選挙に影響を及ぼそうとして、それだけの金を動かした。ＮＰＯが仕掛けた中傷広告の費用を計算に入れれば、正規の選挙資金や政党の支出をはるかに超える額が、はじめて支出された。

　コーク兄弟のネットワークは、このあらたな政治情勢の上にそびえ立つ巨像だった。その右手には、カール・ローヴが組織したものも含めて、いくつもの強力なドナー・ネットワークが控えていたが、コーク兄弟のネットワークの寄付をしのぐ外部団体は１つもなかった。２０１２年にコーク兄弟の数百人から成るネットワークは、４億７００万ドル以上を支出し、ほとんどすべてが匿名だった。２００８年にジョン・マケインが大統領選挙で支出した額よりも多い。しかも、２度の大統領選挙でアメリカ国民５６６万７６５８人が寄付した額をしのいでいる。法律によって、個人の献金の上限は５０００ドルに定められているのだ。『ポリティコ』のケネス・ヴォーゲルは、この数人を分析して、今回の大統領選挙ではドナーの最上層《トップ》０・04パーセントの献金の合計が、最下層《ボトム》68パーセントの献金の合計にほぼ等しいことを突き止めた。これまでの歳月、ごく少数の支出のほうが多いことがデータで示された例はなかった。２０１２年はこういったきわめて偏った状況で、「アメリカは民主主義国になるか、あるいはごく少数に富が集中するか。しかし、その両方はありえない」というルイス・ブランダイスの名言が試されることになった。

ロムニー大統領候補の翻意

コーク兄弟の影響力が増大していたことは、ロムニー陣営の2011年10月4日の内部文書からもはっきりとわかる。ロムニーは、野心を抱く共和党員すべてとおなじように、デイヴィッド・コークの支援を求めていた。内部文書には、デイヴィッドは「ティーパーティの財政原動力」だとあからさまに書かれていた。ただ、「直接の関与は拒んでいる」と指摘していた。

ロムニーは、その年の夏、差し向かいで助力を懇願するために、ニューヨーク州サザンプトンにあるデイヴィッドの浜辺の館へ行こうとした。しかし、選挙運動にとって不運なことに、ハリケーン・アイリーンのために会見は中止された。アイオワ州での党員集会が控えていたし、クリス・クリスティが出馬を断念したので、ロムニーは秋にまた頼もうとした。

その内部文書が書かれた直後、ロムニーは選挙運動中に、2つの問題で物議をかもすような姿勢を示した。いずれも、コーク兄弟がよろこぶようなものだった。まず、気候変動に関するそれまでの意見を逆転させた。2001年の自著『No Apology』に、ロムニーは書いている。「気候変動は起きていると確信している――地球の氷冠の縮小は無視できない。また、人間の活動がその一因になっている要素だと確信している」。2011年6月に遊説を開始したとき、ロムニーはこの意見をくりかえし、「気候変動と地球温暖化の主な原因であるかもしれない、汚染物質と温室効果ガスの排出を減らすことが、私たちにとって重要だ」と強調した。だが、10月末のニューハンプシャー州マンチェスターの集会で、ロムニーは突然、気候変動は疑わしいと、正反対の姿勢を示した。「この惑星の気候変動の原因がなんであるかはわかっていない、というのが私の意見です。したがって、CO_2排出を減らそうとするために、何兆ドルも支出するのは、私たちにとって正しい路線ではありません」とロムニーはいい放った。翌年夏にタンパで共和党の指名を受けたときには、ロムニーは気候変動に対応するなどという考えは馬鹿げているといった。「オバマ大統領は、海面上昇を抑えると約束しました。地球を癒す、と」ロムニーは嘲った。「私はあなたと家族を助けると約束しますよ」

　気候変動に関する見解を逆転させた1週間後、ロムニーは、繁栄のためのアメリカ人が毎年ワシントンDCで開いている、〝アメリカン・ドリームを救え〟サミットで演説するために、他の共和党大統領候補全員が出席していたアイオワ州での選挙運動行事を欠席した。デイヴィッド・コークも参加していたサミットで、ロムニーはまるでデイヴィッドのオーディションを受けているかのような基調演説を行なった。ロムニーは、マサチューセッツ州知事としては北東部の穏健派共和党員だったのに、いまではポール・ライアンの予算案とそっくりの政策を打ち出していた。

まず富裕層による予備選挙

　ほどなくロムニーは、所得税をすべて5分の1削減すると提案した。無党派の税政策《タックス・ポリシー》センターによれば、ロムニー案で所得トップ0・1パーセントが年間平均26万4000ドルの減税になり、最貧困層20パーセントの納税者が78ドルの減税になるという。ミドルクラスは、平均791ドルの減税になる。ロムニーは、遺産税の撤廃、法人税の引き下げ、海外で業務を行なってきた企業への課税の廃止など、富裕層のドナーのお願いリストの上位にあるさまざまな事柄も提案した。合計すると今後10年間に財政赤字が5兆ドル増えると、タックス・ポリシー・センターは指摘している。ロムニーは、その分は税の抜け穴をふさぐことで穴埋めすると述べていたが、具体的な案は口にしなかった。

チャールズ・コークはしばしば、税金を削減するのを支援するのは、貧困層への気遣いが動機だというういい方をする。「大きな政府に苦しめられるのは貧者だ」と、地元紙のインタビューで唱えている。しかしながら、数字が示しているように、すでに大金持ちになっている層が受ける恩恵が比べ物にならないくらい大きいという事実には、まったく触れていない。「この連中はみんな赤字財政ばかりを指摘するが、富裕層向けの税優遇策を1つでもいいから減らそうという話は出てこない」オバマの元広報部長ダン・ファイファーはいう。「それどころか、自家用ジェット機について税の抜け穴をふさごうという話を私たちがはじめると、彼らはほんとうに怒り狂う」

ロムニーの政策変更が、コーク兄弟の支援を得るためだったのなら、それは功を奏した。7月にデイヴィッド・コークは、ロムニーを支持すると発表しただけではなく、サザンプトンの館で1夫婦あたり7万5000ドルの資金集めパーティを開いた。ロムニーとデイヴィッドは、30分のあいだ内密に話をしてから、それぞれの妻を伴って、到着した客たちを出迎えたとき、「自信に満ちた高揚感」を発散させていたという。数週間後、ロムニーは、選挙参謀スチュアート・スティーヴンズの反対を押し切り、副大統領候補にライアンを選んだ。ライアンの極端な予算案はかなり不人気だったので、オバマはとまどいを隠せなかった。しかし、デイヴィッド・コークとジュリア夫人を含めた保守派のドナーたちは、ライアンのためにずっとロビー活動を行なっていた。これもまた、国民が投票する機会をあたえられる前に、姿を隠した富裕層の予備選挙で、政論と戦いの場の形が定まってしまうことを物語っている。

世界最大の富を自由に使える2人――2012年の時点で、合計620億ドルと推定されていた――デイヴィッドとチャールズ・コークは、アメリカの政治で重要性を増していた金を思う存分利用できる立場にあった。しかし、大統領選挙は、その2人にも思いのままには動かせないことがわかった。外部の資金提供者の登場で、党のプロフェッショナルの影が薄くなったいま、ドナーの仲間も含めて、どこかの未熟な人間がプロセスをかき乱すおそれがあった。

ブッシュ大統領をどなりつけた男

大統領選挙戦がはじまると、ショーン・ノーブルは、コーク陣営の聞く耳を持っている人間すべてに、ニュート・ギングリッチを「撃ち殺す」潮時だと説いた。ジョージア州選出の下院議員で元下院議長のギングリッチは、勝ち目が薄いにもかかわらず、共和党大統領候補に名乗りを上げていた。1990年代にギングリッチが下院で起こした革命に加わっていた保守派の一部までもが、ギングリッチが他の共和党候補や党に取り返しのつかないダメージをあたえる前になんとか手を打ってほしいと、コーク陣営の運動員にひそかに泣きついていた。ギングリッチは頭脳明晰だが、なにをやるかわからないところがあり、あるときには人を動かす力を発揮するかと思えば、べつのときにはひどくとって政治は総力戦で、それを証明する古傷もある。ギングリッチに容赦なく踏み潰す。ギングリッチがナンシー・ペロシと優美な2人掛けのソファにならんで座り、地球温暖化と戦わなければならないと意気投合している場面をこしらえた。共和党側ではかなり有害な映像になるはずだった。しかし、ノーブルは放映の許可を得られなかった。きわめて裕福なカジノ王のシェルドン・アデルソンが、コーク陣営に加わったことが、原因のようだった。

無茶なことをやる。そして、行く手に立ちふさがるものは、容赦なく踏み潰す。ギングリッチに

ノーブルの会社は、致命傷になることを願って、ひそかにテレビ広告制作に取り掛かった。2008年の広告を流用し、ギングリッチがナンシー・ペロシと優美な2人掛けのソファにならんで座り、地球温暖化と戦わなければならないと意気投合している場面をこしらえた。共和党側ではかなり有害な映像になるはずだった。しかし、ノーブルは放映の許可を得られなかった。きわめて裕福なカジノ王のシェルドン・アデルソンが、コーク陣営に加わったことが、原因のようだった。

シェルドン・アデルソンのことを、ジョージ・W・ブッシュ大統領はかつて、「この狂気じみたユダヤ人ビリオネアは、私をどなりつけた」といったことがあるという。アデルソンは、コーク兄弟の好みのタイプではなかった。外交政策については強硬な右派で、イスラエルの安全保障を強化することを主張している。かつては民主党員だったが、組合、オバマ、再配分的な所得税制に反感を抱いていることでは、コーク兄弟と一致していた。「私が他人よりも高い税率を課せられることが、どうして公平といえるんだ?」と文句をいったことがある。さらに重要なのは、2011年の資産が233億ドルと推定されていた78歳のアデルソンが、ラスヴェガス・サンズ・コーポレーション会長で、テーブルに山ほどチップを持ってきたことだった。アデルソンは、コークのドナー・ネットワークの力を桁ちがいに増大させる可能性があった。コーク兄弟は何度もアデルソンを招待したが、色よい返事をもらえなかったといわれている。だから、2012年1月にカリフォルニア州インディアン・フォールズで開かれたサミットに、アデルソンがようやく初登場したとき、コーク兄弟はアデル

ソンのお気に入りの候補者、つまりギングリッチを潰すのに乗り気ではなかった。

カジノ王との腐れ縁

「シェルドンにかなり反感を持っている人間が、おおぜいいた」コークの腹心の1人がいう。「しかし、ニュートはシェルドンの扱いを心得ている」奇妙な取り合わせのコンビは、数十年来の友人だった。1990年代にアデルソンが、自分のカジノがラスヴェガスの他のカジノのように組合化しないよう、苦しい戦いをくりひろげていたときに、ギングリッチの後押しで勝利を収めることができた。2人はイスラエルの強硬な保守派に本気で肩入れし、ことにベンジャミン・ナタニエフ首相を応援していた。アデルソンの部下の話では、一週間に何度も、アデルソンがナタニエフと話をすることがあったという。アデルソンは、浮き沈みの激しいギングリッチに気前よく数百万ドルを献金していた。「なにしろ忠実な男だ」と評していた。倫理問題で告発され、党内の反乱に遭って、ギングリッチが1999年にやむなく議員を辞職したあとも、アデルソンは支援をつづけた。政治の重心がよそに移ってしまっても、アデルソンは長年、ギングリッチに自家用ジェット機を貸したり、ギングリッチを雇ったさまざまな事業に800万ドル近くを寄付している。

だが、イスラエルに関して、旧友2人の意見が食い違っている微妙な問題があった。アデルソンは、国家機密をイスラエルに渡したとして有罪判決を受け、連邦刑務所で終身刑に服しているユダヤ系アメリカ人スパイ、ジョナサン・ポラードの減刑を求めてきた。ギングリッチはかつてポラードのことを、「アメリカ史上もっとも悪辣な売国奴」だといったことがあり、クリントン政権のときにはポラードの釈放をお流れにした。解放されれば「ポラードは売国行為を再開して、アメリカ合衆国の安全保障にさらなる害をあたえかねない」と、ギングリッチは警告した。だが、2011年12月、資金がなんとしてもほしかったギングリッチは、アイオワ州の党員集会に向かうときに翻意した。ユダヤ系チャンネルのインタビューに答えて、いまはポラードの「減刑に気持ちが傾いている」と述べた。数週間後、アデルソンは、下火になりかけていたギングリッチの選挙運動に500万ドルを寄付した。それがなければ、運動の火は消えていたに違いない。

アデルソンの献金は、一時的にギングリッチを復活させ、思いがけない連鎖反応を引き起こした。ギングリッチ寄りのスーパーPACが、カジノ王アデルソンの資金を使って、サウスカロライナ州で300万ドル以上に相当するテレビ広告の時間を買った。そして、「ベインの王：ミット・ロムニーが首都に来た」と題した30分の動画を流した。ロムニーは貪欲な「獲物を捕らえて食う企業側の簒奪者」として描かれていた。動画が非難されると、ギングリッチはスーパーPACに指示して、放映をやめさせたが、その前に、ロムニーが共同創業者のプライベート・エクイティ会社ベイン・キャピタルを「金持ちが会社を盗む巧妙なやり方を編み出した」と非難して、広告が伝えようとしたことを強調した。

どんな左派も、高度な金融の仕組みに、これほど説得力のある告発を行なうことはできなかっただろう。ロムニーは、見る影もなくなっているアメリカのミドルクラスを非情にむさぼり食らう「ハゲタカ資本主義」の顔になった。ベインへの攻撃を終えたギングリッチは、ロムニーに所得税申告書を公開するよう要求した。ノーブルが怖れていたとおり、ギングリッチがアクセル全開になった影響が、共和党に甚大な被害をあたえた。

資本家の行状を攻撃したギングリッチを下支えしていたのは、世界の最富裕層の1人だった。その人物、アデルソンの国際的ギャンブル帝国は、当時、マネーロンダリングと外国での贈収賄の容疑で、連邦当局の刑事捜査の対象になっていた。法廷での証言によれば、麻薬密輸容疑で捜査を受けていた中国系メキシコ人のビジネスマンの代理として、現金4500万ドルを送金したときに報告を怠った、マネーロンダリング容疑について、アデルソンの会社は最終的に、法廷外和解で4700万ドルを支払っている。べつの事件では、アデルソンの元CEOが、マカオの子会社が組織犯罪関係者と共謀して、地元の役人に巨額の金を支払ったと告発した。これは、アメリカ市民が外国で腐敗行為を行なうのを禁じる法律に違反している。アデルソンはこういった容疑を、「思い違いのでっちあげ」だとしている。しかし、裁判沙汰の黒い雲は、コーク・ネットワークと共和党のイメージにはよくない影響がある。富裕層の金は共和党の候補者選びを強化することができず、イメージを損ねて予備選挙を長引かせた。候補者はいきおいドナーたちのお気に入りの問題を支持するようになり、全体として、民主党の思惑どおりに進んでいった。

共和党の統率を乱すドナー

ロムニーは、映画「リッチー・リッチ」（訳注　富裕なリッチ家の御曹司リッチーが主人公で1994年公開、原作はコミック）のカリカチュアを払拭できなかった。「企業は人の集まりだ」と断言し、「私は人をくびにできるのが好きだ」といったあとでロムニーは、スイスやケイマン諸島などのタックスへイヴンでの巨額のオフショア投資を含む白紙委任信託２億５０００万ドルの詳細を発表した。２０１０年に講演会で37万４０００ドルを稼いだことについて、「たいした額ではない」といったことで、アメリカの一般市民の現状をあまりにも知らなさすぎるというイメージが定着した。ギングリッチに圧力をかけられて、ロムニーが所得税申告書を公表すると、２１７０万ドルの所得に対する有効税率は14パーセントにすぎなかったとわかり、１パーセントの富裕層の暮らしぶりが垣間見えた。14パーセントというのは、ほとんどのミドルクラスの給与所得者の税率の半分以下だった。ギングリッチはサウスカロライナ州でロムニーを打ち負かし、はじめて予備選で勝利を収めた。アメリカの大衆は成功を尊敬するが、公平性も重要視していることが証明された。

ギングリッチが脅威をもたらすことに気づいたロムニー陣営が、フロリダで圧勝したときには、すでにダメージは大きくなっていた。「ベイン攻撃の広告で、ギングリッチはオバマに選挙戦の綿密な計画を提供してしまった」と、コークのネットワークのある保守派は嘆いた。

ワイオミング州のミューチュアル・ファンド・マネジャーでマルチミリオネアのフォスター・フライスは、コークのドナー・ネットワークの古くからのメンバーだが、やはり混乱を引き起こした。ロムニーがギングリッチにとどめを刺そうとしていたころに、フライスはリック・サントラムを支援するスーパーＰＡＣに現金を注ぎ込んでいた。サントラムはペンシルヴェニア州選出の元上院議員で、フライスとおなじように熱烈なキリスト教保守主義を信奉していた。アイオワの予備選挙でサントラムのスーパーＰＡＣが１００万ドル近くを支出し、泡沫候補だったのが第１位に躍り出て、本来なら早々と退場するはずだったのに、延々と運動を続けることができた。サントラムとおなじくらい脚光を浴びるのが好きなフライスは、サントラムとともに性と生殖《セックス・アンド・リプロダクツ》（訳注　基本的人権の１つで、女性に妊娠・出産をコントロールする権利があるとする考え方が中心。男性にもむろん子供を望む権利と自由がある）や、性差《ジェンダー》の問題でたてつづけに宣言を発表し、多くの女性を愕然とさせた。ＮＢＣのアンドレア・ミッチェル記者のインタビューで、フライスは、オバマのヘルスケア政策が女性の避妊手段を適用範囲に含めているのを、自分のサントラムが問題にしている理由について、「私の時代には、バイエルのアスピリンを使って避妊した」と冗談めかしていった。「女の子はそれを股に挟むんだ。お金もかからないしね」プロフェッショナルらしい自制に定評のあるミッチェルは、言葉に窮した。「なんとおっしゃいましたか？　そんなことを聞いて、息がとまりそうになりましたよ、フライスさん。正直なところ」

企業ユニフォームを着た候補者

サントラムとギングリッチが、晩春になって大統領選挙から退場すると告げたときには、フライスは２１０万ドルを、アデルソン夫妻は２０００万ドルを、それぞれのお気に入りの候補に注ぎ込んでいた。統率を乱したドナーたちが共和党にダメージをあたえたことに、民主党側は大喜びした。「避妊の一件で、われわれは彼らを壊滅できる」オバマの選挙参謀のジム・メッシーナはいった。「それに、税問題でも１９９６年以来、はじめて優勢になっている」共和党の政治運動員スティーヴ・シュミットは、従来、党は幅広い支持層から資金を得ていたが、きわめて裕福な外部のドナーが資金源の中心になったことで、選挙戦が「イデオロギーが原動力の生態系に変わった」と評している。

候補者は「スポンサー名がユニホームに描かれたフットボールの選手のようになった。1人の人間の力で指名されたら、借りはものすごく大きくなる。いやだといえることもあるだろうが、それは限られた場合だけだ」

オバマの再選を引き受けた政治運動コンサルティング会社GMMの共同創業者、ジム・マーゴリスは、ロムニーは穏健派として運動すればもっと善戦したはずだが、過激な後援者にそれを阻まれたと分析する。「オバマの功績を称えて、つぎのようなことをいうのが、ロムニーの最善の戦略だっただろう。〝私たちはみんな大きな希望を持っている。大統領はやろうとしたんだが、果たせなかった。私ならできる。私がミスター世直しだ。雇用創出の方法を、私は知っている〟。しかし、ロムニーには、そういう作戦はまず実行できなかった。そこで右寄りになった」2010年のティーパーティと、その背後のドナーたちは、マーゴリスがいう「フル充電された共和党の予備選候補者」を扇動した。「どうなるのか、私たちには予想がつかなかったが、人の心に訴える穏健派の候補者が、そういうところから登場するものだろうか？　そうはならない。登場するのは、ハーマン・ケイン、ミシェル・バックマン、リック・サントラム、ニュート・ギングリッチのたぐいだ！　それがロムニーの抱えていた問題だった」

特別利益団体の邪悪な支配

大統領選挙と同時に全体の選挙運動も進められていたので、オバマは裕福なドナーたちのことも考慮しなければならなかった。オバマは経済的公平を大統領選挙の中心にしたかった。だが、二大政党がきわめて裕福な後援者にますます依存するようになっている時代にポピュリズムをもてあそぶのは危険だと、補佐官の一部が懸念していた。とはいえ、オバマが大統領を目指した1つの理由は、強力な財源を持つ利益集団と統治される人々の関係を変えたいからだった。オバマは語ったことがある。「私が大統領に立候補した1つの理由は、市井のアメリカ人――日々の暮らしを立てるために、あらゆる手立てを使い、一所懸命働く人々――の声が、ワシントンDCの特別利益団体の強力な声にかき消されて、まったく聞かれていないと、強く確信していたからです」

ウォール街を占拠せよ運動をきっかけに、オバマはさらに大胆な動きに出た。2011年末、再選の選挙運動をカンザス州オサワトミーという小さな町で開始することにした。1910年に、その町でセオドア・ルーズヴェルトが熱烈な演説をして、「特別利益団体の邪悪な影響や支配から政府を解放する」と説き、アメリカの経済格差の拡大という難題と取り組もうとした。

オバマは、住宅市場の崩壊を招いた「度を過ごした貪欲」と、共和党の「自力でやれ経済」を非難した。莫大な富が政治に影響をあたえていることについて、刺々しい言葉を使った。「格差は私たちの民主主義を歪めます」と警告した。「高額の報酬でロビイストを雇い、無制限に政治献金ができるような少数の人間の声が、極度に大きくなります。私たちの民主主義を、もっとも高い値段をつけたものに売り渡す危険を冒しているのです」

オバマの言葉は反響を呼んだ。聴衆が拍手喝采した。ただ、問題は、オバマがどれほど熱心に経済格差に取り組もうとしても、民主党を支持しているビリオネアやミリオネアの助けを借りないわけにはいかないことだった。事実、オバマはすぐに現職の大統領として、記録的な数の資金集め行事に出席した。オバマはドナーに対してもはっきりと発言し、アメリカ一の大金持ちであるマイクロソフトの共同創業者ビル・ゲイツも含めた少数の大物に説いた。「今夜、この会場には、決断を下すことのできる人々が5、6人います――次期大統領になろうと――そして、最終的に当選できないとしても、たぶん指名は受けられるでしょう。ただ、そういうやり方では、物事はうまくいきませんん」しかし、進歩派のドナーで、ストライド・ライト製靴会社の元経営者、アーノルド・ハイアットがいったように、好むと好まざるとにかかわらず、オバマは「ピンチに追い込まれていた」。

政治家の原罪

2012年初頭、ルーズヴェルト会議室での会合で、選挙参謀のジム・メッシーナが、悪い報せを伝え、オバマを驚愕させた。反オバマ活動に使われる共和党外部の支出が、6億6000万ドルにのぼると予想されていた。

「たしかなのか?」オバマはきいた。

「かなり確実です」メッシーナが答えた。

オバマは大統領として、シチズンズ・ユナイテッド裁定を強い言葉で罵るのは控えたものの、「これよりもひどく公共の利益を破壊した物事を、私は思いつかない」と述べていた。そのため、自分の代わりに無制限の献金を受けられる「外部の」スーパーPACを設立するよう支持者に勧めるのを、頑として拒んでいた。「姿勢を変える必要があると思います」メッシーナがいった。「資金が重要だと理解しないと、みんなは献金しませんよ」

オバマはまもなく経済的な現実に屈し、翻意した。選挙運動員たちが支持者に、オバマ寄りのスーパーPAC、プライオリティーズUSAへの献金を促しはじめた。オバマが資金集めのために偽善者になるのは、それがはじめてではなかった。上院で選挙資金改革を唱えた直後の2008年に、みずからの誓約を破り、大統領候補として公的資金の援助を受けた。オバマ本人も認めている。「私も政治家の原罪を免れていない。つまり、お金を集めなければならない」ただ、システムを改革するために戦う、と断言した。「私が清らかであるかどうかは要点ではない。なぜなら、私もまた泥水のなかを泳いでいるからだ。問題は、それが泥水であることを私が知っていて、浄化しようとしていることが要点なのだ」

だが、プライオリティーズUSAが最初のテレビCMを流すと、二大政党のどちらもおなじように、資金が豊富な特別利益団体によって汚されていることが明らかになった。製鉄所の工員が、ベインのせいで工場が閉鎖になったと、感情的にまくしたてる。「あいつは、おれたちにくれたのとおなじものをあんたにあげるだろう。つまり、なにもあげない。あいつがすべてを取る」工員がいう〝あいつ〟とは、ロムニーのことだ。オバマ陣営は、その時点で、スーパーPACが強力にメッセージを打ち出せることを、自分たちのCMによって知った。ロムニーは「雇用を破壊」し、ロムニーの会社は「吸血鬼」だと、CMは描いていた。

民主党にもウォール街のシンパ

当時、思慮深いエコノミストと研究者は、右派であろうと左派であろうと、金融産業がアメリカの拡大する経済格差に影響をあたえていることを憂慮していた。ことに、金融産業の経営幹部は高額の報酬を得て繁栄し、給与所得者の生活は停滞していた。元財務長官ローレンス・サマーズから、ネオコンの論客フランシス・フクヤマに至るまで、幅広い分野の専門家が、その傾向はミドルクラスを脅かし、政治システムを制圧してしまうと懸念していた。

そうであっても、オバマがこの重要問題を持ち出すと、ウォール街寄りの民主党員が怒りを爆発させた。投資銀行ラザード・フレールで数百万ドルを稼ぎ、夫人が民主党の元財務部長だったスティーヴン・ラトナーは、そのCMを「不公平」だと非難した。元テネシー州選出下院議員で、ウォール街に転身したハロルド・フォードは、「プライベート・エクイティは、きわめて多くの場合において優れている」と抗議した。民主党の希望の星で、金融産業に支持者が多い、ニュージャージー州ニューアーク市長コリー・ブッカーは、全国ネットのテレビ番組に出演して、「この手のCMには嫌悪を禁じえない」と述べ、ホワイトハウスを激怒させた。

ビル・クリントンが、とどめの一撃を加えた。CNNのインタビューで、「これがよくない仕事だという見解に陥るべきではないと思う――これはまっとうな仕事だ」と述べた。2006年から2009年にかけて、クリントン元大統領の娘チェルシーは、年商140億ドルのプライベート・エクイティ及びヘッジファンド会社、アヴェニュー・キャピタル・グループのアソシエートだった。アヴェニュー・キャピタルの共同創業者マーク・ラスリーは、クリントンの重要な支援者で、クリントンの義理の息子マーク・メズヴィンスキーのファンドに100万ドルを投資していた。クリントン政権には、ウォール街の大物が多数加わっていた。オバマ政権がロムニーの強欲なビジネスの前歴を取りあげて、大統領の資質がないと非難したのに対し、クリントンは「ロムニーの業績は立派だし、大統領の資質になんとか合格している」とあっさり認めたわけだった（当時、ヒラリー・クリントンは夫の発言に不賛成で、「ビルには二度とああいうことをやらせない」とひそかに語ったといわれている）。

オバマ陣営は、それに対応して、メッセージをもっと慎重なものに置き換えた。ほとんどの場合、ドナー層を刺激しないように、ロムニーの富をじかに攻撃するのではなく、象徴的な映像で表現した。「反撃が多かったので、ヒントを使うようにした」マーゴリスはいう。「ロムニーがトランプの自家用ジェット機のそばに立っている映像を流した」

ドナー層がどう思ったにせよ、反ベイン広告は、もっとも効果覿面な戦術だった。不安に思ったオバマの運動員たちは、フォーカス・グループにあらかじめCMを見せた。「そのたびに、心配するな！　といわれた。〝不公平かどうかと質問する必要はない〟と」マーゴリスは、当時を思い出してそういった。企業国家アメリカの勝者がすべてを取るという倫理を、一般大衆は明らかに不快に思っていた。しかし、プリンストン大学のマーティン・ギレンズ政治学教授によれば、富裕層が政治プロセスに及ぼしている影響がとてつもなく大きいために、「ほとんどの場合、大多数のアメリカ国民がなにを望んでいても、ほとんど影響を及ぼすことができない」という。

「稼ぐ人間」と「奪う人間」

ドナー層とその他のアメリカ国民の認識に大きな差があることが、『マザー・ジョーンズ』が9月に公表したビデオ映像によって、あからさまに暴露された。5月に行なわれたロムニーの上流階級中心の資金集めパーティの際に、給仕の1人が隠し撮りしたものだった。フロリダ州ボカ・ラトンの屋敷で、ロムニーがカクテルパーティの客たちに、人口の47パーセントの票など自分には関係ないと豪語しているのを知った大衆は、憤激した。

ロムニーの発言は、「自分で自分の面倒をみろと、どうやって国民全体を説得するのか？」という質問に答えたものだった。アメリカには他人にたかる人間がひしめいている、と言外に匂わせていた。「そういう連中のことを心配するのは、私の仕事ではない。自分の生活に個人として責任を負えと、彼らを説得するつもりは毛頭ない」ロムニーは答えた。「どうあろうと、国民の47パーセントは現大統領に投票するだろう」そういう連中は、「政府に寄りかかり、自分たちは犠牲者だと思い込み、政府には自分たちの面倒をみる責任があると思い込んでいる。ヘルスケア、食料、住宅、あらゆるものをもらう資格があると考えている」この連中は「所得税を払っていない」とロムニーはいった。だから、「減税という私たちの意図が伝わるわけがない」ロムニーは、国民の半分近くが寄生者《パラサイト》だと思っているようだった。

これは、口を滑らせたというたぐいの発言ではなかった。ロムニーは、『ウォールストリート・ジャーナル』が共和党内の「新しい正説」と呼んでいるものを明言したにすぎない。貧者への政府支援に反対する保守派の論理をさらにねじ曲げ、アメリカ国民の半数近くが『ジャーナル』のいう〝ウルトラ子がも〟（訳注　MGMのアニメに登場するパワフルな子がものことだが、ここでは「運のいいやつら」くらいの意味）で、富裕層にたかっているとする、差別的な主張に変えたものだった。この馬鹿げた理論が通用したのは、ミドルクラスと低所得労働者《ワーキングプア》が、所得控除や扶養控除など、目的を絞った税額控除を受け、所得税がゼロになる場合があるからだった。ウィスコンシン・ポリシー・リサーチ・インスティテュート（WPRI）のフェローの著作の題名『A Nation of Moochers（たかり屋の国）』は、そのことを指している。

この理論を立てたのは、ヘリテージ財団やアメリカン・エンタープライズ研究所（AEI）など、コーク兄弟やその他の裕福なイデオローグと結びついているNPO数社だった。なかでも、租税財団《タックス・ファウンデーション》の影響が大きかった。この財団は、ルーズヴェルトのニューディール政策に反対するために設立され、チャールズ・コークの資金で蘇って、しばらくはチャールズ・コークが財団の会長で、ワシントンDCにおけるコーク・インダストリーズのロビー活動責任者のウェイン・ゲーブルが指揮していた。租税財団の現会長スコット・ホッジは、「2つのアメリカがある。非納税者のアメリカと、納税者のアメリカだ」といい切った。

批判勢力はすかさず、その理論は、アメリカの低所得層と中所得層が収入からさまざまな税金を払っているのを無視していると指摘した。消費税、給与税、固定資産税、ガソリン税などが、収入のなかで異常に大きな割合を占めている。また、この理論は、引退者、学生、退役軍人、働きたいのに失業した人々など、それぞれに特有の状況も度外視している。さらに、住宅ローン控除、慈善事業への寄付金控除、ロムニーの所得税率が実質14パーセントでしかない原因の、不労所得への特恵措置など、減税のほとんどが、富裕層を極端に優遇していることを、完全に無視している。だが、保守派のシンクタンクや研究者が金持ちにおもねるためにこしらえた「稼ぐ人間」と「奪う人間」という定義は、富裕な保守派にたいそう喜ばれた。それどころか、あらゆる増税に反対する保守派の一部は、アメリカの市民利益のために低所得層に新たな税を課すことを主張しはじめた。オンラインマガジン『スレート』のデイヴィッド・ワイジェルは厚かましくも、「共和党はようやく課税できる集団を見つけた。貧困層を」と書いている。

国民の半分がたかり屋？

ブラックストーンを経営するビリオネア、スティーヴン・シュワルツマンは、ロムニーのほぼおなじ発言が録画される9カ月前に、この理論を述べていた。キャリード・インタレストの抜け穴を必死で擁護してきたシュワルツマンは、ブルームバーグのテレビ・インタビューで、経済の悲惨な状況を考えたら、あなたがたの税率は上げるのが至当ではないかと質問され、逆に貧困層がもっと税金を払うべきだと提案した。「だれでも自己資金を投資する必要がある」とシュワルツマンはいった。「国民の半分が所得税制からはずれているというのはおかしい。税金をこれくらい払ってはどうかといっているのではないが、国民はすべて税制の一部であるべきだろう」政治的な発言らしくうやむやなのはべつとしても、この発言は所得税の歴史をまったく知らないことを露呈している。最初の所得税は、0・1パーセントの富裕層に課され、貧者は目標にされていなかった。

その当時は、シュワルツマンの発言はほとんど注目されなかった。しかし、国民の半分がたかり屋だと超富裕層が思っているとロムニーが発言したことが全米に知れ渡ると、爆発的な反応があった。48パーセントから50パーセントの範囲を動かなかったオバマの支持率が、53パーセントに上昇し、ロムニーの支持率を超えた。激戦州ではさらにダメージが大きく、ロムニーの支持率はガタ落ちになった。数日後の世論調査で、ロムニーの発言を国民の80パーセントが知っていることが判明した――北朝鮮の存在を知っている率よりも大きいと、ある世論調査員が述べている。

オバマ陣営は大喜びでこの掩護射撃を維持し、ロムニーは弁解しようとしたが、否定はしなかった。10日後、ついにオバマのチームは、新しいテレビCMを流し、47パーセント失言を攻撃した。オンエアされなかった最初のバージョンでは、ロムニーの発言に、ウォーカー・エヴァンズ（訳注 大恐慌時代に南部の農民を撮影したことで名高い写真家）か、ロバート・ケネディのアパラチア訪問から借用したような、貧困層のアメリカ人の哀れを誘う背景が重ねられていた。しかし、オンエアされたバージョンでは、貧者は姿を見せず、ミドルクラスが映っていた。目を守るゴーグルをかけた女性工員、上昇志向を暗示する梯子の近くに立つラテン系の労働者、VFW（海外戦争復員兵協会）の帽子をかぶった厳しい目つきの男が登場していた。ただ貧者ばかりの問題ではない。ドナーの言葉をオウム返しにして、ロムニーは選挙戦を「すべての戦いの母なる戦争」と呼んだが、特権階級の小さな派閥と、それ以外のほとんどの人間との戦いの意味合いを帯びてきた。

暴かれた献金の源

ほとんどの場合、コクトパスは選挙運動中はあまり目にされず、ただ感じられることが多かったが、投票の1カ月前に、その巧妙な資金メカニズムが、あやうく暴かれそうになった。州内の選挙運動の倫理を見張る、カリフォルニア州の公正政治活動委員会（FPPC）が、論争の的になった州民発案《イニシアティヴ》（訳注 州民が法案を作成して州民投票にかけるもの。カリフォルニア州ではことにこの直接民主制が発達している）２件に影響を及ぼそうとした疑わしい献金１５００万ドルの背後に何者がいるのかを、調べようとした。１件は富裕層の税金を上げる法案、もう１件は組合が政治に資金を支出するのを抑制する法案だった。ドナーはアリゾナ州の責任あるリーダーシップのためのアメリカ人という、正体不明のＮＰＯを名乗っていたが、カリフォルニア州の担当者は納得せず、実態を突き止めようとした。11時間後に、詳しいことを知るために捜査を開始した。カリフォルニアの厳格な選挙法では、ドナーの情報を全面的に開示することを求めている。

カリフォルニア州当局はたちまち、コーク兄弟と結びついている、おなじドナー、運動員、フロント団体の多くが関わっている、驚くべきダーク・マネーの豆隠し手品《シェルゲーム》を暴きはじめた。全体を監督していたのは、コーク兄弟の外部政治コンサルタント、ショーン・ノーブルだった。ノーブルの組織、患者の権利擁護センターが、情報を公開していない個人の資金をアリゾナ州の正体不明のＮＰＯに注ぎ込む橋渡し役をやっていた。つぎに、アリゾナ州のＮＰＯが、ドナーの名前を明かさずに、資金をカリフォルニアに送っていた。その送金に、ヴァージニア州アーリントンの雇用確保のためのアメリカ人というべつのＮＰＯがからんでいた。そういう手口で、献金の源が完全に隠されていた。だが、その資金の流れに加わっていたコーク・ネットワークの常連チャールズ・シュワブの、おしゃべりなメールが発見された。シュワブは、カリフォルニア州の戦いのために〝数百万ドル〟送ってくれとチャールズ・コークに頼み、選挙が終わったらゴルフコースで会おうと約束していた。「私はきょう２００万ドル投入し、合計で７００万ドル投入した」と、シュワブは書いていた。「あなたのところのショーン・ノーブルが、私たちの活動にたいへん力になってくれていることを申しあげておきたい」

　ある補佐官によれば、カリフォルニア州の捜査官が、複雑に絡み合ったノーブルの資金移動作戦を暴きはじめたとき、コーク兄弟は「パニックを起こした」という。「やり方が間違っていたし、法的責任を問われると2人は考えた」と補佐官はいった。捜査の網にかかったカリフォルニア州の政治コンサルタントの宣誓証言などから、詳細が浮き彫りになりはじめた。「コークの仲間のドナー数人が」陰謀を開始し、ウィスコンシン州とおなじような反組合闘争をカリフォルニア州で展開しようとした、とその政治コンサルタント、トニー・ルッソは述べた。「彼らはコークのやり方が気に入っていた」。ノーブルに協力しないか、と持ちかけられたという。ルッソは、ノーブルをコーク兄弟の〝外部コンサルタント〟だと表現している。

まぎれもないマネーロンダリング

　根気強い捜査の結果、カリフォルニア州公正政治活動委員会（ＦＰＰＣ）のアン・ラヴェル委員長は、「まぎれもないマネーロンダリング」のフロント団体を芋づる式に暴いていった。結局、１００万ドルという記録的な罰金で、事件は決着した。「献金者の身元を隠す、悪質な全米ダーク・マネーＮＰＯネットワーク」だとラヴェルは公式発表で述べ、関係した複数のグループは「コーク兄弟のネットワーク」と結びついていると指摘した。

　コーク・インダストリーズの関係者がたちまち弁解にはしり、和解には法律違反は「手落ちもしくは最悪の怠慢」だと明記されているし、コーク兄弟がカリフォルニア州の州民発案に影響を及ぼすためにみずから資金を寄付した事実はない、と力説した。また、ノーブルは自営のコンサルタントで、契約で雇っているだけだと主張した。「私たちがこのグループを管理しているという意味合いであるなら、コーク・ネットワークなるものは存在しません。それがどういうことなのか、私には理解できない」コーク・インダストリーズのマーク・ホールデン法務部長は、『ポリティコ』のヴォーゲルにそう語った。ホールデンの言葉とは裏腹に、チャールズ・コーク自身が2011年のドナー・セミナーで「私たちのネットワーク」という言葉を使ったことを、ヴォーゲルは指摘した。

2013年末までつづき、政治的に厄介な問題になったカリフォルニア州の捜査後、コーク兄弟はノーブルをそっと退場させることにした。アメリカの小さな町の陽気な男そのもののノーブルは、当時、妻を捨てて事務所の同僚とねんごろになったうえに、2012年には会社の顧問料として2400万ドル近くを請求し、いっそう評判を落としていた。『プロパブリカ』によれば、それは患者の権利擁護センターの支出6ドルあたり1ドル以上に相当する額だった。カリフォルニア州での捜査が厳しくなるにつれて、コーク兄弟はたくみに距離を置きはじめた。「見事に方向転換した」やはり報復を怖れて、身元を明かさないという条件で話をしたノーブルの友人はいう。「やつらは必死で手を打った。事実？　ビリオネアが金を動かすのに雇った人間が、法律を破って捕まったんだよ。有罪かって？　肝心な問題はショーンじゃない――あの機構だ――違法な企てをやる機構が問題なんだ」

怪しげな市民監視団体

選挙運動の終盤、大統領選挙は接戦になることが明らかになり、投票率に結果が左右される可能性が濃厚になった。とりわけ重要だったのは、オハイオ州だった。オハイオ州を勝ち取れなかったら、ロムニーは当選に必要なだけの選挙人が得られない。またしても、コーク兄弟やその他の保守派フィランソロピストの暗躍がはじまった。

不正投票容疑についての論争が、夏のあいだに沸点に達していた。汚い手を使ったと両陣営が相手方を非難し、政治プロセスがいっそう毒され、両極化した。共和党全国委員会のラインス・プリーバス委員長は、民主党は「不正投票をかばっている——おそらく、それをやめさせれば、重要な票田2つ——故人と二重投票者——の選挙権が奪われるからだろう」と非難した。民主党は共和党が、公民権運動以前によく行なわれた人種差別主義者の弾圧戦術を、故意に復活させたと非難した。ビル・クリントンが明言している。「人頭税などの黒人差別州法の重荷を私たちが撤廃してから一度も見られなかったような過酷な活動で、投票権を制限しようとしている」しかし、選挙法を専門とするカリフォルニア大学アーヴァイン校教授のリチャード・ハセンは、そういう不正投票の容疑をかけること自体が、不正行為だと見なしている。ハセンは1980年からずっと、「選挙結果が身元詐称による不正投票によって間違いなく逆転した」事例を探しているが、1件も見つかっていない。この問題は「事実無根」だと、ハセンは結論を下した。

それにもかかわらず、おおげさに騒ぎ立てた結果、投票者に写真付きの公式身分証明書を提示することを求める条例が、2011年から2012年にかけて、37州で定められた。また、不正投票を取り締まると称している得体のしれない市民監視団体が、全国で登場した。その1つ、オハイオ有権者廉潔プロジェクトは、有権者名簿の「不備」を取り締まると称し、地元の選挙管理委員会を説得して、疑わしい有権者に公聴会で正当性を証明させるために召喚状を出させた。シンシナティ郊外に住んでいて、一貫して民主党支持者だった53歳のテレサ・シャープが、この召喚状を受け取って公聴会に出ると、この自称監視団体が彼女の住所を空き地だと誤解していたことがわかった。「すぐに、冗談じゃないわよ！　と思った」と、アフリカ系アメリカ人のシャープはいう。「あたしたちみたいに貧乏な黒人にかまうのはやめて！　あたしたちの投票権を奪おうとしているのはだれなの？」

有権者へのいやがらせ

不正投票の懸念が全国にひろがったのは、一見、自主的な草の根運動のようだったが、水面下の金の流れをたどると、いつもの大金持ちの右派ドナーが資金源だとわかった。たとえば、シャープに狙いをつけたオハイオ有権者廉潔プロジェクトは、全国的なNPOトゥルー・ザ・ヴォートの供給するソフトウェアを使っていたが、トゥルー・ザ・ヴォートはさまざまな方法で、ブラッドレー財団、ヘリテージ財団、繁栄のためのアメリカ人（AFP）の支援を受けていた。

トゥルー・ザ・ヴォートは、「どの政党を支持しているかに関わりなく、正当な有権者の権利」を守るために、「市民が市民のために」設立したNPOだと称している。しかし、設立者のキャサリン・

エンゲルブレクトは、ヒューストンのティーパーティ活動家だった。さらに、リベラルの投票権改革に反対して名を成した共和党員の弁護士で、ヘリテージ財団フェローのハンス・フォン・スパコフスキーが、エンゲルブレクトを指導していた。ヘリテージ財団は、この問題では汚らわしい前歴がある。創立者のポール・ウェイリッチは、「国民全員が投票することは望んでいない」と公言している。1980年にウェイリッチは支持者たちに、「実際、投票者の数が減れば、私たちが選挙にあたえられる影響は間違いなく増大する」と述べた。

不正投票について激論を展開しているスパコフスキーの近著『Who's Counting?』は、ヘリテージ財団の補助金により、ヘリテージ財団のフェロー、ジョン・ファンドとの共著で、エンカウンター・ブックスから出版された。また、トゥルー・ザ・ヴォートは、ブラッドレー財団に資金提供を受けている。AFPも資金を提供し、ファンドとエンゲルブレクトは、政治イベントで不正投票問題を取りあげて、問題をことさらに大きくした。

だが、シャープのような有権者を脅すのが目的だったとすると、シャープの場合には、激しい反動があった。公聴会で名前を呼ばれたとき、家族6人を伴っていたシャープは、進み出てハンドバックをテーブルの書類に叩きつけ、「どうしてあたしにいやがらせをするのさ?」ときいた。後日、シャープは語った。「いんちき裁判みたいだった。そこで94人が正当性を調べられ、抵抗したのはあたしと家族だけだった! あたしはまわりを見た。委員も速記者もすべて白人だった。正当性に異議を唱えたのも——白人女性だった」シャープは結論を下した。「できるだけおおぜいの黒人の投票をやめさせるためだったんだ」

現実とかけ離れた票読み

投票日、民主党支持層の投票者数が共和党の予想を大幅に上回っていたので、ロムニーとその支援者は愕然とした。コーク・ネットワークは、小さく見積もっても4億7００万ドルという驚異的な金額を注ぎ込んでいた。ほとんどは姿を見せないドナーの寄付だった。選挙の中核にいた運動員たちは、投票の行方を正確に予想していると思っていた。11月6日に投票が締め切られるまで、ロムニーのチームは勝利を手に入れたと確信していた。

カリフォルニア州の選挙運動資金スキャンダルのために、すでに不興を買っていたショーン・ノーブルは、勝つと思い込んでいたため、投票日当日にドナーに回状を送り、自分たちがすでに知っている朗報——ロムニーが次期大統領になったこと——を、まもなく全国民が知るだろうと告げた。だが、午後4時30分ごろに、フランク・ランツが電話をかけてきた。出口調査の結果がはかばかしくないという。だが、ノーブルも巨額の寄付を行なったドナーたちも、まだ信じられなかった。

午後11時12分、NBCニューズが、オハイオ州をオバマが取り、当選確実と報じた。フォックス・ニューズがつづいておなじことを伝えると、フォックス・ニューズのアナリストで、アメリカン・クロスローズの設立者のカール・ローヴは、オンエア中に取り乱した。ローヴは富裕層の献金1億1700万ドルを自分のスーパーPACで受け取り、さらに巨額のダーク・マネーを動かしていて、歴史的な勝利は間違いないと自信を持っていた。フォックスが選挙結果を断定するのは「尚早だ」とローヴはいい張った。しかし、フォックス・ニューズの統計学者たちは譲らなかった。ロムニーは負けた。

「なにが起きた？　われわれのデータが間違っていたんだ」コーク兄弟に近い人間が、結果が出たあとでそう認めた。コーク陣営は、２００８年にオバマが圧勝で当選したときほど、有権者が多様化しないことを願って予想していた。たしかに、白人と高齢者の票は減っていたが、ヒスパニック、女性、若者の票が増えていた。いっぽう、黒人票は安定していて、93パーセントがオバマに票を投じていた。保守派のドナーが夢想していたアメリカは、現実とはかけ離れていたのだ。

オバマに支持者を買収されたと弁解

選挙後、大口献金者からの電話を受けたロムニーは、すこし違う弁解をした。問題は、オバマが政府のサービスで支持者を事実上、買収したことだと、ロムニーはいった。「大統領の選挙運動は、票田の特定の層に的を絞っていた。政府から莫大な財政の贈り物をして、投票所へ行くよう一所懸命働きかけた」

ロムニーの分析を聞いて、オバマは忍び笑いを漏らした。「ロムニーがいうその層は、47パーセントのことなんだろうね」

数日後、アーカンソー州ベントンヴィルで、ウォルマートの経営幹部との会議中に、ジョン・マケイン上院議員に私用電話がかかってきて、発信者の名前が自動的に読みあげられた。「ミット・ロムニー！」とコンピュータ合成の甲高い声が唱えた。「ミット・ロムニー！」マケインはちょっとうろたえて、ポケットから携帯電話を出し、立ちあがり、応答して、内密に話ができるように部屋を出た。戻ってきたマケインは、怪訝な顔をしている経営幹部たちに、大統領選挙で敗北したあと、どう対処すればいいのかと、ロムニーが助言を求めてきたと説明した。「1回目はしくじったと、私は教えた」マケインは語った。「女房に、タヒチに遊びにいけばいいといわれた。私が犯したなかでも、最悪の間違いだった。2回目は、そのまま仕事に戻った。なにも問題はなかった。だから、〝仕事に戻れ〟と助言した」ただ、問題はだれかが冗談でいったように、ロムニーには47パーセントのたかり屋とおなじように、やる仕事がないことだった。

選挙に敗れたが、民主主義を変えた

2012年の選挙は、金が選挙に影響をあたえられない証左だったと、評論家はすぐに浅はかな結論を下した。『ポリティコ』は、政治と金についての連載の題名を「ビリオンダラーが買う」から、「ビリオンダラーが敗北？」に変えた。大統領選挙と議会選挙の運動に、追跡できた資金だけで約70億ドルが費やされたという計算結果が出た。アメリカ史上でもっとも金のかかった選挙だった。ドナーでただ1人、「いくらでもいるだけ支出する」と断言したシェルドン・アデルソンだけでも、1億5000万ドル近くを投じている。そのうち9200万ドルは、公開されていた。それでも足りなかった。約1500万ドルが、コーク兄弟の団体、繁栄のためのアメリカ人に流れたといわれている。

すべてをひっくるめると、無制限に寄付を行なうことができるスーパーPACと独立団体は、25億ドルという気が遠くなるような額を支出し、それでもなにも変えられなかったように思われた。オバマは依然としてホワイトハウスにいるし、民主党は上院で多数党で、共和党は下院を支配しつづけていた。

この大敗北は、コーク兄弟とドナーたちには容認しがたいことだった。「ドナーたちは青ざめた」と補佐官の1人が述べている。不撓不屈で几帳面なチャールズ・コークは、落胆したものの、ネットワークにメールを送って、運動員たちと失敗の原因を分析するので、1月に予定されていた次回のドナー・サミットを4月に延期すると伝えた。「自由な繁栄するアメリカを促進するという目標は、私たちが思い描いていたよりも困難ですが、この闘争を放棄せずにつづけることが肝要です」とチャールズは書いた。

しかし、野球のスコアカードのように単純化されたメディアの分析手法は、富裕層の金が影響を及ぼした数多くの微妙な面を見落としている。巨万の富を持つ右翼の過激派は、大統領選挙には勝てなかったが、アメリカの民主主義の性格を変えた。彼らは公の選挙プロセスの大部分を私物化し、アメリカの二大政党のいっぽうの政策目標を支配するようになった。それどころか、デイヴィッド・コークは、代議員代理として共和党全国大会に出席した。共和党がいかに変わったかを示す兆候だった（デイヴィッドも変わったといえるかもしれない。大会でデイヴィッドは、ゲイの結婚を認めるとインタビューで述べた。この問題については、兄を脅迫する陰謀に加担したときから、ずいぶんかけ離れた考え方をするようになった。しかし、コーク兄弟がゲイの結婚を促進するために資金を注ぎ込むことはありえないし、デイヴィッドの私見は共和党にたいした影響をあたえない）。

だが、気候変動、税制策、社会福祉支出、選挙の際の献金の匿名性など、共和党の支持基盤が従来とは見解を逆転させた、その他の問題多数では、コーク兄弟とその政治「パートナー」が主導権を握っていた。大気浄化法の強化、〝ヴードゥー経済学〟批判、〝思いやりのある保守主義〟（訳注 いずれも共和党のジョージ・H・W・ブッシュ政権下の政策や発言）支持、ジョージ・W・ブッシュ政権が行なったメディケア適用薬の拡大のような話し合いは、もう行なわれない。彼らは、政府は公共の利益にならない邪悪な力だと見なしていた。

シチズンズ・ユナイテッド裁定は、予測とは異なり、企業の政治支出を一気に増加させることはなかった。その代わり、極端で利己的なもくろみを抱いている、きわめて裕福な少数の個人に力を授けた。無党派のサンライト財団は、選挙後の分析で、超富裕層《スーパーリッチ》がアメリカの政治監視人になったと結論している。アメリカの人口の「1万分の1」つまり「1パーセントの1パーセント」が、「論議の幅を狭め、1度に1つの話しかできないようにしている」。

オバマは勝利を収めたが、大金持ちを打ち破ったなどという幻想は抱いていなかった。「私は現職の大統領だから、すでに全国的な支援ネットワークがあり、ドナーが何百万人もいた」オバマは少数の支持者に、そう語った。それによって、「コーク兄弟がどんな小切手を切っても拮抗できた」。しかし、「今後の候補者がおなじように競合できるかどうかは定かではない」と警告した。メッシーナも不安を抱いていた。「彼らは戦略で大きな過ちを犯したのだと思う」メッシーナはいう。「しかし、二度とおなじ過ちは犯さないだろう」

第13章

州：地歩固め

The States: Gaining Ground

得票数がすくなくても議席が増えた

選挙の翌日、ノースカロライナ州ローリーのヒルズボロ・ストリートにある共和党州本部では、弔旗を掲げはしなかった。ワシントンDCでは批評家たちが、オバマの再選は富裕層の金が効果をあげられなかった証拠だと主張していたが、ノースカロライナ州では共和党が州レベルでの勝利を祝っていた。18カ月前にエド・ギレスピーがコーク兄弟のドナー・サミットで説明したREDMAP計画が、驚異的な成功を収めていた。ノースカロライナ州議会を完全に掌握した共和党は、同州の連邦下院選挙区の境界線をきわめてたくみに引き直した。そのため、民主党よりも得票数がすくなかったにもかかわらず、下院の議席を増やしていた。べつの州でもおなじ手口が使われ、2012年には全国的に民主党支持がひろがっていたが、それでも共和党は下院を支配しつづけた。予想外の異常な現象だったが、けっして偶然ではなかった。

コークの政治マシーンにとって、ノースカロライナ州は調理実習室のようなものになっていた。「数年前に私たちが考えていたのは、モデルの州を創ろうということだった」繁栄のためのアメリカ人のティム・フィリップス会長は、2013年に説明した。「ノースカロライナ州は、それをやる格好の機会だった――その地域の他の州よりも、ずっと都合がよかった。ノースカロライナ州をそういうふうに方向転換できれば、本物の改革がもたらされる」

保守派が支配するために、コーク兄弟の政治組織がノースカロライナ州で支出した額を明かすことを、フィリップスは拒んだ。「かなりの額だった」としかいわなかった。「私たちがもっとも活発に働いた州の1つだった」

ゲリマンダリングの達人

プロジェクトの第1段階は、2010年に共和党がノースカロライナ州議会を乗っ取ることだった。第2段階は2011年2月に開始された。連邦議会の下院選挙区を都合のいいように変形させるゲリマンダリングの達人、白髪のトム・ホフェラーが、ヒルズボロ・ストリートの共和党州本部に現われた。

そこで、奥の一室が地図作成のために割り振られた。

下院選挙区は人口統計をもとに境界線が引き直されるが、統計はまだ発表されていなかった。しかし、ホフェラーの徹底した仕事ぶりには定評がある。コンピュータの出現で、選挙区の境界線変更は、費用がかかる陰険できわめて精密な科学になった。共和党の最高の実務家であるホフェラーは、アメリカをイデオロギーで分類して、対立する党派主義者の陣営に切り分ける技術の専門家だった。ホフェラーのノートパソコンには、マプティテュードと呼ばれるプログラムがインストールされ、住民の人種構成も含め、あらゆる地区の詳細な情報が入力されている。

ホフェラーは以前も共和党の仕事をしたことがあった。だが、２０１１年には自営業になり、外部の富裕層に雇われて働いていた。財務の詳細は、ほとんどわかっていない。しかし、その後の訴訟で残されていた書類によれば、議席が確実に得られる無風区をできるだけ増やす相談のために、ホフェラーは共和党ノースカロライナ州本部を10回訪れている。その仕事で、16万６０００ドル以上を稼ぐことになる。

ゲリマンダリングの手順は厳重に防護され、ホフェラーの部屋への出入りは厳しく管理されていた。だが、よく知られている人物の1人は、その奥の院にはいることができた。コーク兄弟の長年の同盟者で、ノースカロライナ州最大の政治献金提供者でもある、ディスカウント・チェーン王のマルチミリオネア、アート・ポープは、しばしば助言した。

「ワークステーションでいっしょに仕事をしました」技術者のジョエル・ローペはのちに、法廷での宣誓証言で述べている。「ポープ氏は私のとなりに座っていました」ポープは弁護士資格を持っているが、開業しておらず、州内に事務所もない。しかし、州議会の共和党指導部はひそかにポープを「法務次長」に指名し、政治的に取り扱いの難しいプロジェクトを担当させていた。

党派主義者の常套手段

ゲリマンダリングは、共和党の歴史とおなじぐらい古い、党派主義者の手口だった。ただ、シチズンズ・ユナイテッド裁定以降、地盤から政治を操作するその手順は、公職にない富裕層の指示と資金で動かされるようになった。作業を進めるために富裕層は、社会福祉団体を装ったNPOをフロント団体に使い、世界最大の企業数社やコーク兄弟のような裕福なドナーの寄付で資金を積みあげた。外部の巨額の資金が政治の末端のレベルに流れ込むと、覿面に変化がもたらされた。「コーク兄弟は、州議会を共和党が乗っ取るのを手助けした」オバマの前首席補佐官デイヴィッド・アクセルロッドはいう。「共和党はトップダウンだが、コーク兄弟にはべつの腹案があった。彼らは、草の根を組織することを考えていた。賢いやり方だ。民主党には、それに匹敵するものがなかった」アクセルロッドは認めた。「やつらはじつに優れたオルグだ」

『プロパブリカ』の報告によれば、ホフェラーとそのチームは、ステート・ガヴァメント・リーダーシップ財団というダーク・マネー組織に雇われて仕事をしていたという。この組織は、じつはギレスピーがREDMAPを実行するのに使っていたNPO、共和党州指導部委員会（RSLC）の分派だった。だが、RSLCとは異なり、501（c）（4）「社会福祉」団体なので、ドナーの身元を隠すことができる。ノースカロライナ州の作戦には秘密を守る層がもう1つあった。「ノースカロライナの選挙区を公平かつ合法的に引き直す」と称する州レベルのダーク・マネー組織が存在していた。資金同様、作業も隠密裏に進められた。ホフェラーは、コンピュータのパワーポイント・プレゼンテーションに、「セキュリティは万全か」、「コンピュータが秘密の安全な場所にあるのを確認」といった注意書きを添えていた。「メールは悪魔の道具だ」と警告した。自分といっしょに仕事をする人間に、「直接会うか、秘話機能のある電話機を使え！」、「必要のないことは漏らすな」、「贈り物を持ってくる無党派もしくは超党派のスタッフには厳戒せよ」と力説し、「そいつらは味方ではないかもしれない」と付け加えた。

人種差別的な選挙区割りの見直し

選挙区の境界線の引き直しは、理論上は1人に1票という民主主義の基本原則に則ったものであるべきだった。地域ごとの人口は変化するので、全米の連邦下院選挙区435カ所すべてで、新たな人口統計に応じて、配分が平等になるように境界線を引き直すという仕組みだった。ノースカロライナ州でこのプロセスを監督する共和党議員たちは、公正を装うために、州のあちこちへ行って、公聴会を開き、境界線をどう引くのが最善かという点について、市民の意見や提案を聞いた。「そもそも私たちがここにいるのは、あなたがたの考えや理想を聞くのが目的です」境界線を引き直すプロセスを指揮する州上院委員会の委員長は、州第5の都市ダラムで聴衆にそういった。しかし、現実には、ホフェラーがのちに宣誓証言で認めているように、州民の証言録を読む手間などかけていなかった。

ホフェラーのチームの作業が終わると、民主党が下院で獲得できる議席が大幅に減るような区割りができあがった。それをやるにあたって、共和党の運動員たちはすでにアフリカ系アメリカ人が集中していた3選挙区に、マイノリティの有権者が詰め込まれるようにした。それによって、周囲の多くの選挙区で白人と共和党支持者が優勢になり、民主党の選挙区は孤立した。新しい選挙区図では、下院の選挙区がふたたび人種差別化され、マイノリティの有権者は自分たちの居住する地域のみを支配できるだけで、彼らの支持政党が州全体で多数派になる可能性は低くなる。

進歩派の組織は、新選挙区は差別的な選挙を禁じる投票権法に違反しているとして、ただちに訴訟を起こした。共和党関係者は、新選挙区は公平だと主張した。しかしながら、ここでも、ポープやコーク・ネットワークの手先のダーク・マネー組織が支出する非公開の金の奔流が、その後の展開に影響を及ぼした。

カネの力で「紫」州が「赤」州に

訴訟は州最高裁に持ち込まれた。共和党員が4対3で多数派なので、共和党の選挙区境界線の引き直しは、有利な審理を受けられるはずだった。しかし、公判開始前の2012年に判事選挙が行なわれる予定で、保守派は共和党の現職判事の1人が落選するのではないかと怖れていた。民主党の対抗馬が、州最高裁の政治バランスを逆転させる可能性があり、共和党の選挙区改定計画は危険にさらされていた。

しかし、外部の資金が不意に流れ込み、現職のポール・ニュービー判事は、危ういところを救われた。外部の団体が230万ドル以上を支出した。判事選挙では使われたことがないような、前代未聞の金額だった。金の流れはきわめて複雑で、一般市民が追跡するのはまず不可能だったが、献金した組織には、ギレスピーの共和党州指導部委員会、ポープの会社ヴァラエティ・ホールセラーズ、コーク兄弟の繁栄のためのアメリカ人（AFP）が含まれていた。共和党員のニュービー判事が犯罪を厳しく取り締まっていると喧伝するCM攻勢に、その資金が使われた。

選挙当日、ニュービーはかろうじて再選された。その直後に州最高裁は、共和党の選挙区改定案を支持する裁決を下した。だが、合衆国最高裁は2015年に、マイノリティーが多数を占めている選挙区は人種差別に相当するという理由で、裁判をやり直すよう命じた。しかし、そのときはすでに、ノースカロライナ州選出の下院議員が連邦下院に根をおろし、共和党の支配は盤石になって、オバマ政権の政策への過激な抵抗の波が高まっていた。

「その件では相手方に息の根をとめられた」労働運動とつながりのある民主党の戦略家、スティーヴ・ローゼンタールは認めている。ほとんど軽視されていた州と地方にドナーの資金を注ぎ込むことで、共和党は政治目標を促進させるのに成功しただけではなく、将来、強力な政治家になる可能性がある民主党の公職者をいっせいに、掃討することができた。しかも、それが起きたのは、ノースカロライナ州ばかりではなかった。2010年の中間選挙と2014年の選挙で、民主党は州の議席を900減らし、知事11人が落選したと、民主党全国委員会が報告している。

ギレスピーのREDMAP計画は、めざましい成功を遂げた。ノースカロライナ州は長年、政治的に二分された「紫」州だった。2008年の大統領選挙ではオバマを支持したが、一夜にして濃い赤に変わったかに思われた2012年には支持しなかった。その年の11月、共和党はそれまでの進捗に加えて、知事を当選させ、州議会両院で拒否権をはねつけられる多数の議席を占めていた。南北戦争後の南部諸州の連邦への再統合後、はじめて共和党はノースカロライナ州政府を完全に掌握した。ホフェラーのみごとな選挙区割りのおかげで、ノースカロライナ州選出の連邦下院議員でも共和党は多数を占め、かつて民主党議員7人、共和党議員6人だったのが、2010年には共和党議員9人、民主党議員4人に勢力が逆転した。

金権政治勢力による直接統治

だが、今回の選挙でもっとも大きな利益を得たのは、アート・ポープだった。ノースカロライナ州の影のキングメーカーだったポープは、政治権力の中枢に躍り出た。共和党のパット・マクロリーが新知事に就任するやいなや、後援者のポープを州予算局長官に指名したので、州民の多くは唖然とした。ノースカロライナ州民は何年も前に、ポープが州の要職につくことを拒絶していた。1992年、州副知事に立候補したポープは、あえなく落選している。州議会も、ポープが州の大学制度理事会の理事などの公職に政治任命されたときに、何度も却下していた。ポープは尊敬されてはいたが、好かれてはいなかった。ポープと不和だった共和党州下院議員リチャード・モーガンは、「おれのやり方が正しい。あとはみんな間違っている」という態度のために、ポープは同僚に人気がなかったと述べている。

そのポープが、いまやノースカロライナ州で2番目に力のある公職についた。予算局長官は、知事にじかに進言できる立場だし、州政府のどの機能に予算を割り当てるかという絶大な権限を握っている。しかも、州上下院で共和党は圧倒的多数を占めている。政府の支出を削減するのは、ポープの長年の夢だった。州下院議員だったころのポープは、数字を長い時間をかけて分析していたと、モーガンは述べている。「ポープの作業が終わったときには、彼が予算から掘り出してしゃぶらなかった骨は、一本も残っていない」そのポープが、州を作り直す機会をあたえられた。

アメリカで金権政治勢力がじかに力を行使するのは珍しいと、寡頭制を研究している政治学者ジェフリー・ウィンターズはいう。スーパーリッチが直接に統治すれば、厳しい吟味を受ける危険性がある。前ニューヨーク市長マイケル・ブルームバーグのように、スーパーリッチの莫大な富を利用して公職についてから2年間は、寡頭政治の執政者や寡頭制支持者の手先には見られないように気を配るのがふつうだ。ポープも明らかにその危険を察したようだった。給与は受け取らず、1年しか在職しないと告げた。だが、私利追求問題が、たちまち浮上した。ノースカロライナ州が、貧者を犠牲にして富者に利益をあたえるような、痛みを伴う政策へと急に方向転換すると、州の政治全般に富裕層が影響を及ぼしているという議論が過熱し、とりわけアート・ポープの動機と財政計画が疑問視された。

トップダウンの税制解体

数カ月のあいだに州議会は、州の税制と予算をトップダウンで解体した。議会はほとんどの問題で、シンクタンク2社、ジョン・ロック財団と、シヴィタス・インスティテュートが作成した、右派の作戦要領どおりのことをやった。シヴィタスは、ポープが設立し、ポープ一族の1億5000万ドル規模のジョン・ウィリアム・ポープ財団がほとんどの資金を提供していた。批判派は、シヴィタスはポープの保守派組み立てラインで、州の政治をさらに右傾化する強力な勢力だと指摘した。ポープは、その批判を否定した。「私の組織ではない」と抗弁した。「私が所有していない」しかし、ポープ一族の財団は、シヴィタスが2005年に設立されてからずっと、その資金の97パーセント以上――800万ドル前後――を供給しているし、ポープは理事に名を連ねている。また、ジョン・ロック財団の資金の80パーセントも、ポープの財団が提供している。それ以外の資金は、大部分がタバコ産業とコークの一族の財団から投入されている。

それどころか、ポープとその一族の財団は、1980年代から6000億ドルを投資し、ノースカロライナ州の共和党政治コンサルタント、ディー・スチュワートがいう「保守派の亡命政府」として機能する保守派インフラを、ノースカロライナ州内で発展させてきた。

これらのシンクタンクは、501(c)(3)団体で、教会、大学、慈善事業とおなじように、税金を免除される。政治に関与したり、実質的な影響を及ぼすようなロビー活動を行なったりすることは、法律で禁じられている。しかし、その境界線は曖昧だ。ポープとつながりのあるシンクタンクの幹部2人は、共和党の選挙運動や、ポープが理事をつとめるAFPに、何度も参加している。シンクタンクの職員は、法案の素案を作成して議員に見せ、自分たちが議会に影響力を持っていることを自慢する。ポープもそういう仕事ぶりが自慢で、保守派のフィランソロピー・ラウンドテーブルで、「私たちは、一世代のうちに、ノースカロライナ州の政治論議を中道左派から中道派に動かすことができた」と述べている。

ポープと一族は、イデオロギーのインフラに注入した6000万ドル以外にも、2010年と

2012年に、州議会選挙の候補者と党委員会に50万ドル以上を献金していた。それに加えて、ポープの会社、ヴァラエティ・ホールセラーズが、その期間に独立した運動を行なった外部団体に100万ドル近くを寄付していた。ノースカロライナ州でポープは、元政治顧問スコット・プレースがいうように、「コーク兄弟Lite《ライト》」になった。

人種差別時代の復活

共和党がノースカロライナ州議会の支配を奪うと、この資金の背後にどういう目論見があったかということが、たちまち明らかになった。先に述べた私立シンクタンクが何年も温めていた保守派の政策が、数カ月のうちに実行された。議会は、法人税と富裕層の減税を行なういっぽうで、ミドルクラスと貧困層の社会福祉とサービスを削減した。環境保護プログラムも骨抜きにし、女性の中絶を大幅に制限し、ゲイの結婚を違法とし、バーや校庭や大学のキャンパスで銃器を隠し持つことを合法化した。投票しにくいように、煩雑な役所の手続きを設定した。新たな障壁は、昔の人種差別の時代の人頭税や読み書き能力テストのようなもので、民主主義を知った貧困層やマイノリティの投票を妨げるのが目的だと、批判勢力は非難した。選挙法の権威のリチャード・ハセンは、「こんな抑圧的な投票手続きを決めた法案は、いままで一度も見たことがない」と断言している。サウスカロライナ大学教授で、南部の歴史が専門のダン・T・カーターは、アメリカ各地の友人に、ノースカロライナ州の事態は外部から見ているとおりにひどいのかときかれて、「いや、最悪だ——外部から見ているよりもずっとひどい」と答えなければならなかったという。

この政策によって州民は「一所懸命稼いだ金をもっと貯め込む」と共和党は主張している。しかし、AP通信の事実調査アナリストによれば、低所得労働者《ワーキングプア》は支出が増え、最富裕層がもっとも大きな利益を得たという。ノースカロライナ予算税制センターの試算では、この変革で減税の75パーセントが上位5パーセントの納税者を潤したとしている。議会は低所得労働者の所得税控除を廃止した。議会はノースカロライナ州内の遺産税も廃止し、最初の5年間で州の税収は3億ドル減少する見込みになった。しかも、この減税は、きわめて富裕層に有利なように偏っていた。従来の法律でも遺産のうち525万ドルが控除の対象になっていたが、この変更によって、2011年に遺産税の対象とされたものは23件しかなかった（ポープが資金を提供しているシヴィタス・インスティテュートが、問題のあるサプライサイド経済学を発案した特別顧問、アーサー・ラファーの助言で、最富裕層向けの減税の多くを提案した）。

それと同時に、議会が失業手当を大幅に削減したため、連邦政府の緊急失業支援費7億8000万ドルを受け取る資格を州は失った。そのため、失業率が全米で第5位だったノースカロライナ州の失業手当は、全米でもっとも少額になった。

また、貧窮者に患者保護並びに医療費負担適正化法の資格をあたえて医療費負担をゼロにするための、メディケイド適用範囲拡大を、ノースカロライナ州は拒絶した。連邦政府に対するこの反抗で、保険に加入していない低所得の州民50万人が無料のヘルスケアを受けられなくなった。州議会がこれらの社会保障支援を妨害したことで、1年あたり455人ないし1145人の州民が死亡していると、ハーヴァード大学とニューヨーク市立大学の医療研究者たちの研究が算定している。

州の大学は「過激派の溜まり場」

リバタリアンびいきのポープはいう。「ただ飯などというのはありえない」ノースカロライナの予算では、その言葉どおりになった。ポープが提案した数多くの新減税によって、州の歳入は10億ドル不足することになり、それを埋め合わせる手立てが必要になった。節約のために、ノースカロライナ州は、他の南部諸州よりも際立って優れていた機構――定評のあった公立学校制度――に手をつけた。

順序だった攻撃が進められた。私立校の学費用のバウチャーを許可すると同時に、公立学校の予算を締めつけた。助教員を廃止し、アメリカで第21位だった教員の給与を第46位になるまで減らした。教員が高い学位を修得するための優遇措置を廃止し、落ちこぼれるおそれのある未就学児童向けの成功していたプログラムへの予算を減らした。有権者たちは、臨時消費税1セント分を延長して教育予算を維持することを希望したが、州議会は臨時消費税を期限切れにして、教育予算削減を実施した。州議会の議員の大半は、繁栄のためのアメリカ人が推進した反税の誓約に署名していた。

高く評価されていたノースカロライナ州の州立大学機構も、打撃を受けた。イデオロギー闘争が、その戦いに持ち込まれた。ポープのネットワークは、それまでずっと予算を削減するための運動をくりひろげていた。ポープが設立したNPO、高等教育政策のためのジョン・ウィリアム・ポープ・センターの職員が、州の大学機構は「過激派の溜まり場」になっていて、公共予算は「無駄な出費」だと唱え、州議会は「この野獣を飢え死にさせろ」と主張した。政治的に偏向していることを証明しようとして、同センターは教授たちの投票記録を調べ上げた。ノースカロライナ州の憲法は、すべての州民が「実質的に無料の」高等教育を受けられるようにすることを求めている。それにもかかわらず、共和党は、議会で多数党になったとたんに、大幅な予算削減を押しつけ、授業料値上げ、教職員の解雇、奨学金不足を引き起こした。

敬愛されていた元ノースカロライナ大学学長ビル・フライデーは、2012年に亡くなる前に、この変化で貧困層と中所得層の家族が高等教育を受けられなくなるだろうと憂慮していた。「彼らにドアを閉ざすとは、いったいなんということをするのか?」フライデーは問いかけた。「これは戦争だ。政府が演じる役割に戦いを仕掛けている。ほんとうに悲惨な事態だ。ノースカロライナ州が抜きんでていた特質だったのに」

自分の思想を制度化する

自分のネットワークに大学の予算を削る戦いを進めさせるいっぽうで、ポープは西欧文明や自由市場経済学など、自分の好む問題の研究にひそかに資金を投入していた。たとえば、ポープはノースカロライナ州立大学に50万ドルを寄付し、保守派の講座の資金に充てさせた。「ポール・クルーグマン（訳注　ノーベル経済学賞受賞者のクルーグマンは、政治的発言が多く、反共和党、メディケア擁護で知られている）を招くことはありえない」講演者を選ぶ教授がそう認めた。その教授は、ジョン・ロック財団の会員だった。ポープの寄付は学会を買収するのが目的だと、教職員たちは見ていた。「嘆かわしい、悪辣な行為です」ノースカロライナ大学国語教授のキャット・ウォーレンはいう。ポープは

「高等教育の資金を奪っておいてから、お金が足りないのに乗じて、影響力を及ぼし、カリキュラムの内容を変えようとしている」

ジョン・ロック財団は、ノースカロライナの歴史研究プロジェクトも後援している。「個人の富の創出」と呼ばれるものを褒めそやし、社会運動と政府の役割を軽んじるような、オンライン・レッスンを高校教師に提供して、州の歴史教育の方向性を変えるのが、このプロジェクトの狙いだった。おなじ流れで州上院共和党は、アメリカの歴史の一環として保守派の理念を学ぶことを、ノースカロライナ州の高校生の2015年卒業の条件とする法案を成立させた。この法案では、「納税と支出についての政府の権限は憲法で限定されている」と力説していた。「自分の思想を制度によって支えるというポープの計画の一環」だと、リベラルの監視団体NCポリシー・ウォッチのクリス・フィッツサイモン代表はいう。

精神構造は植民地の大農園経営者

だが、受ける利益が大きくなるにつれて、ポープは攻撃の的になった。ノースカロライナ州の右傾化に抗議して、全米黒人地位向上協会（NAACP）が州都ローリーで毎週、「倫理の月曜日《モラル・マンデー》」集会を開くようになり、やがてポープのヴァラエティ・ホールセラーズに矛先を向けはじめた。

ノースカロライナ州の共和党員の一部も、やりすぎだとポープを非難した。CBSとフォックス・テレビのローリーの子会社を傘下に持つキャピトル・ブロードキャスティング・カンパニーの社長兼CEOジム・グドモンは、「私は共和党員だったが、アート・ポープのせいで、ノースカロライナ州民であることを恥ずかしく思っている」と述べた。グドモンはノースカロライナ州の保守派エスタブリッシュメントと深い結びつきがある。祖父のA・J・フレッチャーは、元共和党上院議員ジェシー・ヘルムズの最大の支援者だった。しかし、グドモンはポープの勢力は「反コミュニティ」だといい、「政府は悪だと主張して、彼らは権力を握った。彼らは減税しか求めていない」と付け加える。「物事をよくすることはまったく重要視していない。敵を中傷することしか頭にない」というのが、グドモンの結論だった。

ローリーの郊外にあるヴァラエティ・ホールセラーズ本社の、駐車場を見おろす空きオフィスでインタビューしたとき、ポープは、自分のことを過激派と呼ぶ人間は誤解していると斥けた。「左派がいじめたい相手や悪い鬼がほしいときには、私の名前を出す」ポープは抗議した。「そのアート・ポープという人間について、色々と耳にはいる——彼らが話題にするポープは、嫌なやつだ。私の知っている人間ではない。彼らがいうことが事実なら、私は自分が嫌いになっていたはずだ。しかし、事実ではない」

ポープは、いかにも弁護士らしく、4時間も反証を挙げて、自分のような保守派はノースカロライナ州では迫害に遭っている弱者だから、勝ち負けのバランスを立て直そうとして資金を出しているだけだと論じた。「企業の利害という狭い問題」に突き動かされているのではなく、純粋な理想主義が原動力だと、ポープは述べた。自分は「政治的には保守派」で、「フィランソロピーの面では典型的なリベラル」だといった。自分が支援するNPOが、最低賃金法に反対するなど、ビジネスに有利な数々の主張を行なっていることは認めた。事実はその程度ではなかった。ノースカロライナ州のリベラルなビジネスマン、ディーン・デブナムのような批判勢力は、ポープは「植民地時代の大農園《プランテーション》」経営者の精神構造で、「パートタイム労働者を雇い……最貧困層を食い物にして、最富裕層の目論見を推し進めるのに利用している」と非難する。だが、ポープは、自分の会社の収益を増やすような立場はとっていないと反論する。ジョン・ロックの説に従い、市民が一所懸命に働き、生み出した富によって報われるような社会が、最善の機能を果たすと信じているだけだ、という。

経済格差は案ずるに及ばない

ケイトー研究所の夏のプログラムで自由市場理論を知ったのが、たいへんありがたかったとポープは語り、「富の創出と破壊は、たえずくりかえされている」から、アメリカで経済格差が拡大していることは、案ずるには及ばないと主張する。アメリカの国民すべてに、成功する公平な機会がある。マイケル・ジョーダンとミック・ジャガーを引き合いに出して、「彼らが財産を剥奪されなければならない理由がどこにある——そういうことは、公平といえないだろう？　私はビル・ゲイツの富をうらやましいとは思わない」さらに付け加えた。「アメリカには貴族政治も金権政治もない」

貧困者はほとんどが、自分の誤った選択の被害者だ、とポープは論じる。「じっさい、最低所得層を見れば、年齢と結婚によるものだとわかる。若くてシングル・マ——失礼、若くてシングル・ペアレントで、高校も卒業していなかったら——所得は低く、底辺の20パーセントになるだろう」

ポープの富に支援されている無数のNPOも、「不運はみずからが招いたものだ」というポープの説を唱えている。一例を挙げるなら、ケイトー研究所のある研究員は、アメリカの貧困層は「たいがいのリベラルが描きたがるような状況」よりもずっといい暮らしをしていると断定している。その研究員、ボブ・ルーブケは、ヘリテージ財団のある研究を引き合いに出し、貧困者にはたいがい、寝泊まりする場所と冷蔵庫とケーブル・テレビがあることを指摘した。「いたるところにホームレスがいるというメディアの思い込みも、やはり事実無根だ」とルーブケは断言する。ジョン・ロック財団から異動になり、2015年にジョン・ウィリアム・ポープ財団の理事長になった、ポープの優秀な右腕、ジョン・フッドは、「ノースカロライナ州と全米の貧困の実情は、悲しくなるくらい大げさにいい立てられている」と力説する。貧困の存在は、ほとんどが「自滅的な態度」の結果だと、フッドはいい切った。

ノースカロライナ大学法科大学院の貧困・労働・機会研究センターのジーン・ニコル所長は、州の黒人児童の3分の1が貧困な家庭で育ち、どん底からスタートしなければならないという事実を指摘する。つまり、自分で選択できるようになる以前から、そういう状態なのだ。しかし、ニコルが共和党を批判すると、ポープのネットワークは大学に圧力をかけ、2015年に同センターを解散させた。

生まれたときから三塁ベース

ポープには、ほとんど貧困の経験がない。裕福な家庭に育ち、私立の全寮制学校からノースカロライナ大学に進み、デューク・スクール・オブ・ローを卒業して、祖父が創業し、父親が拡大した一族のディスカウント・ストア事業に就職した。だが、ポープはしばしば、「私は相続人ではない」と力説する。父親が息子たちに一族の事業の株を買うことを要求したのだと、ポープは説明する。チャールズ・コークや、ドナー・ネットワークのメンバーの多くとおなじように、ポープは自分が積みあげた功績で会社の舵を取るようになったと信じている。ポープを知る人間は、彼がきわめて勤勉で、極端なまでに倹約だという。しかし、選挙運動に数十万ドルの献金を受けたことも含めて、ポープは両親から数多くの利益をこうむっている。

1992年に、ポープが州政に携わろうとして、副知事に立候補し、落選したときに選挙参謀をつとめたスコット・プレースは、ポープの父親が選挙運動に献金したときの金の受け渡しを、克明に憶えている。「父親が小切手帳を持って、指でなぞっていた。〝いくらだ?〟と父親がきくと、アートが、〝そうだね、6万ドルかな〟と答えた。父親がぶつぶついった。私はびっくりして立ち尽くし、〝すごい額だな!〟といった。父親が答えた。〝まあ、どうせアートが相続するんだ。それをどう使おうが、アートの勝手だろう〟。〝それじゃ金をおろしにいけ、坊主〟という感じではなかった」プレースはいう。「そうではなく、〝金を持って出ていけ!〟という感じだった」

選挙が終わってポープが落選するまでのあいだに、両親が約33万ドルの回収不可能の〝ローン〟をポープにあたえたことが、記録に残っている。インフレ率を計算に入れると、現在の50万ドルにほぼ等しい。

プレースはポープについて、「貧乏な人間は、一所懸命働かないから貧乏なのだと考えている。なにしろ自由企業制が重要なんだ。父親の事業を成長させたのは確かだろうし、頭がよく、政治的にも抜け目がない。しかし、彼は、生まれたときから三塁ベースに立っていたどころか、ホームプレートの一歩手前にいたんだ」プレースはそういういい方をした。「白紙小切手に近いものを持っていたら、だれでも有効な政治活動ができる」

ノースカロライナ州民主党のデイヴィッド・パーカー委員長は、ポープは特権階級の生まれだという事実を糊塗していると非難する。「勤労を美徳とするプロテスタントの労働観を口にしているが、彼は昔ながらのやり方で金持ちになった。母親に産んでもらうことで」パーカーはなおもいった。「私たちはみんな、アート・ポープのお伽噺の世界の囚人だよ」

私はアメリカ合衆国を攻め落とす

ポープがノースカロライナ州で資金を供給したイデオロギー・マシーンは、たしかに群を抜いて強力だったが、全米に目を向ければ、巨額の資金が注ぎ込まれたNPO組織システムの一部にすぎなかった。オバマが大統領に再選されたときには、保守派はほとんどの州で、複雑に絡み合ったNPO組織を築きあげていた。彼らは連邦主義を標榜し、中央政府に疑いの目を向けていたので、州を重視するのは、当然の動きでもあった。南北戦争から公民権運動に至るまで、南部ではことに、州の権利の拡大が保守派のスローガンだった。従来は、それが激しい人種差別という形をとり、州の司法機関が連邦政府の干渉に抵抗してきた。やがて、レーガン時代になると、その運動が企業寄りの色合いを帯びる。ルイス・パウエルやウィリアム・サイモンのような保守派ビジネスリーダーが、企業の特別利益団体を組織し、公衆の利益を追求するリベラルの運動に全国で対抗した。州と地方のレベルでも、保守派が同様の組織を立ち上げた。この活動の指導者の1人、反組合のサウスカロライナ州の建設王トーマス・Ａ・ローは、１９８０年代にヘリテージ財団の同僚理事に、「きみはソ連を攻め落とせ――私はアメリカ合衆国を攻め落とす」と宣言したといわれている。

保守派シンクタンクの全国連合組織

ローはその後、１９９２年に、保守派の州ごとのシンクタンクの全国連合、州政策《ステート・ポリシー》ネットワークを設立した。２０１２年にこのネットワークは、シンクタンク64社を擁し、各州に1カ所以上の拠点を置いて、型にはまったおなじような政策案を打ち出した。たとえば、ノースカロライナ州では、ポープの富で設立されたシンクタンク2社が会員だった。会長のトレイシー・シャープは、各シンクタンクは「あくまで独立しています」と唱えている。しかし、閉ざされたドアの奥では、グループのモデルは世界的ディスカウント・ストアのイケアだと、彼女は述べていた。２０１３年の年次総会に集まった会員８００人に、各支部がイデオロギー製品を家で組み立てられるように、全国組織が「カタログ」と「資材」と「サービス」を提供すると告げた。「必要なものを選んでください」シャープはいった。「そうすれば、あなたがたにもっとも役立つようにカスタマイズします」

２０１１年、ステート・ポリシー・ネットワークの予算は、８３２０万ドルという規模に達した。繁栄のためのアメリカ人（ＡＦＰ）、ケイトー研究所、ヘリテージ財団、コーク兄弟が資金を提供している、グローヴァー・ノーキストの税制改革のためのアメリカ人を含む１００社以上の保守派ＮＰＯ団体が、「準」会員として、ネットワークのシンクタンクに協力した。

保守派企業の「法案工場」

また、米国立法交流協議会（ＡＬＥＣ）は、右派が州レベルで影響力を強めるのに貢献している。ウェイリッチの頭脳が生み出したこの組織は、リチャード・メロン・スケイフが設立資金の大部分を提供した１９７０年代以降、目覚ましい成長を遂げた。批判勢力は、ＡＬＥＣは保守派企業の「法案工場」だという。数千の企業や業界団体が、高額の会費を払って地方の高官と秘密会議を行ない、法案の手本を作成する。それを議員が自分たちの案として、州議会に提出する。ＡＬＥＣは平均１０００件の新法案を作成し、そのうち２００件ほどが州法として制定される。ステート・ポリシー・ネットワークのシンクタンク29社前後が、ＡＬＥＣの会員で、法案に関する研究を提供している。

ＡＬＥＣは、さまざまな面で、企業のロビー活動とかなり似通っているが、免税の５０１（ｃ）（３）「教育」団体だとみずから認定している。だが、仲間内では取引の実績を売り込んでいる。会員親展のニューズレターで、ＡＬＥＣは企業にとって「有利な投資になります」と自慢している。「これほど高いリターンは、ほかでは得られません」。買収に見られないように、議員たちは手本の法案が企業の生み出したものであることを黙っている。しかし、元ウィスコンシン州議会下院議員（のち州知事）トミー・トンプソンが認めているように、「私自身も、この［ＡＬＥＣの］会議に出席するのはつねに楽しみだった。新しい案が見つかるからだ。それをウィスコンシンに持ち帰り、ちょっと偽装してから、〝自分の案〟だと宣言する」。

この州に的を絞った活動に、コーク兄弟は早くから財政支援を行なっていた。コーク・インダストリーズは、ALECの企業委員会に20年近く委員を配置し、その期間、ALECはコーク・インダストリーズのような化石燃料会社の利益を促進する法案を数多く生み出した。2013年だけでも、ALECは、政府の代替・再生可能エネルギー支援を妨害する法案70件あまりを作成している。

その後、コーク兄弟は刑事司法改革を唱えるが、ALECで活動していたときには、服役期間の厳格化を推し進める政策をALECが案出するようにして、あちこちの刑務所で受刑者が収容可能な人数を大幅に超えるという危機が起きた。刑務所関連の営利事業者たちは、長年、ALECのもっとも活動的な会員だった。たとえば、1995年にALECは、麻薬犯罪に最低服役期間を定めることを促進した。その2年後、チャールズ・コークは、43万ドルを貸しつけて、財政難に陥っていたALECを救った。

専属のニュース局を設立

2009年、各州における保守派運動は、あらたな次元に移った。ステート・ポリシー・ネットワークは、「調査報道」機能を付け加え、フランクリン・センター・フォー・ガヴァメント・アンド・パブリック・インテグリティと呼ばれる組織と組んで、40州ほどでニュース局を発足させた。レポーターが、自分たちの全国通信社網とウェブサイト向けの記事を書いた。ほとんどがステート・ポリシー・ネットワークの研究をもとにした記事で、ALECの優先する法案を売り込んでいた。記事では頻繁に政府のプログラム、ことにオバマの打ち出した政策を攻撃した。このニュース組織は、自分たちは中立の大衆監視組織だと主張していたが、大部分の報道は黒幕の保守派の嗜好を反映していた。

プロフェッショナルのジャーナリストたちは、フランクリン・センターがコンテンツを「ニュース」としていることに、すかさず異議を唱えた。ウィスコンシン州マディソンの『キャピタル・タイムズ』の名誉編集人デイヴ・ズワイフェルは、この組織の州内のウェブサイトを「変装したオオカミ」と呼び、「客観報道という伝統に対する危険な一撃」だと評した。ピュー・リサーチ・センターのプロジェクト・フォー・エクセレンス・イン・ジャーナリズムは、フランクリン・センターの報道は「きわめてイデオロギー的」だと分類した。しかし、フランクリン・センターの創設者ジェイソン・シュトヴェラクは、ひるむことなく活動をつづけた。シュトヴェラクは、組織の資金源を明かすことを拒み、ある保守派の会合で、「過去の遺物のメディア」の多くが全米の州レベルで経済苦境に陥っているために生じた空隙を埋める計画があると述べた。

資金源は巨大な多国籍企業

オバマの政策を州レベルで無効にするために、この3団体――ALEC、ステート・ポリシー・ネットワーク、フランクリン・センター――は、底辺《ボトム》から沸き起こったように見せかけた保守派革命を、徐々にひろげていった。だが、資金提供はほとんどトップダウンだった。大部分が、コーク・インダストリーズ、レイノルズ・アメリカン・アンド・アルトリアタバコ会社、マイクロソフト、コムキャスト、AT&T、ヴェリソン、グラクソスミスクライン、クラフト・フッドなど、巨大な多国籍企業だった。莫大な富を保有するドナーや彼らの私立財団も、この活動に資金を注ぎ込んでいた。資金のほとんどが、ワシントンDC中心部に本拠のある、ドナーズトラストという基金を通じて送られ、ドナーの指紋は残らなかった。1999年以降、ドナーズトラストとその姉妹組織のドナーズ・キャピタル・ファンドに蓄積された7億5000万ドルは、200人足らずの大金持ちと私立財団の資金だった。彼らはたいがい、コーク・ネットワークに属しているビリオネアやマルチミリオネアだった。

ドナーズトラストに寄付を行なっていた、この少人数の集団が、2011年のフランクリン・センターの収入の95パーセントを提供していた。ドナーズトラストとドナーズ・キャピタル・ファンドの大手支援者たちは、2008年から2011年にかけて、ステート・ポリシー・ネットワークのシンクタンク群に、5000万ドルを投入した——州レベルとしては莫大な額だ。ドナーズトラストを運営し、ステート・ポリシー・ネットワークの理事もつとめていたウィトニー・ボールは、オバマ政権下で保守派ドナーは、「州レベルで変革する格好の機会」だと見てとった、と説明する。

政府閉鎖の「フィクサー」

2013年秋、保守派のノースカロライナ改造の影響が、州境を越えてひろがった。あらたにゲリマンダリングされた選挙区で当選した無名の新人共和党下院議員が、連邦政府閉鎖につながるプロセスの開始に貢献した。共和党内の過激なドナー地盤が、数年前には考えられなかった程度まで政治を二極化していることを、それが具体的に示していた。

マーク・メドウズは、2012年に立候補する前はレストランの店主で、ノースカロライナ州西端の日曜学校で聖書を教えていた。従来、山に囲まれた田舎の下院第11区は、元NFLのクォーターバックの保守派民主党員、ヒース・シューラーが維持していた。しかし、ゲリマンダリングによって、その地域の民主党支持者が減るような区割りがなされたため、シューラーは勝ち目のない選挙戦で金と時間を無駄にして敗北するのを嫌って引退した。事実上、メドウズに議席を譲り渡したことになる。

下院議員になって8カ月とたたないうちに、メドウズは下院共和党指導部に公開状を送り、〝財布の力〟を使って患者保護並びに医療費負担適正化法の息の根をとめようと要求し、全国紙の見出しになった。この法律は、2012年にオバマが再選されたときには、最高裁が是認して確定していた。しかし、メドウズは、法律の実行に必要な予算を割り当てることを共和党が拒んで、故意に妨害すべきだと進言していた。それで主張が通らなければ、政府を閉鎖させる。秋までにメドウズは共和党下院議員79人以上から賛成の署名をもらい、過激な法案に反対してきたジョン・ベイナー下院議長に要求を呑ませた。

メドウズは後日、自分の役割をおおげさにいい立てたとメディアを批判したが、地元のティーパーティ集団には「われわれの顔」だと褒めそやされ、2013年の政府閉鎖の「フィクサー」だったとCNNに評された。議会の保守派が譲らず、10月にもっとも重要な政府機能を除いて、連邦政府全体がじっさいに16日間麻痺すると、そういった華々しさは色褪せた。メドウズの選挙区では、連邦政府の援助に頼っていた複数のデイケア・センターが、心配してやってきた家族を追い返し、近くの国立公園が閉鎖されて、観光業は火が消えたようになったといわれている。全国の世論調査で、世論が政府閉鎖に絶対反対であることがわかった。『ワシントン・ポスト』の保守派コラムニスト、チャールズ・クラウトハマーまでもが、この党内の反乱分子を、「自爆議員団」と呼んだ。

制御不能に陥った共和党

2010年のゲリマンダリングで、『ニューヨーカー』のライアン・リザがいう「歴史的異常事態」が起きた。過激な政治勢力には、妥協する動機がなく、自分の党の指導部に対してもおなじ態度をとる。それだけではなく、超保守的な新選挙区の共和党議員は、さらに保守的な候補者のプライマリー・チャレンジを受けるおそれがあった。

いわゆる自爆議員団の80人は、異様なまでに代議員制の原則を逸脱した少数派だった。人口の18パーセントを代表しているにすぎず、下院共和党議員団全体の3分の1でしかない。ゲリマンダリングされた彼らの選挙区は、民族や人種が多様ではなく、国全体よりもずっと右傾化していた。たしかに異常ではあるが、党へ献金するドナー地盤が過激化していたため、彼らは分不相応な力を発揮した。

「これまでの時代には」リザは指摘する。「イデオロギーが過激な少数派は、党指導部にとって統制されていた。現在の連邦下院が従来と異なるのは、共和党側の党紀が崩壊してしまったことだ」党の重鎮はもはや支配していない。外部の巨額の金は、2012年の大統領選挙は買えなかったが、それでもアメリカ合衆国政府を麻痺させるのに成功した。

もちろん、メドウズは自分の力だけで政府閉鎖を立案できたわけではない。おなじように外部の右派の金に後押しされて、2012年にテキサスで上院議員に初当選したテッド・クルーズが、下院での戦略の大部分を画策した。共和党の大物ドナーが資金を注ぎ込んでいる保守派NPO多数が、メドウズの要請を宣伝するいっぽうで、州単位でオバマケア反対運動を組織した。1954年のブラウン対教育委員会裁判で、公立学校での人種差別廃止を命じた最高裁の裁定に南部の数州が反抗したときを思わせるほど、激しい運動だった。当時の人種差別主義者とおなじように、保守派は敗北を受け入れなかった。

アメリカ国民の大多数は、この過激すぎる行動に驚いた。だが、保守派活動家は、だいぶ前からさまざまな妨害計画をひそかに練っていた。

この過激主義の根底にある荒々しい怒りは、ジョージ・メイソン大学の法学教授マイケル・グリーヴが2010年にアメリカン・エンタープライズ研究所の会合で行なった演説にはっきりと示されていた。グリーヴは、ブラッドレー、クアーズ、コーク、スケイフ財団、さまざまな巨大企業の資金で設立されたワシントンDCの反規制・自由市場シンクタンク、コンペティティヴ・エンタープライズ研究所の会長で——オバマケアの激烈な反対者でもある。「この野郎は、政治衛生上の問題から、抹殺されなければならない」とグリーヴはいい放った。

「どういうやり方でも構わない。手足を切断してもいいし、心臓に杭を打ち込んでもいい。タールを塗ってニワトリの羽根をくっつけてもいいし（訳注 植民地時代に私刑［リンチ］でよく使われた刑罰。その後、黒人に対しても行なわれた）、絞め殺してもいい」グリーヴはまくしたてた。「だれがやってもいい。どこかの法廷でも、連邦議会でもいい。とにかく、その目的に使われる金はすべて使うに値する。そのために提出する訴状はすべて提出するに値する。その目的に役立つような演説や討論会は、アメリカ合衆国に貢献する」

反オバマケアで大規模な「教化」作戦

2012年春に最高裁が患者保護並びに医療費負担適正化法を是認し、おなじ年の秋にオバマが再選されてもなお、過激な抵抗は熄まなかった。それどころか、右派は陣容を立て直した。『ニューヨーク・タイムズ』がのちに報じている。「保守派活動家のゆるいつながりの同盟」がオバマケアを妨害する他の方策を練るために、ひそかにワシントンDCに集まりはじめた。「オバマケアの予算を骨抜きにする青写真」がそういった会合から生まれ、数十の保守派団体が署名して、保守派行動計画《コンサヴァティヴ・アクション・プロジェクト》と名乗った。指導者は元司法長官のエドウィン・ミーズ3世だった。ミーズは保守派運動の老旗手で、ヘリテージ財団のロナルド・レーガン記念議長に就いているほかに、ジョージ・メイソン大学マルカタス・センターの理事をつとめ、コークのドナー・サミットに頻繁に出席している。ヘルスケア・プログラムの予算を下院で棚上げにするという案が会合で案出され、メドウズがその後、それを議会で唱えた。

連邦法に従わない気運を扇動する大規模な「教化」作戦も案出された。ノースカロライナ州でやったように、公職にある人間と市民の両方が、医療保険市場《ヘルスケア・エクスチェンジ》の設立を拒否することで、彼らはオバマケアを妨害しようとした。コーク・ネットワークの〝経済連合会〟のフリーダム・パートナーズ商工会議所が、この戦いの資金の大部分を提供した。若者向けのフロント団体ジェネレーション・オポチュニティを使って、政府が個人のヘルスケア問題に干渉することへの恐怖を煽るために、婦人科の診察を受けている女性の股のあいだでアンクル・サムが飛びはねているという、悪趣味なアニメのCMをオンラインで流した（コーク兄弟のフロント団体は、政府がリプロダクティヴ・ヘルス問題に干渉するのには、まったく懸念を抱いていないようだ）。この団体は、ベトナム戦争中に徴兵カードを焼いたのを真似て、オバマケアの保険証を焼くという学生中心の抗議行動も金銭的に支援した。これらの偽情報作戦で、恐怖と混乱がひろまった。政府が「死の判定団」（訳注　ターミナルケアを受けている患者の延命措置を中止するかどうかを決める機関。元アラスカ州知事サラ・ペイリンが、それを設置する法案が提出される可能性があると唱えたが、事実無根だったことが暴かれた）を設置しているという風説が、最貧困層を中心にひろまっていることを、ニュース報道が物語っていた。

廃案に向けテレビCMに2・5億ドル

2013年夏と秋、メドウズが公開状の支援者を募っていたころに、繁栄のためのアメリカ人（AFP）は、反オバマケアのテレビCMに、さらに5500万ドルを支出した。それについてのちに質問されると、ティム・フィリップスは、ヘルスケア法案の予算を取り消すよりも、廃案にするほうが望ましいと考えていたからだと力説した。いずれにせよ、コーク兄弟の政治組織はあきらめないと、フィリップスは明言した。ヘルスケア法案に反対する「多方面での戦い」に「数千万ドル」を支出する予定だ、と彼は述べた。

その活動の一環として、AFPは、ヘルスケア・プログラムに含まれている無料のメディケイド適用拡大を拒むよう、各州に圧力をかけた。それによって、無保険の成人400万人が、ヘルスケアを受けられなくなる。また、アメリカ中の州の担当者に圧力をかけて、法律によって求められるヘルスケア・エクスチェンジの設立を拒むよう要求した。いっぽう、ケイトー研究所とコンペティティヴ・エンタープライズ研究所は、州が行動しない領域に連邦政府が介入するのは違法だという理論を推し進めた――法律を作成した共和党と民主党の議員が、この法解釈を否定した。それにもかかわらず、これが患者保護並びに医療費負担適正化法に対する2度目の訴訟の訴因とされ、最高裁でふたたび裁定されることになった。このキング対バーウェル裁判は、2015年にふたたび無効と裁定された。

(コーク兄弟とその同盟者たちは、ヘルスケア法案が最高裁にまで上訴された最初の裁判でも、気づかれないようにひそかに資金を提供していた。訴訟を起こしたのは全米自営業者連合［NFIB］だった。しかし、NFIBは2010年のヘリテージ財団の会合で、説得され、原告になることに同意していた。その後、コーク兄弟の組織のフリーダム・パートナーズとドナーズトラスト、カール・ローヴのダーク・マネー組織クロスローズGPS、ブラッドレー財団が、すべてNFIBを資金援助した)

フィリップスは、保守派団体はヘルスケア法の支持者との戦いでは、相手方のほうがずっと莫大な資金を投入したと主張する。「ダヴィデとゴリアテの戦いのようだった」と強弁した。しかし、双方のテレビCMを追跡していた、カンター・メディアの選挙メディア分析グループによれば、成立後2年が経過している法案を悪霊のように描いているCMに、2億3500万ドルが支出されていた。法案を支持するＣＭへの支出はわずか６９００万ドルだった。

新人議員に蹂躙された下院議長

政府閉鎖に向けた動きでも、ヘリテージ財団は重要な役割を果たした。２０１３年、サウスカロライナ州選出のジム・デミント上院議員が、辞任して、ヘリテージ財団の総裁に就任し、彼の指揮のもとで財団は、共和党名でますます過激で攻撃的な勢力になった。デミント体制での新たな攻勢の一環として、ヘリテージ財団は党派主義の戦いに直接参加できるヘリテージ・アクションと称する５０１（ｃ）（４）ダーク・マネー団体を設立した。コーク・ネットワークが、その団体に50万ドルを注ぎ込んだ（この新機軸を最初に思いついたのは、リベラルのセンター・フォー・アメリカの代表、ジョン・ポデスタで、〝シンクタンクをステロイドで増強する〟方策だと述べていた。２０１０年に、ヘリテージ財団はそれを真似た）。

ヘリテージ・アクションは、メドウズの〝オバマケア予算取り消し〟公開状に署名しなかった議員を攻撃し、共和党穏健派を驚愕させた。内紛があまりにも過熱したので、長年、ヘリテージ財団が歓迎されていた共和党のある派閥から、ヘリテージ・アクションは追放された。だが、圧力をかける戦術は「きわめて影響力が大きかった」と、定評のある独立系無党派オンライン・ニューズレター『クック・ポリティカル・レポート』の専門家、デイヴィッド・ワッサーマンは『ニューヨーク・タイムズ』に語った。「ノースカロライナ州選出の新人下院議員が、一味を80人集めて、政府の機能を実質的に停止させるようなことができた時代が、いままでに一度でもあっただろうか？」

2012年の選挙後、二大政党の政治指導者たちは、党派主義の戦いが収まって、政府がようやく、世界一裕福で強力な国に期待されている重大な経済・社会・環境・国際問題に取り組めるようになることを願っていると述べた。ベイナー下院議長は、党内の過激派におとなしく引きさがる潮時だとはっきり伝えた。「大統領が再選された」と彼らをいましめた。「オバマケアは法律として確立した」

しかし、それから1年とたたないうちに、アメリカはまたしてもオバマケアをめぐる不毛の戦いで人質にとられた。2013年10月2日、議会重鎮がホワイトハウスでオバマと会談し、悲惨な結果をもたらす政府閉鎖を防ぐ政策合意を模索したが、実らなかった。そのときに、オバマはベイナーを脇に呼んで話をした。

「ジョン、どうなっているんだ?」オバマはきいた。

「私は撃破されました。それだけのことです」ベイナーは答えた。

超党派の妥協で、やがて政府が再開された。ベイナーは中央政界ではめずらしい公平無私な態度で、メルトダウンの主犯を名指しした。自己の利益だけを追求する過激な圧力団体が、「自分たちの支持者を欺いて、誤った方向に導いている」そして、「私たちの同僚を、望んでもいない立場に追い込んでいる。そして、正直いって、彼らは信頼をすべて失ったと思う」。

だが、コーク兄弟やアート・ポープは、自分たちの富がアメリカの政治を根底から過激化しているにもかかわらず、それを進歩と見なしている。ノースカロライナ州でポープは、高まる批判の声に対して弁じた。「私が自分の世代の金をどう使うかを決めることに関して、謝るつもりは毛頭ない」

第14章

新コークの売り込み：改善された戦闘計画

Selling the New Koch: A Better Battle Plan

勝ちたければ大衆のために働け

観客席の照明が暗くなり、テーマ音楽のカントリーミュージックが小さくなって、期待に満ちたささやきに取って代わられると、ビジネススーツを着た年配の白人4人が、広い講堂のカーテンの陰から現われ、その日のプログラムの題で宣伝されているように、「この場でもっとも頭のいい男たち」であることを証明するために、1人ずつ登壇した。

2013年3月16日のことで、ワシントンDCでもっとも影響力の強い保守派シンクタンクの代表者が集まる、年に一度の保守派政治行動会議（CPAC）が開かれていた。舞台にあがっているのは、保守派運動の賢人もしくは呪医にあたる男たちで、失敗に終わった2012年の大統領選挙を診断し、治療法を検討していた。その1人、長年ヘリテージ財団を指揮してきたエドウィン・フォイルナーは、ゴールドのポケットチーフを小粋にあしらっていた。好戦的なコンペティティヴ・エンタープライズ研究所の禿頭で顎鬚の所長、ローソン・ベイダーもいた。ケイトー研究所を指揮しているジョン・アリソンは、先ごろBB&Tの舵取りをやめたばかりで、まだ銀行家然としている。だが、なんといっても、その場で主役を食っていた脇役は、アメリカン・エンタープライズ研究所（AEI）のアーサー・ブルックス所長だった。

ブルックスは、額が後退し、ガリガリに痩せていて、胡麻塩の顎鬚をたくわえ、知的職業人らしい太い黒縁の眼鏡をかけていた。以前はフレンチホルン奏者だったのだが、保守派の主張がしっくりきて転職した。言葉の使い方と時機を選ぶことに長けていて、複雑な問題を煮詰め、純度を高めて、着手して実行できるようにするコツを心得ていた。その日も、それをやっていた。

「知っておく必要があることは、たった1つしかありません」ブルックスは、2012年のことについてそういった。「胸がむかむかするのは、わかっています」ブルックスは説明した。しかし、1つの統計が、保守派がなぜ敗北したかを明らかにしている。共和党の「あなたがたのような人々を気にかけている」という声明に賛同したのは、国民のわずか3分の1だった。さらに、貧者を気にかけているという言葉を信じたのは、38パーセントだった。

保守派には、共感を得られないという問題がある。それが重要なのは、ニューヨーク大学スターン・スクール・オブ・ビジネスの心理学者ジョナサン・ハイトの先ごろの研究が示しているように、アメリカ国民は一般に、「公平であることが重要だ」という声明に賛同するからだ。保守派の聴衆がうなずいたのを受けて、ブルックスはくりかえした。「〝公平〟という言葉を聞いて、あなたがたが不愉快になるのはわかっています」しかし、アメリカ国民は一般に、「弱者を助けるのは正しい」と信じている。

あいにくアメリカ大衆の見方では、民主党が「公平な連中」なのだと、ブルックスは説明した。「民主党は〝貧しい人々を助けている〟。私たちはどうか？　私たちは〝金の亡者〟なのです！」

保守派が勝利を収めたいのであれば、イメージを改善しなければならない、とブルックスは聴衆を熱心に説いた。政策が問題なのではない。保守派の政策は、いまも最善の解決策を提供している。問題は、メッセージの伝え方だ。大衆を納得させるには、もっと思いやりのある包装《パッケージ》にしなければならない。「べつのいい方をするなら」ブルックスはいった。「道徳的で善良な人間に見られたいのであれば、公平という言葉を口にし、弱者を助けなければならない」ブルックスは付け加えた。「みなさんは勝ちたいのですか？　だったら、大衆のために戦いなさい！……弱者を利用し、公平という言葉を利用して！……物語を語ることは重要です。物語を語って、大衆の気持ちを和らげましょう。物ではなく人間の話をしましょう！」

政治的イメージチェンジ

マシュー・コンティネッティのような炯眼の保守派は、ブルックスの処方箋を馬鹿にして、「メッセージの中身」も問題ではないかと問いかけた。コンティネッティは、企業エリートが推進する「法人税改革」によって、「貧者がアルコアやアンハイザー・ブッシュなどと、平等な競争の場で争えるようになるはずがない」という大衆の疑問は、的外れではないと、『ウィークリー・スタンダード』で辛辣に述べている。だが、コーク兄弟が2012年の選挙後に損害を査定し、今後の対策を立案しはじめたときには、ブルックスの助言が採用された。彼らは、金で買うことができる最高の広報活動を開始した。ブルックスが強調した単純明快な方針が、すべての根底にあった。〝1パーセントがアメリカを支配したいのであれば、それ以外の99パーセントの擁護者だという印象を、あらためて植え付けなければならない〟。

ブルックスは、この政治的イメージチェンジに必要な研究を提供することで、AEIやその他のワシントンDCの保守派シンクタンクの設立目的の1つに役立てようとした。「超富裕層がもっぱら設立した保守派のシンクタンクは、所得防衛産業の前線だ」と、政治学者ジェフリー・ウィンターズはいう。CPACでブルックスは、違う表現を使った。打ちのめされた保守派の現場運動員がひしめく会場で、ブルックスは聴衆に向けていった。「われわれシンクタンクの人間が、みなさんを支援します。思想の銃をみなさんに渡します！」

2012年の大統領選挙で屈辱的な敗北を喫したため、コーク兄弟やその他の巨額支出者たちが、新しい弾薬を必要としていることは明らかだった。敵は容赦なく彼らを罵った。コーク・インダストリーズのある社員は、当時のことを、「イメージと道徳で深刻な問題があり、〝コーク〟というだけで、悪魔の手先として働いているように思われた」という。

攻撃は倍にして返報する

2014年初頭、民主党の上院多数党院内総務ハリー・リードが、上院議場で毎日のようにコーク兄弟を攻撃し、この問題はいっそう悪化した。リードは激しい口調で、「彼らはアメリカを買おうとしている」と非難した。「この2人兄弟の恐ろしい不正に対して、アメリカ国民が怒りの声をあげるときが来ました。彼らは私が思い浮かべるどんな人間よりも、非アメリカ的です」

こんなふうに公に圧力をかけられたら、たいがいの人間は引きさがるだろうが、コーク兄弟は攻撃を倍にして返報するほぞを固めていた。「命のある限り、私はこの戦いをつづける」デイヴィッド・コークは、『フォーブス』で宣言した。

リードが攻撃をはじめたころ、コーク兄弟は新しい広報責任者のスティーヴ・ロンバードを雇っていた。ロンバードは、広告会社バーソン－マーステラーのワシントンDC支店で、広報と危機対策の責任者をつとめていた。さまざまな業績の1つが、タバコ会社のイメージ改善だった。そのころコーク兄弟陣営は、政治活動がどこで齟齬をきたしたのか、欠陥を突き止めようとして、厳密な事後分析を行なっている最中だった。

共和党全国委員会も、失敗の情報評価を行なっていた。めずらしく率直な自己批判の解釈が公にされ、さまざまな原因の1つとして、外部の抑制のきかない支出が候補者を圧倒して、裕福なドナーの影響力が強まりすぎたことが挙げられていた。「現在の選挙資金の環境では、党の側の活動を少数の仲間や同盟者の集団が支配することになる。これは健全とはいえない。外部組織の少数の人間の手に中央集権化された権威が握られるのは、私たちの党にとって危険だ」と、報告書は警告している。

中身ではなく包装が問題だ

コーク兄弟側の分析は、ずっと秘密にされていたが、2014年5月、AFPが主なドナーに送った「投資家向け極秘最新情報」を『ポリティコ』が入手し、彼らの考え方の一端が浮上した。中身ではなく包装が問題だったというブルックスの意見に、ぴったりと寄り添っていた。「アメリカ国民は一般に、自由市場政策――とそれを唱導する人々――が、社会でもっとも弱い人々よりも、金持ちで強力な人々に大きな利益をもたらすのを懸念していると思われる」繁栄のためのアメリカ人は、回状でそう嘆いていた。「その間違った見方を正さなければならない」

その直後に、べつの情報がリークされた。2014年6月17日、『アンダーカレント』というオンライン政治ニュースを運営している、ローレン・ウィンザーというほとんど無名の若いブロガー・ウェブ制作者が、コーク兄弟の半年ごとのドナー・サミットで先ごろ開かれた秘密会議の録音を、つぎつぎとポスティングした。ウィンザーは、かつてはリバタリアンだった。しかし、2008年の金融危機で失業し、それによって市場への信頼を失った。コーク兄弟とその仲間が、6月13日金曜日に、カリフォルニア州ラグーナビーチに近いセント・レジス・モナーク・ビーチ・リゾートに集まったときには、ウィンザーは大金持ちが政治に及ぼす腐敗した影響と戦う、改革運動家になっていた。彼女はサミットに出席した匿名の情報源と協力し、コーク兄弟の秘密をせっせとばらまいた。

ウィンザーが明らかにした録音は、期待どおりのものだった。

そこから数々の記事が生まれた。しかし、音質が悪かったためにウィンザーが公表しなかった部分があることが、あとでわかった。その録音はさらに驚異的な全体像を示していた。コーク兄弟のアメリカに対する策謀の規模と大胆さが浮き彫りになるとともに、危険な存在ではないと見せかけるために、その時期に自分たちの役柄を変えようとしていたことがわかる。

中道の3分の1を取り込め

6月15日日曜日、ドナーたちは5つ星のリゾートのパシフィック宴会場に集まり、「長期戦略：中道3分の1の囲い込み」と題されたランチ後のセミナーがはじまった。チャールズ・コークの「大戦略家」と紹介されたリチャード・フィンクが、新たな政治計画を、聴衆を魅了したり驚かせたりしながら、説明していった。コーク兄弟の長年の相談役のフィンクは、いろいろな面で、コーク帝国のだれよりも、2012年の失敗で窮地に追い込まれていた。フィンクはコーク・インダストリーズの上級副社長と取締役を兼ねていて、AFPの理事でもある。選挙後、フィンクは会社独自の厳しい内部審査をみずからに課した。アメリカ合衆国と海外の17万件の調査と、多数の会合やフォーカス・グループの反応に基づく、20年間の政治的世論の研究も吟味した。フィンクはドナーたちにその結果を発表し、アメリカを勝ち取るには、自分たちは変わらなければならないと、結論を述べた。

「2012年の選挙は完敗でした」フィンクは語りはじめた。「これは長期戦になります」自分が身をもって学んだ難題は、アメリカが3つの異なる部分に分かれていることだ。最初の3分の1は、すでにコーク保守派、つまりリバタリアンの理想像を支持している。つぎの3分の1はリベラル、つまりジョン・バーチ協会の用語でいえば「集産主義者」で、われわれが取り込むことはできない。「アメリカの未来をめぐる戦いでは、中道3分の1の人心をだれが勝ちとるかが重要になります」フィンクは述べた。「それが国の方向性を決めます」

問題は、自由市場保守派が、このなによりも重要な「中道3分の1」を逃したことだ、とフィンクは説明した。アメリカの人口のこの部分は、リベラルのほうが自分のような普通の人々を気遣っていると思う傾向がある。逆に、「大企業には疑いの目を向けています……大企業は貪欲で、恵まれない人間のことなど気にかけていないと思っているのです」

これは内輪の話だと念を押してから、そういう批判はけだし間違っていないと、フィンクは認めた。「あなたがたのいいたいことはわかっています。たとえば、私は貧乏な家に育ちました。一所懸命に働いて、ここまでになりました。だから」フィンクは語を継いだ。「『ホームレス』を見ると、『さっさと腰をあげて、おれたちみたいにせっせと働け!』と思う。

フィンクはなおも説いた。あいにく、われわれが票を獲得したい中道3分の1は、貧者を見たときに、違う反応を示す。彼らは「罪悪感」をおぼえる。この集団は、自分たちの「チャンス」よりも、「他人のチャンス」のほうを気にかける。

だから、政府を縮小するというコーク・ネットワークの政治目標を、この有権者たちは問題視する。フィンクは明言した。「私たちは規制を減らしたいと思っています。なぜか? もっと利益をあげたいからです。ちがいますか? 政府の支出を減らすのは、そうすれば税金を余分に払わずにすむからです。それはまぎれもない事実です」しかし、アメリカの有権者の3分の1を占める中道派、貪欲が動機だと思い、そういう意見を不愉快に思う。

コーク・ネットワークがやらなければならないのは、経済リバタリアンの「意図」は高潔だと、中道の迷っている有権者を説得することだ。「私たちが善行をほどこそうとしていることと、私たちが善良な人間であることを、この連中に納得させる必要があります」フィンクはいった。「説得するのが、将来、この国を動かします」

右派のドナーの主張が国民に不人気であることを、フィンクはぶしつけなくらいあからさまに述べた。「政府支出の削減と減税に的を絞っていたら、説得できません。反応してもらえないし、嫌われます」

だが、なにかを売り込むことにかけて、アメリカでコーク・ネットワークの右に出るものはいない、とフィンクは指摘した。「ビジネスをはじめたとき、私たちはどうしますか？　客に買ってほしいものではなく、客がほしがるものを見つけようとします。ちがいますか？」

「福利のための運動」が必要だ

コーク兄弟の広範囲の調査によって、アメリカ国民という「客」が政治に望んでいるのは、残念ながら、企業が支配する自由市場という理念ではないとわかっていた。アメリカ人が、自分だけではなくおおぜいにチャンスがあるほうがいいと思っていないわけではない。ただ、彼らは政治や宗教の自由、平和、安全保障だけではなく、きれいな環境や健康や高い生活水準を望んでいる、とフィンクは認めた。

地球を気候変動から守ろうとする環境保護主義者の活動を、独力で挫折させた超富裕層の資本家が率いる集団にとっては、そういった目標が支障になりそうだった。無保険の国民数百万人にヘルスケアを提供しようとするアメリカ初のプログラムを、コーク兄弟とその同盟者たちが極端な手段で妨害しようとしたことも、問題があったと見なされるかもしれない。相続人、ヘッジファンド・マネジャー、オフショア口座、その他、富裕層に有利な抜け穴に賛成し、社会福祉、最低賃金、労働組合、公立学校支援などに反対していることも、中道3分の1のチャンス拡大という望みと正面衝突する。

景気回復後の最初の年に、所得トップ1パーセントが、利息と配当による収入の93パーセントを手に入れていたことも、こういった政治的問題を悪化させた。

だが、コーク・ネットワークのメンバーは、政策を変更することなく、もっといい販売計画を用意する必要があると、フィンクは説いた。「奇妙に思えるかもしれませんが、私といっしょに耐えてください」中道3分の1に、ドナーの「善意」を納得させるには、コーク・ネットワークは政治目標の掲げ方を変えなければならない。「福利のための運動」を発足させる必要がある、とフィンクは唱えた。

特権階級の勝手な宣伝文句

改善された宣伝文句では、自由市場は幸福への道であり、大きな政府は専制政治とファシズムを招くと主張する。フィンクはつぎのような論法を使った。政府のプログラムは依存の原因になり、精神の衰退をもたらす。それが全体主義に変わることは、歴史が示している。最低賃金が好例だ。連邦政府が定めた時給7・25ドルよりも安い賃金でも働きたいと思っているアメリカ人は50万人いるが、最低賃金は彼らの「稼いで成功するチャンス」を奪っている。仕事がない人々は、「生き甲斐をなくす」とフィンクはいう。それが、「1920年代にドイツの補充兵のかなり大きな部分を占めていた」アメリカのビリオネアが多数含まれていた聴衆に向けて、フィンクは論じた。従って、最低賃金法は「第三帝国の興亡」の原因となったような状況をもたらしかねない。

フィンクは、ドナーたちを自由戦士と呼び、貧困者向けのプログラムに反対しているのは、貪欲が動機ではなく、最低賃金に反対しているのは、安い労働力を望んでいるからではないと、有権者に説明する必要があると訴えた。今後の売り込みでは、制限のない自由市場資本主義こそが、人類の「福利」につづく道だというように表現する必要がある。

先ごろの『ウィチタ・ビジネス・ジャーナル』のインタビューで、チャールズ・コークが同様の考えを示している。チャールズはインタビューで、「貧困者には社会福祉があるが、一生依存し、希望が持てなくなるおそれがある」と語った。オバマがいうように、「私たちは〝希望と変化〟を望んでいる。しかし、他人になにかをあたえられるというような形の希望ではなく、自分の能力で推し進めるような希望であってほしい」おなじインタビューでチャールズは、臆面もなく、先ごろ息子のチェイスをコーク肥料の社長に昇格させたのは、「どの段階でも彼が独力でやってのけたからだ」といい放った。チェイスには、チャールズやデイヴィッド、リチャード・メロン・スケイフ、ディック・ダヴォス、ベクテルの息子たちなど、コーク・ネットワークの大多数とおなじように、一族のビジネスの経営幹部になるという特権があり、しかも莫大な財産を受け継いでいることなど、頭をよぎりもしなかったようだ。彼らは1人として、「他人になにかをあたえられた」ために「一生依存し、希望が持てなくなる」状況に置かれたことがない。

予想外の同盟とも手を組む

フィンクはドナー向けの演説で、なおも説明した。自分たちが支持を必要としている層の「尊敬と好感を勝ち取るために」、コーク兄弟は予想外の同盟者とパートナーシップを結び、公開する必要がある。協調性がなく分裂を引き起こしているという批判に対抗するためだ。たとえば、今後、コーク兄弟が黒人大学連合基金（ＵＮＣＦ）や米国刑事弁護士協会（ＮＡＣＤＬ）とパートナーシップを結んでいるという話を聞くことになるだろうが、ＮＡＣＤＬにはすでに数年前から財政支援を行なっている、とフィンクは述べた。事実、フィンクは午後に、ＵＮＣＦ代表のマイケル・ロマックスや、ＮＡＣＤＬ上級ディレクターのノーマン・ライマーとともに、「国民の会話促進」と題したべつのパネル・ディスカッションに参加した。党派の亀裂を超えて手をのばすことで、コーク兄弟は自分たちの組織が、アメリカに「前向きの構想」を提示しているのを示せる、とフィンクは説明した。「分裂を引き起こしているのは相手方で、私たちは問題を解決している」のを実地に示せる、とフィンクは述べた。

じつは、コーク・ネットワークは、被告側弁護人と切っても切れない結びつきがあった。これまでずっと、驚くほど多くのドナーが、重大な法律問題の罠にからめとられていた。コーク兄弟は、環境汚染、職場の安全違反、詐欺、贈賄の容疑をかけられたことがあったし、ネットワークのその他の人間も、多くが法的問題を抱えていた。当時、コーク・ネットワークの活動的なメンバーだったボブ・マーサーが共同ＣＥＯをつとめるヘッジファンド、ルネッサンス・テクノロジーズが、２０００年から２０１３年にかけて60億ドル以上の課税を回避したとして、ＩＲＳの捜査を受けていた。２０１４年の上院調査で、カール・レヴィン民主党上院議員は、同社の会計は「虚偽によって税金を逃れようとした、きわめて悪質な操作の手口」だと非難した。同社の広報担当は、複雑な節税計画があったことは認めたが、「現行の法律のもとでは適切」だと主張した。

また、スティーヴン・コーエンの巨大ヘッジファンド、ＳＡＣキャピタルは、何年も前から刑事捜査の対象になっていた。同社のマネジング・ディレクターのマイケル・サリヴァンは、コーク・ネットワークの一員で、あるセミナーでは主役の講師をつとめた。最終的にはコーエンもサリヴァンも刑事事件で起訴されはしなかったが、ＳＡＣの社員８人が有罪の答弁をするか、インサイダー取引で有罪判決を受けた。政府はコーエンが「違法行為に目をつぶっていた」と非難し、この手の裁判としては史上最高額の18億ドルという罰金で和解が成立した。

ドナー・サミットでライマーは、刑事司法システムは「過度に虐待的で、適用範囲が広すぎる」と評し、「ここにいるみなさんのなかで、友人、親戚、同僚、近所の人間など、仲のいい知り合いが、この国の刑事司法システムにからめとられたことがないというかたは、１人もおられないでしょう」と述べた。ライマーが思っていた以上に、その指摘は的中していた。

うわべだけの取り繕い

この超党派の動きは、コーク兄弟の緊密な仲間の輪の外で、望んでいた好意的な反応を引き出し、思惑どおりにイメージを作り変えることができた。オバマの上級顧問ヴァレリー・ジャレットは、コーク・インダストリーズのマーク・ホールデン法務部長を招いて、補佐官たちとともにホワイトハウス内部の問題について話し合い、コーク兄弟の前歴をすべて知っている人々を愕然とさせた。これによって、フィンクが目論んだように、コーク兄弟は「分裂」を超越しているように見られた。ことに効果的だったのは、センター・フォー・アメリカン・プログレスを含む進歩派の組織多数と、刑事司法改革で同盟を結んだことだった。このワシントンDCの名門シンクタンクは、この同盟を、貧困層とマイノリティのための運動で財政支援と政治影響力を強化する手段と見なしていた。しかし、コーク兄弟の意識にあったのは、それとはまったく異なる長期的な悪事の計画だった。デイヴィッド・コークが副大統領に立候補した1980年のリバタリアン党の綱領では、税回避者すべてへの起訴を全廃することを求めていた。コーク兄弟は、自分たちが起訴された環境犯罪の数々にも、声高に反対していた。

ホールデンはインタビューで、コーク兄弟が刑事司法改革に積極的になったのは、クリントン政権の司法省が2000年にコーク・インダストリーズを環境犯罪で告発したのがきっかけだったと認めている。「最悪だった」当時を思い起こして、ホールデンはいう。ホールデンとチャールズ・コークは、その訴追を「政府の行き過ぎた行為」と見なし、環境問題全般に神経をとがらせるようになった。

だが、2000年の事件は、無力な被告が虐待的な訴追を受けたというようなものではなかった。告発したのは、テキサス州コーパスクリスティのコーク社の一従業員で、発癌性物質として知られている「ベンゼンを大気中に大量に垂れ流している」ことを、会社が隠蔽していると、警告の叫びを発した。当時の検事で、のちに法学教授になったデイヴィッド・アールマンは、「大気浄化法のもとで裁かれたもっとも注目すべき事件」だとしている。その告発には事実の裏付けがあった。コーク社は罰金2000万ドルを支払って、責任者は実刑を免れた。コーク兄弟は15年後に、きわめて巧みな自己宣伝によって、この問題を、超党派のポピュリストの社会改革運動――政府の刑事訴追能力を弱めることが目的――にすり替えてしまった。

だいぶ前に刑務所の看守をつとめたこともあるホールデンは、恵まれない受刑者を収容しきれないほど刑務所に詰め込んでいる政府のやり方を、公の場で熱烈に批判する。それがほんとうにコーク兄弟の意見を反映しているのか、それとも政府が企業犯罪を追及する力を弱めるために、刑事司法改革を唱え、自分たちのイメージを取り繕っているのかは、まだ判断できない。懐疑派は、刑事司法問題への見解がまったく異なる候補者多数を、コーク兄弟がいまだに支援していることを指摘する。2015年にデイヴィッド・コークが好みの大統領候補だと名指ししたスコット・ウォーカーもその1人で、コーク兄弟が表明している懸念と彼の考えは相反している。また、コーク・インダストリーズは、就職希望者に前科がないかどうかを確認する「チェックボックス」に反対する企業の運動に加わったが、自分たちが前科を明かさなかったことで連邦政府と揉めたあとでの参加だったことも、指摘されている。

学問の世界から政治を変えていく

それにもかかわらず、2014年6月のサミット直前に、チャールズの財団が黒人大学連合基金(UNCF)に2500万ドルを寄付したことは、好意的な見出しになった。「人々が暮らしをよくするのを手伝って人間の福利を増進するのが、私たちが長年取り組んできたことでした」と、チャールズは、この寄付について用意された声明を読み上げた。

〝福利〟という専門的な響きの言葉は、さりげなく使われているようにも思える。しかし、6月のサミットでの会議で、ある講師がドナーたちに、この用語は考え抜かれたもので、相手を安心させると説明した。ウェーク・フォレスト大学の政治経済学教授ジェイムズ・オットソンは、それを「ゲーム・チェンジャー」と呼んだ。それだけではなく、ウェーク・フォレスト大学で自分はすでにBB&T資本主義研究センターの上級ディレクターをつとめているにもかかわらず、〝福利〟センターを設立する予定があると、ドナーたちに告げた。

オットソンは、自由市場理論を福祉促進運動に「でっちあげることの威力」をある逸話が如実に示していると語った。著名な「左派政治学者」で、共和党と資本主義を「ののしっている」同僚が、人間の福利に貢献する要素を研究するという案に魅入られ、「いいかね、そのためだったら、私はコークの金も受け取るよ」といったのだと、オットソンは説明した。ドナーたちは爆笑した。「福利に反対できる人間などいない。このでっちあげはきわめて重要だ」オットソンはそう力説した。

反政府の自由市場イデオロギーを、生活の質を高めるための無党派運動に仕立て上げるという案には、明らかな利点があった。また、その切り口でオットソンが学会に浸透するのに成功したことは、ことに励ましになった。さらにいえば、学問の世界をドナーの保守的イデオロギーの投射《デリヴァリー》システム（訳注　弾頭を目標に到達させるためのミサイルや砲弾、爆弾を投下する爆撃機などを指す）に仕立て、アメリカの政治を改造する長期戦略の中心に置くことが、今回のドナー・サミットの重要課題になった。

大学ではカネがものをいう

オリン財団とブラッドレー財団が実証し、リバタリアニズムの促進を目論んだチャールズ・コークの以前の設計図に示されていたように、大学生の人心を勝ち取ることは、右派にとって長年、戦略の中核だった。6月のその週末、コーク・インダストリーズの特別プロジェクト担当副社長で、チャールズ・コーク財団の副理事長でもある会合の司会者、ケヴィン・ジェントリーは、学問の世界は「偉大な投資対象」で、「この集団――セミナー・ネットワークのメンバー――にとって、きわめて高い競争力が得られる分野」であり、コーク兄弟の野心的な構想の重要な構成要素であると説明した。

チャールズ・コーク財団副理事長のライアン・ストワーズが、ドナーたちに説明した。1980年代にチャールズ・コークとリチャード・フィンクが、政治変革を画策する道具として、ハイエクの生産モデルをはじめて使おうとしたときには、学問の世界を自由市場イデオロギーに変えようとするのは、まず無理だと思われた。アメリカで自由市場を唱える研究者はきわめてすくなく、チャールズが会議を開くのにじゅうぶんな人数をかき集めるのもやっとだった。だが、チャールズとドナーたちの「勇気と投資とリーダーシップによって、私たちは確固たる自由促進ネットワークを築きました」全米の大学400校の5000人近い研究者がネットワークに参加していると、ストワーズは述べた。

この飛躍的な進歩は、二十数カ所の学術センターにひそかに資金を提供した成果だと、ストワーズは説明した。その中核をなしたのは、ジョージ・メイソン大学のマルカタス・センターだった。アート・ポープと結びつきのあるNPOの2015年の報告は、大学内の私立学術センターは、裕福な保守派が教職員の見解を自分たちの見解に変えてゆく道具として理想的だと説明している。「大学のキャンパスでは、金が大きくものをいう」と指摘している。元ケイトー研究所会長ジョン・アリソンがBB&Tを経営していたころ、大学63校の補助金を監督していたときの草分け的な活動を、報告書は例として挙げている。どの大学のプログラムも、私利追求を称賛していた、アリソンのお気に入りの哲学者、アイン・ランドについての講義を設けることを求められた。

だが、紐付きの財政援助が急増するにつれて、学問の自由を求める反論も激しくなり、もっと巧妙なマーケティングがいよいよ必要になってきた。2014年には、コークのさまざまな財団だけでも、4年生大学283校で企業寄りのプログラムに資金を提供していた。フロリダ州立大学では、コーク財団が2008年に寄付し、教職員の人事に介入したため、批判が起きて公の抗争になった。コークの影響があらゆるところで不法にはびこっていると、学生が苦情を唱えた。ジェリー・ファントという学生は、公立大学である同大学の経済学入門講座で、「ケインズは悪で、自由市場のほうがいいし、低賃金の長時間労働はそう悪いものではなく、中国の規制がない無干渉主義は、アメリカの規制よりもいいと教えられた」と語る。経済学の教科書の共著者は、ウェストヴァージニア大学でコークの資金を提供され、かつて安全規制は炭鉱労働者に害があると説いたラッセル・ソーベルだった。「気候変動は人間の活動が引き起こしたものではなく、大きな問題ではない」と述べているソーベルの教科書は、環境保護団体にF（落第）の評価を受けた。しかし、批判勢力の反対意見に対して、コーク兄弟は、公立大学で影響力を金で買うのは、「新鮮な」考え方を大学に提供するためだと反駁した。

コーク兄弟は、チャールズが設立した若手起業家アカデミーというNPOを通じて、オンライン教育や高校教育にも数百万ドルを注ぎ込んでいる。たとえば、財政的に圧力をかけられたトピカの教育機構は、承諾書に署名させられ、フランクリン・ルーズヴェルトは大恐慌を緩和しなかった、最低賃金法と公共支援は貧者に害をなしている、女性への賃金差別は違法ではない、2008年の世界的不況を引き起こしたのは、企業ではなく政府だった等々、とんでもないことを教えるよう求められた。低所得層に狙いを定めたこのプログラムでは、学生に金を払って、オンラインの授業も受けさせた。

学生は次世代の戦闘員

6月のサミットで、ストワーズは、この教育への〝投資〟は貴重な〝人材パイプライン〟を創出したと力説した。平均1000人の研究者が、それぞれ年間数百人の学生を教えていると想定し、年間数十万人の若者の嗜好に影響を及ぼしていることになる、とストワーズは述べた。「この循環がくりかえされます。それに、2008年以降、あなたがたのネットワークに乗数的な影響をあたえているのがおわかりでしょう」

総括にあたってジェントリーは、ドナーたちに力説した。「ごらんのとおり、高等教育は高等教育のみに影響があるのではありません」学生は「自由運動のつぎの世代です。これらの高等教育プログラムを卒業する学生は、州レベルのシンクタンクや全国レベルのシンクタンクの構成員になります」あるいは「草の根団体」の「州支部の重要なスタッフになります」。熱心な人間は、コーク兄弟の「完全統合されたネットワーク」と呼ぶものに加わるよう勧められる。そこでジェントリーは、いったん言葉を切ってからいった。「これをいうのには、用心しなければなりません」また間を置いた。「彼らは私たちのプログラムの構成員になります」

ジェントリーが用心しなければならないといったのは、コーク兄弟が教育活動をIRSには政治とは無関係な公益的な活動だと報告していたからだった。それによって、免税とドナーの匿名性を守れる。しかし、ジェントリーの表現では、政治的に抵触するという程度ではすまない。完全に政治的な組織を意図している。ドナーに向かって演説し、〝投資〟を誘ううちに、ジェントリーは詳細を語らずにはいられなくなった。「大学で学生に働きかけるだけではありませんよ」と、話をつづけた。「それは州レベルの戦闘能力を増強し、選挙での戦闘能力を増強し、この人材パイプラインを統合します。ですから、時がたつにつれて、これがお互いに役に立つことがわかるでしょう。このインフラを所有しているものは、どこにもいません。私たちはこれをやりながら、興奮冷めやらない思いなんです！」

ドナーたちにも興奮が乗り移ったようだった。6月17日にサミットが終わったときには、コーク兄弟は資金集めの目標を2億9000万ドルに設定していた。大それた金額で、中間選挙に外部の団体がそんな巨額の資金を集めるというのは、当時としては前代未聞だった。

「ある面では、正気の沙汰ではないとわかっています。2億9000万ドルというのは、桁はずれの数字です」最後の寄付の約束がなされる直前に、ジェントリーは正直にそういった。しかし、秘密会議ではべつのことをいった。「7、8年前と比べると、長足の進歩です」さらに付け加えた。「じつは、私たちはみなさんがたのために、できるだけビジネスライクなやり方でやろうとしているんです。なぜなら、あなた方はみんな、私たちの投資家ですから」

「思いやり」を装う

8日後、チャールズ・コーク研究所は、ワシントンDCのニュージアム（訳注 ニュースとジャーナリズムがテーマの双方向博物館）で第1回福利フォーラムと呼ばれるものを主催した。パネリストのなかには、ウェーク・フォレスト大学のジェイムズ・オットソン教授もいた。チャールズはオンラインの小論で、自分の財団の〝福利イニシアティヴ〟は「福利の真の性格についての会話を醸成する」ことを狙っていると説明した。筆者名の下には、マーティン・ルーサー・キング牧師の言葉が、目立つように表示されていた。キングがいう福利には労働組合、国民皆健康保険、失業者を政府が雇用することが含まれていたのだが、それにはまったく触れていなかった。

チャールズ・コークが新設した福利イニシアティヴの諮問会議は、5人の委員から成っていた。そのうちの1人、保守派はもっと思いやりがあるように見られなければならないと気づいたアーサー・ブルックスは、コーク兄弟の強い影響を受けていた。その頃には、ブルックスは、以前の著作――ミット・ロムニーのように「稼ぐ人間」と「奪う人間」にアメリカを二分していた――からさらに進み、自由企業制は幸福への道だと定義していた。ブルックスによれば、不幸は、超富裕層に高い税金を課そうとするような「経済的な妬み」と「強く結びついている」という。『ニューヨーク・タイムズ』はブルックスの理論を、オピニオン欄に載せる値打ちがあると見なした。福利という表現が、明らかに支持を集めはじめていた。

〝公正無私な愛国者〟の裏側

コーク兄弟が無党派の改革者という役柄を大衆に見せつけるあいだも、いよいよ攻撃的になっていた秘密政治マシーンは、2014年の中間選挙に向けて活発な活動を開始した。究極の獲物は、連邦上院の支配だった。共和党が上院で過半数の議席を奪い、下院で多数党の立場を維持すれば、議会を制圧し、議案をコントロールできる。オバマ大統領にとって、乗り越えがたい障壁になる。

だが、コーク兄弟は2012年の選挙後分析で、重要な結論に達していた。「共和党の基礎構造はかなりお粗末だから、選挙で好結果を出すには、自分たちがやるしかないと判断した」この時期のコーク・インダストリーズのイメージ問題について語った社員は、そう述べた。

選挙で公職に就いたことのないビリオネアの兄弟にとっては、過激で不安に満ちた一歩だったし、アメリカの二大政党のいっぽうに成り変わるという決断に表だって忠誠を示すのは、自分たちの非公開の多国籍巨大企業だけだった。しかし、『ウィチタ・ビジネス・ジャーナル』のインタビューでチャールズは、その危惧をあっさりと斥けた。政治にそこまで深入りする理由をきかれて、チャールズは自分をゴルファーのリー・トレヴィノになぞらえた。トーナメントに勝ちつづけている理由をトレヴィノは、「まあ、だれかが勝つわけだし、それが私であってもいい」と説明していた。チャールズは付け加えた。「これをやる大企業はほかにないようだから、われわれがやってもいい。国を救うために、だれかが努力しなければならない」邪悪な動機から人を操るようなことはいっさいなく、繁栄のためのアメリカ人（AFP）の主な役割は、「小切手を切ることだけだ」という。「いいかね、私がやっているとみんながいうようなことを、ぜんぶやっていたら、体がいくつあっても足りないよ」

2014年の中間選挙に、コーク兄弟のドナー・ネットワークが記録的な額の資金を投入するあいだ、チャールズは自分は公正無私な愛国者の役を演じていた。たぶん本気でそう思っていたのだろう。その春の『ウォールストリート・ジャーナル』の署名入り記事でチャールズは、自分は政治には不承不承、参加しているだけだし、それも最近のことだと述べている。半年ごとのドナー・サミットの創設を活動の開始として、政治にはたった10年しか関わっていないと、チャールズは断言した。しかし、コーク兄弟がその10年以上前に700万ドルを政治に注ぎ込んでいることを突き止めた、無党派の事実調査団体、ポリティファクトは、チャールズの主張は「虚偽」だと判定した。

民主党から学んだ草の根利用法

コーク兄弟の長年の朋友は、名前を明かすことを拒んだうえで、「チャールズは、1970年代からリバタリアン革命を進めようとしていた！」と声を大にしていった。チャールズは当初、学者めいた理想主義者として、従来の政治を軽蔑していたが、一歩進むごとに失敗から学び、権力の中枢に近づいていった。チャールズは自制心が強く、几帳面だった。たとえば、2012年の選挙後、自分たちの側の弱点だけではなく、敵の強みも系統的に研究した。「チャールズは民主党から多くのことを学んだ。ことに草の根の利用法を」と、くだんの朋友は語った。「チャールズにとっては、政治もまた科学だった――対象が分子ではなく人間だというだけだ」

2014年の中間選挙が近づくと、オバマのホワイトハウスでは、政治戦略およびアウトリーチ部（訳注　アウトリーチとは、選挙区のさまざまな層の有権者を取り込むために属性別の対策を講じること）のデイヴィッド・シマスが、オバマ陣営が2012年に使ったデータ分析を、コーク兄弟側がリバースエンジニアリングしているのではないかと疑いはじめた。その影響は「甚大」だと、あるホワイトハウス関係者が述べた。

コンピュータは、選挙に勝つという仕事を、莫大な量の有権者データをめぐる、変化の急激なハイテク競争に変えた。2012年の選挙では、データ作戦でみじめなほど遅れをとったと気づいたコーク・ネットワークは、真剣な改善を開始した。フリーダム・パートナーズと名乗っていたコークのドナーたちは、最新鋭のテクノロジーを有する政治データ会社i360に数百万ドルを投資し、コーク兄弟の問題のあるデータバンク、テミスをi360が吸収した。すぐにスタッフ100人が雇われ、アメリカの消費者2億5000万人と積極的な有権者1億9000万人以上の詳しい個人情報を集めた。コーク兄弟の数多い権利擁護団体の現場作業員が、電子機器を携帯して、たえずデータを更新した。それによって、政治運動員たちは、どの有権者が「説得可能」であるかを知り、投票させるか家にいさせるために、親密なコミュニケーションで集中攻撃をする。

コーク兄弟が自分たちのデータバンクを開発したことが、共和党との関係を一変させる転機になった。それまでは、有権者のファイルの取り扱いは、共和党全国委員会（RNC）の重要な機能だった。しかし、いまではコーク兄弟側に、それに匹敵する情報収集活動があり、さまざまな面でRNCのものよりも使いやすく、高性能だった。共和党の著名候補の何人かは、値は張るがずっと優れているi360のデータを買うようになった。ほかにいい方策がなかったので、2014年にRNCはコーク兄弟とデータを共有するという「歴史的」取引を結んだ。しかし、ほんとうの緊張緩和《デタント》にはならなかったと伝えられている。2015年には、RNC首席補佐官ケイティ・ウォルシュが、コーク兄弟は共和党を乗っ取ろうとしていると非難し、関係が悪化した。

ウォルシュは、『ヤフー・ニューズ』で公に異例の譴責を行なった。「データにアクセスする時期と方法と理由を、だれに対しても説明責任を負っていない、きわめて強大で資金が豊富な個人にコントロールさせるのは、きわめて危険だし、間違っています」

共和党の不適応者を排除

i360のマイケル・パーマー社長は、それに反論した。「確固たる市場は……先ごろの大統領選挙で失敗した共和党の単一の独占的なモデルよりも進歩している、健全な道筋だと、私たちは確信しています」コーク兄弟の自由市場イデオロギーと、無制限に資金を支出する権利を受け入れた共和党は、皮肉なことに脇に追いやられ、巨額献金者の強欲さによって危機にさらされていた。〝RNCに近い情報源〟が『ヤフー』に、「彼らが党と協力したいのではなく、党に取って代わりたいと思っているのは明らかだ」と述べた。

2012年にコーク兄弟が共和党に匹敵していたとするなら、2014年にはさまざまな面で共和党をしのいでいた。「彼らは共和党を乗っ取るために、外部で党を組織した――市場という部分でそれをやった――事業計画のようにして」政治操作の手口を研究しているリベラルの監視団体、センター・フォー・メディア・アンド・デモクラシー代表の、ライザ・グレイヴズは、そう見ている。繁栄のためのアメリカ人（AFP）は、地上作戦を有給スタッフ550人に拡大し、フロリダのような激戦州には50人を配置したと、『ポリティコ』が報じている。ジェネレーション・オポチュニティやLIBREイニシアティヴなど、コークが支援する他の権利擁護団体は、選挙戦が過熱している地域に草の根のオルグを送り込んだ。コークの組織群に、候補者を勧誘して訓練するイージス・ストラティージクが加わった。コーク・ネットワークはこのようにして、2012年に共和党をむしばんだ、奇矯な不適応者を排除した。彼らの作戦の進捗を見守っていたアクセルロッドは、すっかり感心した。「前回の失言症候群という致命的問題を、彼らは積極的に修正している。その効果が表われている」

2014年11月4日、コーク・ネットワークの投資者たちは、ようやく出資に値する見返りを得た。中間選挙は共和党の勝利に終わった。共和党は上院で6議席を増やし、上下両院を制した。ワシントンDC中心部の有識者たちは、オバマ大統領を「レームダック」と呼び、政権はもう死んだも同然と評した。その時点から、オバマはこれまで政権が成し遂げてきたことを撤廃させようとする保守派に対して、防戦一方になるだろうと、彼らは予想した。

大口献金者が政治を完全に支配

中間選挙は、超富裕層の保守派ドナーばかりではなく、共和党の候補にとっても、大勝利だった。『ニューヨーク・タイムズ』が指摘したように、保守派の外部団体は、それまでの1年半のあいだに「再編成し、改善して」、選挙で卓越した勢力になっていた。これほど費用のかかった中間選挙はいままで一度もなかったし、外部の金の流入も前代未聞の額だった。また、ほとんどが秘密にされていたこの個人支出の爆発をもたらした最大の資金源は、コーク・ネットワークだった。すべてをひっくるめると、上下院の両方の選挙戦に1億ドルを投じ、その他の活動にその倍額を支出していた。

シチズンズ・ユナイテッド時代の4年目、金額は衝撃的な段階を超え、気が遠くなるような数字になっていた。2度の選挙はいずれも支出が前の選挙の2倍になり、それをもたらした要因には不安を禁じえない。共和党と民主党の両方に助言したことがある中道政治コンサルタントのマーク・マキノンは、「メガドナーが政治情勢を完全に支配する転機に達した」と断言する。

最大の支出者のなかにも、カリフォルニア州のヘッジファンド王で、環境保護主義者に転向したトム・ステイヤーのような民主党支持者が何人かいる。地球温暖化と戦うと宣言した候補者を当選させるために、ステイヤーは2014年に7400万ドルを支出し、身元を明らかにした献金者100人のなかで最大のドナーになった。このことはイデオロギーの多様性をもたらしはしたが、選挙に影響をあたえる富の集中が和らいだわけではなかった。名前のわかっている最大ドナー100人が、おなじような巨額の資金を候補者のために支出し、475万人が200ドルかそれ以下を献金した。トップ100のドナーの献金総額は3億2300万ドルだった。しかもそれは、公開されている資金のみだ。無制限の非公開のダーク・マネー数百万ドルを含めれば、保守派富裕層のきわめて小さな派閥が、間違いなく財政面で他の勢力すべてを圧倒している。

権力をカネで買い取った寡頭政治

「シチズンズ・ユナイテッドやその他の裁定や法律が創出したこのシステムを、寡頭制と呼ぼうではないか」と、マキノンは宣言した。「ひと握りの超富裕層がシステムを支配している。ほとんどがそのシステムによって金持ちになった人間で、そのシステムによって今後さらに金持ちになる」

初期のアメリカでは、富裕層が政治を支配していたが、すくなくとも進歩主義の時代からは、大衆が選挙で選ばれた代表を通じてルールを作り、富裕層の影響力を抑制していた。しかし、2015年以降、保守派の法律家が、裕福な後援者と保守派が多数を占める最高裁の是認を得て、それらのルールの大部分を廃止する活動を成功させてきた。残された抑止手段で腐敗を抑止できるかどうかは、もはや定かではなくなっている。経済格差の拡大は社会と政治の平等と両立できるという独断的な考えが、アメリカでは長年まかりとおっていた。しかし、学術的な研究が形をなすにつれて、それが変わりつつあることがわかってきた。アメリカの経済格差はひろがるいっぽうで、頂点にいるものはそこにとどまるために、権力を金で買っている。

このあらたなフィクサーのなかで、政治的影響力でコーク兄弟にかなうものはほとんどいない。コーク兄弟の〝統合されたネットワーク〟の勢力範囲は、ほかに類を見ない。そのたぐいまれな地位を示す一例は、上院でこのたび多数党院内総務になったミッチ・マコネルとの関係だろう。共和党が多数党になる前の6月、マコネルはドナー・サミットで名誉講師を務めた。そこで「チャールズとデイヴィッド」に感謝し、「あなたがたがいなかったら、私たちはどうなっていたかわからない」と付け加えた。多数党院内総務に就任するとすぐに、あらたに政策部長として、コーク・インダストリーズの元ロビイストを雇った。そして、環境保護庁とすさまじい全面戦争を開始し、全国の共和党知事に、新設の温室効果ガス排出規制に従わないようそそのかした。

2014年に初当選した共和党上院議員のうち3人が、6月にコークの秘密会合に出席し、そこでスポンサーたちを相手に滔々と語った。「アイオワ州の片田舎でほとんど無名の州上院議員」だったジョーニー・アーンストが、歌手のイライザ・ドゥーリトルなみの全国的スターに変身させてもらったことを、コーク兄弟に感謝しているのを、盗聴テープが捉えていた。「このグループやこのネットワークに接し、みなさんがたと会う機会をあたえられたことで」アーンストは語った。「私はほんとうに上昇軌道に乗ることができました」

無敵のコーク兄弟にたてついたトランプ

チャールズ・コークの軌道も上昇していた。それにしても、ウィチタでジョン・バーチ協会の書店をうろついたり、フリーダム・スクールや時代にそぐわない泡沫政党のリバタリアン党に寄り道したりしていた日々から、ここまでのしあがったのは、驚異的といえる。チャールズは、意志と富の力で、現代アメリカの政治で無敵の人物になった。アメリカ国民の政府への信頼を、これほど容赦なく効果的に攻撃した人間は、ほかにはいないだろう。

チャールズと弟のデイヴィッドは、2度当選した民主党の大統領の力を殺ぎ、共和党を乗っ取りはじめた私的政治マシーンを築き、資金を注ぎ込んだ。アメリカ中の教育研究所とシンクタンクが、チャールズの世界観を売り込んで、人材のパイプラインの役目も果たした。NPO部隊が拡大して、チャールズの目論見の裏で世論を動員した。コークのグループは、候補者を訓練し、最新の選挙運動を行なうのに必要なテクノロジーと財政支援を提供した。彼らが選んだ候補者を後押しするのに支出する金は、無尽蔵にあるようだった。下院議員、上院議員、大統領になりたいと思う人間は、陳情者のように秘密の会合に集い、支援してもらうために歓心を買おうとする。

コーク兄弟の命令に服しない共和党議員は、いまではほとんどいない。因習打破主義者として名高いオハイオ州知事ジョン・ケーシックが、2014年4月のコーク兄弟のサミットで、コーク・ネットワークがメディケイド拡大に反対しているのを批判すると、怒ったドナー二十数人が退場した。メディケイドを擁護するケーシックの立場に異議を唱えたランディ・ケンドリックに、ケーシックは決然と反論した。「奥さん、あなたはどうか知りませんが、わたしが天国の門をくぐるときには、貧しい人々のためになにをしたかを答えられるわけですよ」ケーシックはさらに追い打ちをかけた。「あなたがたのなかには、これに怒る方が多いでしょうが、暗がりで暮らしている人々に手を差し伸べるには、政府を利用するしかないんです」コーク兄弟は、二度とケーシックを招待しなかった。

ニューヨークの不動産・カジノ王、ドナルド・トランプは、異例のやり方で共和党大統領候補に立候補し、共和党の常連候補者を面食らわせたが、やはりコーク兄弟の招待リストからはずされた。2015年8月、政敵たちが群れをなしてコーク・ネットワークのドナーたちに会っていたころ、トランプはツイートした。「コーク兄弟の金をせびりにカリフォルニアへ行く共和党候補者たちみんなの幸運を祈る。操り人形じゃないか?」トランプの人気は、ドナーの操り紐だらけではない、独立した候補者を、有権者が望んでいることを示している。トランプが、キャリード・インタレスト税の抜け穴をふさぐことを求め、超富裕層に応分の負担をしろと呼びかけ、移民に反対して暴言を吐いたせいで、対立する候補たちはロボットみたいに従属的で、現実がわかっていないように見えてしまった。しかし、コーク兄弟を無視できるような共和党の候補者は、めったにいない。

〝ダーク〟を公然と否定する

コーク兄弟は、数々の驚異的な偉業を成し遂げた。なかでも、何百万ドルもの献金の管理を自分たちに任せるよう、アメリカの最富裕層数百人を説得したのは、じつにみごとな動きだった。それにより、コーク兄弟は実質的に保守派ビリオネア議員団の指導者になった。その他の自称パートナーたちには声がない。彼らの名前はめったに表に出ることはない。批判に対応するために、コーク兄弟がメディアを招き、サミットのごく一部の取材を許可するときには、他のドナーの名前を公表しないことを条件にする。しかしながら、選挙とは無縁で、説明責任もない、この秘密クラブは、アメリカの政治の様相を変えつつある。

チャールズ・コークは、ダーク・マネーを寄付したことはないと否定する。「私が寄付する金は〝ダーク〟ではない。政治献金で、すべて報告されている」2015年のCBSのインタビューで、チャールズはそう述べた。「PACへの献金も、候補者の献金もだ。それに、私の財団への寄付は、すべて情報公開されている」本気でそう思っているのかもしれないが、この5年間だけでも、チャールズと弟デイヴィッドと彼らの同盟者たちは、フリーダム・パートナーズ、商工会議所、患者の権利擁護センター、TC4トラストなど、政治に無関係のように見せかけているNPOに、7億6000万ドルを寄付している。それらのNPOから、他の数十のNPOに金が分配されているが、なかには私書箱だけのNPOもある。その先は、ドナーの利益を推進するために、選挙にじかに資金が投入されることもあれば、間接的に無数の方法で資金が使われることもある。チャールズ・コークの財団の透明性に関していえば、2005年から2011年にかけて、2社で800万ドル近くをドナーズトラストに寄付しているが、金の流れを隠すのがドナーズトラストの公然の目的である。

「じつに驚異的だ。こういうことは、だれもやったことがない」民主党同盟という進歩的組織を設立して対抗しようとした、民主党活動家のロブ・スタインはいう。「コーク兄弟がやったようなことをやるには、莫大な金を集め、長い年月をかける必要がある。彼らは心の底から情熱を注いでいる。自制心が強く、それに冷酷非情だ」

議会は機能麻痺に陥る

リバタリアニズムの歴史家ブライアン・ドハティは、インタビューでコーク兄弟について、「彼らの功績といえる政策の勝利は、ほとんどない」という。しかし、「リバタリアニズムの大きな生態系に目を向ければ、まことに重要な存在だったとわかる」コーク兄弟のおかげで、「自由市場への一般的な評価――知的な面での時代風潮――は、現在、20年前にはありえなかったような側面から、リバタリアニズムを認識している」

その10年後には、コーク兄弟とその仲間の〝資本主義過激派〟の影響は、時代思潮をかなり超えて拡大していた。数多くの決定的な法案の制定に寄与したとまではいえないかもしれないが、敵陣営の法案を妨害する道具になれることは実証した。彼らの思想は、ジョン・バーチ協会の直系として発展してきた過激主義だったが、それにもかかわらず、コーク兄弟は、チャールズの1981年の野望を達成し、「台本どおりに演じる役者」と彼らが見なした議員や知事を支援するだけではなく、「その台本の文言まで提供する」ようになっていた。

2015年には、コーク兄弟の主導する反政府の動きに、議会の大部分が従っていた。地球温暖化に取り組むことは論外だった。経済格差は記録的なレベルに達していたが、暴走する富裕層に増税を課し、富裕層だけに有利な税の抜け穴をふさぐような政策は、まず見込めなかった。崩壊しつつあるアメリカのインフラを修繕するといったような、公共サービスへの予算割り当ても、実現不可能だった。大衆の大多数が、社会安全ネットの拡大を支持している。しかし、二大政党の指導部は、富裕層がよろこぶ緊縮財政を採用している。たとえば、アメリカ国民は、ソーシャルセキュリティの削減に猛反対しているのに、中央政界では、制度を維持するには、縮小はやむをえないという合意ができている。

オバマの患者保護並びに医療費負担適正化法は生き延び、人気が上昇していることを世論調査が示している。だが、絶え間ない攻撃と、オバマ政権の重大なつまずきのせいで、オバマも同法も信頼が損なわれた。しかし、じっさいには、オバマ政権発足前と比べると、アメリカのヘルスケアのコストと医療費は改善され、経済全体も好調になっている。失業率は下がり、収入と市場は上昇している。しかし、政府への信頼はガタ落ちになった。オバマは、大統領の権限で環境問題などで目標を達成することはできるが、議会で大がかりな新プログラムの承認を得るのはまず不可能だった。

選挙資金改革も、おなじようにまず見込めない。アメリカ国民の圧倒的多数が、政治に莫大な金が使われることを超党派で非難し、支出を制限することを求めている。しかし、いまの共和党は、選挙運動への支出に関する制限の全廃も含めた、少数派の目標に押し潰されている。1980年にコーク兄弟がそれを唱えたときには、突拍子もないと思われたものだった。

議会の過激な右派は、2015年9月に勢力を大幅に拡大し、下院議長ジョン・ベイナーは事実上、強制的に辞任に追い込まれた。要求に同意しなければ退任させると、右派は脅迫していた。ベイナー非難の首謀者はノースカロライナ選出のティーパーティ下院議員マーク・メドウズだった。メドウズが当選できたのは、ゲリマンダリングとダーク・マネー集団の助けがあったからだった。ベイナーは最後の一矢を報いた。「偽預言者ども」と「この街のいろいろな集団」が、「国民を笞打って、常軌を逸した確信を抱くように仕向けている。彼らは、絶対に実現しないと自分たちが承知している物事を、自分たちなら達成できると思い込ませている」。

エリートの非民主主義勢力

これまでの通念では、政治権力の強さの尺度は選挙結果だった。2012年はコーク兄弟の負け、2014年は勝ち、2016年は結果がまだわからない。しかし、これだけではもっと重要な筋書きが見えてこない。コーク兄弟とその仲間の超富裕層の右派同盟者たちが、アメリカで唯一無二の最有力特別利益団体になったことは、疑いの余地がない。

コーク兄弟は、自分たちの力だけでそれを達成したのではなかった。ルイス・パウエル、アーヴィング・クリストル、ウィリアム・サイモン、マイケル・ジョイス、ポール・ウェイリッチなど、先見の明のある政治思想家の業績でもある。また、以前の右派ドナー、ジョン・M・オリン、リンドとハリー・ブラッドレー、リチャード・メロン・スケイフの遺風が必然的に延長し、道を切り拓いていたおかげで、コーク兄弟は権力の頂点に立つことができた。

1970年代、アメリカのもっとも富裕な企業経営者たちが、税金が高すぎ、規制が多すぎると考えて、反撃することを決意した。現代アメリカの方向性に幻滅した彼らは、国を過激に変えるために、私有財産を注ぎ込む野心的な思想の戦争を開始した。選挙に勝つだけではなく、アメリカ国民の考え方も変えたいと、彼らは思っていた。じつに雄大な野望だった——進歩主義の時代が到来する前の、金ぴか時代に時計の針を戻すことが目的で、それがあらゆる階層のアメリカ人を〝救う〟と考えていた。チャールズ・コークは、先駆者たちよりも若く、もっとリバタリアン色が濃かったが、ドハティの観察にあるように、チャールズの野望はさらに過激で、政府を〝根こそぎ〟にすることを望んでいた。

こうした富裕な活動家たちが武器に選んだのが、フィランソロピーだった。私立財団はエリート政治権力の非民主主義勢力になるだろうという昔の懸念は、100年後にはとっくに忘れ去られていた。1960年代後半にリベラルのフォード財団は政治的な実験を行なって失敗したが、保守派の富裕層は、それをはるかにしのぐ、新世代のきわめて政治的な私立財団を創り上げた。目的は、ベンチャー投資家が投機的な事業に資金を注ぎ込むのとおなじように、イデオロギーに投資し、財産を梃子に使って、最大限の戦略的影響を及ぼすことだった。公益団体は匿名性を守れるので、この活動の全貌は大衆にはほとんど見えない。保守派フィランソロピストたちは、エドウィン・ミーズがかつてスケイフに語ったとおり、「見えざる手」だった。

公益団体・産業複合体の誕生

彼らが地歩を固めるにつれて、学術界と法曹界の「海岸堡」から、世論を代表していると称する法人組織のフロント団体（NPO）へと、戦いが拡大していった。彼らは段階ごとに、金にあかしてもっとも悪賢いマーケティング専門家を雇った。フランク・ランツのような政策起業家は、富裕層の後援者の政策目標を人気のある言葉に置き換えて「でっちあげ」、大衆に受け入れられるようにする技倆に長けていた。活動の政治色がかなり強まっても、資金を提供する人間はフィランソロピーという隠れ蓑に、自分たちのプロジェクトを隠していた。アメリカ国民の思考を過激な方向に導こうとする活動の支援者たちの正体が、大衆に知られることはめったになかった。自分が設立した団体に名前を冠したり、財政支援している学術団体で講座をもったりする人間も、何人かいた。しかし、選挙で公職につこうとすることは稀で、選挙に打って出ても、当選することはさらに稀だった。彼らは陰から力を行使し、秘密裏に会合を開き、金の流れを隠し、金で人を雇って隠れ蓑にした。オバマ政権下で「社会福祉」団体を装ったダーク・マネー集団は、40年前にイデオロギー戦争を仕掛けた私立財団を再現したものにほかならない。

この政治フィランソロピストは、自分たちは無欲の愛国者で、個人ではなく公共の利益のために動いていると唱えている。多くの場合、ほんとうにそれらしく見える。ほとんどが政治プロジェクトばかりではなく、芸術、科学、教育に惜しみなく寄付し、貧者をじかに救済している場合もある。しかし、それと同時に、彼らが報じている政策が、なによりも彼らの最優先事項――つまり収益にいちばん役立っていることは、認めざるをえないだろう。減税、規制緩和、福祉重視政策の切り捨て、選挙資金上限の撤廃は、さまざまな方面に役立っているかもしれないが、なによりも超富裕層の過激派ドナーの権力を強化していることは間違いない。伝説的なビリオネア投資家、ウォーレン・バフェットの息子のピーター・バフェットはいう。「もらったものを返すという言葉は、高潔に思えるかもしれない」しかし、ピーターは指摘する。「少数の人間のために莫大な富を生み出すシステムによって、もっと多くの生活やコミュニティが破壊されているとき」フィランソロピストはしばしば、「左手が起こした問題」を解決する答を「右手で探すはめになる」。動機が高徳であろうと腐敗していようと、数十年のあいだにひと握りの超富裕な右派フィランソロピストが、アメリカの政治の方向を変えてしまった。彼らは富を防衛する無敵の運動を創出し、それがピーター・バフェットのいう

「公益団体－産業複合体」の大きな部分を占めている。

唯一残ったお買いものリスト

2015年にコーク兄弟はたいへんな偉業を成し遂げたが、お買いものリストに、1つ大きな物が残っていた。ホワイトハウス。目ざとい人間には、2014年の選挙は2016年の大統領選挙の試運転だったとわかるはずだ。コーク・インダストリーズの上級管理職で、裁判では会社に不利な証言をしたフィル・デュボーズは、コーク兄弟はいまや政府の三権すべてに狙いをつけていると確信している。「自分たちのいいなりにすることが目的だ」とデュボーズはいう。「彼らはリバタリアンだと名乗っている。ほかにうまいいい回しがないが、それはつまり、なにをやろうが罪に問われないくらい大物なら、好き放題ができるという意味だ。政府はいらない。自分たちのビジネスに都合がよければ、アメリカのためにも都合がいいと、彼らは考える」ルイジアナ州の田園地帯にある質素な家で、デュボーズは語った。「それはアメリカにとってなにを意味するか？　猛犬を解き放つことを意味する。ちっぽけな人々はどうなるか？　むさぼり食われる」

2015年1月の最後の週末、コーク兄弟は例によってカリフォルニア州パームスプリングズ郊外のランチョ・ミラージュ・リゾートで、ドナー・サミットを開いた。フリーダム・パートナーズのマーク・ショート理事長が、「2014年はいい年だったが、まだ先は長い」と告げた。同盟者の1人によれば、目標に到達するために、その週末、チャールズとデイヴィッドはそれぞれ7500万ドルを寄付したという。それが事実だとすれば、その週末に宣言された資金調達目標のほんの一部でしかない。今回、コーク・ネットワークは、2016年の大統領選挙と上下院選挙に、8億8900万ドルを支出することを目指していた。これは2012年の支出の倍以上にあたる。二大政党は勢力の拮抗を維持しようとして、それぞれ10億ドルという記録的な支出を見込んでいたが、それにほぼ匹敵する額だった。コーク兄弟には、それだけの資金を出す財力がある。オバマはアメリカ経済を悲惨な状態にするだろうというのがコーク兄弟の予測だったが、それにもかかわらず、『フォーブス』によれば、チャールズとデイヴィッドの個人の富はそれぞれ、オバマ政権のもとで、2009年3月の140億ドルから2015年3月の416億ドルへと、3倍近くに増えた。

政治腐敗と戦うワシントンDCの百戦錬磨のリベラル、フレッド・ウェルセイマーにとっても、これは信じられない金額だった。「ハチオク・ハッセンキュウヒャクマン・ドル? これまでも政治では金が動いていたが、これは気が遠くなるような金額という表現ではいい足りない。アメリカ史上、前代未聞の額だ。これに近いようなものは、いまだかつてなかった」

無視される3億人の声

ウェルセイマーは、公衆の利益を専門とする弁護士で、ウォーターゲート事件の時代からずっと、強まる金の力を抑えようとして、苦しい戦いをつづけてきた。アメリカの民主主義プロセスは危機に瀕していると、ウェルセイマーは見ている。「投票で選ばれた公人ではないマルチビリオネア2人が、アメリカ政府を支配し、力を駆使して、アメリカ国民3億人にとってなにが最善であるかを決めようとしているが、その3億人の意見はまったく聞かれていない」ウェルセイマーはなおもいう。「私たちの立憲民主主義は、世界でもっとも裕福な人間2人が国の運命を支配できるというようなことは、いっさい認めていない」

コーク・インダストリーズが対議会ロビー活動に年間1300万ドル以上を支出していることからも明らかなように、コーク兄弟はアメリカ連邦政府に莫大な金を賭けている。コーク兄弟やその同盟者たちが、なんの私心もなく10億ドル近くを支出するというのがこじつけであることは、明白だろう。もちろん、アメリカの選挙の結果は、つねに金に左右されるとはかぎらないが、2016年にアメリカ大統領職が競売にかけられたとしたら、コーク兄弟は競り落とそうとするに違いない。

『USAトゥデイ』のインタビューで、チャールズ・コークはまたしても「社会の福利を増進」したいと思っていると告げ、収益を拡大するという動機があるのではないかときかれて立腹した。「私たちがもっと金を儲けるために、こういうことをやっているというんですか?」チャールズはきき返した。「あまりにも馬鹿ばかしくて、話になりませんよ」

何億ドルもの財産を相続した兄弟が、取り分を増やそうとして、20年ものあいだ法廷で争っていることについても、馬鹿ばかしいと表現するものがいる。しかし、チャールズ・コークは、人と分け合うことができない人間なのだ。子供のころに、笑えないジョークをチャールズは口にしている。もらったお菓子を分けてあげなさいといわれると、抜け目なさそうな笑いを浮かべて、チャールズはいった。「公平な分け前がほしいんだよ——ぜんぶっていうことさ」

おぼえがきと謝辞

Author's Note

さまざまな面で、本書に関する調査は、『ウォールストリート・ジャーナル』の仕事でロナルド・レーガンを取材するために、ワシントンDCに行った、30年前にはじまったといえる。それから現在に至るまで、大統領から有権者に至るまで、あらゆる種類の政治関係者を、数えきれないほどインタビューし、アメリカの政治が、個人の金という潮流に呑み込まれ、形を変えてゆくのを見守ってきた。本書は、過去5年間に行なった数百回のインタビューに基づいている。情報源は、主な登場人物やその家族、友人、イデオロギー上の味方、同業者や同僚、政敵など、多岐にわたっている。

理想的な世界では、インタビューはすべてオンレコで行なわれるべきだろう。しかし、私が大きな恩を受けた情報源のなかには、名前を伏せることを希望した方々がいる。情報源をすべて明かせないことを、読者にはあらかじめ謝罪しておきたいが、専門や見解を暗示することが可能な場合はそれらを遠まわしに述べ、それができない場合には、描写に間違いがないことをたしかめるために、厳正に吟味した。また、この物語の主役のなかに、接触できなかった相手がいたことは残念だった。たとえば、リチャード・メロン・スケイフは、文書の一部の閲覧を許可してくれたが、チャールズとデイヴィッド・コークは関与を拒んだし、ジョン・M・オリンやリンドとハリー・ブラッドレーは、とうに亡くなっていた。

しかし、本書で氏名を明らかにしている、その他の数十人の情報源は、多忙であるにもかかわらず時間を割いてくれて、ときには報復される危険も冒して、私がこの物語を語るのに手を貸してくれた。彼ら全員に、私はたとえようもないくらい感謝している。また、私が参考にした、数多くのすばらしい著作、記事、研究、報道には、絶大な恩恵を受けている。ブロガーの読者に関しては、ここでうっかりと書き落とさないとも限らないので、できるだけ本文や原注に記すようにした。

また、私が多くのことを学んだ資料の作者のみなさんには、とくに謝意を表したい。以下に述べるような組織や個人の先駆的な労作がなかったら、本書を書きあげることは不可能だっただろう。センター・フォー・メディア・アンド・デモクラシー、センター・フォー・パブリック・インテグリティ、センター・フォー・レスポンシヴ・ポリティクス、デモクラシー21、プロパブリカ、マイク・アレン、ニーラ・ベナージー、ニコラス・コンフェソア、クレイトン・コピン、ブライアン・ドハティ、ロバート・ドレイパー、リー・ファング、マイケル・グリュンウォルド、ジョン・ガーダ、マーク・ハルペリン、デイル・ハリントン、ジョン・ハイルマン、エリアナ・ジョンソン、ジョン・ジュディス、ロバート・カイザー、アンディ・クロル、クリス・クロム、チャールズ・ルイス、ロバート・マグワイア、マイク・マッキンタイア、ジョン・J・ミラー、キム・フィリップス－フェイン、エリック・プーリー、ダニエル・シュルマン、シーダ・スコチポル、ジェイソン・スタール、ピーター・ストーン、スティーヴン・テルズ、ケネス・ヴォーゲル、レスリー・ウェイン、ロイ・ウェンズル、ビル・ウィルソン。

ほかにも多くの方々が、この企てにとって必要不可欠だったが、なかでもダブルデイの私の聡明な編集者、ビル・トーマス、JCMの機略に富む著作権代理人、スローン・ハリス、2010年の私のコーク一族に関する記事を載せ、本書を書くきっかけを作ってくれた『ニューヨーカー』のすばらしいチーム、デイヴィッド・レムニク、ダニエル・ザレウスキー、果敢な校閲部には、とりわけ感謝している。労苦の多い本書の調査や事実確認を手伝ってくれた、アンドルー・プロコプ、ベン・トフにも、深く感謝している。生死をともにしたい戦友とは、彼らのことをいうのだろう。

ダーク・マネー

巧妙に洗脳される米国民

2017年2月9日発行

著　者――ジェイン・メイヤー
訳　者――伏見威蕃
発行者――山縣裕一郎
発行所――東洋経済新報社
〒103-8345　東京都中央区日本橋本石町 1-2-1
電話＝東洋経済コールセンター　03(5605)7021
http://toyokeizai.net/

装　丁…………吉住郷司
DTP…………アイランドコレクション
印　刷…………東港出版印刷
製　本…………積信堂
編集担当………矢作知子
Printed in Japan　　ISBN 978-4-492-44441-2

著者紹介

ジェイン・メイヤー

『ニューヨーカー』誌の記者。同誌に署名入り記事を書き、批評家に絶賛されているノンフィクションのベストセラーを三作著わしている。*Landslide: The Unmaking of the President, 1984–1988*はドイル・マクマナスとの共著、*Strange Justice: The Selling of Clarence Thomas*はジル・エイブラムソンとの共著で、全米図書賞の最終候補に残った。自著*Dark Side: The Inside Story of How the War on Terror Turned into a War on American Ideals*でグッゲンハイム・フェローシップを授与された。同書は『ニューヨーク・タイムズ』の年間ベストテンに選ばれ、J・アントニー・ルーカス図書賞、ゴールドスミス図書賞、エドワード・ワインタル賞、ライデンアワー賞、ニューヨーク公立図書館のヘレン・バーンスタイン・ジャーナリズム優秀図書賞、ロバート・F・ケネディ図書賞を受賞。全米図書賞と全米批評家協会賞の最終候補に残った。『ニューヨーカー』での報道について、ジョン・チャンセラー賞、ジョージ・ポルク賞、トナー政治報道優秀賞、ハーヴァード大学のニーマン財団によるジャーナリズムの独立のためのI・F・ストーン勲章を授与されている。ワシントンDC在住。

訳者紹介

伏見威蕃(ふしみ いわん)

1951年生まれ、早稲田大学商学部卒。ノンフィクション、ミステリ、ハイテク軍事近未来小説など幅広い分野の翻訳で30年以上の実績がある。2006年にトーマス・フリードマン『フラット化する世界』で、(財)国際言語文化振興財団の国際理解促進図書優秀賞を受賞。主な訳書は、ボブ・ウッドワード『ブッシュの戦争』、ジョージ・W・ブッシュ『決断のとき』、ビル・エモット『アジア三国志』、ポール・ケネディ『第二次世界大戦影の主役』、ダニエル・ヤーギン『探求　エネルギーの世紀』、ヘンリー・キッシンジャー『国際秩序』、トム・クランシー&ピーター・テレップ『テロリストの回廊』、マーク・ボウデン『ブラックホーク・ダウン』、マーク・グリーニー『暗殺者の反撃』、ジョン・スタインベック『怒りの葡萄』など多数。

索引

A～Z

ア行

カ行

サ行

タ行

ナ行

ハ行

マ行

ヤ行

ラ行

ワ　行

注

序章　投資家たち

5　メンバーだった：チャールズ・コークは、ロバート・ルフェーヴルの信奉者だった。*Radicals for Capitalism: A Freewheeling History of the Modern American Libertarian Movement* (PublicAffairs, 2007) の著者でリバタリアンのブライアン・ドハティは、インタビューでルフェーヴルは「チャールズの心を射止めたアナーキスト」だと述べている。ルフェーヴルについての詳細は第2章。

6　ほとんどの場合：私が『ウォールストリート・ジャーナル』の仕事で取材していたロナルド・レーガン政権時代には、共和党エスタブリッシュメントと保守派純粋主義者の亀裂がつねに存在していた。レーガンのホワイトハウスでは、まだ多くが純粋主義者を部外者と見て警戒していた。

7　ジョージ・ソロス：Jane Mayer, "The Money Man," *New Yorker*, Oct. 18, 2004.

7　「コーク兄弟は、まったくレベルがちがう」：Jane Mayer, "Covert Operations," *New Yorker*, Aug. 30, 2010.

9　「われわれはしくじるはずがない」：ジョン・ポデスタ談、著者のインタビュー。

10　「商業の権利」：クレイグ・シャーリー談。著者のインタビュー。

11　「われわれが大惨事に」：Matthew Continetti, "The Paranoid Style in Liberal Politics: The Left's Obsession with the Koch Brothers," *Weekly Standard*, April 4, 2011.

12　「保険業界の大物……W・クレメント・ストーンが……」：Dan Balz, " 'Sheldon Primary' Is One Reason Americans Distrust the Political System," *Washington Post*, March 28, 2014.

13　「……過激派の群れではない」：Continetti, "Paranoid Style in Liberal Politics."

13　サミットの参加者たちは：コーク・セミナーの綿密な描写については、Kenneth P. Vogel, *Big Money: 2.5 Billion Dollars, One Suspicious Vehicle, and a Pimp—on the Trail of the Ultra-Rich Hijacking American Politics* (Public Affairs, 2014)。

14　集会中に盗聴されるのを：Michael Mechanic, "Spying on the Koch Brothers: Inside the Discreet Retreat Where the Elite Meet and Plot the Democrats' Defeat," *Mother Jones*, Nov./Dec. 2011.

14　「匿名性は護られる」：Vogel, *Big Money*.

15　富の合計：名前がわかっているコーク・セミナー参加者の資産総額は、2015年の推定で10億ドル以上。以下はその一部。

チャールズ・コーク：429億ドル
デイヴィッド・コーク：429億ドル
シェルドン・アデルソン：314億ドル
ハロルド・ハム：122億ドル
スティーヴン・シュワルツマン：120億ドル
フィリップ・アンシュルツ：118億ドル
スティーヴン・コーエン（マイケル・サリヴァンが代理として出席）：103億ドル
ジョン・メナード：90億ドル
ケン・グリフィン：65億ドル
チャールズ・シュワブ：64億ドル
リチャード・デヴォス：57億ドル
ダイアン・ヘンドリックス：36億ドル
ケン・ランゴーン：29億ドル
スティーヴン・ベクテル・ジュニア：28億ドル

スタン・ハバード：20億ドル
ジョー・クラフト：14億ドル
2014年に資産総額が推定83億ドルだった、エレイン・マーシャルは、2015年の『フォーブズ』のビリオネア・リストからはずれた。2014年のマーシャルの推定資産総額を、オバマ政権時代にセミナーに参加したことがわかっているビリオネアたちの富と合計すると、合計は2220億ドルにのぼる。

15　アメリカの収入トップ1パーセント：Jacob S. Hacker and Paul Pierson, *Winner-Take-All Politics: How Washington Made the Rich Richer――and Turned Its Back on the Middle Class* (Simon & Schuster, 2010) によれば、キャピタルゲインと配当を計算に入れると、2007年の時点で、所得トップ1パーセントが、アメリカの全収入の23.5パーセントを得ていたという。

15　リベラルの批判勢力：Chrystia Freeland, *Plutocrats: The Rise of the New Global Super-rich and the Fall of Everyone Else* (Penguin, 2012), 3.（『グローバル・スーパーリッチ――超格差の時代』中島由華訳，早川書房，2013年）

15　「私たちはたんに」：ポール・クルーグマンがビル・モヤーズとのインタビューで、トマ・ピケティの著書 *Capital in the Twenty-First Century* について語った。"What the 1% Don't Want Us to Know," BillMoyers.com, April 18, 2014.

16　「富が権力を生み」：Joseph E. Stiglitz, "Of the 1%, by the 1%, for the 1%," *Vanity Fair*, May 2011.

17　トマ・ピケティ：Thomas Piketty, *Capital in the Twenty-First Century*, trans. Arthur Goldhammer (Belknap Press/Harvard University Press, 2014).（『21世紀の資本』山形浩生・守岡桜・森本正史訳，みすず書房，2014年）

17　「国民の市民生活とはかけ離れ……」：Mike Lofgren, "Revolt of the Rich," *American Conservative*, Aug. 27, 2012.

18　コーク・サミットの出席者全員のリスト：*ThinkProgress*, on October 20, 2010 のウェブサイトのリー・ファングの記事でリストが公開された。2014年に、*Mother Jones* が続報でリストの一部を載せた。

19　ハゲタカファンド：Ari Berman, "Rudy's Bird of Prey," *Nation*, Oct. 11, 2007, ニューヨーク州議会が、買い戻しを支援する法案を立法化した。さらに、シンガーは、債務不履行に陥ったアルゼンチンの債務を利鞘をつけて買い戻させるために、連邦裁判所の支援を受けた。

20　2008年の市場大暴落後：David Carey and John E. Morris, *King of Capital: The Remarkable Rise, Fall, and Rise Again of Steve Schwarzman and Blackstone* (Crown Business, 2010) はつぎのように述べている。「議会を行動に踏み切らせたきっかけは、シュワルツマンの派手な誕生日パーティと、近々行われる予定のブラックストーンのIPOだったと、議会の審議を見守っていた人々はいう」

21　家政婦3人が：Christie Smythe and Zachary Mider, "Renaissance Co-CEO Mercer Sued by Home Staff over Pay," *Bloomberg Business*, July 17, 2013.

22　あまりにも言語道断な金額：2015年に『フォーブス』が資産29億ドルと推定したケン・ランゴーンは、グラッソーの退職金は適正だと主張し、その後、法廷でその主張が認められた。

22　「われわれのような太った猫……」：Mark Halperin and John Heilemann, *Double Down: Game Change 2012* (Penguin, 2013), 194.

22　「いっそう大金持ちになった」："Richard Strong's Fall Came Quickly," Associated Press, May 27, 2004.

23　「アンシュルツの取引と若干異なる」：David Cay Johnston, "Anschutz Will Cost Taxpayers More Than the Billionaire," *Tax Notes: Johnston's Take*, Aug. 2, 2010.

24　2009年、デヴォスの息子："DeVoses May Pay a Price for Hefty Penalty; Record Fine Pres-

ents Problems; Lawyers Say They Will Appeal," *Grand Rapids Press*, April 13, 2008.

24　「個人として最大の買い溜め」: Daniel Fisher, "Fuel's Paradise," *Forbes*, Jan. 20, 2003.

25　その後、マッシーは: アメリカ第4位の石炭会社アルファ・ナチュラル・リソースィズは、2015年に倒産保護を申請した。

25　ハロルド・ハム: Josh Harkinson, "Who Fracked Mitt Romney?," *Mother Jones*, Nov./Dec. 2012.

26　さらに、オバマが当選する直前の2008年夏には: イランが世界最大のメタノール工場を建設するのを支援したのは外国の子会社だから、貿易禁止には違反していないと、コーク・インダストリーズは主張した。海外の社員を安全器《カットアウト》に使うことで、同社は法律の条文には従っていたが、1995年以来ずっと行なわれてきたアメリカの禁輸措置の意図を回避したことに変わりはない。Asjylan Loder and David Evans, "Koch Brothers Flout Law Getting Richer with Secret Iran Sales," *Bloomberg Markets*, Oct. 3, 2011.

28　父親的温情主義で家族経営: ベクテルのすばらしい社史については、Sally Denton, *Profiteers: Bechtel and the Men Who Built the World* (Simon & Schuster, forthcoming).

28　だが、会社のパイロットが: 2010年、スチュワート、夫人、娘、ほか2名が、ヘリコプターの墜落事故で死亡した。操縦席に座っていた5歳の娘が操縦装置を蹴ったのが墜落の原因だと、捜査員が確信したと伝えられている。

30　デミントは売り込みが上手: Sean Wilentz, "States of Anarchy," *New Republic*, March 30, 2010.

31　経済危機を防ぐために: TARP の詳細は、Hank Paulson, *On the Brink: Inside the Race to Stop the Collapse of the Global Financial System* (Headline, 2010), chaps. 11–13.

33　AFPも支持団体だった: 上院で採決が行なわれた2008年10月1日、ジョン・スーン上院議員の事務所が、救済に賛成した団体のリストを発表した。AFPはそれに載っていた。http://www.thune.senate.gov/public/index.cfm/press-releases?ID=8c603eca-77d3-49a3-96f5-dfe92eac-da06.

33　コーク兄弟の考え方をよく知っている情報源: 繁栄のためのアメリカ人でコークの主力運動員だったフィル・カーペンは自著 *Democracy Denied* (BenBella Books, 2011) で、「法案を嫌悪してはいたが、金融システムが崩壊するのではないかと、ほんとうに怖れていた」と認めている。

34　「生涯の戦い」: Bill Wilson and Roy Wenzl, "The Kochs' Quest to Save America," *Wichita Eagle*, Oct. 15, 2012.

34　「私たちの国を赤い州と青い州に」: Barack Obama, Keynote Address, Democratic National Convention, July 27, 2004.

第1部　フィランソロピーを兵器として使う思想の戦い

第1章　過激派

39　フレッド・コークは、15年以上も: 法律問題がもっとも詳しく述べられている資料は、Clayton A. Coppin, "A History of Winkler Koch Engineering Company Patent Litigation and Corruption in the Federal Judiciary." 未出版、コーク・インダストリーズの依頼により執筆。筆者が拝受。

39　「判事が賄賂を受け取っていたという事実」: コーク一家の知人談、著者のインタビュー。

40　しかし、1932年になると: Alexander Igolkin, "Learning from American Experience," *Oil of Russia: Lukoil International Magazine*, 2006.

40　フレッドはソ連を技術面で支援: 製油所100カ所という事実については、"Economic Review of the Soviet Union". コーク・インダストリーズの依頼でコピンが作成した報告書 "Why the Soviet Union Chose the Winkler-Koch Cracking System" より。

41　ウッド・リヴァー・オイル&リファイニング: Koch Industries' Web site, History Timeline.

41　「……はじめて本物の財政的成功を満喫した」: Charles G. Koch, *The Science of Success: How*

Market-Based Management Built the World's Largest Private Company (John Wiley & Sons, 2007), 6.

41 フレッド・コークは1930年代に：フレッドが、ドイツに仕事で出張していたと、家族の1人が語っている。

41 公式記録を掘り起こすと：Rainer Karlsch and Raymond Stokes, *Faktor Öl* [The oil factor] (Beck, 2003).

42 「影響力を行使する諜報員」：デイヴィスは刑事訴追を受けていない。Dale Harrington, *Mystery Man: William Rhodes Davis, American Nazi Agent of Influence* (Brassey's, 1999), 206では、1941年に死んだあと、デイヴィスに関する司法省の捜査は隠蔽されたとしている。

42 アメリカの銀行の総裁：Ibid. 14. ボストン銀行のチャールズ・スペンサーは、その取引に関わることを拒んだ。だが、自行のあまり実直ではない行員にそれを押しつけた。

42 「諸君、わたしはデイヴィス氏の提案を」：Ibid., 16.

43 署名入りの『わが闘争』がほしいと：Ibid., 19.

43 ナチズムに「心底傾倒して」：Ibid., 18.

43 「……ハイオクタンのガソリンを生産できる」：Ibid., 19.

43 「……このうえなく重要だった」：ピーター・ヘイズ談、著者のインタビュー。

44 「ウィンクラー-コークは」：レイモンド・ストークス談、著者のインタビュー。

44 「私に賛成するものは1人もいないだろうが」：Fred Koch to Charles de Ganahl, Oct. 1938, in Daniel Schulman, *Sons of Wichita: How the Koch Brothers Became America's Most Powerful and Private Dynasty* (Grand Central, 2014), 41–42.（『アメリカの真の支配者コーク一族』古村治彦訳，講談社，2015年）

46 その乳母兼家庭教師の厳しいしつけ：この描写は、事情に詳しい情報源による。現在のコーク家との関係を維持するために、情報源は匿名を希望した。

47 「父は母に対して、かなり乱暴だった」：Bryan Burrough, "Wild Bill Koch," *Vanity Fair*, June 1994.

48 「まさにジョン・ウェイン風だった」：ジョン・ダムガード談、著者のインタビュー。

48 フレッドは、荒々しい趣味を重んじ：コーク家のいとことのインタビュー。

48 「幼いころから労働倫理を」：Charles G. Koch, *Science of Success*, 9.

50 「父は兄弟4人すべてを男に」：Maryellen Mark, "Survival of the Richest," *Fame*, Nov. 1989.

51 クレイトン・コピン：コピンは、ジョージ・メイソン大学で、コーク家が大幅な資金援助を行なっていた、社会・組織学習プログラムの講座を持っていた。

51 ポーティア・ハミルトン：ハミルトンは1940年コロンビア大学卒、子供の遊びとロールシャッハ・テストは、心のなかの混乱を知る手掛かりになるとする心理学の小論がを新聞に載り、好評を得た。その1つ、"Troubled Little Minds," *Milwaukee Sentinel*, April 3, 1949 で、両親と祖父母の「愛情過多」にさらされた幼い少女について述べている。

52 メアリは念を押した：Wayne, "Survival of the Richest."

52 「行かせないでほしいと、必死で頼んだ」：Brian O'Reilly and Patty de Llosa, "The Curse on the Koch Brothers," *Fortune*, Feb. 17, 1997.

52 「なにもかもが、いまわしかった」：チャールズ・コークは、その時代のことを、ジェイソン・ジェニングズのインタビューで語っている。Koch Industries' Web site.

52 ついにカルヴァーはチャールズを退学させた：この一件については、Wayne, "Survival of the Richest," と、ビル・コークに依頼されたコピンの未発表の報告書、"Stealth: The History of Charles Koch's Political Activities, Part One," 後者は著者が拝受。

52 フレッド・コークは、罰として：チャールズ・コークのジェニングズとのインタビュー。チャールズが

父親と似ているという描写も同インタビューより。

53　「父は神への怖れを」: O'Reilly and de Llosa, "Curse on the Koch Brothers."

53　「その後15年ほど、チャールズは」: Coppin, "Stealth."

53　「兄弟はしじゅう争っていた」: コピン談、著者のインタビュー。

53　「あいつはこのウィチタで仕事を見つけて」: Roy Wenzl and Bill Wilson, "Charles Koch Relentless in Pursuing His Goals," *Wichita Eagle*, Oct. 14, 2012.

54　「家に着いたとたんに」: Elizabeth Koch, "The World Tour Compatibility Test: Back in Tokyo, Part 1," *Smith*, March 30, 2007, http://www.smithmag.net.

54　「……暗い井戸の底を覗き込むような心地」: Elizabeth Koch, "The World Tour Compatibility Test: Grand Finale," *Smith*, May 3, 2007, http://www.smithmag.net.

54　「……21歳になったときに」: Kelley McMillan, "Bill Koch's Wild West Adventure," *5280: The Denver Magazine*, Feb. 2013.

55　「こういう有益な助言も」: O'Reilly and de Llosa, "Curse on the Koch Brothers."

57　「……物議をかもすどころの騒ぎではない」: Lee Fang, *The Machine: A Field Guide to the Resurgent Right* (New Press, 2013), 100.

58　「荒唐無稽である」: C・D・デローチ副長官宛てのFBI内部文書（1961年3月15日付）の内容が、情報公開法に基づくアーニー・レザーの出願により、明らかになった。

58　略語の名称の団体: Fang, *Machine*, 97.

59　「集産主義者」: Charles Koch, "I'm Fighting to Restore a Free Society," *Wall Street Journal*, April 2, 2014.

59　「たいへん知的な切れ者」: Fang, *Machine*, 96.

59　「モスクワの魂胆」: Ibid., 102.

60　この極右主義は勝利には貢献せず: ゴールドウォーターの立候補が、共和党の立場を明確にし、教化したと主張する保守派もいた。しかし、たとえばマイケル・ガーソンは、"Goldwater's Warning to the GOP," *Washington Post*, April 18, 2014で、マイノリティの有権者の今後の世代の反発を招いたから、共和党にとって大きな損害があったと述べている。

60　ジョージ・ウォーレスが登場する前に: Fang, *Machine*.

60　「無政府主義すれすれだった」Rick Perlstein, *Before the Storm: Barry Goldwater and the Unmaking of the American Consensus* (Nation Books, 2009), 113.

61　「自然界を支配する特定の法則」: Wenzl and Wilson, "Charles Koch Relentless."

62　以前、IRS（内国歳入庁）が: Coppin, "History of Winkler Koch," 29.

62　フレッドはいまも遺産税に猛反対していて: Wilson and Wenzl, "Charles Koch Relentless."

62　さまざまな戦略のうちの1つ: Gary Weiss, "The Price of Immortality," *Upstart Business Journal*, Oct. 15, 2008; "Estate Planning Koch and Chase Koch(Son of Charles Koch): Past, Present, and Future," *Repealing the Frontiers of Ignorance*, Aug. 4, 2013, http://repealingfrontiers.blogspot.com.

62　「つまり、20年のあいだ」: Weiss, "Price of Immortality."

62　子供たちが今後も自分に従うように: コピンによれば、子供が若いうちに一族の富をあたえると、父親と縁を切るのではないかと怖れていることを、フレッド・コークは手紙に書いていた。

62　「ジョン・バーチ協会に馬鹿げた要素がある」: ガス・ディゼレガは、チャールズと疎遠になった。その後、右派の見解を捨てて、政治学教授になり、宗教問題などの著作がある。それでも、チャールズのおかげで政治哲学に関心を抱き、学問の世界に進むようになったことを感謝している。

63　「ルフェーヴルはチャールズのハートを射止めた」: ブライアン・ドハティ談、著者のインタビュー。

64　ジャーナリストのマーク・エイムズによれば: Mark Ames, "Meet Charles Koch's Brain," *NSFW-*

Corp, Sept. 30, 2013. また、George Thayer, *The Farther Shores of Politics: The American Political Fringe* (Simon & Schuster, 1967). さらに、Donald Janson, "Conservatives at Freedom School to Prepare a New Federal Constitution," *New York Times*, June 13, 1965に述べられているように、ルフェーヴルは回顧録で、聖人たちの命令で、目をつぶったまま30キロにわたって時速100キロで車を走らせたとか、肉体を残してシャスタ山まで宙を飛び、そこでイエス・キリストにあったとか主張していた。

64 フリーダム・スクールでは: フリーダム・スクールのカリキュラムについての描写は、出席者3人のインタビューによる。ガス・ディゼレガ以外の2人は匿名を希望。

65 「過激保守主義」の牙城: Janson, "Conservatives at Freedom School to Prepare a New Federal Constitution."

66 チャールズ・コークは……のめり込み: チャールズがフリーダム・スクールに1週間行くのをフレッドが許可したのは、ジョン・バーチ協会を支援するとチャールズが約束したからだと、コピンは考えている。

66 チャールズはこの変節に激怒し:「殴り倒す」という表現は、コーク兄弟に近い情報源による。

66 ジェイムズ・J・マーティン: マーティンは歴史見直し研究所(IHR)の出版物 *The Journal of Historical Review* に執筆し、著書 *The Man Who Invented "Genocide": The Public Career and Consequences of Raphael Lemkin* は1984年にIHRから出版された。*Denying the Holocaust: The Growing Assault on Truth and Memory* (Plume, 1994)(『ホロコーストの真実――大量虐殺否定者たちの嘘ともくろみ(上・下)』滝川義人訳, 恒友出版, 1995年)の著者デボラ・リップシュタットは、著者とのインタビューで、「ホロコースト否定論者でなかったら、IHRの正式会員にはなれないし、執筆依頼も来ない」と述べている。

66 「思想のごった煮」: ガス・ディゼレガ談、著者のインタビュー。

67 アンガス・バーギンが: Angus Burgin, *The Great Persuasion: Reinventing Free Markets Since the Depression* (Harvard University Press, 2012), 88.

68 ハイエクは自由市場を: フィリップス-フェインは、つぎのように述べている。「ハイエクとフォン・ミーゼスの革新的な考え方が偉大だったのは、自由や革命的変革という言葉を使って、自由市場を擁護したことだ。自由市場を政治の領域から切り離し、人類が解放を実現するのを可能にする……福利の拡充ではなく自由市場こそが、ファシズムへの重要な対抗手段の真の基盤になる」Kim Phillips-Fein, *Invisible Hands: The Making of the Conservative Movement from the New Deal to Reagan* (Norton, 2009), 39-40.

68 ルフェーヴルが1986年に死んだときには: 2010年、コーク・インダストリーズの広報担当は、コーク一族をフリーダム・スクールと切り離そうとして、チャールズとデイヴィッドはルフェーヴルの「狂信的な帰依者」ではなかったと強弁した。この言葉を、私は 2010年の『ニューヨーカー』の記事 "Covert Actions." で使った。広報担当は、「それどころか、2人は1960年代以降、ルフェーヴルとは一切接触していない」と述べた。しかし、マーク・エイムズが先に報じたとおり、チャールズ・コークは1973年にルフェーヴルに親密な手紙を送り、ルフェーヴルが関わっていたべつのリバタリアン組織、人文学研究所をみずから乗っ取る計画に承認を求めていた。

69 フレデリックの私生活は: ウィリアム・コークの宣誓証言。

71 「……ホモセクシャル疑惑の脅迫」: O'Reilly and de Llosa, "Curse on the Koch Brothers."

71 「……チャールズが仕組んだ"ホモセクシャル脅迫"」: Schulman, *Sons of Wichita*, 130 は、脅迫がフレッド・コークの死後に行なわれたとしているが、ビル・コークの宣誓証言とは異なる。

72 カンザスでもっとも裕福な人物: Coppin, "Stealth."

73 コーク・インダストリーズはこの製油所の最大手株主になった: コーク兄弟はパイン・ベンド製油所をJ・ハワード・マーシャル2世から買った。マーシャルの一族は、コーク・インダストリーズの株15

パーセントを得て、めったにいない外部の投資家になった。マーシャルは89歳のときに、当時26歳のグラマーなストリッパーで『プレイボーイ』のモデルだったアン・ニコル・スミスと結婚し、タブロイド紙のいいネタになった。

73 「……コークの製油所1カ所が」: David Sassoon, "Koch Brothers' Activism Protects Their 50 Years in Canadian Heavy Oils," *InsideClimate News*, May 10, 2012.

74 「私はアメリカ有数の金持ち」: Leslie Wayne, "Brothers at Odds," *New York Times*, Dec. 7, 1986.

74 「過酷な管理体制」: ブルース・バートレット(コーク兄弟が資金を提供していたダラスのシンクタンク、政策分析のための全国センターに勤務していたエコノミスト)談、著者のインタビュー。

74 1983年、チャールズとデイヴィッドは: Schulman, *Sons of Wichita*, 142.

76 他の兄弟とはちがって: フレデリック・コークの寄付の一例は、ストラトフォード-アポンエイヴォンのシェークスピア劇場スワン修復への300万ドル。フレデリックはエリザベス女王が公務で司ったこけら落としに出席したが、名前をいわないでほしいと女王に頼んだ。

76 贅沢な暮らしをして: Rich Roberts, "America 3 Win No Bargain Sail," *Los Angeles Times*, May 17, 1992.

76 やはりチャールズとは: ビル・コークは沈黙を破り、双子の片割れのデイヴィッドの誕生日パーティでチャールズと口をきき、カリフォルニア北部にある会員制社交クラブ、ボヘミアン・グローヴに行ったときも話をした。

77 「五分五分の取引では」: Louis Kraar, "Family Feud at Corporate Colossus," *Fortune*, July 26, 1982.

78 「……たった1人の生存者になったら」: Weiss, "Price of Immortality."

79 アパートメント一の「ケチ」: *Park Avenue: Money, Power, and the American Dream*, PBS, Nov. 12, 2012.

79 「やつらの代償は1000万ドルだ」: 著者のインタビュー。デイヴィッド・コークがWNET理事を辞任した詳しい経緯については、Jane Mayer, "A Word from Our Sponsor," *New Yorker*, May 27, 2013.

80 労働者との衝突: 石油・化学・原子力労働組合は、1973年1月にパイン・ベンド製油所でのストライキを呼びかけた。Coppin, "Stealth" によれば、「チャールズ・コークは、できることなら自分の製油所から組合を排除していたはずだ」

81 「思想はそれ自体ではひろまらない」: Charles Koch, "The Business Community: Resisting Regulation," *Libertarian Review*, Aug. 1978.

81 コピンの意見では、この時点: Coppin, "Stealth," に会議の模様が述べられ、配布された書類の内容がかなり引用されている。

85 1979年には、コーク兄弟は: チャールズ・コークは「自分がコントロールしていると認識されずに物事をコントロールすることが好きだった」と、リバタリアン活動家デイヴィッド・ゴードンが語っている。Luke Mullins, "The Battle for the Cato Institute," *Washingtonian*, May 30, 2012.

85 「デイヴィッド・コークが80年に立候補」: グローヴァー・ノーキスト談、著者のインタビュー。

85 だが、リバタリアン党の大会で: Marshall Schwartz, "Libertarians in Convention," *Libertarian Review*, Nov. 1979.

87 「いまの政治は汚らしい腐敗したビジネス」: Mayer, "Covert Operations."

87 「私のレーダーにまったく映らなくなった」: リチャード・ヴィゲリー談、著者のインタビュー。

第2章　隠された手

91 「……財政支援した最重要人物」: Robert Kaiser, "Money, Family Name Shaped Scaife," *Wash-*

ington Post, May 3, 1999, A1.

91 「共産主義者のくそ女」: Karen Rothmyer, "Citizen Scaife," *Columbia Journalism Review*, July/Aug. 1981.

91 2009年: リチャード・スケイフは、回顧録を著者に贈呈し、離婚訴訟にまつわる部分を除いてすべてを使用することを許可した。その部分についてここでは触れない。

92 「こんにち、保守派もしくは反動主義者の思想が」: Lionel Trilling, *The Liberal Imagination: Essays on Literature and Society* (Viking, 1950), xv.

93 「創始者だった」: クリストファー・ルディ談、著者のインタビュー。

93 1957年、『フォーチュン』は: Rothmyer, "Citizen Scaife."

94 じつにみごとにまとめあげている: Richard Mellon Scaife, "A Richly Conservative Life," 282.

94 「最低の酔っ払い」: Kaiser, "Money, Family Name Shaped Scaife."

95 「父は――いじめられていた」: Burton Hersh, *The Mellon Family: A Fortune in History* (Morrow, 1978).

96 「軽量級」: Kaiser, "Money, Family Name Shaped Scaife."

96 「私は政治保守主義のせいで」: Scaife, "Richly Conservative Life," 20.

96 「父は国の安全保障を不安視し」: Ibid., 21.

96 「アラン・スケイフは」: Kaiser, "Money, Family Name Shaped Scaife."

97 「上から下までずっと」: Isaac William Martin, *Rich People's Movements: Grassroots Campaigns to Untax the One Percent* (Oxford University Press, 2013), 25.

98 メロンのユニオン・トラスト銀行は: Ibid., 34.

98 この考え方に一般大衆の支持を: Ibid., 45. 富裕層の税率を下げれば、免税の国債への投資が進み、財務省の歳入が増えて、それとともにメロン銀行のような金融機関の売上も増えると主張した。

98 60年後: The Gerald R. Ford Library には、アメリカン・エンタープライズ研究所のボブ・ゴールデンからフォード政権の首席補佐官ディック・チェイニーに宛てた1975年6月11日付の内部文書が保管されている。"Santa Claus Theory."という題が走り書きされたジュード・ワニスキーの学術論文がそれに添付されていた。

98 財務長官に就任すると: John B. Judis, *The Paradox of American Democracy: Elites, Special Interests, and the Betrayal of the Public Trust* (Routledge, 2000).

98 「アメリカの最富裕層の税率」: Isaac William Martin, *Rich People's Movements*, 64.

98 メロンの経済理論は: Judis, *Paradox of American Democracy*, 46.

99 「両親の具体的な動機」: Scaife, "Richly Conservative Life," 61.

99 「犠牲の平等を計る」: Kenneth F. Scheve Jr. and David Stasavage, "Is the Estate Tax Doomed?," *New York Times*, March 24, 2013.「犠牲の平等」は、イギリスの哲学者ジョン・スチュアート・ミルが使った言葉で、19世紀以降、戦費を賄うために累進課税を進める拠り所になったことを、両記者は指摘している。

100 「眠れないときには」: Scaife, "Richly Conservative Life," 6.

101 「ものすごくみじめにする」: Robert Kaiser and Ira Chinoy, "Scaife: Funding Father of the Right," *Washington Post*, May 2, 1999, A1.

103 「最優先事項は」: Scaife, "Richly Conservative Life," 43.

103 「なんというすばらしい税法だろう」: Ibid., 46.

105 こういった組織は、現在では: ジョン・D・ロックフェラーは、ロックフェラー財団設立を支援してもらうために、ひそかにウィリアム・タフト大統領と会見したが、それにもかかわらず、上院は1913年に設立を却下した。Rob Reich "Repugnant to the Whole Idea of Democracy? On the Role of Foundations in Democratic Societies" (Department of Political Science, Stanford Uni-

versity, for the Philanthropy Symposium at Duke University, Jan. 2015), 5.

106 「基本的に根深い反民主主義の」: Ibid., 9.

106 1930年には約200の: Ibid., 7.

107 「……完全に無責任な機構」: リチャード・ポズナーは、慈善財団を世襲の君主制になぞらえる。富裕層が自分で課税を決めるのにうってつけの仕組みかもしれないが、ビジネスマンが運営し、会社のイメージ向上に利用しているのに、どうして税控除の対象になるのかと疑問を呈している。"Charitable Foundations—Posner's Comment," *The Becker-Posner Blog*, Dec. 31, 2006, http://www.becker-posner-blog.com.

108 「それによって助成の力が」: Scaife, "Richly Conservative Life," 66.

108 「私が信じている概念」: Ibid., 58.

108 「これがリチャード・メロン・スケイフの伝説」: Ibid., 70.

109 この攻撃を行なう: シドニー・ブルメンソールが、*The Rise of the Counter-establishment: From Conservative Ideology to Political Power* (Times Books, 1986) で「反エスタブリッシュメント」という言葉を有名にし、その運動の知的側面の歴史の全容をはじめて説明した。多くを語った。

110 「アメリカの自由企業制への攻撃」: ルイス・パウエルのメモの発端と影響の詳細については、Phillips-Fein, *Invisible Hands*, 156–65.

111 「1970年代末にはじめたときには」: Open Society Institute forum, Sept. 21, 2006.のガラ・ラマルシェとのパネル・ディスカッションでの発言。

112 「企業を包囲しろ」: Phillips-Fein, *Invisible Hands*, 151 に引用されている。

112 パウエルは……タバコ産業を擁護し: Jeffrey Clements, *Corporations Are Not People* (Berrett-Koehler, 2012), 19–21.

113 アメリカ国民の収入: Isaac William Martin, *Rich People's Movements*, 155.

113 反撃しろと、パウエルは: パウエル・メモが重視されすぎていると疑問を呈する向きもある。『アメリカン・プロスペクト』のマーク・シュミットは、2005年に、「おおぜいがそれぞれの回状を書き送り、それぞれの組織を立ちあげていたというのが、右派の実状だった」と述べている。

114 「ひたすら自己の利益を」: Phillips-Fein, *Invisible Hands*, 164.

114 「非課税手段」: ブキャナンの回状についての詳細は、Jason Stahl, *The Right Moves: The Conservative Think Tank in American Political Culture Since 1945* (University of North Carolina Press, forthcoming), 93.

115 「砲兵隊」: Open Society Institute's Forum, Sept. 21, 2006での発言。

116 そのうちの1人: フォイルナーは、ハイエクが共同創立して参列したオーストリアの経済クラブであるモンペルラン・ソサエティの会員だった。同ソサエティの資金は、ほとんどアメリカのビジネスマンが提供していた。

116 自分は「過激派」で: David Brock, *Blinded by the Right: The Conscience of an Ex-conservative* (Crown, 2002), 54.(『ネオコンの陰謀——アメリカ右翼のメディア操作』佐々木信雄訳, 朝日新聞社, 2004年)

117 パウエル・メモを読んで: Lee Edwards, *The Power of Ideas: The Heritage Foundation at 25 Years* (Jameson Books, 1997).

117 「ジョー・クアーズほど」: Dan Baum, *Citizen Coors: A Grand Family Saga of Business, Politics, and Beer* (William Morrow, 2000), 103. ウェイリッチは「クアーズは、知り合いの下院議員に手紙を書けば、なにかができると思っているような人間だ」と付け加えた。

118 アメリカは過激な左派に: Ibid.

118 ほどなくスケイフの金が: ヘリテージ財団を設立する前に、フォイルナーは戦略国際問題研究所(CSIS)に勤務していた。CSISはスケイフが資金を一手に引き受けていた団体なので、フォイル

ナーはスケイフの支援者としての潜在力を充分に知っていたはずだ。

118 「クアーズはビールの6本パックを」: Kaiser and Chinoy, "Funding Father of the Right."

119 「いかなる政治的・金銭的利害関係にも」: Judis, *Paradox of American Democracy*, 122.

120 「AEIやヘリテージ財団のたぐい」: Ibid., 169. ウィリアム・サイモンをはじめとして、保守派財団の指導者たちは、自分たちは政治バランスを提供しているだけで、リベラルの財団の積極行動主義を真似ているにすぎないと思っていたかもしれない。しかし、政治学者のスティーヴン・テルズは、著者とのインタビューで、重要な相違点を指摘した。フォード財団など、初期のエスタブリッシュメントの財団の理事会は中道だったが、オリン財団のような新興の保守派財団は、「イデオロギーが統一され」、補助金を提供することを、運動拡大の方策と見なしている、とテルズはいう。

120 「学術団体」: Adam Curtis, "The Curse of Tina," BBC, Sept. 13, 2011.

121 サラ・スケイフ財団: Martin Gottlieb, "Conservative Policy Unit Takes Aim at New York," *New York Times*, May 5, 1986.

122 「周知のように」: L. L. Logue to Frank Walton (Heritage Foundation), Nov. 16, 1976, folder 16, Weyrich Papers, University of Montana.

123 「大企業の圧力団体」: Jason Stahl, "From Without to Within the Movement: Consolidating the Conservative Think Tank in the 'Long Sixties,' " in *The Right Side of the Sixties: Reexamining Conservatism's Decade of Transformation*, eds. Laura Jane Gifford and Daniel K. Williams (Palgrave Macmillan, 2012), 105.

123 パウエルをはじめとする: Stahl, *Right Moves*. スタールは、保守派シンクタンクが政治バランスという概念によって専門家の意見を覆した経緯を説明している。フォード財団のAFIへの寄付についても述べている。

124 リベラルだという批判に対抗するために: 1976年、謹厳なフィランソロピー界は、フォード財団が企業寄りではないことに抗議してヘンリー・フォード2世が受託者を辞任したために動揺した。

124 「フォード財団からたっぷりとふんだくったな」: ウィリアム・バルーディ・ジュニア宛ての内部文書。Stahl, *Right Moves*.

125 「資金提供者は」: Steven Clemons, "The Corruption of Think Tanks," Japan Policy Research Institute, Feb. 2003.

125 「私たちは……金を洗浄している」: Claudia Dean and Richard Morin, "Lobbyists Seen Lurking Behind Tank Funding," *Washington Post*, Nov. 19, 2002.

125 「完全な社会主義」: Phillips-Fein, *Invisible Hands*, 174.

126 「右派のイデオロギーが」: Brock, *Blinded by the Right*, 77.

126 「見えざる手」: こういった詳細はほとんどが、Michael Joseph Gross, "A Vast Right-Wing Hypocrisy," *Vanity Fair*, Feb. 2008による。

126 「彼の知力では」: Kaiser, "Money, Family Name Shaped Scaife."

127 「この政治的勝利」: Ibid.

127 「私たちは自然に」: Gross, "Vast Right-Wing Hypocrisy."

128 スケイフの息子デイヴィッドによれば: リッチーはマリファナの件を否定したが、スケイフは肯定した。Ibid.

128 「リッチーはディックが大好き」: Ibid.

128 「妻と犬が行方不明」: Ibid.

129 「ことに家族崩壊を意識」: Edwards, *Power of Ideas*.

130 「クリントンは命令によってだれでも始末できる」: John F. Kennedy Jr., "Who's Afraid of Richard Mellon Scaife?," *George*, Jan. 1999.

132 「自由企業哲学を主唱する」: Nicholas Confessore, "Quixotic '80 Campaign Gave Birth to Kochs'

Powerful Network," *New York Times*, May 17, 2014.

132　コーク・インダストリーズは: Ibid.

133　一説によれば: Michael Nelson, "The New Libertarians," *Saturday Review*, March 1, 1980.

133　「銀行口座が空っぽです」: エド・クレーン談、著者のインタビュー。

134　「エド・クレーンがしじゅうウィチタに電話」: Mullins, "Battle for the Cato Institute."

134　「夜警として」: Schulman, *Sons of Wichita*, 106.

135　それどころか、ウォーターゲート事件後: Stahl Right Movesは、ウォーターゲート事件後、あるAEI幹部がビジネス・リーダーたちに、こういう趣旨の提案をしたことを例証として挙げている。

135　1980年代のヘリテージ財団のスポンサーのリスト: Box 720, folder 5, Clare Boothe Luce Papers, Library of Congress.

135　「シンクタンクと保守系財団は」: Open Society forumでの発言。

136　アメリカ国民の政府への不信: Judis, *Paradox of American Democracy*, 129.

136　労働運動組織は: 議会で労働運動組織がいかに挫折を味わったかは、Hacker and Pierson, *Winner-Take-All Politics*, 127が緻密に説明している。

137　「われわれは基本的に」: Phil McCombs, "Building a Heritage in the War of Ideas," *Washington Post*, Oct. 3, 1983.

137　「ALECは……順調に進んでいます」: ジョージ・アーチボルドのリチャード・ラリーに宛てた文書。Feb. 3, 1977, *Weyrich Papers*.

137　「……黄金律をだれが握っていても」: Alexander Hertel-Fernandez, "Funding the State Policy Battleground: The Role of Foundations and Firms" (paper for Duke Symposium on Philanthropy, Jan. 2015).

137　ウェイリッチはことに: アメリカ宗教史研究家のランドール・バーマーは、著書*Redeemer: The Life of Jimmy Carter* (Basic Books, 2014) で、ロー対ウェード事件への反動がキリスト教右派を生み出したという通念は間違っていると論じている。その運動を引き起こしたのは、キリスト教福音派の差別撤廃反対だったと、バーマーは唱えている。ボブ・ジョーンズ大学が白人しか入学させなかったために免税団体の資格を取り消した、カーター大統領に対するキリスト教福音派の怒りを、ウェイリッチが巧みに利用したというのが、バーマーの説だった。

138　フォイルナーによれば: Dom Bonafede, "Issue-oriented Heritage Foundation Hitches Its Wagon to Reagan's Star," *National Journal*, March 20, 1982.

138　所得税と法人税を切り下げた: 所得最上層1パーセントの実質的な連邦所得税を、議会は1980年の31.8パーセントから、1985年に24.9パーセントに引き下げた。逆に所得最下層5分の4の実質的な税率を16.5パーセントから16.7パーセントに引き上げた。アメリカ国民の大多数にとって大きな増税ではなかったが、富裕層には大幅な減税になった。その結果、1980年と1985年を比較すると、所得最上層5パーセントの税引き後収入は増加し、それ以下の層では減収になった。Judis, *Paradox of American Democracy*, 151. また、Daniel Stedman Jones, *Masters of the Universe: Hayek, Friedman, and the Birth of Neoliberal Politics* (Princeton University Press, 2012), 265.

139　スケイフはそれまでに: エド・フォイルナーが、スケイフの寄付の規模を述べている。the Luce Papers.

139　「私は幸運だった」: Scaife, "Richly Conservative Life," 22.

第3章　海岸堡

140　コーネル大学の紛争: 抗議行動についての優れた報告は、Donald Alexander Downs, *Cornell '69: Liberalism and the Crisis of the American University* (Cornell University Press, 1999).

141 「……もっとも恥ずべき出来事」: David Horowitz, "Ann Coulter at Cornell," FrontPageMag.com, May 21, 2001.

142 「コーネル大学の騒動は」: John J. Miller, *A Gift of Freedom: How the John M. Olin Foundation Changed America* (Encounter Books, 2006).

142 オリンは「コーネル大学の学生が……見抜いていた」: John J. Miller, *How Two Foundations Reshaped America* (Philanthropy Roundtable, 2003), 16.

143 「この人々は、個人や集団で」: Lizzy Ratner, "Olin Foundation, Right-Wing Tank, Snuffing Itself," *New York Observer*, May 9, 2005.

143 両陣営ともに: たとえば、ジェイムズ・ピアソンは、フォード財団のようなエスタブリッシュメントのNPOをリベラルだと見なして過大評価し、右派はつねに資金で左派に負けていると主張している。

144 「自由企業制を救う」: オリンの法務部長は、フランク・オコネル弁護士で、組合に対して厳しいことで知られていた。Olin's general counsel was Frank O'Connell, a labor lawyer who was famously tough on unions.

144 オリンは父親の歩んだ道を: オリンの経歴についてはもっぱら、Miller, *Gift of Freedom* を参考にした。

146 1970年夏: E. W. Kenworthy, "U.S. Will Sue 8 Concerns over Dumping of Mercury," *New York Times*, July 25, 1970, 1.

147 つづいて司法省が: オリン・コーポレーションは、水銀を102番ストリート廃棄場と呼ばれるゴミ埋立地に捨てていた。フッカー科学プラスティック・コーポレーションもおなじ場所に投棄していた。

147 その後、オリン・コーポレーションと: 軽罪7件それぞれの罰金の最高額は1万ドルだったので、合計7万ドルになった。"Olin Fined $70,000," Associated Press, Dec. 12, 1979.

147 ソルトヴィルは、何十年にもわたり: "End of a Company Town," *Life*, March 26, 1971. また、Tod Newcombe, "Saltville, Virginia: A Company Town Without a Company," Governing.com, Aug. 2012.

148 「当時から、危険なのは会社ぐるみで知っていた」: ハリー・ヘインズ談、著者のインタビュー。

149 魚から危険なレベルの水銀が: Virginia Water Resources Research Center, "Mercury Contamination in Virginia Waters: History, Issues, and Options," March 1979. また、EPA Superfund Record of Decision, Saltville Waste Disposal Ponds, June 30, 1987.

150 『ライフ』は: "End of a Company Town."

150 「いまではゴーストタウンだ」: シャーリー・"シシー"・ベイリー談、著者のインタビュー。

151 「常識的には」: スティーヴン・レスター談、著者のインタビュー。

151 「オリンさんが」: ジェイムズ・ピアソン談、著者のメールによるインタビュー。

151 「その時期には」: ウィリアム・ヴォーゲリ談、著者のメールによるインタビュー。

152 「……私の最大の望みだ」: Ratner, "Olin Foundation, Right-Wing Tank, Snuffing Itself" に引用されている。

152 「明らかに左翼の姿勢」: 1980年のジョン・M・オリンのカーネル大学学長宛ての書簡。Teles, *Rise of the Conservative Legal Movement*, 185より。

153 「まるで自宅学習の課題」: Miller, *Gift of Freedom*, 34.

153 1960年代末、フォード財団は: ジェイムズ・ピアソンは、フォード財団の主な役割は、リベラル活動家のフィランソロピーだと、激しい論調の小論文 "Investing in Conservative Ideas," *Commentary*, May 2005 で述べている。

154 「私とほとんどおなじ考え方だ」: Miller, *How Two Foundations Reshaped America*, 13.

154 「60年代以降、規制法案が多数」: William Simon, *A Time for Truth* (Reader's Digest Press, 1978), 64–65.

156 「われわれに必要なのは」: Miller, *Gift of Freedom*, 56.

156 「資本主義には」: Simon, *Time for Truth*, 78.

156 「彼らが著作物をどんどん出す見返りに」: Miller, *Gift of Freedom*, 57.

157 「ジョイスは本物の過激派だ」: ラルフ・ベンコ談、著者のインタビュー。

157 「名門校は、それよりもステータスの低い大学の模範」: Teles, *Rise of the Conservative Legal Movement*, 186.

157 「この国の議論を変えるには」: Miller, *How Two Foundations Reshaped America*, 17.

158 「もっとも影響力の大きい学校」: James Piereson, "Planting Seeds of Liberty," *Philanthropy*, May/June 2005.

159 プリンストン大学のマディソン・プログラム: Miller, *Gift of Freedom*.

159 「抜け目のない右派政治運動家」: Max Blumenthal, "Princeton Tilts Right," *Nation*, Feb. 23, 2006.

159 「新たな意見を誕生させて」: Piereson, "Planting Seeds of Liberty."

159 この8年間にCIAは: CIAの資金の大部分が、ディアボーン財団という組織から送られてきた。オリン財団はそれを、ワシントンDCにあるヴァーノン基金という組織に送金した。

160 だが、1967年にマスコミが: 1967年、*Ramparts* 誌がCIAの秘密プログラムを暴露した。CIAがアメリカ中の私立財団100社を通じて、資金をひそかに集中していたことが、続報で暴かれた。そういった財団がフロント組織となって、冷戦期の反共プロジェクトに秘密裏に配布してた。資金の一部は全米学生協会のような国内団体にも流れていた。教員組合のようなリベラルの組織も、隠れ蓑に使われていた。

160 ほどなくオリン財団は: Miller, *Gift of Freedom*.

161 「秘蔵ワイン」: James Barnes, "Banker with a Cause," *National Journal*, March 6, 1993.

162 「ロトは"大々的な全国調査"」: Adam Winkler, *Gunfight: The Battle over the Right to Bear Arms in America* (Norton, 2011), 76–77.

162 オリンが資金を出したべつの本: トーマスとヒルの対決に、ブロックが果たした役割の詳細については、Jane Mayer and Jill Abramson, *Strange Justice: The Selling of Clarence Thomas* (Houghton Mifflin, 1994).

163 「保守派知識人の運動が」: Miller, *Gift of Freedom*, 5. また、ミラーは、ロトの全国調査は"厳密"だったと弁護している。同 72。

163 「右派の連中は」: スティーヴ・ワッサーマン談、著者のインタビュー。

164 「それどころか、ジョン・オリンは」: Miller, *Gift of Freedom*.

165 「私はそれをロースクールに」: Jason DeParle, "Goals Reached, Donor on Right Closes Up Shop," *New York Times*, May 29, 2005.

165 「保守派の憲法学に資金を」: Teles, *Rise of the Conservative Legal Movement*, 189.

166 「法学の世界では非主流」: Ibid., 108.

166 しかし、1985年に: Miller, *Gift of Freedom*, 76.

167 「ハーヴァード・ロースクール誕生以来」: Paul M. Barrett, "Influential Ideas: A Movement Called 'Law and Economics' Sways Legal Circles," *Wall Street Journal*, Aug. 4, 1986.

167 「法学の分野では……もっとも成功した知識人運動」: Teles, *Rise of the Conservative Legal Movement*, 216.

167 「学生の金銭的な窮乏につけ込み」: Alliance for Justice, *Justice for Sale: Shortchanging the Public Interest for Private Gain* (Alliance for Justice, 1993).

168 超党派の調査報道団体: Chris Young, Reity O'Brien, and Andrea Fuller, "Corporations, Probusiness Nonprofits Foot Bill for Judicial Seminars," Center for Public Integrity, March 28,

2013.

169 フェデラリスト・ソサエティ：オリンの寄付550万ドルという額から、20年以上にわたる資金の概要がうかがえる。Miller, *Gift of Freedom*, 94.

169 最高裁の保守派判事はすべて：フェデラリスト・ソサエティの強力なメンバーの全容については、Michael Avery and Danielle McLaughlin, *The Federalist Society: How Conservatives Took the Law Back from Liberals* (Vanderbilt University Press, 2013).

169 「存在することすらかなわなかった」：Miller, *How Two Foundations Reshaped America*, 29.

169 「最高の投資の1つだった」：Miller, "A Federalist Solution," *Philanthropy*, Fall 2011. アーヴィング・クリストルも、フェデラリスト・ソサエティで初期の資金集めを行なった。

170 2万5000ドルの重要な投資：その後、オリン財団はマンハッタン研究所に合計630万ドルを寄付した。

170 「フィランソロピーの進取の精神の典型」：チャールズ・マレー談、著者のインタビュー。

171 批判勢力は：*Losing Ground*の全面的な分析については、Thomas Medvetz, *Think Tanks in America* (University of Chicago Press, 2012), 3.

171 「……10年かかった」：Ibid., 5.

171 その1つが『ダートマス・レヴュー』：Louis Menand, "Illiberalisms," *New Yorker*, May 20, 1991.

172 ABCのジョナサン・カール：カールは、全国ネットのテレビ・ジャーナリストとしてはじめてコーク兄弟に招待され、2015年1月にドナー向けの政治パネル・ディスカッションの司会をつとめた。非公開の催しに関与するというABCの決定は、批判を招き、論争の的になったが、これが先例となり、『ポリティコ』のコラムニスト、マイク・アレンが2015年8月にコークが行なった候補者の資金集めフォーラムの司会をつとめた。CNNのレポーター、ジェイク・タッパーが道義上の理由から招待を断ったための代役だった。

172 「われわれには金があるし」：ブラッドレー財団の来歴に関する詳細は、ほとんどがマイケル・ジョイスが依頼し、1992年にリンド・アンド・ハリー・ブラッドレー財団が出版した John Gurda, *Bradley Legacy*による。

173 その後15年間：Patricia Sullivan, "Michael Joyce; Leader in Rise of Conservative Movement," *Washington Post*, March 3, 2006.

173 助成金の3分の2以上：Jmaes Barnes, "Banker with a Cause," *National Journal*, March 6, 1993, 564–65. によれば、ブラッドレー財団が毎年分配する2000万ドルの3分の2以上が、「保守派知識人」支援に充てられている。

173 名門校に的を絞る：Katherine M. Skiba, "Bradley Philanthropy," *Milwaukee Journal Sentinel*, Sept. 17, 1995.

173 「たいがい、おなじ大学」：ブルース・マーフィーによれば、ジョイスはマレーの*The Bell Curve*執筆に100万ドルの補助を行なったという。Murphy, "When We Were Soldier-Scholars," *Milwaukee Magazine*, March 9, 2006.

175 「保守主義運動の最高業務執行責任者」：Neal Freeman, "The Godfather Retires," *National Review*, April 18, 2001.

175 「大量消費向けのパッケージ」："The Bradley Foundation and the Art of (Intellectual) War," Autumn 1999. 1999年11月の理事会用の20ページにわたる秘密内部文書。著者が落掌。

175 ブラッドレー財団の資産：アレン-ブラッドレーの管財人は、当初、会社の総資産を4億ドルと見積もっていたが、その後、評価額を増大した。アレン-ブラッドレー売却についての優れた記事は、James B. Stewart, "Loss of Privacy: How a 'Safe' Company Was Acquired Anyway After Bitter Infighting," *Wall Street Journal*, May 14, 1985.

176 この吸収合併で：Ibid.; Gurda, *Bradley Legacy*, 153.

176 「軍産複合体の暴走のシンボル」: Peter Pae, "Maligned B-1 Bomber Now Proving Its Worth," *Los Angeles Times*, Dec. 12, 2001.

176 ロックウェルが精力的に: Winston Williams, "Dogged Rockwell Bets on Reagan," *New York Times*, Sept. 30, 1984. B-1爆撃機は、2001年まで使い物にならなかったが、同年、政府が30億ドルの予算を追加して、装備を改善し、ようやくアフガニスタンで通常戦に使用できるようになった。しかし、2014年に議会調査局(CRS)の報告書はB-1が「ますます不要な装備になっている」と指摘した。

177 「資金繰りが厳しくなった」: Gurda, *Bradley Legacy*, 92.

178 「カール・マルクスはユダヤ人」: Bryan Burrough, *The Big Rich* (Penguin, 2009), 211.

178 「二大脅威」: Gurda, *Bradley Legacy*, 115.

179 1966年……勝訴: Ibid., 131.

180 「未来の世代の労働者から」: Rich Rovito, "Milwaukee Rockwell Workers Facing Layoff Reach Agreement," *Milwaukee Business Journal*, June 27, 2010.

180 「分裂した国の」: Craig Gilbert, "Democratic, Republican Voters Worlds Apart in Divided Wisconsin," *Milwaukee Journal Sentinel*, May 3, 2014.

181 ミルウォーキーの人口の40パーセント:ミルウォーキーについての詳細は、Alec MacGillis's insightful piece, "The Unelectable Whiteness of Scott Walker," *New Republic*, June 15, 2014.

182 「遠大な目的」: 2003年のジョージタウン大学での演説で、マイケル・ジョイスは、「オリンとその後のブラッドレーで、私たちは、建国の父たちの政治構想を擁護して復興する思想の戦争を支援する武器にフィランソロピーを使うという、遠大な目的を抱いていました」と述べた。

第4章　コーク・メソッド

183 「あのひとは、夫や父親として」: ドリーン・カールソン談、著者のインタビュー。

184 「あのタンクのなかで泳いでいた」: Ibid.

184 「おれは若かった」: Tom Meersman, "Koch Violations Arouse Concerns," *Minneapolis Star Tribune*, Dec. 18, 1997.

184 その後も、無数の科学研究によって: David Michaels, *Doubt Is Their Product* (Oxford University Press, 2008), 76は、石油産業がベンゼン規制を阻止しようとしたことを例証している優れた参考資料。

184 4つの連邦政府機関: ベンゼンを発癌性物質に指定している機関のリストは、Loder and Evans, "Koch Brothers Flout Law Getting Richer with Secret Iran Sales"による。

185 「ヘモグロビンがなにかということすら知りません」: Meersman, "Koch Violations Arouse Concerns."

185 「社会主義的」だ: チャールズの1974年の演説。Confessore, "Quixotic '80 Campaign Gave Birth to Kochs' Powerful Network."

186 「説明責任を求めます」: Meersman, "Koch Violations Arouse Concerns."

188 「規制当局が」: Charles Koch, "Business Community."

188 「自由という大義を」: Ibid.

188 「リバタリアニズムでは原理のみが」: トム・フランク談、著者のインタビュー。

188 「コーパスクリスティの製油所」: Loder and Evans, "Koch Brothers Flout Law Getting Richer with Secret Iran Sales."

189 1995年の連邦政府によるあらたな規制: コーク・インダストリーズは当初、汚染防止装置を設置したが、欠陥があるとわかると、改善に取り組まないで撤去し、記録を改竄した。

190 コーク・インダストリーズを弁護する連中は: たびたび弁護したジョン・ヒンダーレイカーは、バーン

ズ-ソリスを「解雇されるのを予想していた哀れな従業員で、訴訟を起こす目的で、雇用主に対し嘘の告発を行なった」と述べた。Oct. 6, 2011, PowerLineBlog.com.

190 「政府の主張事実」: デイヴィッド・アールマン談、著者のインタビュー。Sari Horwitz, "Unlikely Allies," *Washington Post*, Aug. 15, 2015 にもアールマンの発言が載っている。

191 監督機関に通報したせいで: バーンズ-ソリスについては、Loder and Evans, "Koch Brothers Flout Law Getting Richer with Secret Iran Sales."

191 合計2通の供述書: カーネル・グリーン談、リチャード・J・エルロイのインタビュー、Sept. 18, 1998, and April 15, 1999; エルロイの報告書の写しを著者が入手。

192 土壌サンプルには: シラス環境研究所の分析によれば、1つのサンプルには180PPMの水銀が含まれ、他のサンプルには9100PPMが含まれていたという。法律では上限は30PPMに定められている。グリーンのOSHAへの苦情は、期限を過ぎていたために取りあげられなかったと、本人の供述書にある。

193 「グリーンはルイジアナの」: エルロイ談、著者のインタビュー。

193 「彼らはつねに制度を度外視」: Schulman, *Sons of Wichita*, 216; アンジェラ・オコネル談、著者のインタビュー。

194 「くりかえし嘘をつく」: Schulman, *Sons of Wichita*, 215.

194 「それから4、5年のあいだ」: デイヴィッド・ニカストロ談、著者のインタビュー。

194 法廷の記録で: 1997年の保護命令申請関連書類。*Charles Dickey et al. v. J. Howard Marshall III*, チャールズ・ディッキーとデイヴィッド・ニカストロが経営する私立調査会社セキュリティ・ソースにとって、コーク・インダストリーズは「最高の顧客」だったと書かれている。「過去3年間、コーク・インダストリーズとその数多くの企業体のために、数多くの調査を行なった」と申請書にある。セキュリティ・リソースは、共同経営者の和解が成立して2000年に解散した。

195 「彼らはあらゆることで」: アンジェラ・オコネル談、著者のインタビュー。

196 「ときどき……おれたちは」: Schulman, *Sons of Wichita*, 226, にこれらの事件の全容が描かれている。

196 だが、これらの違法行為は: Ibid., 211. スモーリー事件について、綿密に調査された克明な描写が記されている。

197 コーク・インダストリーズは、ダニエレの父: Ibid., 214. スモーリーは「チャールズとデイヴィッド・コークに、彼らが自分からなにを奪ったかをわからせるために、証人席に座る機会を得ようとした」のだと、同書の著者は述べている。

197 「コークがやったとは」: Ibid., 218.

197 国家輸送安全委員会(NTSB): NTSBの報告に関する情報は、Loder and Evans, "Koch Brothers Flout Law Getting Richer with Secret Iran Sales." による。

198 「スイスチーズなみに」: Ibid.

198 「コーク・インダストリーズは」: Schulman, *Sons of Wichita*, 219.

199 「彼らはこういった」: "Blood and Oil," *60 Minutes II*, Nov. 27, 2000.

200 「無言で怒りをたぎらせていた」: 上院委員会の委員談、著者のインタビュー。

200 それどころか: 同業他社が密告したという件については、上院調査委員会関係者の話による。

200 それまでの専門は: エルロイは、あちこちの油田から原油を採取するコーク社の従業員を200ミリ望遠レンズで撮影して、コーク・インダストリーズを告発する証拠を集め、聞き込み調査で、「私はFBI捜査官で、あなたがたが盗んでいる石油について話が聞きたい。よそへ運んでいって売っているのかね?」と質問した。従業員の多くは、「会社の指示でやっている」と答えた。コーク社の弁護士は、その容疑を頑固に否定した。

201 上院の報告書によると: 上院インディアン問題特別委員会誌調査委員会の1989年11月の報告書

によると、コークのある社員が上院の調査員の「元妻にまで話を聞いたり」、「委員会スタッフの前歴まで探ろうとしたりした」という。

201　ケネス・ボーレン：ボーレンはテラー・フリー・トゥモローというNPOを立ちあげ、ウィリアム・コークが2007年に寄付を行なったが、公聴会の時点ではコーク家のだれとも個人的な関係はなかった。

201　「政治とはまったく違う」：ケネス・ボーレン談、著者のインタビュー。

201　その上院議員は：ニクルズは長年、コーク・インダストリーズから選挙運動に多額の献金を受けていた。Leslie Wayne, "Papers Link Donations to 2 on Senate Hearings Panel," *New York Times*, Oct. 30, 1997.　2014年にコーク・インダストリーズの公共サービス部門は、選挙資金改革に反対するために、ニクルズのロビー会社を雇った。Kent Cooper, "Koch Starts Lobbying on Campaign Finance Issue," RollCall.com, June 9, 2014.

201　「だれの差し金かはわからない」：ウィック・ソラーズ談、著者のインタビュー。

202　「非常に恐ろしかった」：Robert Parry, "Dole: What Wouldn't Bob Do for Koch Oil?," *Nation*, Aug. 26, 1996.

203　「自分の家族と遺産」："Blood and Oil."

203　おなじころ、ニクルズは：前任の連邦検事が辞任したところだった。

204　「こういえるでしょう」：ナンシー・ジョーンズ談、著者のインタビュー。

204　「連邦検事局が」：ニクルズとレナードの否定は、Phillip Zweig and Michael Schroeder, "Bob Dole's Oil Patch Pals," *BusinessWeek*, March 31, 1996による。インディアン問題局は、大陪審とおなじように、上院が証拠固めをした不正行為を起訴するに当たらないとした。しかし、『ビジネス・ウィーク』は、コーク・インダストリーズを弁護したオセージ族の有力者たちが、その後、自分たちもインディアン問題局も騙されたと気づいたことを指摘した。「オセージ族の酋長チャールズ・O・ティルマン・ジュニアが、1994年11月29日に、調査委員会のジョン・マケイン上院議員（アリゾナ州選出）宛てに、"インディアン関係局が真実を私たちにもたらすよりも、あなたがたの委員会の調査結果を糊塗することに邁進したというのが、まぎれもない結論だと考えている次第です"という文面の手紙を書き送った」と同誌は報じている。

204　「唖然とするとともに」：Zweig and Schroeder, "Bob Dole's Oil Patch Pals."

205　「諜報は必要だ」：Burrough, "Wild Bill Koch."

206　「揉め事になるようなことなら」：共和党運動員談、著者のインタビュー。

206　ベケット・ブラウン・インターナショナル：Gary Ruskin, "Spooky Business: Corporate Espionage Against Nonprofit Organizations," Nov. 20, 2013.

207　「……ぞっとするわ」：バーバラ・ファルツ談、著者のインタビュー。

208　「……計量をごまかしている」：フィル・デュボーズ談、著者のインタビュー。

210　チャールズは否定し：「計量が他社よりも正確ではないと生産者が考えたのであれば、取引しなくなるはずだ」とチャールズ・コークは証言した。"Tulsa Okla. Jury Hears Last Day of Testimony in Oil-Theft Trial," *Tulsa World*, Dec. 11, 1999.

210　「彼らははじめて」：フィル・デュボーズ談、著者のインタビュー。

211　2010年の時点でも："Toxic 100 Air Polluters," Political Economy Research Institute, University of Massachusetts Amherst, 2010, www.peri.umass.edu/toxicair_current/.

211　2012年のEPAのデータベース：the EPA's Toxic Release Inventory data bank, 2012. 3種の汚染すべてで30位以内のコーク・インダストリーズの順位については、Tim Dickinson, "Inside the Koch Brothers' Toxic Empire," *Rolling Stone*, Sept. 24, 2014.

214　「きわめて不愉快」：ジェイムズ・ハフ談、著者のインタビュー。

214　「愕然とした」：ハロルド・ヴァーマス談、著者のインタビュー。

214　不適切な支払い：Loder and Evans, "Koch Brothers Flout Law Getting Richer with Iran

Sales."
215 「めざましいという言葉では」: Mayer, "Covert Operations."

第5章 コクトパス

217 「田舎者丸出し」: Bill Wilson and Roy Wenzl, "The Kochs' Quest to Save America," *Wichita Eagle*, Oct. 13, 2012.
217 「……触れたくない化物」: エド・クレーン談、著者のインタビュー。
217 フィンクはその後: "The Structure of Social Change" の別バージョンは、"From Ideas to Action: The Roles of Universities, Think Tanks, and Activist Groups," *Philanthropy* 10, no. 1 (Winter 1996).
218 コクトパス:初期のケイトー研究所に関係していたフォン・ミーゼス研究所のリバタリアン、デイヴィッド・ゴードンによれば、サミュエル・エドワード・コンキ3世が名付けたのだという。ゴードンはコンキを、「アナクロ・リバタリアン」と呼んだ。
219 「訴訟手続《プロセス》によってひどく虐待され」: W. John Moore, "The Wichita Pipeline," *National Journal*, May 16, 1992.
219 「企業防御」: Parry, "Dole."
219 「例の調査が」: ブライアン・ドハティ談、著者のインタビュー。
220 ありきたりのエスタブリッシュメントの政治家: デイヴィッド・コークがボブ・ドールをそう見ていたと、弟ビルが語ったことが述べられている。Parry, "Dole."
220 ドールのほうも: コーク兄弟とドールの関係の詳細については、以下の優れた記事を参照のこと。Zweig and Schroeder, "Bob Dole's Oil Patch Pals."
220 とはいえ、それが成立していたら: 議会での策略については Center for Public Integrity, *The Buying of the President* (Avon Books, 1996), 127–30.
220 『ワシントン・ポスト』によれば: Dan Morgan, "PACs Stretching Limits of Campaign Law," *Washington Post*, Feb. 5, 1988.
220 「人が大金をあたえるときには」: Charles Green, "Bob Dole Looks Back," *AARP Bulletin*, July/Aug. 2015.
221 「私はホワイトハウスを地下鉄」: William Rempel and Alan Miller, "Donor Contradicts White House," *Los Angeles Times*, July 27, 1997.
221 保守派共和党員: コピンは、チャールズ・コークの「隠密」政治活動について、「コーク・インダストリーズが、エデュケーション・トラスト・アンド・シチズンズ・フォー・ザ・リパブリックを、反ドッキング広告にコークが資金を出したのを隠すフロント組織に使っていたと、調査委員会は確信していた」と述べている。
222 最終的に連邦選挙委員会が: Elizabeth Drew, *The Corruption of American Politics: What Went Wrong and Why* (Carol, 1999), 56.
222 社長で創業者のキャロライン・メールニク: メールニクはその策謀で資金提供の枠を広げたことを認めたが、トライアドは労働組合が合法的に支出している資金とバランスをとっただけだと強弁した。保守派はつねに、組合のほうが多額の支出ができるという理屈をこねるが、Drew(Ibid.)によれば、1996年の企業献金は労働組合の献金の12倍だった。the FEC judgment against Malenick: http://www.fec.gov/law/litigation/final_judgment_and order02CV1237.pdf.
223 コーク家は、ルールを: もちろん、リベラルも多額の資金を提供している。この時代のもっとも名高いドナーは、オープン・ソサエティ財団を運営している投資家ジョージ・ソロスで、アメリカ国内で年間1億ドルを支出していた。ソロスは民主党の外部団体の多くにもひそかに巨額の献金を行ない、2004年には選挙資金法違反で罰金を科せられた。しかし、ソロスが支援する運動――マリ

ファナの合法化や市民の自由の拡大——は、ソロスの富に直接の利益をもたらしはしないと、広報担当のマイケル・ヴァションはいう。「どの献金も本人の経済的利益に役立たない」とヴァションは述べた。詳細は、Mayer, "Money Man."

223 「前代未聞の規模」: Charles Lewis et al., "Koch Millions Spread Influence Through Nonprofits, Colleges," Investigative Reporting Workshop, July 1, 2013.

223 「私の全体的な構想」: Moore, "Wichita Pipeline."

224 「大きなことができる金をくれる人間」: Teles, *Rise of the Conservative Legal Movement*, 239.

225 「先見の明があるニュース記事」: Moore, "Wichita Pipeline."

225 コーク兄弟の多元的な政治支出: Mayer, "Covert Operations."

226 正確に知っているのは: 私立財団は補助金を公開することを法律で求められているが、受領者にはドナーの身元を明かす義務はない。したがって、受領者が寄付金をべつの団体に渡せば、金の流れははっきりしなくなる。

227 "いかさま賭博": コークの仲間、著者のインタビュー。

228 ロスバードは: David Gordon, "Murray Rothbard on the Kochtopus," LewRockwell.com, March 10, 2011.

229 「反対意見を許さない」: ロスバードの覚書については Schulman, *Sons of Wichita*, 156–57.

230 「忠実な反規制勢力」: Al Kamen, "I Am OMB and I Write the Rules," *Washington Post*, July 12, 2006, A13.

230 「……偽装したロビー団体」: Coppin, "Stealth," pt. 2.

230 「自由を説く教師のなかで」: *The Writings of F. A. Harper* (Institute for Humane Studies, 1979).

231 思想の戦争の進捗: チャールズのIHSとケイトー研究所でのマイクロマネジメントについては、以下に詳述されている。Mullins, "Battle for the Cato Institute."

232 「人間のふるまいはすべて」: Robert Lekachman, "A Controversial Nobel Choice?," *New York Times*, Oct. 26, 1986.

232 「リバタリアンの聖地」: Julian Sanchez, "FIRE vs. GMU," Reason.com, Nov. 17, 2005.

232 しかし、リベラルは: マルカタス・センターはウェブサイトで、「ジョージ・メイソン大学や、いかなる連邦・州・地方自治体の財政支援も受けていない」と唱えている。しかし、マルカタスの代表は「ジョージ・メイソン大学学長の指名した、大学の管理職」である。

233 「……まるでマルクス主義者のような」: Daniel Fisher, "Koch's Laws," *Forbes*, Feb. 26, 2007.

234 「この点において、私はマルティン・ルターに」: Charles Koch, acceptance speech for the Richard DeVos award, at the Council for National Policy in Naples, Fla., Jan. 1999. また、Fang, *Machine*, 120に引用されている。

234 「彼は自分は天才だと思っている」: エド・クレーン談、著者の2010年のインタビュー。クレーンのチャールズ・コークについての発言は、最初の『ニューヨーカー』の記事では確認できなかった。だが、クレーンは質問されて、デイヴィッドに自分が情報源であることを明言し、その後はたびたび活字にされている。

235 「リッチーはMBMを徹底的に利用した」: ケイトー研究所幹部談、著者のインタビュー。コーク・インダストリーズの広報担当スティーヴ・ロンバードによれば、リチャード・フィンクはインタビューを拒否した。

235 コークはたびたび: トーマス・マギャリティ談、著者のインタビュー。

236 スモッグが太陽の光を: 大気浄化法に反対してスモッグ性善説をでっちあげたスーザン・ダドレーは、マルカタスのフェローで、ジョージ・W・ブッシュ政権の情報規制問題局(OIRA)局長に就任した。OIRAは、連邦政府の規制の発案と実施を監督する部門である。

238　内部のリストによれば: 2015年8月の時点で、プログラムにコーク家の財団の補助金を受けている大学は、以下の通り。http://www.kochfamilyfoundations.org/pdfs/CKFUniversityPrograms.pdf.

239　「ハイエクの理論を半年間学んだら」: Heather MacDonald, "Don't Fund College Follies," *City Journal* (Summer 2005).

239　チャールズ・コークの財団は: チャールズ・コーク財団のIRS書式990号(訳注　免税団体税務申告書。会社や財務の情報を毎年提出することを義務付けられている。公開情報とされている)。Lee Fang, "Koch Brothers Fueling Far-Right Academic Centers at Universities Across the Country," *ThinkProgress*, May 11, 2011.

239　財団は……大学側に要求した: チャールズ・G・コーク財団の補助金譲渡証書は、「ドナー支援教授陣（コークの資金で雇用した教授）及び経営経済学部長への補助に際しては、事前にラッセル・ソーベル教授に諮り、候補者の履歴をCGK財団に提出することが求められる」と記されている。加えて同財団は、気に入らない教授から資金を引き揚げる権利を主張した。

239　コーク兄弟の投資は: コーク兄弟の石炭事業については、http://www.kochcarbon.com/Products.aspx.

239　「安全になっても収入が減ったら」: Evan Osnos, "Chemical Valley," *New Yorker*, April 7, 2014.

240　「大学のキャンパスに」: John Hardin, "The Campaign to Stop Fresh College Thinking," *Wall Street Journal*, May 26, 2015.

240　「大学の学問の領域すべて」: John David, "WVU Sold Its Academic Independence," *Charleston Gazette*, April 23, 2012.

241　「いくら偉大な思想でも」: Charles Koch's 1999 speech at the Council on National Policy, ibid.

241　「われわれに必要なのは販売部隊だ」: Continetti, "Paranoid Style in Liberal Politics."

第2部　秘密の後援者

第6章　敵地で戦う歩兵

245　職員の1人の私信: ドミル財団の書状は、Sophia Z. Lee, *The Workplace and the Constitution: From the New Deal to the New Right* (Cambridge University Press, 2014), chap. 3による。最初の引用は、ドナルド・マクリーン(ドミル財団) 発ジョーゼフ・C・ファーガン(ウィスコンシン州商工会議所) 宛て、1954年10月13日付。つぎの引用はマクリーン発リード・ラーソン宛て、1956年8月15日。

246　CSEを創設したのはコーク兄弟: Dan Morgan, "Think Tanks: Corporations' Quiet Weapon; Nonprofits' Studies, Lobbying Advance Big Business Causes," *Washington Post*, Jan. 29, 2000.

248　「証明はできない」: ダン・グリックマン談、著者のインタビュー。

248　「エネルギー税は」: "Politics That Can't Be Pigeonholed," *Wichita Eagle*, June 26, 1994.

248　CSEが出した広告: David Wessel and Jeanne Saddler, "Foes of Clinton's Tax-Boost Proposals Mislead Public and Firms on the Small-Business Aspects," *Wall Street Journal*, July 20, 1993, A12.

249　「レーダーの目をくぐり抜けて飛べる」: Morgan, "Think Tanks."

249　「支配をめぐって分裂した」: ディック・アーミー談、著者のインタビュー。

251　フィリップスはその事件に関しては: フィリップスの組織、フェイス・アンド・ファミリーアライアンスが、エイブラモフのギャンブルの顧客に現金を渡していたことが、記録に残っている。

252　「……グローヴァーは私に語った」: ブルース・バートレット談、著者のインタビュー。

252　「ぼくはこの人を支持する」: ティム・フィリップス談、ドキュメンタリー映画制作者アレックス・ギブ

ニーの2012年4月19日の非公開インタビューより。

253 「……興味をそそられた」: Ibid.

第7章 ティータイム

254 元先物トレーダー: リック・サンテッリは、ドレクセル・バーナム・ランバートの副社長だった。

255 それを引き出したのは: 持家アフォーダビリティ及び安定化計画は、2008年の市場崩壊後で住宅価格が下落し、国全体が80兆ドルの損失をこうむったあと、住宅所有者を救済するための緊急対策だった。

255 デイヴィッド・コークの親しい友人のロス: ロスは、2014年10月に、デイヴィッド・コークのための祝賀パーティを主催した。Mara Siegler, "David Koch Celebrated by Avenue Magazine," *New York Post*, Oct. 2, 2014.

256 彼のプライベート・エクイティ投資会社: ロスが住宅ローンに利害関係があったことについては、Carrick Mollenkamp, "Foreclosure Tsunami Hits Mortgage-Servicing Firms," *Wall Street Journal*, Feb. 11, 2009.

256 批判勢力がのちに: オバマが就任する前に、ブッシュ政権のヘンリー・"ハンク"・ポールソン財務長官が、銀行救済のためにすでに1250億ドルを支出し、さらに200億ドルの財源が使用可能になっていた。

256 「ボストン・ティーパーティ」: Michael Grunwald, *The New New Deal: The Hidden Story of Change in the Obama Era* (Simon & Schuster, 2012), 280.

257 「シカゴの取引所でわめいた男」: フィンクは、『ウィチタ・イーグル』と『フラム・レポート』のティム・マクに抗議した。コーク兄弟がティーパーティに資金提供を求められたことは認めたが、どの提案も、明確な目標、見通しの立つ時間割、基準が欠けていて、自分たちの望む水準には到達していなかったと述べた。

257 「ティーパーティの行事に参加したことは一度もない」: Andrew Goldman, "The Billionaire's Party," *New York*, July 25, 2010.

257 「いいかげんにしてほしい」: Elaine Lafferty, " 'Tea Party Billionaire' Fires Back," *Daily Beast*, Sept. 10, 2010.

257 「ポピュリズムの新種」: Mark Lilla, "The Tea Party Jacobins," *New York Review of Books*, May 27, 2010.

259 「大規模な反政府活動」: Theda Skocpol and Vanessa Williamson, *The Tea Party and the Remaking of Republican Conservatism* (Oxford University Press, 2012).

259 「リバタリアン運動全体の問題点」: Jane Mayer, "Covert Operations," *New Yorker*, Aug. 30, 2010.

261 「オバマ政権がなにを経験したかは明白だ」: Wilson and Wenzl, "Kochs' Quest to Save America."

261 「けっして終わらない選挙運動」: Vogel, *Big Money*, 42.

262 「もっと広告を出せば」: Frank Rich, "Sugar Daddies," *New York*, April 22, 2012, シモンズの発言は、以下のインタビューより。 Monica Langley, "Texas Billionaire Doles Out Election's Biggest Checks," *The Wall Street Journal*, March 22, 2012.

262 「災難だという実感」: Daschle interview with *Frontline*, "Inside Obama's Presidency," Jan. 16, 2013.

263 「まさにコーク兄弟の望みどおり」: ただ、ダニエル・シュルマンは、コーク兄弟がAFPの活動の細部にも関わっていて、AFPの名称を冠した広告を制作するような外部の政治運動員を雇ったと示唆している。Schulman, *Sons of Wichita*, 276.

263 「銀行家、ブローカー、ビジネスマンが」: Charles G. Koch, "Evaluating a President," KochInd.com, Oct. 1, 2010.

263 「長引かせ、悪化させた」: チャールズのニューディール政策非難が載っているニューズレターは、Charles Koch, "Perspective," Discovery: The Quarterly Newsletter of the Koch Companies, Jan. 2009, 12. Charles Koch, "Perspective," *Discovery: The Quarterly Newsletter of the Koch Companies*, Jan. 2009, 12.

265 リンボーの番組を配信:『ポリティコ』のケネス・フォーゲルが、リンボーが報酬を受け取っていたことをすっぱ抜いた。Mark Levin, and Glenn Beck. Kenneth P. Vogel and Lucy McCalmont, "Rush Limbaugh, Sean Hannity, Glenn Beck Sell Endorsements to Conservative Groups," *Politico*, June 15, 2011.

265 「われわれは取引して」: Grunwald, *New New Deal*, 142.

266 「多数党の目的が」: Ibid., 142–43.

267 「以前は……稀だった」: スティーヴ・ラトゥーレット(2012年の会期末に引退)談、著者のインタビュー。

268 「最初から彼らはいっていた」: Grunwald, *New New Deal*, 145.

269 「茫然とした」: Ibid., 190.

270 「彼らはすぐさまオバマに襲いかかった」: ビル・バートン談、著者のインタビュー。

271 5年後: Justin Wolfers, "What Debate? Economists Agree the Stimulus Lifted the Economy," *New York Times*, July 29, 2014.

272 TaxDayTeaParty.com: Fang, *Machine*, 32.

273 サム・アダムズ同盟の創設者: Fang, in ibid., リッチがサム・アダムズ同盟の創設者だとしている。リッチはインタビューを拒絶した。

274 リッチはことに達人: Russ Choma, "Rich Rewards: One Man's Shadow Money Network," OpenSecrets.org, June 19, 2012.

274 マスコミと話をすること: 私が何度かコメントを求めたが、ハワード・リッチは応答しなかった。

274 「32年間も打ち込んだ」: Marc Fisher, "Wisconsin Gov. Scott Walker's Recall: Big Money Fuels Small-Government Fight," *Washington Post*, March 25, 2012.

274 だが、州民投票に成功したあと: Dan Morain, "Prop. 164 Cash Trail Leads to Billionaires," *Los Angeles Times*, Oct. 30, 1992.

275 「コーク主義者の豊富な資金」: Sarah Barton, The Ear, *Rothbard-Rockwell Report*, July 1993.

275 「ポピュリズムの野火」: Timothy Egan, "Campaign on Term Limits Taps a Gusher of Money," *New York Times*, Oct. 31, 1991.

275 「私が火花を散らした」: Ibid.

276 しかし、センター・フォー・パブリック・インテグリティの調査で: Bill Hogan, "Three Big Donors Bankrolled Americans for Limited Government in 2005," Center for Public Integrity, Dec. 21, 2006.

277 「われわれは黙っていない」: Jonathan Rauch, "A Morning at the Ministry of Speech," *National Journal*, May 29, 1999. 2008年夏、エリック・オドムはこういった行事に自分の口座を提供し、ティーパーティは自発的なほとばしりだといい張ったが、サム・アダムズ同盟やロブ・ブルーイにだれが資金を出しているかは無視していた。Odom, "The Tea Party Conspirators and the Real Story Behind the Tea Party Movement," *Liberty News*, Aug. 30, 2011.

277 「右派の巨大な策略のプラカード持ち」: Ben Smith and Jonathan Martin, "BlogJam: Right-Wing Bluey Blog," *Politico*, June 18, 2007.

277 ツイッターでメッセージを送り: 夏のあいだずっと、原油とガソリンの価格が高かったため、コー

ク・サミットに出席したオクラホマの大手石油・天然ガス会社デヴォン・エネルギーのラリー・ニコルズ会長を含めて、エネルギー産業の大物たちは、海上油田の掘削を拡大するよう圧力をかけていた。ラスヴェガスのカジノ経営者シェルドン・アデルソン、コーク・ネットワークの他のメンバー、シンタスのディック・ファーマー、ハバード・ブロードキャスティングのスタン・ハバードも加わり、ニュート・ギングリッチが運営する掘削推進のフロント団体アメリカン・ソリューションズに資金を提供した。

279 AFPが急に: リー・ファングが当初ティーパーティについて、ワシントンDCで仕組まれた「人工芝」運動ではないかと疑問を呈したことで、マスコミが綿密に調べるようになった。ファングの最初の特ダネは、"Spontaneous Uprising?," *ThinkProgress*, April 9, 2009.

279 「完全に仕組まれたものだ」: トーマス・フランク談、著者のインタビュー。

280 「私は、ティーパーティが流行る前から」: ペギー・ヴェナブル談、著者のインタビュー。

282 「スタインハウザーが」: ディック・アーミー談、著者のインタビュー。

283 「適度に使えば有効な道具になる」: ディック・アーミー談、著者のインタビュー。グレン・ベックへの報酬については、Vogel and McCalmont, "Rush Limbaugh, Sean Hannity, Glenn Beck Sell Endorsements to Conservative Groups."

284 ベックの考え方は: Sean Wilentz, "Confounding Fathers," *New Yorker*, Oct. 18, 2010.

284 「サンテリの叫びが」: フランク・ランツ談、著者のインタビュー。

284 「ポピュリストの巻き返しが明らかになっていた」: John B. Judis, "The Unnecessary Fall," *New Republic*, Aug. 12, 2010.

285 差別主義に困惑した: フィンクと話し込んだ情報源が、彼の考えを著者に述べた。

285 「われわれの国が抱え込んだもっとも過激な大統領」: Continetti, "Paranoid Style in Liberal Politics."

286 「……とうてい信じられません」: "Obama's Interview Aboard Air Force One," *New York Times*, March 7, 2009.

287 3200万ドルを返済し: Purva Patel, "Woodforest Bank to Hand Back $32M in Overdrafts," *Houston Chronicle*, Oct. 13, 2010.

288 ダシュルはオバマ政権の: 保健福祉長官とホワイトハウスの保険担当補佐官に指名されていたが、納税漏れ問題のために2月に辞退せざるをえなくなった。

290 彼女と数人のマルチミリオネアが: ゴールドウォーター研究所が作成した州民発案は、2008年11月に僅差で否決された。

290 「これをやっているのは、どの組織?」: Eliana Johnson, "Inside the Koch-Funded Ads Giving Dems Fits," *National Review Online*, March 31, 2014.

293 「だれのために働いているかは」: Kim Barker and Theodoric Meyer, "The Dark Money Man," ProPublica, Feb. 14, 2014.

293 その後、事実調査団体により: "Dying on a Wait List?," FactCheck.org, Aug. 6, 2009.

294 「暗殺を望んでいるなら」: ピーター・ハート談、著者のインタビュー。

294 「シンクタンクが思想を創造する場」: フランク・ランツ談、著者のインタビュー。

295 だから、自分のような: *Rich People's Movements*でアイザック・ウィリアム・マーティンは、彼の歴史的な役割を「政策起業家」だとしている。

296 保守派の提案: 共和党が健康保険の個人加入を推進していることについては、Ezra Klein, "A Lot of Republicans Supported the Individual Mandate," *Washington Post*, May 12, 2011.

297 「夏休みをぶち壊さなければならない」: Johnson, "Inside the Koch-Funded Ads Giving Dems Fits."

297 「運動を創出する」: Amanda Fallin, Rachel Grana, and Stanton Glantz, "To Quarterback Be-

hind the Scenes, Third-Party Efforts: The Tobacco Industry and the Tea Party," *Tobacco Control*, Feb. 2013.

298 アル・ゴアが環境問題について: Antonio Regalado and Dionne Searcey, "Where Did That Video Spoofing Gore's Film Come From?," *Wall Street Journal*, Aug. 3, 2006.

299 やがて、アメリカ医療協会の元会長: David Kirkpatrick, "Groups Back Health Reform, but Seek Cover," *New York Times*, Sept. 11, 2009.

299 「今年はほんとうに思いがけない幸運」: Dan Eggen, "How Interest Groups Behind Health-Care Legislation Are Financed Is Often Unclear," *Washington Post*, Jan. 7, 2010.

300 「……公共教育プログラム」: Ken Vogel, "Tea Party's Growing Money Problem," *Politico*, Aug. 9, 2010.

300 「……私たちは20年か30年前から」: Bill Wilson and Roy Wenzl, "The Kochs Quest to Save America," *Wichita Eagle*, Oct. 3, 2012.

300 招待されただけではなく: コーク・インダストリーズの法務部長のマーク・ホールデンはノーブルについて、会社が「契約している自営業者」で「コンサルタント」だとインタビューで述べた。Vogel, *Big Money*, 201.

301 「ホールを埋め尽くし」: Lee Fang, "Right-Wing Harassment Strategy Against Dems Detailed in Memo," *ThinkProgress*, July 31, 2009.

301 「この問題についてわめき散らすだけの人間を」: Johnson, "Inside the Koch-Funded Ads Giving Dems Fits."

302 「人々が街頭で活動した」: グローヴァー・ノーキスト談、著者のインタビュー。

303 「ヘルスケアに関して」: ティーパーティが斬新な幅広い運動などではなく、「反市民的行為を組織化したもの」ではないかという疑問を呈するものは、メディアでは少数だったが、その1人がリック・パールスタインで、以下の小論文で警告している。*The Washington Post*, "Conservatives have become adept at playing the media for suckers." パールスタインは、極右の抗議行動参加者を「狂気の系図」と呼び、アメリカの政治にはつねに存在していたが、従来はもっと強固だった報道機関や、ウィリアム・F・バックレーのような責任感のある保守派が、「そういった慮外な"過激派"に代表される市民の非道なふるまいは埒を越えていると、はっきりと非難した」と述べている。Rick Perlstein, "Birthers, Health Care Hecklers, and the Rise of Right-Wing Rage," *Washington Post*, Aug. 16, 2009.

303 「アクセルロッドはのちに」: デイヴィッド・アクセルロッド談、著者のインタビュー。

304 6万5000人弱のティーパーティ支持者が: 推定人数には異論がある。

304 リバティ・リーグ: Kevin Drum, "Old Whine in New Bottles," *Mother Jones*, Sept./Oct. 2010.

304 33万人の活動家: Devin Burghart, "View from the Top: Report on Six National Tea Party Organizations," *Steep: The Precipitous Rise of the Tea Party*, ed. Lawrence Rosenthal and Christine Trost (University of California Press, 2012).

306 まざまざと見せつけた: アメリカンドリームを守るサミットの派手な演目と大統領指名大会の演目が似ているのにはじめて気づいたのは、リー・ファングだった。Fang, *Machine*, 121.

第8章 化石燃料

308 「地球の温度上昇がもたらす変動」: National Security Strategy, Washington, D.C. (Office of the President of the United States, 2010), 8, 47.

308 「私たちは、回復が不可能」: American Association for the Advancement of Science, Climate Science Panel, "What We Know," 2014.

308 マンは、政治にことに: マンは、ニーラ・バナジーに語った。「科学者として研究をはじめたときに

は、公共政策には関係がないと思っていた」Banerjee, "The Most Hated Climate Scientist in the US Fights Back," *Yale Alumni Magazine*, March/April 2013.

309 「私たちが計算に入れていなかったのは」: マイケル・マン談、著者のインタビュー。

310 「19世紀に鯨油から切り替わった」: Ibid.

311 21兆トンの石炭埋蔵量: Fisher, "Fuel's Paradise."

311 アメリカ政府だけ: Neela Banerjee, "In Climate Politics, Texas Aims to Be the Anti-California," *Los Angeles Times*, Nov. 7, 2010.

312 「非在来型天然ガス革命と呼ばれるもの」: Daniel Yergin, *The Quest: Energy, Security, and the Remaking of the Modern World* (Penguin, 2011), 328–29.(『探求――エネルギーの世紀(上・下)』伏見威蕃訳、日本経済新聞出版社、2012年)

312 コーク兄弟も: コーク兄弟の水圧破砕法への投資については Brad Johnson, "How the Kochs Are Fracking America," *ThinkProgress*, March 2, 2012.

313 21世紀半ばを通じて大気の温度が: Bill McKibben, "Global Warming's Terrifying New Math," *Rolling Stone*, July 19, 2012. 21世紀半ばまでは、565ギガトンのCO_2排出に地球が耐えられると科学者たちは考えているが、まだ採掘されていない化石燃料の埋蔵量は2795ギガトンだと、かなりの確率で推定されている。

314 早くも1913年に: 石油減耗控除の歴史については、Robert Bryce, *Cronies* (PublicAffairs, 2004).

315 ロバート・カロが:「膨大な額にのぼる可能性がある、あらたな政治資金源が使われるようになった」とカロは述べている。「そして、リンドン・ジョンソンがその金庫番になった」Robert Caro, *The Path to Power* (Vintage Books, 1990), 637.

315 「……深層には不安感があり」: Bryan Burrough, *The Big Rich: The Rise and Fall of the Greatest Texas Oil Fortunes* (Penguin, 2009), 204.

316 「白人種の優越を回復」: Ibid., 138.

316 カレンの政治的野望: Ibid., 220, ノースカロライナ大学教授アレクサンダー・ハードの研究に、カレンが1952年に最大の寄付を行なったことに基づく。

316 「カレンが望む政治で成功するには」: Ibid., 210.

317 2005年から2008年にかけて: 気候変動の科学に対抗することだけが、この集団や候補者たちの争点ではなかったが、唯一の共通した争点ではあった。

317 デヴィーズの調査によれば: コーク兄弟は、政治家ではなくNPOへの献金では、エクソンモービルをしのいでいる。

317 「気候科学否定の黒幕の中核」: "Koch Industries, Secretly Funding the Climate Denial Machine," Greenpeace, March 2010.

317 「大衆を誤った方向に導く」: Robert J. Brulle, "Institutionalizing Delay: Foundation Funding and the Creation of U.S. Climate Change Counter-movement Organizations," *Climate Change* 122, no. 4 (Feb. 2014): 681–94.

320 1999年から2015年にかけて: ホイットニー・ボールは、2015年8月に死去し、『ナショナル・レヴュー』の追悼記事でジェイムズ・ピアソンは、ドナーズトラストが1999年に設立されてから、7億5000万ドルを配分していたと述べた。ドナーズトラストは、ジョージ・メイソン大学マーカタス・センター副所長でコンペティティヴ・エンタープライズCEOのローソン・ベイダーが、ボールのあとを継ぐことを発表した。

321 「出所がわからない巨額の金」: Andy Kroll, "Exposed: The Dark-Money ATM of the Conservative Movement," *Mother Jones*, Feb. 5, 2013.

322 「明確な科学的合意がある」: Ross Gelbspan, "Snowed," *Mother Jones*, May/June 2005. また、

Michaels, *Doubt Is Their Product*, 197.

323　ウィリアム・オキーフが計画を編み出した: Chris Mooney, *The Republican War on Science* (Basic Books, 2006), 83.

323　「否定マシーンの中心の歯車」: "Global Warming Deniers Well Funded," *Newsweek*, Aug. 12, 2007.

323　気候の科学に先頭を切って異議を: フレッド・セイツは以前に、R・J・レイノルズの資金4500万ドルを、タバコを擁護する科学者たちに分けあたえた。フレッド・シンガーは、二次喫煙は健康に害があるというEPAの判断を攻撃した。シンガーの研究の資金は、タバコ会社が支援しているタバコ研究所の補助金だった。しかし、その金はアレクシ・ド・トクヴィル研究所というNPOを経由して支払われていた（訳注　トクヴィルは19世紀フランスの思想家で、アメリカを視察し、民主主義についての著作を書いたことで知られている）。シンガーの二次喫煙に関する研究は、1990年代に行なわれた。アレクシ・ド・トクヴィル研究所が、ブラッドレー、オリン、スケイフ、フィリップ・M・マケナ、クロード・R・ラムの各財団から、1988年から2002年にかけて合計172万3900ドルの寄付を受けていたことが、税務記録からわかっている。

324　「それなのに、何年ものあいだ」: Naomi Oreskes and Erik M. Conway, *Merchants of Doubt* (Bloomsbury Press, 2010), 9.（『世界を騙しつづける科学者たち（上・下）』福岡洋一訳，楽工社，2011年）

324　2003年になっても: 世論調査の数字は、Theda Skocpol, *Naming the Problem: What It Will Take to Counter Extremism and Engage Americans in the Fight Against Global Warming* (Harvard University, Jan. 2013).

325　その研究はたちまち: ポーラーベアーズ・インターナショナルの主任科学者で、アメリカ資質調査所でホッキョクグマ・プロジェクトリーダーを30年つとめているスティーヴン・C・アムストラップは、この数十年間のホッキョクグマの個体数は推定値にすぎないが、棲息地を守らないと今後の生存は難しくなると説明した。棲息地は「議論の余地なく地球温暖化のために縮小している」という。また、2008年には、脊椎動物としてはじめて、地球温暖化によって脅かされている絶滅危惧種に認定された。また、Michael Muskal, "40% Decline in Polar Bears in Alaska, Western Canada Heightens Concern," *Los Angeles Times*, Nov. 21, 2014.

325　「現在のホッキョクグマの数は」: エド・クレーン談、著者のインタビュー。ホッキョクグマをめぐる論争の詳細については、"Koch Industries, Secretly Funding the Climate Denial Machine."

326　スーンはその情報を公開せず: Justin Gillis and John Schwartz, "Deeper Ties to Corporate Cash for Doubtful Climate Researcher," *New York Times*, Feb. 22, 2015.

326　しかし、ヴァージニア大学: マンと共著者は、研究結果についてはきわめて慎重で、1000年前の気温の記録がないことを指摘し、氷の核や年輪を研究するような最善のテクノロジーを代替の方策にするしかないと説明していた。

327　コーク・インダストリーズの政治活動委員会: 連邦選挙管理委員会によれば、2005年から2008年にかけて、コークPACは連邦選挙に合計430万ドルを支出した。エクソンモービルの支出は、160万ドルだった。

327　コーク・インダストリーズの中央政界でのロビー活動支出: コーク・インダストリーズは2004年にロビー活動に85万7000ドルを支出し、2008年にはそれが2000万ドルに増大した。John Aloysius Farrell, "Koch's Web of Influence," Center for Public Integrity, April 6, 2011.

327　ハーヴァード大学の政治学者: Skocpol, *Naming the Problem*.

328　当時、モラノは: ジョン・ケリーのベトナムでの戦歴に疑問を投げかける「スイフトボート」物語を喧伝していたとき、モラノはスケイフ家の財団が資金を提供していたメディア・リサーチ・センターのプロジェクト、サイバーキャスト・ニューズ・サーヴィスのレポーターだった。

328 「名指ししたり」: Robert Kenner's 2014 documentary film, *Merchants of Doubt.*

328 「われわれはとても楽しんでいる」: Ibid.

328 「気候詐欺」: Banerjee, "Most Hated Climate Scientist in the US Fights Back."

329 「州のベテラン政治家」: Tom Hamburger, "A Coal-Fired Crusade Helped Bring Bush a Crucial Victory," *Wall Street Journal*, June 13, 2001.

329 「道を誤ったボスを管理するケーススタディ」: Barton Gellman, *Angler* (Penguin, 2008), 84.

330 チェイニーは政治力を行使して: 水圧破砕法を規制から外すのにチェイニーが影響力を行使したことを、『ロサンゼルス・タイムズ』がすっぱ抜き、チェイニーがかつてCEOだったハリバートンに、水圧破砕法関連の事業があることを指摘した。Tom Hamburger and Alan Miller, "Halliburton's Interests Assisted by White House," *Los Angeles Times*, Oct. 14, 2004.

330 ブッシュのエネルギー法の総額は: 補助金の額を計算したのは、Public Citizen, "The Best Energy Bill Corporations Could Buy," Aug. 8, 2005.

331 アメリカ国民の41パーセント: ギャラップ調査。Skocpol, *Naming the Problem*, 72. Gore's acclaim is described in Eric Pooley, The Climate War (Hachette Books, 2010).

331 「気候変動否定は」: Skocpol, *Naming the Problem*, 83.

332 気候問題は現実: マケインは2度目の大統領候補討論会でそう述べた。Pooley, *Climate War*, 297.

334 100万エーカー以上の借地権: Steve Mufson and Juliet Eilperin, "The Biggest Foreign Lease Holder in Canada's Oil Sands Isn't Exxon Mobil or Chevron. It's the Koch Brothers," *Washington Post*, March 20, 2014.

334 コーク・インダストリーズだけでも: 3億トンという試算もある。Brad Johnson, "Koch Industries, the 100-Million Ton Carbon Gorilla," *ThinkProgress*, Jan. 30, 2011, また、Fang, *Machine*, 114.

334 「食物生産に使える土地」: Goldman, "Billionaire's Party."

335 地球温暖化そのものには反論せず: コーク・インダストリーズのロビー活動についての優れた報道は、Farrell, "Koch's Web of Influence."

336 「オバマの予算教書」: Fang, *Machine*, 115.

336 「あの一年半、もう金輪際」: Jim Rutenberg, "How Billionaire Oligarchs Are Becoming Their Own Political Parties," *New York Times Magazine*, Oct. 17, 2014.

336 大量のファックスが: Kate Sheppard, "Forged Climate Bill Letters Spark Uproar over 'Astroturfing,' " *Grist*, Aug. 4, 2009.

337 その後、騒ぎを起こした聴衆の1人が: Fang, *Machine*, 176.

337 マイク・キャッスル: Pooley, *Climate War*, 406.

338 「ユニコーンを探しまわるがいい」: Ibid., 393.

338 すんなりと進んだわけではなかった: 下院でのキャップ・アンド・トレード法案をめぐる戦いについても、典拠のたしかな描写がある。Ibid.

339 ひそかに資金を提供: Steven Mufson, "New Groups Revive the Debate over Climate Change," *Washington Post*, Sept. 25, 2009.

339 オバマのEPAが温室効果ガスを規制: この訴訟と、テキサス州政府の気象学者ジョン・ニールセン-ガモンの証言については、David Doniger, "Going Rogue on Endangerment," *Switchboard* (blog), Feb. 20, 2010.

339 1人は: Marc Sheppard, "UN Climate Reports: They Lie," *American Thinker*, Oct. 5, 2009.

340 「奇跡が起きた」: これが載った反対派のウェブサイトは、Climate Audit.

340 「ブルーのワンピースだ」: Chris Horner, "The Blue Dress Moment May Have Arrived," *National Review*, Nov. 19, 2009.

341　「重大な転換点」: Brad Johnson, Climate Progress, Nov. 27, 2010. ヘリテージ財団で2010年10月26日に演説したティム・フィリップスは、クライメートゲート事件を最大限に利用すると述べ、コペンハーゲンの気候変動に関する国連会議の会場の外で、AFPの抗議行動を仕組んだ。「われわれは草の根組織だ……そこにいる裕福な一族の裕福な子供たちが……アメリカの失業率を20パーセントに上げようとしているのは、不幸なことだと思う」と、そこで宣言した。Mayer, "Covert Operations."

342　全容を理解すると、事実は: ニーラ・バナジーが、リークされたメールについて、明確で仔細な分析を行なっている。マンについて、「アメリカでもっとも憎まれている気候学者が反撃する」と述べた。

343　マンは著書: サウスイースタン・リーガル財団が、ペンシルヴェニア大学の同僚とマンに対する補助金についての情報を国立科学財団に要求したと、マンは書いている。ランドマーク・リーガル財団は、ホッケースティック研究で協力した他校の研究者宛てのマンの個人メールを入手するために訴訟を起こしたという。Michael E. Mann, *The Hockey Stick and the Climate Wars* (Columbia University Press, 2012), 229.(『地球温暖化論争——標的にされたホッケースティック曲線』藤倉良・桂井太郎訳, 化学同人, 2014年)

344　「悪辣なくそ野郎」: Vogel and McCalmont, "Rush Limbaugh, Sean Hannity, Glenn Beck Sell Endorsements to Conservative Groups"; John Goodman, "Talk Radio Reacts to Politico on Cain; Mark Levin Criticizes Ken Vogel," *Examiner*, Nov. 2, 2011.

344　「あんたの亭主がどうして」: "Levin to Female Caller: 'I Don't Know Why Your Husband Doesn't Put a Gun to His Temple,' " *Media Matters*, May 22, 2009.

344　「人工地球温暖化を唱えるマンなどのやから」: Mark Levin, *Liberty and Tyranny* (Threshold, 2010), 133.

347　2010年のギャラップの世論調査: Kate Sheppard, "Climategate: What Really Happened?," *Mother Jones*, April 21, 2011.

347　「温室効果ガスとCO_2汚染は」: Ryan Lizza, "As the World Burns," *New Yorker*, Oct. 11, 2010.

348　「膠着状態は」: Kenner, *Merchants of Doubt*.

349　「特別利益団体の影響力」: Lizza, "As the World Burns."

第9章　金がものをいう

352　仲間の1人によれば: デイヴィッド・コークの知人談、著者のインタビュー。

353　「実質的に困難」: Richard Posner, "Unlimited Campaign Spending—A Good Thing?," *The Becker-Posner Blog*, April 8, 2012.

353　「それによって金持ちは」: Jeffrey Toobin, "Republicans United on Climate Change," *New Yorker*, June 10, 2014. また、おなじ筆者の"Money Unlimited," *New Yorker*, May 21, 2012.

355　この腐敗への反発が: Elizabeth F. Ralph, "The Big Donor: A Short History," *Politico*, June 2014.

358　投資したことが公になると: Dale Russakoff and Juan Williams, "Rearranging 'Amway Event' for Reagan," *Washington Post*, Jan. 22, 1984.

358　「彼らはビジネスではなく」: "Soft Soap and Hard Sell," *Forbes*, Sept. 15, 1975.

359　1980年、リチャード・デヴォスと: Russakoff and Williams, "Rearranging 'Amway Event' for Reagan,"に、「元共和党全国委員会財務部長のデヴォスは、独立した支出7万575ドルを寄付し、元商工会議所会頭ヴァン・アンデルは6万8433ドルを献金した」とある。

359　1981年の2人の肩書: Ibid.

359　貧しいオランダ人移民の息子: デヴォス一族についての優れた記事は、Andy Kroll, "Meet the

New Kochs: The DeVos Clan's Plan to Defund the Left," *Mother Jones*, Jan./Feb. 2014.

359 たいへんなスキャンダル: Kitty McKinsey and Paul Magnusson, "Amway's Plot to Bilk Canada of Millions," *Detroit Free Press*, Aug. 22, 1982.

360 アムウェイは1989年にも: Ruth Marcus, "Amway Says It Was Unnamed Donor to Help Broadcast GOP Convention," *Washington Post*, July 26, 1996.

360 「寄付が減少していた」: Russakoff and Williams, "Rearranging 'Amway Event' for Reagan."

360 それでもデヴォス一族は: デヴォスの支出についての統計は、Kroll, "Meet the New Kochs."

360 デヴォス一族と付き合いがなかった共和党の大統領: Ibid.

361 「知られざるクラブ」: David Kirkpatrick, "Club of the Most Powerful Gathers in Strictest Privacy," *New York Times*, Aug. 28, 2004.

361 「ドナーと行動派」: ポール・ウェイリッチの発言。On March 22, 2005, C-SPAN(http://www.c-span.org/video/transcript/?id=7958) that the Council for National Policy,「リッチ・デヴォスの言葉にあるように、ドナーと行動派を結びつけよう」と述べた。

362 父エドガー・プリンス: Jeremy Scahill, *Blackwater: The Rise of the World's Most Powerful Mercenary Army* (Nation Books, 2007), 78.

362 「世界一強力な傭兵軍」: 蛮勇をふるう元海軍SEAL士官エリック・プリンスは、ほどなく重大な法律問題に巻き込まれた。イラク戦争中に武装警備員が一般市民17人射殺し、ブラックウォーターは国際的な無法企業のレッテルを貼られた。このため、プリンスは拠点を海外に移転し、社名を変更した。

363 「金を使えるという強み」: John David Dyche, *Republican Leader: A Political Biography* (Intercollegiate Studies Institute, 2009).

363 「金、金、金」: John Cheves, "Senator's Pet Issue: Money and the Power It Buys," *Lexington Herald-Leader*, Oct. 15, 2006.

363 「これを阻止すれば」: Michael Lewis, "The Subversive," *New York Times Magazine*, May 25, 1997.

364 「この組織とボップの」: マーカス・オーエンズは、ボップとジェイムズ・マディソン・センターの異様な関係をはじめて以下の記事にしたジョン・キャンベルのインタビューを受けた。"James Bopp Jr. Gets Creative: How Does the Conservative Maestro of Campaign Finance Fund His Legal Work?," Slate.com, Oct. 5, 2012.

365 「ソフト・マネー」: Betsy DeVos, "Soft Money Is Good: Hard-earned American Dollars That Big Brother Has Yet to Find a Way to Control," *Roll Call*, Sept. 6, 1997.

365 2004年、民主党寄りの外部団体: Trevor Potter, "The Current State of Campaign Finance Laws," *Brookings Campaign Finance Sourcebook*, 2005.

366 先導していたのは: 2004年の大統領選挙へのソロスの支出については、Mayer, "Money Man."

366 じつは「ジム[ボップ]の創案だった」: David Kirkpatrick, "A Quest to End Spending Rules for Campaigns," *New York Times*, Jan. 24, 2010. ボップよりも裁判に長けているセオドア・オルソンが、最高裁で重要な弁論を行なった。

367 「これを潰すのに10年計画」: Ibid.

367 白髪まじりの髪は一時期のビートルズ: Stephanie Mencimer, "The Man Who Took Down Campaign Finance Reform," *Mother Jones*, Jan. 21, 2010. メンシマーによれば、2008年に地方裁判所のロイス・ランバート判事が、「ほんとうにボップのことを笑った」という。

367 クリント・ボリック: Teles, *Rise of the Conservative Legal Movement*, 87.

368 世論調査ではつねに: 2010年2月17日にABCニューズが行なった世論調査では、アメリカ国民10人のうち8人が、最高裁のシチズンズ・ユナイテッド裁定に反対だった。

369 「私がFECで委員」: ブラッドレー・スミス談、著者のインタビュー。
369 起訴状はおもに: Robert Mullins, "Racine Labor Center: Meeting Place for Organized Labor on the Ropes," *Milwaukee Business Journal*, Dec. 23, 1991.
369 フェインゴールドは上院で一貫して: ラッセル・フェインゴールド上院議員とアリゾナ州選出のジョン・マケイン共和党上院議員は、2002年に超党派で選挙改革法を共同で提案したが、シチズンズ・ユナイテッドによって、骨抜きにされた。
370 「最高裁の裁定」: "Changes Have Money Talking Louder Than Ever in Midterms," *New York Times*, Oct. 7, 2010.
370 「事実ではない」: 厳密にいうと、シチズンズユナイテッド裁決は外国企業になにができるかということとは無関係なので、「外国企業も含めた特別利益団体に……」というオバマの表現にアリートが異議を唱えたのは間違っていないと、無党派の事実確認団体は説明する。しかし、シチズンズ・ユナイテッド裁定で、外国企業のアメリカの子会社が、アメリカの選挙で無尽蔵に支出できるようになったことは事実である。
371 「大金持ちを縛っていた拘束が解かれた」: デイヴィッド・アクセルロッド談、著者のインタビュー。

第10章　敵を叩きのめす

373 ブラウンはあまり目立ったところのない: Brian Mooney, "Late Spending Frenzy Fueled Senate Race," *Boston Globe*, Jan. 24, 2010. ブラウンと対抗馬のマーサー・コークリーが上院選挙で支出した額の合計は、ほぼおなじだったが、コークリーが現金の大部分を民主党選挙委員会の通常の資金から得ていたのに対し、ブラウンは党費から資金の提供を受けていなかった。ブラウンが外部の保守派団体から受け取った献金は260万ドルで、コークリーが外部から受けていた献金を100万ドル上回り、選挙資金の差がほとんどなくなった。
373 「このダーク・マネー集団のなかで」: AP通信のスティーヴ・ルブランの2010年2月19日の報道によれば、アメリカン・フューチャー・ファンドは、マーサー・コークリー攻撃に61万8000ドルを支出し、2010年に患者の権利擁護センターから480万ドルを受け取っていた雇用確保のためのアメリカ人が、46万ドルを支出したという。米商工会議所が終盤で広告に100万ドルを支出したのを合わせると、選挙の最後の12日間に保守派外部団体は260万ドルを支出していた。
374 「勝利を収めたと思った!」: 匿名希望の関係者談、著者のインタビュー。
375 顧客は: エド・ギレスピーは、個人の保険加入義務推進を支持したことはないと述べたが、彼が代表の業界団体はその案を提案していた。James Hohmann, "Ed Gillespie's Steep Slog to the Senate," *Politico*, Jan. 13, 2014.
376 数週間のうちに: Vogel, *Big Money*, 47, は、ダラス石油クラブの会合をじつに詳細に報じている。
376 「大規模な右派の陰謀」: Ken Vogel, "Politics, Karl Rove and the Modern Money Machine," *Politico*, July/August 2014.
377 「すべて、ヴァージニア州アレクサンドリアの」: Glenn Thrush, "Obama's States of Despair: 2010 Losses Still Haunt," *Politico*, July 26, 2013.
377 2010年末には: Olga Pierce, Justin Elliott, and Theodoric Meyer, "How Dark Money Helped Republicans Hold the House and Hurt Voters," ProPublica, Dec. 21, 2012.
377 「地道な正面攻撃」: Nicholas Confessore, "A National Strategy Funds State Political Monopolies," *New York Times*, Jan. 12, 2014.
378 それまでの10年間: 4000万ドルという額は、進歩派政府監視団体Democracy NCの税務記録分析による。
379 「ひどい候補者だった」: ボブ・ギアリー談、著者のインタビュー。初出は、Jane Mayer, "State for Sale," *New Yorker*, Oct. 10, 2011.

380 「私は切り株に立つ」: アート・ポープ談，著者のインタビュー。初出は、ibid.

380 エリスの指導のもとで: Ted Gup, "Fakin' It," *Mother Jones*, May/June 1996. 手製のように見えるプラカードは、じつはノースカロライナ州ウィンストン-セーラムのタバコ会社幹部から、喫煙擁護団体にFedExで送られたものだという。

380 1994年だけでも: 喫煙権利擁護団体については以下の記事に詳述されている。Peter Stone, "The Nicotine Network," *Mother Jones*, May/June 1996.

381 2012年にエリスは: エリスは、違法な献金を行なった重罪容疑1件について2012年6月に有罪の答弁を行ない、司法取引で保護観察4年、罰金1万ドルの刑を受けた。2016年に保護観察期間が終われば、その後の判決では容疑が却下されるかもしれないと考えていると、エリスは語っている。

381 「草の根運動は」: ジム・エリス談、著者のインタビュー。

382 ティム・フィリップスが: Sam Stein, "Tea Party Protests— 'Ni**er,' 'Fa**ot' Shouted at Members of Congress," *Huffington Post*, March 20, 2010.

383 「このことで、私たちは連中から」: Halperin and Heilemann, *Double Down*, 13.

384 「下院に集中」: Johnson, "Inside the Koch-Funded Ads Giving Dems Fits."

385 その約3分の1が: 書類によれば、TC4は会計士が「ディスリガーデッド・エンティティ」(訳注　法的責任目的に関しては事業主と別個だが、税目的では同一とされる企業体) に移されていたことを示している。つまり、11thエディションLLCとアメリカン・コミットメントという幽霊会社2社に金が流れていたので、CPPRへ送金されたようには見えない。Viveca Novak, Robert Maguire, and Russ Choma, "Nonprofit Funneled Money to Kochs' Voter Database Effort, Other Conservative Groups," OpenSecrets.org, Dec. 21, 2012.

385 それまでは: 2010年以前にコーク兄弟が支援していた主な「社会福祉」団体は繁栄のためのアメリカ人で、それもブッシュ政権の時代にはたいした資金は投入されていなかった。その当時は、IRSが501(c)(3)に分類する、税控除を受けられ、選挙政治に関わることを厳しく禁止されている公益的な団体への寄付がほとんどだった。

386 たとえば、2010年末: センター・フォー・レスポンシヴ・ポリティクスは、2010年のIRS書式990号でCPPRが政治支出をゼロと報告している事実を報じた。その後、キム・バーカーは、すばらしい徹底的な調査を行なった。Kim Barner, "How Nonprofits Spend Millions on Elections and Call It Public Welfare," ProPublica, Aug. 18, 2012, describing the phenomenon in further detail.

386 しかし、他の保守派団体に: これらの支出額は、2009年から2011年にかけてのもので、TC4トラストも含まれている。

386 2006年には: センター・フォー・レスポンシヴ・ポリティクスの計算した額。党選挙委員会の支出は含まれていない。

386 「こうした資金を得ようとしていて」: Barker, "How Nonprofits Spend Millions on Elections and Call It Public Welfare."

387 出席者のなかには: 自分も含めた出席者数人が、「カール・ローヴの家に行ったと友人にいえるから行った」と、スティーヴン・ローが述べている。Joe Hagan, "Goddangit, Baby, We're Making Good Time," *New York*, Feb. 27, 2011.

387 「新共和党の生誕地」: Vogel, *Big Money*, 49.

387 この2組織と密接に協力:攻撃広告のために、健康保険産業が2009年から2010年にかけて、米商工会議所に8600万ドル以上をひそかに投入したと、ブルームバーグが報じている。Drew Armstrong, "Health Insurers Gave $86 Million to Fight Health Law," *Bloomberg*, Nov. 17, 2010.

388 「すべての選挙で」: Vogel, *Big Money*, 53.

388 「落選させられる可能性の高い順番」: Eliana Johnson, "Inside the Koch-Funded Ads Giving Dems Fits," National Review.com, March 31, 2014.

389 事務所を探そうとしても: Jim Rutenberg, Don Van Natta Jr., and Mike McIntire, "Offering Donors Secrecy, and Going on Attack," *New York Times*, Oct. 11, 2010.

390 「全米でさまざまな金の流れを隠す」: Mike McIntire, "Under Tax-Exempt Cloak, Political Dollars Flow," *New York Times*, Sept. 23, 2010.

390 ノーブルはほかにも: 2010年、ノーブルのCPPRは、基金の半分弱にあたる3100万ドル強を保守派5団体に寄付した。下院選挙の民主党の候補者58人を攻撃するテレビCMに、5団体が支出したのとおなじ額だった。以下はその明細。アメリカン・フューチャー・ファンド(1160万ドル)、60プラス・アソシエーション(890万ドル)、雇用確保のためのアメリカ人(480万ドル)、税制改革のためのアメリカ人(410万ドル)、リヴィア・アメリカン(230万ドル)。CPPRはその年にこの5団体の立てた予算の3分の1以上を提供した。CPPRの2番目に大きな支出は「通信と監視」のための1030万ドルで、さらに550万ドルが限定された政府のためのアメリカ人に支出され、同団体が民主党下院議員を攻撃するダイレクトメールを発送した。

391 「1世代のあいだにはじめて」: Pooley, *Climate War*, 406.

392 「コーク兄弟は、文字どおり」: リック・バウチャー談、著者のインタビュー。

394 マッカーシーは: ラリー・マッカーシーはコメントすることを拒んだ。

394 「ラリーは近年最高の」: フロイド・ブラウン談、著者のインタビュー。Jane Mayer, "Attack Dog," *New Yorker*, Feb. 13, 2012.

394 「犯罪常習者」: ジョフ・ギャリン談、著者のインタビュー。初出は、ibid.

395 「戦争」: Jonathan Alter, "Schwarzman: 'It's a War' Between Obama, Wall St.," *Newsweek*, Aug. 15, 2010.

396 「これがウォール街にあたえた印象」: James B. Stewart, "The Birthday Party," *New Yorker*, Feb. 11, 2008.

396 2007年の『ウォールストリート・ジャーナル』: Henry Sender and Monica Langley, "How Blackstone's Chief Became $7 Million Man," *Wall Street Journal*, June 13, 2007.

397 ビリオネアたちが裏で画策したことが: ビジネス誌すらが抜け穴を激しく非難する署名入り記事を載せた。Martin Sosnoff, "The $3 Billion Birthday Party," *Forbes*, June 21, 2007.

397 年間60億ドル以上の損害: Randall Dodd, "Tax Breaks for Billionaires," Economic Policy Institute, July 24, 2007.

398 「ヘッジファンドには」: エイスネスの公開されている手紙は、2009年5月に書かれたもので、政府のクライスラー経営再建に協力しないヘッジファンドを悪玉扱いしているオバマを批判していた。Clifford Asness, "Unafraid in Greenwich Connecticut," *Business Insider*, May 5, 2009.

399 「かつては「共和党にとって」: Andrew Miga, "Rich Spark Soft Money Surge— Financier Typifies New Type of Donor," *Boston Herald*, Nov. 29, 1999.

400 その後の報告によれば: Michael Isikoff and Peter Stone, "How Wall Street Execs Bankrolled GOP Victory," NBC News, Jan. 5, 2011.

400 『フォーブス』の推定: 明細は以下の通り。

チャールズ・コーク: 447億ドル
デイヴィッド・コーク: 447億ドル
スティーヴ・シュワルツマン: 113億ドル
フィリップ・アンシュルツ: 110億ドル
ケン・グリフィン: 70億ドル

リチャード・デヴォス：58億ドル
ダイアン・ヘンドリックス：36億ドル
ケン・ランゴーン：29億ドル
スティーヴ・ベクテル：27億ドル
スタン・ハバード：20億ドル
ジョー・クラフト：14億ドル

401 「ターゲットにする獲物」: Paul Abowd, "Donors Use Charity to Push Free-Market Policies in States," Center for Public Integrity, Feb. 14, 2013.

401 ランチが終わるまでに: Kenneth Vogel and Simmi Aujla, "Koch Conference Under Scrutiny," *Politico*, Jan. 27, 2011.

402 「たちまち注意を喚起された」: Sam Stein, "$200 Million GOP Campaign Avalanche Planned, Democrats Stunned," *Huffington Post*, July 8, 2010.

402 「シチズンズ・ユナイテッド裁定が」: アニタ・ダン談、著者のインタビュー。

402 5月になっても: デイヴィッド・アクセルロッド談、著者との会話。2010年5月。

403 中傷広告は、「『オズの魔法使い』の」: ブルース・ブレイリー談、著者のインタビュー。初出は、Mayer, "Attack Dog."

406 2010年、繁栄のためのアメリカ人とその他の保守派団体は: Fang, *Machine*, 174. 2010年の保守派政治行動会議（CPAC）に臨席したときに、出席者が「民主党議員にいやがらせをして、怒ったところを撮影するための」ビデオカメラの使い方を教えられるのを見たと、ファングは述べている。繁栄のためのアメリカ人、フリーダム・ワークス、アメリカン・マジョリティなど保守派団体の行事の参加者によれば、そういった行事で不意打ちビデオ撮影の訓練が行なわれたという。

407 2011年にようやく: Ben Smith, "Hedge Fund Figure Financed Mosque Campaign," *Politico*, Jan. 18, 2011. スミスは、金の流れを突き止めたのは同僚のマギー・ヘイバーマンの功績だとしている。

409 スノーは、当時のことを: Mayer, "State for Sale."

410 この2社: 過激な攻撃広告を制作したのは、ノースカロライナ州共和党だった。制作に関わっていないとポープはいったが、彼と一族のうちの3人が州法で定められた個人献金の限度額にあたる4000ドルずつを、デイヴィスの選挙に献金していた。ポープは『プロパブリカ』に、リアル・ジョブNCへの寄付20万ドルはREDMAP作戦や、選挙区の境界線変更のためではなかったと述べた。選挙区の境界線変更に関して選挙後に訴訟が起こされ、ポープが境界線変更に助言していたことが発覚した。Pierce, Elliott, and Meyer, "How Dark Money Helped Republicans Hold the House and Hurt Voters."

411 「2010年以前にはなかった」: Mayer, "State for Sale."

411 「それらの広告はいまでも不愉快です」: Ibid.

412 ヘガティはいう: Ibid.

412 「人は"だれそれが選挙を金で買った"」: アート・ポープ談、著者のインタビュー。初出は、Mayer, "State for Sale."

414 オバマのチーム: Thrush, "Obama's States of Despair."

415 「私たちは10月には絶望していた」: David Corn, *Showdown: The Inside Story of How Obama Fought Back Against Boehner, Cantor, and the Tea Party* (William Morrow, 2012), 44.

416 アメリカ国民は理解しないか: ダーク・マネー非難をめぐる議論の詳細は、ibid., 40.

418 「ユタ州ハリケーンの」: Jonathan Salant, "Secret Political Cash Moves Through Nonprofit Daisy Chain," Bloomberg News, Oct. 15, 2012.

第3部　政治の私物化

421　階級戦争はたしかにあるが: Ben Stein, "In Class Warfare, Guess Which Class Is Winning," *New York Times*, Nov. 26, 2006.

第11章　戦利品

422　宣誓式が行なわれる前に: 1億3070万ドルという金額の内訳は、2009年から2010年にかけて患者の権利擁護センター(7200万ドル)、TC4トラスト(3850万ドル)、繁栄のためのアメリカ人(3850万ドル)。IRSに提出された書類をもとに、NPO3社のあいだでの金のやりとりを推理し、計算がダブらないようにした。

423　「チャールズとデイヴィッド・コークはもはや」: Tom Hamburger, Kathleen Hennessey, and Neela Banerjee, "Koch Brothers Now at Heart of GOP Power," *Los Angeles Times*, Feb. 6, 2011.

425　クリスティア・フリーランドは: Freeland, *Plutocrats*.

425　「共和党が1パーセント」: Lee Drutman, "Are the 1% of the 1% Pulling Politics in a Conservative Direction?," Sunlight Foundation, June 26, 2013.

425　「献金母体の過激化」: フラムがいう「過激化富裕層」勃興の証左については、David Frum, "Crashing the Party: Why the GOP Must Modernize to Win," *Foreign Affairs*, Sept./Oct. 2014.

426　「下院は極右に向けて」: Skocpol, *Naming the Problem*, 92.

426　いまや共和党新指導部は: コーク兄弟の委員会に対する献金と影響力を最初に詳しく指摘したのは、Hamburger, Hennessey, and Banerjee, "Koch Brothers Now at Heart of GOP Power."

426　異例の誓約書: Lewis et al., "Koch Millions Spread Influence Through Nonprofits, Colleges."

427　「気候税反対」誓約: Eric Holmberg and Alexia Fernandez Campbell, "Koch Climate Pledge Strategy Continues to Grow," Investigative Reporting Workshop, July 1, 2013.

428　1980年のスーパーファンド法: スーパーファンド法の基金枯渇については、Charlie Cray and Peter Montague, "Kingpins of Carbon and Their War on Democracy," Greenpeace, Sept. 2014, 26.

428　「集団訴訟で否定」: "Crossett, Arkansas—Fact Check and Activist Falsehoods," KochFacts.com, Oct. 12, 2011.

428　「私たちの住む通りでは」: デイヴィッド・バウイーが、映画のインタビューで語った。Robert Greenwald, *Koch Brothers Exposed*, produced by Brave New Films.

428　2年前に: "The Smokestack Effect," *USA Today*, Dec. 10, 2008.

429　そのうち2万5764トンを: EPA's Toxic Release Inventory databank. 2013までにコーク・インダストリーズはいくらか改善し、法律でEPAに登録を義務付けられている8000社のなかで、汚染物質排出業者の第10位になった。

429　「投資銀行は」: Continetti, "Paranoid Style in Liberal Politics."

429　コーク・インダストリーズの地元: カンザス大学政治学教授のバーデット・ルーミスは、『ワシントン・ポスト』に「彼は激しく反駁するだろうが、コークの手先の下院議員であるとしかいいようがない」と述べた。Dan Eggen, "GOP Freshman Pompeo Turned to Koch for Money for Business, Then Politics," *Washington Post*, March 20, 2011.

430　数週間以内にポンペオは: ポンペオがコーク兄弟の優先する法案を提唱していることを、『ワシントン・ポスト』がはじめて指摘したのは、ibid.

430　コーク・インダストリーズのロビー活動: サンライト財団のInfluence Explorer data, http://data.influenceexplorer.com/lobbying/?r#aXNzdWU9RU5WJnJlZ2lzdHJhbnRfZnQ9a29jaCUyMGluZHVzdHJpZXM=.

430　「なりふりかまわない敵前逃亡」: Robert Draper, *When the Tea Party Came to Town* (Simon & Schuster, 2012), 180.
431　「放り出されたのはつらい」: ロバート・イングリス談、著者のインタビュー。
431　「憲法に反する権力掌握」: Fred Upton and Tim Phillips, "How Congress Can Stop the EPA's Power Grab," *Wall Street Journal*, Dec. 28, 2010.
432　「汚染業者のお願いリスト」: Leslie Kaufman, "Republicans Seek Big Cuts in Environmental Rules," *New York Times*, July 27, 2011.
432　「40年を経た大気浄化法」: "A GOP Assault on Environmental Regulations," *Los Angeles Times*, Oct. 10, 2011.
432　党派主義者がおおげさにいい立てた: 政府の貸付保障に支えられていた数社とともにソリンドラは破綻したが、ナショナル・パブリック・ラジオが報じたように、貸付の債務不履行の損失が7億8000万ドルだったのに対し、利子が8億1000万ドル生じていたので、3000万ドルの利益が出た。Jeff Brady, "After Solyndra Loss, U.S. Energy Loan Program Turning a Profit," NPR, Nov. 13, 2014.
433　大手出資者の1人: ディクソン・ドールのDCMがアバウンド・ソーラーに出資していた。
433　「昼と夜くらい異なる」: Hamburger, Hennessey, and Banerjee, "Koch Brothers Now at Heart of GOP Power."
433　「3年前の状況」: Coral Davenport, "Heads in Sand," *National Journal*, Dec. 3, 2011.
435　「市民による逮捕」: Kenneth P. Vogel, "The Kochs Fight Back," *Politico*, Feb. 2, 2011.
435　あるゴルフのパートナーは: コーク兄弟のゴルフのパートナー談、著者のインタビュー。殺すという脅迫を受けてボディガードを雇わなければならなくなったとしてマスコミをコーク兄弟が非難したことについては、兄弟と話をした数人への著者インタビューより。
436　「彼らは、自分たちが」: Vogel, "Kochs Fight Back."
436　マイケル・ゴールドファーブ: Jim Rutenberg, "A Conservative Provocateur, Using a Blowtorch as His Pen," *New York Times*, Feb. 23, 2013. また、http://rightweb.irc-online.org/profile/center_for_american_freedom/#_edn13.
436　その後: コークに雇われたとき、ゴールドファーブは、オライオン・ストラテジーLLCという広告会社の副社長だった。『ワシントン・フリー・ビーコン』はドナーを匿名にしているアメリカの自由センターというNPOがオンラインで発行していた。その会長がゴールドファーブだった。IRS書式990号の情報で、ゴールドファーブ主導のそのNPOが、営利会社——彼の広告会社オライオン——に支払いを行なっていることが判明している。
436　「やつらをペテンにかけろ」: Matthew Continetti, "Combat Journalism: Taking the Fight to the Left," *Washington Free Beacon*, Feb. 6, 2012.
436　「失礼なことはいいたくない」: Eliza Gray, "Right vs. Write," *New Republic*, Feb. 22, 2012.
437　「コーク兄弟が荒っぽい手口を」: Kenneth Vogel, "Philip Ellender: The Kochs' Unlikely Democratic Enforcer," *Politico*, June 14, 2011.
438　「注意を喚起する出来事」: Liz Goodwin, "Mark Holden Wants You to Love the Koch Brothers," *Yahoo News*, March 25, 2015.
440　レポーターの品位について: コーク・インダストリーズのレポーターに対する異常に攻撃的な対処について、『ワシントン・ポスト』は私を「コーク兄弟の公共の敵ナンバー1」と評した。私に対する剽窃容疑について広報担当は、コーク兄弟は「あずかり知らない」とのみ述べた。
Paul Farhi, "Billionaire Koch Brothers Use Web to Take on Media Reports They Dispute," *Washington Post*, July 14, 2013.
441　そのメールの発信者: 『デイリー・コーラー』を創刊したフライスは、その後、私についての調査報

道にはまったく関与していないと述べた。

445 「知的弾薬」: Schulman, *Sons of Wichita*, 320. ケイトー研究所の当時の所長ロバート・レヴィが、共和党支援と繁栄のためのアメリカ人のためにもっと「弾薬」がほしいと、デイヴィッド・コークが語ったと述べている。

445 批判に対するコーク兄弟の不器用な反応: Kenneth Vogel and Tarini Parti, "Inside Koch World," *Politico*, June 15, 2012.

445 最後の資金集めパーティ: リゾートで週末のセミナーを受けた客の1人へのインタビュー。

446 「私の引き出しには鋭いナイフが」: Halperin and Heilemann, *Double Down*, 346.

447 ティーパーティの指導者たち: See Skocpol and Williamson, *Tea Party and the Remaking of Republican Conservatism*.

447 金持ちの自由市場ファン: 社会保障支出関連の政策の好みが、富裕層とその他の国民ではかなり異なっていることに関しては、Martin Gilens, *Affluence and Influence: Economic Inequality and Political Power in America* (Princeton University Press and Russell Sage Foundation, 2012), 119.

448 興味深い案: 下院議員倫理規定第7条は、「公式目的のための品物とサービスの現物を提供されること」を含めた「非公式な議員業務の委託」を禁じている。つまり、「議員の議案策定と提議に関して」有給の政治コンサルタントからの「自主的なサービス」を受けることは禁じられている。

448 大部分はTC4トラスト: TC4トラストのプロジェクトと下部団体パブリック・ノティスの活動を監督していたのは、おなじ運動員、ブッシュ政権の広報官グレッチェン・ハメルだった。ハメルは2011年のコーク・セミナーで、「支出の議論をでっちあげる」と題したプレゼンテーションを行なった。

448 TC4トラストは: OpenSecrets.org が革新的な報道を行なっている。Novak, Maguire, and Choma, "Nonprofit Funneled Money to Kochs' Voter Database Effort, Other Conservative Groups."

448 「肝心なのは政策を練ることではない」: エド・ゴアズ談、著者のインタビュー。

449 その春、オバマ大統領は: オバマがメディケア削減を計画しているというポール・ライアンの主張が誤解を招く発言であることを、いくつもの無党派事実確認組織が暴いている。オバマのヘルスケア法案では、メディケア支出は着実に増加するが、節減によって将来の「増加率」が抑えられる仕組みになっていた。だが、オバマを批判する勢力は、これを攻撃の糸口にした。ラッシュ・リンボーは、ラジオ番組で、「ポール・ライアンは総額5000億ドルのメディケア凌辱を行なってはいない! それをやったのはおまえらだ!」と主張した。

449 「寡頭制支持者が政府に」: ニーラ・タンデン談、著者のインタビュー。

450 一例をあげるなら: 20世紀の納税トップ400人と税率の研究は、James Stewart, "High Income, Low Taxes, and Never a Bad Year," *New York Times*, Nov. 2, 2013.

450 申告された所得の60パーセント: ここに統計を引用したキャピタルゲイン税の簡潔で明快な報告は、Steve Mufson and Jia Lynn Yang, "Capital Gains Tax Rates Benefiting Wealthy Feed Growing Gap Between Rich and Poor," *Washington Post*, Sept. 11, 2011. 過去20年のキャピタルゲインの80パーセントが、アメリカ国民のわずか5パーセントの利益になり、その半分を人口の0.1パーセントの最富裕層が得ていることが指摘されている。

451 だが、ほどなく最富裕層は: Jeffrey A. Winters, *Oligarchy* (Cambridge University Press, 2011), 228.

451 「減税熱」: Hacker and Pierson, *Winner-Take-All Politics*, 48.

452 「われわれの目標は」: Charles Koch, "Business Community."

452 「富裕な人々の自己課税」: フライスの言葉は Freeland, *Plutocrats*, 246–47より。

452 「私は12世紀の哲学者マイモニデスに」: Charles Koch's speech to the Council for National Pol-

icy, Jan. 1999.

453 「それは間違っている」: レオン・ウィーゼルタイアー談、著者のインタビュー。

454 2006年の報告によれば: Public Citizen and United for a Fair Economy, *Spending Millions to Save Billions: The Campaign of the Super Wealthy to Kill the Estate Tax*, April 2006, http://www.citizen.org/documents/EstateTaxFinal.pdf.

454 ネットワークの一員: Cris Barrish, "Judge Shuts Down Heiress' Effort to Alter Trust with Adoption Plot," *Wilmington News Journal*, Aug. 2, 2011.

455 「かつては共和党議員数人を」: Corn, *Showdown*, 76.

457 「ざっと吟味しただけでも成り立たない」: Barry Ritholtz, "What Caused the Financial Crisis? The Big Lie Goes Viral," *Washington Post*, Nov. 5, 2011.

459 「右派の狂気」: Noam Scheiber, *The Escape Artists: How Obama's Team Fumbled the Recovery* (Simon & Schuster, 2011).

459 『ニューヨーク・タイムズ』が分析: ライアンの予算案による削減の影響への予測は、2012年にも再掲載され、以下にも述べられている。Jonathan Weisman, "In Control, Republican Lawmakers See Budget as Way to Push Agenda," *New York Times*, Nov. 13, 2014.

459 「逆ロビン・フッド」: Jonathan Chait, "The Legendary Paul Ryan," *New York*, April 29, 2012.

460 「……勇敢な予算改革案」: David Brooks, "Moment of Truth," *New York Times*, April 5, 2011.

460 「右派は経済論議の議題を」: Freeland, *Plutocrats*, 265.「2011年4月と5月、失業率は9パーセントだった……アメリカの5大紙は財政赤字について201件の記事を載せ、失業についての記事は63件のみだった」とフリーランドは述べている。

462 「私たちの手落ちだ」: Bob Woodward, *The Price of Politics* (Simon & Schuster Paperbacks, 2013), 107.(『政治の代償』伏見威蕃訳, 日本経済新聞出版社, 2013年)

462 当選の見込みが薄かった民主党候補: ニューヨーク州26区で、民主党のキャシー・ホチュルが当選した。

462 しかし、それでも下院共和党は: Draper, *When the Tea Party Came to Town*, 151.

462 「われわれが主導権を握った」: Ibid.

462 ドナーたちも大喜びだった: 投資が報われたとドナーたちが思い込んだことについては、ドナーたちの考えをよく知る匿名の情報源の話に基づく。

463 「……この世の終わりをいいふらすカルト」: Thomas E. Mann and Norman J. Ornstein, *It's Even Worse Than It Looks: How the American Constitutional System Collided with the New Politics of Extremism* (Basic Books, 2012), 54.

463 「大人として対処するように」: Naftali Bendavid, "Boehner Warns GOP on Debt Ceiling," *Wall Street Journal*, Nov. 18, 2010.

464 「ほんとうの問題を解決しなかった場合は」: Frum, "Crashing the Party," スタンレー・ドラッケンミラーの意見は「驚異的」で過激だと述べている。

464 「厳しい決断を先送り」: コークの支援を受けた勢力は、キャリードインタレストの抜け穴をふさぐことにもずっと反対していた。2007年に議会が抜け穴を防ぐことを検討したとき、チャールズ・コークが支援する研究組織の税財団のコークの仲間、アダム・クレイトンが、「税収を増やすことにはならない」と唱えた。

465 「やつらは小便を漏らすほど怯える」: 成長のためのクラブの元会長、スティーヴン・ムーアの発言。Matt Bai, "Fight Club," *New York Times Magazine*, Aug. 10, 2003.

465 オバマ大統領とベイナー下院議長は: 大型合意でオバマは、債務上限引き上げと引き換えに支出削減に合意する予定だった。ベイナーのいい回しでは、共和党は税制の「ゴミを片づける」こともできるはずだった。ベイナーは税率引き上げには応じるつもりはなかったが、税の抜け穴をいくつか

ふさぐことには同意していただろう。

465 キャンターは: Alec MacGillis, "In Cantor, Hedge Funds and Private Equity Firms Have Voice at Debt Ceiling Negotiations," *Washington Post*, July 25, 2011.

465 ある研究によれば: この2006年の研究は、Hacker and Pierson, *Winner-Take-All Politics*, 51に引用されている。

466 「ベイナーはデイヴィッドに」: 家族の顧問、議会の情報源、エミリー・シリンジャー談、著者のインタビュー。

467 「事実無根だった」: Mann and Ornstein, *It's Even Worse Than It Looks*, 23.

467 のちにキャンターが: Ryan Lizza, "The House of Pain," *New Yorker*, March 4, 2013.

469 「オバマは本気で」: ニーラ・タンデン談、著者のインタビュー。

第12章　すべての戦いの母なる戦争

471 というより、防げると思っていた: Brad Friedman, "Inside the Koch Brothers' 2011 Summer Seminar," *The Brad Blog*, June 26, 2011.

471 『ニューヨーク・タイムズ』の常勤統計学者: Nate Silver, "Is Obama Toast? Handicapping the 2012 Election," *New York Times Magazine*, Nov. 3, 2011.

472 「副大統領候補に選ばれるほうがずっと楽」: Halperin and Heilemann, *Double Down*, 345.

473 4年後: クリスティの詳しい経歴についてはCezary Podkul and Allan Sloan, "Christie Closed Budget Gaps with One-Shot Maneuvers," *Washington Post*, April 18, 2015, A1.

473 「わからないものだぞ」: Friedman, "Inside the Koch Brothers' 2011 Summer Seminar."

473 クリスティは、ニュージャージー州を: Joby Warrick, "Foes: Christie Left Wind Power Twisting," *Washington Post*, March 30, 2015.

477 この組織は最初から: フリーダム・パートナーズは、2012年に以下の団体に最低でも100万ドル以上を補助金として支給した。

患者の権利擁護センター : 1億1500万ドル
繁栄のためのアメリカ人: 3230万ドル
60プラス・アソシエーション: 1570万ドル
アメリカン・フューチャー・ファンド: 1360万ドル
コンサーンド・ウィメン・フォー・アメリカ・レジスラティヴ・アクション・コミティー : 820万ドル
テミス・トラスト: 580万ドル
パブリック・ノーティス: 550万ドル
ジェネレーション・オポチュニティ : 500万ドル
リブレ・イニシアティヴ: 310万ドル
全米ライフル協会: 350万ドル
米商工会議所: 200万ドル
アメリカン・エナジー・アライアンス: 150万ドル

477 3230万ドルをデイヴィッド・コークの: 厳密にはデイヴィッド・コークは繁栄のためのアメリカ人財団の会長でしかないと、広報担当は強弁したが、2011年6月のセミナーでデイヴィッドを紹介したとき、ケヴィン・ジェントリーは「繁栄のためのアメリカ人の会長」だとはっきり述べていた。

480 コーク・ネットワークにとって: コーク・インダストリーズのPACは、ウォーカーの知事選挙運動に4万3000ドルを寄付した。デイヴィッド・コークは、共和党知事協会に2010年に100万ドルを寄付した。

480 リベラルのセンター・フォー・アメリカン・プログレス: センター・フォー・アメリカン・プログレス設立者のジョン・ポデスタは、2015年にヒラリー・クリントンの大統領選挙対策委員長に就任した。

481 「大きな政府組合のボスたち」: Jason Stein and Patrick Marley, *More Than They Bargained For: Scott Walker, Unions, and the Fight for Wisconsin* (University of Wisconsin Press, 2013), 37.

481 ブラッドレー財団: Patrick Healey and Monica Davey, "Behind Scott Walker, a Longstanding Conservative Alliance Against Unions," *New York Times*, June 8, 2015. 同紙は、2009年にブラッドレー財団がウィスコンシン政策研究所に補助金100万ドルを提供し、マクイーヴァー研究所の予算の3分の1を提供したと報じた。いずれも次期知事に多数の提案を用意していた。そのうちの最優先事項は、州公務員組合の力をそぐことだった。マクイーヴァー研究所は、コークの権利擁護団体、繁栄のためのアメリカ人(AFP)のウィスコンシン州支部と密接なつながりがあった。マクイーヴァーの理事3人が、AFPウィスコンシン支部の理事も兼任していた。そのうちの1人、デイヴィッド・フェティグは、コーク・セミナーの参加者でもあった。

481 「……もっとも強力なフィランソロピー勢力の1つ」: Daniel Bicc, Bill Glauber, and Ben Poston, "From Local Roots, Bradley Foundation Builds a Conservative Empire," *Milwaukee Journal Sentinel*, Nov. 19, 2011.

481 大学をドロップアウト: 2010年、ファイト・バック・ウィスコンシンと名乗るAFPの分派が、当時は郡部長だったスコット・ウォーカーを担ぎあげて、州の各地でティーパーティ集会を開いた。その後、ひそかに資金を注入された組織が、票集めを手伝った。いっぽう、フィランソロピー組織同士も助けあい、ブラッドレー財団が2010年にAFPに52万ドルを寄付した。

482 「ウィスコンシン州でも」: Adele M. Stan, "Wall Street Journal Honcho Shills for Secret Worker 'Education' Program Linked to Koch Group," *Alternet*, June 3, 2011.

482 知事に就任したウォーカーは: Michael Isikoff, "Secret $1.5 Million Donation from Wisconsin Billionaire Uncovered in Scott Walker Dark-Money Probe," *Yahoo News*, March 23, 2015. ウォーカーの広報官ローレル・パトリックは、メナードをえこひいきしているというヤフー・ニュースの報道を激しく否定した。「ウォーカー知事が、メナードに特別な恩恵を施しているようなことはありません。ウォーカー知事は、メナードの会社が税額控除を受けた決定には"関与していない"し、ウィスコンシン経済発展団が現在の施設の拡大を承認したのは、雇用増大のためだと」パトリックは主張した。(民主党知事ジェイムズ・ドイルのもとでも2006年にメナードが税額控除150万ドルの恩恵を受けていると、パトリックは指摘した。だが、会社が雇用創出の要件を満たさなかったので、控除は100万ドルに減らされた。)

483 2007年の『ミルウォーキー・マガジン』の人物紹介: Mary Van de Kamp Nohl, "Big Money," *Milwaukee Magazine*, April 30, 2007.

483 ある社員が: Ibid.

484 つぎの事件では: Bruce Murphy, "The Strange Life of John Menard," UrbanMilwaukee.com, June 20, 2013. ドナルド・トランプの妻メラニアも、スキンケア製品の販売促進契約を一方的に破棄されて損害を受けたとして、ジョン・メナードに対して賠償額5000万ドルの訴訟を起こしている。メナードの弁護士は、契約は無効だと主張している。

485 ヘンドリックスと彼女の会社は: ダイアン・ヘンドリックスは、2011年にウォーカーの選挙に献金の限度額の1万ドルを寄付し、共和党知事協会にも会社から2万5000ドルを寄付している。2012年には、ウォーカー・リコール運動と戦うために50万ドルを寄付した。2014年にはウィスコンシン州共和党に100万ドルを寄付した。

486 複雑な会計操作を駆使して: Cary Spivak, "Beloit Billionaire Pays Zero in 2010 State Income Tax Bill," *Milwaukee Journal Sentinel*, May 30, 2012によれば、ヘンドリックスの会社ABCサプライの税務部長は、彼女が州所得税をまったく払ってないのは、個人事業主だったのを会社に変えたことによって生じた変則的な事態だと説明した、個人事業主としては2010年第2半期に州税

37万3671ドルを支払ったという。

486　ウォーカーはうかつにも：いたずら電話の主は、イアン・マーフィーだった。マーフィーの側の話については、"I Punk'd Scott Walker, and Now He's Lying About It," *Politico*, Nov. 18, 2013.

487　リコールとの戦いに勝ったあと：Adam Nagourney and Michael Barbaro, "Emails Show Bigger Fund-Raising Role for Wisconsin Leader," *New York Times*, Aug. 22, 2014.

487　ある統計によれば：Brendan Fischer, "Bradley Foundation Bankrolled Groups Pushing Back on John Doe Criminal Probe," Center for Media and Democracy's PR Watch, June 19, 2014.

488　「私たちは後退するわけにはいかない」：Schulman, *Sons of Wichita*, 304.

489　「私の影響力の極意は」：Novak, Maguire, and Choma, "Nonprofit Funneled Money to Kochs' Voter Database Effort, Other Conservative Groups."

489　「コーク兄弟は」：Matea Gold, "Koch-Backed Political Network Built to Shield Donors," *Washington Post*, Jan. 5, 2014.

489　こういうふうに権力を地固め：候補者、党、外部団体すべての追跡可能な選挙費用は、70億ドルに達し、いっぽう独立した団体とスーパーPACの支出額は25億ドルに達していた。従来のPACの支出12億5000万ドル、無制限の献金が可能なスーパーPACの支出9億5000万ドルが、そこに含まれる。それに対し、民主党と共和党の支出は、連邦選挙管理委員会の報告"FEC Summarizes Campaign Activity of the 2011–2012 Election Cycle," April 19, 2013によれば、15億7600万ドルだった。the FEC commissioner Ellen Weintraub's statement, Jan. 31, 2013によれば、「外部の政治組織」の支出が、はじめて党の支出を上回った。

490　2012年に：私は公開情報から4億700万ドルという数字をはじき出したが、2012年以降のコーク・ネットワークの追っていたメイティア・ゴールドの優れた記事では、4億ドルだとしている。Gold, "Koch-Backed Network, Built to Shield Donors, Raised $400 Million in 2012 Elections," *Washington Post*, Jan. 5, 2014.

490　『ポリティコ』のケネス・ヴォーゲル：Vogel, *Big Money*, 19.

490　これまでの歳月：献金の集中激化についての統計は、Lee Drutman, "The Political 1% of the 1% in 2012," Sunlight Foundation, June 24, 2013.

491　「ティーパーティの財政原動力」：Hayley Peterson, "Internal Memo: Romney Courting Kochs, Tea Party," *Washington Examiner*, Nov. 2, 2011.

492　基調演説：ロムニーの予算演説の詳細はDonovan Slack, "Romney Proposes Wide Cuts to Budget," *Boston Globe*, Nov. 5, 2011.

493　チャールズ・コークはしばしば："Quotes from Charles Koch," *Wichita Eagle*, Oct. 13, 2012.

493　「この連中はみんな」：ダン・ファイファー談、著者のインタビュー。

193　「自信に満ちた高揚感」：Schulman, *Sons of Wichita*, 341.

495　「私が他人よりも高い税率を」：アデルソンについてのジョージ・W・ブッシュの発言と、アデルソンの所得税についての発言は、以下の画期的な記事による。Connie Bruck, "The Brass Ring," *New Yorker*, June 30, 2008.

496　奇妙な取り合わせのコンビ：Vogel, *Big Money*, 79.

497　「減刑に気持ちが傾いている」：Jewish Channel, Dec. 9, 2011.

497　数週間後、アデルソンは：ギングリッチの発言についてアデルソンは、「パレスチナ人と称する連中の歴史を読めば、先ごろギングリッチがパレスチナ人は捏造された民族だといった理由がわかるだろう」。アデルソンの資金が届いたときには、ギングリッチはアイオワで第4位の結果に終わり、ニューハンプシャーで惨敗する寸前だった。アデルソンはその後、ポラードに対する意見を変えるようロムニーに圧力をかけたが、ロムニーは抵抗した。しかし、イスラエルでの資金集めの行事では、アデルソンとならんで座り、パレスチナ人は文化的にイスラエル人よりも劣っているとほのめか

した。

498 「思い違いのでっちあげ」: Chris McGreal, “Sheldon Adelson Lectures Court After Tales of Triads and Money Laundering,” *Guardian*, May 1, 2015.

500 「避妊の一件で」: ジム・メッシーナ談、著者のインタビュー。

500 「イデオロギーが原動力の生態系」: スティーヴ・シュミット談、著者のインタビュー。

503 「今夜、この会場には」: 2012年2月、コストコ共同創業者ジェフ・ブロットマン邸でのオバマの発言。Vogel, *Big Money*, vii.

503 「ピンチに追い込まれていた」: アーノルド・ハイアット談、著者のインタビュー。

503 2012年初頭: メッシーナとオバマの会話については、Halperin and Heilemann, *Double Down*, 314.

505 幅広い分野の専門家が: サマーズとフクヤマが懸念を示したことが、以下のすばらしい評論に述べられている。Thomas Edsall, “Is This the End of Market Democracy?,” *New York Times*, Feb. 19, 2012.

506 「ビルには二度と」: ヒラリーがひそかに批判した件については、Halperin and Heilemann, *Double Down*, 381.

506 「ほとんどの場合」: Gilens, *Affluence and Influence*, 1.

507 「新しい正説」: Jonathan Weisman, “Huntsman Fires at Perry from the Middle,” *Wall Street Journal*, Aug. 21, 2011.

509 「共和党はようやく課税できる集団を」: Dave Weigel, “Republicans Have Finally Found a Group They Want to Tax: Poor People,” *Slate*, Aug. 22, 2011.

512 「やり方が間違っていた」: 会社に今後も勤務するために匿名を希望したコーク・インダストリーズの顧問談、著者のインタビュー。

512 「コークの仲間のドナー数人」: トニー・ラッソの宣誓証言。State of California Fair Political Practices Commission Investigative Report, Aug. 16, 2013.

513 「……コーク・ネットワークなるものは存在しません」: Vogel, *Big Money*, 201.

513 6ドルあたり1ドル以上: Barker and Meyer, “Dark Money Man.”

515 「すぐに……思った」: テレサ・シャープ談、著者のインタビュー。

516 「国民全員が投票することは望んでいない」: Ari Berman, *Give Us the Ballot: The Modern Struggle for Voting Rights in America* (Farrar, Straus and Giroux, 2015), 260.

516 スパコフスキーの近著: エンカウンター・ブックスは、「本格的なノンフィクション」を出版するために、ブラッドレー財団の補助金350万ドルで創業された。著者のインタビューで、ハンス・フォン・スパコフスキーは、人種差別や党派主義の利益が執筆の動機ではないと否定した。「私は公正な選挙を望んでいる」スパコフスキーは述べた。「国民がもっとも多く投票した人間が勝つようにすることを願っている。」Jane Mayer, “The Voter-Fraud Myth,” *New Yorker*, Oct. 29, 2012.

516 また、トゥルー・ザ・ヴォートは: トゥルー・ザ・ヴォートは、IRSに免税団体として認められなかったため、ブラッドレー財団に寄付金を返却しなければならなかった。

518 「大統領の選挙運動は」: 2012年11月14日のロムニーの大口献金者との電話については、Halperin and Heilemann, *Double Down*, 468.

519 約1500万ドルが: アデルソンのAFPへの献金の規模をはじめて暴いたのは、Peter Stone “Watch Out, Dems: Sheldon Adelson and the Koch Brothers Are Closer Than Ever,” *Huffington Post*, June 14, 2015.

520 「自由な繁栄するアメリカを促進するという目標」: Robert Costa, “Kochs Postpone Postelection Meeting,” *National Review Online*, Dec. 11, 2012 によれば、チャールズ・コークのドナー・ネットワークへのメールには、つぎのように記されていた。「私たちは選挙結果を読み説こうと懸命に作

業を進めている。また、その分析に基づき、勝利を収めるために私たちの未来像と戦略と戦闘能力を再検討する」

520 それどころか、デイヴィッド・コークは：チャールズ・コークは、政治活動で密接にデイヴィッドと協力しているにもかかわらず、「私は共和党でも民主党でもない」といい続けている。

521 「1万分の1」: Drutman, "Political 1% of the 1% in 2012."

521 「私は現職の大統領」: Vogel, *Big Money*, viii.

第13章　州

522 べつの州でもおなじ手口が：得票数とつじつまが合わないこういう結果は、20世紀に2度しか起きていない。

523 「数年前に」: Tarini Parti, "GOP, Koch Brothers Find There's Nothing Finer Than Carolina," *Politico*, May 11, 2013.

523 フィリップスは拒んだ：コーク・ネットワークのメインバンクのフリーダム・パートナーズは、2012年に全米でAFPに3230万ドルを投入した。しかし、そのうちどれだけの額がノースカロライナ州に集中したかは公開されていない。

524 その仕事で：ノースカロライナ州は、それに加えて7万7000ドルをホフェラーに支払った。

524 「ワークステーションでいっしょに仕事」：ローペの証言は、以下の『プロパブリカ』の優れた調査報道記事に引用されている。Pierce, Elliott, and Meyer, "How Dark Money Helped Republicans Hold the House and Hurt Voters."

525 「コーク兄弟は州議会を」：デイヴィッド・アクセルロッド談、著者のインタビュー。

525 『プロパブリカ』の報告: Pierce, Elliott, and Meyer, "How Dark Money Helped Republicans Hold the House and Hurt Voters."

526 「セキュリティは万全か」: Robert Draper, "The League of Dangerous Mapmakers," *Atlantic*, Oct. 2012.

526 しかし、現実には：ホフェラーが公聴会の証言録を読むのを怠っていたことは、『プロパブリカ』が法廷の書類から明らかにした。ホフェラーがコメントするのを拒否したことも、『プロパブリカ』は指摘している。

527 しかし、公判開始前の：民主党側の対抗馬はサム・エルヴィン4世、名高い祖父と同名の期待の星だった。祖父は、ウォーターゲートの審問で全国的に人気を博した元ノースカロライナ上院議員。

527 金の流れは：『プロパブリカ』は、ギレスピーの共和党州指導部会議(RSLC)から100万ドルが出ていることを突き止めた。ポープの会社ヴァラエティ・ホールセラーズがその一部を寄付していた。RSLCの役割は、突然出現したジャスティス・フォー・オールNCと名乗る新団体の陰に隠れていた。この団体がさらに、ノースカロライナ・ジュディカル・コーリションというスーパーPACに150万ドルを献金した。

528 2010年の中間選挙と2014年の選挙で: Nicholas Confessore, Jonathan Martin, and Maggie Haberman, "Democrats See No Choice but Hillary Clinton in 2016," *New York Times*, March 11, 2015.

529 共和党のパット・マクロリーが：パット・マクロリーは、2012年に知事選に立候補する前に、AFPの行事に出席していた。出馬宣言後、AFPはパンフレット郵送に13万ドルを支出し、選挙戦に貢献した。

529 「おれのやり方が正しい」：リチャード・モーガン談、著者のインタビュー。初出はMayer, "State for Sale."

530 「ポープの作業が終わったときには」: Ibid.

530 アメリカで金権政治勢力が: Winters, Oligarchy, xi.

531 「保守派の亡命政府」: Matea Gold, "In NC Conservative Donor Sits at the Heart of the Government He Helped Transform," *Washington Post*, July 19, 2014.

531 その境界線は曖昧: たとえば、共和党の政治運動員ジャック・ホークは、シヴィタス研究所の所長でありながらパット・マクロリーの選挙を応援していた。

532 「コーク兄弟Lite」: スコット・プレース談、著者のインタビュー。

532 「こんな抑圧的な投票手続き」: Lynn Bonner, David Perlmutt, and Anne Blythe, "Elections Bill Headed to McCrory," *Charlotte Observer*, July 27, 2013.

532 「いや、最悪だ」: Dan T. Carter, "State of Shock," *Southern Spaces*, Sept. 24, 2013.

534 それを埋め合わせる手立て: Ibid.

534 順序だった攻撃: ノースカロライナ州の公立学校関連の支出は、州の人口が急速に増えているにもかかわらず、2007–2008年の79億ドルから、2012–2013年には75億ドルに減少した。Rob Christiansen, "NC GOP Rolls Back Era of Democratic Laws," *News Observer*, June 16, 2013.

535 「……いったいなんということをするのか?」: ビル・フライデー談、著者のインタビュー。初出は、Mayer, "State for Sale."

535 「ポール・クルーグマンを」: スティーヴン・マーゴリス(元ノースカロライナ州立大学経済学部学部長)談、著者のインタビュー。Ibid.

535 「嘆かわしい悪辣な行為」: Mayer, "State for Sale."

536 「憲法で限定」: David Edwards, "NC GOP Bills Would Require Teaching Koch Principles While Banning Teachers' Political Views in Class," *Raw Story*, April 29, 2011.

536 「私は共和党員だったが」: ジム・グドモン談、著者のインタビュー。初出はMayer, "State for Sale."

537 最低賃金法に反対: 著者とのインタビューで、ジョン・ロック財団副理事長のロイ・コーダトは主張した。「最低賃金は低スキルの労働者に害がある。賃金が高くなって雇い手がつかず、労働市場から締め出されてしまうからだ」また、労働者が搾取されるという懸念については、「カール・マルクスのような考え方だ」と決めつけた。コーダトの意見では、「成人の同意によって自由になされた契約はすべて合法であるべき」で、それには売春や危険ドラッグの販売も含まれるという。児童労働法には同意するが、未成年者の「義務教育」には反対すると、コーダトは述べた。

538 「植民地時代の大農園」経営者の精神構造: ディーン・デブナム談、著者のインタビュー。初出はMayer "State for Sale."

538 「富の創出と破壊」: Ibid.

540 「父親が小切手帳を持って」: スコット・プレース談、著者のインタビュー。

541 デイヴィッド・パーカー: 著者のインタビュー。初出はMayer, "State for Sale."

542 「きみはソ連を攻め落とせ」: Ed Pilkington and Suzanne Goldenberg, "State Conservative Groups Plan US-Wide Assault on Education, Health, and Tax," *Guardian*, Dec. 5, 2013.

542 「必要なものを選んでください」: Jane Mayer, "Is Ikea the New Model for the Conservative Movement?," *New Yorker*, Nov. 15, 2013.

542 2011年、ステート・ポリシー・ネットワークの予算は: "Exposed: The State Policy Network," Center for Media and Democracy, Nov. 2013 は、典拠がたしかな徹底した報告で、この組織がコクトパスの「財政の触腕が全州に及ぶ」のを助けたと、3ページで指摘している。

543 ALECは平均1000件の新法案を: For ALECの法案提出の実績については、Cray and Montague, "Kingpins of Carbon and Their War on Democracy," 37.

543 「これほど高いリターンは」: ALECのメンバーのニューズレターや、トンプソンの発言については、Alexander Hertel-Fernandez, "Who Passes Businesses' 'Model Bills'? Policy Capacity and Corporate Influence in U.S. State Politics," *Perspectives in Politics* 12, no. 3 (Sept. 2014).

544　その2年後: ALECについての詳細は、ALECExposed.org, produced by the Center for Media and Democracy.
545　「変装したオオカミ」: Dave Zweifel, “Plain Talk: ‘News Service’ Just a Wolf in Disguise,” Madison.com.
545　「過去の遺物のメディア」: ジェイソン・シュトヴェラクは、ヘリテージ財団の会議で「空隙」について発言した。“From Tea Parties to Taking Charge,” April 22–23, 2010.
546　資金のほとんどが: ドナーズ・トラストの財務についてのもっとも優れた分析は、Abowd, “Donors Use Charity to Push Free-Market Policies in States.”
546　大金持ちと私立財団: “Exposed: The State Policy Network,” 18.
546　「州レベルで変革」: Abowd, “Donors Use Charity to Push Free-Market Policies in States.” “Exposed: The State Policy Network,” 19–20によれば、マサチューセッツ州とテキサス州のステート・ポリシー・ネットワークのシンクタンク2社が、うっかり情報公開したことで、コーク・インダストリーズとコーク家の財団の莫大な寄託金の額が暴かれた。デイヴィッド・コークは、ステート・ポリシー・ネットワークのマサチューセッツの会員のパイオニア研究所に、2007年に12万5000ドルを寄付していた。デイヴィッドは、その年の唯一にして最大のドナーだったことがわかった。おなじように、テキサス・パブリック・ポリシー財団も、誤って情報を公開したため、コーク・インダストリーズが2010年にシンク・タンクに15万9000ドルを超える寄付をしていたことが発覚した。コーク家の財団も6万9000ドルを寄付していた。
548　「歴史的異常事態」: Ryan Lizza, “Where the G.O.P.’s Suicide Caucus Lives,” *New Yorker*, Sept. 26, 2013.
548　外部の巨額の金: Kenneth Vogel, in *Big Money*, 211もおなじことを指摘し、「富裕層の最大の選挙資金が投票箱をほしいままにするのに失敗してから11カ月近くたった時点で、政府閉鎖の戦いがはじまり、2010年と2012年の莫大な支出が、アメリカ政府の機能にこれまでになかったような甚大な影響をあたえていることが立証された」
549　保守派NPO多数: Todd Purdum, “The Obamacare Sabotage Campaign,” *Politico*, Nov. 1, 2013.
549　「この野郎は、政治衛生上の」: Linda Greenhouse, “By Any Means Necessary,” *New York Times*, Aug. 20, 2014.
550　「保守派活動家のゆるいつながりの同盟」: Sheryl Gay Stolberg and Mike McIntire, “A Federal Budget Crisis Months in the Planning,” *New York Times*, Oct. 5, 2013.
550　そういった会合から生まれ: “Meet the Evangelical Cabal Orchestrating the Shutdown,” *Nation*, Oct. 8, 2013 でリー・ファングは、コンサヴァティヴ・アクション・プロジェクトは、極秘のカウンシル・オン・ナショナル・ポリシーと密接なつながりがあり、2009年以降、ワシントンDCで会合を開いていたと指摘している。
550　フリーダム・パートナーズ: Stolberg and McIntire, “Federal Budget Crisis Months in the Planning,” は、フリーダム・パートナーズが、ヘルスケアとの戦いに2億ドルを支出したとしている。この数字は他の団体の支出に匹敵する。
551　ニュース報道が物語っていた: Jenna Portnoy, “In Southwest Va., Health Needs, Poverty Collide with Antipathy to the Affordable Care Act,” *Washington Post*, June 19, 2004.
552　その活動の一環として: 州がメディケイドを拒否して保険未加入の成人が400万人に達するという推計は、カイザー・ファミリー財団の研究による。Rachel Garfield et al., “The Coverage Gap: Uninsured Poor Adults in States That Do Not Expand Medicaid—an Update,” Kaiser Family Foundation, April 17, 2015.
552　いっぽう、ケイトー研究所: ケイトー研究所のマイケル・キャノンの人物紹介は、同研究所の影の役割を暴いている。Alec MacGillis, “Obamacare’s Single Most Relentless Antagonist,” *New*

Republic, Nov. 12, 2013.

552　それにもかかわらず: Robert Pear, "Four Words That Imperil Health Care Law Were All a Mistake, Writers Now Say," *New York Times*, May 25, 2015.

552　ヘリテージ財団の会合で、説得され: NFIBは、「アメリカの主導的な自営業者協会」だと自負し、前年度は中小企業の会員からの寄付で資金を賄っていた。しかし、その年、2010年には、訴訟の原告になることに同意し、富裕層の富から外部の金がNFIBの金庫に流れ込むようになった。訴訟が最高裁で結審した2012年、CNNがはじめて報じたように、NFIBの最大の献金者はフリーダム・パートナーズだった。加えて、2010年から2012年まで、ドナーズ・トラストがNFIB法務部の予算の半分以上を提供していた。ブラッドレー財団も資金を提供していた。

数百万ドルの寄付金が、もっとも巧妙な訴訟数件の費用にあてられた。この訴訟に関する著書U*nprecedented*で、保守派の法学教授ジョシュ・ブラックマンは、当初は「正気の沙汰ではない」ように思われたと述べている。しかし、イデオロギー色の強い裕福な起業家に資金援助された少数の活動家の尽力で、異議申立はあと1票で最高裁の裁定を勝ち取る寸前までこぎつけた。詳細については、Blackman, *Unprecedented: The Constitutional Challenge to Obamacare*(PublicAffairs, 2013).

552　「ダヴィデとゴリアテの戦い」: Stolberg and McIntire, "Federal Budget Crisis Months in the Planning."

552　2億3500万ドルが支出: カンター・メディアの支出額についてはPurdum, "Obamacare Sabotage Campaign."

553　「ノースカロライナ州選出の新人下院議員が」: Stolberg and McIntire, "Federal Budget Crisis Months in the Planning."

554　「大統領が再選された」: ベイナーへのインタビュー。Diane Sawyer, ABC News, Nov. 8, 2012.

554　「ジョン、どうなっているんだ?」: John Bresnahan et al., "Anatomy of a Shutdown," *Politico*, Oct. 18, 2013.

554　「謝るつもりは毛頭ない」: アート・ポープ談、著者のインタビュー。

第14章　新コークの売り込み

557　「メッセージの中身」: Matthew Continetti, "The Double Bind: What Stands in the Way of a Republican Revival? Republicans," *Weekly Standard*, March 18, 2013.

558　「超富裕層がもっぱら設立した」: ジェフリー・ウィンターズ談、著者のインタビュー。

559　「命のある限り」: Daniel Fisher, "Inside the Koch Empire," *Forbes*, Dec. 24, 2012.

559　リードが攻撃をはじめたころ: John Mashey, "Koch Industries Hires Tobacco Operative Steve Lombardo to Lead Communications, Marketing," DeSmog-Blog.com, Jan. 10, 2014.

559　「現在の選挙資金の環境では」: Republican National Committee, Growth and Opportunity Project, March 13, 2013, 51.

560　「アメリカ国民は一般に」: Kenneth Vogel, "Koch Brothers' Americans for Prosperity Plans $125 Million Spending Spree," *Politico*, May 9, 2014.

564　景気回復後の最初の年に: Annie Lowrey, "Income Inequality May Take Toll on Growth," *New York Times*, Oct. 16, 2012.

565　「貧困者には社会福祉がある」: Bill Roy and Daniel McCoy, "Charles Koch: Business Giant, Bogeyman, Benefactor, and Elusive (Until Now)," *Wichita Business Journal*, Feb. 28, 2014.

567　マイケル・サリヴァン: スティーヴン・コーエンとマイケル・サリヴァンがコーク兄弟の政治活動に資金を寄付したかという質問に対して、コーエンの新ヘッジファンド、ポイント72の広報担当のマーク・ハーは、「政治献金についてはコメントしないし、方向性も示さない」と答えた。

568 オバマの上級顧問: ホールデンは、上級顧問ジャレット、国内政策部長セシリア・ムニョス、法律顧問W・ニール・エッグルストンと、2015年4月16日にホワイトハウスで会った。その後、オバマはコーク兄弟が刑事司法改革に関わっていることを弁護したが、政府の再生可能エネルギー支援に反対していることをその直後になじった。チャールズ・コークは、オバマの批判に「面食らったと」述べている。

568 「最悪だった」: Goodwin, "Mark Holden Wants You to Love the Koch Brothers."

569 「ベンゼンを大気中に大量に垂れ流し」: Loder and Evans, "Koch Brothers Flout Law Getting Richer with Secret Iran Sales."

570 それにもかかわらず: AFSCMEのようなリベラル団体は、マイノリティ多数の雇用を助けている公務員組合を解散させたコーク兄弟の金を、UNCFが受け取ったことを批判した。

572 2015年の報告: Jay Schalin, *Renewal in the University: How Academic Centers Restore the Spirit of Inquiry*, John William Pope Center for Higher Education, Jan. 2015.

572 2014年には: 283校という数字は、ibid., 17.

572 「ケインズは悪で」: ジェリー・ファント談、著者のインタビュー。

573 ラッセル・ソーベル: ソーベルは2012年にウェストヴァージニア大学を突然辞めたあとで、シタデルの教師になった。ステート・ポリシー・ネットワークの組織サウスカロライナ・ポリシー・カウンシルの客員フェローで、マーカタス・センター、ケイトー研究所、フレイザー研究所、税制財団の会員でもあり、アラバマ州のトロイ大学とヴァージニア州のハンプトン–シドニーカレッジのコーク兄弟の補助金を受けているプログラムにも関係している。

573 しかし、批判勢力の反対意見に対して: Hardin, "Campaign to Stop Fresh College Thinking."

573 若手起業家アカデミー: *The Huffington Post* published a news-making story on the Kochs' incursions into high schools. また、Christina Wilkie and Joy Resmovits, "Koch High: How the Koch Brothers Are Buying Their Way into the Minds of High School Students," July 21, 2014.

575 筆者名の下に: 筆者名の下にチャールズはマーティン・ルーサー・キング牧師の「私たちは相互依存という逃れられない網の目に捕らえられている」という言葉を書き添えていた。

575 キングがいう福利には: ウェルビーイング・イニシアティヴに載せた評論で、チャールズ・コークは、この問題に関する自分の理論の一端を述べている。チャールズの見方では、過去240年間、政府が人を幸せにしてくれると信じるものと、独立独行で成功しようとするものに、世界は2分されてきたという。この分裂はフランス革命とともに始まり、ロシア革命を通じてつづき、北朝鮮のような独裁主義国家をもたらしたと、チャールズはいう。こういった「集産主義者」と、建国の父たちが「まったく異なる道を選んだ」アメリカを対比している。

しかし、チャールズの評論を読んだアメリカの歴史学者2人は、事実誤認があまりにも多いことに気がついた。建国の父のなかでもトーマス・ジェファーソンは、フランス革命に反対するどころか、絶賛していた。また、プリンストン大学のシーン・ウィレンツ教授は、著者とのインタビューで、合衆国憲法はヨーロッパの啓蒙主義に触発されていて、政府に「万民の福利を推進する」ことを求めていると指摘した。さらに、ジョージタウン大学のマイケル・カズン教授は、連邦政府は自由放任主義とは程遠く、南北戦争以降ずっと公共の福利を支援するために介入し、企業も助けてきたと指摘した。「コークの述べている歴史は、完全なお伽噺だ」と著者に述べた。

576 その頃には: Chris Young, "Kochs Put a Happy Face on Free Enterprise," Center for Public Integrity, June 25, 2014. 彼らが広報の題目に「福利」を採用したことをはじめて報じた。

577 「まあ、だれかが勝つわけだし」: Roy and McCoy, "Charles Koch."

577 しかし、コーク兄弟がその10年以上前に: Louis Jacobson, "Charles Koch, in Op-Ed, Says His Political Engagement Began Only in the Last Decade," PolitiFact.com, April 3, 2014.

579 コーク兄弟が自分たちのデータバンクを：民主党全国委員会も10年前にジョージ・ソロスを含む投資家約100人が党に属さないデータ処理分析会社カタリストを設立しようとしたときに、おなじような変化を経た。カタリストはi360とは異なり、労働組合や環境保護団体のような進歩的政界の合法的団体の協同組合だった。トラストが所有し、売却されるときには投資家が利益を慈善団体に寄付することを憲章で求めていた。

579 「……きわめて危険だし、間違っています」：Jon Ward, "The Koch Brothers and the Republican Party Go to War—with Each Other," *Yahoo News*, June 11, 2015.

580 「彼らは共和党を乗っ取るために」：ライザ・グレイヴズ談、著者のインタビュー。

580 繁栄のためのアメリカ人は：Mike Allen and Kenneth P. Vogel, "Inside the Koch Data Mine," *Politico*, Dec. 8, 2014.

580 「前回の失言症候群という致命的問題」：デイヴィッド・アクセルロッド談、著者のインタビュー。

581 「再編成し、改善して」：Nicholas Confessore, "Outside Groups with Deep Pockets Lift G.O.P.," *New York Times*, Nov. 5, 2014.

581 「メガドナーが」：Mark McKinnon, "The 100 Rich People Who Run America," *Daily Beast*, Jan. 5, 2015.

581 最大の支出者のなかにも：トム・ステイヤーの組織は、ネクスト・ジェネレーションと呼ばれた。

581 身元を明らかにした献金者100人：『ポリティコ』によれば、501(c) 団体が連邦選挙管理委員会に運動資金2億1900万ドルの支出を開示し、その69パーセントが保守派団体だったという。だが、この情報開示された分の支出は、501(c) 団体の2014年の中間選挙における政治支出のほんの小さな部分にすぎなかった。コークが支援する501(c) 団体のAFPだけでも、1億2500万ドルを支出していた。Kenneth Vogel, "Big Money Breaks Out," *Politico*, Dec. 29, 2014.

582 アメリカの経済格差は：Eduardo Porter, "Companies Open Up on Giving in Politics," *New York Times*, June 10, 2015は、「抑制のない支出」は「悪夢のような状況」を生み出し、「アメリカ社会の頂点にいるものが、現状のすさまじい格差を維持するのに必要な権力を金で買っている」と述べている。

583 このあらたなフィクサーのなかで：OpenSecrets.org. https://www.open secrets.org/lobby/clientsum.php?id=D000000186&year=20, https://www.open secrets.org/pacs/lookup2.php?strID=C00236489&cycle=2014によれば、コーク・インダストリーズは2014年の対議会ロビー活動に1300万ドル以上を支出し、政治活動委員会からも300万ドル以上を注ぎ込んだ。

583 多数党院内総務に就任すると：Lee Fang, "Mitch McConnell's Policy Chief Previously Lobbied for Koch Industries," *Intercept*, May 18, 2015.

583 2014年に初当選した共和党上院議員：2014年6月に開かれたコーク兄弟のサミットで謝意を述べたあとの共和党新人上院議員2人は、コロラド州選出のコリー・ガードナーと、アーカンソー州選出のトム・コットン。

584 ジョン・ケーシック：Neil King Jr., "An Ohio Prescription for GOP: Lower Taxes, More Aid for Poor," *Wall Street Journal*, Aug. 14, 2013; とAlex Isenstadt, "Operation Replace Jeb," *Politico*, June 19, 2015.

586 「私が寄付する金は"ダーク"ではない」：チャールズ・コーク談、以下のインタビュー。Anthony Mason, *CBS Sunday Morning*, Oct. 12, 2015. しかし、ポール・アバウドがドナーズ・トラストを調査した記事"Donors Use Charity to Push Free-Market Policies in States," Center for Public Integrity, Feb. 14, 2013,で暴いている。「チャールズ・コークが運営する、アーカンソー州ウィチタのナレッジ・アンド・プログレス・ファンドは……2005年から2011年にかけて、ドナーズ・トラストに800万ドル近くを寄付していた。そこで金の流れはふっと消える」また、チャールズ・G・コーク財団が小額の寄付金をドナーズ・トラスト経由で動かしていたことも、メイソンは報じている。

586　7億6000万ドル：この数字は、センター・フォー・レスポンシヴ・ポリティクスの調査員ロバート・マグワイアによる。アメリカン・フューチャー・ファンド、60プラス、AFPなどコーク・ネットワークの団体への2010年の6400万ドル、2012年の4億700万ドル、2014年の2億9000万ドルが含まれる。Peter Stone, "The Koch Brothers Big Donor Retreat," *Daily Beast*, June 13, 2014.

586　「じつに驚異的だ」：ロブ・スタイン談、著者のインタビュー。

586　「彼らの功績といえる政策の勝利」：ブライアン・ドハティ談、著者のインタビュー。

587　「台本どおりに演じる役者」：Ibid.

587　たとえば、アメリカ国民は：ソーシャル・セキュリティ削減を望んでいるアメリカ国民は、わずか6パーセントで、給付の増加を望んでいるものは過半数をわずかに超えている。Lee Drutman, "What Donald Trump Gets About the Electorate," *Vox*, Aug. 18, 2015.

588　「偽預言者ども」：ジョン・ベイナー談、ジョン・ディカーソンのインタビュー。*Face the Nation*, CBS News, Sept. 27, 2015.

591　「もらったものを返す」：Peter Buffett, "The Charitable-Industrial Complex," *New York Times*, July 26, 2013.

592　目ざとい人間には：Confessore, "Outside Groups with Deep Pockets Lift G.O.P." *New York Times*, Nov. 5, 2014.

592　「自分たちのいいなりにする」：フィル・デュボーズ談、著者のインタビュー。

592　目標に到達するため：コーク兄弟の寄付7500万ドルという情報は、いくつかのプロジェクトを兄弟と共同で行なった情報源の話に基づく。

593　2016年の大統領選挙と上下院選挙に：フリーダム・パートナーズの広報担当ジェイムズ・デイヴィスは、8億8900万ドルという予算は、選挙費用だけではなく、シンクタンク、権利擁護団体、有権者データ収集分析、政敵研究など、コーク・ネットワークのイデオロギー活動全体の支出だと力説した。

593　「ハチオク・ハッセンキュウヒャクマン・ドル？」：フレッド・ウェルセイマー談、著者のインタビュー。ウェルセイマーのNPOデモクラシー21は、ジョージ・ソロスのオープン・ソサエティ財団の補助金に支えられてきた。それでも、ウェルセイマーは、ソロスが選挙に巨額の金を使うことを批判しつづけてきた。

594　コーク・インダストリーズが：OpenSecrets.orgによるロビー活動費の計算では、コーク・インダストリーズは2014年にロビー活動に1370万ドルを支出した。https://www.opensecrets.org/lobby/clientsum.php?id=D000000186&year=2014.

594　「私たちがもっと金を儲けるために」：Fredreka Schouten, "Charles Koch: We're Not in Politics to Boost Our Bottom Line," *USA Today*, April 24, 2015.